Eine Vision für Mitteldeutschland

Harald Kegler

Eine Vision für Mitteldeutschland

Aufbruch der Landesplanung 1925–1932:
Der mitteldeutsche Industriebezirk um Halle, Magdeburg, Leipzig, Erfurt

Festschrift zum 100. Jahrestag der Gründung des Landesplanungsverbandes
für den engeren mitteldeutschen Industriebezirk am 2. April 1925 in Halle/Saale

Herausgegeben vom Institut für Strukturwandel und Nachhaltigkeit der Martin-Luther-Universität
Halle-Wittenberg und der Akademie für Raumentwicklung in der Leibniz-Gemeinschaft (ARL)

mitteldeutscher verlag

Umschlagabbildung: Ausschnitt aus dem Plan 23 (Titelseite), Landesplanung für den engeren mitteldeutschen Industriebezirk, Merseburg, 1932, Archiv Kegler

Bibliografische Information der Deutschen Nationalbibliothek
Die Deutsche Nationalbibliothek verzeichnet diese Publikation in der Deutschen Nationalbibliografie; detaillierte bibliografische Daten sind im Internet über http://dnb.dnb.de abrufbar.

1. Auflage

Bernburger Straße 2, 06108 Halle (Saale)
www.mitteldeutscherverlag.de • info@mitteldeutscherverlag.de

Gesamtherstellung: Mitteldeutscher Verlag, Halle (Saale)
Redaktion: David Täuber

ISBN 978-3-96311-989-7

Printed in the EU

Geleitwort

Ein Blick in die 20er Jahre des vorigen Jahrhunderts zu werfen, das mag vielen Menschen erscheinen wie ein Blick in eine lang zurückliegende Vergangenheit. Doch gerade die 1920er Jahre sind es wert, auch und gerade vor dem Hintergrund unserer aktuellen Herausforderungen näher betrachtet zu werden. Natürlich gab es da viel Widersprüchliches: Auf der einen Seite die schwierigen ersten Jahre der jungen Demokratie in der Weimarer Republik mit dem berüchtigten Kapp-Putsch des Jahres 1920, die Inflationszeit, schon 1923 der erste Putschversuch der Nationalsozialisten und 1929 die Weltwirtschaftskrise. Aber es gab auch die andere Seite: Das Entstehen einer demokratischen Kultur nach den politischen Beschränkungen des Kaiserreichs, das Aufblühen von Kunst und Kultur, der Reformwohnungsbau, ein vielfältiges Großstadtleben, das Aufweichen tradierter Geschlechterrollen und auch eine erste Phase des Internationalismus stehen für den Aufbruch, der sich in vielen Bereichen des gesellschaftlichen Lebens der Weimarer Republik zeigte.
In der Planungsgeschichte waren die 1920er Jahre ebenfalls gute Jahre – gekennzeichnet durch Aufbruch, neue Konzepte und internationalen Austausch. Gerade die Internationale Städtebauausstellung in Göteborg im Jahr 1923 und der Internationale Städtebaukongress in Amsterdam im Folgejahr brachten die Fachleute über Staatsgrenzen hinweg zusammen und gaben wesentliche Impulse für die Entstehung der überörtlichen Raumplanung. Vor 100 Jahren entstand die moderne Disziplin der Landesplanung – nicht zu verstehen im Sinne der heute auf die politisch-administrative Länderebene beschränkten Bedeutung, sondern eher im Sinne von Regional- und Landesplanung.
Im Kontext der positiven internationalen Strömungen in der ersten Hälfte der 1920er Jahre ist auch die Gründung des Gesamtsiedlungsausschusses (später: Landesplanungsverbandes) für den engeren mitteldeutschen Industriebezirk zu sehen, mit der am 2. April 1925 in Halle/Saale der Startschuss zur ersten länderübergreifenden Landesplanung in Deutschland erfolgte. Es ist das Verdienst Harald Keglers, die Entstehung der wissenschaftlichen und auf demokratischen Strukturen basierenden deutschen Raumordnung in den Schlüsseljahren 1925–1932 schon in seiner Habilitationsschrift aufgearbeitet zu haben. Ein wesentlicher Teil der Habilitationsschrift ist 2015, 90 Jahre nach der Gründung der mitteldeutschen Landesplanung, als Arbeitsbericht der ARL erschienen. Zehn Jahre später hat Harald Kegler eine deutlich erweiterte Arbeit zu „100 Jahren Landesplanung" vorgelegt, in die er auch die Vorgeschichte zur Landesplanung, das Werden der Städtebau- und Stadtplanungsdisziplin vor dem 1. Weltkrieg, einbezieht.
Der hier vorgelegte Band hat gleichzeitig die Funktion einer Festschrift für die Jubiläumstagung „100 Jahre Landesplanung in Mitteldeutschland", die am 2. und 3. April 2025 an der Martin-Luther-Universität Halle-Wittenberg durchgeführt wird. Das Präsidium der Akademie für Raumentwicklung in der Leibniz-Gemeinschaft (ARL) freut sich, dass diese Tagung vom ARL-Forum Südost gleichzeitig als Regionalplanertagung für Sachsen, Sachsen-Anhalt und Thüringen konzipiert wurde, und unterstützt gerne sowohl die Tagung als auch die Festschrift. Das anspruchsvolle Tagungsprogramm unterstreicht die wichtige Rolle der ARL-Foren innerhalb der Akademiestrukturen. Sie sind gleichermaßen Foren des Wissenstransfers und der Generierung neuen Synthesewissens im Zusammenwirken von Wissenschaft und Praxis.
Durch den Bezug auf die 100-jährige Geschichte der Landesplanung in diesem Raum wird mit der Tagung auch eine besondere Form des Wissenstransfers aus der Geschichte in die Gegenwart geleistet und gleichzeitig der Blick auf die Zukunft dieser Region gelenkt. Dabei wird der Fokus besonders auf den anhaltenden Strukturwandel gerichtet. Hierzu leistet Harald Kegler ebenfalls einen Beitrag mit dem Konzept des „Regionalparks Mitteldeutschland" im Fazit dieser Festschrift. Mit diesem Konzept knüpft er an das vom Bauhaus Dessau 1999 ersonnene und in den Folgejahren tatsächlich in wichtigen Teilen umgesetzte Projekt „Industrielles Gartenreich" an, das die mitteldeutsche Region zu einer Korrespondenzregion der Weltausstellung EXPO 2000 in Hannover werden ließ.

Das Präsidium der ARL und auch ich persönlich wünschen dieser Festschrift eine freundliche Aufnahme und eine gute Verbreitung nicht nur in Wissenschaft und Planungspraxis, sondern ebenso in der interessierten Öffentlichkeit.

Hannover, im Dezember 2024

Prof. Dr. Axel Priebs
Präsident der Akademie für Raumentwicklung in der Leibniz-Gemeinschaft

Inhaltsverzeichnis

Einleitung

Anlass, Gegenstand und Aufbau des Buches

Die Gründung des „Gesamtsiedlungsausschusses für den Mitteldeutschen Industriebezirk" erfolgte am 2. April 1925 in Halle/Saale. Die später als Landesplanungsverband firmierende wissenschaftliche und demokratisch basierte Organisation legte kurz vor der Machtergreifung durch die Nationalsozialisten eines der – auch international – wichtigsten Dokumente der räumlichen Planung vor, den Planungsatlas[1], ein immer noch weitgehend unbekannter Bestand moderner Raumplanung im 20. Jahrhundert. Die damit verbundene historische Erschließung dieses Konvolutes der Planungskultur eröffnet Einblicke in deren Entstehungsgeschichte, in die weitgespannten theoretischen, analytischen und konzeptionell-visionären Inhalte, in die städtebaulichen Wurzeln und in deren aktuelle Bedeutung.
Die heutige Landesplanung (Regionalplanung) hat ihre wissenschaftlichen, organisatorischen und wirtschaftspolitischen Grundlagen zu wesentlichen Teilen in dem Landesplanungsverband Mitteldeutschland. Dieser bezog sich auf den länderübergreifenden Elbe-Saale-Raum um Halle (Saale), Merseburg und Leipzig. Viele der auch heute noch maßgeblichen wissenschaftlichen Begriffe, Planungsmethoden und Arbeitsstrukturen entstanden zu einem beträchtlichen Teil in Mitteldeutschland in der Zeit zwischen 1925 und 1932. Der Raum zwischen Berlin, Leipzig, Magdeburg und Erfurt – mit dem Kern um das am Beginn des 20. Jahrhunderts in einem rasanten Aufbruch befindliche mitteldeutsche Industriezentrum Halle-Merseburg – gewann eine Schlüsselstellung in der Herausbildung der modernen Landesplanung im 20. Jahrhundert. In den wenigen Jahren der Existenz dieses Planungsverbandes entstand nicht nur ein bedeutendes Planungswerk. Es kann auch von einem entscheidenden Schritt zur Gründung der wissenschaftlichen und demokratisch basierten Raumordnung gesprochen werden.
Mit dem hier auch dokumentierten Planungsatlas, aber auch der ersichtlichen Arbeitsweise des Landesplanungsverbandes und den theoretischen wie praktischen Beiträgen in dessen Umfeld, wurden Maßstäbe gesetzt für eine langfristig orientierte Vorstellung zur Entwicklung und Transformation dieses Raumes. Der Planungshorizont steckte einen Zeitraum von bis zu „70 bis 80 Jahren" ab (wie am Beispiel der Planung für das Geiseltal von 1928 zu sehen ist)[2] – heute ein utopisches Unterfangen. Es wurde eine länderübergreifende Vision für ein Gebiet entworfen, das ab 1927 verbindlich die damalige preußische Provinz Sachsen, das Land Anhalt sowie Teilgebiete von Thüringen und Sachsen umfasste. Damit entstand – auch international gesehen – der erste länderübergreifende regionale Plan. Der analytische Raumhorizont im Planungsatlas erstreckte sich sogar bis Berlin, Dresden und Kassel. Vergleichbares findet sich nirgendwo – auch nicht im Ruhrgebiet, obgleich hier bereits vor dem 1. Weltkrieg mit Überlegungen zur überörtlichen Planung begonnen worden war und 1920 der weltweit erste interkommunale Siedlungsverband seine Tätigkeit aufgenommen hatte. Auch dieser brachte strategische Planungen hervor.[3] Auf diese wegbereitenden Arbeiten bezog sich auch die mitteldeutsche Landesplanung, ging dann aber wesentlich darüber hinaus.
Die Veröffentlichung des Planungsatlanten im Jahr 1932 krönte die einzigartige Entwicklung der demokratisch basierten mitteldeutschen Landesplanung. Die durch den Nationalsozialismus erzwungene Gleichschaltung ab 1933 unterstreicht die aktuelle Notwendigkeit einer Würdigung dieses Kapitels der demokratischen Moderne mit ihren humanistischen Zielen.

1 Planungsatlas: „Landesplanung für den mitteldeutschen Industriebezirk" (39 Karten und Pläne), Merseburg, 1932.
2 Vgl. Querfurter Zeitung: Das Geiseltal in 70–80 Jahren, 22. Dezember 1928, Stadtarchiv Querfurt.
3 Kastorff-Viehmann, R., Utku, Y. (Hg.) (2014).

Mit dieser Publikation soll auch – und wohl erstmalig – den städtebaulichen- bzw. stadtplanerischen Quellen der Landesplanung vor dem 1. Weltkrieg nachgegangen werden. Die Landesplanung ist demnach primär ein Resultat der Herausbildung der Disziplin Stadtplanung um 1910. Die Hauptakteure der Landesplanung waren zumeist städtebaulich gebildete Baumeister (Architekten und Bauingenieure), wie z. B. Stephan Prager (Merseburg) oder Robert Schmidt (Essen). Eigentlich erst nach 1933 und dann nach dem 2. Weltkrieg übernahmen verstärkt Ökonomen, Geografen (z. B. Walter Christaller) oder Agrarwissenschaftler die Geschicke der Regional- bzw. Landesplanung und Raumordnung, einschließlich der – insbesondere in der Bundesrepublik – innewohnenden problematischen Kontinuitäten von der NS-Zeit in die junge BRD.[4] Damit fand auch eine nicht unwesentliche fach-inhaltliche Neujustierung der Raumplanung statt. So wurde z. B. das hierarchische (lineare) System der „Zentralen Orte“ (Christaller) ein Kern der Raumordnung; diese Vorstellung unterschied sich sehr vom eher nichtlinearen Ansatz der mitteldeutschen Landesplanung – vor 1933. Darauf wird bei der Betrachtung vom „Plan 23“, dem Hauptergebnis der mitteldeutschen Landesplanung, eingegangen.
Im ersten Teil dieser Schrift wird ausführlich auf jene wesentliche Quelle der Landesplanung, auf das Werden der Städtebau-/Stadtplanungsdisziplin vor dem 1. Weltkrieg, verwiesen. Der Blick auf die stadtplanerische Geschichte ermöglicht vor allem das Verständnis für das die Landesplanung bestimmende Planungsparadigma, den leitenden Gedanken der Planung, die „Dezentralisierung“. All dies ist natürlich eingebettet in die sozial-ökonomischen Wandlungen ab 1900, also den Übergang zur neuen Phase industriekapitalistischer Entwicklung mit der elektro-chemischen Revolution, welche neue Standortkonsequenzen für die Industrien und Wohnbedingungen beförderte. Das mitteldeutsche Industriegebiet gehörte zu einem Gebiet in Europa, das in dieser Hinsicht einen enormen Aufschwung zu verzeichnen hatte – auch befeuert durch den 1. Weltkrieg.
Mit der Städtebauausstellung in Gotenburg (Göteborg) im Jahr 1923 wurde der inhaltliche Auftakt für die internationale Fachdiskussionen in den 1920er Jahren gesetzt. Von hier ging vor allem ein Signal aus: Die „Dezentralisierung“ der Stadt- und Regionalentwicklung avancierte nunmehr international zum bestimmenden Paradigma der Planung und prägte der sich in den Folgejahren entwickelnden Landesplanung den Stempel auf, vor allem in Mitteldeutschland.[5] Dabei traten die Entwicklungen der räumlichen Planung in den USA in den Vordergrund – auch dem wird ausführlich nachgegangen.
Im Wirken der Landesplanung für den mitteldeutschen Industriebezirk widerspiegelt sich die Herausbildung einer spezifischen, anwendungsorientierten Wissenschaftlichkeit der überörtlichen Planung für einen dynamischen und im Umbruch befindlichen Lebens- und Wirtschaftsraum. Es gehört damit auch zum Anliegen dieser Veröffentlichung, die mitteldeutsche Landesplanung aus dem Schatten des weithin bekannten Ruhrsiedlungsverbandes, der zu Recht als internationaler Vorreiter der Landesplanung gilt, heraustreten zu lassen.
Der hier anzutretenden Entdeckungsreise in die Geschichte der Landesplanungswissenschaft widmet sich dann der Hauptteil der Schrift. Sie offenbart auch terminologische Fluchtpunkte, wie die Geburt des Raumordnungsbegriffs. Dieser wurde zum ersten Mal auf der Leipziger Siedlungswoche 1927 vorgetragen und wissenschaftlich erörtert. Der heute zentrale Begriff für die räumliche Planung wurde von Gustav Langen erfunden, selbst eine Schlüsselfigur in der Landesplanung. Ihm gilt hier – neben anderen – eine kritische Würdigung. Dies betrifft auch seine theoretischen Überlegungen und die praktisch-planerischen Arbeiten für Berlin-Brandenburg Ende der 1920er Jahre.
Auch das 1926 nach Dessau (von Weimar) übergesiedelte Bauhaus spielte für die Landesplanung eine Rolle: Hier fand 1927 die offizielle Gründung als nunmehr länderübergreifender Verband statt. Im Jahr

4 Werner, O. (2022), S. 67 ff.
5 Lilienberg, A. (1923).

1932 erstellten Bauhäusler die „Dessau-Analyse" für den internationalen CIAM-Kongress für moderne Architektur (1933) – unter Bezugnahme auf die Arbeiten des in Merseburg ansässigen mitteldeutschen Planungsverbandes.
Eine weitere Besonderheit zeichnete die Landesplanung in Merseburg aus: Sie arbeitete an der langfristigen Gestaltung eines regionalen Strukturwandels – dieser Begriff wurde bereits verwendet. Darin manifestiert sich das Visionäre der mitteldeutschen Landesplanung. Sie hält damit auch heute für die (demokratisch basierte) Transformation des Wandels der Industrieära zahlreiche Anregungen parat für die aktuelle Auseinandersetzung um Wege zur einigermaßen rationalen Planung in der regionalen Transformation im Anthropozän.[6]

An dieser Stelle erscheint ein Exkurs zu Aspekten der Planungsgeschichte angebracht. „Du sollst die Zukunft nicht fürchten und die Vergangenheit nicht ehren."[7] Mit diesen Worten umriss Henry Ford, eine der Lichtgestalten der Weltwirtschaft in den 1920er Jahren, nicht nur sein Credo, sondern zugleich das für eine ganze Generation von Technikern und Unternehmern, aber auch Politikern und Gestaltern. Mit einem derart radikalen und einseitig verstandenen Ansatz der Moderne trieb er eine Aufbruchstimmung voran, die nach dem 1. Weltkrieg viele Hoffnungen auf eine Formel reduzierte. Vielfach können vergleichbare Anschauungen ausgemacht werden – linear, zukunftsversessen, unreflektiert, von jedem Zweifel an einer möglichen Fehlbarkeit befreit. Ford brachte auf den Punkt, was sich zum Zeitgeist ausweitete und den Mythos der 1920er Jahre mitbegründete. Doch die reale Geschichte der Planung war vielgestaltiger, widersprüchlicher und dennoch eine der innovativsten des 20. Jahrhunderts. Die Geschichte der Landesplanung zeigt, dass die Vorstellungen nicht einfach nur wachstumsversessen und einseitig sektoral ausgerichtet, sondern auch reflektiert und komplex angelegt wurden.
Die Planungsgeschichte will aber nicht als Beiwerk, als Vorwort-Geschichte oder Arabeske für heutige Planung fungieren. Die Deutung als kulturhistorische Ressource, welche den Blick auf die heutigen Fragen schärft und das heutige planerische Handeln in einen übergreifenden historischen Zusammenhang stellt, öffnet einen Zugang, um Planungsgeschichte fruchtbar werden zu lassen.[8] Sie ermöglicht einen kritischen Blick auf heutige Entwicklungen und regt zugleich an, die Beantwortung neuer Herausforderungen historisch zu justieren. Dies gilt heute insbesondere für die Transformation von Planung im Übergang zum klimagerechten und resilienzorientierten Stadium der gesellschaftlichen Raum-Entwicklung.[9]
Hieran knüpft ein Ausblick am Ende der vorliegenden Betrachtungen zur Geschichte der Landesplanung an: Mit der Idee des Autors von einem „Regionalpark Mitteldeutschland" soll die Brücke von der Planungsgeschichte der 1920er Jahre in die Gegenwart geschlagen werden.[10] Es kann sich dabei nur um erste Andeutungen handeln, um aufmerksam zu machen auf den Bedarf an neuen Visionen, aber auch

6 Siehe u. a. Kersten, J. (2014): Das Anthropozän-Konzept, Baden-Baden.
7 Ford, H. (1923), S. 23.
8 Sieverts, T. (2009), S. 28–30. Sieverts bezieht zwar die Ressourcenfrage auf den Umgang mit der Geschichte der Stadt, wobei er auch auf den zu hebenden „Erfahrungsschatz" verweist als Bestandteil einer „Lust auf Zukunft": „Um die noch vergleichsweise junge Geschichte der Stadtregion für die zukünftige, ‚nachfossile' Entwicklung der Stadtregion fruchtbar zu machen, wäre es nützlich, die Fragen nach der Brauchbarkeit geschichtlicher Erfahrungen von den großen Aufgabenstellungen aus zu formulieren, die wir in Zukunft bewältigen müssen" (S. 30).
9 Kühn, M., Fischer, S. (2010), S. 165 f.; hier werden Widersprüche im kommunalpolitischen und strategisch-planerischen Handeln konstatiert, die auf jene Änderungen im Planungsdenken hindeuten. Vgl. auch: Walker, B., Salt, D. (2006), S. 10; hier wird auf den transformativen Charakter im antizipativen Denken verwiesen, der sich in Richtung komplexer, zyklisch-chaotischer Systeme bewegt und tendenziell mit resilienten (selbsterneuernden) Strukturen zu tun haben wird. Vgl. auch: Taleb, N. N. (2014), insbes. S. 361 ff., Kegler, H. (2022): Resilienz – Strategien und Perspektiven der widerstandsfähigen und lernenden Stadt.
10 Kegler, H. (2001), S. 45.

planerischen Möglichkeiten für die regionale Transformation. In einer jüngeren Darstellung zur Landesplanungsgeschichte findet sich ein bemerkenswerter Hinweis auf die 1920er Jahre: „So waren die damals erarbeiteten und erprobten Prinzipien der Zusammenarbeit in vielerlei Hinsicht richtungsweisend für die spätere Entwicklung der Landes- und Regionalplanung.“[11] Richtungsweisend ist treffend formuliert.[12] In jüngster Zeit reifte die Erkenntnis, wonach es sich bei der Planung in den 1920er Jahren um einen essentiellen Beitrag gehandelt hat, der die heutige Regionalplanung erst auf den Weg gebracht hat. Die Rolle der Landesplanung in Mitteldeutschland wurde ausdrücklich betont, ohne dies umfassend näher auszuführen.[13]

Erste Übersichtspublikationen zu der jüngeren deutschen Geschichte der räumlichen Planung zogen um 2010 eine erste Bilanz.[14] Hinzu kamen zahlreiche Veröffentlichungen, die sich den 100-jährigen Jubiläen im Städtebau und der Raumplanung ab 2010 widmeten – auch mit Blick auf die Gegenwart.[15] Davon angeregt, rückte der Autor die Aufarbeitung der Geschichte der überörtlichen Planung der Dekade von deren Aufbruch in den 1920er Jahren in den Mittelpunkt.

An dieser Stelle sei jedoch eine Mahnung angebracht: Die aktuellen Herausforderungen, vielfach bemüht, wie Klimawandel, demografische Entwicklung, ökonomische Verwerfungen usw. verleiten auch zu einer Suche nach kurzschlüssigen Vergewisserungen aus historischer Sicht. Diese Suche aber folgt eher einem tastenden Vorangehen auf unsicherem Weg in eine nur ahnbare Zukunft der stadtregionalen Entwicklung. Sicher, das historisch Vorgefundene kann keine Blaupausen liefern und soll auch nicht zu eiligen Konsequenzen verleiten. Doch versprechen die historischen Befunde, Maßstäbe für die aktuelle Planungsarbeit zu liefern.

Diese Publikation zu verfassen wurde bestärkt durch die persönlichen Begegnungen zwischen 1989 und 1992 mit den Bauhäuslern Hubert Hoffmann und Ernst Kanow, die beide – in West und Ost – zu den Pionieren der Landesplanung nach dem 2. Weltkrieg zählten. Die Entdeckung von z. T. bislang unerschlossenem Material beförderte die Entdeckungsreise. Sie ist eigentlich auch noch nicht an ihr Ende gekommen. Es gibt noch so manches zu entdecken oder auch neu zu bewerten.

Die vorliegende Festschrift stellt also einen Schritt auf dem Wege einer weiteren Auseinandersetzung mit dem historischen Kulturgut der Landesplanung des 20. Jahrhunderts dar. Diese Absicht steht in der Tradition der Planungsgeschichte, wie sie Gerhard Fehl in Aachen oder Thomas Topfstedt in Leipzig in den 1970/80er Jahren begründet hatten und die eine Vielzahl von Arbeiten, so z. B. von Harald Bodenschatz, hervorgebracht hatten. In dieser wissenschaftlichen Tradition sieht sich auch der Autor.[16] Die Publikation versteht sich somit ausdrücklich als Teil einer sich seit mehr als einem Jahrzehnt in Deutschland intensivierenden Debatte um die Geschichte der Landesplanung und Raumordnung, wie sie besonders von der ARL, aber auch an Planungsstudiengängen der Universitäten Dortmund, Berlin, Hamburg, Kassel oder Weimar vorangetrieben wird. International verhält es sich ebenso, wie die Aktivitäten des IPHS[17] zeigen.

11 Schmitz, G., Baumheier, R., Akademie für Raumforschung und Landesplanung (1999), S. 13. Vgl. dazu auch ARL (Hg.) (2005), S. 384 f. sowie S. 561; aus planungstheoretischer Sicht dazu Fürst, D., Scholles, F. (Hg.) (2004), S. 12 f. Siehe auch: Bongards, M. G. (2004), S. 26 ff.

12 Stellvertretend seien hier die Publikation zum Wirken von Robert Schmidt 2014 (Karstoff-Viehmann, Utku, Y. (2014) sowie die Beiträge genannt von Petz, U. v (1995), S. 7–76, oder Hoffacker, H. W. (1989)

13 Blotevogel, H. (2011), S. 82–101, insbes. zu Mitteldeutschland, S. 96 f.

14 Als jüngste und zugleich das Thema umfassend behandelnde Publikation kann hier genannt werden: Altrock, U., Huning, S., Kuder, T., Nuissl, H. (Hg.) (2010), S. 7.

15 Bodenschatz, H. u. a. (Hg.) (2010): Stadtvisionen 1910–2010 Berlin Paris London Chicago, Berlin sowie Siehe dazu vor allem den Beitrag Kegler, H., Kuhn, R. (1993), S. 42–46, sowie Vgl. Kegler, H. (2010): Landschaftspark Thüringen, S. 262–283.

16 Vgl. Die von Fehl, G., Rodriguez-Lores, J., Roscher, V. seit Anfang der 1980er Jahre herausgegebene Reihe „Stadt, Planung, Geschichte“ (RWTH Aachen) erreichte bis 1997 mit dem Bd. 19 eine umfassende Darstellung der Planungsgeschichte in verschiedenen Facetten und kann als ein Kompendium der deutschen und internationalen Planungsgeschichte betrachtet werden.

17 Siehe: International Planning History Society, https://planninghistory.org/ (20.08.2024).

Dies soll aber hier nicht im Vordergrund stehen. Das Anliegen der vorliegenden Veröffentlichung kann in folgenden Punkten gefasst werden:

1. Mit der Arbeit soll eine Weiterführung und Vertiefung der Arbeiten zur Geschichte der Raumordnung erfolgen, wie sie sich prototypisch zwischen den beiden Arbeiten von Heinz Wilhelm Hoffacker (1989) und Ariane Leendertz (2008) aufspannt.[18] Zugleich wird an disziplingeschichtliche Forschungen des Autors zur Geschichte von Stadtplanung und Städtebau sowie zur Landesplanung angeknüpft, die bis in die 1980er Jahre zurückreichen. So kann exemplarisch ein Bogen der Auseinandersetzung um die Fachgebietsgeschichte gespannt werden von Kegler 1987, über Blotevogel/Schelhas 2011 bzw. Kastorff-Viehmann/Utku 2014 bis zu Bodenschatz/Kegler 2020.[19]
2. Den Stellenwert, den Mitteldeutschland bei der Herausbildung der wissenschaftlichen Landesplanung einnimmt, herauszuarbeiten und damit den langen Schatten, den die Siedlungsplanung im Ruhrgebiet unter Robert Schmidt wirft, durch das Ausleuchten der Prozesse in Mitteldeutschland nicht zu relativieren, sondern die Reichhaltigkeit der entstehenden Landesplanung in der zweiten Hälfte der 1920er Jahre zu entfalten.
3. Die Zeit zwischen 1925 und 1933, also die Periode zwischen Ende der Inflation und der Machtergreifung der Nationalsozialisten, gehört wohl zu den fulminanten, wurde doch hier der Grundstein für die Entstehung der Raumordnung als wissenschaftliches Fachgebiet gelegt. Diese Jahre können als die Schlüsseljahre der Landesplanung angesehen werden – weswegen sie in den Focus gerückt werden. Da die Geschichte nicht mit der Zäsur 1933 endet, sondern die Raumordnung im Nationalsozialismus erst zur institutionellen Entfaltung reift, wenngleich sie dabei auch ihre „Unschuld" einbüßte und zum willfährigen Instrument der Ostexpansion der NS-Regimes und antizipatorischer Wegbereiter des Völkermordes wurde.[20] Sie wirkt aber auch in die Nachkriegszeit hinein – beide Zeiträume werden aus spezifischer Sicht einbezogen, jedoch eher kursorisch behandelt.[21]
4. In dem hier betrachteten Zeitraum der Entstehung der wissenschaftlichen Landesplanung vollzog sich – wissenschaftshistorisch gesehen – die Herausbildung und Anwendung eines fachlichen Paradigmas („Dezentralisierung"), das sich ab ca. 1910 gegen das „Ringmodell" der stadtregionalen Ausbreitung aus dem 19. Jahrhundert durchsetzte.[22] Das neue Paradigma entwickelte sich dann zur tragenden Idee für die Landesplanung. Dieser Aufbauprozess wurde nach 1933 (in Deutschland) fragmentiert. Die Inhalte wurden bruchstückhaft rezipiert und mit einem gewandelten Sinn versehen. Später wurde es mit neuen Vorstellungen („Zentrale Orte") überlagert. Dieser skizzierte, diskontinuierliche disziplinäre Prozess kann als *fragmentierte Verwerfung und Überlagerung* bezeichnet werden. Er zog sich über einen langen Zeitraum hin. In der vorliegenden Publikation richtet sich die Aufmerksamkeit auf den Entstehungsprozess und dessen inhaltliche Ergebnisse. Damit soll auch eine Anregung gegeben werden, zum Gesamtentwicklungsprozess vertieft – auch mit internationaler Perspektive – zu forschen.
5. Die in den 1920er Jahren erbrachten planungswissenschaftlichen und organisatorischen Leistungen zur Landesplanung können nur verstanden werden, wenn ausführlich die Vorläufergeschichte, insbesondere die Stadtplanungsgeschichte, aber auch die internationalen Entwicklungen sowie die gesell-

18 Hoffacker, H W. (1989) sowie Leendertz, A. (2008).

19 Kegler, H. (1987), Blotevogel, H., Schelhas, B. (2011), S. 76–201; Kastorff-Viehmann, R., Utku Y. (2014) oder Bodenschatz, H., Kegler, H. (Hg.) (2020).

20 Leendertz, A. (2008), insbes. S. 107 ff.

21 Schmitz G., Baumheier R., Akademie für Raumforschung und Landesplanung (1999), S. 13. vgl. dazu auch ARL (Hg.) (2005), S. 384 f. sowie S. 561, aus planungstheoretischer Sicht dazu Fürst, D., Scholles, F. (Hg.) (2004), S. 12 f. Siehe auch: Bongards, M. G. (2004), S. 26 ff.

22 Kegler, H. (2022): Herausbildung und Institutionalisierung von Stadt-Umland-Planungen, S. 10–13.

schaftlichen Grundlagen ab 1900 mit in den Blick genommen werden. Dies wird fallweise einbezogen. Zugleich muss die Geschichte auch als ein Werk von Personen und Institutionen verstanden werden, die in den politischen, ökonomischen und kulturellen Verhältnissen der Zeit wirkten und somit selbst widersprüchlich waren. Das soll betont sein, weil gerade die Landesplanung und Raumordnung zumeist im Kontext konservativer Geisteshaltungen verstanden werden. Die Landesplanung ist aber nicht schlechthin „Spielball" der dominierenden konservativen Denkhaltungen und Verhältnisse oder gar protofaschistisch kontaminiert. Sie hat einen eigenen wissenschaftlichen Kern, ohne den nicht von einer Fachdisziplin gesprochen werden kann. Dieser steht in einer relativ eigenständigen Disziplingeschichte und ist mit der wissenschaftlichen Community international vernetzt. Dennoch müssen die politischen oder ideologischen Probleme in den Blick genommen werden – Raumplanung ist nicht neutral. Sie ist Teil der Verhältnisse und wirkt auf diese zurück. Was ihr dabei gelingt und wie sie sich selbst wandelt, ist Bestandteil der Auseinandersetzungen um die räumliche Daseinsweise der Gesellschaft. Die vorliegende Publikation geht dem für die ersten beiden Jahrzehnte des 20. Jahrhunderts nach und lädt die Leserschaft zur Diskussion darüber ein.

Zum Begriff „Mitteldeutschland"

„Mitteldeutschland", das ist eine durchaus widersprüchliche, historisch schillernde Bezeichnung eines Raumes, der auch als ein „Brückenraum" genannt wird.[23] Dieses Gebiet ist räumlich wie administrativ nicht eindeutig abgrenzbar, obgleich es auf die heutigen drei Bundesländer Sachsen-Anhalt, Thüringen und Sachsen bezogen wird. Als ein – wie bisweilen behauptet – „Leitbild für Sachsen-Anhalt" taugt dieser Begriff nicht und soll auch so nicht verstanden sein.[24] Vielmehr wird in den folgenden Abhandlungen „Mitteldeutschland" tatsächlich als „Brückenbegriff" verstanden, als offener Bezugsraum zwischen Harz, Elbe und Saale sowie als ein historischer Raumbegriff, der einen semantischen Übergang aus der langen Geschichte dieses europäischen Gebietes zu einem noch zu findenden und eventuell geeigneteren Leit-Begriff dieses Raumes markiert. Mit der im Ausblick eingeführten Idee eines „Regionalparks Mitteldeutschland" soll ein Schritt in diese Richtung gegangen werden, ohne Anspruch zu erheben, damit eine abschließende Begrifflichkeit gefunden zu haben. Die Diskussion darüber wird weitergehen.

Zunächst wird der Begriff „Mitteldeutschland" als Terminus technicus verwendet und in Anlehnung an den fachlichen Sprachgebrauch des hier hauptsächlich zur Debatte stehenden Zeitraumes der 1920er Jahre aufgegriffen. Der heutige Wirtschaftsraum, der sich informell diesen Namen zulegte, bezieht sich auf die Städte Leipzig, Halle, Magdeburg, Jena, Gera und Dessau sowie die angrenzenden Räume. Historisch war er auch nicht klar begrenzt: „Mitteldeutschland – seine genaue Abgrenzung ist nicht immer leicht […]. Die preußische Provinz Sachsen und der Freistaat Anhalt bilden den Kern des mitteldeutschen Bezirks, dem jedoch auch wesentliche Teile Thüringens ebenso zuzurechnen sind, wie man nicht ohne weiteres an der freistaatlich sächsischen Grenze überall wird Halt machen können und wie auch nach Nordwesten hin der Blick ins Braunschweigische hinein gehen muß."[25]

Er bezeichnete in den 1920er Jahren den geografischen Raum, der sich tatsächlich um die Mitte des Deut-

23 Böhlk, O. (2015), S. 7.

24 Böhlk, O. (2025), S. 83: „In Anbetracht der geringen Übereinstimmung […] mit der dezentral geprägten Tradition des sächsisch-anhaltischen Kultur- und Geschichtsraumes hat sich die Vision ‚Mitteldeutschland' als Leitbild für Sachsen-Anhalt überlebt."

25 Mitteldeutscher Verkehrsverein (Hg.) (1928), S. 4.

schen Reiches erstreckte. Diese lag etwa nördlich von Leipzig bei Bitterfeld im Dorfe Krina.[26] Wegen der räumlichen Unschärfe erfolgten Eingrenzungen, wie z.B. der „Engere Mitteldeutsche Industriebezirk", der Teile der preußischen Provinz Sachsen um Merseburg umfasste. Auf diesen Raum bezog sich auch der Landesplanungsverband.

Der Begriff „Mitteldeutschland" beinhaltet heute jedoch eine widersprüchliche Bedeutung. Zunächst war er seit den 1950er Jahren von bundesdeutscher Seite in der Zeit des Kalten Krieges auf das Gebiet der DDR (auch „Sowjet-Zone") – durchaus diskreditierend und bisweilen mit einem revanchistischen Unterton versehen – bezogen worden. Nach 1990 etablierte sich dieser Begriff erneut, diesmal unter Bezugnahme auf die Verwendung in den 1920er Jahren, zuerst in den Medien („Mitteldeutsche Zeitung", „Mitteldeutscher Rundfunk"), dann auch auf wirtschaftspolitische Zusammenhänge („Initiative Mitteldeutschland"[27]). Ein ideologischer Bezug zur Zeit des Kalten Krieges kann dabei nicht mehr nachgewiesen werden. Hofmann verwies 1992 auf die weiterhin noch mitschwingende begriffliche Unschärfe und erörterte die historischen Umrisse dieser „jungen politisch-historischen Landschaft".[28] Diese historische „Unschärfe" bietet zugleich einen konzeptionellen Vorteil. Der Planungsraum deckt sich nicht mit administrativen Grenzen, „spielte" also mit den überkommenen bzw. entstehenden Grenzen, überwand diese zweckorientiert und verknüpfte Getrenntes neu. Diese räumliche Indifferenz und die Virulenz der äußeren Bedingungen, die noch keine oder nicht endgültig festgesetzte Rahmen (z.B. rechtlicher oder organisatorischer Art) für die Ausprägung der Planungsstrukturen hatten, boten die Chance, grenzübergreifende Planung vorzunehmen. Daran könnte heute durchaus angeknüpft werden.

Dennoch ergibt sich eine weitere Betrachtungsebene bei der Verwendung des Begriffes „Mitteldeutschland". Es handelt sich dabei nicht um eine kulturgeschichtlich gewachsene, also nicht um eine „Realregion". Vielmehr kann von einer „Tätigkeitsregion" gesprochen werden, die erst durch das Wirken bestimmter Akteure einen Zuschnitt erhalten hat, der auch nur unscharf definiert ist. Inzwischen nimmt diese Region – jedenfalls in Ansätzen – auch den Charakter einer „Identitätsregion" an.[29] Es handelt sich also um ein gesellschaftliches Konstrukt, eine „produzierte" Region, die sich als langlebig erwiesen hat. In den 1920er Jahren kann sehr klar von einer „Designer-Region" gesprochen werden, denn dieser Raum wurde zunächst primär als Marketing- und Kooperationsraum der Wirtschaftsakteure gebildet.[30] Die Region weist somit das Merkmal einer postpositivistischen Region, wie sie Paasi in den 1980er Jahren definiert hatte, auf: Sie ist kein „Behälter", sondern eine „konkrete, dynamische Manifestation sozialer Prozesse".[31] An dieser Deutung soll mit dem Begriff „Mitteldeutschland" angeknüpft werden, ohne damit die innewohnenden historischen Widersprüche zu ignorieren und ohne diesen damit festzuschreiben.

---

26 Die „Wirtschaftsinitiative Mitteldeutschland" umgreift den historischen Raum des „Engeren Mitteldeutschen Industriebezirks" bis 1932: Metropolregion Mitteldeutschland, http://www.mitteldeutschland.com/ sowie (populärwissenschaftlich) http://de.wikipedia.org/wiki/Mittelpunkt_Deutschlands. Andere Angaben beziehen sich auf Spremberg (Lausitz) und Niederdorla (Thüringen) – in der Zeit des Deutschen Reiches in den 1920er Jahren.

27 www.mitteldeutschland.com. Das Gebiet dieser Initiative umfasst den Raum zwischen den Städten Magdeburg, Leipzig, Halle, Dessau, Gera und Jena. Damit kommt er dem historischen „engeren mitteldeutschen Industriegebiet" nahe.

28 Hofmann, W. (1992), S. 3–6. Hier werden die Wandelbarkeit und Unschärfe dieser geografischen Bezeichnung herausgearbeitet. Vgl. auch Tullner, M. (2008), S. 76–80 „Mitteldeutschlandfrage und Sachsen-Anhalt Plan": Hier wird der politischen Debatte um eine territoriale Neugliederung des Raumes unter dem Begriff Mitteldeutschland in den 1920er Jahren nachgegangen.

29 Blotevogel, H.H. (2000), S. 491–506. Die hier zitierte Typologie von Regionen findet sich auf S. 499.

30 Auf die Entstehung wird noch im Weiteren eingegangen. Zu Designer-Regionen siehe: Weichhart, P. (2000): Designerregionen – Antworten auf die Herausforderungen des globalen Standortwettbewerbs? in: Bundesamt für Bauwesen und Raumordnung (Hg.): Die neue Konjunktur von Regionen und Regionalisierung, Bonn, S. 549–566. Vgl. auch Buchholz, M. (1998), S. 14.

31 Paasi, A. (1986), S. 501.

Ein kurzer Überblick zur Entwicklung der Raumplanung

Die Planungsgeschichtsschreibung[32] hat sich in den zurückliegenden Jahrzehnten selbst auf den Weg zu einer neuen Qualität begeben, indem sie allmählich die empirische Erkundung in eine Phase theoretischer Reflexion zu überführen begann. Dieser Vorgang ist noch längst nicht abgeschlossen. Allein der Umstand, dass in den 1970er und 1980er Jahren die Stadtplanungsgeschichte als wissenschaftliche Disziplingeschichte begonnen wurde, und diese nicht mehr nur als Nebenzweig der Baugeschichte zu behandeln, kann als ein erstes Indiz dafür gewertet werden.[33]

Nun kommt eine weitere Ergänzung hinzu: Die Geschichte der Landesplanung wird um eine ihre „Wurzeln" erweitert. Die Entstehung der Raumplanung am Beginn des 20. Jahrhunderts fußt, wie erwähnt, wesentlich im Städtebau (Stadtplanung). Hier spielt die internationale Debatte um den „Großen Plan" (um 1910) eine wichtige Rolle.[34] Damit wird eine inhaltliche und räumliche Betrachtungs-Brücke zwischen dem Städtebau (Stadtplanung) und einer überörtlichen Planung, welche dann zur Landesplanung wurde, geschlagen. Die Nationalökonomie oder die Geografie spielten dabei eine begleitende, aber keine konstitutive Rolle.[35]

Die Frage, warum sich dieser Quelle der Landesplanung erneut zugewandt werden soll, erwächst – neben dem wissenschafts-historischen Eigenwert dieses Erbes – auch aus einer aktuellen Debatte um die Ausrichtung der räumlichen Planung in Zeiten grundlegender Transformationen. So ist die hier vorliegende Analyse auch in Grundlinien des Planungsdenkens eingebettet.

Als Resümee kann die Bewegung der Raum-Planungstheorien[36] (korrespondierend mit der Planung selbst) in den letzten 100 Jahren in Phasen eingeteilt werden: von der „rationalen Planung" (1. Generation – etwa 1900 bis 1970, mit unterschiedlichen Teilphasen) über die „kommunikative Planung" (2. Generation – etwa 1970 – 2000) bis zur „systemischen Planung" (3. Generation – etwa ab 2000). Die nichtlineare Planung (systemisch – resilienzorientiert, nachhaltig) wäre der 3. Generation zuzuordnen.[37] Doch, so muss gefragt werden, gibt es wirklich eine so relativ mechanische Abfolge der Planungsvorstellungen? Dürfte es nicht so sein, dass bereits viel früher Elemente der 3. Generation erkennbar sind, die bislang nicht so gesehen wurden, und die unser heutiges Planungsverständnis durchaus bereichern können? So begegnen uns Begriffe, die die heutige Planung charakterisieren, bereits um 1927 als Teile eines im Aufbau befindlichen Theoriegebäudes der Landesplanung. Gleiches gilt für die „kommunikative Planung" in Ansätzen. Mit der breiten Würdigung des planungstheoretischen und -methodischen Bestandes der Landesplanung Mitteldeutschland aus den 1920er Jahren und einigen Andeutungen im Ausblick zu einem

---

32 Zur Definition der Planungsgeschichte: „Wir verstehen Planung als Transformation gesellschaftlicher Erwartungen in Zukunftsentwürfe und Strategien, die den Bau von Städten und die Entwicklung von Regionen neben anderen Faktoren prägen. Planungs- und Städtebaugeschichte verknüpft die Reflexion über Landes-, Regional- und Stadtplanung sowie Städtebau als Disziplin, ihre Theorien und Entwürfe, ihre Ziele und Wirkungen, ihre Möglichkeiten und Grenzen, mit der sozialen, politischen, kulturellen und ökonomischen Entwicklung von Städten." Gesellschaft für Stadtgeschichte und Urbanismusforschung (GSU), 2011 (unveröffentlichter Beschluss des Vorstandes zur Definition der Tätigkeit der Sektion Planungsgeschichte).

33 Es war vor allem ein Verdienst von Giorgio Piccinato, die Tür zur Betrachtung der Stadtplanung (Städtebau) als wissenschaftliche Disziplin auf internationaler Ebene aufgestoßen zu haben. Sein Buch „Städtebau in Deutschland 1871–1914: Genese einer wissenschaftlichen Disziplin" war 1978 auf Italienisch erschienen, deutsch 1983. Parallel dazu hatte der Autor dieser Schrift – ohne davon zu wissen (die deutsche Fassung wurde dem Autor in der DDR erst 1985 zugänglich, als seine Dissertation zum selben Thema bereits verfasst war) – eine weitergreifende Analyse des disziplinären Herausbildungsprozesses angefertigt. Das Systemdenken hatte begonnen, Einzug in die Planungsgeschichte zu halten. Erste Konturen einer Brücke zur Planungstheorie wurden sichtbar, wie sie in der DDR dann mit den Beiträgen von Bach, Staufenbiel und Kind Ende der 1980er Jahre angedeutet wurden. Bach, J., Kind, G., Staufenbiel, G. (1988), insbes. S. 7.

34 Sonne, W. (2017), S. 29–36 sowie Bodenschatz, H., Gräwe, C., Kegler, H., Nägelke, H.-D., Sonne, W. (Hg.) (2010).

35 Vgl. dazu u. a.: Heineberg, H. (1989), S. 12 ff.

36 Die Periodisierung der Planungstheorien korrespondiert auch mit den disziplinären Entwicklungen, so auch der Landesplanung. Hier wird der Schwerpunkt auf Deutschland gelegt (international variiert dies).

37 Akademie für Raumforschung und Landesplanung (Hg.) (2005), S. 791.

„Regionalpark Mitteldeutschland“ soll auch die aktuelle Diskussion über jene „3. Generation“ räumlicher Planung weitergeführt werden. Dennoch richtet sich der Blick vorrangig auf die erste Phase, die der Entstehung der Disziplinen, als im Wesentlichen „rational“ ausgerichtete, wissenschaftliche und anwendungsorientierte, gestaltende Fachgebiete.

„Es ist kein Ehrenzeichen für die Macht der Intelligenz in der Menschheit, dass der Gedanke der Landesplanung erst aufkeimte und sich durchsetzte, als in den dafür ausersehenen Gebieten nicht mehr viel zu retten war. Den ersten Anfängen der Landesplanung in den englischen und deutschen Kohlegebieten lag noch nicht der große ideale Gedanke höherer Menschheitsentwicklung zugrunde. Es waren Notpläne, entstanden aus dem siedlungstechnischen Bankrott der freien Wirtschaft, Pläne, die nur notdürftig an äußeren Schäden wie Waldverwüstungen und Verkehrsverwirrung flicken und regeln konnten. Erst mit dem Übergreifen des Gedankens auf Gebiete mit mehr Spielraum für eine höhere Entwicklung hat sich der Landesplanungsgedanke erweitert und vertieft, und beginnt zu einem System des Wirtschafts- und Kulturaufbaus zu werden.“[38]

Mit diesem sendungsbewussten Zitat von Gustav Langen, dem wichtigsten Theoretiker der Raumplanung in den 1920er Jahren, wird die zeitgenössische Deutung von Landesplanung umrissen. Sie verortet die räumliche Planung im gesellschaftlichen Kontext ebenso, wie sie über das immer noch verbreitete Verständnis von Landesplanung hinausgeht, der noch das reaktive Moment anhaftet: „Landesplanung: die institutionalisierte räumliche Planung auf Landesebene“ sowie „Raumplanung: Planerische Bestimmung der Raumnutzungen und Raumfunktionen (d. h., übergeordneter Begriff von Landes- und Regionalplanung sowie Bauleitplanung)“.[39]

Diese rein funktionale Bestimmung enthält kaum programmatische Dimensionen; Planung gerinnt zum reaktiven Vollzugs- und Ausgleichsorgan der von anderen Akteuren gesetzten Inhalte oder Interessen. Dabei ist der Raum selbst Inhalt, also Gegenstand sozial-kultureller und ökologischer Auseinandersetzung um die zukunftsfähige Daseinsweise des vergesellschafteten Menschen als Teil natürlicher und ererbter Bedingungen. Es geht also um mehr als plantechnischen bzw. planungsprozessualen Vollzug, also eine konzeptionelle (strategische) Dimension der Landesplanung. Dabei darf nicht außer Acht gelassen werden, dass dies alles eingebettet ist in sozial-ökonomische Transformationen, die durch unterschiedliche Treiber im gesellschaftlichen Auseinandersetzungsprozess gestaltet werden.[40] Räumliche Planung ist dabei nur ein Akteur, aber einer, der insbesondere antizipierend wirkt oder wirken könnte.

In der Zeit der Industrialisierung, die die Voraussetzungen für die moderne räumliche Planung hervorbrachte, zeichnen sich drei Schwellen ab, an denen es zu bedeutsamen Änderungen in der räumlichen Planung kam: der Übergang zu einer kapitalistischen Landnutzung und der Suche nach ökonomisch neu justierten Beziehungen der Stadt zum Umland um die Mitte des 19. Jahrhunderts; der Aufbruch in eine stadt-regionale Ausbreitung der Industrie mit einem neuen Stadt-Land-Verhältnis (Randwanderung der Industrie im Übergang zum „Fordismus“) ab 1900; schließlich die komplexe Neuausrichtung der Raumentwicklung mit postfordistischen, neoliberalen Tendenzen seit den 1970er/1990er Jahren. Für diese drei Stufen stehen (aus deutscher Perspektive und grob umrissen) exemplarisch die räumlichen Theorien der „Thünenschen Kreise“ (Mitte des 19. Jahrhunderts), welche zwar für die Landesplanung zunächst keine Bedeutung hatten, aber später rezipiert wurden, sowie das Satelliten-Modell dezentraler Raumentwicklung (Beginn des 20. Jahrhunderts) und schließlich Konzepte, wie die doppelter Innenentwicklung auf

38 Ritter, H. (Hg.) (1928), S. 303 (Herv. d. Verf.).

39 Fürst, D., Scholles, F. (Hg.) (2004), S. 37.

40 Vgl. Sies, C., Brocher, T. (1999). Obwohl hier keiner mechanischen Analogie zwischen individuellen und sozial-kognitiven Systemen das Wort geredet werden soll, können Anregungen, die aus dem Modell der Autopoiese (Selbstreferenzialität) und Rückkopplung gewonnen werden, für die Historizität von nichtlinearen Strukturen im disziplinären Entwicklungsprozess fruchtbar gemacht werden. Siehe dazu: Heinz, W. (2008), insbes. S. 89 bzw. S. 273 ff.

stadt-regionaler Ebene der IBA Emscher Park im Ruhrgebiet oder auch der kulturell basierten Transformation „Industrielles Gartenreich" vom Bauhaus Dessau in Mitteldeutschland (um 2000). Waren die beiden ersten Vorstellungen vom räumlichen Wachstum geprägt, handelt es sich bei den dritten Ansätzen um 2000 um transformative hin zur erhaltenden Entwicklung („Wandel ohne Wachstum").[41]

In der zweiten Phase schälte sich zudem eine korrespondierende Parallelität von Planung und Entwicklung heraus: Die räumliche Planung (Stadt- bzw. Landesplanung) und Standortentwicklung als wirtschaftlich getriebene Strukturpolitik. Im 19. Jahrhundert wurde Entwicklung fast ausschließlich privat betrieben – nur allgemeine Infrastruktur- und Sozialpolitik waren staatlich gelenkt, meist verbunden mit militärischer und sozialer Sicherheitspolitik. Räumliche Planung agierte reaktiv. Mit der raumgreifenden Industrialisierung der elektro-chemischen Revolution ab 1900 traten neue divergierende Interessen im Raum aufeinander. Nunmehr bedurfte es verstärkt vorausschauender Planung, um Entwicklungskonflikte langfristig nicht eskalieren zu lassen. Dies beförderte die disziplinäre Entfaltung der räumlichen Planung. Somit wuchs der entstehenden Landesplanung in den 1920er Jahren ein weitgespanntes Betätigungsfeld zu: Die Raum-Wirtschaft insgesamt – nicht mehr vorranging nur die Bau- und Terrainwirtschaft wie beim Städtebau. Landesplanung kann – in den 1920er Jahren – auch als strategische Planung[42] verstanden werden. Diese zweite Phase rückt deswegen ins Zentrum der vorliegenden Betrachtungen, weil in ihr die eigentliche Geburt der Landesplanung erfolgte. Die Aufnahme von Steuerungs- und Strategiemethoden der Wirtschaftssteuerung in das Arsenal der räumlichen Planung erfolgte vorrangig in der Zeit nach dem 2. Weltkrieg, was mit einem Wandel verbunden war: Vom Städtebau-Bezug der Raumplanung zu einem verstärkten Wirtschafts-Standort-Bezug (Wirtschaftsgeografie).[43]

Diese disziplinären Prozesse sind eingebettet in übergreifende gesellschaftliche und ökonomische Konstellationen, die für die 1920er Jahre wohl grundsätzlich als bekannt angesehen werden können, jedoch punktuell eingeblendet werden, um Bezüge herzustellen.[44] Die Herausbildung der Landesplanung – nicht nur in Mitteldeutschland – kann demnach auch als eine Umgangsform mit den Umbruchkrisen in den „zerrissenen Jahren"[45] nach dem Ende des 1. Weltkrieges angesehen werden. Die eigentliche Etablierung der Landesplanung erfolgte im „besten Jahrfünft 1924–1929" – nach dem Ende der Inflation und vor dem Beginn der Weltwirtschaftskrise.[46] Dies aber war eher ein Zufall. Vielmehr wirkte die innerdisziplinäre Logik der Landesplanung für die Entfaltung ihrer inhaltlichen und organisatorischen Strukturen, natürlich nicht losgelöst vom gesellschaftlichen Umfeld. Das wird dann auch den Hauptteil in der folgenden Publikation ausmachen.

Die internationalen Verflechtungen von Stadt- und Landesplanung haben seit 1910 einen festen Stellenwert beim wechselwirkenden inhaltlichen Profilieren der Fachgebiete in den jeweiligen Ländern. Seit dem Ende des 1. Weltkrieges gewannen die Bezüge zu den USA einen nennenswerten Zuwachs. Nicht nur Gold-Dollar oder Ford-Automobile beeinflussten die ökonomisch-kulturellen Verhältnisse in Deutschland. Für die Landesplanung können die Landschaftsplanung und das Denken in suburbanen Strukturen in den USA als wichtige – oft auch indirekt wirkende – Einflussgrößen ausgemacht werden. Deswegen wird auf die Amerikanisierung besonders eingegangen.

41 Blotevogel, H. (2011): Gelenkte Raumentwicklung als implizite Raumordnung in der Geschichte, S. 76 ff.

42 Kühn, M., Fischer, S. (2010), S. 18 f. Hier wird die Definition von Strategie, wie sie in der planungstheoretischen Literatur gegenwärtig anzutreffen ist, hergeleitet, insbesondere unter Hinweis auf den linearen Charakter der „Ziel-Mittel-Bestimmung" vergangener Planungsvorstellungen. Diesem Verständnis wird die erweiterte, aktuelle Sicht gegenübergestellt, die auf einem adaptiven Verständnis basiert und sich demnach „Strategien aus Entscheidungssituationen emergent" herausbilden.

43 Schätzl, L. (2003), S. 63 ff.

44 Vgl. dazu auch Bertold, R. u. a. (1988), insbes. S. 340–343. Hier wird auch auf die Rolle der Landesplanung Mitteldeutschland eingegangen.

45 Blom, P. (2014), insbes. S. 26–29.

46 Möller, H. (2008), insbes. S. 172. Es kann jedoch nur von einer relativen Stabilisierung der Verhältnisse gesprochen werden. Der Krisenmodus blieb.

Der Aufstieg der Landesplanung kann aber nicht erklärt werden, ohne das Entstehen einer relativ breiten Resonanz in der Öffentlichkeit auf die Rolle von Planbarkeit der Entwicklung. Seit den großen Städtebau-Ausstellungen von 1910 und angesichts der Erfolge von Planung in den USA – im Sinne einer wirtschaftlichen Beförderung – kann in dieser Zeit von einer positiven Konnotation von Planung nicht nur in Fachkreisen gesprochen werden. Die hier behandelte internationale Städtebau-Ausstellung in Göteborg 1923 steht für diese beiden flankierenden Faktoren beim Aufbau der Landesplanung: Die Internationalisierung und eine öffentliche Wertschätzung von Planung. Nun tauchte auch die Rolle des Bauhauses in Dessau auf. Ab 1927 gab es wechselwirkende Bezüge von Landesplanung und Bauhaus. Das utopische Potenzial dieser Kunstschule wurde auch von der Landesplanung wertgeschätzt, wie umgekehrt die Planungen aus Merseburg (Sitz der mitteldeutschen Landesplanung) von Bauhäuslern aufgegriffen wurden.[47] Diese Bezüge, die auch in die Zeit nach dem 2. Weltkrieg – in Ost und West – reichten, werden als ein Brückenmotiv zur Gegenwart behandelt.

Die praktische Wirkungsgeschichte der Landesplanung hingegen wird nur insofern behandelt, wie sie hier für die Kernzone der Reflexion relevant erscheint. Der Landesplanung in den 1920er Jahren war es zumeist kaum mehr vergönnt, ihre Planungsarbeiten umfassend in die Praxis zu überführen, da sie mit dem Bruch von Weltwirtschaftskrise und dann dem Beginn der NS-Herrschaft 1933 grundlegend gewandelt wurde. Es wäre einer gesonderten Untersuchung anheim zu stellen, bestimmte Umsetzungen zurückzuverfolgen, ob sie unmittelbar auf Planungen der 1920er Jahren zurück gehen. Es kann davon ausgegangen werden, dass einige Planungen zu technischen/verkehrlichen Infrastrukturen von den nationalsozialistischen Planungsinstanzen weitergeführt wurden. Die institutionellen Vorarbeiten für das Reichsstädtebaugesetz (zuletzt 1931), in welchem auch die Landesplanung geregelt werden sollte und zu dessen Verabschiedung es nicht mehr kam, wurden von den Nationalsozialisten unter ihrer undemokratischen Zwecksetzung aufgegriffen und partiell umgesetzt.[48]

Seit den 1920er Jahren, vor allem aber seit der 1930 Jahren, hier vor allem forciert durch die NS-Politik, und dann nach dem 2. Weltkrieg nochmals neu ausgerichtet, begannen Kommunen und dann der Staat Raumentwicklung als „Strukturpolitik" zu verstehen und direkt über Projekte Landesentwicklung zu betreiben. Die Raumplanung (Stadt- und Regionalplanung) entfalteten sich relativ separat, mit der Raumentwicklung verbunden, diese mitsteuernd, aber oft auch hintangesetzt. Letztlich diente die Raumentwicklung einer Beschleunigung des Wachstums – übrigens in Ost und West ähnlich funktionierend.[49] Daraus ergaben sich auch zahlreiche Konflikte der langfristigen Raumplanung.

Am Ende des 20. und beginnenden 21. Jahrhunderts kommt es nun zu grundlegenden Verschiebungen im Planungsdenken, aber auch in der Raumentwicklung. Die Zeit eines linearen (fordistischen) Wachstumskonzeptes neigt sich dem Ende – es bleibt aber noch relativ dominant. Konflikte sind vorgezeichnet. Neue Dimensionen der Beeinflussung des Planungsdenkens wie der Raumentwicklungspraxis halten Einzug. Der Klimawandel sei hier stellvertretend genannt. Nun gewinnen Fragen wie die der Resilienz oder grundlegender Perspektiven (neue Visionen) an Bedeutung. Hier setzt der Vorschlag eines Regionalparks Mitteldeutschland an, der im Ausblick als eine Möglichkeit für eine neue Dimension länderübergreifender, demokratisch basierter und transformativ angelegter Landesplanung angesehen werden kann. Zu einer weiterführenden Diskussion soll damit angeregt werden.

47 Siehe dazu auch Klußmann, U., Mohr, J. (Hg.) (2015). Insbesondere der Beitrag von Ulrike Knöfel verweist auf das utopische Potenzial des Bauhauses: „Das Bauhaus war die große Chance seiner Zeit." S. 167. Das spiegelt sich ansatzweise auch bei der Landesplanung ab.

48 Schmitz G., Baumheier R., Akademie für Raumforschung und Landesplanung (1999), S. 13.

49 Kegler, H. (2021): Die Zeitschrift „Raumforschung und Raumordnung" und die DDR. S. 1–15.

1 Grundlagen der Landesplanung: Die städtebaulichen Wurzeln – disziplingeschichtlicher Exkurs zur Stadtplanung (Städtebau) um 1900/1910

Voraussetzungen

Die Landesplanung entfaltete sich im Zuge der elektro-chemischen Revolution des Hoch-Industrie-Kapitalismus ab etwa 1900. Diese Phase wird auch als „Zweite Industrielle Revolution" bezeichnet.[50] Jedoch begannen sich die fachwissenschaftlichen Grundlagen der Raumplanung bereits um die Mitte des 19. Jahrhunderts abzuzeichnen. Deren Grundlagen können in den sich ab 1800 vollziehenden Umwälzungen der räumlichen Grundlagen der gesellschaftlichen Entwicklung gesehen werden – zunächst in Europa bzw. den USA, dann auch in anderen Weltregionen. Dazu zählen: Die räumliche Entgrenzung der Stadt, die marktförmige Verfügbarkeit auch von außerstädtischem Boden sowie die Entkoppelung von Ressourcenbindung der Stadt an ein Umland. Nun konnte die industrielle Revolution mit ihren technologischen und sozial-wirtschaftlichen Dynamiken neue Stadt-Land-Verhältnisse hervorbringen.

Für die weitere Urbanisierung spielte, neben der Hygiene, die seit Anfang des 19. Jahrhunderts sich entwickelnde Landwirtschaftswissenschaft eine wichtige Rolle. Sie lieferte mit ihren Erkenntnissen einen bedeutenden Beitrag zur Ernährungssicherung und für das Stadtwachstum. In diesem Zusammenhang stellte der Ökonom und Landwirt Johann Heinrich von Thünen (1783–1850) mit seiner Schrift „Der isolierte Staat" von 1826 den ökonomisch-räumlichen Zusammenhang von Stadt und Land auf eine neue wissenschaftliche Basis.[51] Dieses Werk begründete eine ökonomisch-raumtheoretische Konzeption unter Marktverhältnissen und wirkte wegbereitend für die Raumordnung: „Thünen hat der Entwicklung der Raumforschung entscheidende Impulse gegeben [... und] eine allgemeine Theorie der optimalen Raumnutzung entwickelt".[52] In seinem Modell geht es im Kern um eine Aufteilung des Raums in landwirtschaftliche Nutzungszonen in Abhängigkeit von Entfernungen zur Stadt, womit der Zusammenhang von betriebswirtschaftlicher Kalkulation und Raumbewirtschaftung hergestellt wurde. Auf empirischer Grundlage entwickelte er eine Standortlehre, die zugleich eine wesentliche Basis der Nationalökonomie durch einen fundamentalen Beitrag zur „Grenzproduktivitäts- und Raumstrukturtheorie" („Thünensche Kreise") beinhaltete.[53] Thünens Untersuchungen hatten maßgeblichen Einfluss auf die sich mit Beginn des 20. Jahrhunderts entwickelnden Standorttheorien, die nun verstärkt die industriell-kapitalistische Entwicklung in den Mittelpunkt rückten.

Die eigentliche Herausbildung der Landesplanung in den 1920er Jahren jedoch gründete sich nur sehr indirekt auf dieser Quelle. Die Stadtplanung bzw. der Städtebau standen hier Pate. Landesplanung erwuchs gewissermaßen aus der Stadt heraus und erschloss sich inhaltlich schrittweise die Region. Die Standortlehre, die vor allem nach 1945 die Raumplanung zunehmend durchdrang, hatte anfänglich nur begrenzte inhaltliche Wirkung, bildete aber einen wachsenden Bezugsrahmen.

---

50 Rifkin, J. (2011), S. 21.
51 Thünen, J. (1875), S. 279 (zit. nach Bartz, R.-P. (Hg.) (1995): Johann Heinrich Thünen, Berlin, S. 113).
52 Schätzl, L. (2003), S. 71.
53 Hönsch, F. u. a. (1986), S. 46, 51 sowie Rau, S. (2013), S. 27–29.

1.1 Städtebau und Stadtplanung – klare und zugleich schillernde Begriffe[54]

„Um 1910 hatte sich im deutschsprachigen Raum der Begriff ‚Städtebau' durchgesetzt. Dieser Begriff ist vielschichtig. Er vereint das dreidimensionale baulich-räumliche Sein wie die gestalt-, flächen- und prozessbezogene Planung – eine Unterscheidung, die diskutabel ist, wie Frick zu Recht herausarbeitet.[55] Städtebau bezieht sich demnach auf den übergeordneten Prozess zum Bau/Umbau der Stadt, ja zur Stadt- und Siedlungsentwicklung als einen gesellschaftlichen Vorgang generell, in welchen die Stadtplanung eingebunden ist, welche wiederum diesen, auch baulich-räumlichen Vorgang antizipiert. Städtebau also – aus historischer Perspektive betrachtet – bezeichnete die verschiedenen Ebenen des komplexen Gegenstands: die planerisch-gestaltende Tätigkeit, also den städtebaulichen Entwurf, den Prozess der Umsetzung, also den Bau der Städte, und schließlich die gebauten Resultate selbst. In diesem Sinne war Städtebau weit mehr als Stadtplanung und das Zeichnen von Entwürfen, mehr also als die Tätigkeit von Stadtplanern, Architekten, Ingenieuren und Landschaftsarchitekten. In anderen Ländern verwendeten die Autoren dafür oft „Town Planning" oder, dem deutschen Städtebau vergleichbarer, „Urbanismus" (Urbanisme, Urbanistica ...), aber auch „Civic Art". Was damals *State of the Art* war, differenzierte sich in der Zeit nach dem 1. Weltkrieg zunehmend aus, nicht zuletzt durch Einflüsse des anglo-amerikanischen Sprachraums. So wurde die fachliche Tätigkeit eher als „Planung", der konkrete Bezug zur städtischen Architektur hingegen mit Städtebau bezeichnet. Hierfür hat sich vor allem seit den 1960er Jahren der Begriff des „Urban Design" im nichtdeutschen Sprachgebiet eingebürgert.[56] Allerdings gibt es weder im internationalen noch im deutschsprachigen Raum eine einheitliche Definition. Das mag aus akademischer Sicht unbefriedigend sein, in der praktischen Tätigkeit ist diese Unschärfe nicht unbedingt hinderlich. Sie belegt auch den Wandel, dem die Disziplin ausgesetzt war. Dieser Wandel hat zu einer Fragmentierung dessen geführt, was um 1910 unter Städtebau verstanden wurde. Inzwischen sind unterschiedliche Disziplinen mit diesem Gegenstand befasst, vor allem Stadtplanung, Architektur und Landschaftsarchitektur, aber auch die Politikwissenschaft, die Soziologie, die Ökonomie und andere."[57]

1.2 Die Konsolidierung der Disziplin Stadtplanung (Städtebau) in Deutschland[58]

Welch ein Auftritt einer neuen Disziplin! Mit der Städtebau-Ausstellung 1910 und dem vorausgegangenen Wettbewerb für Groß-Berlin präsentierte sich die junge Profession der Städtebauer erstmals in Gestalt von Plänen und Publikationen einer breiten Öffentlichkeit. Dieser Vorgang spielte sich nicht nur

54 Bodenschatz, H., Gräwe, C., Kegler, H., Nägelke, H.-D., Sonne, W. (Hg.) (2010), S. 018–019. Diese Passage des einleitenden Textes zum Ausstellungskatalog „Stadtvisionen 1910 I 2010" (S. 016–027) wurde im Wesentlichen vom Verfasser dieser Arbeit erstellt – natürlich auch im Diskurs mit den anderen Herausgebern bzw. Verfassern, wofür ein ausdrücklicher Dank gilt – und hier als einleitendes Kapitel vorangestellt.

55 Frick, D. (2008), S. 19 und 21 sowie Kegler, H. (1990), S. 66.

56 Gindroz, R. (2003), S. 9. Das Planungsbüro „Urban Design Associates" in Pittsburgh gehörte zu den ersten, die diese Bezeichnung offiziell trugen – ein Ausdruck für das Aufkommen dieses Begriffes, der auch im Zusammenhang mit den sozialen Reformbestrebungen in den USA in dieser Zeit gesehen wurde.

57 Bodenschatz, H., Gräwe, C., Kegler, H., Nägelke, H.-D., Sonne, W. (Hg.) (2010), S. 18.

58 Beitrag von Kegler aus: Bodenschatz, H., Gräwe, C., Kegler, H., Nägelke, H.-D., Sonne, W. (Hg.) (2010), S. 88–91. Vgl. zu diesem Themenfeld auch Kegler, H.: Die Herausbildung der wissenschaftlichen Disziplin Stadtplanung, Weimar 1987, und die dort angegebenen Quellen.

in Deutschland ab, sondern – in unterschiedlicher Ausprägung und zeitlicher Abfolge – in nahezu allen Industriestaaten um die Jahrhundertwende.
Den Anstoß für die Entstehung des Städtebaus moderner Prägung lieferten die Folgen der ungeheuren Urbanisierung der industriellen Zentren und der Hauptstädte, vor allem Paris, London und Berlin, in sozialer, technischer, ökonomischer und dann ästhetischer Hinsicht. Dabei verband sich die Problembewältigung, vor allem Fragen des Wohnungsbaus, der Kanalisation und des Verkehrs betreffend, mit der Befriedigung von Verwertungsinteressen am neu erschlossenen Grund und Boden der Städte, dessen planerische Grundlagen ausschließlich in der Vermessung und Absteckung des Bauerwartungslandes bestanden. So waren also zunächst Landmesser und Tiefbauingenieure sowie Bauordnungsbeamte (Baupolizisten) für den Städtebau zuständig. Die großen Stadterweiterungs- und Umbaupläne zur Mitte des 19. Jahrhunderts, etwa in Barcelona, Paris und Berlin wurden noch nicht von Architekten entworfen.[59]
Mit der Gründerkrise nach 1873 begann eine Reflexion über die private Produktion der Stadt in verschiedenen fachlichen und politischen Kreisen einzusetzen. Der Bedarf nach systematischem Vorausdenken dessen, was in den Städten, vor allem in den Erweiterungsgebieten passieren soll, damit dieser Prozess technisch, sozial und rechtlich in gesicherten Bahnen verläuft, ließ erste wissenschaftliche Abhandlungen und leitende Grundsätze für die Baupolitik entstehen. Dieser Abschnitt kann als Initialphase für die spätere Disziplin Städtebau angesehen werden. Mit der 1876 in Berlin erschienenen, Bahn brechenden Publikation von Reinhard Baumeister (1833–1917) „Stadt-Erweiterungen in technischer, baupolizeilicher und wirthschaftlicher Beziehung" wurde in Deutschland der wissenschaftliche Grundstein für die Disziplin gelegt.[60] Der Wanderversammlung des Verbandes deutscher Architekten- und Ingenieurvereine fiel 1874 in Berlin eine Schlüsselrolle zu. Hier hatte Baumeister erstmals „Thesen über Stadterweiterungen" vorgelegt, die, nach kontroversen Debatten, dann als Fundament für das Buch und für die weitere Herausbildung der Disziplin wegbereitend wirkten.[61] Hinzu kam namentlich die Vereinigung der Gesundheitspflege, die sich vor allem bei dem Kongress 1875 in München mit „Leitsätzen für Neubauten in neuen Quartieren größerer Städte" beschäftigte und den Anstoß für eine städtebauliche Hygienedebatte gab. Außerdem fanden ingenieurtechnische Abhandlungen zum Straßen- und Eisenbahnbau Eingang in die übergreifende Planungsdiskussion. Hier spielte August Orth (1828–1901) mit seiner Denkschrift für „Eine Berliner Centralbahn", 1871, sowie weiteren Schriften, die sich auf die Reorganisation des Berliner Bahn- und Straßensystems bezogen, aber übergreifende Bedeutung besaßen, eine große Rolle. Städtebau war in dieser Phase noch stark ingenieurwissenschaftlich geprägt.
Die ersten und komplexeren Handlungsanleitungen für die Planung von modernen Stadterweiterungen fanden nur in Ansätzen Eingang in die kommunale Planungs- und Baupraxis. Mit dem preußischen Fluchtliniengesetz von 1875 wurde eine erste Änderung der bis dahin gültigen Minimalregelungen für die Stadterweiterungen fixiert. Da im Gefolge der Depression von 1873/74 die Bautätigkeit ohnehin zurückgegangen war, konnte die Anwendung der neuesten Planungserkenntnisse nur begrenzt Erfolge zeitigen. So hieß es zum Beispiel in der Deutschen Bauzeitung 1891: „Die meisten Stadtgemeinden Hessens bauen noch heute ohne Bebauungsplan."[62] Außerdem waren Medien für die Verbreitung dieser Erkenntnisse und Institutionen für die Ausbildung von entsprechenden Fachleuten noch kaum vorhanden. Zu denen, die die vorliegenden Kenntnisse schon sehr früh, in den 1880er Jahren, anwandten, gehörte der Aachener Stadtbaumeister Josef Stübben (1845–1936). Mit seinem 1890 erschienenen, später noch zwei-

59 In Spanien erschien bereits 1867 das Grundlagenwerk „Teoría General de la Urbanización" des Bauingenieurs Ildefons Cerdà (1815–1876).
60 Baumeister, R. (1876).
61 Baumeister, R. (1874): Thesen über Stadterweiterungen, in: Deutschen Bauzeitung (DBZ), 67, S. 265.
62 (Ohne Autor): Über ein zentral-Tiefbauamt, in: Deutsche Bauzeitung, Berlin 1891, 46, S. 280.

mal (1907 und 1924) aufgelegten Handbuch „Der Städtebau“[63] gab er der Entstehung der Disziplin einen entscheidenden Impuls. In diesem umfassenden, bis heute anregenden Werk hatte er seine Erfahrungen aus praktischer Planungstätigkeit in Aachen, Köln und Berlin systematisch und anschaulich mit vielen Beispielen und 995 Abbildungen dargelegt. Stübben schuf damit auch den Prototyp späterer Handbücher. Ein Jahr zuvor hatte Camillo Sitte sein heute sehr viel bekannteres Buch „Der Städtebau nach seinen künstlerischen Grundsätzen“[64] vorgelegt, das zu einem Bestseller wurde und bis 1909 in Deutschland vier Auflagen zeitigte. Mit diesem Buch schlug Sitte eine Brücke zur gestalterischen Dimension der werdenden Disziplin. Anhand zahlreicher empirischer Befunde von städtebaulichen Ensembles mittelalterlicher, vor allem aber von Renaissance- und Barockstädten, leitete er eine fundamentale Kritik am ingenieurwissenschaftlichen Städtebau der vorangegangenen Dekaden ab und forderte die ästhetische Qualität im Städtebau ein. Dafür legte er auch methodische Ansätze vor. Mit dieser veränderten Auffassung von Städtebau reklamierte Sitte faktisch die Hegemonie der Architekten für die neue Disziplin. Seine Schrift wurde von der Fachwelt umgehend bei den ersten großen städtebaulichen Wettbewerben aufgegriffen. Ein wesentlicher Protagonist hinsichtlich der Verbreitung der Auffassungen von Sitte war Karl Henrici (1842–1927). Beim Wettbewerb für die Stadterweiterung von Dessau (1890) berücksichtigte er erfolgreich die neuen gestalterischen Prinzipien. Noch weiterführender sollten dann Henricis Vorstellungen von einem künstlerischen Städtebau beim Wettbewerb für die Stadterweiterungen für München 1893 werden. Damit schuf er später vielzitierte Vorbilder. Mit der Definition des „städtebaulichen Raumes“ umriss er die morphologischen Elemente der Stadtbaukunst und führte Sittes Ansätze weiter.[65]
Mit Baumeister, Orth, Sitte, Stübben und Henrici hatte die Disziplin Städtebau im deutschsprachigen Raum im Wesentlichen seine Gründergeneration gefunden. Während der sich bis etwa 1910 erstreckenden nächsten Phase der disziplinären Konsolidierung traten neue Personen hinzu, die dem Städtebau in der öffentlichen Wahrnehmung und wissenschaftlich-künstlerischen Ausgestaltung zum Durchbruch verhalfen. Qualitativ und quantitativ begannen sich ab etwa 1890 die Aktivitäten zur städtebaulichen Planung signifikant auszuweiten. Die Zahl der Veröffentlichungen zu Städtebauthemen in verschiedenen baurelevanten Zeitschriften explodierte. Zwischen 1890 und 1910 erschienen etwa 500 Artikel zum Städtebau, eine für damalige Verhältnisse enorme Zahl. Sie bereiteten den Weg für die Gründung einer eigenen Fachzeitschrift, „Der Städtebau“, die ab 1904 erschien[66] und zum Sammelpunkt für die Fachdebatte wurde – ein deutliches Zeichen disziplinärer Emanzipation. Als Herausgeber fungierten Camillo Sitte, der jedoch das Erscheinen nicht mehr miterleben konnte, und Theodor Goecke (1850–1919), eine der für diese Phase der disziplinären Entwicklung maßgeblichen Personen. Weitere Indizien für die Konsolidierung der Profession waren die steigende Zahl von Vereinigungen, die sich städtebaurelevanten Themen widmeten, Konferenzen und Ausstellungen, welche besonders ab 1903, der ersten deutschen Städteausstellung in Dresden, zunahmen, aber auch die Zahl von städtebaulichen Wettbewerben, die ab 1905 deutlich stieg und nach dem Berliner Wettbewerb (1908–1910) noch einmal wuchs.
Der entscheidende Durchbruch zu einer eigenen Disziplin erfolgte aber mit der Aufnahme einer spezifischen Lehrtätigkeit. Für den Städtebau begann diese mit den „Städtebaulichen Vorträgen“ an der Technischen Hochschule zu Berlin ab 1908. Die Initiatoren dieser Fortbildungskurse waren der Architekt Felix Genzmer (1856–1929) und der Ingenieur Josef Brix (1859–1943). Darin spiegelte sich die doppelte, auch konkurrierende disziplinäre Herkunft des Städtebaus wider. Die Städtebaulichen Vorträge umfassten bis 1920 fast 70 Veranstaltungen zu städtebauhistorischen, ästhetischen, technischen, ökonomischen, juris-

63 Stübben, J. (1890).
64 Sitte, C. (1889).
65 Henrici, K. (1904), S. 3 (Erstveröffentlichung einzelner Artikel darin 1891).
66 Die Zeitschrift erschien im Ernst Wasmuth Verlag in Berlin, der sich zu einem der profiliertesten Bau- und Städtebauverlage entwickelte.

tischen, hygienischen und sozialen Fragen der Planung und Gestaltung von Städten. Der selbstständigen Städtebaulehre an der TH Berlin-Charlottenburg folgten dann reguläre Lehrangebote zum Städtebau ab etwa 1910 in Danzig, Dresden, München und Aachen, wobei städtebaurelevante Themen zu dieser Zeit Eingang in fast alle Architektur- und Bauingenieurstudiengänge der Technischen Hochschulen im deutschsprachigen Raum fanden. Damit hatte sich auch der Begriff „Städtebau" durchgesetzt und öffentlich etabliert. Er galt sowohl für die planende und gestaltende Tätigkeit, wurde aber auch für den realen Bauprozess der Stadt verwendet.

Zu den Merkmalen einer Disziplin gehört aber nicht nur ihr Institutionalisierungsgrad. Das Fachwissen verdichtete sich nach der Sammlung von Einzelerkenntnissen, wie sie in den ersten Handbüchern ihren Niederschlag gefunden hatten, zunehmend in einem Paradigma, einer leitenden Grundvorstellung. Diese entstand im Gefolge der Berliner Ausstellung und in der breiten Diskussion über deren Ergebnisse in Gestalt der „Dezentralisierung", der satellitären Stadtentwicklung als Modell für die Lenkung des explosionsartigen Wachstums der industriellen Stadtregionen. Sie wurde dann aber erst in den 1920er Jahren praktisch wirksam. Noch um 1910 konkurrierten zwei Modelle miteinander, das Modell der rationalisierten kompakten, urbanen Stadt und das neue Modell einer dezentralen Entwicklung, einer verallgemeinerten Suburbanisierung, und Protagonisten wie Theodor Goecke (1850–1919) oder Gustav Langen (1878–1964), der dann zu den Vollendern des disziplinären Aufbaus[67] gezählt werden kann, versuchten eine Verknüpfung dieser beiden Modelle. Darüber hinaus setzte kurz vor dem 1. Weltkrieg eine erste, noch zaghafte, Ausdifferenzierung der Disziplin ein, die mit den ersten Ansätzen zur Landesplanung ihren Ausdruck fand.[68] Mit den Arbeiten von Hoepfner oder Brunner, zwei wichtigen Figuren in der wissenschaftlichen Debatte der Endphase der Disziplinbildung Mitte der 1920er Jahre, kann so etwas wie eine finale Grundlegung des wissenschaftlichen Gebäudes zum Städtebau (Stadtplanung) konstatiert werden, welche auch als Basis der Argumentationen für die Landesplanung gelten kann. Von beiden (Hoepfner und Brunner) wurden, jeweils unterschiedlich akzentuiert, systematisch die Begriffe und das Verständnis des Planens dekliniert und diese in übergreifende gesellschaftliche Zusammenhänge, zuletzt vor allem zur Wirtschaft, eingeordnet.[69] Die Begrifflichkeiten fungieren als Indizien für eine Konsolidierung nicht nur der Disziplin schlechthin, sondern auch als der Ausdruck eines Selbstverständnisses im Planungsdenken gegenüber anderen Fachgebieten. Direkten Bezug darauf nahm dann Gustav Langen, eine Schlüsselfigur der entstehenden Landesplanung, als er 1927 schrieb: „Die großen Gesichtspunkte des neueren Städtebaus, die nacheinander in den verschiedenen Entwicklungsabschnitten in den Vordergrund treten, sind Hygiene, Kunst, Soziologie und Wirtschaft."[70] Damit begann zugleich eine Selbstreflexion der Disziplin – ein wichtiger Ausgangspunkt für eine inhaltliche wie strukturelle Weiterentwicklung.

Die institutionelle Karriere der Disziplin war jedoch nicht nur auf Deutschland beschränkt. Vor allem von England, wo zwei der konzeptionellen Vordenker der Gartenstadtidee wirkten, Ebenezer Howard (1850–1928) und Raymond Unwin (1863–1940), dem zugleich wichtigsten englischen Praktiker und

---

67 Zugleich wurde er in den 1920er Jahren einer der Gründer der wissenschaftlichen Landesplanung.

68 Hier sei stellvertretend auf Robert Schmidt und seinen Beitrag zur Konstituierung der regionalen Planung im Ruhrgebiet verwiesen: Schmidt, R. (1912). Diese beginnende Ausdifferenzierung war ein untrügliches Indiz für die Etablierung der Disziplin Stadtplanung/Städtebau. Der eigentliche Ausdifferenzierungspunkt, d. h. die relative Abspaltung der Landesplanung, lag erst um 1923.

69 Hoepfner, K. A. (1928). Er führt hier seine Ausführungen aus dem 1. Band von 1921 weiter. Er fordert und umreißt in seinem Werk – ganz im Gebäude des Determinismus stehend, dass sich „Regeln, Systeme, Gesetze aus der Erforschung der Bedürfnisse [… für die Gestaltung der Städte] logisch und beweisbar entwickeln lassen" (S. III, Vorwort). Brunner, K. H. (1925). Brunner hingegen ordnet den Städtebau zwischen Bautechnik und Sozialökonomie ein: „soziale Baupolitik: die technische Realisierung der modernen, universalistischen Gesellschaftsordnung" (S. 45) und definiert die Berufstätigkeit im Städtebau als „organisierende, nach großen Gesichtspunkten disponierende oder verwaltende Tätigkeit" (S. 63).

70 Langen, G. (1927), Vorwort.

Theoretiker sowie praktischen Gestalter der ersten Gartenstadt, gingen starke Impulse für die internationale Städtebauentwicklung aus. Aber auch in den Niederlanden, in Skandinavien, Frankreich und Italien gewann die städtebauliche Disziplin an Bedeutung, was sich auch in den Veröffentlichungen und Teilnehmerzahlen von Kongressen und Ausstellungen niederschlug. In den USA prägten Landschaftsarchitekten wie Frederick Law Olmsted Sr. (1822–1903) und vor allem Olmsted Jr. (1870–1957), aber auch Ingenieure und Sozialreformer die Disziplin Stadtplanung theoretisch wie praktisch. Mit den USA begann in dieser Zeit ein zunehmender Austausch. Insbesondere die Projekte für große und kleine urbane Parks fanden in Europa großes Interesse. Stadtplanung (Städtebau) war zu einer internationalen Disziplin geworden. Deutschland gehörte zu den führenden Ländern im Grad der Institutionalisierung und der Qualität des städtebaulichen Fachwissens und zu einem maßgeblichen Impulsgeber auch auf der internationalen Bühne. Und Berlin war das deutsche Zentrum der neuen Disziplin. Ihr kognitives Rüstzeug hatte die junge Disziplin bis zum 1. Weltkrieg aufgebaut, das mit der Vorstellung einer durch Dezentralisierung zu kanalisierenden Entwicklung der Städte ihren Hauptausdruck fand, der dann gleitend zur Landesplanung führte.

2 Die Dezentralisierungsdebatte in Deutschland und die Ausstellung in Gotenburg 1923

2.1 Die Dezentralisierungsdebatte in Deutschland: Entstehung des kognitiven Kerns für die Landesplanung in Mitteldeutschland bis 1923

„Von wesentlich tieferen Ideen als die Agrargesetzgebung wird die auf dem Boden der Selbsthilfe erwachsene Gartenstadtbewegung getragen, die das Problem der Dezentralisation der Bevölkerung durch Schaffung in sich geschlossener Wirtschaftskörper lösen will. Die durch das Buch von Ebenezer Howard ‚Garden Cities of to-morrow' ausgelöste Bewegung ist die natürliche Reaktion gegen die bis auf die Spitze getriebene Citybildung sowie gegen die in jahrhundertelanger Entwicklung herausgebildete eigenartige Agrarverfassung. In theoretischer Beziehung bedeutet sie den Ausbau und die Verwirklichung der Bodenreformtheorien des verflossenen Jahrhunderts."[71]
Um 1910 kulminiert die Dezentralisierungsdebatte in der sich herausbildenden Disziplin Stadtplanung in Deutschland: Ihr Paradigma hat konkrete Gestalt angenommen: die Planung einer dezentralen Entwicklung der großen Städte mittels Bildung satellitärer „Nebenmittelpunkte". Herausragender Kulminationspunkt ist die große Berliner Städtebauausstellung 1910, der der Wettbewerb für die zukünftige Entwicklung der Reichshauptstadt vorausgegangen war.[72] In der Folgezeit bis Anfang der 1920er Jahre formt sich diese Vorstellung eines gelenkten Stadtwachstums zu jener bestimmenden Leitvorstellung, die die räumliche Planung bis in die Gegenwart prägt, ja geradezu eine Renaissance am Anfang des 21. Jahrhunderts erfährt.[73]

Die Vorläufer der Dezentralisierungsdebatte ab etwa 1870

„Wir sprechen alle Tage von Dezentralisation [...]."[74]

Bereits 1870 war, schenkt man solchen euphorischen Äußerungen Glauben, das Thema Dezentralisation ein debattiertes Feld. Die Disziplingenese der Stadtplanung begleitete latent seit ihrem Beginn um 1870 die Dezentralisierungsfrage. So eröffnete Ernst Bruch bei seiner Erörterung um die Zukunft von Berlin eine Aussicht auf eine dezentrale Entwicklung für die sich gerade emanzipierende Großstadt. Getragen von liberalen ökonomischen und kulturellen Vorstellungen unterbreitete er pragmatische und empirisch begründete – verbal dargestellte – Lösungsvorstellungen für eine sich abzeichnende Entwicklung.[75] Dies griff durchaus weiter als der 15 Jahre zuvor entworfene große Fluchtlinienplan von Hobrecht für die Entwicklung Berlins.[76] Dennoch dominierte die Frage nach einer Lösung aktueller Planungsprobleme des

71 Niehus, H. (1910), S. V.
72 Kress, C. (2011), S. 55–60. Berlin war für die fachliche Debatte das Anschauungsbeispiel in Deutschland für die Suburbanisierung, beginnend mit der Erschließung des Südwestens Ende des 19. Jahrhunderts, und schließlich ab 1925 mit dem umfassenden Siedlungsbau. So wurde bereits 1892 durch den Unternehmer Carstenn ein Plan für eine „Berlin-Potsdamer-Gartenstadt" vorgelegt – vielleicht ein Vorläufer späterer Satellitenplanungen entlang der Radialen der Großstadt.
73 Calthorpe, P., Fulton, W. (2001).
74 Windthorst, zitiert nach Bruch, E. (1870), S. 159.
75 Bruch, E. (1870), S. 185.
76 Geist, J.; Kürvers, K. (1980), S. 481–505.

durch den gründerzeitlichen Boom ausgelösten und als chaotisch empfundenen Städtebaus die Debatte. Einer inneren Logik der sich daraus ergebenden Handlungszwänge folgend, begann sich die Disziplin Stadtplanung herauszubilden: Die Funktionsfähigkeit der bestehenden größeren Städte in sozialer, kommunalpolitischer, technischer, hygienischer und ästhetischer Hinsicht schien gefährdet; es musste ‚Ordnung' geschaffen werden.

Mit dem ersten Handbuch für Stadterweiterungen 1876 (Reinhard Baumeister)[77] und der sich in der städtebaulichen Praxis durchsetzenden Zonenordnung (ringförmigen Erweiterung der Städte) zielte die Planung auf die Regelung vornehmlich der stadttechnischen, hygienischen und rechtlichen Fragen, die sich bei der Ausdehnung der Städte in ihr Umland ergaben. In den 1890er Jahren rückten die ästhetischen Dimensionen der Planung deutlich in den Vordergrund, erwiesen sie sich als ein gewisses Handicap bei der Vermarktung von städtebaulichen Projekten, aber auch bei der Suche nach angemessener Repräsentanz öffentlicher, städtebaulicher Ensembles. Die Wettbewerbe dieser Zeit bringen dies in besonderer Weise zum Ausdruck. Sie sind jedoch Teil der sich durchsetzenden Bauzonenplanung.[78] Dabei ging die „Vorortfrage" in dieser Vorstellung der kompakten, sich ringförmig erweiternden Stadt auf. Dennoch enthielten Diskussionen in den sich in dieser Zeit mit der Berliner Bauordnung beschäftigenden berufsständischen Vereinen bereits Aspekte einer kritischen Auseinandersetzung mit der Zonenordnung. So verwies der Verein für öffentliche Gesundheitspflege in seinen Leitsätzen 1895 auf die „Notwendigkeit weiträumiger Bebauung" und der Berliner Architektenverein forderte eine gesonderte Behandlung der Vororte in der zu überarbeitenden Bauordnung.[79]

Aus dem gesamten Arsenal des in den 1890er Jahren sich entwickelnden Planungswissens ist besonders das Modell der sogenannten „gemischten Bauweise" hervorzuheben.[80] Diese Bauweise war als ein städtebauliches Quartierskonzept entwickelt worden, um eine Verdichtung von Baublöcken zu erzielen und damit eine Alternative zu den in Misskredit geratenen Hinterhöfen anzubieten, die insbesondere in Berlin offenkundig zu sozialen und hygienischen Problemen führten. Dieses Modell wurde später in der gesamtstädtischen/regionalen Dezentralisierungsplanung wieder aufgegriffen. Darüber hinaus gewannen die im Zuge an Fahrt gewinnende industrielle Entwicklung in den 1890er Jahren, und das damit einher gehende städtische Wachstum, die entstehenden suburbanen Gebiete an Bedeutung, die vor allem durch die Vorortbahnen befördert wurden. Dieser Vorgang war zuerst in England zu beobachten, griff dann aber auf den Kontinent über. Diese für die Mittelschichten attraktiv werdende suburbane Bebauungsart wurde in Deutschland durch die Stadterweiterungsbauordnungen befördert.[81] Allmählich begann sich in der Fachwelt in Deutschland die Vorstellung von der ringförmigen Erweiterung der Städte auf zugunsten locker verteilter wenig geschossiger Bebauung zu wandeln; das Modell der „Gemischten Bauweise" konnte auch dezentral eingesetzt werden. Ähnliche Tendenzen zeigten sich in den USA, jedoch etwas früher.[82]

77 Baumeister, R. (1876), S. 83.

78 Rodriguez-Lores, J. (1985), S. 58–90.

79 Vgl. Die Bauordnung für die Berliner Vororte im Architekten-Verein zu Berlin, in: Deutsche Bauzeitung, 16, S. 93–95 sowie Leitsätze des Vereins für öffentliche Gesundheitspflege über die Notwendigkeit weiträumiger Bebauung (1895), in: Deutsche Vierteljahresschrift für öffentliche Gesundheitspflege, Braunschweig, S. 1–2.

80 Kegler, H. (1989), S. 69–75.

81 Sutcliffe, A. (1980), S. 50 f. Hier wird zum ersten Mal der Zusammenhang von Beginn der Suburbanisierung in Deutschland und die allmähliche Wahrnahme dessen durch die maßgeblichen Fachleute in den 1890er Jahren nachgewiesen.

82 Hayden, D. (2003), S. 61–70. Hier wird – stellvertretend – der ‚Klassiker' suburbaner Ansiedlungen, „Riverside", Illinois, von Olmsted 1869 geplant, vorgestellt, als Prototyp für die beginnende Suburbanisierung in den 1850er/60er Jahren. Diese gewannen dann um 1910 auch im transatlantischen Austausch für Europa/Deutschland an prägender Kraft.

Der Wendepunkt: Die Deutsche Städte-Ausstellung 1903 in Dresden

Diese erste „Bauausstellung der Städte […], in der der Städtebau einen großen Raum einnahm",[83] fungierte als eine Bestandsaufnahme des in der Stadtentwicklung Erreichten, vornehmlich in Deutschland. Sie war aber auch international gesehen eine der ersten dieser Art. Die Städte stellten sich in dieser Ausstellung erstmalig seit dem Beginn der Industrialisierung als eigenständige politische Institutionen und als baulich-soziales „Produkt" vor, also eine Art Selbstverständigung, die geeignet war, die Stadt als ein ganzheitliches und vielfältiges Phänomen für die Verwaltung, die Wirtschaft, für die jeweiligen Fachleute und die Bewohner in der Öffentlichkeit bewusst zu machen.[84] Wesentlicher Teil dieser Schau war die Plansammlung deutscher Städte, die als kollektionierende Institution spätere „Wissensspeicher" der Disziplin vorwegnahm. Eine Problematisierung der Stadtentwicklung erfolgte durch diese Ausstellung nur indirekt – es sollten vor allem die kulturellen und wirtschaftlichen Erfolge sowie das Selbstbewusstsein der Städte demonstriert werden. Die Rolle der kritischen Reflexion übernahmen die vor und während der Exposition abgehaltenen Vortragsveranstaltungen. Erstmalig wandten sich dabei Vertreter verschiedener Wissenschaften (Nationalökonomie, Geografie, Soziologie, Statistik, Verkehrstechnik) vereint dem Problem Stadt, insbesondere Großstadt, zu, um Anregungen für eine „planmäßige Verwertung derselben und die Aufstellung von Grundsätzen für zielbewusstes Handeln" zu geben.[85]

Eine sich entwickelnde urbanistische Wissenschaft trat in das Kontaktfeld der sich formierenden Planungsdisziplin.[86] Aus Sicht der Gesellschaftswissenschaften wurden in mehreren Vorträgen orientierende Positionen und Tendenzen des Phänomens „Großstadt" dargestellt.[87] Sie gaben zumeist hypothetische Anschauungen und deduktive Schlüsse wieder oder waren reminiszierend und beschreibend. Der Hauptbeitrag dieser Vortragsreihe, die in einem Sammelband erschien, bestand in der Bündelung des Wissensstandes zur Großstadtentwicklung, in welche auch internationale Tendenzen einflossen, so z. B. aus den USA. Es war das erste Auftreten der Stadtforschung und ein markantes Ereignis für die sich herausbildende Stadtplanung in Deutschland. Einer der Protagonisten dieser Entwicklung, Theodor Goecke, brachte die Situation für die Fachwelt auf den Punkt: „Die Plötzlichkeit in der Entwicklung unserer Städte hat unsere Techniker fast unvorbereitet getroffen; es fehlen praktische Erfahrungen und künstlerische Anschauungen, wissenschaftliches Rüstzeug zur Vertiefung in die Aufgabe."[88]

Die in den Vorträgen vertretenen Positionen zur Großstadtentwicklung beinhalteten in räumlich-sozialer Beziehung zusammenfassend Folgendes:

- die Notwendigkeit eines endlosen Wachstums der Städte,
- die Wandlung des Stadt-Land-Gegensatzes in eine neue kulturelle Qualität,
- das Ende der traditionellen Stadt steht bevor; die Großstadt übernimmt die führende Rolle für die „geistige" Entwicklung der Gesellschaft,
- die Städte und Siedlungen stehen in einem hierarchischen Verhältnis zueinander,
- der Verkehr übernimmt die Rolle eines Vermittlers dieser Entwicklung,
- bei der Dezentralisierung des Wohnens wird das amerikanische Landhaus als Vorbild empfohlen,
- eine strahlenförmige Stadtausdehnung wird gegenüber einer konzentrischen tendenziell favorisiert.

83 Goecke, T. (1904): Rückblicke auf die deutsche Städtebauausstellung in Dresden, S. 13.
84 Wuttke, R. (1904), S. XI, XIX, XX, XXI.
85 Büchner, K. (1903), S. 3.
86 Pfeil, E. (1972), S. 57 ff.
87 Mayr, G. v. (1903), S. 97.
88 Goecke, T. (1904): Rückblicke auf die deutsche Städtebauausstellung in Dresden, S. 13.

Mit den letzten beiden Argumenten wird ein deutlicher Hinweis auf den Zusammenhang von Verkehrs- und Stadtentwicklung sowie auf den erstrebenswerten Charakter der dezentralen Bebauung gegeben: eine Entdichtung und Auflösung urbaner Strukturen.

Die Reflexion der Dezentralisierungsdebatte in der Zeitschrift „Der Städtebau"[89]

Die Zeitschrift wurde ein Jahr nach der Städteausstellung in Dresden im Jahr 1904 gegründet und von Theodor Goecke (zusammen mit Camillo Sitte) herausgegeben. Vor dem weiteren Verfolgen des inhaltlichen Weges der Debatte soll hier ihr quantitativer Verlauf in den Jahrgängen der ersten disziplinären Fachzeitschrift Auskunft über mögliche Stadien und Kulminationspunkte geben und zugleich die inhaltlichen Akzente bzw. Entwicklungen aufzeigen. In der quantitativen Analyse können drei Faktoren unterschieden werden:

1. Die Anzahl der Beiträge zum Thema Dezentralisierung (Artikel bzw. Notizen):
Im Vergleich zu allen erschienenen Beiträgen (durchschnittlich 37 pro Jahr) umfassen diejenigen zur Dezentralisierung zwischen 10 und 25 %. Zu anderen städtebaulich relevanten Fachthemen (z. B. Stadt-

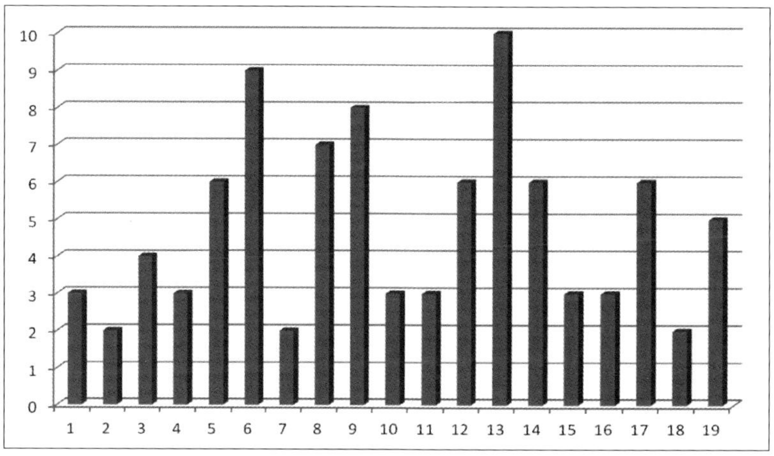

Grafik 1 In der Zeit zwischen 1904 und 1922 (19 Jahre) weisen die Jahre 1909 und 1916 die absoluten Spitzen aus

technik, Verkehr, Platzgestaltungen, Denkmale) erschienen jeweills durchschnittlich pro Jahrgang 3 bis 6 Beiträge (als ca. 5 bis 10 %). Hauptgegenstand waren natürlich Artikel zu Planungen unterschiedlicher Art, die mit 10 Beiträgen den Spitzenwert umfassen, gefolgt von spezifischen Artikeln bzw. Notizen zur Dezentralisierung.

2. Die Anzahl internationaler Beiträge:
Durchschnittlich zwei Beiträge pro Jahr zu verschiedenen städtebaulichen Themen stammten von ausländischen Autoren. Davon umfasste etwa die Hälfte Themen, die im Zusammenhang mit der Dezentralisierung standen. Dies setzte sich auch im Weltkrieg fort, wenngleich mit Verschiebungen bzgl. der Herkunft der Autoren.

89 Die Grundlage für diese Analyse bildete die Erfassung aller Beiträge in der Zeitschrift „Der Städtebau", Wasmuth Verlag in Berlin (Hg.: Goecke, T., Sitte, C.), mit Bezügen zur Dezentralisierung in den Jahrgängen 1904 bis 1922 durch den Autor. Grafiken S. 98 und 70: eigene Darstellung.

Darauf fußend, lassen sich in qualitativer Hinsicht vier Abschnitte der Dezentralisierungsdebatte ableiten, die jeweils den Reifegrad einer Widerspiegelung in der wichtigsten Fachzeitschrift umreißen:
1. Phase: 1904–1907 Einleitung der Dezentralisierungsdebatte im Städtebau
2. Phase: 1908–1912 Offenbarung der leitenden Ideen zur Planung (Paradigma)
3. Phase: 1913–1918 Ausgestaltung der planerischen Grundlagen und Diskurse
4. Phase: 1919–1923 Ausreifung der Grundlagen und Übergang zur Landesplanung
Innerhalb der 2. und 3. Phase liegen die (quantitativen) Höhepunkte: 1909 und 1911 bzw. 1916. Die zweite Phase (Offenbarung) lässt deutlich die Zeit vor und nach dem Berliner Wettbewerb von 1910 hervortreten. In der dritten Phase (Ausgestaltung) ergibt sich für 1916 ein solcher Bezugspunkt nicht. Die erste und vierte Phase scheinen einander zu ähneln, jedoch mit dem Unterschied, dass am Ende die begrifflichen und methodischen Konturen der Debatte klarer sind. Außerhalb der Spitzen widmen sich durchschnittlich 25 % der Artikel und Notizen diesem Thema, d. h. pro Heft mindestens ein Beitrag. Es handelt sich also um ein allgegenwärtiges Thema, das Konjunkturen durchlief. Hinsichtlich der Internationalität der Debatte (und ihrer Widerspiegelung in der Zeitschrift „Der Städtebau") erscheint quantitativ eine wesentlich größere Homogenität vorzuliegen. Der zu vermutende radikale Einschnitt am Beginn des 1. Weltkrieges relativiert sich – er ist quantitativ kaum spürbar, erst gegen Kriegsende nehmen die Beiträge ab.

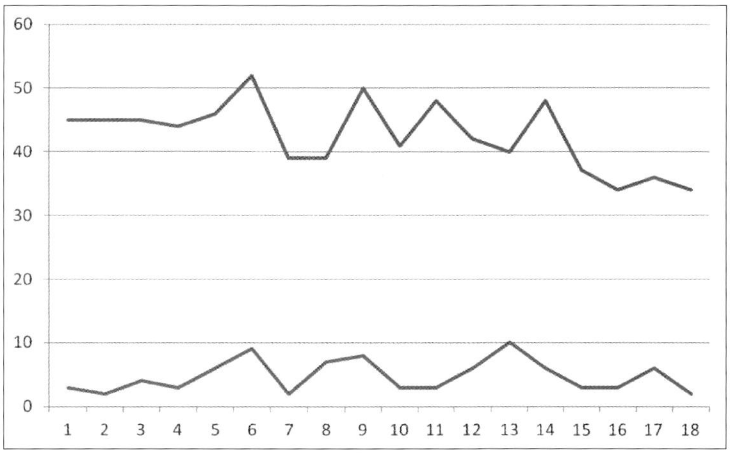

Grafik 2: Die obere Kurve zeigt die Gesamtzahl der Artikel in der Zeitschrift „Der Städtebau", die untere diejenigen zur Dezentralisierung darin in den 18 Jahrgängen zwischen 1904 und 1921.[90]

Interessant ist jedoch auch die territoriale Orientierung: Bis 1914 dominierte der Bezug auf England. Mit Beginn des Krieges übernehmen die USA die Rolle des Kontaktpartners, der mit Kriegsende und dann nach dem Krieg vor allem durch Skandinavien erweitert wurde. Parallel traten im Umfeld der ersten Spitze Österreich und die „Ostmark" hervor. Im Weltkrieg verstärken sich – bis 1916 – Diskussionen über die „Oststaaten". Es lassen sich also drei Regionen und drei Phasen in der Reflexion auf die internationale Dezentralisierungsdebatte feststellen. Ein „Raum-Zeit-Diffusionsmodell"[91] des Dezentralisierungs-

90 Es konnten nur 18 Jahrgänge untersucht werden, da dem Autor nicht alle Hefte des Jahrganges 1922 zur Verfügung standen. Das Gesamtergebnis der inhaltlichen Aussage wurde dadurch aber nicht beeinträchtigt. Auf der vertikalen Achse ist die Anzahl der Artikel verzeichnet; horizontal sind die Jahre 1904 (1) bis 1921 (18) angegeben.

91 Grishchenko, Y. (2007): Eine neue Klasse hybrider Innovationsdiffusionsmodelle: Ein theoretischer Vergleich mit existierenden Ansätzen und einer Analyse mit Simulationen und Realdaten, Diss. Humboldt-Universität, Berlin. Hier werden in einer

gedankens zeigt drei ‚Gravitationszentren' (Deutschland, England und die USA), was nicht überrascht, aber einen Beleg für die kognitiven Impulsgeber liefert.[92] Betrachtet man den Autorenkreis[93], so zeichnet sich ab, dass

- der überwiegende Teil der Autoren kein Lehramt an einer Hochschule innehatte – es sich also meistenteils um Praktiker des Städtebaus handelte,
- die Autoren sich in den „Flügelkämpfen" der Jahrhundertwende vorrangig im „ökonomischen Lager" um Goecke und Eberstadt befanden,
- Goecke zugleich dominierender Autor der Zeitschrift und Wortführer dieser „Linie" war und somit seine Auffassung nicht unwesentlich diesem Fachorgan und damit auch der Fachöffentlichkeit aufprägte,
- damit gleichzeitig ein gewisser Selektionsvorgang im Autorenkreis verbunden war, denn vergleicht man die Hauptautoren des Fachgebietes insgesamt mit denen der Zeitschrift „Der Städtebau", so gibt es folgende Differenzen:

„Der Städtebau":	Das Fachgebiet insgesamt:
1. GOECKE (bis 1919)	1. Stübben
2. Wehl	2. Sitte (bis 1904)
3. Eberstadt	3. Baumeister
4. Geissler	4. GOECKE
5. Schmidtkunz	5. Henrici

- der Hintergrund solcher Differenzen auch in einem Generationswechsel zu suchen ist: Die Initiatorengeneration disziplinärer Entwicklung wird „verdrängt" durch einen breiten Kreis disziplinärer Vollender. Die Generation der Träger, zu denen auch Goecke und Eberstadt gehören, fungierte als Vermittlergeneration,
- die Zeitschrift sich somit tendenziell zum Organ einer neuen (jungen) Generation von Stadtplanern/Städtebauern (70 %) sowie Wissenschaftlern, Unternehmern und Politikern (30 %) entwickelte – soweit das aus den Autorenangaben entnehmbar war, die zugleich Realitätssinn und theoretischen Anspruch in sich trugen,
- sich darin auch die Qualität Goeckes als überragende „Lehrerfigur" der Disziplin äußerte, wie Bruno Taut feststellte: „Goecke war in der alten Schule ein Lehrer der neuen Schule"[94],
- der Autorenkreis (64 Autoren im fraglichen Zeitraum) heute zumeist unbekannte Namen enthält, die aber entscheidend für die Ausprägung des inhaltlichen Niveaus des Fachgebietes wirkten; auf ihren Leistungen bauten die Leistungen der 1920er Jahre auf, darunter auch Namen, die in der Autorenliste um 1920 bereits erscheinen: z. B. May, Mächler, Schumacher oder Schmidt.

Die führenden Autoren der Fachzeitschrift waren zugleich auch die Wortführer in der Dezentralisierungsdebatte, allen voran Theodor Goecke (bis zu seinem Tode 1919).[95]

Übersicht Diffusionsmodelle von Innovationen aus wirtschaftswissenschaftlicher Perspektive diskutiert. Dieses Modell dient als Anregung für die vorgenommenen groben Einteilungen in Innovations-Gravitationszentren (Zentren des Diskurses und der fachlichen Ausstrahlung) für die Stadtplanungsdisziplin. Vgl. S. 12 ff. Bezug zur Theorie von Rogers. Danach ist die „Innovationsdiffusion ein Prozess, durch welchen eine Innovation über bestimmte Kanäle zwischen Mitgliedern eines sozialen Systems über die Zeit kommuniziert […] und von Adoptionseinheiten als neu wahrgenommen wird."

92 Fischer, H. (1985), S. 299 f.

93 Vgl. dazu: Kegler, H. (1987), S. 61 ff. zu den differenzierten Auffassungslinien in der werdenden Disziplin (ganzheitliche, künstlerische bzw. ökonomische Planungsauffassung). Diese Differenzierung wurde durch die Analyse der Zeitschrift „Der Städtebau" bzgl. der Dezentralisierungsfrage nunmehr weiter konkretisiert.

94 Taut, B. (1919), S. 13.

95 Eine umfassende biografische Würdigung dieser Persönlichkeit steht immer noch aus.

Die Perioden der Dezentralisierungsdebatte zwischen 1904 und 1923

Die Phase 1904 bis 1907: Einleitung

Auf der latenten Diskussion um eine wie auch immer zu gestaltende Dezentralisierung der Stadtentwicklung fußend, begann die engere Debatte mit einer Vorbereitungsphase. Zunächst wurde der „Städtebau" hinsichtlich des gesellschaftlichen Leitbildes der „modernen Kulturarbeit" zugeordnet, also einer ganzheitlichen Gestaltungsaufgabe.[96] Diesen Anspruch näher definierend, formulierte Abendroth die zugleich Allgemeingültigkeit besitzenden Ansprüche für die Lösung der Großstadtfrage im Sinne einer Dezentralisierung:

- sozialpolitisch: „gründliche Wohnungsreform";
- ökonomisch: „neue Absatzgebiete" schaffen (Wachstumsförderung);
- eigentumsrechtlich: „Verstaatlichung allen Grund und Bodens";
- politisch: Aussondern von „kommunistischen Rezepten" der Stadtgründung und Zurückdrängen der Sozialdemokratie durch Berauben deren sozialpolitischer Argumente sowie
- räumlich: Anlage von dezentralen, geschlossenen Siedlungen als neue „Stadteinheiten".[97]

Die Debatte gründete sich zunächst auf dem widersprüchlichen und zugleich diffusen gesellschaftlichen Konzept eines reform- und kapitalorientierten Gemeindesozialismus. Ein diesen Ansatz begleitender Großstadtpessimismus spielte nur eine untergeordnete Rolle.[98] Realitätsbezug und Planungswille der Praktiker wirkten stärker. Außer der Gewissheit, einer „höheren Mission" und den Nuancen des zeitgenössischen, reformerischen Gedankengutes verpflichtet zu sein, kann kein eigenständiges gesellschaftliches Leitbild des Fachgebietes für die Lösung der Großstadtfrage festgestellt werden. Ihr Schwerpunkt lag folgerichtig auf der räumlichen Seite der Dezentralisierung.

Der entscheidende Ausgangspunkt für die Dezentralisierungsdebatte lag in der Polemik mit dem bereits um 1900 in die Kritik geratenen Zonenordnungsmodell (Ringmodell). Goecke leitete aus der Planung für Stuttgart, die dem Ringmodell verpflichtet war, die Frage ab: „Wer will überhaupt heute im Zeitalter einer ganz außerordentlichen Städteentwicklung einer Stadt eine Grenze ziehen und sagen, bis dahin dürfe sie sich noch als Stadt fühlen und ausgestalten, weiter draußen aber habe sie den städtischen Charakter abzustreifen und allmählich aufzugehen im Lande?"[99] Theodor Fischer, den Planer von Stuttgart und München, indirekt angreifend, forderte Goecke anstelle des monozentrischen ein polyzentrisches Modell für die Planung der Stadt zu wählen, welches besser geeignet schien, soziale, ökonomische und kulturell-ästhetische Ansprüche der sich entwickelnden Großstadt zu realisieren.[100] Die Begründung für diese Forderung lieferten die ökonomischen Zwängen gehorchenden Modifizierungen der Zonenordnungspläne der Städte Halle und Magdeburg. Hier ließ man, abweichend vom Ringmodell, an bestimmten wichtigen Straßen höhere Bebauung als im Umfeld zu. Dieser „Notbehelf" der Praktiker, die den Verwertungsambitionen des Bodenkapitals spontan Folge leisteten, gab das Argument für den auf eine neue kognitive Stufe der Planung zielenden Vorschlag Goeckes.[101] Abendroth stellte deutlich den methodischen Unterschied der Planungen heraus: „Die einzelnen Radial- und Ringstraßen werden also bei dieser [auf Dezentralisierung angelegten,

96 Goecke, T. (1904): An unsere Leser, S. 1.
97 Abendroth, A. (1905), 2, S. 24–26; 3, S. 50 f. Abendroth, in Hannover tätig, umreißt in diesen Beiträgen als Erster das gesamte Spektrum der Aspekte einer Dezentralisierung der Großstädte, wobei er den städtischen Charakter des neuen, dezentralen Gebildes betont, also keiner einfachen Auflösung der Großstadt das Wort redet.
98 Schulze-Naumburg, P. (1906), S. 113.
99 Goecke, T. (1904): Zur Stadterweiterung von Stuttgart, S. 54.
100 Goecke, T. (1905), S. 3 f.
101 Ebd., S. 4.

H. K.] Stadtanlage nicht von dem Stadtinneren nach außen hin, sondern genau umgekehrt angelegt und besiedelt."[102] Damit setzten sich die Planungspraktiker auch von dem Gartenstadtmodell Howards ab, indem sie die bestehende Stadt erhalten und „lediglich" durch städtische Tochterstädte entlasten wollten und dabei die Ansiedlungstendenzen der Industrie dezidiert berücksichtigten.[103]
Ein zweiter Impuls für die Forcierung der Dezentralisierungsdebatte kam aus der „planlosen" Situation Berlins. Nachdem zur Jahrhundertwende der Hobrecht-Plan baulich erfüllt war, entstand im Erweiterungsgebiet der Stadt ein Defizit zusammenhängender Planungen. Diesen Zustand verallgemeinernd, konstatierte Goecke das Fehlen eines „leitende[n] Gedanke[ns] für das Ganze".[104] Dieser, geradezu als Makel auch für das Fachgebiet empfundene Zustand der Hauptstadt löste in der Folgezeit Bemühungen aus, die den disziplinären Fortschritt (mit)bewirkten.
Die in den 1890er Jahren hervorgebrachten Detailkenntnisse schufen ihrerseits einen Druck auf die Entwicklung eines adäquaten, ganzheitlichen Modells. Zunächst warb Goecke für sein Modell der „Gemischten Bauweise", das er als geeignet wähnte, die „gewaltsame und künstliche Maßregelung" der Zonenordnung bezüglich der städtischen Teilgebiete überwinden zu helfen.[105] In methodischer Hinsicht hatte sich die Zonierung (rationaler Kern der Zonenordnung) sukzessive in der Praxis und deduktiv durch die Verfechter rechtlicher Planungsinstrumentarien bis etwa 1900 herausgebildet. Im Reflex sozialer Segregationsprozesse in den Städten und die Erfahrungen der Planungspraxis aggregierend, wurden ausgereifte Zonierungsmodelle für die städtische Entwicklung vorgelegt. Herausragend war das Modell von Hercher für eine sozial-funktionell zonierte Stadterweiterung, das als beispielgebende Lösung der neuen Art von Stadterweiterung, nämlich der Bildung „in sich geschlossene[r] Ansiedlungen [...], Filialen der Großstadt" gelten könnte.[106]
Ein vehement vorgetragenes Argument für eine Erneuerung des Planungsleitbildes stellte die „Schablonenhaftigkeit" der vermeintlich aus der Zonenordnung erwachsenen Mietshausgebiete dar. Eine ästhetische Kritik, die breite Anhänger in der Öffentlichkeit hatte, und ebenfalls einseitig polemisierend auftrat, beförderte eine ganzheitliche Betrachtung.[107] Ähnliche Detailerkenntnisse lagen auf verkehrstechnischem, hygienischem, plantechnischem, rechtlichem oder bauökonomischem Gebiet vor, die nach Synthese drängten.[108]
Auffallend erscheint, dass die Bestrebungen zur Erneuerung des Planungsleitbildes nicht durch verifizierende Analysen erfolgten. Das „alte" Zonenordnungsmodell hatte seine Existenzberechtigung im Vollzug praktischer Adaption im Wesentlichen selbst verloren – eine Punkt-für-Punkt Beweisführung dagegen erübrigte sich offenbar; es genügte das Konstatieren dieses Zustandes und das Offenlegen sichtbarer Mängel. Das „neue" Modell – zunächst als deskriptive Annahme vorgelegt – wurde ebenfalls nicht im Prozess systematischer Beweisführung geboren. Anregungen dafür dürfte der 1. Deutsche Wohnungskongress in Frankfurt/Main im Oktober 1904, zugleich der erste Auftritt der Deutschen Gartenstadt Gesellschaft außerhalb ihres Vereinsrahmens, geboten haben. Die verabschiedeten Thesen enthielten, vor allem in den Punkten I, VI und IX, ein ausdrückliches Plädoyer für die „Städtedezentralisation" und für die Gartenstadt als die adäquate Lösung von Dezentralisierungs- und Wohnungsfrage. Die Thesen stellten zugleich den „geistige(n) Niederschlag einer jahrelangen, eingehenden Beschäftigung mit dem Gegenstande" dar und beinhalteten einen „Auszug aus der Fülle der Broschüren und Flugschriften".[109] Durch diesen Kon-

102 Abendroth, A. (1905), 3, S. 34.
103 Ebd., S. 36, 38.
104 Goecke, T. (1906): Zur Beschaffung eines Gesamt-Bebauungsplanes für Groß-Berlin, S. 85.
105 Goecke, T. (1905), S. 4.
106 Abendroth, A. (1905), 3, S. 33.
107 Goecke, T. (1904): An unsere Leser, S. 3.
108 Ebd. sowie Goecke, T. (1905), S. 2.
109 Abendroth, A. (1905), 2, S. 24 f.

gress und die Veröffentlichungen kann ein Vermittlungskanal eines erreichten Konsenses über die Dezentralisierungsnotwendigkeit als Lösungsweg sozialer und städtebaulicher Probleme in die „Kernzone" der entstehenden Disziplin nachgewiesen werden. Auf ähnliche Weise wirkte (auch 1905) der Abdruck von Literaturhinweisen, wie z. B.:

- 1905/1–3, S. 14: sieben Thesen aus der Monatsschrift für soziale Medizin „über die Notwendigkeit einer systematischen Dezentralisation [...]";
- 1906/1, S. 12: Oehmke: Gesundheit und weiträumige Stadtbebauung, u. a. mit Behandlung der Stadt-Land-Frage.

Als eine Herausforderung für eigene Bemühungen um internationale Konkurrenzfähigkeit betrachtete man ausländische Vorbilder: „Groß-Wien ist wirklich da, Groß-Berlin nichts weiter als ein Name!".[110] Dazu wären auch die Planungen für Parkanlagen nordamerikanischer Städte oder die Industrie- bzw. Grüngürtelidee von Howard zu rechnen.[111] Howards Modell wurde demnach „germanisiert", d. h. in Einzelheiten rezipiert und zweckentsprechend angepasst. Den grundlegenden Unterschied zwischen Howards Gartenstadtidee und der deutschen Rezeption, der nicht nur in baulicher Hinsicht gemeint sein dürfte, fixierte Abendroth: „Mein Vorschlag rechnet mit dem Bestehenden, er will nicht das Eine zerstören, indem er das Andere aufbaut [...]."[112] Von den wesentlichen Bestimmungsfaktoren der Dezentralisierungsdebatte fanden nur die tendenzielle Randwanderung der Industrie und die wirtschaftliche Handlungsbeschränkung der politisch selbständigen Vororte eine Erwähnung (Randwanderung der sogenannten „Minderbemittelten" – also wenig steuerträchtigen Schichten – im Gefolge der Industriewanderung und Citybildung).[113] Daran knüpfte sich die Forderung ganzheitlicher Betrachtung der Stadt als ökonomische Einheit an. Abendroth schälte sich in dieser Zeit als einer der Promotoren der Dezentralisierungsdebatte heraus.

Exkurs zum Begriff Suburbanisierung

Eine sich ab 1900 verstärkende Diskussion um die „Dezentralisierung" von städtischer Entwicklung gründete sich – zumindest indirekt – auf einer sich in anderen Wissenschaften durchsetzenden Erkenntnis über eine Veränderung der Stadt-Umland-Beziehungen. Hier taucht vor allem der Name des Ökonomen Werner Sombart (1863–1941) auf. Er hat in seiner stupenden Schrift von 1902 über den modernen Kapitalismus diese räumliche Veränderung der Großstadt begrifflich gefasst. Dabei entwarf er ein umfassendes Raum-Bild der Zentrum-Peripherie-Verhältnisse, die er als erster definierte.[114] Sombart leitete seine Kernaussagen über die Stadt aus den Veränderungen im Konsumverhalten ab. Demnach ging es nicht mehr vorrangig um die Versorgung der Stadt mit Lebensmitteln und Rohstoffen aus dem Umland, sondern um den Konsum in der Kernstadt, gepaart mit einem Konsum an Flächen für dezentrales Wohnen im Umland: „Der Kreis von Kunden in der Umgegend der Stadt, die in dieser ihren Bedarf namentlich an gewerblichen Erzeugnissen decken können, ist infolge der Eisenbahnen in stetem Wachstum begriffen. Nicht nur, dass eine immer größere Anzahl von Personen in der suburbanen Zone der Großstädte sich ansiedelt, die wirtschaftlich durchaus nach diesen gravitieren: auch aus größeren Entfernungen eilen die Reisenden herbei, um in den Magazinen der Großstadt einzukaufen [...]. Man könnte auch heute ganz gut von einer Landschaft sprechen, die wirtschaftlich in einer Stadt ihren Mit-

110 Goecke, T. (1906): Zur Beschaffung eines Gesamt-Bebauungsplanes für Groß-Berlin, S. 87.

111 Ebd., S. 85 ff., sowie Abendroth, A. (1905), 3, S. 38. Außerdem: Goecke, T. (1906): Der Wald- und Wiesengürtel von Wien und seine Bedeutung für den Städtebau, S. 88–92. Neben der Empfehlung für den deutschen Städtebau, nach dem Wiener Vorbild, Grüngürtel als Pufferzonen in den Großstädten anzulegen, setzte sich Goecke auch mit der Gartenstadtidee Howards auseinander. Der Schematismus dieser Idee, die Ignoranz des Bestandes und vor allem die Willkürlichkeit einer Begrenzung des Stadtwachstums stellen die Hauptkritikpunkte Goeckes an Howard dar (S. 92).

112 Abendroth, A. (1905), 3, S. 36.

113 Abendroth, A. (1905), 2, S. 26; 6, S. 84.

114 Ein erster Hinweis darauf wurde gegeben von Rau, S. (2013), S. 148 f.

telpunkt hat, nur dass die Grenzen des von der Stadt bedienten Gebietes immer weiter werden und die Kreise der einzelnen Landschaften sich vielfach scheiden."[115] Zudem führt Sombart weitere Begriffe ein, die sich auf die suburbane Zone beziehen, wie z. B. die „Randwanderung" (Sombart, 1902, S. 220), die „Citybildung" (Sombart, 1902, S. 247) oder die „Urbanisierung" generell (Sombart, 1902, S. 319). Damit kann er als ein terminologischer Wegbereiter der Raumplanungsdebatte angesehen werden. In den entstehenden Planungsdisziplinen wurden diese Begriffe erst im Laufe der 1920er Jahre rezipiert.

Der Begriff der „suburbanen Zone" dürfte von fundamentaler Bedeutung sein für die spätere Diskussion um Suburbia bzw. den suburban Sprawl. Zudem bezog er den Begriff der Landschaft ein, die für die regionale Betrachtung wesentlich war. Die ökonomische Basis der suburbanen Zone wurde zunehmend der tertiäre Sektor, was jedoch erst nach 1950 wieder aufgegriffen wurde und Einfluss auf die Wirtschaftswissenschaft hatte.[116]

Hintergrund der Dezentralisierungsdebatte war demnach der Übergang zum Industrialismus der „Zweiten industriellen Revolution" ab ca. 1900. Die Industrien verlagerten sich weiter ins Umland der Städte. In gleichem Maße rückten die urbanen Mittelschichten in das unmittelbare Umland der größeren Städte vor und konstituierten jene „suburbane Zone", deren Vorläufer zwar im 19. Jahrhundert anzutreffen waren, aber ab 1890 immer deutlicher hervortraten.[117] Die Feststellungen von Sombart wiegen – aus planerischer Sicht – umso schwerer, da bis etwa 1900 ein Planungsmodell für die Stadterweiterung galt, das eine ringförmige (schalenhafte) Zunahme des Stadtgebietes vorsah. Dieser grundlegende Wandel im Raumgefüge der fordistischen Industriegesellschaft entfaltete sich vollends nach dem 1. Weltkrieg, beginnend in den USA, zeigte sich aber in Ansätzen auch bereits in Europa. Hierauf fußten die konzeptionellen Wandlungen im Raumplanungsverständnis ab etwa 1910.

Die wichtige Phase 1908 bis 1912/13: Offenbarung

Die in der ersten Phase noch amorph erscheinende und nur von wenigen Protagonisten vorangetriebene Vorstellung, wurde nunmehr explizit mit den planungsrelevanten Problemen der Dezentralisierung in der Praxis in Bezug gebracht. Es begann sich ein allgemeines *Leitbild* zu formieren. Vorrangig ging es dabei um

- die Wachstumsproblematik der Städte,
- die Stadt-Land-Frage,
- die politischen Ziele der Stadtentwicklung und
- die Problematik der Planbarkeit von Stadtentwicklung generell.

Über eine Rezension des Buches von Mangoldt „Die städtische Bodenfrage" fand, im Sinne eines Autoritätsbeweises, die ‚gesicherte' Erkenntnis über die dezentralisierende Wirkung der Bodenpreise Eingang in die Planungsdisziplin.[118]

Ein vermutlich noch langanhaltendes Wachstum der Städte in Richtung Großstadt erlangte den Status eines orientierenden Festpunktes für die weitere Debatte. Der Gegensatz von Stadt und Land erschien als „unnatürlich" und dessen Aufhebung als real möglich, eine Annahme, die durch die gewachsenen technischen Möglichkeiten des Verkehrs genährt wurde.[119] Nicht nur die Unvermeidlichkeit der Dezentralisation galt als feststehender Grundsatz, sondern vielmehr erschien es notwendig, dass „unsere [städti-

115 Sombart, W. (1902), S. 278 (Herv. d. Verf.).
116 Schätzl, L. (2003), S. 149.
117 Fishman, R. (1987), S. 39.
118 Müller, L. (1909), S. 18–19 sowie Henard, E. (1910), S. 4.
119 Schmidtkunz, H. (1910), S. 43. Hier taucht zum ersten Mal der „Raum"-Begriff auf, der jedoch nicht weiter erörtert wird. Ansonsten diskutiert Schmidtkunz die Verkehrsfrage als Schlüssel zur Lösung des Stadt-Land-Gegensatzes (vgl. auch Kapitel 3.4.3 zum Raumbegriff).

sche] Kultur [...] über Land getragen werden [muss]".[120] Die Dezentralisierung (vor allem des Wohnens) bedeutete offenbar eine kulturelle Chance, d. h. politisch befriedete Verhältnisse und wirtschaftliche Prosperität auf das Land „exportieren" zu können als eine Art neuer Kolonisation, die mit der „unvermeidlichen Dezentralisation" der Industrie einhergehen solle, ohne die „Zerstörung der Landschaft" zu bewirken.[121] Die Planbarkeit der Stadtentwicklung im Sinne „sozialer Boden- und Ansiedlungspolitik" stand maßgeblich im Kontext der Bodenbesitzfrage. Weitgehende Einigkeit bestand in der Forderung nach Kommunalisierung des im Zuge der Dezentralisation in Anspruch zu nehmenden Bodens.[122] Als eine Ausnahme in dieser Debatte muss das generelle Infragestellen des kapitalistischen Wirtschaftssystems bezüglich der städtebaulichen Planbarkeit betrachtet werden: „Die restlose Lösung des Problems wird deshalb nur in der Veränderung des Systems selbst oder in einer veränderten Stellung der Bodenpreise in dem bestehenden möglich sein."[123]

Neue Anforderungen wurden für die gezielte Dezentralisierung definiert, wie z. B. die bevölkerungspolitische Aufgabe der Gartenstadt bei der „Ostmarkenpolitik", also der Erschließung des ostpreußischen Raumes, dienstbar zu sein.[124] Deutlicher politisch akzentuiert äußerte sich Hammer. Er plädierte für einen „Gemeindesozialismus", der sowohl die Ostgebiete zu stärken vermag als auch den „Staatssozialismus" entbehrlich machen sollte.[125] Zugleich wurde auf eine soziale Zielgruppe der Planung einer dezentralen Entwicklung bzw. der Vororte orientiert: den Mittelstand.[126]

Die Orientierungen für die Dezentralisierung als dem leitenden Planungsgedanken verdichteten sich und fanden schließlich mit den Beiträgen zum Berliner Städtebau-Wettbewerb 1909 ihren ersten Höhepunkt. Das Problem der Dezentralisierung für die Stadtplanung lag in dem zu klärenden Charakter der dezentralisierten städtebaulichen Struktur, insbesondere der neu zu bildenden Vororte. Die gewünschten Effekte der Bevölkerungsdezentralisierung ließen sich offenbar nur erreichen, wenn die Vororte genügend attraktive „Daseinsbedingungen" hätten. Zwar ließen sich bei niedrigen Bodenpreisen billige und durchgrünte Wohnsiedlungen bauen, die jedoch wenig attraktiv wären und kaum urbane Lebensbedingungen aufweisen würden[127] – offenbar also ein Problem der Lebensweise: „Läßt sich ländliches Wohnen überhaupt mit den vielfältigen und hohen Ansprüchen vereinen, welche an die ganze Entwicklung der Großstädte [...] und den Komfort gestellt werden [...]?"[128] Ein noch so attraktives Verkehrssystem könne nicht kompensieren, was an urbaner Qualität in den Vororten nicht vorhanden sei, ja, ob dies überhaupt zu schaffen sei, wird als eine grundlegende Frage der Dezentralisierung aufgeworfen.

Das Problemfeld für den Planer war benannt: Wie soll das dezentralisierte Stadtgebilde beschaffen sein? Schmidtkunz brachte – neben dem inneren Widerspruch von Industrie- und Wohndezentralisierung als zu bewältigende Planungsaufgabe und einer Zusammenfassung von Gründen für die Dezentralisierung – das Problem der Landschaftszersiedlung in die Diskussion ein.[129] Dies war keineswegs nur eine gestalterische Frage. Hier schwangen Heimatschutzgedanken und Bodenverwertung ebenso mit wie Sicherung von landwirtschaftlicher Fläche (insbesondere in den östlichen Gebieten) und eine der primä-

120 Schmidtkunz, H. (1908), S. 149.

121 Ebd.

122 Der Ansiedlungsverein Groß-Berlin (1909) stellvertretend über die Notwendigkeit einer Dezentralisierung als Lösung der Hauptprobleme Berliner Verhältnisse, in: Der Städtebau, 2, S. 25.

123 Strehlow (1912), S. 118.

124 Die Deutsche Gartenstadtgesellschaft plädiert dafür, dass bei neuen Ansiedlungen im Osten „einem städtischen Kern die bäuerlichen Stellen und auch wohl die Fabrikviertel kranzförmig einfassen". In: Der Städtebau, 2, S. 19.

125 Hammer, B. (1908), S. 79.

126 Wehl, D. (1910), S. 72.

127 Wehl, D. (1908), S. 50 f.

128 Geissler, O. (1908), S. 91 – zitiert nach Nussbaum, einen der wichtigsten Stadthygieniker der Zeit.

129 Schmidtkunz, H. (1908), S. 147–149 sowie Schmidtkunz, H. (1912) S. 67 und auch Geissler, O. (1908), S. 91 – zitiert nach Nussbaum.

ren Ökonomie entsprechende Lebensweise. Ein weiteres Planungsproblem kam im Vergleich mit Paris in die Diskussion: Das indirekt proportionale Verhältnis von Fläche und Dichte städtischer Bebauung. Daraus ergab sich zwangsläufig die Sicht auf eine Flächen- und Zeitökonomie der Stadt, besonders der Großstadt.[130] Die Argumentation zu diesem Problem erfolgte in Auseinandersetzung mit den realisierten englischen Gartenstädten. Beschreibungen auf Grund zahlreicher Besuche lieferten die Gewissheit, dass, abgesehen von den städtebaulichen Details, die gesamtstädtische Planung in England nicht bewältigt worden ist.[131]

Im Rahmen des Berliner Wettbewerbs legte das Kollektiv Eberstadt, Möhring, Petersen das sogenannte „Sektorenmodell" vor, das durch „Grünkeile" zwischen den Entwicklungskorridoren charakterisiert ist. Dieser Beitrag und die verallgemeinernden Ausführungen von Goecke markierten den kognitiven Durchbruch zur dezentralisierten Planung.[132] Im o.g. (geradezu trivial erscheinenden) Modell legten die Autoren ein systemartiges Modell vor, das die Grenzen bisheriger Vorstellungen (Ringmodell) überwand und sich von Vorbildern, insbesondere von Howards Gartenstadt löste und es vermochte, die Grundlage für ein dynamisches Modellverständnis der Planung zu legen. Vermittels der sogenannten „Grünkeile" gelang es den Autoren, sowohl das soziale wie auch das ökonomische Problem (scheinbar) schlüssig zu lösen: sozialhygienische, funktionelle und ästhetische Aufwertung der Stadt und ihrer Vororte sowie Kanalisierung der Bodenpreisentwicklung unter Umgehung der Enteignungsfrage. Die Quadratur des Kreises schien gelungen zu sein. In der Auswertung des Wettbewerbs entwarf Goecke ein allgemeines sozial-räumliches Modell dezentralen Charakters unter Verwendung seiner früheren Vorstellungen über die Bildung von „Nebenmittelpunkten". Der von ihm gespannte sozialkulturelle Bogen verwies – neben dem programmatischen Anspruch – zugleich auf den Charakter einer Theorie der Planung.[133] Für die theoretischen Vorstellungen zur Dezentralisierung (letztlich für die Disziplin insgesamt) erlangten sozial-kulturelle Werte eine konstituierende Funktion (im Unterschied zum Beweisanspruch der Naturwissenschaften). Den dynamischen Ansatz im Modell Eberstadts ausbauend, verwies er auf den Prozesscharakter in der Entwicklung des gesamten Siedlungssystems, womit er die nächste Dimension im Planungsdenken des Fachgebietes anriss.[134] Die Diskussion in der Zeitschrift zeigt resümierend hinsichtlich der Bebauungsstrukturen, dass in dieser Phase ein heftiger Richtungsstreit entbrannt war, der als polare Lager zwischen ‚Desurbanisten' und ‚Reurbanisten' verortet werden könnte, wohl gemerkt, auf gemeinsamer Grundlage der Vorstellung einer Dezentralisierung der Stadtentwicklung.

Einerseits bildete der heftige ‚Ökonomiestreit' zwischen den Befürwortern englischer Arbeiterreihenhäuser (Eberstadt) und der kompakten deutschen Mietshausbebauung (Voigt, Pohle, Weber) eine der Grundlagen für das Entstehen des Sektorenmodells[135], die zur Kanalisierung der „ungesunden" Spekulation in dezentral erweiterten Stadtgebieten führen sollte. Andererseits stützten die von Kuczynski und Lehweß durchgeführten ökonomischen Berechnungen von Bebauungsformen die durch Goecke entwickelte „Gemischte Bauweise".[136] Sie erschien als die geeignete Bebauungsform der dezentralisierten Stadt (sowohl für den Umbau der Innenstadt als auch die Erweiterung im Randsiedlungsgebiet). Die Bemühungen um

130 Henard, E. (1910), S. 6.

131 Eberstadt, R. (1909): Die neue Gartenvorstadt in London-Hampstead, S. 100 sowie Wehl, B. (1909), S. 160.

132 Goecke, T. (1911), 1, S. 2–5, 2, S. 16–20, 3, S. 29–31. In diesen drei Artikeln entwickelte Goecke eine Gesamtbewertung der Wettbewerbsbeiträge mit ihrem paradigmatische Bedeutung erlangenden Charakter, insbesondere zu den Preisträgerbeiträgen.

133 Ebd., 2, S. 18.

134 Diestel, K. (1911), S. 85.

135 Böhmert (1909), S. 15–17 sowie Eberstadt, R. (1909): Die städtische Bodenparzellierung in England und ihre Vergleichung mit deutschen Einrichtungen, S. 1. Hier wird auf die Vorteile des englischen Systems verwiesen.

136 Goecke, T. (1911), S. 17.

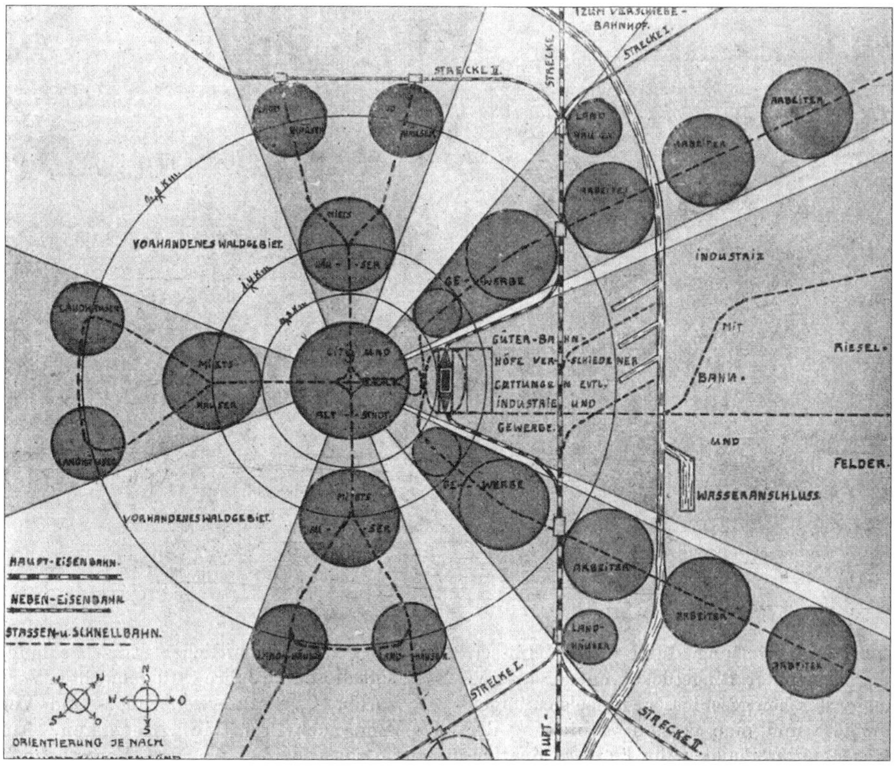

1 Schema für die Dezentralisierung einer Großstadt (Region), 1912 (Bevölkerung einer Mittelstadt mit ca. 60.000 Einwohnern zu einer Großstadt mit ca. 200.000–300.000 Einwohner)

ökonomische Verifikation der stadtplanerischen Details konnte zudem aus verkehrstechnischer Sicht gestützt werden, wodurch das Radialprinzip zusätzlich favorisiert wurde.[137]

Zur Durchsetzung dezentralisierter Stadtentwicklung forderten die Protagonisten der Berliner Stadtplanung eine gleichlaufende Dezentralisierung der Verwaltung und Planungsarbeit. Ein „Groß-Berlinisches Städtebauamt“ sollte die Koordinierungsfunktion dezentralisierter Planung ausüben.[138] Dieses Beispiel institutioneller und staatsrechtlicher Konsequenz der Dezentralisierung hätte als dessen Garant und Instrument fungiert. Mit der Vorbereitung und Gründung eines heftig debattierten kommunalen Zweckverbandes für Groß-Berlin 1912, in welchem die Hauptstadt und ihr Umland planerisch vereint wurden, gelang dieser übergreifende Dezentralisierungsversuch (Abb. 1). Der Zweckverband wurde jedoch 1920 wieder aufgelöst und durch eine Großgemeinde Berlin sowie, erst 1929, durch einen planerischen Zusammenschluss der Umlandgemeinden zu einem Landesplanungsverband ersetzt.[139] Diese ersten Erfahrungen mit einer praktizierten übergemeindlichen Planung bildeten auch einen wichtigen Erfahrungshintergrund für den Aufbau von Landesplanungsstrukturen in Mitteldeutschland. Der 1912 gebildete Zweckverband für Groß-Berlin kann als das wichtigste praktische Ergebnis des Wettbewerbs von 1909 angesehen werden.[140] Zugleich markierte er das erste Anzeichen der beginnenden Landesplanung als kommunalpolitische Konsequenz aus der Dezentralisierungsdebatte.

Parallel dazu hatte Robert Schmidt (1869–1934) im gleichen Jahr die „Denkschrift betreffend Grundsätze zur Aufstellung eines General-Siedlungsplanes für den Regierungsbezirk Düsseldorf“ in Essen vor-

137 Blum, O. (1911), S. 124. Dieser Beitrag basiert auf einem Vortrag zur „Städtebau-Woche“ in Düsseldorf.
138 Goecke, T. (1911), S. 2.
139 Schmitz, G., Baumheier, R., Akademie für Raumforschung und Landesplanung (1999).
140 Bodenschatz, H., Nägelke, H.-D. (2010): Groß-Berlin: Eine stürmisch wachsende Großstadtregion, in: Bodenschatz, H., Gräwe, C., Kegler, H., Nägelke, H.-D., Sonne, W. (Hg.): Stadtvisionen, Berlin, S. 42.

gelegt, in welcher er die erste regionale Planung für das Ruhrgebiet vorschlug.[141] Dem Planwerk legte Schmidt ein Modell zugrunde, das, anknüpfend an das Sektorenmodell aus dem Berliner Wettbewerb, eine „Durchdringung einer Stadtanlage mit Grünflächen" vorsah, also eine Art innerer Dezentralisierung des Bestehenden.[142] Mit dem Wechsel der Perspektive von der Innensicht auf die Erweiterung der Stadt zur Außensicht auf die Einbettung der Stadt war die Landesplanung geboren. Das verknüpfende Medium für beide Sichten war die Dezentralisierungsidee, was als Voraussetzung für ihre disziplinäre Konsolidierung fungierte.

Die Phase 1912/13 bis 1918: Ausgestaltung

Der 1. Weltkrieg und das nationalistische Klima jener Zeit blieben nicht ohne Widerspiegelung in der Diskussion um das planerische Leitbild und dessen weitere Ausgestaltung. Zwar wurde der Krieg an sich bedauert, doch die nationalistische Weltmachtideologie schwappte auch in die Fachdebatte: „[...] angesichts der großen Erfolge des gegenwärtigen furchtbaren Krieges gegen eine Welt von Feinden, welche der ihnen drohenden Gefahr des Wachstums der deutschen Städte angstvoll gegenüberstehend, keinen anderen Ausweg mehr sahen, als mit vereinten Kräften die Vernichtung unseres kraftstrotzenden Volkes zu versuchen."[143] Der Großstadtoptimismus steigerte sich zum Großstadtchauvinismus: „Großstädte können sich nur in Weltreichen entwickeln. Das Problem der städtischen Siedlung ist daher eine Weltmachtfrage."[144] Sicher, diese imperialen Töne gehörten zu den Extrema, doch unterschwellig klangen sie öfter an, z. B. in der Terminologie von „Nähr- und Wehrkraft" des Arbeiterstandes.[145] Aber insgesamt betrachtet, dominierte eine fachliche Debatte, in welche sogar internationale Beispiele einbezogen wurden. In dem Artikel von March[146], der zugleich Resümee und Ausblick der Dezentralisierungsdebatte in dieser Zeit darstellte, konstatierte er programmatisch:

„Der Grundgedanke des Generalbebauungsplanes einer Stadt geht von der Dezentralisation aus, von dem Übergang der lockeren zur dichten Bebauung."[147] Es herrschte in der sich mittlerweile etablierenden Disziplin Stadtplanung die verbreitete Übereinkunft hinsichtlich der Dezentralisierung als Grundansatz der Planung. Gleichlautend stellte Goecke die erreichte Übereinkunft in funktionell-räumlicher Hinsicht fest: „Nicht also ein gleichförmiger Großstadtbrei soll sich wie eine alles individuell gewachsene Leben vor sich her vernichtende Lava über das Weichbild ergießen, sondern eine von Grünstreifen durchsetzte, differenzierte Bebauung, wie über Stock und Stein rieselnde Bächlein sich der Örtlichkeit anschmiegend."[148]

Mit geradezu logischer Folgerichtigkeit führte die Problematisierung der zweiten Periode zu weiterfüh-

---

141 Das Jahr 1912 kann mit der Gründung des Berliner Zweckverbandes und mit dem Erscheinen der Denkschrift von Robert Schmidt zum Generalsiedlungsplan für das Ruhrgebiet als die Geburtsstunde der Landesplanung in Deutschland angesehen werden. Darüber hinaus: Es deutete sich an, dass es in der Dezentralisierungsdebatte dieser Phase nicht nur um „Auflösung" ging, sondern um ein Verhältnis von Zentralität und Dezentralität, von aufgelöster und kompakter Bauweise. Auffallend ist in dieser Periode der Umgang mit internationalen Beispielen, insbesondere aus England (z. T. aus den USA). Besonders deutlich trat das bei der Behandlung des englischen „Vorbildes" in Erscheinung. Beiträge aus der Literatur und von Tagungen fanden verstärkt Eingang in die Diskussion, ohne dass Inhalte mechanisch übernommen wurden.

142 Schmidt, R. (1912): Denkschrift betreffend Grundsätze zur Aufstellung eines General-Siedlungsplanes für den Regierungsbezirk Düsseldorf, Essen, Bl. 19.

143 Steinbrucker, F. (1916), S. 68 f.

144 Ebd., S. 69.

145 March, O. (1913), 3, S. 31.

146 Ebd., 3/4, S. 29 ff.

147 Ebd., 4, S. 393.

148 Goecke, T. (1913), S. 3. Der Auszug aus einem Vortrag, den Goecke auf dem Städtebaukongress 1912 in Düsseldorf gehalten hatte, zählt zu den Marksteinen einer Diskussion über die Form der expandierenden Großstadt und die Relation der Stadt zur umgebenden Natur. Dies kann als eine frühe Art von „Planung mit der Natur" angesehen werden, bei aller Romantik, die in den Aussagen mitschwingt.

renden Fragen (hier modellhaft dargestellt): Das Vorortproblem wurde nach drei Seiten hin erweitert: Zum einen stellte man das „Dorf im alten Sinne“ infrage, d.h. die Daseinsberechtigung rein ruraler Lebensweise als einer Seite des Stadt-Land-Gegensatzes wurde in Zweifel gezogen.[149] In Land- und Gartenstädten könnten, so die Argumentation, demgegenüber die „ländlichen Bedürfnisse und städtischen Darbietungen“ zugleich realisiert werden.[150] Daraus ergab sich wiederum die Frage nach der Zukunft des Siedlungsnetzes insgesamt, vor allem aus regionalwirtschaftlicher Sicht, wie dies z.B. beim Generalsiedlungsplan für den Regierungsbezirk Düsseldorf geschah – die Arbeiten daran begannen bereits 1912, in einer Denkschrift publiziert und im „Städtebau“ 1914 vermerkt.[151] Der „Generalsiedlungsplan für die neuen Oststaaten“[152] erweiterte aus regionalpolitischer Sicht die bisherige Betrachtung, z.B., um durch Stadtgründungen (Klein- und Mittelstädte) in ländlichen Regionen die Ballungsgebiete (auch demografisch, politisch und ernährungswirtschaftlich) zu entschärfen und neue Perspektiven in den eroberten Gebieten zu eröffnen: „[...] im Gründen von neuen Städten [...] wird der vielgeschmähte Kapitalismus sich die Krone aufs Haupt setzen und der Bevölkerung den Segen bringen [...].“[153]
Bei der Anwendung des Radialmodells auf eine Mittelstadt im städtebaulichen Wettbewerb für Soest durch Langen/Schmitthenner (auch hier lagen die eigentlichen Arbeiten im Jahre 1912) waren alle räumlichen Ebenen der Planung vom Dorf über die Mittelstadt bis zur Großstadt und Region als Planungsgegenstand erfasst[154] und nach dem Prinzip „kolonieweise[r] Anbauung (geschlossener Vorstädte, ländlicher Vororte, Gartenstädte) an den radial ausstrahlenden Landstraßen“ gestaltet worden.[155] Außerdem erhielt die Gestaltung der Landschaft insgesamt einen unmittelbaren Stellenwert in der Planung. Neben dem wirtschaftlichen Aspekt, der im o.g. „Gesamtsiedlungsplan“ enthalten ist, gewann der ästhetisch betonte Erholungswert eine kulturelle und zugleich ökonomische Bedeutung. Als Faktor zur Steigerung wirtschaftlicher Attraktivität der Vororte wurden gestalterische Regulative eingesetzt, um Lagegunst für die Verwertung der jeweiligen Grundstücke zu schaffen: „Landschaftliche Reize“ als Grundlage für „günstige Weiterentwicklung“ der Vororte.[156]
Verfolgt man die in diesem Zeitraum vorgestellten „Musterplanungen“[157], so z.B. für Hamburg-Bergedorf oder Braunschweig, so zeigt sich ein „Einpegeln“ auf das strategische Leitbild (Paradigma) der Planung für die Stadt-Region: das Planungsmodell für eine dezentralisierte Stadtentwicklung, ein „Strahlensystem“ mit „Nebenmittelpunkten“. Es bot die Möglichkeit, auf die jeweilige Situation angepasst zu werden, das vorhandene Siedlungsnetz zu integrieren und auch neue Ansiedlungen mit „quasi-urbanem“ Charakter zu schaffen. Mit der Bezeichnung „Nebenmittelpunkte“ wurde versucht, eine nationale Begrifflichkeit einzuführen, die sich jedoch nicht durchsetzte.
Wie die Erläuterungsberichte zu diesen Planungen zeigten[158], konnte über diese Modellvorstellung der extensive Entwicklungsprozess in seinem räumlichen Zusammenhang unter der Maßgabe historischer, technischer, ökonomischer, ästhetischer, sozial-reformerischer u.ä. Faktoren sowie entsprechender Planungsmethoden, -instrumentarien und -institutionen ganzheitlich geplant werden. Verifizierbar war diese

149 Goecke, T. (1915), S. 1.
150 Ebd., S. 2.
151 Goecke, T. (1914): Besprechung zu: R. Schmidt: Denkschrift, betr. Grundsätze zur Aufstellung eines General-Siedlungsplanes für den Regierungsbezirk Düsseldorf, S. 50–51.
152 Bartschat, J. (1917), S. 111–113.
153 Hammer, B. (1915), S. 9. Vgl. auch die angezeigte Schrift des Autors „Sozialismus oder Stadtgründung“, Widzin, 1914.
154 Goecke, T. (1916), S. 123–124.
155 Goecke, T. (1914): Der Bebauungsplan in Stadt und Land, S. 2.
156 Genzmer, E. (1917) S. 105.
157 So werden Planungen beispielhaft aufgeführt für Hamburg-Bergedorf (Der Städtebau, 1916/4–5, S. 33–35) oder Braunschweig (Der Städtebau, 1917/8–9, S. 81–85).
158 Brockmann, O. (1916), S. 62–65 sowie Goecke, T. (1917), S. 81–85. Hier wird explizit auf das angewandte „Strahlensystem“ verwiesen.

Planungsvorstellung nur partiell – der reale Bauprozess kam in jener Zeit völlig zum Erliegen. Nur die breite Akzeptanz dieses offenen Modells konnte herangezogen werden, wie z. B. Planungen für Königsberg, Stuttgart, Zürich, Pirmasens oder Soest belegen.[159] Das Satellitenmodell avancierte zum Kernpunkt der handlungsorientierten Verallgemeinerung von Vorstellungen zur zielgerichteten Siedlungsentwicklung.

Demgegenüber scheint ein Beitrag bemerkenswert, der eine kritische Position zu der weitgehenden Übereinkunft in der Stadtplanung bezieht. 1913 veröffentlichte das Statistische Amt Berlin-Schöneberg den Literaturbericht Nr. 3 mit statistischen Berechnungen von Kuczynski über die Veränderungen der Geburtenziffern. Er konstatierte darin einen seit 1886, insbesondere aber seit 1906, auffallend starken Rückgang der Geburtenrate. Wäre diese fundamentale Tatsache entsprechend reflektiert worden, hätte sie Anlass geben müssen, das erarbeitete Modell zu überdenken. Dezentralisierung des unaufhaltsamen Wachstums wäre demnach längerfristig unnötig geworden. Das Paradigma hingegen war jung, „unverbraucht" und „widerstandsfähig" gegenüber zweifelnden Aussagen. Vielmehr sammelte die bestimmende Fachwelt Autoritätsbeweise über Entwicklungen im Ausland, vornehmlich aus den USA und – vor dem Krieg – aus England; so z. B. in einem Kommentar zum Chicago-Wettbewerb von 1909, in „welchem die Bildung von Nebenmittelpunkten"[160] vorgesehen war.

Die geradezu beschwörende Betonung der fortschrittlichen Entwicklungen in den USA zur Dezentralisierung der Wohnbebauung durch Hegemann, den Leiter der großen Berliner Städtebauausstellung von 1910,[161] oder der Hinweis auf die hohe Qualität der systematischen Analyse durch Berlepsch-Valendas verdeutlichen die Suche nach internationaler Reputation.[162] In dem Beitrag des Beraters im Ausschuss für den Stadtplan von New York, Ford, über die „Planung der Stadt für das Gemeinschaftsleben" wurde eine solche als eine aus einer Vielzahl von verbundenen „Nachbarschaften" dargestellt.[163] Vor dem Kriegseintritt der USA (1917) gab es einen regen fachlichen Austausch, der bzgl. der Dezentralisierungsfrage nahezu gleiche Auffassungen bot. Bevor dann später Tendenzen einer Desurbanisierung ohne „Nebenmittelpunkte" in den Vordergrund traten, sollte der „Großplan der Zukunft eine Stadt aus vielen miteinander verwebten Ortschaften, jede in sich ganz und genügend für die gewöhnlichen Dinge des täglichen Lebens, aber hinauslagernd nach den außergewöhnlichen" gestaltet sein, wobei eine „Ordnung in der Entwicklung des Privateigentums" als erforderlich erachtet wurde.[164] Neben solchen Darstellungen internationaler Erfahrungen, tauchten auch die bereits erwähnten schrill-nationalistischen Ausführungen auf. Die Großstadtentwicklung wurde mit der Kolonial- und Weltmachtfrage in einen Zusammenhang gebracht, welcher letztlich, abgesehen von bejubelnden Untertönen für die Kriegsführung Deutschlands, ein zentrales Problem großstädtischer Entwicklung offenbarte: Die Verfügbarkeit von Ressourcen bei einer wachstumsorientierten Strategie könnte zur wichtigsten Herausforderung in Zukunft werden.[165]

In einem redaktionellen Bericht über den „Billerica Garden Suburb" wurde argumentiert: „Diese Gartenstadt vereint zum ersten Male in diesem Lande [den USA] alle Bestandteile englischer und deutscher

159 Planungen für Königsberg (Der Städtebau 1916/2–3, S. 30), Stuttgart (Der Städtebau 1914/9, S. 111), Zürich (Der Städtebau 1915/10–11, S. 113), Pirmasens (Der Städtebau 1916/8–9, S. 75) oder Soest (Der Städtebau 1916/12, S. 123).

160 Mitteilung (1914): „Der ‚City Club' in Chicago hat einen Wettbewerb ausgeschrieben zur Erlangung von Plänen FÜR DIE AUSGESTALTUNG VON STÄDTISCHEN NEBENMITTELPUNKTEN (VORORTEN) IM ERWEITERUNGSGEBIET DER GROSSSTÄDTE", in: Der Städtebau, 4, S. 119–120. Der Begriff „Nebenmittelpunkte" als Bezeichnung dezentraler Zentrumsbildungen, den Goecke eingeführt hatte, korrespondiert mit dem in den USA verwendeten Begriff „neighborhood center", wie er für diesen Wettbewerb ausgeschrieben worden war.

161 Hegemann, W. (1913), S. 151 ff.

162 Berlepsch-Valendas (1914), S. 14.

163 Ford, G. B. (1916), S. 69 f.

164 Ebd., S. 70.

165 Steinbrucker, F. (1916), S. 68 f.

Vorbilder: Anlage, begrenzte Anzahl Häuser auf jedem Morgen Land, Vollbesitz-Verkäufe, begrenzte Dividende, Teilnahme an den Gemeindebestimmungen [...]. Das Gelände wird in vier Teile zerlegt, von denen einer für die Errichtung besonderen Zwecken dienender Gebäude, wie Geschäftsläden, Pensionen usw. vorbehalten bleibt, während die drei anderen mit Wohnhäusern in verschiedenen Formen bebaut werden sollen [...].“[166] Goecke warf mit dem Begriff des „Zerfließens des Stadtbildes“ bereits eine kardinale Entwicklung an die Wand, die sich in ersten Ansätzen zeigte, und der mit dem „Strahlensystem“ in der Planung begegnet werden müsse – eine Vorahnung kommender suburbaner Verhältnisse trieb den Nestor der Dezentralisierung um.[167]

Kurz vor dem Weltkrieg begannen umfassend angelegte Aktivitäten, die dezentrale Art der städtebaulichen Entwicklung rechtlich zu fassen. Es gab erste, noch vage Vorstöße des preußischen Gesetzgebers zu einem „Entwurf für das Wohnungsgesetz vom 25.1.1913“, worin, entgegen bestehender Festlegungen, „freiere Siedlungsformen“ sanktioniert werden sollten.[168] Grundsätzlich sollte auch mit rechtlichen Mitteln der sich in der städtebaulichen Realität abzeichnende Trend zur Dezentralisierung, zugleich aber auch zur City-Bildung, also zur „Trennung von Geschäftsstadt und Wohnstadt“, sowie zur sozial-funktionellen „Gruppenbildung“ mittels „Hilfskonstruktion eines solchen Idealbildes“ planerisch zu einer „unbehinderten organischen Entfaltung“ verholfen werden.[169]

In diesem Zusammenhang wurde die Rolle der Industrieentwicklung bei der Ausprägung einer die regionalen Verflechtungen berücksichtigenden planerischen Denkweise angerissen, ohne, dass die Industrie selbst zum Gegenstand der städtebaulichen und regionalen Planung wurde. Lediglich im Ruhrgebiet, dem am stärksten industrialisierten Raum Deutschlands, wurden vor allem durch Schmidt erste Überlegungen zur indirekten Lenkung der Industrieentwicklung durch Anlage von regionalen Freiflächen und das Vorhalten von Flächen für den Wohnungsbau mittels übergreifenden Flächennutzungsplans angestellt.[170]

Die Phase 1919 bis 1923: Ausreifung und Übergang zur Landesplanung

Kriegsniederlage, Novemberrevolution und Nachkriegskrise schlugen sich – im Reflex der Zeitschrift – relativ wenig bezüglich einer Änderung von Grundpositionen zur Dezentralisierung nieder. Vielmehr wurde die Notlage als Anlass gesehen, die Dezentralisierung voranzutreiben. Von einer industriekritischen Haltung war zunächst wenig zu spüren. Die allgemeine wirtschaftliche und moralische Notlage Deutschlands bewirkte eine Art „Mangelideologie“ in der Planung sowie die Stärkung eines „Heimatbewußtseins“, das sich durchaus auch zum Nationalismus steigerte. In Biologismen dargestellt, zeigte sich dies bezüglich der Gestaltung Berlins als Inbegriff des „deutschen Individuums“ sowie gegen den „kulturellen Zerfall“.[171]

Mit Ernst May (1886–1970) bekam die Dezentralisierungsdebatte nunmehr einen neuen Hauptwortführer. Er vertrat die Dezentralisierung als kategorischen Imperativ: „*Wie* immer somit die Zukunft unseres Landes sich gestalten wird, so ist das eine sicher, daß eine allgemeine Dezentralisation einsetzen wird, daß die Menschen mehr und mehr auf das flache Land ziehen werden.“[172] Er konstatierte, dass sich bezüglich

166 Billerica Garden Suburb (1915), S. 44 (redaktioneller Beitrag).

167 Goecke, T. (1917), S. 85.

168 Strehlow (1914), S. 37.

169 Lux (1914), S. 11.

170 Hoffacker, W. (1989), S. 38. Hier wird auf die Planungsvorstellung von Robert Schmidt verwiesen, der die Dezentralisierung bzw. die satellitäre Großstadtentwicklung als Modell für die Zukunft des industriell geprägten Ruhrgebietes ansah.

171 Denkschrift betreffend eine Ergänzung des Gesetzentwurfes zur Bildung eines Stadtkreises Groß-Berlin (1920), S. 3–12 (7) sowie Wolf, P. (1922), S. 120.

172 May, E. (1919): Ländliche Kleinsiedlungen der schlesischen Landgesellschaft in der Provinz Schlesien, in: Der Städtebau, 7/8, S. 14.

der Dezentralisierung „eine gewisse Regel über ihre Verwendung herausgebildet hat".[173] Diese Haltung setzte er dann im Wettbewerbsbeitrag für die Planung der Großstadt Breslau 1921/22 um. Sein mit dem Titel „Trabanten" bezeichneter Plan war keineswegs der Einzige, der dem Satellitenmodell folgte, doch erweiterte er das Modell durch konsequente Öffnung in zwei Richtungen: Die Satelliten dienten einerseits als Entwicklungsauffänger des „Zentralgestirns", andererseits sollten sie relativ „abgetrennt" ihre Eigenentwicklung führen, sich also selbst zu „Zentralgestirnen" ausbauen können. Somit würde sich ein System landesweiter Suburbanisierung entfalten.[174] Mit diesem Modell überwanden die neuen Wortführer der Fachzunft den bis dahin prägenden Gedanken einer Verknüpfung von urbaner Kernstadt und Nebenmittelpunkten. Nunmehr setzten sie des-urbanistische Zeichen. So forderte Wolf eine „planmäßiger Entsiedelung" der Großstädte, d. h. eine „planmäßige Innenkolonisation".[175]
Ähnlich weitgreifend äußerte sich Rading, der „eine weitverzweigte Siedlung über das ganze Land" als Ideal ansah und dabei auf den Teil der Arbeit von Howard verwies, der ein neues Siedlungssystem betraf – ohne eine Kopie der howardschen Vorstellungen zu verlangen.[176] Seine Polemik zielte auf den erreichten Stand in der Siedlungsbebauung. Die errichteten Gartenstädte („Stadtsiedlungen") könnten noch nicht als Ansatzpunkte einer neuen Besiedlungsweise betrachtet werden. Auch Wehl befürwortete eine solche Position.[177] Es gab aber auch Gegenstimmen. Dieck orientierte die Planung in eine ganz andere Richtung, nämlich gegen extensive Entwicklung und für Verdichtung vorhandener, erschlossener Siedlungsräume.[178] Der Dezentralisierungsforderung stellte er „volkswirtschaftliche Nachteile" entgegen, wie

- „Umlandlung von Äckern in Bauland",
- „mangelnde Nutzung von vorhandenen Baustellen",
- „Überwindung weiter Wege" sowie
- „Inanspruchnahme von (neuen) Baustoffen für Straßen".[179]

An gleicher Stelle nahm er außerdem an, ohne Beweise anzuführen, dass die Siedlungstätigkeit zurückgehen werde, wenn die Wohnungsnot behoben sein würde. Trotz der in gewisser Hinsicht der Notlage geschuldeten Argumente enthielten sie über die Verhältnisse hinausgehende grundsätzliche Bedenken gegenüber einem Wachstumsmodell, wie es das Paradigma der stadtregionalen Entwicklung darstellte. Es war also möglich, im Rahmen dieses Paradigmas und der sich bildenden Institutionen der Landesplanung Antinomien der planerischen Vorstellungen zu entwickeln. Diese entstehenden Nuancen im disziplinären Gebäude waren eine wichtige Voraussetzung für die ab Mitte der 1920er Jahre einsetzende umfassende Debatte um die Ausprägung der regionalen Planung.
Auf der anderen Seite wurde die Dezentralisierungsdebatte vorangetrieben durch die sozialdemokratische Politik und der mit ihrer verbundenen Bauwirtschaft. Berlin und Mitteldeutschland avancierten zu Modellen der baulichen Umsetzung dieser Dezentralisierung, wie anschaulich am Wirken des Bauunternehmers und Mäzens des Bauhauses, Adolf Sommerfeld (1886–1964), nachgewiesen werden konnte.[180] Neben Berlin spielten dabei vor allem Merseburg und Bad Dürrenberg als Wohnstandorte für die Leuna-Werke eine wichtige Rolle bei einer Durchsetzung dezentraler Wohnweisen. Dies ging über das Modell einer Werkssiedlung hinaus und projizierte eine dezentrale Entwicklung auf den Großraum. Damit bildete sich eine städtebauliche Folie realer Entwicklung zur disziplinären Debatte

173 May, E. (1922), S. 51.
174 Ebd., S. 52 f.
175 Wolf, P. (1922), S. 120.
176 Rading, A. (1920), S. 106.
177 Wehl, B. (1919), S. 32.
178 Dieck (1919), S. 57.
179 Ebd.
180 Kress, C. (2011), S. 163–174.

heraus, angefeuert durch die fiskalische Politik ab 1924.[181] Nunmehr nahmen die Ideen zur Dezentralisierung reale Gestalt an, getrieben von staatlicher Unterstützung und neuen Akteuren des Städtebaus. Das Bild zur Vorkriegsentwicklung in den Städten und Regionen begann sich als Strukturentwicklung deutlich zu wandeln.

2.2 Amerikanische Planungskultur zwischen 1900 und 1920: Hintergrund für das Verständnis der Ausstellung in Gotenburg und der „Amerikanisierung" der Planung[182]

Im Jahr 1925 erschien im renommierten Ernst Wasmuth-Verlag, Berlin, der großformatige und mit 550 Fotografien bzw. Plänen reich bebilderte Prachtband „Amerikanische Architektur & Stadtbaukunst" von Werner Hegemann.[183] Er sollte, so die Titelunterüberschrift, „Ein Überblick über den heutigen Stand der Amerikanischen Baukunst in ihrer Beziehung zum Städtebau" sein. Zugleich sollte dieses Werk den ersten Band einer Dokumentation der Gotenburger Ausstellung darstellen, dem allerdings kein weiterer folgte. Dieses Buch war als Propagandawerk für eine Amerikanisierung der deutschen Planungskultur ausgerichtet. Es entwarf einen Glorienschein. Hegemann entpuppte sich als kritikloser Verfechter der amerikanischen Planungsart. Bemerkenswert erscheint, dass er mit Begriffen jonglierte, die in der amerikanischen Planungswelt bereits keine Rolle mehr spielten: Er sprach von „Stadtbaukunst" und deklinierte alle Facetten der räumlichen Gestaltung, vom Städtebau über die Landschaftskunst bis zum suburbanen Siedlungsbau, entlang dieser gestalterischen Ansichten durch. Das Zeitalter der City Beautiful bzw. Civic Art war in den USA seit 1917 bereits abgeklungen. Mit dieser Bezugswahl versuchte er offenbar die deutsche Fachwelt zu erreichen, um seine Auffassungen von einer suburbanisierten Welt als Zukunftsvision zu verbreiten.

Obwohl der Einfluss von Hegemann auf die zeitgenössische Debatte nicht überschätzt werden sollte, hatte er dennoch als Herausgeber wichtiger Fachorgane, die vom Städtebau-Verlag Ernst Wasmuth vertrieben wurden, durchaus eine gewichtige Stimme in der Debattenlandschaft der 1920er Jahre. Andererseits rückte das Urteil der amerikanischen Fachwelt über den deutschen Städtebau, resp. die Landesplanung, die Hegemannsche Einseitigkeit in ein anderes Licht. Die 1932 erschienene Schrift von John Nolen, einer der Wortführer in der amerikanischen Planungsszene, „The Developing of City planning in Germany" verwies auf den hohen Stand der deutschen Planungskultur. Er hob den Charakter der deutschen Städte hervor, die von Respekt vor der Geschichte, durch „zweckmäßige Gesetzgebung", einer „planmäßige(n) Stadterweiterung" entsprechend einer weitsichtigen Bauzonenpolitik geprägt wären und deshalb nicht die unwirtlichen Züge der amerikanischen Städte trügen.[184] Das überschwängliche Lob war natürlich an die amerikanische Leserschaft gerichtet, dennoch wies es auf divergierende Reflexionen der jeweiligen Planungskultur der führenden Propagandisten des Fachgebietes hin. Beiden Vertretern gemeinsam war die Betonung der raumgestaltenden Qualitäten des jeweils anderen.

Es kann davon ausgegangen werden, dass um 1910 die Herausbildung der Disziplin Städtebau/Stadtplanung beiderseits des Atlantiks ihren entscheidenden Durchbruch zum eigenständigen, international anerkannten Fachgebiet erlebt hatte. Es kann von einer gewissen Parallelität gesprochen werden, vor al-

181 Ebd., S. 163.
182 Siehe dazu auch: Kegler, H. (2017): Professionalisierung der Disziplin Städtebau in Europa und USA um 1910, S. 126–135.
183 Hegemann, W. (1925).
184 Stübben, J. (1933), S. 262.

lem aber war es die entscheidende Zeit für die disziplinäre Entwicklung – beiderseits des Atlantiks.[185] Die Verläufe dieser disziplinären Etablierung in Europa und den USA wiesen jedoch auch Unterschiede auf. Der städtebauliche Plan avancierte zum Markenzeichen, zum „Label", für die neue Berufsgattung, die auf die Bühne der rasant wachsenden und sich ausdifferenzierenden Professionslandschaft in den intellektuellen Zentren Europas, Nordamerikas und auch in den Headquartern der kolonialen Welt getreten war. Im „Plan" lag von Anbeginn an eines der essentiellen Probleme der Planung als Prozess und Produkt: Das Finden einer Balance zwischen statisch erscheinender Vision, dem finalen Planwerk („Großer Plan") – einer also linear angelegten Planformulierung, und dynamischer, eher nichtlinearer, an der „Realpolitik" orientierten step-by-step-Planung, bestimmte die Debatte nicht unwesentlich.[186]
Doch der „Große Plan", wie er etwa im Burnham-Plan für Chicago, den Beiträgen im Wettbewerb für Groß-Berlin 1909 oder Breslau 1921 Aufsehen erregend die öffentliche Bühne der Stadtdebatten betrat,[187] gewann nicht durchgängig diesen Stellenwert. Dominierten im ausgehenden 19. Jahrhundert die städtischen Bodenaufteilungspläne, rückten dann die stadttechnischen Pläne (Verkehr etc.) in den Vordergrund, so traten um 1900 die Stadtbaukunstpläne hervor, um schließlich ab etwa 1910 im „Großen Plan" zu münden. Im angelsächsischen und vor allem im amerikanischen Raum verlief die Planformulierung als Ausdruck disziplinären Werdens zunächst vergleichbar, ab 1909 stieg dort jedoch das rein verwertungsorientierte „Zoning" zum neuen „Großen Plan" auf.[188]
Die technischen Disziplinen mit ihren „Civil-Ingenieuren" hatten einen disziplinären Vorsprung, getrieben vom Sturmlauf der zweiten industriellen Revolution, welche auch die stadttechnischen Systeme erfassten. Die große Städteausstellung 1903 in Dresden legte beredtes Zeugnis dieser enormen Entwicklung ab. Die Stadt wurde zum Schauplatz der technischen Innovationen, aber auch eine sozial-kulturelle „Verliererin" dieses technisch-wirtschaftlich dominierten Prozesses. Dies rief auch Kritiker, Zweifler, oder eben „Stadt-Verbesserer" auf den Plan, sich einzumischen, um den Lauf der Dinge in den Städten zu kanalisieren, zu verfeinern oder zu einem neuen kulturellen Ansehen zu verhelfen. Die Zeit der „Urbanisten" war um 1900 (zwischen 1890 und 1910) gekommen – und das in allen Industrienationen fast zeitgleich. Noch hatte sich das Fachgebiet, das sich für die ganzheitliche städtische Zunft berufen fühlte, keinen einheitlichen Namen gegeben. Dies setzte erst nach 1910 ein.
Wissenschaftliche Disziplinen sind zwar grundsätzlich gesellschaftlich determinierte, aber relativ eigenständige, ausgeprägte sozial-kognitive Systeme. Sie verfügen über einen mehr oder minder ausgeprägten wissenschaftlichen, in unserem Falle, auch einen wissenschaftlich-künstlerischen, und zudem technischen wie politischen Charakter, wenngleich die Wissenschaftlichkeit zunehmend dominierte. Doch was sich so abstrakt darstellen lässt erscheint in der konkreten Ausformung höchst differenziert.
Es kann hier von der These ausgegangen werden, dass es im transatlantischen Vergleich der Professionalisierung nicht nur einen zeitgleichen, sondern auch zeitweilig einen gegenläufigen Vorgang gab, der aber letztlich in einer konvergierenden kognitiven Ausrichtung der Fachdisziplin mündete.[189] Die Wirkung

185 Vgl. dazu ganz generell: Kegler, H. (1987); Brake, K. (Hg.) (1985.): Stadtentwicklungsgeschichte und Stadtplanung; Albers, G. (2005), S. 1085–1091; Sonne, W. (2010), S. 30–37.

186 Peterson, J. (2003), S. 328 f. sowie S. 336.

187 Bodenschatz, H., Gräwe, C., Kegler, H., Nägelke, H.-D., Sonne, W. (Hg.) (2010): S. 108 ff.

188 Kimball, T. (1923), insbes. S. 4–13. Dieses Manual enthält eine vollständige Übersicht zur US-amerikanischen Stadt-, Regional- und Landesplanung, sowohl inhaltlich wie institutionell. Systematisch zusammengefasst wurde es von der einzigen Frau, die als Bibliografin an der Harvard Universität sowie im Amerikanischen und Britischen Planungsinstitut wirkte. Sie gehörte zu den Schlüsselpersonen bei der Verbreitung des Wissens über die Stadtplanung in den USA und fungierte zugleich als eine Brückenbildnerin zu Europa – nach dem Weltkrieg.

189 Der Nachweis dieser These kann hier nur ansatzweise erbracht werden, zugleich soll damit weiterführender Forschungsbedarf des transatlantischen Verhältnisses in der Stadt- und Raumplanung vermerkt werden, der bis in die Gegenwart reichen sollte. Vgl. dazu auch: Petz, U. v. (Hg.) (2004), S. 8.

der Ausstellung in Gotenburg 1923, die durch das Zusammentreffen der transatlantischen Kulturen entfacht wurde, kann nur vor dem Hintergrund der Entwicklungen und deren Unterschiede in Europa bzw. den USA gedeutet werden.

Der eingangs geschilderte Herausbildungsprozess der Disziplin in Deutschland kann als prototypisch für die vergleichbaren Prozesse in Europa angesehen werden, wenngleich z. B. die spezielle Situation im Deutschen Reich mit der Vielstaaterei und der damit verbundenen breit gefächerten Hochschullandschaft einen wichtigen Unterschied zu den eher zentral organisierten Staaten darstellte.[190] In anderen europäischen Ländern verlief der Prozess zeitversetzt, jedoch nicht so breit gefächert. Städtebau war Erfahrungs- und akademische Disziplin geworden – mit der Lehraufnahme vollendete sich der Professionalisierungsvorgang, da nun die Reproduktion innerhalb des fachlichen Selbstverständnisses begann. Aus den praktischen Anforderungen erwuchsen die Tätigkeitsfelder, die nach jenen Fachleuten fragten, die diese Gebiete angemessen bearbeiten konnten, auch wenn vieles von dem Papier blieb – der große Boom in den Städten begann sich vor dem Weltkrieg bereits zu verflüchtigen. Die USA hatten zwar auch eine akademische Ingenieurausbildung auf hohem Niveau und auch die Landschaftsgestaltung hatte ihre künstlerisch-botanische akademische Grundlage, doch eine eigenständige Ausbildung von „Cityplannern" gab es in dieser Zeit nicht. Die Qualifizierung des Personals erfolgte in den sich bildenden kommunalen und später fachlichen Netzwerken.[191]

Die Herausbildung des neuen Berufes aus den dominanten Professionen des Bauingenieurs (Infrastrukturingenieur und Landmesser) sowie des Architekten verlief als schwierige Emanzipation, insbesondere in Großbritannien, aber auch in Frankreich, wo sich jedoch dann 1911 die erste berufsständige Organisation bildete („Societe Française des Urbanistes"). In Spanien war bereits ab Mitte des 19. Jahrhunderts der „Urbanismo" als Fachgebiet (zumindest in den Großstädten) entstanden, während in Italien erst 1930 die Zeitschrift „Urbanistica" gegründet worden war. Es war eine Periode zwischen 1900 und 1920, in der sich die begriffliche Vervielfältigung der entstehenden Profession durchzusetzen begann: Zum ersten Mal taucht der Begriff „Urbanismus", der die städtebauliche Planung umfasste, in Frankreich auf („Urbanisme") und in Deutschland wird der englische „Planning"-Begriff von Möhring, Eberstadt und Schmitz erstmalig adaptiert und in ihrem Wettbewerbsbeitrag für „Groß-Berlin – ein Programm für die Planung der neuzeitlichen Großstadt" verwendet.[192] Doch erst Ende der 1920er Jahre setzt sich – unter dem amerikanischen Einfluss – die Bezeichnung Stadtplanung, in Verbindung mit Landesplanung, durch, und zwar jenseits der oft nur der Moderne zugeschriebenen Verwendung.[193] Eine eigenständige Lehre begann sich umfassend in Europa erst nach dem Weltkrieg durchzusetzen – im Gegensatz zum deutschsprachigen Raum, wo es bis 1914 bereits an fast allen Technischen Hochschulen Lehrstühle für Städtebau gab. Diese bildeten den Grundstock für die Heranbildung einer Generation von städtebaulich geschulten Architekten bzw. Ingenieuren und Verwaltungsfachleuten, die eine relativ führende Rolle deutscher Stadt- und Landesplanung in den 1920er Jahren begründeten.

Im Mai 1917 kann, so die Periodisierung von Peterson, von „the end oft the beginning" der Stadtplanung in den USA gesprochen werden.[194] Einen Monat nach Kriegseintritt der Vereinigten Staaten im April 1917 hielt die 1909 gegründete Planerorganisation, die NCCP (National Conference on City Planning), ihren jährlichen Kongress ab und beschloss, ihren Beitrag für die Unterstützung der Kriegswirtschaft zu leisten. Sie stellte sich demonstrativ in den Dienst einer schnell zu entwickelnden kriegswichtigen Indus-

190 Kegler, H. (1987), S. 128–177.
191 Peterson, J. (2003) S. 246–252.
192 Bodenschatz, H., Gräwe, C., Kegler, H., Nägelke, H.-D., Sonne, W. (Hg.) (2010), S. 18 sowie Albers, G. (1997), S. 25 ff., insbes. S. 69 und 103.
193 Langen, G. (1928), S. 303–305.
194 Peterson, J. (2003), S. 319.

trieproduktion. Dies war nicht allein eine heroische Tat oder ein nationales Bekenntnis. Es war vor allem ein „Sieg“ der Kräfte innerhalb der Cityplanner in den USA, die auf eine pragmatische Ausrichtung des Fachgebietes orientiert hatten und dies bereits seit 1911 – eigentlich bereits ab 1908 – intensiv verfolgten. Allen voran George Ford oder Harland Bartholomew, die mit ihren Planungen für Newark bzw. St. Louis vor dem Weltkrieg Maßstäbe setzten und eine neue Generation vom „Großen Plan“ begründeten, dem „Zoning“.[195]

Der Beginn des großen Um- und Aufbruchs in den USA kann auf 1909 datiert werden – identisch mit der Vorlage des „Grand Plan“ für Chicago.[196] Mit diesem geht die verheißungsvolle Periode des City Beautiful zu Ende und beginnt zugleich die Herausbildung der funktional orientierten Zonenplanung.[197] In mehreren Schritten hatte sich seit 1890 jene bildungsbürgerlich getragene Bewegung heraus gebildet, die den gestalterischen, aber auch sozial-hygienischen Missständen in den US-amerikanischen Industriestädten den Kampf ansagte. Hierbei spielten die Eliten der großen Städte eine entscheidende Rolle – keinesfalls akademisch verankerte Personen. Darunter waren viele Frauen der gehobenen Schichten, die aus unterschiedlichen Motiven heraus der Civic Art bzw. City Beautiful-Bewegung zum Durchbruch verhalfen.[198] Und natürlich Politiker wie Unternehmer gehörten maßgeblich dazu. Analysen zeigen, dass diese heterogene, kommunal basierte Bewegung spektakuläre Bilder produzierte, einiges auch umsetzte – beeindruckend in jedem Falle, sich aber in ihrer Wirkung doch auf einen kleinen Teil der urbanen Welt der USA beschränkte. So wurden für die Hochphase des City Beautiful Planungen für ca. 40 große Städte in den USA vermerkt.[199] Das wenigste davon wurde gebaut oder gar vollendet. Daran machte sich nun die Kritik fest.

Die Stadtplanung wurde zunehmend ab Ende der 1890er Jahre von einer jungen Ingenieurgeneration als Aufgabe betrachtet, die sich stürmisch entwickelnden amerikanischen Städte im Interesse der Wahrung öffentlicher Interessen und der Gewährleistung von allgemeiner Prosperität – vor allem bezogen auf die Infrastruktur – vorausschauend zu ordnen. Und dies nicht nur auf dem Papier, sondern in gebauter Wirklichkeit. So begann sich in der entstehenden praktischen Profession ein technisch-rationales Denken gegenüber einer auch umfassend angelegten, aber stark auf künstlerische Ausstrahlung ausgerichteten Planung durchzusetzen.

Mit dem ersten Plan für die Ordnung der städtischen Funktionen „Industrie“, „Handel“ und „Wohnen“, dem „Zoning-Plan“ für Los Angeles 1908, entstand eine die Profession fortan dominierende Art des auf Effizienz und minimale Eingriffe bedachten Planens zur separaten Ordnung der städtischen Funktionsbereiche.[200] Diese Zonierung entstand unabhängig von der europäischen Zonenplanung und hatte nur wenig mit dieser zu tun. Sie war zunächst als „districting“ bezeichnet worden und begann ihren Siegeszug in der rasant wachsenden Metropole Los Angeles, um letztlich divergierende wirtschaftliche Interessen an die Raumnutzung auszugleichen.[201]Erst später trat die Höhenregulierung hinzu, wie sie für Indianapolis oder New York in dem Zonengesetz von 1915 festgelegt worden war.[202] Auch dabei ging es nicht um eine stadtgestalterische Regulation, sondern um die Festlegung von Ausnutzungsgraden des städtischen

195 Ebd., S. 302–307.

196 Schaffer, K. (1993), S. V.

197 Wilson, W. H. (1989), S. 285–290 sowie S. 298–302. Zwar setzte sich die Zonenplanung grundsätzlich durch, dennoch kam es, schon 1922 beginnend und dann bis in die Gegenwart reichend, immer wieder zu Versuchen einer Renaissance dieser auf Stadtgestaltung und „Verschönerung” setzenden Bewegung, wie Wilson nachweisen konnte. Dem diente auch das Buch Hegemann, W.; Peets, E.: Civic Art, New York, 1922.

198 Peterson, J. (2003), S. 98–122, insbes. S. 110. Eine der inspirierenden Figuren des City Beautiful war Jessie M. Good, die diese Stadt-Verbesserungsbewegung stark vorantrieb.

199 Peterson, J. (2003), S. 176.

200 Ebd., S. 310.

201 Ebd., S. 309.

202 Hegemann, W. (1925), S. 55.

Bodens. Es entsprach dem amerikanischen Rechtsverständnis, nach dem das freie Spiel der wirtschaftlichen Kräfte nur minimal gelenkt werde solle, was Hegemann in seiner Darstellung eines Chaos in der Stadtgestaltung offenbar nicht verstanden hatte, sondern als Fehlentwicklung interpretierte.[203]
Das „Zoning“ gewann schrittweise, aber zunehmend an Boden in der praktischen Stadtplanung, ja es wirkte wie eine Verlockung, wie ein „Köder“, so Peterson, versprach doch die Bindung der entstehenden Disziplin an die wirtschaftlich treibenden Kräfte die Umsetzung von Planungen. Opportunismus machte sich breit.[204] Da wirkte der 1917 mit dem Kriegseintritt der USA „verhängte“ rationale Pragmatismus in allen wirtschaftlichen Bereichen nur noch wie ein letzter Anstoß, um alle „Verschönungsplanungen“ durch funktionale Stadtentwicklungs-Diagramme zu ersetzen oder auf Effektivität getrimmten Bebauungsplänen zum Durchbruch zu verhelfen, wie Hegemann mit kritischem Unterton vermerkte: „Die englischen Gartenstädte, die in Europa die Entwicklung des Wohnungswesens so nachhaltig beeinflusst haben, hatten nennenswerten Einfluss auf die Gestaltung des amerikanischen Wohnungswesens erst im Zusammenhang mit der plötzlichen Entwicklung der „Kriegsindustrien“, die seit 1916 zahllose Siedlungen aus dem Boden stampften.“[205] Damit begann in den USA eine (indirekte) staatliche Lenkung von städtebaulichen Prozessen, die später vor allem in Krisenzeiten immer wieder reaktiviert wurde und nach dem Weltkrieg eine Brückenbildung insbesondere nach Deutschland erleichterte, hatten sich doch dort seit 1918 (insbesondere seit 1925) starke ordoliberale Strukturen auf staatlicher wie kommunaler Ebene, vorrangig im Wohnungsbausektor, gebildet.
Ein (im Unterschied zu Europa) in der US-amerikanischen Stadtplanung um 1910 eher wenig beachtetes Thema betraf den Wohnungsbau. Erst mit einer eingehenden Betrachtung der europäischen Verhältnisse änderte sich die Situation in den USA ansatzweise. Der Blick fiel dabei auf England, Deutschland und Holland. Die vielfältigen Wohnungsreformbestrebungen, die auch in Gestalt von Siedlungen ihren Ausdruck fanden, regte vor allem den jungen Sozialpolitiker Benjamin Marsh an, diese Ideen und Erfahrungen in die USA zu transferieren, um wirkungs- und planvoller den drängenden demografischen und sozialen Problemen in den Städten zu begegnen.[206] Dabei geht es hier nicht um die Wohnungsfrage, sondern um eine die disziplinäre Frage massiv bestimmende Auseinandersetzung, Olmsted versus Marsh, die den Beginn der Bildung der modernen Stadtplanung in den USA einleitete.[207] Beide besuchten, unabhängig voneinander, zwischen 1907 und 1909 Europa. Der Landschaftsarchitekt Olmsted suchte nach einem neuen Planungsverständnis, das er in den Werken von Burnham oder Nolen, aber auch von ihm selbst bisher nicht gefunden hatte. Planung musste mehr sein als „public education“, nämlich: „city planning was and should be understood as a continuos process of intelligent guidance“.[208]
Damit grenzte er sich vom City Beautiful ab unter der vielversprechenden Maßgabe, erfolgreiche Stadtplanung als ganzheitliche Planung betreiben zu können. Die hier als ‚Zwischenebene‘ zu bezeichnende „Comprehensive Planning“ war geboren. Sie entsprach dem, was in Europa, namentlich Deutschland, unter „Städtebau“ als verbindlicher räumlich-gestalterischer *und* flächenhaft-funktional aufteilender Planung verstanden wurde. Diese fungierte also in der US-amerikanischen Interpretation durch Landschaftsarchitekten als Geburtsidee der institutionalisierten Stadtplanung ab 1909. Zeitgleich war das rein an wirtschaftlichen Interessen orientierte „Zoning“ entstanden und die City-Beautiful-Bewegung hatte ihren Scheitelpunkt erreicht.

203 Ebd.
204 Peterson, J. (2003), S. 308.
205 Hegemann, W. (1925), S. 116. Hegemann bezieht sich auf den Siedlungsbau, der durch den Übergang zur Kriegswirtschaft entstanden war, allerdings um ein Jahr zu früh datiert.
206 Peterson, J. (2003), S. 236–239.
207 Ebd., S. 247.
208 Zit. nach: Peterson, J. (2003), S. 256.

Benjamin Marsh wollte noch weiter gehen als Frederick Law Olmsted jr. und forcierte die Debatte um eine sozial-funktionale Stadtplanung. Schließlich war das Bevölkerungswachstum in den Industriestädten zu einem sozialen Problem geworden, was zur Gründung des „Committee on Congestion of Population" in New York führte, das von Marsh forciert wurde und das wichtige Impulse für eine Förderung des sozialen Wohnungsbaus in den USA setzte. Marsh stieg nach seiner ausgedehnten Reise durch die Wohnungsreformländer zu einem der Wortführer einer Neuakzentuierung der amerikanischen Stadtplanung auf. Noch konnte er nicht diese Seite der Stadtplanung in den Vordergrund bringen, Olmsted setzte sich – noch einmal – durch.[209]

Nach 1917 gewann dann jedoch die funktionale und sozialpolitische Frage im Stadtplanungsdenken deutlich an Gewicht. Olmsted erschien als ein Makler zwischen den divergierenden Strömungen in dieser virulenten Geburtszeit der Stadtplanung in den USA. Damit war eine integrierende Figur auf die Bühne getreten, die die unterschiedlichen Strömungen des sich bildenden Fachgebietes – zumindest zeitweilig – zusammenführen konnte. Die Comprehensive Planning brach nach 1917 in einzelne, rational organisierte Planungsteilgebiete auseinander und wurde zu einer „Bifurcated Art" und schließlich zur „Fragmented Art", einer in Subsysteme aufgespaltenen Disziplin.[210] Die ganzheitliche Planung kam jedoch, ähnlich wie City Beautiful, später immer wieder auf die Tagesordnung als uneingelöster Wechsel zukunftsorientierter, nicht nur an wirtschaftlichen oder technischen Interessen orientierter Stadtplanung. Dennoch kann – auch international gesehen – von einer Tendenz *fragmentierter Verwerfung und Überlagerung disziplinärer Entwicklung* gesprochen werden, was dann teilweise auch auf die Landesplanung zutraf.

Außerdem wurde in der Gründung der Profession der Stadtplanung in den USA eine starke landschaftliche Sicht, wobei Olmsted einen wichtigen Beitrag leistete, beigemischt, die bis heute in Gestalt des „Landscape Urbanism" existiert und immer wieder neue Impulse zu setzen vermag.[211]

Innerhalb der entstehenden Profession schälte sich zwischen 1909 und 1917 in den USA jedoch gleichzeitig eine zunehmend von Ingenieuren bestimmte, pragmatische Planung heraus. Einer der führenden Köpfe war George Ford, der mit seiner Zonen-Planung für Newark das „amerikanische Stadtideal" zur Wiederherstellung der „verlorengegangene(n) Einheit des Gemeinwesens" – so die Interpretation von Stübben – auch im internationalen Planungsdiskurs schuf.[212] Eigentlich hat er diesen Plan nicht erstellt, sondern dessen Erarbeitung eher moderiert. Die Erarbeitung der Planungen oblag der „City Planning Commission", die Planer beauftragte, Vorschläge zu unterbreiten. Die erste „Planning Commission" war 1907 in Hartford, Connecticut, gebildet worden, 1911 folgte Newark und 1913 New York.[213] Bis zum Weltkrieg setzte sich diese Form eigenständiger kommunaler Planung durch. Sie war Ausdruck eines demokratischen verfassten Steuerungsgedankens, der, (vermeintlich) anders als die europäischen Monarchien oder Zentralstaaten, nicht so durchsetzungsfähig schien. In der Demokratie könnten, so die Einschätzung, anspruchsvolle Pläne nur „by education the public"[214] Wirklichkeit werden.

Die institutionelle Grundlage für die Entfaltung der Profession bildete ein seit 1909 sich vervielfachendes institutionelles System. Die jährlichen Kongresse des NCCP (National Conference on City Planning) schufen in mehrfacher Hinsicht das Rückgrat der Disziplin: Hier fanden die eigentlichen Qualifikationen der Fachleute durch Austausch von Erfahrungen und Integration wissenschaftlicher Erkenntnisse statt; hier wurde die breite Öffentlichkeit für das Thema Stadtplanung interessiert; hier wurden neue Planungen

209 Ebd., S. 247–252.
210 Ebd., S. 294.
211 Schöbel-Rutschmann, S. (2008), S. 14–18.
212 Stübben, J. (1924), S. 583.
213 Peterson, J. (2003), S. 270.
214 Ebd., S. 293.

erörtert und internationale Erfahrungen vorgestellt. Diese Konferenzen bekamen durch Ausstellungen, allen voran die Markstein-Exposition in New York 1913, eine gesellschaftliche Aura. Zudem erschienen Fachbücher, so das bedeutende von John Nolen, „City Planning“ von 1916. Hier kann eine erstaunliche Parallelität mit den Prozessen in Europa gesehen werden, mit Ausnahme der Lehr- und Forschungstätigkeit, die erst nach dem Weltkrieg in den USA einsetzte.

Der wichtigste kognitive Beitrag der US-amerikanischen Stadtplanung um 1910 ist zweifelsohne der theoretische Ansatz von Olmsted, der Planung als „dynamic art“ definierte.[215] Planung war von ihm als ein interaktiver Prozess gedacht. Im Zusammenhang mit dem Bildungsgedanken, der die Planung in der breiten Öffentlichkeit verankern sollte, ja die Umsetzung von Planungen erst ermöglichte, bedeutete diese Interpretation von Planung einen bedeutenden Schritt hin zu einem Verständnis von Planung als nichtlineares System sozial-kognitiver Tätigkeit. Damit „überholte“ er das europäische Denken, welches statische Modelle favorisierte, wie das Satelliten-Modell von 1910, um damit die Dynamik der Stadtentwicklung planerisch aufzufangen. Der Planungsprozess wurde zu dieser Zeit in Deutschland hingegen noch statisch betrachtet. Dies sollte sich erst nach 1925 ändern, als in der Landesplanung ähnliche prozesshafte Komponenten Platz griffen.

Die Auseinandersetzung in der sich bildenden amerikanischen Profession verlief nicht wie in Europa entlang des Formierens eines Paradigmas der Disziplin zwischen den Typen „Paris“ und „London“, also urban versus dezentral, was bekanntlich zugunsten von „London“, also dem satellitären Entwicklungsmodell der zukünftigen Stadt (Dezentralisierung) endete, sondern entlang der Art einer praktischen Wirksamkeit des Fachgebietes. Die Dezentralisierung spielte in den USA keine das kognitive Gebäude der Disziplin prägende Rolle. Sie war, wie Hegemann treffend herausgearbeitet hatte, das Grundmodell einer auf flächenhafte Verwertung des Grund und Bodens ausgerichteten Stadtentwicklung – seit der Proklamierung des „National Grid“ Ende des 18. Jahrhunderts.[216]

Der modernen Stadtplanung hingegen ging es um die rationale, funktionale und technische Ordnung in der wachsenden Industriemetropole sowie um deren (landschaftsgestalterische) Kultivierung. Die Profession City Planning hatte sich zwischen 1909 und 1917 zu einer fachlichen Bewegung in Nordamerika gemausert, die deutlich an gesellschaftlichem Einfluss gewonnen hatte. Von dieser Position aus, so uneinheitlich und suchend sie auch war, konnte sich die Disziplin nach dem 1. Weltkrieg entfalten und auch beachtlichen Einfluss auf Europa ausüben. Dies erfolgte vor allem über die Protagonisten der Fachdisziplin, zu denen u. a. auch Stephan Prager (1875–1969) – der sich in dieser Zeit beruflich in den USA aufgehalten hatte–, der Initiator der Mitteldeutschen Landesplanung, gehörte. Sie waren Zeugen dieses virulenten Geneseprozesses, der vor allem eine auf demokratischen Grundlagen basierende, rationale Art der sich über Gremien (Commissions) realisierenden, großmaßstäblichen Planung beinhaltete.

2.3 Der Bifurkationspunkt in der disziplinären Entwicklung zur Landesplanung: Die Internationale Städtebau-Ausstellung in Gotenburg/Schweden 1923

Aus Anlass des 300. Gründungsjubiläums Gotenburgs (Göteborg) veranstaltete die Kommune, getragen vom schwedischen Königshaus, ein fulminantes Programm an Ausstellungen, die weit über die Zusammenhänge der Stadt hinausreichten, ja die nationale und internationale Bedeutung Schwedens nach dem

215 Ebd., S. 256.
216 Hegemann, W. (1925), S. 117 sowie Fehl, G. (2004), S. 42–67.

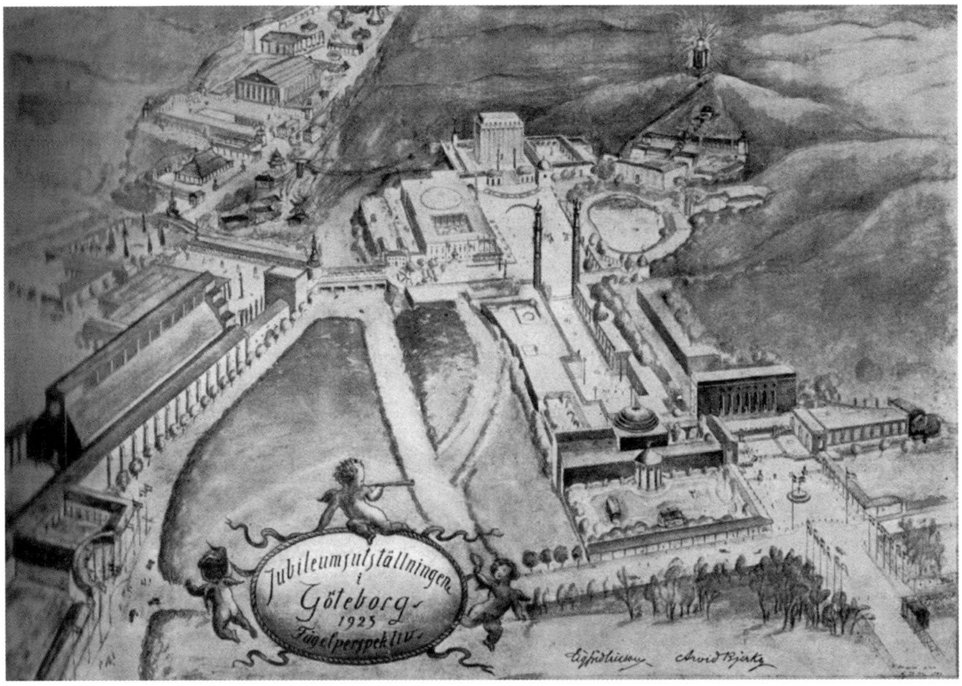

2 Das Areal der Städtebauausstellung in Göteborg, 1923

1. Weltkrieg vermittelten. Das Spektrum reichte von historischen Themen bis zu einer schwedischen Exportausstellung. Neben den Jubiläumspräsentationen kamen u. a. weitere internationale Expositionen in diesem Reigen der Stadtinszenierung vor:
- eine internationale Automobilausstellung,
- eine internationale Luftfahrtausstellung,
- ein internationale Sportkampfspiele-Exposition sowie
- eine „*Internationale Städtebauausstellung*".

Diese Ausstellung erhielt aus fachlich-politischer Sicht ein besonderes Gewicht. Es war die erste Nachkriegsausstellung, an der die seinerzeit – also fünf Jahre nach dem Inferno – beteiligten Kriegsgegner nun nebeneinander in der Ausstellung vereint waren. Zwar hatte es seit 1919 schon internationale Begegnungen und Konferenzen gegeben – stets aber ohne Deutschland. Doch mit Gotenburg fand auf neutralem Boden ein umfassender Brückenschlag statt. Die Ausstellung selbst hatte nur während eines kurzen Zeitfensters zwischen dem 27. Juli und 12. August Gelegenheit, das Fachpublikum sowie die Öffentlichkeit anzuziehen (Abb. 2).[217] Offenbar hatte dies aber der Wirkung der Ausstellung keinen Abbruch getan. Immerhin hatten 25 Länder von allen Kontinenten Exponate, Planungen, Modelle oder Bilder eingereicht.[218] Der Vertreter Deutschlands im Komitee und in der Ausstellungsjury war Gustav Langen, der auch für die Zusammenstellung der deutschen Exponate gesorgt hatte.[219] Die Ausstellung fand parallel zum 7. Internationalen Kongress der „Garden Cities and Town Planning Federation" statt, zu dem immerhin 300 Teilnehmer aus fast allen ausstellenden Ländern angereist waren. Diese grandiose Bündelung von thematischer Leistungsschau des Fachgebietes (die Jury hatte nur einen Teil der eingereichten Exponate zur Darstellung ausgewählt) und Konferenz wurde vom renommierten Stadtplaner („Erster

217 Internationale Städtebauausstellung Gotenburg (1923), S. 13; Albers, G. (1997), S. 187, 188 sowie Bjur, H. (2018), S. 120–125.

218 Neben Schweden waren dies: Canada, Tschecho-Slovakei, Holland, Australien, Finnland, Deutschland, Norwegen, Dänemark, Japan, Frankreich, England, Spanien, USA, Belgien sowie Italien, Schweiz, Österreich, Ungarn, Estland, Liffland (Lettland), Litauen, Polen, Argentinien, Brasilien und Chile. Einzig Sowjetrussland fehlte.

219 Internationale Städtebauausstellung Gotenburg (1923), S. 15, 17.

3 Internationale Städtebau-Ausstellung, Plan der Gesamtausstellung zum Jubiläum der 300. Jahrestages der Gründung der Stadt Göteborg, 1923

Stadtingenieur“) von Gotenburg, Albert Lilienberg, initiiert und geleitet, sowie sekundiert von Raymond Unwin, dem Nestor der „Federation“.[220]

Die Ausstellung war in drei Hauptabschnitte gegliedert, in welche die nationalen Beiträge eingeordnet wurden – also keine nationale Leistungsschau, sondern eine, die sich nach der Qualität der eingereichten Exponate ausrichtete:

1. die allgemeine, internationale Städtebauausstellung,
2. die internationale Wanderausstellung für die Verbreitung der Gartenstadtbewegung sowie
3. verschiedene Sonderausstellungen.

„Es ist der Zweck der Städtebau-Ausstellung, dem aktiven Städtebauer – sei er Ingenieur, Architekt oder Kommunalmann – zu zeigen, wie früher gearbeitet wurde und wie heute gearbeitet wird, sowie welche Ergebnisse in der Städtebaukunst dort erzielt worden sind, wo moderne Gemeinden sich entwickeln.“[221]

Im ersten Block der Ausstellung stand das „Entwerfen von Stadtplänen“ im Vordergrund. Dabei reichten die vorgestellten Materialien von statistischen Plänen über Verkehrspläne bis zu Einzelheiten und Haustypen. Erstmalig tauchen sogenannte „Eigenheime“ auf, also das freistehende, suburbanisierte Einfamilienhaus für die Mittelschichten. Einen besonderen Akzent legten die Juroren auf die „Generalpläne“, die das Herzstück beim „Entwerfen der Stadtpläne“ bildeten, wie im Kurzkatalog vermerkt wurde, wobei auch die „Frage betreffend das Verhältnis der Städte in der Landschaft veranschaulicht“ wurde.[222]

---

220 Ebd., S. 17 sowie Albers, G. (1997). S. 188.
221 Internationale Städtebauausstellung Gotenburg (1923), S. 20.
222 Ebd., S. 21.

Das Schwergewicht der Ausstellung lag auf dem Thema „Gartenstädte", was auch mit dem zeitgleichen Kongress zu tun hatte, aber weit darüber hinaus ging. Neben der Präsentation zahlreicher geplanter und gebauter Gartenstädte selbst, die das besondere Interesse des Publikums, so die zeitgenössische Berichterstattung, erweckten, zeigten die beteiligten Länder zahlreiche Pläne und Projekte von Parkanlagen, Spielplätzen, Kleingärten und allgemeinen Grünanlagen (Abb. 3).[223]

Die Ausstellung wurde mehrfach reflektiert und kann durchaus als ein Markstein auf dem Wege zur Polarisierung in der Planer- und Städtebauerzunft angesehen werden, der Polarisierung in der Dezentralisierungsdebatte. Lag bisher der deutliche Akzent auf dem „Trabantenmodell", wie es dann mit dem Beitrag von May für den Wettbewerb zu Breslau paradigmatisch gezeigt worden war, so zeichnete sich in ersten Konturen die Durchsetzung des Sprawl-Modells ab, das wiederum im Schoße der Gartenstadtbewegung herangereift war. Die Gotenburger Ausstellung und Tagung gingen in die Geschichte als diejenigen ein, die „die Großstadterweiterung mittels Trabanten [... als] eine geeignete Lösung darzustellen scheint", schrieb Ernst May nicht ganz uneigennützig, hatte er doch den Breslauer Wettbewerb unter diesem Titel gewonnen.[224]

Die Trabanten sollten eigenständige Städte sein, die selbst lebensfähig sind und auf diese Weise den Erweiterungsdruck, der auf den Großstädten lastete, abfangen und räumlich-sozial kanalisieren. Diese Trabanten wären in relativ geringer Entfernung von der Metropole zu platzieren und mit dieser gut vernetzt anzuordnen. Diesen Eindruck erhärtete May in einem ausführlichen, länderbezogenen Kommentar aus dem Jahr 1924.[225] Hier betonte May zunächst das große Verdienst von Gustav Langen am Zustandekommen des deutschen Beitrages zur Ausstellung und die Systematik in der Art des Präsentierens der verschiedenen Einzelbeiträge, wobei der Grundstock für diesen Beitrag aus den Beständen des Archivs für Städtebau, Siedlungswesen und Wohnungswesen stammte, was dessen Bedeutung unterstrich.[226]

In begrifflicher Hinsicht markierte die Ausstellung einen wichtigen Wendepunkt: Es begann die Suche nach einem adäquaten Ausdruck für die planerische Ebene außerhalb der Städte, die über das bisher mit Städtebau oder Stadtplanung umrissene hinaus ging. Zunächst wurde dafür der Ausdruck Siedlungsplanung verwendet, wie ihn Schmidt bereits 1912 als „General-Siedlungsplan" gefasst hatte.[227] Der Siedlungsbegriff wurde als Metapher, als Behelf genutzt, um den planerischen Ausgriff auf das Umland der Städte besser fassen zu können. Mit dem Siedlungsverband Ruhr (gegründet 1920) oder dem späteren „Gesamtsiedlungsausschuss für den mitteldeutschen Industriebezirk" (1925) erhielt diese planerische Ebene eine provisorische begriffliche Fassung. Erst die internationalen Anregungen lieferten Beiträge zur Klärung dieser Fehlstelle. So wurde durch Stübben zunächst, im Gefolge der Gotenburger Ausstellung, der Begriff der „Überlandplanung" – als Übersetzung des „Regional Plan" aus dem englischen Fachwort – eingeführt.[228] Dieser Begriff setzte sich nicht durch, markierte aber den kognitiven Übergang von dem städtebaulich geprägten Vokabular zu einer eigenständigen Begriffswelt der weiter gefassten Planungsebene, die nicht schlechthin nur einen anderen Maßstab darstellte. Mit Muesmann begann dann die sprachliche Ausdifferenzierung. Er griff ebenfalls die englische/amerikanische Bezeichnung dieser Planungsebene auf, fasste diese in der Übersetzung als regionale Planung zusammen und verknüpfte dies mit dem von Stübben verwendeten Begriff der Überlandplanung. Daraus leitete er dann die als Landesplanung zu bezeichnende Tätigkeit ab.[229] Damit kann die Dresdener Städtebauwoche als der verbale Geburtsort zu-

223 Ebd., S. 23 f.
224 May, E. (1924), S. 208–215.
225 May, E. (1923), S. 183–187.
226 Ebd., S. 186.
227 Schmidt. R. (1912).
228 Stübben, J. (1923), S. 361.
229 Muesmann, A. (1924), S. 176.

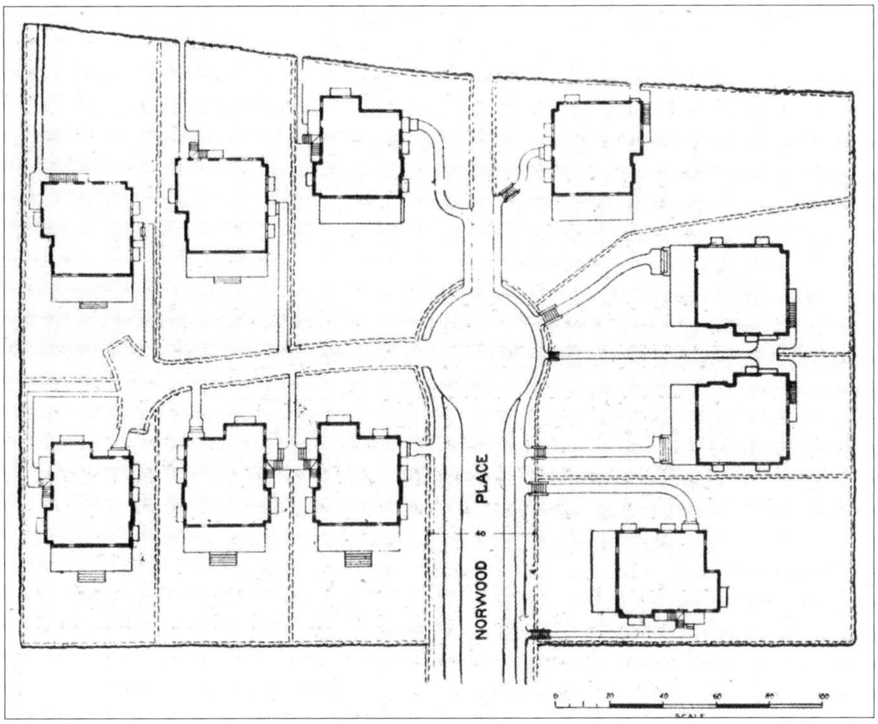

4 Planung für Suburbia in den USA – ausgestellt in Göteborg, 1923 (hier: Baltimore, Stadtteil Guilford)

mindest der Landesplanung in Deutschland angesehen werden. Entscheidend aber waren die Ausstellung in Gotenburg und der internationale Wissenstransfer, den diese ermöglicht hatte. Nun begann der Diffusionsprozess dieses Begriffes, der in der zweiten Hälfte der 1920er Jahre zur Bezeichnung dieser Disziplin aufstieg. Er korrespondierte mit dem inhaltlichen Kern, dem Modell der Dezentralisierung. Das bislang aus städtischer Perspektive als Trabantenstadt bezeichnete planerische Ausgreifen in das Umland erfuhr nun einen begrifflich weiter gefassten Rahmen und vermochte die zu planenden Entwicklungen zwischen den Städten präzise zu fassen. Dem kognitiven Modell entsprach nun auch dessen begriffliche Abbildung. Damit korrespondierte auch eine sich abzeichnende Differenzierung in der Ausgestaltung des Trabantenmodells, was auch von Stübben, mit anderen Worten, herausgearbeitet worden war.[230] In dem o. g. Beitrag von 1923 deutete May als erster einen differenzierten Blick auf das unumstrittene Wachstums-Kanalisierungs-Modell (Trabentenmodell) an.[231] So verwies May am Ende seines Beitrages auf die neuesten Entwicklungen in den USA (Abb. 4), die mit einer großen und bildmächtigen Schau vertreten waren, welche durch die neuen Industrien vorangetrieben wurden: „Der amerikanische Automobilfabrikant Ford hat ein Projekt ausgearbeitet, um seine Werke im ganzen Lande in Form selbständiger, räumlich begrenzter Gemeinden auszubauen. Wir sind noch weit entfernt, auf diesem Wege das klare Ziel erkannt zu haben. [...] Solche Siedlungen würden nur dann lebensfähig sein, wenn ihre Bewohner über so viel Gartenland verfügen, dass sie in Zeiten von Wirtschaftsflauten in der Lage wären, sich wenigstens den notwendigen Lebensbedarf selbst zu züchten."[232] Sein Zweifel rührte aus der Situation des krisengeschüttelten Deutschlands, noch ohne die ganze Dimension zu betrachten, die sich mit der Verfügbarkeit des Automobils für

230 Stübben, J. (1923), S. 343. Hier nennt Stübben das Trabanten-Modell „planetenartige Anordnung möglichst selbständiger Außenstädte".

231 May, E. (1923), S. 183–187. Zu kritischen Anmerkungen über das Trabantenmodell – siehe S. 187. Zur generellen Einschätzung mit besonderem Hinweis auf die Entwicklungen in Holland, siehe: May, E. (1924), S. 208–215.

232 May, E. (1923), S. 183–187, insbes. S. 187.

die dort lebenden Menschen ergeben würde, sich den Lebensunterhalt mittels Mobilität und nicht im eigenen Garten zu beschaffen. Dennoch: Er hat den Kern des amerikanischen Beitrages erkannt. Von nun an war offenbar ein neues Modell auf die Bühne der städtebaulichen Planung getreten – der Sprawl, die vollkommen dezentralisierte Lebensweise im „Eigenheim", angebunden an die Knoten der Versorgung und der Arbeit und abhängig vom Automobil.

Fazit

Die Dezentralisierungsdebatte und die „Amerikanisierung" des Städtebaus bildeten die beiden Quellen der sich im Laufe der 1920er Jahre herausbildenden Landesplanung, insbesondere der in Mitteldeutschland. Dies hatte auch in der sich wandelnden Begrifflichkeit in der Disziplin ihren Niederschlag gefunden (z. B. hielt der Planungsbegriff Einzug). Beide Quellen waren nicht ein Ergebnis rationaler Analyse- und Entscheidungsvorgänge. Vielmehr diffundierten verschiedene Erkenntnisse aus den Diskussionen, die sich um die Frage gruppierten, wie das städtische Wachstum zu kanalisieren sei und wie dabei soziale, wirtschaftliche, gestalterische und technische Fragen zu klären wären. Einem Axiom gleich stand dabei von Anfang an fest, dass dies in Form dezentralisierter Strukturen erfolgen müsse. Diese Vorstellung wurde dann in einem über zwei Jahrzehnte währenden, stufenweisen Diskurs ausgefeilt, der, einer Sedimentation gleichend, diese Idee verfestigte. Sie geriet so zu einem unverrückbaren Manifest der Stadt- und Landesplanung, welches die folgenden 100 Jahre Bestand haben sollte und dabei immer wieder neu aufgegriffen und fortentwickelt worden ist. Die Entstehung des Paradigmas der städtebaulichen- und Landesplanung folgte keinem wissenschaftlichen, systematischen Vorgehen, sondern kam einer Setzung gleich, die dann entlang verschiedener Aspekte der städtebaulichen Entwicklung ausreifte. Es handelt sich also um eine sprunghafte Bildung einer leitenden Idee. Ihre Ausformung folgte adaptiven Mustern, ohne sie jedoch fundamental zu erschüttern. Der Vorgang wurde von Schlüsselfiguren geprägt, die im Grenzfeld von Praxis und Forschung standen. Die Geburt und Ausgestaltung der leitenden Planungsidee können als typisch nichtlinearer Vorgang gedeutet werden.

Die amerikanische Planung war, relativ unabhängig von der europäischen Debatte und auf andere Weise, zu einem ähnlichen, wenngleich radikaleren Ergebnis gelangt: Die Suburbanisierung (heute als Sprawl bezeichnet) avancierte hier zum pragmatischen, weil ökonomisch effizienten Modell. Mit dem amerikanischen Verständnis von Planung erhielt die deutsche Debatte um die Entwicklung der stadtübergreifenden Planung („Überlandplanung") einen Auftrieb, wenngleich von Anbeginn an Zweifel bei der Übernahme amerikanischer Vorstellungen zur Dezentralisierung mitschwangen. Der amerikanische Einfluss, wie er insbesondere durch die Gotenburger Ausstellung manifest wurde, lieferte auch eine gewisse internationale Legitimation für die Gründung der deutschen Landesplanung nach dem 1. Weltkrieg.

Hinsichtlich der politischen und institutionellen Ausformung der Landesplanung spielten der Wettbewerb von Groß-Berlin und die daraus hervorgegangene Gründung des Zweckverbandes Groß-Berlin sowie die Denkschrift von Robert Schmidt für einen Gesamtsiedlungsplan für das Ruhrgebiet von 1912 (dem die Rolle eines Gründungsmanifestes für die Landesplanung zugewiesen werden kann) eine wichtige, impulsgebende Funktion.

3 Das Entstehen der Landesplanung in Mitteldeutschland[233]

3.1 Eine Landesplanung in Mitteldeutschland

3.1.1 Die Analyse zum Entstehen der Landesplanung

Anhand der sich bildenden, aber latent bleibenden Landesplanungsinstitutionen im früheren mitteldeutschen Gebiet zwischen Berlin und dem Thüringer Wald lassen sich drei wesentliche Entwicklungsmomente eines Spielraumes herauslesen, die über eine rein reaktive Organisation des Raumes nach funktionalen Gesichtspunkten hinausreichen. Es sind dies:

- der hohe Grad an Kooperationskultur,
- der ausgeprägt wissenschaftliche, interdisziplinäre Charakter,
- die ganzheitliche Ausrichtung der Planung, inkl. der städtebaulich-landschaftlichen Gestaltung.

Diese Elemente traten besonders deutlich bei der Landesplanung für den „Engeren Mitteldeutschen Industriebezirk" und bei der Landesplanung Ostthüringen sowie, mit Abstrichen, bei der Landesplanung „Brandenburg-Mitte" hervor. In diesen Organisationen, die jeweils den drei Gründungswellen der Landesplanung zuzuordnen sind (1925, 1927, 1929), begann eine über die Zeit weit hinausreichende Debatte, die sowohl textlich, aber auch bereits planbildlich geführt wurde, eine Auseinandersetzung mit dem Strukturwandel der Wirtschaft und damit des Raumes und der Gesellschaft. Darin eingeschlossen war eine Methodendebatte, die – neben der streng wissenschaftlich fundierten und methodisch logischen Planung – auch den Umgang mit Unsicherheiten, Wahrscheinlichkeiten oder dem Zusammenspiel von Rationalität und erfahrungsbasierter Adaption beinhaltete. Planung blieb latent. Sie hatte keine Chance mehr, auf (früh)demokratischem Fundament die Früchte ihrer Tätigkeit nicht nur zu ernten, sondern auch zu bewerten und weiterzuentwickeln. Vor allem geht es um eine demokratisch basierte räumliche Planung – wenngleich die Weimarer Republik und die heutige Bundesrepublik ebenfalls nicht gleichgesetzt werden können.

Die räumliche Planung hatte in den letzten einhundert Jahren, bezogen auf Gesamtdeutschland und eben auch auf den ehemaligen mitteldeutschen Raum, nur in den 1920er Jahren und in der Zeit nach der deutschen Wiedervereinigung seit 1990 Demokratie als politische Grundlage. Die Entwicklungen in der alten Bundesrepublik sollen damit nicht ausgeblendet werden, jedoch konzentriert sich dieser Beitrag auf Thüringen als Teil eines Mitteldeutschen Raumes, der nur in diesen beiden Perioden demokratische Verhältnisse kannte. Genau in diese Phasen fallen auch fundamentale Krisen. Beides hat das Denken in der räumlichen Planung befördert.

Im Planungsraum Merseburg entstand ab 1925 ein Landesplanungsmodell, das ein Vorbild für Thüringen darstellte. Ab 1927 wurde dieses Modell auch auf die grenzüberschreitenden Planungen der preußischen Provinz Sachsen (heute Sachsen-Anhalt) mit dem Freistaat Anhalt angewandt. Dabei spielte in stärkerem Maße als in den benachbarten Räumen die Vorstellung von der Landschaft eine Rolle – ein innovativer und zugleich ambivalenter Ansatz der damaligen Thüringer Landesplanung. Mit der Machtergreifung der Nationalsozialisten endete die auf eine demokratisch verfasste Kooperation ausgerichtete Landesplanung; ihre ideologischen Linien aber lassen sich bis weit in die 1930er Jahre verfolgen. Deshalb haftet der Thüringer Landesplanung auch der latente Makel von ideologischer Nähe, ja Wegbereitung des National-

233 Vgl. Kegler, H. (2010): Landschaftspark Thüringen, S. 262–283. In diesem Beitrag wurden die ersten Konturen des in diesem Kapitel behandelten Aufbauprozesses der Landesplanung in Mitteldeutschland, insbes. in Thüringen, umrissen.

sozialismus an, wie z. B. Willi Oberkrome herausgearbeitet hat.[234] Die Planung für das Brandenburger Umland von Berlin folgte hingegen dem Bedarf, die Ausgriffe der Metropole in das Umland planerisch zu steuern, also die Dezentralisierung systematisch und grundlegend zu kanalisieren, ohne, dass jedoch eine Kooperation mit der Reichshauptstadt zustande gekommen war. Gerade hier lässt sich klar der Alltag der damaligen Landesplanung ablesen, obgleich sie in den Anfängen stecken bleiben musste und auch kaum Plandokumente zugänglich bzw. noch vorhanden sind. Gerade letzteres zeichnet die Landesplanungen in Merseburg und Gera aus: Hier wurden jeweils 1932 Planwerke vorgelegt, die Einblicke in das Denken gewähren und die durchaus, vor allem der Merseburger Planungsatlas, bis heute instruktiv sind.[235]

Die Momentaufnahme rückt die Zeit zwischen 1925 und 1932 in den Vordergrund. Denn in dieser Zeit trafen zwei Phänomene zusammen: Ein Umbruch im Verständnis der Landesplanung (von der Reparatur der Folgen des Industrialisierungsprozesses hin zu einer Gestaltung bzw. planmäßigen Gesamtrationalisierung der räumlichen Entwicklung) und ein Wandel im Verständnis von Heimat- und Naturschutz sowie Landschaft generell. Institutionell war dieses Jahr zudem das Hauptgründungsjahr der Landesplanungsverbände.

Dabei spielt die Kategorie der Modernität und deren Verständnis durch wertkonservative Vertreter in der Landschaftspflege bzw. -planung eine zentrale Rolle. Damit wird ein historiografischer Grenzbereich betreten, bei dem sich Fragen nach der geschichtlichen Verortung heutiger, der Nachhaltigkeit verpflichteter Raumplanung stellen. Bei einer historischen Untersuchung ihrer eigenen Disziplingeschichte stößt die Landesplanung auf Denkansätze, die dem nahekommen, was mit einer Balance von sozial-kultureller, ökonomischer und ökologischer Entwicklung als Planungsziel verstanden wird. Die Grundfrage des Verhältnisses von Moderne und Tradition, von Neuschöpfung und Bewahrung gewinnt heute, angesichts des Klimawandels, eine vollkommen neue Dimension, die nicht mehr nur auf einen ideologischen Schlagabtausch hinauslaufen kann. Dieser hat mit der sogenannten „Agrarromantik“ und einer Industriegläubigkeit bereits vor dem 1. Weltkrieg und dann verstärkt in den 1920er Jahren einen Niederschlag gefunden. Von daher muss man bei der Erörterung dieser Grundfrage (Tradition versus Moderne) stets mit der notwendigen Bedachtsamkeit argumentieren, da eine latente Nähe zur „Blut-und-Boden“-Ideologie der Nationalsozialisten im Lager der Verfechter von Traditionen gegeben ist. Dies darf jedoch nicht zu Fahrlässigkeiten in der Argumentation verleiten. Eine pauschale Verurteilung wertkonservativer Ansätze als protofaschistisch hilft indes wenig weiter.[236]

„Mitteldeutschland“ bildet sowohl retrospektiv wie prospektiv gesehen eine ideale Folie für eine Debatte um die Konstruktion von Landschaft. Die thüringischen Kleinstaaten, jeweils auch historische Kleinodien bestimmter Landschaften, bildeten bei der Konstituierung des Landes Thüringen in der Weimarer Republik eine Bezugsebene, aber eben auch ein Hindernis, um das Land zugleich auch als identitätsstiftende Landschaft zu konstruieren. Die im Mainstream der Debatte jener Zeit um die Umgangsweise mit dem industriellen Entwicklungsprozess anzutreffende Ambivalenz (Agrarromantik gegen Industrieverherrlichung) findet in der Auseinandersetzung in Thüringen eine neue Facette, ja eine weiterführende Dimension, die zwischen diesen beiden Lagern angesiedelt war, was bislang in der wissenschaftlichen Literatur noch nicht herausgearbeitet worden ist.[237] Der Widerspruch zwischen bewahrender Rückwärts-

234 Oberkrome, W. (2004), S. 126 ff.

235 Engeli, C. (1986), S. 8 f.

236 Fehl, G. (1990), S. 61–66, insbes. S. 61 f. Die hier polarisierend aufgeführten ideologischen Linien „organischer Städtebau“, d. h. die restaurative Linie versus „Fordismus“, d. h. die progressive Linie, ermöglichen zwar einen Zugriff auf konzeptionelle Unterschiede, erklären aber nur unzureichend deren Inhalte. Es wird damit sogar der Weg zur Erschließung von „Grauzonen“, also den zwischen den ideologischen Lagern angesiedelten Konzeptionen, die in der vorliegenden Schrift maßgeblicher Gegenstand sind, versperrt.

237 Oberkrome, W. (2004), S. 126 ff., Hoffacker, H. W. (1992), S. 95, und Leendertz, A. (2008), S. 49 ff.

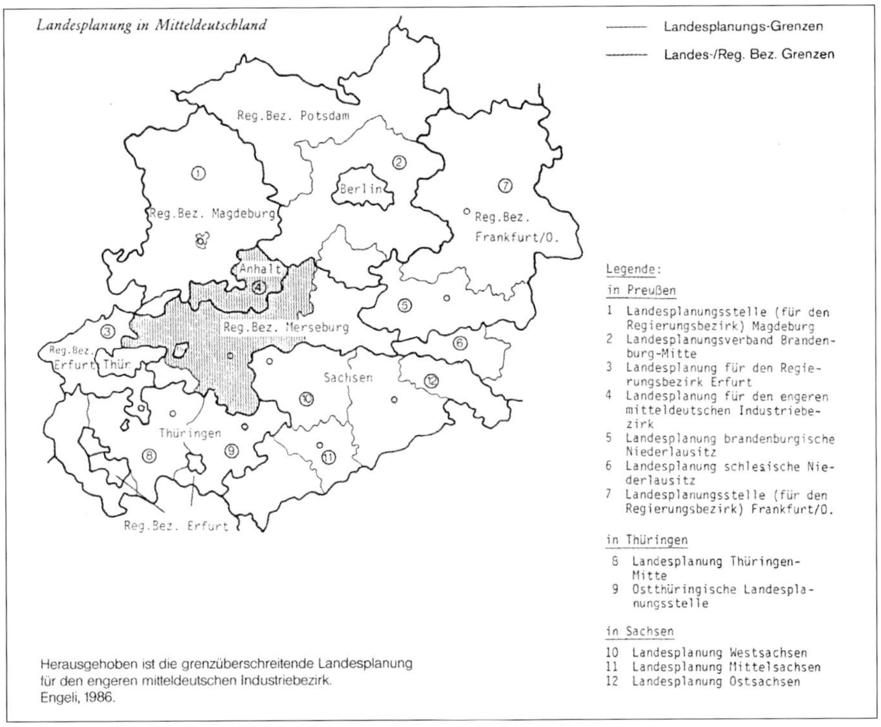

5 Landesplanungsgebiete in Mitteldeutschland um 1930

gewandtheit (Schutzgebot) und gestaltendem Modernitätsanspruch (Entwicklungsgebot) wird, jedenfalls ansatzweise, dabei zu einer neuen Qualität geführt. Um 1930 regten Landesplanung und Heimatschutz eine Diskussion um neue Planungsstrategien an, welche die fragmentierten Landschaften Thüringens zu einem neuen Gesamtbild zu formieren trachteten (Abb. 5). Dieses Bild sollte regionale Eigenheiten („Heimat") und neue Ansprüche aus der modernen Industrie- und Infrastrukturentwicklung zu einem Ausgleich führen. Demgegenüber scheint heute, in postindustrieller Zeit, eine neue Fragmentierung unter lediglich plantechnischer Begleitung der Regionalplanung (früher Landesplanung) zu folgen. Die programmatische Schnittstelle der Landesplanung und Landschaftsgestaltung bildete Thüringen, mehr noch als bei der Landesplanung in Merseburg oder Berlin/Brandenburg.

Die Analyse der mitteldeutschen Landesplanung beschränkt sich auf die Zeit der demokratisch verfassten Weimarer Republik, auch wenn der grundlegende Umbruch in der Ausrichtung der Landesplanung (resp. Raumordnung) erst 1935 erfolgt war, wie Leendertz konstatierte.[238] Bekanntlich war Hitler durch Wahlen 1933 an die Macht gelangt, doch wurde diese (nicht unwesentlich manipulierte) Legitimation genutzt, um ein antidemokratisches Terrorregime aufzubauen. Die demokratische Grundlage für die Landesplanung war damit entzogen worden, was hier als Zäsur angesetzt wird. Nicht in jedem Bereich des gesellschaftlichen Lebens war schlagartig ein kompletter Bruch durch die Nationalsozialisten vollzogen worden, weshalb auch viele der verantwortlichen Planer versuchten, sich im neuen Regime zu engagieren, ja viele setzten sogar Hoffnungen darin, endlich eine rechtliche Stärkung der von ihnen aufgebauten Landesplanung zu erreichen.

Doch dies war trügerisch. 1935, das ist aus fachpolitischer Sicht die Zäsur, wurde die Landesplanung als Raumordnung endgültig „gleichgeschaltet" und viele der Protagonisten wurden ins Abseits gestellt. Nur wenige waren offene Gegner des NS-Regimes, jedoch passten sie letztlich nicht in die auf kriegswirt-

238 Leendertz, A. (2008), S. 49 ff. Die vorgenommene Periodisierung datiert das Ende der Formierung der Raumordnung um 1935. Siehe dazu auch eine ausführliche und kritische Darstellung bei Bongard, M. G. (2004).

schaftlichem Kurs befindliche Politik der Nationalsozialisten, wofür die Landesplanung in der Weimarer Zeit grundsätzlich, trotz nationalistischer Untertöne, nicht ausgerichtet war. Der Heimatschutz stellte nur die Arabeske der eigentlichen Neuordnungsambitionen für eine Welt der Nationalsozialisten dar, die im Rassenwahn und Völkermord ihren Niederschlag fanden. So weit wollten, soweit die Quellenlage dies hergibt, selbst die konservativsten Protagonisten der Landesplanung aus der Weimarer Zeit nicht gehen. Aber die Suche nach Arrangement mit dem Regime blieb dennoch ein Kennzeichen und damit bleibender Makel der Landesplanung in Deutschland. Hier soll jedoch die Landesplanung nicht von ihrem „gleichgeschalteten Ende“ nach 1933 aus betrachtet werden, sondern von ihrer demokratisch fundierten Hochphase der 1920er Jahre hergeleitet werden.

Die Landesplanung entfaltete sich in einem Jahrfünft, das als das „beste“ in die Geschichte eingegangen ist und synonym mit den „Goldenen Zwanzigern“ assoziiert wird, also die Zeit zwischen 1924 und 1929.[239] Es war kein Zufall, dass in dieser Periode relativer Stabilität, ja Prosperität, die Landesplanung ihre kreativste und institutionell gesehen erfolgreichste Phase hatte. Der Aufbruch war mit dem am 16. August 1924 auf der Londoner Reparationskonferenz beschlossenen „Dawes-Plan“ besiegelt worden, welcher die Zahlungsmodalitäten, aber auch die Kreditierungen Deutschlands neu regelte. Die „Starthilfe von 800 Millionen Mark“[240] im gleichen Jahr fungierte auch als Signal für eine wirtschaftliche Entwicklung, die es nun in geordnete Bahnen zu lenken galt. Es darf jedoch kein Kurzschluss gezogen werden – der Dawes-Plan wirkte nur mittelbar, die Landesplanung entwickelte sich primär einer „inneren Logik“ und den jeweils in der Region konkret vorhandenen Bedingungen folgend. Dabei spielten Schlüsselpersonen eine maßgebliche Rolle, was nicht zuletzt jene Bipolarität im Hervorbringen der Landesplanung prägte.

Zwei Pole im Spiel-Raum

In diesem Zeitraum kann die Entfaltung von zwei räumlich-kognitiven Polen[241] konstatiert werden, von denen sich die Landesplanung in den 1920er Jahren vor allem ausbreitete: das Ruhrgebiet und die sich darum gruppierenden Gebiete sowie der mitteldeutsche Raum um Merseburg – mit Berlin als Impulsgeber. Von dort strahlten die inhaltlichen, methodischen und organisatorischen Erkenntnisse, Erfahrungen und Strukturen aus. Sie diffundierten von diesen Zentren aus, bis sie sich in Form einer Arbeitsgemeinschaft 1929 in einem übergreifenden Netzwerk fanden. Bemerkenswert erscheint dabei, dass nur Berlin den akademischen Hintergrund für diese Impulsgeberrolle aufzuweisen hatte. Im Ruhrgebiet ging dies von dem starken SVR (Siedlungsverband Ruhrkohlebezirk), der kommunal getragenen Landesplanungsorganisation mit der Leitfigur Robert Schmidt aus. Doch in Berlin war es keineswegs nur die TH Charlottenburg, die anregend, qualifizierend und kommunizierend wirkte. Hier gab es mit dem einflussreichen „Deutschen Archiv für Siedlungswesen“, aber auch mit den Bauverlagen, den vielen privaten Büros und natürlich mit den staatlichen Institutionen, wie das Statistische Reichsamt oder die verschiedenen Regierungsstellen, eine große Ballung von intellektuellem Potenzial, das eine Vorrangstellung in der Impulsgeberschaft begründete. Die Wortführer der Debatten hatten stets ein Standbein ihrer Aktivitäten in Berlin (von Jansen über Hegemann bis Langen). Schließlich spielten die jeweiligen Persönlichkeiten eine maßgebliche Rolle bei der Ausprägung des kognitiven und administrativen Systems der Landesplanung, letztlich auch bei deren

239 Möller, H. (2008), S. 172–181.

240 Ebd., S. 173.

241 Grishchenko, Y. (2007): Eine neue Klasse hybrider Innovationsdiffusionsmodelle: Ein theoretischer Vergleich existierender Ansätze und eine Analyse mit Simulationen und Realdaten. Dissertation, Humboldt Universität Berlin. Der Ansatz bezieht sich sowohl auf die Innovationsdiffusionstheorie von Rogers (S. 12) als auch auf die Diskussion der Modelle seit Anfang der 1970er Jahre (S. 10 ff.). Die Übertragung der theoretischen Positionen aus der Wirtschaftswissenschaft auf die Landesplanung im historischen Vergleich birgt ggf. weitergehende Möglichkeiten, die in der vorliegenden Arbeit nur angerissen werden können.

praktischen Wirkungen. Hinzu kam noch der nicht unmaßgebliche Einfluss der wirtschaftswissenschaftlichen und geografischen Fakultäten an den Universitäten in Halle und Leipzig, die, zumindest partiell, den wissenschaftlichen Charakter der Planungsarbeiten in Mitteldeutschland prägten. Dies strahlte auch auf den sächsischen Teil um Leipzig und dann vor allem nach Thüringen aus. Die auch daraus resultierenden Erkenntnisvorteile gegenüber den anderen Landesplanungsverbänden mögen ein Grund dafür gewesen sein, dass in dem mitteldeutschen Verband in Merseburg und dann in Thüringen die Frage des Strukturwandels als Planungsaufgabe deutlicher hervortrat. Zwei Gründe, die diesen Landesplanungsverband hier in das Zentrum der Betrachtung rücken ließen.

Natürlich gab es auch an anderen Orten führende Kräfte, die den Fortgang der disziplinären Entwicklung in den Landesplanungsverbänden mitbestimmten. Dazu gehören Persönlichkeiten in Hannover (Blum als Verkehrsexperte) oder in Karlsruhe (Heiligenthal als Städtebauer).

Auffallend ist, dass die beiden markanten Pole der Landesplanung in Deutschland auch diejenigen waren, die den intensivsten internationalen Austausch pflegten, ja diesen sogar maßgeblich mitgestalteten. Hier spielte Robert Schmidt aus Essen eine führende Rolle. Aber auch Prager, Langen oder Pfannschmidt waren wichtige Figuren der internationalen Szenerie der Landesplanung.

Die Akteure dieser beiden kognitiven Pole trugen das disziplinäre Herausheben der Landesplanung aus dem Städtebau, unter starker interdisziplinärer Integration von anderen wissenschaftlichen Gebieten wie der Wirtschaft, der Infrastruktur in der ganzen Bandbreite, aber auch Forst- und Landwirtschaft sowie Landschaftsgestaltung. Noch stärker als im Städtebau konzentrierten sich die kognitiven wie praktischen Beiträge der Landesplanung auf den öffentlichen Bereich, auf das „Gemeinwesen". Die führenden Köpfe der Landesplanung hatten meist Architektur und vertiefend Städtebau studiert, waren dem Bausektor verbunden.

Für die Konstituierung der Landesplanung gaben die beiden Pole entscheidende Inputs. Diese aber waren durchaus nicht homogen, was ihren kognitiven Kern, das Paradigma der Dezentralisierung betraf. Hier zeigte sich die Verwurzelung im Städtebau bzw. der Stadtplanung. Dennoch offenbarte sich im mitteldeutschen Raum eine Divergenz in der Auslegung und Begründung für die Dezentralisierung als planerischem Credo. So wurde die Dezentralisierung im Merseburger und Thüringer Diskurs eher mit dem Erhalt der polyzentrischen Struktur der Region und dem sich abzeichnenden Strukturwandel in Verbindung gebracht, als dies im Berliner Umland der Fall war. Hier dominierte die Suburbanisierung als dezentrale Neuanlage von Wohnbereichen die Debatte. Der internationale Tenor bzgl. der „Auflösung" der Großstadt fand hier einen fruchtbareren Boden als im mitteldeutschen Industriegebiet. Natürlich waren diese Diskussionen auch mit Heimatschutz- und „Zurück-zur-Scholle"-Ideologien angereichert. Es dominierte aber die auf die praktischen Planungsprozesse orientierte Haltung, sodass hier vor einseitigen Schlüssen und Überzeichnungen dieser ideologischen Hintergründe zu warnen wäre. Das gleiche traf auf einen „Antiindustrialismus" zu.

3.1.2 Der Innovations-Pol Mitteldeutschland

In Gestalt des „Landesplanungsverbands für den Mitteldeutschen Industriebezirk" („Gesamtsiedlungsausschuss") entstand zwischen 1923/25 und 1932 eines der bedeutendsten Planungsgremien Deutschlands. Es umfasste zunächst nur den Regierungsbezirk Merseburg, dann aber den gesamten Raum zwischen Erfurt, Halle, Dessau und Magdeburg. Hinsichtlich der Planungskultur, d.h. bezogen auf die institutionelle Struktur, den Charakter der Planungsarbeit, die wissenschaftliche Qualität, das Aufgabenfeld und die inhaltlichen Orientierungen der Planung, formulierte dieser Verband Standards moderner Planung. Bemerkenswert erscheinen vor allem der informell-demokratische Charakter und die durch

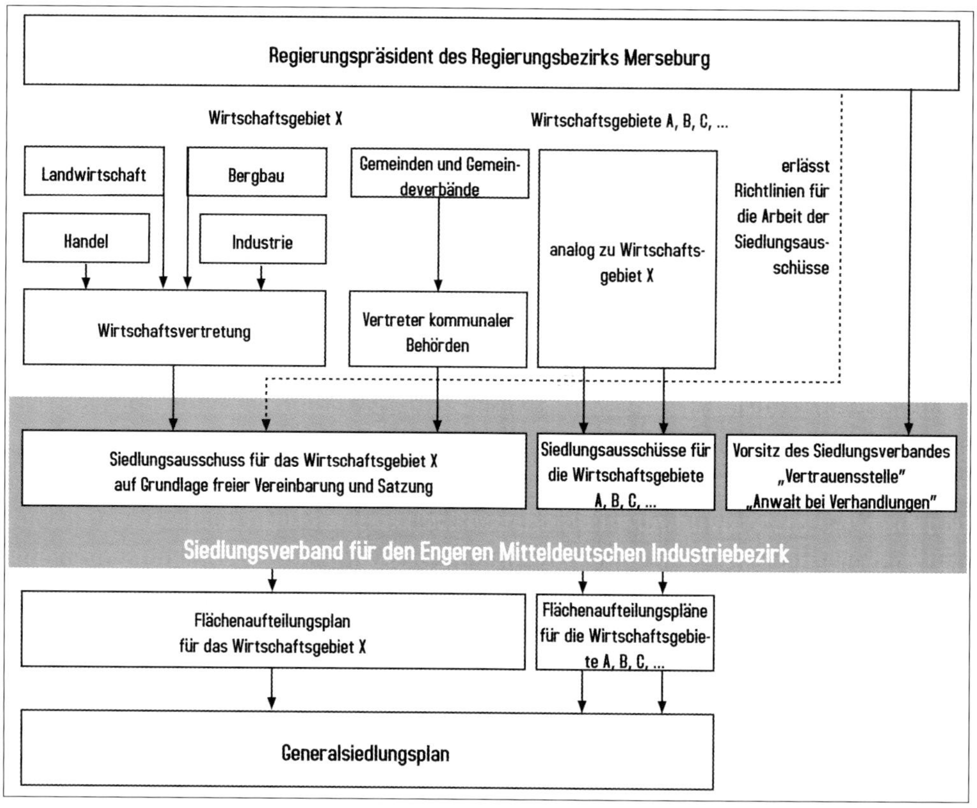

6 Strukturschema der Landesplanung in Mitteldeutschland um 1927

eine zweistufige Struktur des Verbands angelegte breite Beteiligungsmöglichkeit an der regionalen Planung. Die Planungen trugen orientierenden, diskursiven Charakter. Die Arbeiten verliefen wechselwirkend auf zwei relativ eigenständigen Ebenen, in den sogenannten dezentralen „Siedlungsausschüssen" und in einem übergreifenden Zusammenschluss, eben dem „Verband" von Gebietskörperschaften, Unternehmensvereinigungen und ab 1927 dem Land Anhalt (Abb. 6):

„Zur Bearbeitung des Flächenaufteilungsplanes wurde die bei der Regierung in Merseburg angegliederte Landesplanung für den engeren mitteldeutschen Industriebezirk gebildet. Den Ausschuss bildeten Vertreter der Kreise, der größeren Städte und der Wirtschaft (Landwirtschaft, Industrie, Handel). Dieser wählte einen Geschäftsführer und überträgt die Planbearbeitung für einzelne Bezirke auf diesem Sondergebiet erfahrenen Fachleuten. Diese leiten zunächst die Sammlung der nötigen kartenmäßigen und statistischen Unterlagen ein, untersuchen das Gelände und die wirtschaftlichen, sozialen und geschichtlichen Verhältnisse des Gebietes und machen dann dem Ausschuss Vorschläge.

Zu diesem Zweck tritt der Ausschuss öfters zu einer Sitzung zusammen, in der die Planbearbeiter über ihre Tätigkeit berichten und über die Planungsvorschläge gesprochen wird. Außerhalb der Sitzungen pflegen die Planbearbeiter mit den Vertretern der einzelnen Körperschaften oder mit anderen am Gegenstande interessierten Persönlichkeiten Besprechungen und halten natürlich auch Fühlung mit den Bearbeitern der Nachbargebiete. In Sachsen [erfolgt …] [d]ie Bearbeitung des Flächenaufteilungsplanes […] durch die Abteilungen für Landesplanung bei den Kreishauptmannschaften Leipzig, Chemnitz und Dresden. Da ein dringendes Bedürfnis besteht, ist die baldige Aufnahme der Arbeiten auch in der Kreishauptmannschaft Zwickau zu erwarten."[242]

242 Thüringisches Hauptstaatsarchiv Weimar (ThHSA), Landesplanungsgemeinschaft Thüringen Nr. 56, Bl. 13r–13v. Luthardt (1929): S. 23 f.

3.1.3 Die Landesplanung in Sachsen – ein Partner-Raum

In Sachsen war das westsächsische Braunkohlegebiet um Leipzig der landesplanerische Vorreiter.[243] Zeitgleich mit den Initiativen in Merseburg begann die Kreishauptmannschaft in Leipzig mit den Arbeiten an einem Flächenaufteilungsplan. Als einziges der mitteldeutschen Länder bzw. Provinzen im Deutschen Reich verfügte Sachsen bereits seit 1900 mit dem „Sächsischen Baugesetz" über eine rechtliche Grundlage für den Städtebau, worüber in Preußen noch gerungen wurde – bis 1933 ohne Erfolg. Dieses Gesetz regelte eine „Top-Down"-Planung. Damit herrschte in Sachsen eine vollkommen andere Ausgangslage vor als in den benachbarten preußischen und thüringischen Gebieten. Die Problemlage war vergleichbar – der Braunkohlebergbau und die sich ausbreitende Industrie riefen einen übergreifenden Planungsbedarf hervor. In Sachsen wurden die zuständigen Stellen, die Kreishauptmannschaften, vom Innenministerium mit der Planerstellung beauftragt. Der Staat behielt sich die Planungshoheit vor, die Akteure der Regionen wurden angehört: „Die Kreishauptmannschaft wird [sich] daher bei der Aufstellung des Planes auch den Rat der beteiligten Wirtschaftsverbände bedienen. Sie hofft auf die Unterstützung aller Bevölkerungs- und Wirtschaftskreise, um das geplante Unternehmen zu einem glücklichen Ende führen zu können."[244] Um diese umfangreichen Planungsarbeiten durchführen zu können, die ja den administrativen Rahmen der jeweiligen Städte überschreiten, hatte das Innenministerium in Dresden den Paragraphen 38 des Baugesetzes angepasst bzgl. der Verpflichtung zur Aufstellung von „Flächenaufteilungsplänen", der Grundzüge der städtebaulichen Entwicklung auch über die Grenzen der Ortschaften hinweg festlegen sollte.[245] Inhaltlich war auch für die sächsische Landesplanung das Dezentralisierungsgebot maßgebend, wie der fachpolitische Zeitgeist vorgab. Trabantenstädte sollten die Zentren entlasten, jedoch nicht als Neuanlagen, sondern, wie das auch in Mitteldeutschland insgesamt diskutiert wurde, „aus der Wurzel heraus", als basierend auf vorhandenen Orten und Kleinstädten.[246] Es war lediglich ein informelles Gremium in der sächsischen Landesplanung vorgesehen, was jedoch nur ansatzweise zustande kam: Eine „städtebauliche Arbeitsgemeinschaft" mit den angrenzenden Institutionen, dem Regierungsbezirk in Merseburg und der Kreishauptmannschaft in Chemnitz, um „den beabsichtigten Siedlungs- und Wirtschaftsplan mit den Planungen der angrenzenden Landesteile in Einklang zu bringen".[247] Die sächsische Landesplanung war also eine staatliche Vollzugsplanung, die zentrale Vorgaben umsetzte, anerkannten fachlichen Positionen folgte und dabei die Interessen der Wirtschaft und ggf. der lokalen Bevölkerung berücksichtigte. Aspekte, die über die schlichte Funktionszuweisung im Raum hinaus gingen, kamen darin nicht vor. Dies modifizierte sich zwar bis 1933 etwas, blieb aber fest in den Grenzen des vom Gesetz vorgegebenen Rahmens. Anders als die sächsische Landesplanung, die als rein staatliches, vertikal organisiertes Verwaltungsfeld angelegt worden war, stellte die mitteldeutsche Planung in Merseburg ein gemischtes System dar, das in einer Art Gegenstromprinzip wirkte und das zudem grenzüberschreitend fungierte (ab 1927). Die Vereinigung basierte auf Freiwilligkeit und wurde von der Planungsstelle in Merseburg koordiniert. Sie war also kein förmlicher Verband, weswegen sie auch 1928 in „Landesplanung für den engeren mitteldeutschen Industriebezirk" umbenannt wurde.[248] Mit der Veröffentlichung des Kartenbandes zur Lan-

243 Thüringisches Hauptstaatsarchiv Weimar, Landesplanungsgemeinschaft Thüringen Nr. 71/2, Bl. 38v–40v. Mackowsky: Der neue Siedlungsplan für das westsächsische Kohlengebiet, 1925. In diesem Artikel umriss der Initiator und „Spiritus rector" der sächsischen Landesplanung, Dr.-Ing. Mackowsky, die leitenden Gedanken und die Grundlagen der sächsischen Planung. Dieses Modell fand in den anderen Kreishauptmannschaften bzw. Regierungsbezirken in Sachsen analog Anwendung.

244 Thüringisches Hauptstaatsarchiv Weimar, Landesplanungsgemeinschaft Thüringen Nr. 71/2, Bl. 40v.

245 Ebd.

246 Ebd.

247 Ebd.

248 Landeshauptarchiv Sachsen-Anhalt, Magdeburg (LHASA), MD, C 20 I, Ib, Nr. 2768, Bd. 1, Bl. 333r.

desplanung für das engere Mitteldeutsche Industriegebiet 1932 vollendete sich die Tätigkeit der Landesplanung auf demokratischer Basis. Zwar wurde von den Hauptakteuren in Merseburg noch versucht, den Charakter der dezentralen Planung ab 1933 den veränderten politischen Bedingungen anzupassen, jedoch scheiterten sie spätestens 1935 mit der totalen Gleichschaltung aller Planungsinstitutionen unter die nationalsozialistische Raumordnung.

Die Landesplanung in Mitteldeutschland hebt sich in mehrfacher Hinsicht von den anderen, parallel entstandenen Planungsinitiativen in Deutschland und im Ausland ab. Nicht nur ihr institutioneller Aufbau und ihre dezentral und kooperativ angelegte Arbeitsstruktur sind Ausdruck dessen. Diese durchaus schon beachtenswerte Qualität der Landesplanung in Mitteldeutschland wird vor allem durch eine inhaltliche Dimension mit fundamentaler Bedeutung erweitert. Die Landesplanung in Merseburg ging inhaltlich weiter als alle anderen und griff – implizit – ein Jahrhundertthema mit ihrem Planwerk auf, ja wurde zum eigentlichen Vorreiter einer erst 50 Jahre später in das Bewusstsein der Planung tretenden Auffassung: Landesplanung für den Strukturwandel. Damit griff sie über das Ziel einer Optimierung von funktionaler Zuordnung im Raum hinaus und entwickelte Planungen und Kommunikationsformen für eine prozesshafte Planung auf überörtlicher Ebene. Dies ist eine neue Lesart der mitteldeutschen Planungen, die im Ergebnis des Quellenvergleichs und der Plandeutung durch den Autor zustande kam.

Das war ein bereits in der Gründung des Planungsverbandes angelegter Aspekt. Bis dieser aber planrelevant werden konnte, zeichnet sich der Prozess einer Annäherung an die Gestaltung des Strukturwandels ab. Hierbei muss der Plan mit dem Planungsprozess verwoben betrachtet werden, sonst entsteht ein unvollkommenes Bild des Ganzen. Bemerkenswert sind dabei die starke Verschränkung mit anderen Disziplinen, vor allem der Wirtschaftswissenschaft bzw. Wirtschaftsgeografie, und die Einbindung der regionalen Landesplanung in den nationalen und internationalen Fachdiskurs.

3.2 Eine Typologie der Planungsverbände und das Entstehen der Landesplanung in Mitteldeutschland

3.2.1 Eine Typologie der entstehenden Landesplanungsorganisationen in Deutschland

Zwischen 1920 und 1933 entstanden in Deutschland etwa dreißig[249] Landesplanungseinrichtungen unterschiedlicher Struktur, Größe und inhaltlicher Ausrichtung. Ihre Gründung lief in drei Wellen ab:[250] Nach den Initialgründungen im Ruhrgebiet (SVR) und dem Zweckverband Berlin 1920 entstand die erste Generation von Landesplanungsinstitutionen 1925 mit fünf Verbänden. Die Vorreiter hier waren der Landesplanungsverband Düsseldorf und der im engeren mitteldeutschen Industriegebiet in Merseburg. Die zweite Welle 1926–1928 umfasste sieben Verbände, von denen die Thüringischen Zusammenschlüsse herausragten. Die Hauptgründungsaktivitäten fanden 1929/30 statt. Hier entstanden 17 Verbände.

249 Die Angaben weichen bei unterschiedlichen Quellen voneinander ab: Luthardt führt 1932 26 Landesplanungsstellen auf, während Umlauf 1958 24 vermerkt und schließlich Engeli 31 aufzählt. Die divergierenden Angaben resultieren, wie Engeli vermerkt (S. 21), aus sehr unterschiedlichen Graden in der Organisation und Wirkung der einzelnen Verbände, die z. T., so kann vermutet werden, nur „Papiertiger“ waren. Die Darstellung von Luthardt 1932 (S. 5, 6) weist 15 Landesplanungsstellen aus, die Mitglied in der „Arbeitsgemeinschaft der Deutschen Landesplanungsstellen“ waren, also den aktiven Kern dieses Netzwerkes bildeten und somit auch als real fungierende Institutionen angesehen werden können. Dennoch soll hier bei der Typisierung von der letzten Quelle, den Auflistungen bei Engeli (S. 18, 19) ausgegangen werden, um ein möglichst vollständiges Bild zu erheben.

250 Hercher, L. (1929), S. 74 f. Neben einen Überblick steckt Hercher auch ein Ziel auf Reichsebene ab: Schaffung einer „Reichsstelle für Städtebau und Landesplanung“, S. 75. Zur Übersicht der Initiativen: Engeli, C. (1986), S. 18 f.

Schließlich wurde 1933 – noch nach den Prinzipien der anderen Landesplanungsverbände, aber schon unter der Diktatur der Nationalsozialisten – der Verband Westthüringen gegründet. Räumlich konzentrierten sich die Gründungsaktivitäten vornehmlich auf preußisches Gebiet sowie auf die Gebiete mit starker wirtschaftlicher und infrastruktureller Entwicklung. Befördert wurden die Aktivitäten durch einen starken Abstimmungsbedarf über Grenzen hinweg, so vor allem zwischen den Stadtstaaten (Hamburg oder Bremen) und deren preußischem Umland.

Die Situation der Landesplanung um die Reichshauptstadt Berlin konnte nach der Auflösung des Zweckverbandes 1920 kaum in befriedigender Weise gelöst werden – die Rivalität zwischen der Metropole und dem Umland gehört zu den – bis heute – diskutierten Themen. Im Grunde kam nie eine wirklich kooperierende Institution zustande, die politisch von allen gewollt und getragen, effektiv in der Durchsetzungsmöglichkeit und länderübergreifend kooperativ wirken konnte. 1929 bildete sich – auf maßgebliche Initiative des Oberpräsidenten der Provinz Brandenburg – als „zwischengemeindliche Arbeitsgemeinschaft" die „Landesplanung Brandenburg-Mitte", ohne Berlin.[251]

In Süddeutschland kam es zu keinen formellen Gründungsaktivitäten, wenngleich Luthardt für den Raum Stuttgart einen Bezirksplanungsverband angibt, der für einen Radius von 20 km um Stuttgart und für etwa 493.000 Einwohner zuständig gewesen sein soll. Inwieweit dieser tatsächlich bis 1933 wirksam werden konnte, wird an keiner Stelle vermerkt und soll hier nur kursorisch vermerkt werden. In München griff, einer Notiz von Langen folgend, die kommunale Planung für die Großstadt auf das Umland (bis Augsburg reichend) über.[252] Es handelte sich aber in diesem Falle nicht um einen Planungsverband zwischen Großstadt und Umland, sondern „nur" um eine Stadt-Umland-Planung, die einseitig von der Kernstadt aus betrieben wurde. Damit wird aber bestätigt, dass es vor 1933 in Süddeutschland keine nennenswerten Aktivitäten für den Aufbau von Landesplanungsinstitutionen gab. Der Regulierungsbedarf schien offenbar noch nicht groß genug gewesen zu sein, obgleich Stuttgart ja bereits zu den aufstrebenden Städten gehörte und mit spektakulären Bauprojekten[253] – wie dem Bahnhof oder der Weißenhofsiedlung – Anzeichen einer dynamischen Entwicklung unverkennbar waren.

Hinsichtlich ihrer rechtlichen Konstitution können grundsätzlich drei Typen unterschieden werden:

1. die ‚von oben' staatlich verfassten und gesetzlich abgesicherten Verbände,
2. die ‚von unten' in freiwilliger Vereinbarung zusammengeschlossenen Strukturen sowie
3. der auf eigenem Gesetz basierende Ruhrsiedlungsverband – ein Sonderstatus.

Zur ersten Gruppe zählen die Sächsischen Verbände sowie die durch Staatsverträge entstandenen Verbände in Norddeutschland zwischen den Stadtstaaten und dem preußischen Umland. Die meisten Zusammenschlüsse fungierten als „freie Vereinigungen", d. h. als private Vereine und kommunale Selbstverwaltungskörper. Eine weitere große Gruppe, nämlich sechs Verbände, waren als eingetragene Vereine (e. V.) tätig, also als gemeinnützige Organisationen. Der SVR spielte eine Sonderrolle, da für diesen Verband eigens ein preußisches Gesetz erlassen worden war, was keine Nachahmung gefunden hatte.[254] Wie Engeli zu Recht feststellt, war der preußischen Bürokratie auf der mittleren Verwaltungsebene (Bezirksregierungen) nicht daran gelegen, eine weitere, zumal kommunal dominierte Zwischeninstanz zuzulassen.[255] So dürften diese z. T. auch präventiv initiiert worden sein, um einer Verbreitung des Modells SVR zuvorzukommen – offenbar mit Erfolg. So sind eine Reihe von Gründungen ab 1925 im Umfeld des

251 Die Arbeit des Landesplanungsverbandes Brandenburg-Mitte, Geschäftsberichte 1931–1935 (1941), Berlin, BAK/41/1061/ … Geschäftsbericht für das 2. Geschäftsjahr des Landesplanungsverbandes vom 18. März 1932, S. 1 sowie ausführliche Darstellung in: Engeli, C. (1986), S. 80–88.

252 Langen, G. (1928), S. 304. Im Zentrum der Planungen standen Verkehrswege, Naturschutz und Bebauungsfragen.

253 Deutsche Bundesbahn (Hg.) (1987), S. 18 ff.

254 Engeli, C. (1986), S. 21 f.

255 Ebd., S. 17.

SVR zu registrieren, in den Hauptgründungswellen der Landesplanung, wie z. B. in den wenig industrialisierten Gebieten des Münsterlandes, im Siegerland, in Minden oder im Sauerland. Auch wenn der preußische Staat aus Eigeninteresse hierbei institutionsgründend gewirkt haben sollte, einen Impuls hat er ausgelöst, denn diese Verbände agierten offenbar nicht nur pflichtgemäß in der „Arbeitsgemeinschaft der Deutschen Landesplanungsstellen".[256]
Ein Vorläufer dieser Institution kann in der 1921 gegründeten, aber nie recht wirksam gewordenen „Deutschen Gesellschaft für Städtebau und Landesplanung" gesehen werden.[257] Sie war eine „Top-Down"-Gründung, vorangetrieben von Ministerialbeamten verschiedener Ressorts, von ehemaligen hohen Militärs, aber auch von einigen Architekten, wie z. B. Janssen, Behrens, Poelzig oder Geßner. Das Ziel bestand darin, eine „einheitliche Wirtschaftskarte Deutschlands" zu erstellen und die „gemeinsamen Interessen der Stadt- und Landgemeinden, von Industrie und Handel" in enger Verbindung zur „Volkswohlfahrt" und einer effizienten Bodennutzung abzugleichen.[258] Die Stichworte späterer Argumentationen beim Aufbau der Landesplanung – als strategischer Planung – waren hier z. T. bereits vorweggenommen.
Im Zentrum der weiteren Betrachtungen soll aber die offene Form der freiwilligen Vereinigungen stehen, die mit der Landesplanung in Merseburg ihre produktivste Form gefunden hatte. Hierbei wird der zeitgenössischen Einschätzung gefolgt, welche sich in Form des einzigartigen Merseburger Planungsatlasses manifestierte. Vergleichbares wurde von keinem anderen Verband vorgelegt – mit Ausnahme Thüringens, worin aber bereits eine Diffusion der Merseburger Planungsinnovationen zum Ausdruck kam.

3.2.2 Der Aufbau der mitteldeutschen Landesplanung: Die Gründungsphase 1920 bis 1925

Die allgemeine Grundlage für den Aufbau der mitteldeutschen Landesplanung bildete Artikel 165 der Weimarer Reichsverfassung, wodurch die Bildung sogenannter Wirtschaftseinheiten, die unabhängig von territorialen Grenzen zur Verbesserung der wirtschaftlichen Tätigkeit gebildet werden konnten, verfassungsrechtlich gedeckt, ja befördert wurde. Diese sollten der wirtschaftlichen Wiederbelebung Deutschlands nach dem 1. Weltkrieg dienen. Hauptadressaten waren vorrangig Wirtschaftsvertreter und Behörden.[259] So schlossen sich 1920 Unternehmen der Region zu einem Wirtschaftsverband Mitteldeutschland zusammen, der eine Schlüsselrolle bei der Gründung und dann nach 1925 auch bei der Förderung der Landesplanung spielte. Mit dem Beginn des Nationalsozialismus erlitt dieser Verband das gleiche Schicksal wie der Planungsverband.[260] Damit war aber nur ein äußerer Rahmen gegeben für den Aufbau einer möglichen Planungsinstitution. Der entscheidende Beweggrund für planerische Aktivitäten in Mitteldeutschland erwuchs aus der Wohnungsnot in dem Wirtschaftsgebiet. Bereits im Februar 1918 hatte der Regierungspräsident in Merseburg Initiativen ergriffen, um verwaltungsseitig den Übergang in eine Friedenswirtschaft und die Linderung sozialer Notlagen zu gestalten.[261] Das mitteldeutsche Gebiet

256 Luthardt, W. (1932), S. 5.
257 Deutsche Gesellschaft für Städtebau und Landesplanung (1921), S. 662.
258 Ebd. Die Wirkung der Zielsetzungen dürfte aber eher mittelbar gewesen sein. Spätere Bezüge zur Landesplanung, zumindest in Mitteldeutschland, lassen sich nicht nachweisen. Dass ein Hermann Janssen die in dieser Gesellschaft ausgetauschten Erfahrungen später bei seinem Wirken in Bitterfeld hat einfließen lassen, kann angenommen werden. Hinweise darauf lassen sich aber nicht finden.
259 Prager, S. (1925?), S. 36–38, hier S. 37.
260 Buchholz, M. (1998), S. 9–14. Die Gründung dieses Verbandes erfolgte in Weimar, womit ein deutliches Zeichen der grenzüberschreitenden Kooperation der Wirtschaftsakteure gesetzt werden sollte.
261 Prager, S. (1925?), S. 36–38, hier S. 37. Vgl. auch: Hoffacker, H.W. (1989), S. 23. Diese Exkursion im Februar 1918 in das Ruhrgebiet muss nachhaltigen Eindruck hinterlassen haben und die spätere Gründung der übergreifenden Planungsinstitu-

war durchaus ein soziales Problemgebiet, was sich in den Folgejahren mit den Märzkämpfen gerade im Mansfelder Revier bestätigte.
Die staatlichen Stellen suchten jedoch nicht nur nach einzelnen Sofortmaßnahmen, insbesondere in der Förderung preiswerten Wohnungsbaus, sondern trachteten nach grundlegenderen Ansätzen für eine stabile Entwicklung in der Region. Zu diesem Zwecke organisierte das Regierungspräsidium 1920 eine „Reise staatlicher und kommunaler Verwaltungsbeamter des Regierungsbezirks in das rheinisch-westfälische Industriegebiet zum Studium der städtischen und großindustriellen Wohnungsfürsorge."[262] So wurden in den Jahren bis 1923 mit Unterstützung von verschiedenen Förderinstrumenten über 4.000 Arbeiterwohnungen im Regierungsbezirk errichtet, insbesondere in den Bergbaugebieten. Daraus erwuchs, wie die zeitgenössischen Veröffentlichungen darlegen, ein erhöhter Abstimmungsbedarf zwischen den Beteiligten aus Kommunen, Bergbaugesellschaften, Chemieunternehmen und staatlichen Stellen sowie Bewohnern. Es kam zu Problemen wegen konkurrierender Interessen bei der Flächennutzung.[263]
Ab 1922 wurden dann die Weichen gestellt für den Aufbau einer übergreifenden Planungsinstanz in Mitteldeutschland. Besuche des preußischen Ministers für Volkswohlfahrt im Frühjahr 1922 und 1923, bei denen den Beamten aus Berlin die Notwendigkeit übergreifender Planung nahe gebracht werden konnte, leiteten das Verfahren ein, das schließlich Mitte 1923 in einem Erlass des Ministers mündete, einen Gesamtsiedlungsplan für das Gebiet des Regierungsbezirkes in der preußischen Provinz Sachsen zu erarbeiten.[264] Dabei war davon ausgegangen worden, dass dies auf eine vergleichbare Weise wie bei dem 1920 gegründeten Siedlungsverband Ruhr erfolgen würde, d. h. durch eine kommunalen Zweckverband, der die erforderlichen Kosten anteilig aufbringen würde. Zunächst kann es als ein Erfolg des Wirkens von Robert Schmidt im Ruhrgebiet, aber auch der Fachdisziplin insgesamt angesehen werden, dass die regionale Planung nun zu einer staatlichen Pflichtaufgabe für die besonders von sozialen und infrastrukturellen Problemen betroffenen Industriegebiete gemacht werden sollte. Doch für die Akteure in Mitteldeutschland stellte dies eine besondere Herausforderung dar, da die Verhältnisse in diesem gerade im Aufbruch begriffenen Industrierevier gänzlich andere waren als die in dem Ruhrgebiet. Es mussten sowohl in organisatorischer wie auch in finanzieller Hinsicht neue Wege beschritten werden. Der staatliche Fiskus beteiligte sich nicht an der finanziellen Ausstattung der Planungsinstanzen. Es mussten Partnerschaften eingegangen werden, um überhaupt den staatlichen Auftrag erfüllen zu können. Diese zunächst aus der Not geborene Tatsache sollte sich zu einem neuen Qualitätsmerkmal der Planungskultur in Mitteldeutschland entwickeln.
Der 9. Mai 1924 wurde zum Schlüsseltag für den Aufbau der Landesplanung. An diesem Tag fand der „3. Mitteldeutsche Wirtschaftstag" in Erfurt statt, der einen Beschluss zur finanziellen Mitwirkung an der Erarbeitung von Siedlungsplänen fasste. Dem waren seit dem Sommer 1923 Verhandlungen des Regierungspräsidenten mit Vertretern der Wirtschaft vorausgegangen, welche bereits in den Wirtschaftsgebieten Mansfelder Land, Weißenfels-Zeitz und Bitterfeld zur Bildung von Ausschüssen geführt hatten, und im Gebiet Merseburg-Leuna-Geiseltal wurden solche Gespräche im November 1923 erfolgreich durch-

tion durchaus befördert haben. Es bleibt auch zu vermerken, dass die staatlichen Stellen frühzeitig um präventive Maßnahmen zur Bekämpfung der Kriegsfolgen, vorrangig der Wohnungsnot, und um langfristige Aufbauarbeit bemüht gewesen waren. Die Angaben beziehen sich auf diesen Artikel.

262 Prager, S. (1925?), S. 36–38, hier S. 37.

263 Ebd. Dies reflektierte Prager als späterer Gründer des Landesplanungsplanungsverbandes besonders deutlich, um die Notwendigkeit des Entstehens „seines" Verbandes hervorzuheben. Dennoch sind die Argumente einleuchtend, wie sich an exemplarischen Fällen nachweisen lässt, so z. B. bei der Entwicklung der Piesteritzer Werkssiedlungen bei Wittenberg. Vgl. Kegler, H. (1992): Die Piesteritzer Siedlung, S. 38–41.

264 LHASA, MD, Rep. C 20 I, Ib, Nr. 2768, Bd. 1, Bl. 60, 61r, 65.

geführt.[265] Der Weg zur Gründung einer Instanz, die einen Generalsiedlungsplan erarbeiten könnte, war frei. Mit dieser finanziellen Zusage waren klare Forderungen der Wirtschaft verbunden, die den planerischen Ausbau von Wasserstraßen und, das ist das Besondere, die „rechtzeitige Bearbeitung großzügiger Siedlungspläne für die einzelnen Industriegebiete des Mitteldeutschen Bezirks" verlangten.[266] Diese intensive Verknüpfung mit der Wirtschaft erklärt auch die spätere Bezeichnung der städtebaulichen und Flächennutzungspläne als „Wirtschaftspläne" – es kann aber auch als geschickter Schachzug der Gründungsväter des Planungsverbandes angesehen werden, die Vertreter der Wirtschaft zu unmittelbar Beteiligten zu machen, was dem Verband in der Kommunikation mit den anderen Partnern, insbesondere mit den Kommunen, einen Aktionsvorteil verschaffen konnte.

Diese direkte Einbindung der Wirtschaft unterschied die zunächst aus der Not geborene Herangehensweise von der im Ruhrgebiet. Das hatte auch inhaltliche Konsequenzen, die jedoch nicht einfach die Subordination der öffentlichen unter die privaten Interessen bedeuteten, sondern sich in einer planungsmethodisch bemerkenswerten Ausgestaltung des Umgangs mit differenzierten, nichthierarchischen Interessenlagen äußerte.

Weil es offenbar nicht möglich schien, dem Vorbild Ruhrsiedlungsverband wegen der anders gearteten regionalen Struktur zu folgen und wegen des Ansinnens, eine breit gefächerte Kooperation über den kommunalen Rahmen hinweg anzustreben, wurde eine flache Hierarchie gebildet. Kernstück der Organisation war deren Freiwilligkeit beim Zusammenschluss. Es wurden zwei Ebenen gewählt:

1. Regionale Ausschüsse (Siedlungsausschüsse) in den Wirtschaftsgebieten. „Die Gebiete bilden gewissermaßen Industrienester, da sie durch große landwirtschaftliche Flächen unterbrochen werden."[267] Daraus leitete sich die heterogene Zusammensetzung der Ausschüsse ab. Diese waren in ihrem räumlichen Zuschnitt durch die Bildung des Wirtschaftsverbandes umrissen und gesetzlich legitimiert worden.
2. Die „obere" Ebene bildete die Geschäftsstelle mit ihrem fachlichen Personal in Merseburg, in unmittelbarer Nachbarschaft zum Regierungspräsidium, aber diesem, bis auf den Geschäftsführer, nicht dienstlich unterstellt, aber fachlich zugeordnet. Oberstes Gremium des Verbandes war die Vertreterversammlung, die halbjährlich tagte und sich nach einem abgestimmten Modus zusammensetzte. Vorsitzender des Planungsverbandes war der Regierungspräsident. Dazu wurden im Laufe der Zeit Fachausschüsse gebildet, die sich thematischen Schwerpunkten widmeten und der Geschäftsstelle (Landesplanungsstelle) fachliche Zuarbeiten lieferten.[268]

Die Zusammensetzung der dezentralen Siedlungsausschüsse erfolgte nach einem vereinbarten Schlüssel. Die Vertreter kamen aus der produzierenden Wirtschaft, von Kommunen, der Landesverwaltung, aus der Landwirtschaft, von Reichsbahn, Post, Versorgungswirtschaft, Bergbau, Wassergenossenschaften etc. Zunächst war vorgesehen, fünf Wirtschaftsgebiete auf freiwilliger Basis zu bilden: Halle, Bitterfeld, Merseburg-Leuna-Geiseltal, Mansfelder Land und Weißenfels-Zeitz, also die Kerngebiete der mitteldeutschen Industrie und des Bergbaus.[269] Mit der Gründung des „Siedlungsverbandes" im Folgejahr kamen noch

265 Protokoll einer Berichterstattung von Stephan Prager an den Preußischen Minister für Volkswohlfahrt in Berlin vom 5. März 1924. LHASA, MD, Rep. C 20 I, Ib, Nr. 2768, Bd. 1, Bl. 2, 3. Offensichtlich wurden die Gespräche über eine strategische Planung noch zum Höhepunkt der Hyperinflation begonnen und konnten im Jahr 1924 nach dem Ende der Inflation in die konkrete Umsetzung geführt werden.

266 Prager, S. (1925?), S. 36–38, hier S. 38.

267 Thüringisches Hauptstaatsarchiv Weimar, Landesplanungsgemeinschaft Thüringen Nr. 71/2, Bl. 33v: Prager, S. (1925): Vorarbeiten für die Aufstellung eines Generalsiedlungsplanes für den Mitteldeutschen Industriebezirk, (Sonderdruck aus Zeitschrift für Bauwesen, 4.–6. Heft, S. 30–38).

268 Prager, S. (1925?), S. 36–38, insbes. S. 38.

269 LHASA, MD, Rep. C 20 I, Ib, Nr. 2768, Bd. 1, Bl. 11r. Prager hat diese Struktur für den zukünftigen „Siedlungsverband" in Anlehnung an die Schwerpunkte des Wirtschaftsverbandes ausgerichtet.

die Wirtschaftsgebiete Wittenberg und Naumburg hinzu.[270] Die sieben Siedlungsausschüsse benannten ebenfalls Geschäftsführer.[271] Den jeweiligen Siedlungsausschüssen sind z. T. aus der Verwaltung, teilweise aus freien Berufen stammende Fachleute, oft externe Architekten/Städtebauer zugeordnet worden, um die fachliche Qualität der jeweiligen Bearbeitung der Siedlungspläne zu gewährleisten. Diese traten entweder als unmittelbare Planbearbeiter oder als Berater auf. Die Geschäftsstelle in Merseburg wirkte mit den örtlichen Kräften zusammen, um sowohl die einzelnen Planungen in den Orten zu qualifizieren als auch zugleich den übergreifenden Flächenaufteilungsplan für das engere Mitteldeutsche Industriegebiet schrittweise zu entwickeln. So wirkten der Berliner Professor Hermann Jansen (1869–1945), einer der international namhaftesten Städtebauer, für den Siedlungsausschuss Bitterfeld oder der Berliner Architekt von Walthausen für das Geiseltal.[272]

Eine zentrale Frage war von Anbeginn die der Finanzierung. Nach dem Ende der Inflation konnte „durch energisches Einwirken auf die Gemeinden, die Industrie und die Landwirtschaft [erreicht werden], [...] rund 80.000,-- Goldmark für die Beschaffung von Flächenaufteilungsplänen aufzubringen."[273] Durch die Diversifizierung der Finanzquellen war es Prager offensichtlich gelungen, diese Grundfinanzierung zu sichern. Das Finanzproblem blieb auch in der weiteren Entwicklung des Verbandes ein permanentes, aber stets gelöstes, wie die Geschäftsberichte später offenbarten.

Als Rechtsform wurde für den Landesplanungsverband die eines privaten Vereins gewählt, der sich zunächst „Gesamt-Siedlungsausschuss" nannte.[274] Ursprünglich hatte Prager beabsichtigt, die Wirtschaftsgebiete „auf freier genossenschaftlicher Vereinigung"[275] zu bilden. Dies ist dann offenbar aus zeitlichen und finanziellen Gründen nicht weiterverfolgt worden. Damit wäre eine enorme Innovation in der regionalen Planung und der konsequenten Selbstverwaltung unter wirtschaftlicher Beteiligung aller regionalen Akteure denkbar gewesen. Doch auch dieser freiwillige Zusammenschluss eines breiten Akteursnetzwerkes stellte eine planungskulturelle Innovation dar. Durch dieses Netzwerk wurde der eigentliche Planungsraum definiert: was bis dahin stets nur durch administrative Grenzen bestimmt war, wurde nun durch die Interaktion Interessierter und durch anschließende Sanktionierung von „Oben" (durch den Regierungspräsidenten) bestimmt.

Dies war das erste Mal, dass auf regionaler Ebene eine solche informelle Konstruktion der übergreifenden Planung geschaffen werden konnte. Damit war die institutionelle Basis für eine nichtlineare Planung entstanden. Die ersten Vorstellungen für die eigentlichen Pläne hingegen waren sehr konventionell und linear angelegt, allerdings wurde von Anbeginn von Prager Wert daraufgelegt, keinen statischen Plan zu erstellen, sondern die zeitliche Dimension regionaler Entwicklung zu integrieren, also Veränderungsprozesse (zunächst im analytischen Teil) zu berücksichtigen.[276]

Nach nur einem Jahr Vorarbeit, in welchem die organisatorischen Grundlagen gelegt wurden, die Satzung und das allgemeine Ziel für die Erarbeitung eines übergreifenden Gesamtsiedlungsplanes (Flächenaufteilungsplanes) erstellt worden waren, konnte der eigentliche Aufbau der neuen Planungsinstanz beginnen.

---

270 Ebd., Bl. 63, T. 1; Übersichtskarte für den „Generalsiedlungsplan für den Mitteldeutschen Industriebezirk" mit den Wirtschaftsgebieten.

271 Landeshauptarchiv Sachsen-Anhalt, Magdeburg, C 50, Wittenberg B,301, 437r, 438v. Satzung des Landesplanungsverbandes vom 2. April 1925, in der Fassung vom 14. Mai 1927: Karte der Ausschüsse. Diese Akte wurde 1991 vom Autor recherchiert, weswegen noch die damals gültige Archivbezeichnung auf den Dokumenten verwendet wurde, die hier zitiert wird.

272 Thüringisches Hauptstaatsarchiv Weimar ThHStA, Landesplanungsgemeinschaft Thüringen Nr. 71/2, Bl. 31r, Prager, S. (1925): Vorarbeiten für die Aufstellung eines Generalsiedlungsplanes für den Mitteldeutschen Industriebezirk, (Sonderdruck aus Zeitschrift für Bauwesen, 4.–6. Heft, S. 30–38) sowie LHASA, MD, Rep. C 20 I, Ib, Nr. 2768, Bd. 1, Bl. 24r.

273 LHASA, MD, Rep. C 20 I, Ib, Nr. 2768, Bd. 1, Bl. 24r.

274 Ebd., Bl. 310r.

275 Ebd., Bl. 11r. Für die Zukunft hatte Prager aber auch die Möglichkeit der Bildung von Zweckverbänden (nach dem Gesetz vom 19.0.1911) und in Anlehnung an den Ruhrsiedlungsverband erwogen.

276 Ebd., Bl. 9 ff., insbes. Bl. 14r.

Die Basis dafür bildeten sehr detaillierte „Richtlinien für die Aufstellung von Siedlungsplänen“ (Prager, 22. Februar 1924)[277]. Sie wurden nach ihrer Aufstellung mit Akteuren der Region (Kommunen, Wirtschaft etc.) ausgearbeitet und (informell) beschlossen. Anschließend wurde die politische Unterstützung der preußischen Regierung eingeholt.[278] Danach erfolgte die formelle Gründung des „Gesamtsiedlungsausschusses für den Mitteldeutschen Industriebezirk“ am 2. April 1925 in Halle/S.[279] Die rege Teilnahme der Fachöffentlichkeit galt in den Presseberichten als Beleg dafür, dass hier etwas „Brauchbares“ im Entstehen begriffen sein müsse.
Von diesem Ereignis und den inhaltlichen Absichten wurde in der Fachpresse jedoch mit nur wenigen Beiträgen berichtet. In der Deutschen Bauzeitung vom August 1925 berichtete Köster über die Aufstellung eines Generalsiedlungsplanes, wobei er dabei einen Beitrag von Prager teilweise übernahm. Damit setzte er ihm zugleich ein Denkmal, denn der Gründer des Siedlungsverbandes hatte kurz nach dessen offiziellem Start denselben verlassen.[280]

3.2.3 Der Vordenker Stephan Prager: Eine Schlüsselperson der Landesplanung

Stephan Prager (1875–1969) leitete mit großer Umsicht die Gründung des Planungsverbandes ein. Er verließ 1925 diesen, also kurz nach dem offiziellen Start der Verbandstätigkeit, weil ihm offenbar keine Gehaltserhöhung zugebilligt wurde, woraufhin er an das Regierungspräsidium nach Köslin versetzt wurde.[281] Schon 1927 ging er in die Rheinprovinz, um den dortigen Planungsverband aufzubauen. Er blieb mit dem mitteldeutschen Verband durchaus im Kontakt und nahm sogar an der – unter demokratischen Verhältnissen – letzten Vollversammlung des Verbandes am 28. Juni 1932 im Alten Rathaus in Merseburg teil.[282]
Stephan Prager, am 28. Juni 1875 in Liegnitz geboren[283], gehörte zu der Generation, die, wie Gustav Langen u. a., die Etablierung des Fachgebietes der Landesplanung aus dem Städtebau heraus vorangetrieben hat. Er hatte Architektur, Kunstgeschichte und Philosophie in Darmstadt und an der TH in Charlottenburg bzw. der Universität Berlin studiert. Damit war er auch mit der Berliner Community des Städtebaus in Berührung gekommen, was sich später in Merseburg bemerkbar machte. 1911 promovierte er zu Fragen der Architekturästhetik. Sein Hintergrund war vor allem ein internationaler. Als Regierungsbauführer (bautechnischer Sachverständiger) bei der Deutschen Botschaft in den USA, vor allem im Generalkonsulat New York, hatte er Einblick in das Entstehen der amerikanischen „City Planning“ und durch seine Hauptwirkungsstätte New York auch den Kontakt zu den maßgeblichen Personen, die am Regional Plan für den Bundesstaat New York tätig waren.[284]

277 Ebd., Bl. 9–16.
278 Ebd., Bl. 72r, 73v.
279 Ebd., Bl. 65 sowie Bl. 85. Die Gründung erfolgte in der Aula des Stadtgymnasiums in Halle/S. In der Presse wurden das überaus große Interesse der Fachwelt und die Teilnahme zahlreicher Gäste aus Sachsen, Thüringen und dem Ruhrgebiet hervorgehoben. Pfannschmidt, M. (1971), S. 17–28, insbes. S. 17. Hier wird fälschlicherweise als Gründungsdatum der 2. März 1925 angegeben.
280 Köster, D. (1925), S. 129–132. Köster war Architekt, der im Werkswohnungsbau tätig gewesen ist. Er gehörte zu den Mitinitiatoren des Siedlungsverbandes und fungierte als Planbearbeiter im Siedlungsausschuss für das Mansfelder Land.
281 Pfannschmidt, M. (1971), S. 17–28, insbes. S. 19.
282 Thüringisches Hauptstaatsarchiv Weimar, ThHStAW, Landesplanungsgemeinschaft Thüringen, Nr. 11, Bl. 80v.
283 Nordrhein-Westfälisches Hauptstaatsarchiv Düsseldorf, Bestand Gestapo, RW 38, Nr. 29013. Alle Angaben beziehen sich auf diese Gestapo-Akten über Prager. Da Stephan Prager Jude war, wurde eine solche Akte angelegt. An dieser Stelle sei Herrn Heinz Wilhelm Hoffacker, Essen, für seine Unterstützung ausdrücklich gedankt. Siehe auch: Hofmann, W. (1992), S. 17.
284 Pfannschmidt, M. (1971), S. 17–28, insbes. S. 18.

Prager entstammte einer kaisertreuen Offiziersfamilie. Er selbst reihte sich in diese konservative Traditionslinie ein. Nach dem Studium der Architektur und Promotion wurde er als Beamter in die USA versetzt. Mit Ausbruch des 1. Weltkrieges meldete er sich freiwillig, obwohl er als im Auslandsdienst Tätiger nicht kriegsverpflichtet worden wäre. Er geriet zuletzt in englische Kriegsgefangenschaft und kam erst 1920 frei. Er erhielt dann eine Stelle als Beauftragter für die Wohnungsaufsicht bei der Merseburger Regierung. Unmittelbar nach Aufnahme seiner Tätigkeit dort begann er mit den Vorbereitungen für eine Landesplanungsinstanz im mitteldeutschen Wirtschaftsgebiet, da ihm seine Tätigkeit mit Fragen der Steuerung von Ansiedlungen in Berührung brachte und er übergreifende Defizite erkannte. Dort wirkte er bis Ende 1925. Trotz massiver Einwände der Wirtschaftsvertreter, namentlich der Landwirtschaft, gegen eine Versetzung von Prager, musste er, da keine Beförderung in Aussicht war, nach Köslin gehen. Ein von allen Seiten als sehr bedauerlich empfundener Weggang, da Prager offenbar eine kommunikative Gabe und zugleich die Beharrlichkeit besaß, die langfristige Aufgabe eines Generalsiedlungsplanes für das große Gebiet Mitteldeutschlands kooperativ zu bewältigen.[285]
Obwohl national-konservativ eingestellt, war Prager eine der internationalen Kooperation und dem Erfahrungsaustausch sehr offen gegenüberstehende Persönlichkeit. Sein ausdrücklicher Verweis auf die „wertvolle Belehrung und die Vorführung von Ergebnissen auf diesem Gebiet [der Landesplanung]“ beim Internationalen Städtebaukongress in Amsterdam im Juli 1924 bestätigt diese fachpolitische Aufgeschlossenheit. Im gleichen Jahr wurde er Mitglied der Freien Deutschen Akademie für Städtebau. Er gehörte in den Folgejahren zu den immer wieder den internationalen Kontakt suchenden Fachleuten. Insbesondere seine Teilnahme als Referent an dem Städtebaukongress 1928 in Paris unterstreicht dies.[286] Außerdem gehörte er zu den aktiven Personen beim Aufbau der „Arbeitsgemeinschaft der deutschen Landesplanungsstellen“. So bereitete er z. B. den Beitrag der Arbeitsgemeinschaft zur Bauausstellung in Berlin 1931 vor.[287]
In wissenschaftlicher Hinsicht hat er mit seinen Ausführungen zur Planungsstruktur des mitteldeutschen Wirtschaftsgebietes Basisarbeit geleistet für eine sich später in der Arbeit des Verbandes abzeichnende kreative Ausgestaltung des Planungsparadigmas (Dezentralisierung), wie es letztlich im Planwerk von 1932 erkennbar ist. Sein Hauptverdienst liegt in dem organisatorisch-strategischen Aufbau von maßstabsetzenden Landesplanungsinstitutionen in Deutschland; neben dem mitteldeutschen Verband war dies der Verband für die Rheinprovinz um Düsseldorf. Er hat somit, neben Robert Schmidt im Ruhrgebiet, den wichtigsten Beitrag zur praktischen Etablierung der Landesplanung in Deutschland geleistet.
Trotz dieser Verdienste geriet er wegen seiner jüdischen Herkunft nach 1933 ins Fadenkreuz der Gestapo. Ein ausführlicher Aktengang dokumentiert die verschiedenen Auseinandersetzungen um seine Person, die zwischen Anerkennung seiner Verdienste und Denunziation schwankten. Dabei fällt aber auf, dass seine Verdienste retrospektiv veranschlagt wurden; offenbar war er für die „neue Zeit“ ungeeignet, weil er sich nicht einfügte in eine Planung jenseits demokratischer Verhältnisse. Letztlich wurde er von der Gestapo mit einem Schreiben von Heydrich vom 21. Mai 1942 nach Theresienstadt in ein „Altersghetto“ „abgeschoben“, was am 21. Juli 1942 vollzogen wurde.[288] Stephan Prager erlebte die Befreiung durch die Rote Armee. Nach dem Krieg widmete er sich noch lange Zeit dem Neuaufbau der Landesplanung in Nordrhein-Westfalen. Die Landesregierung in NRW würdigte sein Werk durch die Berufung zum Professor.[289]

285 LHASA, MD, Rep. C 20 I b 2768, Bd. 1, Bl. 114. In diesem Schreiben der Landwirtschaftskammer wurden die Fähigkeiten von Prager hervorgehoben und der enorme fachpolitische Verlust, den der Planungsverband erleiden würde, aufgezeigt.

286 Albers, G. (1997), S. 192.

287 ThHStAW, Landesplanungsgemeinschaft Thüringen Nr. 93v, 94r.

288 Nordrhein-westfälisches Hauptstaatsarchiv Düsseldorf, Bestand Gestapo, RW 38, Nr. 29013, Bl. 21v, 21r, 22v, 27v.

289 Hofmann, W. (1992), S. 18 und die dort aufgeführten Quellen.

GENERALSIEDLUNGSPLAN
FÜR DEN
MITTELDEUTSCHEN INDUSTRIEBEZIRK
BERNBURG
CÖTHEN
HALLE
MERSEBURG
WEISSENFELS
NAUMBURG
ZEITZ
MANSFELD
SANGERHAUSEN
ARTERN
QUERFURT
INDUSTRIESTANDORTKARTE
FÜR DEN MITTELDEUTSCHEN
INDUSTRIEBEZIRK
1924
ARBEITER-ZAHL 10-20 50 100 200 500 1000 2000 5000 10000 12000
ERDEN u. STEIN-IND.
METALL u. MASCHINEN-
CHEMISCHE-
TEXTIL-
PAPIER-
LEDER-
HOLZ-
NAHRUNGS u. GENUSSM. IND.
BRAUNKOHLENGR. BRIKETTFABR.
KALISCHACHT
HÜTTENWERK
ERZBERGBAU
GASWERK
KRAFTWERK
M. 1:100 000

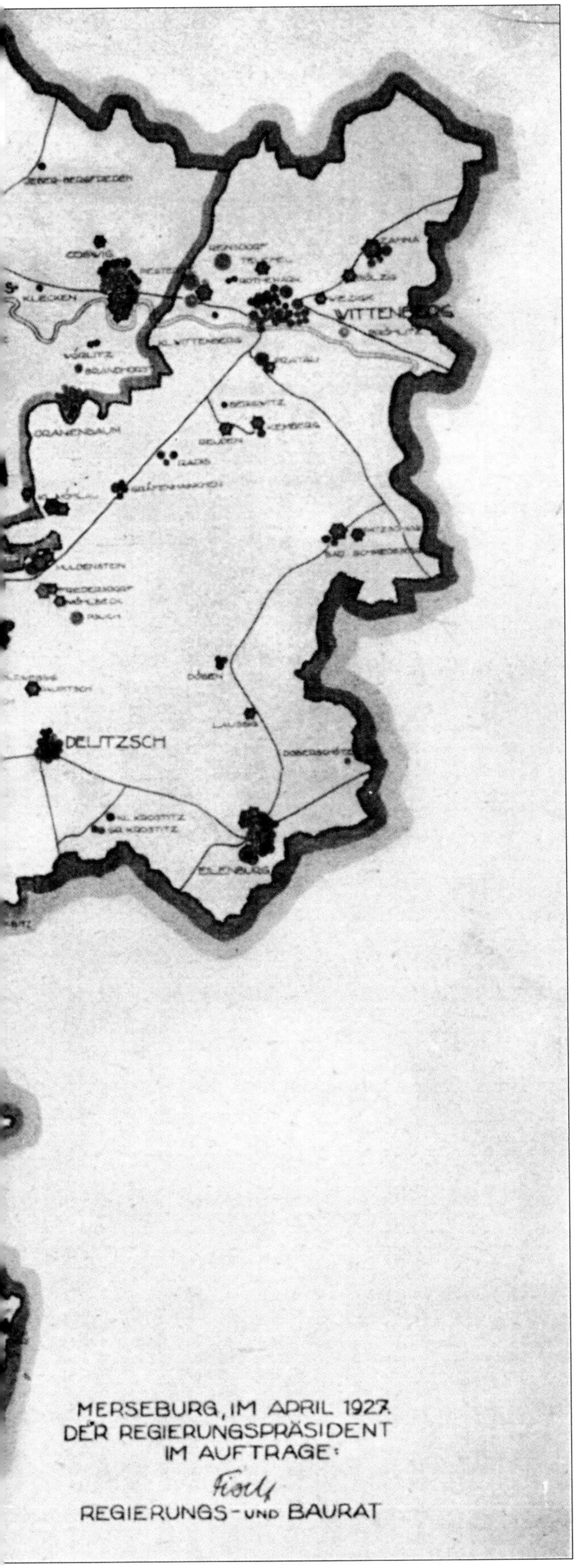

7 Entwurf für den Generalsiedlungsplan Mitteldeutschland, Industriestandorte, 1924 (1927), Aussteller: Gesamtsiedlungsausschuss für den mitteldeutschen Industriebezirk

3.2.4 Vom „Siedlungsausschuss“ zum „Landesplanungsverband“: Die Entwicklungsphase 1925 bis 1927/28

In den ersten vier Jahren der mitteldeutschen Landesplanung galten die Initiativen sowohl der inneren Organisation als auch der inhaltlichen Ausgestaltung der Planungsarbeiten. Die Berichte der jährlichen Verbandsversammlungen geben darüber ein beredtes Bild.[290] Den Auftakt für die erste Versammlung – nach der Gründungsveranstaltung – gab Prager mit einem Bericht über die Internationale Städtebautagung in New York – die Messlatte war gesetzt worden. Prager stellte dabei insbesondere die tragende Mitwirkung privater Institutionen bei der Durchführung von übergreifenden Planungen heraus und verwies auf die Erfahrungen bei der Verkehrsplanung.[291] Darüber hinaus unterrichtete er die Teilnehmer über die englischen Dezentralisierungsversuche durch Gründung wirtschaftlich unabhängiger Trabantenstädte.[292] Damit waren von ihm zwei zentrale Themen der Landesplanung auf die Tagesordnung gesetzt worden: Die Rolle der privaten Akteure, vor allem der Industrie, bei der Planung und die strategische Ausrichtung der Planung auf Dezentralisierung. Zwischen diesen Koordinaten bewegte sich die Debatte in der Phase bis etwa 1928.

Ansonsten verliefen die Vertreterversammlungen stets nach einem gleichen Schema: die einzelnen Siedlungsausschüsse berichteten über den Stand der Planungsarbeiten. Dabei wurden dann im Auditorium aktuelle Fragen erörtert bzw. Aspekte von übergreifender Bedeutung für die Einarbeitung in den „Gesamtsiedlungsplan“ herausgearbeitet. Dazu gab es Gastbeiträge zu methodischen oder siedlungspolitischen Fragen.

Die zweite Versammlung im März 1926 beschloss auch die Einsetzung von Fachausschüssen. Zunächst wurde ein solcher für Verkehrsflächen eingerichtet. Daneben konstituierte sich eine Kommission zur Erarbeitung von Stellungnahmen zum Entwurf des preußischen Städtebaugesetzes.[293] Auch diesmal wurde ausführlich über die Erfahrungen im anglo-amerikanischen Ausland berichtet und auf dortige Erfahrungen mit „Regionalplänen“ eingegangen. Zudem gab es einen Austausch mit dem benachbarten Leipziger Bergbau-Gebiet über die jeweiligen Planungsarbeiten. An dieser Versammlung nahm Stephan Prager bereits nicht mehr teil. An seiner Stelle wirkte nun als Geschäftsführer Baurat Fisch, ein Beamter, der inhaltlich vergleichsweise wenig in die Planungen einbrachte, sondern sich mehr der Organisation widmete.

Der ständige Tagungsort der Versammlungen war Halle/S. Die dritte Tagung wurde mit einer Ausstellung der ersten Planungsarbeiten zu einem „Generalsiedlungsplan“ eingeleitet (Abb. 7). Damit konnten die ersten Planungen abgeschlossen werden, doch verwies Fisch darauf, dass es noch erhebliche qualitative Mängel gäbe. Neben dem Dauerthema fehlender finanzieller Mittel offenbarte sich ein anderes Grundproblem: die noch nicht ausreichende Qualifikation der örtlichen Verwaltungen bezüglich ortsübergreifender, informeller Planungen (also nicht gesetzlich fixierter Bebauungs- oder Fluchtlinienpläne).[294] Dabei unterstrichen die Beteiligten die Notwendigkeit, weiterhin externe Planbearbeiter einzubeziehen. Als bedeutender institutioneller Schritt trat die Aufnahme von stimmberechtigten Vertretern des Freistaates Anhalt hervor. Damit wurde die mitteldeutsche Landesplanung ab 1927 die erste grenzüberschreitende in Deutschland.[295]

290 Die ersten fünf Verbandsversammlungen (Versammlungen des Gesamtsiedlungsausschusses) fanden statt: 2. April 1925 (Gründung); 30. Juni 1925; 12. März 1926; 19. November 1926; 14. Mai 1927; 28. Januar 1928, siehe dazu die Archivalien im Landeshauptarchiv Sachsen-Anhalt, Abt. Magdeburg, LHASA, MD, Rep. C 20 I b 2768, Bd. 1 ff.

291 LHASA, MD, Rep. C 20 I b 2768, Bd. 1, Bl. 100r.

292 Ebd., Bl. 101.

293 Ebd., Bl. 103.

294 Ebd., Bl. 143r.

295 Ebd., Bl. 166.

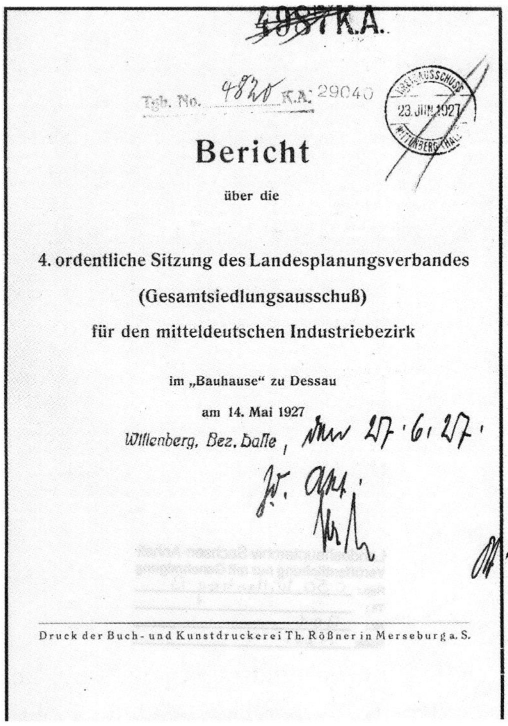

Bericht

über die

4. ordentliche Sitzung des Landesplanungsverbandes

(Gesamtsiedlungsausschuß)

für den mitteldeutschen Industriebezirk

im „Bauhause“ zu Dessau

am 14. Mai 1927

Wittenberg, Bez. Halle,

Druck der Buch- und Kunstdruckerei Th. Rößner in Merseburg a. S.

8 Titelseite zum Bericht des Landesplanungsverbandes für den mitteldeutschen Industriebezirk: Bauhaus Dessau, 14. Mai 1927

Diesem Umstand trug die Vertreterversammlung Rechnung, indem sie erstmalig nicht in Halle/S., sondern in Dessau und dort am Bauhaus tagte (Abb. 8). Diese Zusammenkunft sollte in mehrfacher Hinsicht ein Meilenstein für die weitere Entwicklung werden. Zunächst wurde eine Formalie beschlossen, die jedoch einen qualitativ neuen Anspruch repräsentierte: die Umbenennung des Gesamtsiedlungsausschusses in „Landesplanungsverband für den mitteldeutschen Industriebezirk“. Damit verbunden war die Abkehr von der bislang den Sprachgebrauch bestimmenden Verwendung des Begriffes „Siedlung“, wie Siedlungsplan, Siedlungsausschuss, Siedlungswesen etc. Dies war Abbild der Dominanz einer bestimmten Lesart in der fachlichen Diskussion bzgl. der Dezentralisierung. Die Siedlung, so die Vertreter der radikalen Dezentralisierung, wie der sozialdemokratisch orientierte Werner Hegemann[296], avancierte zum zukunftsverheißenden Allheilmittel der Lösung der Großstadtfrage. Mit dem Erweitern der Begrifflichkeit auf den Vorgang, nämlich die Flächenaufteilungsplanung, und nicht mehr auf das Siedlungsziel, konzentrierte der Verband die argumentativen Kräfte auf das eher pragmatische Kerngeschäft und vermied Irritationen bzgl. des Zweckes seiner Aufgaben, worauf Prager bereits 1925 hingewiesen hatte.[297]

Mit der Wahl des Ortes, dem Bauhaus in Dessau, war nicht nur das Bekenntnis zur grenzüberschreitenden, verbindlichen Kooperation verbunden (inzwischen gehörte auch die Stadt Magdeburg dazu und zu den angrenzenden Planungsinstanzen in Sachsen gab es rege Beziehungen). Das Bauhaus symbolisierte auch den wirtschaftlichen Fortschritt in Mitteldeutschland, was aus dem Begleitprogramm der Verbandstagung ersichtlich ist: Nach der „Geschäftssitzung […] Vortrag von Professor Gropius über das Bauhaus. […] Besichtigung der städtischen Siedlungen und der Bauten des Bauhauses mit Kraftwagen. Anschließend Besichtigung des Flughafens und des Flugzeugwerkes.“[298]

Außerdem wurde die Gründung neuer Fachausschüsse beschlossen, so einer, der sich der wichtigen Ressourcenfrage in der regionalen Entwicklung zuwenden sollte: dem Wasser. Darüber hinaus bildete die Versammlung einen Ausschuss für das Planwesen, um Schwierigkeiten bei der Beschaffung von Kartenmaterial, der Abstimmung von Planungen untereinander oder technisch-gestalterische Aspekte zu behandeln, was dann den regionalen Ausschüssen zur Verfügung gestellt werden sollte. Die Mitglieder übernahmen also z. T. selbst die Durchführungsgeschäfte, was einem deutlich gewachsenen Kooperationsstand entsprach und eine Identifikation der regionalen Akteure mit den Planungsarbeiten bedeutete. Der Ausschuss für Verkehrsflächen legte einen turnusmäßigen Bericht vor.

Mit einem „Bericht zu den volkswirtschaftlichen Untersuchungen“ legte der „volkswirtschaftliche Hilfsarbeiter“ Dr. Rosenberg, freier Mitarbeiter der Geschäftsstelle in Merseburg, eine Arbeitsmethode zur

296 Crasemann Collins, C. (2005), S. 304. Eine kritische Würdigung des Werkes von Hegemann findet sich auch in: Sturm, U. (2010), insbes. zu seiner sozial-politischen Position und seiner Amerika-Orientierung, S. 139 f.

297 Prager, S. (1925?), S. 36–38, hier S. 38.

298 Landeshauptarchiv Sachsen-Anhalt C 50, Wittenberg B,301, Bl. 408. Die Archivalien wurden 1991 vom Autor eingesehen; zu diesem Zeitpunkt trugen sie diese Bezeichnung.

Integration von wirtschaftswissenschaftlichen Erkenntnissen in die Planungen dar. Dabei beschrieb er das affirmative Vorgehen sowie die Annäherung an den Gegenstand der Landesplanung von beiden disziplinären Seiten, dem der Planung und dem der Wirtschaftswissenschaft.[299] Er stellte das interaktive Zusammenspiel der beteiligten Planer und Ökonomen dar unter der Maßgabe, die jeweiligen Erkenntnisse bzw. Absichten in einer kommunikationsfähigen Form zusammenzuführen. Dabei ging es ihm nicht um Beweiskraft der Erkenntnisse schlechthin, sondern um ein Zusammenführen von Erfahrungen des Planers, fundierter Kritik an bisheriger Entwicklung und der Ableitung von Folgerungen für die Weiterentwicklung der Planungen.[300] Inhaltlich begann also eine Diskussion um das Verhältnis von rational-analytischer und adaptiver Vorgehensweise in der Landesplanung, eine frühe Auseinandersetzung mit diesem Kern der Planungstheorie heute.[301]

Institutionell gesehen fungierte die Verbandstagung auch als eine Vorbereitung für die im Sommer 1927 anberaumte Bereisung der mitteldeutschen Region durch den Städtebaugesetzesausschuss des Preußischen Landtages. Ganz zweifelsohne waren dies eine bedeutende Wertschätzung der Arbeit des Planungsverbandes und der gewonnenen Erkenntnisse für das weitere Gesetzgebungsverfahren, wie es im abschließenden Bericht über die Bereisung hieß.[302]

Der eigentlichen Bereisung vom 12. bis 15. Juni 1927 ging eine ausführliche Stellungnahme des Landesplanungsverbandes an den Preußischen Landtag voraus, die dort als Drucksache Nr. 4912 geführt wurde. Sie diente als Grundlage für die Bereisung der Ausschussmitglieder und zur persönlichen Erörterung einzelner inhaltlicher Fragen.[303] Der Ausschuss suchte alle industriell geprägten Bereiche im Verbandsgebiet auf. Beim Besuch des Geiseltals, dem damals größten Braunkohleabbaugebiet, umriss der Geschäftsführer Fisch den weiteren Hintergrund der Argumentation für eine umfassendere Betrachtung des Städtebaugesetztes: „Wenn die Aufgaben der ‚Stadt-Land-Kultur' im neuen Städtebaugesetz noch nicht die Grundlagen zu ihrer restlosen Verwirklichung finden, so ist das wohl darin begründet, dass der Städtebau alten Stils ja stets eine rein städtisch begründete Angelegenheit gewesen ist. [...] Das flache Land aber verkümmerte und litt unter der Industrialisierung, die aber bei richtiger Lösung der Aufgaben der ‚Stadt-Land-Kultur' bereits früher schon zu einer kulturellen Hebung und wirtschaftlichen Stärkung hätte beitragen können."[304] Daraus sprachen kein platter Antiurbanismus und keine Agrarromantik. Das ist pragmatische Ausgleichspolitik zwischen dem urbanen Kern und dem ländlichen Raum. Dass die darin verborgene Planungsherausforderung, die wechselseitigen Abhängigkeiten durch Flächen- und Kommunikationspolitik zu meistern, als eine Kulturaufgabe definiert worden ist, deutet auf ein weit gefasstes Kulturverständnis, das durchaus nicht in der Ecke einer rückwärtsgewandten, verklärenden Auffassung angesiedelt werden muss. Es spricht aber auch nicht blinder Fortschrittsglaube daraus, wenngleich die bestimmende Seite der industriellen Entwicklung als Geschäftsgrundlage anerkannt wird (Abb. 9).

Ein halbes Jahr später kam die Verbandsversammlung wieder zu ihrer nunmehr 5. ordentlichen Tagung zusammen. Hier wurde zunächst eine Formalität behandelt: Der Titel, Landesplanungs-Verband, war vom Ministerium für Volkswohlfahrt beanstandet worden, da es sich im rechtlichen Sinne nicht um

299 Ebd. Bl. 433r.

300 Ebd.

301 Wiechmann, T. (2008)

302 LHASA, MD, Rep. C 20 I b 2768, Bd. 1, Bl. 318r, 323.

303 Ebd., Bl. 224–225r. Änderungsvorschläge zum Städtebaugesetz vom 9. Juni 1927. Neben einer Reihe von Einzeländerungsvorschlägen, wird darin vom Landesverband auf mehrere grundsätzliche Aspekte verwiesen, die die Struktur von Landesplanungen betreffen (inhaltlicher Aufbau), die Planungsverfahren und die Prozesshaftigkeit der Planungen, die sich in der „ständigen Umformung und Weiterentwicklung der Pläne" äußern und damit der Dynamik der Wirtschaft anpassen müsse. Es wird also ein offenes Planungsdenken vorgeschlagen, das der Gesetzgeber berücksichtigen möge.

304 LHASA, MD, Rep. C 20 I b 2768, Bd. 1, Bl. 312.

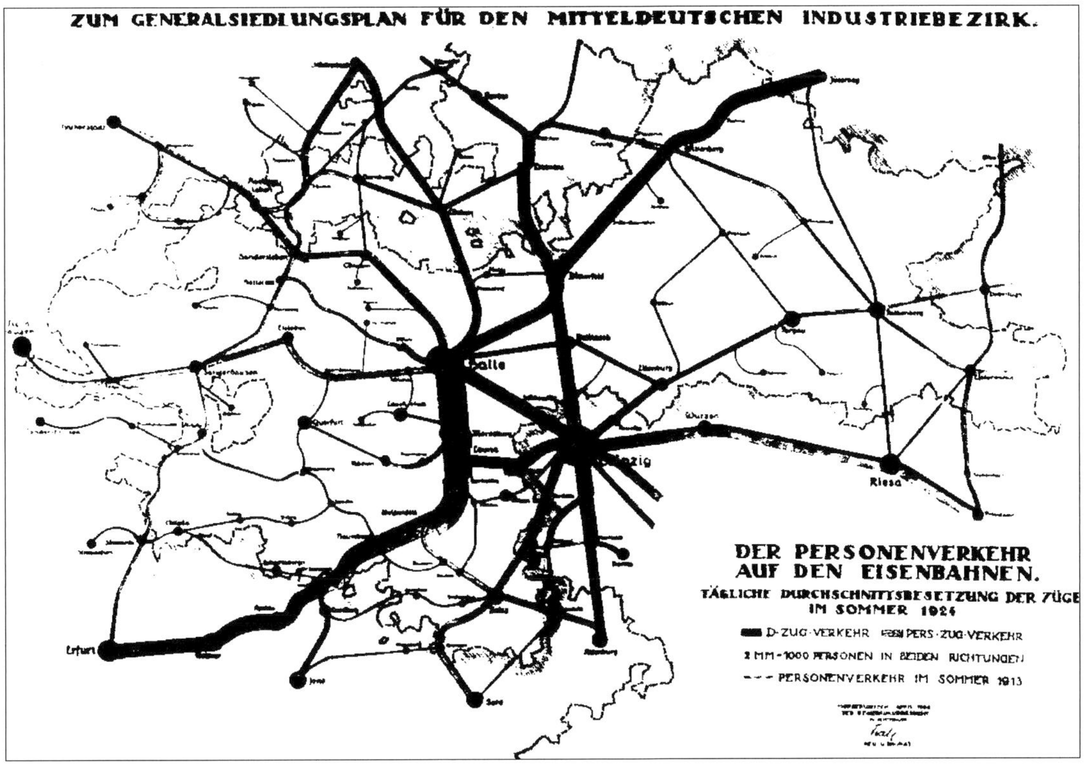

9 Entwurf für den Generalsiedlungsplan Mitteldeutschland, Personenverkehr, 1924 (1927)

einen Verband als öffentliche Körperschaft handelte und zudem nicht das gesamte mitteldeutsche Industriegebiet, sondern nur Teile desselben planerisch erfasst werden. So entschlossen sich die Delegierten, den Titel umzuwandeln in: „Landesplanung für den engeren mitteldeutschen Industriebezirk".[305] Dieser Punkt war relativ unkompliziert und schnell verabschiedet gewesen. Den Hauptteil der Debatte aber leitete der Regierungspräsident Grützner als Vorsitzender mit einer grundsätzlichen Position zur Landesplanung ein: „Die Tätigkeit der Landesplanung war abgestellt auf baldiges Inkrafttreten des Preußischen Städtebaugesetzes, dessen Schicksal auch jetzt noch ungewiss ist. [...] Auch wenn eine gesetzliche Regelung im Städtebaugesetz nicht zustande kommt, halten wir die Arbeit für so wichtig, dass wir sie unbedingt fortsetzen müssen. Auf der anderen Seite sprechen heute die verschiedensten Gründe dagegen, Organisationen nur aus dem Grunde weiter bestehen zu lassen, weil sie einmal geschaffen worden sind. Ich habe das bestimmte Empfinden, dass es gut sein wird, wenn die Landesplanung der jetzigen Organisation ein Ziel setzt und ihre satzungsgemäßen Aufgaben mit den Mitteln des nächsten Etatjahres beendet."[306]
Die Versammlung beschloss daraufhin die Bildung eines Arbeitsausschusses, der der Versammlung Vorschläge für die weitere Arbeit unterbreiten sollte. Zugleich beschlossen die Delegierten die Herausgabe einer Denkschrift „Landesplanung und Landesgrenzen", die die bisherigen Arbeitsergebnisse bzw. Denkansätze einer breiten Öffentlichkeit bekannt machen sollte.[307]
Damit war eine Zäsur in der Tätigkeit der Landesplanung gesetzt worden, die mit der zu Ende gehenden Legislaturperiode des Landtages zusammenhing. Nun wurde offenbar ersichtlich, dass das Städtebaugesetz nicht mehr verabschiedet werden würde und es stand zu befürchten, dass sich der neue Landtag, abgesehen von den Krisenverhältnissen, erst langwierig wieder in die Materie hätte einarbei-

305 Ebd., Bl. 333r.
306 Ebd., Bl. 338.
307 Ebd., Bl. 340r.

ten müssen. Eine kurzfristige Lösung der gesetzlichen Grundlagenfrage, auf die alle gesetzt hatten, war nicht mehr in Sicht. Dieser Tiefpunkt im Selbstverständnis der Landesplanung in Mitteldeutschland bewirkte aber auch, dass die Aktivitäten neu gebündelt und inhaltlich geschärft wurden. Dazu trug nicht unmaßgeblich ein seit zwei Jahren in der Geschäftsstelle tätiger junger Architekt und Planer bei: Martin Pfannschmidt.

3.2.5 Der Wissenschaftler Martin Pfannschmidt: Geistiger Vater des Planwerks Mitteldeutschland

Martin Pfannschmidt (1892–1989) gehörte zu den schillerndsten Figuren in der damaligen Landesplanung in Merseburg. Er war derjenige, der die Verwissenschaftlichung durch erweiterte Einbeziehung der Volkswirtschaftslehre vorantrieb; vielleicht gehörte er zu den maßgeblichen Impulsgebern für eine wissenschaftlich angelegte Landesplanung in Deutschland überhaupt.

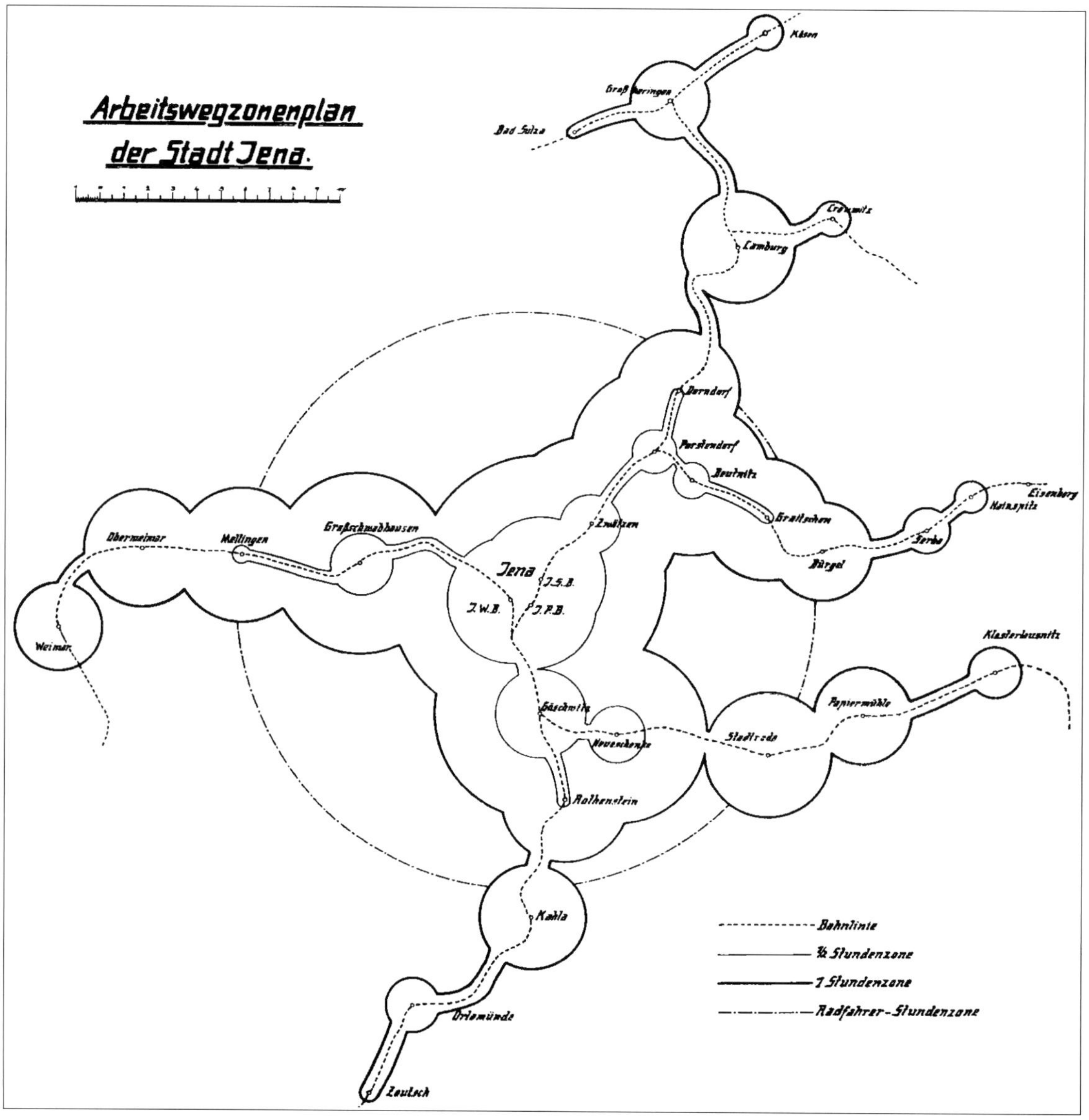

10 Arbeitswegzonenplan für die Stadt Jena, 1931, Raum-Zeit-Modell der Landesplanung

Geboren in der Niederlausitz, in Terpt, Kreis Calau, besuchte er die berühmte Reformschule in Schul-Pforta bei Naumburg. Sein Architekturstudium zwischen 1910 und 1916 absolvierte er in Karlsruhe, München und Danzig. Er war zudem Hörer an der TH Charlottenburg bei Genzmer/Brix und Jansen. In seinen frühen Berufsjahren arbeitete er mit Max Sering, einem Vertreter der ländlichen Siedlungspolitik zusammen.[308] Bevor er 1926 nach Merseburg ging, arbeitete er im Ruhrgebiet beim SVR und bei der Bezirksregierung Düsseldorf, wo er auch die Entstehung der dortigen Landesplanungsinstitution kennenlernte. Nach seinem Weggang aus Merseburg 1931 promovierte er sowohl in Dresden (zu Fragen der Wohnungspolitik) als auch in Halle/S. an der Wirtschaftsfakultät zu Standortfragen (Abb. 10). Danach wirkte er für den Landesplanungsverband Brandenburg-Mitte als dortiger Geschäftsführer. Obgleich er kein politisch engagierter Nationalsozialist war, suchte er doch seine Karriere im NS-Staat. Zunächst habilitierte ihn die staatswissenschaftliche Fakultät der Universität in Königsberg. Eine Professur in Posen blieb ihm aber versagt. Nach dem Krieg arbeitete er als Planer in Westfalen.[309] Mit seiner Veröffentlichung von 1971 zur Geschichte der mitteldeutschen Landesplanung hat er einen immer wieder zitierten Beitrag geliefert, der damit auch die Interpretationshoheit über die Geschichte dieses Planungsverbandes markierte.[310]
Seine wichtigsten Beiträge zur Landesplanung jedoch hatte er in den wenigen Jahren in Merseburg erbracht und dabei die Disziplin mit bemerkenswerten Impulsen versehen. Der Merseburger Planungsatlas geht in wesentlichen Teilen auf ihn zurück. Daran vermochte er in späteren Jahren nicht wieder anzuknüpfen. Er hat vor allem ein Theorieverständnis in der Landesplanung verankert, das zum ersten Mal in einem umfassenden Planwerk zur Geltung kam, also in der Sprache der Planung erschien.

3.3 Die kongeniale Landesplanung in Mitteldeutschland entsteht: Thüringen

3.3.1 Die Landesplanung Thüringen: Prototyp einer modernen Planungsinstanz und das Bild der Zukunft für den Strukturwandel

Die erste Gründungswelle von Landesplanungsstellen in Deutschland begann schlagartig 1925. Nachdem mit dem Siedlungsverband Ruhr (SVR) 1920 der erste Planungsverband entstanden war, folgten nach dem Ende der Inflationszeit und dem beginnenden wirtschaftlichen Erholungsprozess vorrangig in den preußischen Provinzen und in Sachsen die ersten Gründungen von Landesplanungsinstanzen. Dabei war der Planungsverband in Merseburg ein Vorreiter und Vorbildgeber. Kurz darauf erfolgte die Gründung in Westsachsen, hier unter direkter Leitung des zuständigen Innenministeriums in Dresden. In Thüringen begann die Institutionalisierung der Landesplanung erst in der zweiten Welle, die von 1927 bis 1930 andauerte und mit dem Verband Westthüringen erst 1933 seinen Abschluss fand, schon zu einem Zeitpunkt, als der Hitlergünstling Sauckel als Ministerpräsident 1932 die Herrschaft der Nationalsozialisten in Thüringen eingeläutet hatte. Damit kann auch das politische Klima angedeutet werden, in welchem sich die entstehende Landesplanung am Beginn der 1930er Jahre bewegte.
„Auf Veranlassung des Thü.-Ministeriums des Innern entstand 1927 die Ostthüringische Landesplanungsstelle. Ihr folgte ebenfalls auch auf Veranlassung des Thür. Min. des Innern im Jahre 1930 die Landesplanungsstelle Thüringen Mitte mit Sitz in Saalfeld, später in Weimar und 1933 die Landesplanung

308 Hofmann, W. (1992), S. 23. Die biografischen Angaben beziehen sich auf diese Ausführungen.
309 Ebd., S. 23–25. Die wesentlichen Angaben zur Person Pfannschmidt sind in diesem Beitrag zusammengefasst dargestellt.
310 Pfannschmidt, M. (1971).

Thüringen West mit Sitz in Eisenach. Durch die Gründung in Merseburg angeregt, wurde 1929 die Landesplanung für den Regierungsbezirk Erfurt ins Leben gerufen, sodass damit fast der gesamte Raum Thüringen, bestehend aus dem Land Thüringen und dem preuß. Reg. Bezirk Erfurt, planerisch erfaßt war. Der Landkreis Herrschaft Schmalkalden bildete dabei eine Ausnahme, da er von der Landesplanungsstelle der Reg. Bezirkes Kassel betreut wurde, dem er auch politisch zugehörte."[311]

Die drei Planungsstellen in Thüringen waren, wie in Preußen, freie Vereinigungen (Vereine privaten Rechts), die für die Erstellung eines gemeinsamen Flächenaufteilungsplanes wirkten. Der Geschäftsführer aller drei Planungsstellen war der Initiator und Spiritus rector Wilhelm Luthardt, der Baurat der Stadt Gera. Er pflegte enge Kontakte zur Landesplanung in Merseburg und Leipzig und trieb gerade die grenzüberschreitende Kooperation voran.[312] Das Ministerium des Innern wirkte dabei, stärker als das in Preußen zuständige Ministerium für Volkswohlfahrt, koordinierend zwischen den drei Planungsstellen. Die technische Einteilung Thüringens in drei Planungsräume drückte auch den Willen aus, sich der Rationalität einer Landesplanung zu bedienen, die Kleinteiligkeit und gewisse industrielle Rückständigkeit des Landes zu kompensieren sowie zu den industriell fortgeschrittenen Teilen Mitteldeutschlands aufzuschließen. Der Eifer, mit dem Luthardt die Gründung der Planungsstellen vorantrieb, spricht dafür. Es musste aber erst eine Krisensituation herhalten, bis die Gründung auch von den staatlichen Stellen in Thüringen unterstützt und koordinierend begleitet wurde. Vor allem die Leichtindustrie und die Landwirtschaft, zwei Säulen der Wirtschaft Thüringens, erlitten herbe ökonomische Einbrüche ab 1927. Besonders aber um 1929/30 traf die Weltwirtschaftskrise diese Branchen nochmals hart.[313] Das war dann auch der Beginn des Aufstiegs der Nationalsozialisten in Thüringen, die aber in dieser Zeit zur Landesplanung keine Beziehungen hatten. Die Landesplanung entstand also in Thüringen nicht wie in den wirtschaftlichen Aufschwungsgebieten des Ruhrkohlebezirkes oder des engeren mitteldeutschen Industriebezirkes um Halle-Merseburg oder Leipzig, um auf die Folgen übermäßiger Industrialisierung nachsorgend und dann zunehmend auch proaktiv regulierend zu wirken, sondern als Teil eines Krisenmanagements. Dabei bestand das Anliegen darin, Thüringen, und vor allem den Osten, an das mitteldeutsche/sächsische Industriegebiet anzudocken, um krisendämpfende Wirkungen zu erzielen. So ging es in besonderem Maße um Infrastrukturanbindungen von Altenburg-Gera an die Industriebereiche um Chemnitz sowie Leipzig und um die Planung der Bergbaugebiete im Anschluss an den Südraum Leipzig (um Meuselwitz). Damit sollte auch die industrielle Entwicklung Thüringens befördert werden, auch als Mittel gegen die Krisenfolgen und für einen Strukturwandel.[314]

Hieraus erwuchs nun eine besondere Frage für Thüringen, nämlich die der Landschaftsgestaltung, welche in den anderen Planungsregionen so deutlich und übergreifend nicht aufgetreten war: Welche Auswirkungen wird diese schubartige Industrialisierung auf das Landschaftsgefüge, auf das Bild der Thüringer Landschaft und auf die Natur generell haben? Im mitteldeutschen Raum um Merseburg hatte Prager die rohstoffbasierte Gestaltungsaufgabe – in Abgrenzung von der für das Ruhrgebiet – so definiert:

„Der Unterschied in der Art der Bodenschätze ist der Hauptgrund für eine von der Tätigkeit des Ruhrsiedlungsverbandes völlig verschiedenartigen Behandlung der Flächenaufteilungspläne. Während im Ruhrbezirk der Vorrat an Steinkohle bei Zugrundelegung der Förderung von 1913 noch für die Dauer von 500 bis 800 Jahren geschätzt wird, ist der Abbau der Braunkohlenvorräte in Mitteldeutschland in einzelnen Gebieten innerhalb 20 Jahren, im gesamten Gebiet in rund 100 Jahren zu erwarten. Der Stand der Ausbeute an Kupferschiefer und der Wettstreit durch die reichen amerikanischen Vorkommen läßt

311 ThHStAW, Landesplanungsgemeinschaft Thüringen, Nr. 423, Bl. 4r sowie Nr. 153, Bl. 6 r.
312 Ebd.
313 Oberkrome W. (2004), S. 126–127.
314 Luthardt, W. (1933), insbes. S. 6 f. sowie S. 59 ff.

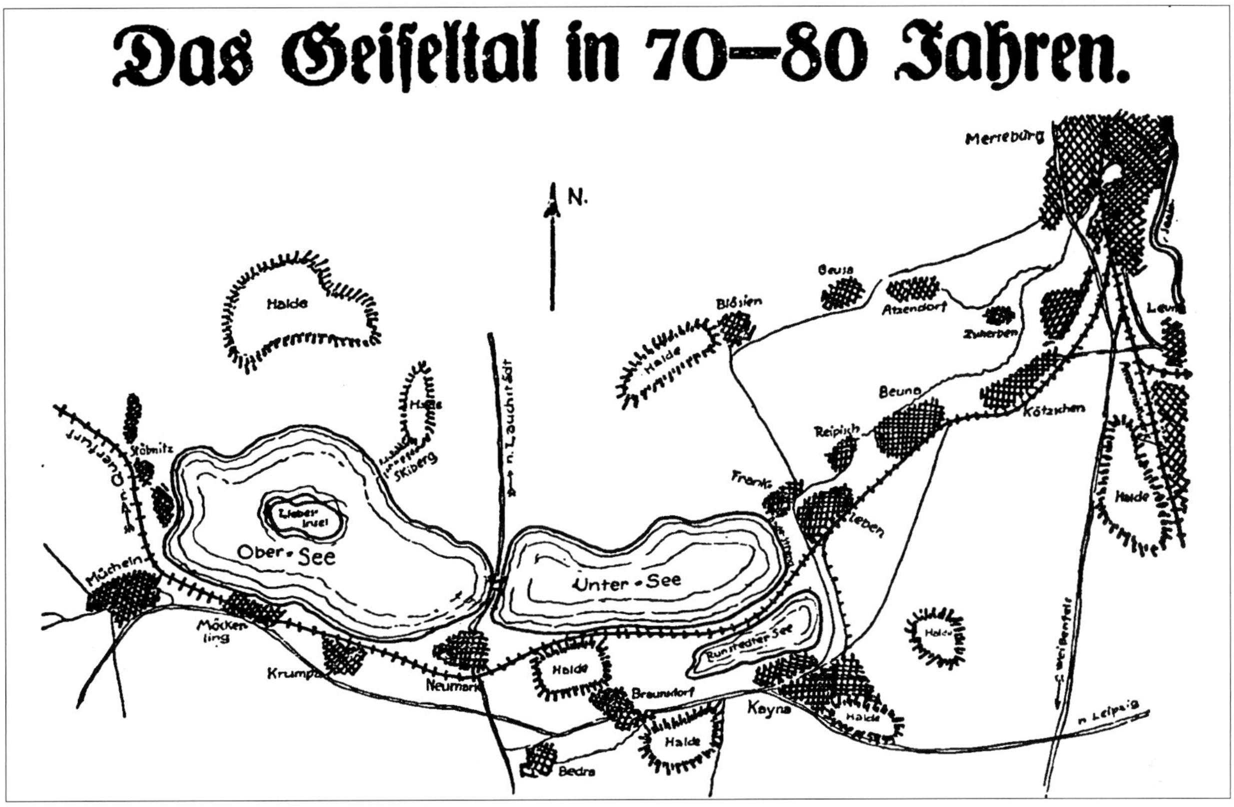

11 „Das Geiseltal in 70 bis 80 Jahren“, Vision für eine Bergbaufolgelandschaft, 1928

auch eine Abnahme der Kupfergewinnung erwarten, so daß schließlich nur eine verarbeitende Industrie zurückbleiben wird.“[315]

Damit umriss Prager den sich in Mitteldeutschland (wozu auch weite Teile Thüringens gerechnet wurden) abzeichnenden Strukturwandel und somit die Herausforderung für die Landesplanung in Zukunft. Entsprechende Planungen für die Bergbaufolgelandschaften wurden in den Bereichen Zschornewitz (bei Bitterfeld) und für das Geiseltal – die beiden wichtigsten Standorte der Braunkohleförderung – bereits Ende der 1920er Jahre vorgelegt. So wurde eine Planung für die Bergbaufolgelandschaft in 70 bis 80 Jahren von dem für das Wirtschaftsgebiet Merseburg-Geiseltal beauftragten Berliner Architekten Werner von Walthausen (1887–1958) erstellt, die geradezu prototypische Bedeutung besaß.[316] In dem Zeitungsartikel im Querfurter Tageblatt, dem für das Geiseltal „zuständigen“ Regionalblatt, wurde diese Vision der Öffentlichkeit unterbreitet (eine Reaktion darauf ist nicht bekannt) (Abb. 11):[317]

„Das Geiseltal in 70–80 Jahren

Die bisherige Bedeutung des Geiseltales ist nicht nur in unserem Mitteldeutschland bekannt. Weniger bekannt ist freilich der Plan, der bereits jetzt in großen Umrissen ausgestellt ist, wie man nach der wirtschaftlichen Ausnutzung jenes Gebiet wieder einmal zu landschaftlich reizvoller Gegend gestalten will. Es spricht für den Weitblick der zuständigen Stellen, daß man nun schon jetzt einen Plan ausgestellt hat, der dem Gelände zwischen Merseburg bezw. Frankleben und Mücheln eine Note geben wird. Die Tätigkeit

315 ThHStAW, Landesplanungsgemeinschaft Thüringen, Nr. 71/2, Bl. 31 v.

316 LHASA, MD, Rep. C 20 I, Ib, Nr. 2768, Bd. 1, 24r sowie Kuschfeld, F. (2009): Das Labyrinth als kulturelles Versuchsfeld im Geiseltal, Diplomarbeit FH Merseburg, S. 17–18 (unveröff.).

317 Stadtarchiv Querfurt: Querfurter Tageblatt vom 22.12.1928 (Original mit Plan: siehe Anhang III, Abb. 2).

des Landesplanungsverbandes ist zwar segensreich, sie spielte sich jedoch bisher meist hinter den Kulissen ab. Man plant nicht mehr und weniger als eine große Seenplatte. Wenn die Kohlengruben ausgebeutet sind, dann wird an ihre Stelle ein bezw. mehrere Seen entstehen, die eine Länge von rund 9 Kilometer besitzen werden.
Wie auf der nebenstehenden Karte zu ersehen ist, werden einst neue Durchgangstraßen das Geiseltal durchschneiden. Dörfer, liebgewordene Heimatorte verschwinden. Die Gemeinde Runstedt wir ihr Ende im Wasser finden. Der kleinste See von diesen dreien wird diese Gemeinde begraben. Auch andere Ortschaften entgehen dem Verhängnis nicht. Die einzigen Ueberlebenden im Süden werden die Gemeinden Krumpa, Braunsdorf und Mücheln sein. Alles andere Wird von der Seenkette bedeckt. Im Osten reicht die Seenkette bis nach Frankleben, das außerhalb der Kohlen liegt. Auch Kayna (?) bleibt erhalten. Die Kohlenvorkommen sind nicht so ergiebig, um einen Abbau zu rechtfertigen.
Unser Bild zeigt das neue Geiseltal, nachdem die Kohlengruben ausgebeutet worden sind. Es ist möglich, daß hier und da noch etwas geändert wird. Im Großen und Ganzen wird aber dieser Plan, dessen geistiger Vater der bekannte Architekt Werner von Walthausen ist, bestehen. Die Seenplatte im Geiseltal wird für die späteren Geschlechter eine Oase im mitteldeutschen Industriebezirk werden. Man kann sich schon jetzt vorstellen, daß jene Gegend nicht nur von Querfurt und Merseburg, sondern auch aus den weiter entfernten Großstädten als Wochenendziel gewählt wird. Ein fröhliches Badeleben mit allem Drum und Dran, Strandbad usw. wird dort, wo heute noch die schwarzen Diamanten geschürft werden, entstehen."

Stephan Prager skizzierte die in 100 Jahren zu gestaltende Bergbaufolgelandschaft des Geiseltals, insbesondere im Bereich der verbleibenden Halden als landschaftsprägende Elemente, etwas distanzierter, aber nicht weniger programmatisch:
„Im Geiseltal, wo eine Wiederauffüllung der Gruben, die voraussichtlich zu großen Teichen werden, nicht möglich ist, und wertvoller landwirtschaftlicher Boden in den Abraumhalden untergeht, können diese Halden wenigstens durch Bepflanzung wieder in die Natur einbezogen werden. Hierbei wäre auch eine Aufschüttung nach gewissen Profilen zu verlangen, die eine baldige Begrünung fördern, das Abwaschen der Halden und dadurch das Verschlemmen der anliegenden Felder verhüten und schließlich eine Verunstaltung der Landschaft verhindern würden."[318] Damit wurde ein planerischer und gestalterischer Maßstab gesetzt, der von den anderen Landesplanungsstellen, insbesondere auch der von Ost-Thüringen, als Anregung – zumindest mittelbar – aufgegriffen wurde.
Im Merseburger Revier ging es also explizit um die Gestaltung neuer Landschaften, um „Teiche", zu einer Zeit aber, in der noch Braunkohle abgebaut wurde. Eine aus heutiger Perspektive enorm weitsichtige Planung – hatte doch der Kohleabbau noch lange nicht seinen Höhepunkt erreicht.[319] Diesen programmatischen Text veröffentlichte Prager in den „Monographien des Bauwesens" 1925, der in den jeweiligen Bauämtern – auch in Thüringen – vorgelegen haben muss. Damit lagen sehr praktikable, wenn auch weitreichende planerische Vorstellungen vor, die das Planungsdenken in den mitteldeutschen Gebieten mitprägten. Doch das war nur eine eher reaktive Deutung der möglichen Konsequenzen aus dem Strukturwandel der Braunkohlewirtschaft. In Thüringen fanden letztlich noch weitergehende landschaftstheoretische Grundlagendebatten zur Gestaltung der sich abzeichnenden Wandlungen der industriellen und natürlichen Landschaften statt:

318 ThHStAW, Landesplanungsgemeinschaft Thüringen Nr. 71/2, Bl. 36v (Prager, S. [1925], S. 44).
319 Ein Vergleich drängt sich auf: Diese Antizipation einer neuen Landschaft nach dem Bergbau wäre so, als wenn heute Planungen für die Nachnutzung der Automobilstandorte als Naturschutzgebiete im Jahr 2100 angestellt werden würden. Die damaligen Planungen sind im Bereich Geiseltal auch zu einem Teil heute so vollzogen, wenngleich es keine Bezüge auf die damaligen Planungen gab.

Ging es im mitteldeutschen Raum um die Sicherung der Ressourcenreproduktion, d. h. um die Sicherung der Flussgebiete, der Landwirtschaftsflächen und Grundwasserbestände, um die Naturschutzreservate, um die Konzentration des Siedlungsbaus an den Knoten der Eisenbahn und die abgestimmte Fixierung der bergbaulich, industriell und landwirtschaftlich zu nutzenden Flächen, griff die Debatte in Thüringen kulturelle Aspekte auf. Den Merseburger Planern stand also so etwas wie ein langfristig orientierter funktionaler Natur- und Ressourcenschutz vor Augen, der die wirtschaftliche Reproduktion und infrastrukturelle Versorgung des gesamten Raumes und dessen effiziente Bewirtschaftung im Vordergrund planerischer Arbeit umfasste. Dafür ist der „Plan 23" im Merseburger Planwerk von 1932 ein beredter Ausdruck: „Neben der Frage der Wiederaufforstung ausgekohlter Waldbestandsflächen, [...] ist der Schutz der *vorhandenen Grünflächen* von besonderer Bedeutung."[320]
Anders in Thüringen: Hier ging es, in teilweiser Anlehnung an die Planungen in Merseburg und Leipzig, um Planungen für den Straßenbau, Brückenanlagen und die Verlegung von Hochspannungstrassen, also klassische Infrastrukturthemen, die Bedeutung für den Anschluss Thüringens an die benachbarten Wirtschaftsräume beinhalteten.[321] Diese Infrastrukturen sind besonders bildwirksam, gerade in einer bisher wenig von großen Industrien bestimmten Landschaft. Thüringen wurde bereits als das grüne Herz Deutschlands bezeichnet, also explizit als Landschaftseldorado platziert:
„Ein solches Wirtschaftsgebiet, für das die Notwendigkeit der Landesplanung vorliegt, ist auch das Land zwischen Harz und Thüringer Wald. Seine Lage im Herzen Deutschlands führt zu einem starken Durchgangsverkehr, seine Naturschönheiten ziehen große Scharen von Besuchern herbei, die eigene dichte Besiedlung, die Bodenschätze und die hochentwickelte Industrie und Landwirtschaft bedingen einen lebhaften Personen- und Güterverkehr, bedrohen aber vielfach eine gesunde Wohnweise und wertvolle alte Stadtbilder."[322] Soweit die Einschätzung von Regierungsbaurat Pietzker zu einer der besonderen Aufgaben des 1930 gegründeten Landesplanungsplanungsverbandes Erfurt. Damit hob sich die Planung in Thüringen von der der Nachbarn ab. Nachholende Modernisierung sollte in einen Einklang mit der gestaltenden Wahrung des als besonders schützenswert angesehenen Landschaftsbildes im Transitland Thüringen gebracht werden. Für diese planungspolitische Maxime aber gab es noch keine klaren Positionen, wie eine Verknüpfung erfolgen könnte, wie also „Heimatschutz" und industrielle Modernisierung harmonisiert werden könnten. Die 1933 erschienene Dokumentation der Landesplanung Ostthüringen legte ein anschauliches Zeugnis davon ab, vor allem der Textband 1 mit zahlreichen Fotomontagen.[323]

3.3.2 Ansätze einer Vision für Thüringen: Ein Landschaftspark[324]

Am 10. Oktober 1931 fand eine für die Thüringer Landesplanung und deren zukünftigem landschaftsgestalterischen Verständnis bedeutsame Veranstaltung statt, die auf den ersten Blick nur periphere Bedeutung zu haben scheint, zumal sie außerhalb Thüringens durchgeführt worden war. Es handelte sich um die Gründung der Fürst-Pückler-Gesellschaft in Bad Muskau in der Lausitz. In seinem einführenden Hauptvortrag umriss der Redner, Hinrich Meyer-Jungclaußen (1888–1970), ein Garten- und Landschaftsberater, die Bedeutung von Fürst Pückler für die aktuelle Landesplanung. Er war ein seinerzeit ausgewiesener Kenner der pücklerschen Intentionen und engagierter Vertreter des Heimatschutzes. Er gehörte zu den

320 ThHStAW, Landesplanungsgemeinschaft Thüringen Nr. 71/2, Bl. 31v (Prager, S. [1925], S. 34).
321 ThHStAW, Landesplanungsgemeinschaft Thüringen, Nr. 153, Bl. 29v.
322 Ebd., Bl. 31r, 32v.
323 Luthardt, W. (1933), S. 59 ff. Die Bildhaftigkeit betrifft vor allem die Einordnung von Straßen in den Landschaftsraum.
324 Kegler, H. (2010): Landschaftspark Thüringen – ein planungshistorischer Diskurs, S. 262–283; hier zitiert: S. 271–273.

Mitinitiatoren der Gründung dieser Gesellschaft, die sich vornehmlich der Pflege des Erbes von Pückler, aber auch dessen aktueller Verbreitung und Verknüpfung mit den Aufgaben der Landschaftsgestaltung widmeten wollte. Durch seine persönliche Beziehung zu Thüringen, er war von Frankfurt/O. nach Bad Berka gezogen, suchte er nach Möglichkeiten, jene Verknüpfung von Pflege des pücklerschen Erbes und aktueller Anwendung dessen Ideen zu praktizieren.[325] Dies mag ein Zufall sein, wenngleich die noch sehr junge Landesplanung in Ost- bzw. Mittelthüringen, insbesondere durch den engagierten Planer und Stadtbaurat Luthardt, eine enge Verbindung zu Partnern suchte, die sich auch übergreifenden Fragen der Kultur und Öffentlichkeitsarbeit im Sinne der Landesplanung widmeten und so auch der Kontakt zu Meyer-Jungclaußen entstand.[326]

Meyer-Jungclaußen war eine der schillernden Figuren und Vordenker in der Landschaftsgestaltung und im Natur- bzw. Heimatschutz dieser Zeit. Er gehörte der Folgegeneration eines Schultze-Naumburg an, den er als einen Wegbereiter des bewahrenden Heimatschutzes wertschätzte, aber als „Einzelerscheinung" bezeichnete, der nun „kraftvolle Zusammenschlüsse [...] [folgen], die sich planmäßig der Gestaltung ganzer Landschaften zur Aufgabe stellen".[327] Die in seinem Grundsatzvortrag dargelegten Konturen einer Landschaftsgestaltung im Industriezeitalter können als wegweisend, wenngleich auch ambivalent angesehen werden. Sie gehen über einen nur bewahrenden, rückwärtsgewandten Heimatschutz und eine platte Ablehnung industrieller Entwicklung hinaus. Eine Nähe zur späteren nationalsozialistischen Heimattümelei oder gar chauvinistischem Deutschtum lag dem Autor zu dieser Zeit offenbar fern, wenngleich nationale Begrifflichkeiten den Text kennzeichneten. Dies ist aber eine durchaus verbreitete Haltung gewesen, die nicht sofort und damit verkürzend mit der NS- „Blut und Boden" -Ideologie gleichgesetzt werden kann.

Dennoch stellt Oberkrone zurecht Meyer-Jungclaußen in den Kontext der NS-Politik, blieb er doch auch in der Nazi-Zeit ein Verfechter einer doppelten Modernisierungsstrategie, die von der NS-Kriegswirtschaft als geistige Grundlage adaptiert und gewendet werden konnte.[328] Hier soll aber in der Untersuchung ein Schritt weiter gegangen werden. Es geht darum, die Modernität im landschaftsgestalterischen Ansatz von Meyer-Jungclaußen vor der Nazizeit herauszudestillieren und nach produktiven Momenten abzutasten. Ohne dies über den Kontext der Landesplanung hinausgehend erschöpfend tun zu können, sollen im Folgenden Kernpunkte dieses Ansatzes dargestellt werden. Sie beziehen sich auf den o. g. Vortrag und dazugehörige Schriften.

Der „Einführende Hauptvortrag" von Meyer-Jungclaußen bei der Gründung der Pückler-Gesellschaft war von ihm als „Einführung in das Wesen und die Bedeutung der Landschaftsgestaltung und die Landesplanung, deren Förderung wir uns in erster Linie auf unsere Fahne schreiben wollen" deklariert worden.[329] Seine strategischen Ausführungen leitete er mit der in der Heimatschutzbewegung zum großen Teil verbreiteten Auffassung ein, nach der der Industrie ausschließlich Zerstörungswille und das Fehlen jeglicher Zivilisationsförderung zugesprochen wurden. Dies war insbesondere nach dem 1. Weltkrieg eine grundlegende zivilisationskritische Haltung, wie sie ja z. B. auch das frühe Bauhaus prägte. Als Kronzeugen dieser Haltung berief er Paul Schultze-Naumburg. Von der verklärenden Ausgangsthese, nach der die Industrie, der Berg-, Wasser- und Wohnungsbau „jahrzehntelang [...] auf diesen Gebieten meist ohne Rücksicht auf die Umgebung geplant, gebaut und verwüstet worden ist, so können rückschauend nur zu

325 ThHStA, Landesplanungsgemeinschaft Thüringen Nr. 93, Bl. 16v ff. Es waren persönliche Gründe, weswegen er in den Kurort Bad Berka zog, doch der von Pückler gestaltete Park in Ettersburg bei Weimar bot den Anlass für eine kulturelle „Brücke" zwischen Muskau und Weimar/Berka.

326 siehe dazu u. a. auch den Schriftwechsel unter ThHStA, Landesplanungsgemeinschaft Thüringen Nr. 93, Bl. 25r ff.

327 Ebd., Bl. 18v.

328 Oberkrome W. (2004), S. 150 ff.

329 ThHStAW, Landesplanungsgemeinschaft Thüringen, Nr. 93, Bl. 16 v.

gut verstehen, wie aus uns und besonders dem Großstädter und der Industriebevölkerung unerbittlich Stück um Stück vom gemütvollen deutschen Heimatbilde geraubt worden ist."[330] Mit dieser Breitseite gegen die Großindustrie, die Großlandwirtschaft und die Großstädte, insbesondere deren „trostlosen Randbilder" (im heutigen Sprachgebrauch Zersiedelung), baute er das Feindbild auf, ohne jedoch dabei stehen zu bleiben. Er entfaltet eine Fundamentalkritik, die der jener Großstadtfeindlichkeit bereits vor dem 1. Weltkrieg entsprach und die die paradigmatische Basis der Planungsdisziplin, die Dezentralisierung der Stadtentwicklung, beinhaltete. Er ging aber weiter.

Nachdem nun, so seine Position, das Unvermeidliche geschehen war und die Industrie nicht mehr zu bremsen wäre, geht es nunmehr darum, die „Bilder, die darauf warten, durch den Menschen, der sie ihres lebendigen Inhalts beraubte, auch wieder mit Leben wirkendem Inhalt" zu füllen.[331] Das ist kein platter Abgesang auf die Industrie, das ist der Anspruch, mit den Folgen der Industrialisierung, aber vor allem auch vorausschauend mit der bildwirksamen Gestaltung der industriegeprägten Landschaft umzugehen. Er konstatierte sodann, dass diese „Gegenwirkung" sich zuerst im Ruhrgebiet zeigte, da sich dort die Folgen ungeplanter Industrialisierung drastisch zeigten und mit dem Ruhrsiedlungsverband folgerichtig der erste Landesplanungsverband genau dort seine Arbeit aufnahm.

Hier führt er auch einen erweiterten Schutzbegriff ein, dessen Erfinder er sicher nicht allein war, der aber im Kontext der Landesplanung und in Bezug auf Thüringen neu gewesen dürfte: „Von dem Schutz durch Erhaltung zum Schutz durch Gestaltung" lautete nun die Maxime.[332] Grundsätzlich forderte er eine „naturverbundene Wirtschaftsweise" (ohne dies näher zu erläutern) und formulierte sein planungstheoretisches Gestaltungscredo, „niemals und nirgends nur die jeweils gestellte Aufgabe an sich zu lösen, sondern stets und überall von Anfang an unter Beachtung und Berücksichtigung der Umgebung, die durch die Neuplanung gewollt oder ungewollt verändert wird und unter allen Umständen als sowohl abhängiger wie beeinflussender Teil des neuen Gesamtbildes da und wirksam ist."[333]

Diese theoretische Position sollte nicht nur in bildungsbürgerlichen Kreisen Einzug halten. Luthardt berief Meyer-Jungclaußen, der sich als Garten- und Landschaftsberater betätigte, in den Kreis der Fachleute zur Erarbeitung der „Denkschrift zur Landesplanung in Ostthüringen 1927–1932".[334] Meyer-Jungclaußen bearbeitete den kurzen, aber instruktiven Abschnitt „Grünflächen, Heimatschutz". Er wirkte aber auch bei der Planung für die Infrastrukturen, insbesondere bei den Straßenplanungen und deren Einordnung in die Landschaft mit. Der Einsatz der Fotografie, vor allem von Luftbildern, zur Veranschaulichung der beabsichtigten Linienführungen der Straßen, weicht von den üblichen zweidimensionalen Plandarstellungen ab und unterstreicht die auf das Erzielen von raumgestalterischen Qualitäten orientierte Landesplanung in Thüringen.

Herzstück der Landschaftsplanung ist der „Grünplan".[335] In den textlichen Erläuterungen zum Plan zeichnete er seine theoretische Argumentation nach.[336] Ausgehend von den traditionellen Zielen des Heimatschutzes nach kultureller Sicherung überkommener Landschaften, weitete er den Blick auf die neuen Entwicklungen aus. Er ging von den konstituierenden Merkmalen der Ostthüringer Landschaft mit ihren Flusstälern und zusammenhängenden Waldgebieten für die Planungen aus. Diese fanden besondere Hervorhebung im Grünplan und sollten als Fixpunkte mit gesetzlichem Schutz für Neugestaltungen wirken. Dazu legte er außerdem ein detailliertes Kataster der die Eigenheiten des Landschaftsbildes bestimmen-

330 Ebd., Bl. 17 v.
331 Ebd., Bl. 18 v.
332 Ebd.
333 Ebd., Bl. 19 v.
334 Luthardt, W. (1933), S. 136.
335 Ebd., Kartenband II, Plan 5 Grünplan.
336 Ebd., S. 106–113.

den Baumgruppen, Einzelgehölze oder Waldungen ortskonkret und flächendeckend an. Damit wurde ein enges Schutzkorsett für die Landschaft gestrickt, das als Bastion gegen eine anrollende Industrialisierung fungieren möge. Doch, wo die „Opferung“ von Landschaftsbildern wirtschaftlich notwendig erscheint, müsse jede „Neuplanung bei guter und zweckmäßiger Eigenlösung so in ihre Umgebung hineinzugestalten [sein], dass die Erhaltung der alten oder die Schaffung einer neuen heimatlichen Schönheit bewusst erstrebt wird“.[337]

Was auf den ersten Blick als eher restriktiv und schutzbetont aussieht, leitet sich aus den schwachen gesetzlichen Instrumenten ab, die es in Thüringen seinerzeit gab, wie Meyer-Jungclaußen darlegte. Die Anlage von wasserbaulichen Anlagen, insbesondere von Talsperren, stellte für Meyer-Jungclaußen durchaus eine Bereicherung des Landschaftsbildes dar, geradezu ein Sinnbild für jene „neue Schönheit“ der Landschaft. Fotografien mit den neuen Stauanlagen und Brücken sowie den angestauten Flüssen vermitteln den Lesern dieses Verständnis von neuer Landschaft.[338] Letztendlich argumentiert er auch hier ausschließlich kulturell. Das Bild der Landschaft, in das sich die neuen Entwicklungen von Industrie, Verkehr oder Siedlungen bereichernd integrieren sollten, steht für ihn im Zentrum. Er argumentiert nicht ökologisch, wie es durchaus aus naturwissenschaftlicher wie aus religiöser Perspektive aus der Tradition von Haeckel in Jena als bedeutendem Platz in der akademischen Welt denkbar gewesen wäre. Die Landschaft wurde von Meyer-Jungclaußen als Kulturprodukt, ganz im Geiste Pücklers, wahrgenommen und als Gestaltungsgegenstand für die Landesplanung aufbereitet.

Das Ökosystem, das einen eigenständigen funktionalen und damit auch ästhetischen Wert darstellt, bleibt in der Erörterung von Meyer-Jungclaußen unberührt. Unbekannt kann ihm dieses Denken gewiss nicht gewesen sein. Die Landesplanung hat diese Aspekte auch in Thüringen nicht einbezogen. Landschaft blieb ein Gesundheitsfaktor im Umfeld der Industriegebiete und der Städte, weswegen explizit neue Stadtgrünanlagen ausgewiesen wurden und eine Ausweitung der Bewaldung vorgesehen war – unbestritten positive Planaussagen. Ansonsten blieb Landschaft ein zu gestaltendes Bild. Hier allerdings geht Meyer-Jungclaußen – zumindest verbal – sehr weit, indem er dieses Bild eben nicht nur aus den „grünen“ Elementen gestaltet wissen will, sondern auch durch die Infrastrukturen, Industrien und Siedlungsgebiete, im Sinne einer Harmonielehre. Das sollte offenbar das Ziel des strukturellen Wandels der Thüringer Landschaft im Zuge der industriellen Umstrukturierung sein.

Er beließ es aber auch nicht dabei, den erlauchten Kreis der Fürst-Pückler-Gesellschaft mit seinen Theorien vertraut zu machen oder sich beratend bei der Landesplanung einzubringen. Bereits ein Jahr nach dem Vortrag und nach seinem Umzug nach Bad Berka begann er mit dem systematischen Aufbau von Lehrgängen für Landschaftsgestaltung. „Auch andere Landesplanungsverbände, u.a. Merseburg und Thüringen-Mitte, bekunden rege Teilnahme an den Bestrebungen der Fürst-Pückler-Gesellschaft“, in deren Namen er die Lehrgänge ausrichtete.[339] Diese Lehrgänge wandten sich zunächst an „behördliche Beamte und Angestellte bis herunter zum Straßenmeister, in 1. Linie Landesplanung und Kreisämter.“[340] Damit entstand – in ersten Konturen – ein kommunikatives Grundgerüst, das die Basis für eine neue Gestaltung der Landschaft im Industriezeitalter und für Thüringen als eine Art industrieller Landschaftspark hätte werden können. Die Subordination dieser ersten Ansätze durch die Nationalsozialisten unter ihre kriegsindustriellen Ziele, denen sich Meyer-Jungclaußen nicht vollends verschloss, versperrte die weitere Entfaltung dieses potenziellen Ansatzes.

337 Ebd., S. 108.
338 Ebd., S. 107, 120, 121. Hier werden das Aumatal und die Staubauwerke bei Saalburg angeführt.
339 ThHStAW, Landesplanungsgemeinschaft Thüringen, Nr. 93, Bl. 31 v.
340 Ebd., Bl. 25 r.

3.3.3 Der Praktiker und Organisator Wilhelm Luthardt: Vom Baumeister zum führenden Landesplaner

Noch gab es keinen eigenständigen Lehrstuhl für Landesplanung. Die Qualifikation erlangten die in der – im Aufbau begriffenen – Landesplanung Tätigen durch Weiterbildung. Sie hatten meist ein Architekturstudium mit ergänzendem Städtebaukurs an einem gesonderten Lehrstuhl, z. B. in Berlin, absolviert. Darüber hinaus hatte sich gerade in der zweiten Hälfte der 1920er Jahre ein breites Spektrum an Institutionsformen des Erfahrungsaustausches und der Ergebnispräsentation von Planungen herausgebildet, sodass darüber eine rege Kommunikation und damit eine lernende Qualifikation erfolgen konnte.

Wilhelm Luthardt (1877–1944) war ein solcher Autodidakt, der im weitgespannten Netz der Fachdiskussion in den 1920er Jahren seinen Weg zur Landesplanung fand und die Schlüsselfigur für den Aufbau der Landesplanung in Thüringen wurde. Hier entstand unter seiner persönlichen Leitung die Struktur der Landesplanungsverbände, wie sie im Grunde heute noch praktiziert wird.

Luthardt, geboren in Coburg, gehörte der Generation von Prager an. Jedoch absolvierte er keine Hochschulausbildung, sondern lernte an einer Baugewerkerschule mit dem Abschluss als Baumeister.[341] Er trachtete nach einer praktischen Tätigkeit als bauender Architekt und suchte unmittelbar nach Bauaufträgen. Das schien ihn aber nicht zu befriedigen und so bewarb er sich 1899 erfolgreich um eine Stelle bei der Baupolizei in Chemnitz. Hier lernte er die öffentliche Verwaltung kennen. Offenbar gewann er dabei Erfahrungen, die in ihm den Wunsch reifen ließen, sich, wie er im Bewerbungsgespräch in Gera vom November 1911 darlegte, berufen zu fühlen, Leitungsfunktionen in der öffentlichen Bauverwaltung zu übernehmen.

Der Stadtrat Gera wählte ihn aus einem Kreis von über 40 Bewerbern, unter denen auch zahlreiche Hochschulabsolventen waren. Luthardt brachte bei seinem Bewerbungsgespräch zwei Argumente, die nicht nur für seine Anstellung mit ausschlaggebend waren, sondern die auch seinen späteren Weg zur Landesplanung vorgeprägt haben: ein Besuch englischer Gartenstädte und die Gasthörerschaft beim Städtebauseminar an der TH Berlin-Charlottenburg, also bei Genzmer und Brix. Damit war er in die Kernzone der neuen Fachdisziplin Städtebau eingetreten und hatte die neuesten Kenntnisse zur Bebauungsplanung und zu Fragen der städtischen Entwicklung sowie zur Dezentralisierung erfahren können. Darüber hinaus war er in den Kontakt zu den damals wichtigsten Fachleuten auf dem Gebiet des Städtebaus gekommen. Viele von ihnen spielten später eine maßgebliche Rolle auch in der Landesplanung. Er überzeugte aber auch wegen seiner praktischen Erfahrungen als Architekt und Verwaltungsmitarbeiter sowie durch seine Darstellung der Tatkraft, die er einbringen wollte, die bei den Stadträten die Gewissheit reifen ließen, dass er derjenige sei, der die dringend notwendige Reorganisation der Bauverwaltung bewerkstelligen könne.[342] Dies bewies er offenbar erfolgreich, weswegen seine Anstellung als Stadtbaurat zweimal, 1917 und 1925, für sieben bzw. zwölf Jahre verlängert worden war.[343]

341 Stadtarchiv Gera, Akte III B 1/4960 „Neubesetzung der Stadtbauratsstelle, gewählt wurde am 3. November 1911 der Stadtbaumeister Wilhelm Luthardt", Bl. 73–162. Diese Akte scheint die einzige Quelle über den beruflichen Werdegang von Luthardt zu sein. Die Akte endet im Jahr 1925 mit der erneuten Verlängerung der Amtszeit Luthardts als Stadtbaumeister in Gera. Hier wird sehr ausführlich das Auswahlverfahren eines „Nichtakademikers" für die wichtige Stelle eines Stadtbaurates dokumentiert. Alle persönlichen Angaben beziehen sich auf diese Akte. Das Todesjahr konnte nicht verifiziert werden. Hier gibt es nur wenige Hinweise, so unter: http://www.berndboehme.privat.t-online.de/geda02a.htm. An dieser Stelle sei Susanne Lang für das Kopieren der umfangreichen Akte gedankt.

342 Stadtarchiv Gera, Akte III B 1/4960, Bl. 74, 74r, 75, 76, 76r.

343 Stadtarchiv Gera, Akte III B 1/4960, Bl. 148, 163 (keine eindeutige Blattangabe). Die Wiederwahl als Stadtbaurat und 2. Beigeordneter der Stadt Gera vom 30. April 1925 war bis zum 31.3.1937 datiert.

Die zweite Wiederwahl gab ihm den nötigen Spielraum, um die Landesplanung in Thüringen aufzubauen. Dieser musste aber gegen viele Widerstände erkämpft werden. So führte er lange Verhandlungen wegen seiner Dienstbezüge und hatte sich Verdächtigungen illegaler Nebentätigkeiten zu erwehren.[344] Ausgangspunkt für den Aufbau der Landesplanung war „eine Folge der einschneidenden Umwälzungen auf allen Gebieten" und die daraus sich ergebende Notwendigkeit zur Erstellung eines Flächenaufteilungsplanes für die Stadt Gera in den Jahren 1925 bis 1927.[345] Die größte Stadt Thüringens begann von der Industrialisierung erfasst zu werden und ein Stadtwachstum hatte begonnen, welches reguliert werden musste, wie der Stadtrat erkannte. Für Luthardt war dieser Plan aber lediglich ein reaktiver Plan, der das unmittelbar anstehende Stadtwachstum rational, nach funktionalen und vor allem wirtschaftlichen Gesichtspunkten zu organisieren habe. Dies könne aber nur eine Seite der Medaille sein. Es muss, so Luthardt, „rechtzeitig Vorsorge" getroffen werden für Entwicklungen im Verkehrsbereich und der Nutzungsansprüche an das Land generell.[346] Da Gera zwar in einem wirtschaftlichen Aufschwung begriffen, aber verkehrlich ungünstig angebunden war, suchte Luthardt Kontakte zu den Nachbarkommunen in den Wirtschaftszentren Sachsens (Leipzig und Zwickau bzw. Chemnitz, wo er seine noch bestehenden Kontakte aus der Chemnitzer Zeit nutzen konnte) sowie zur mitteldeutschen Planungsstelle in Merseburg. Gerade die Aktivitäten in Merseburg überzeugten ihn und ließen die Vorstellung reifen, etwas Vergleichbares in Gera aufzubauen. Er sah diesen Aufbau jedoch zugleich als Teil der Landesplanungen in den mitteldeutschen Industriebezirken generell, also die Ländergrenzen übergreifend gedacht.
Es gelang ihm, die Thüringer Landesregierung zu überzeugen, nach mitteldeutschem Vorbild, auch eine Landesplanung aufzubauen. Das Thüringer Ministerium des Innern, hier insbesondere durch den weitsichtigen Ministerialdirektor Dr. Jahn vertreten, rief die „Ostthüringische Landesplanungsstelle" ins Leben. Sie wurde aber, im Gegensatz zur Landesplanung in Sachsen und Preußen, als reiner „Selbstverwaltungskörper" der Kommunen unter Beteiligung von Behörden und der Wirtschaft eingerichtet und Luthardt wurde der Geschäftsführer.[347] So war zwei Jahre nach den Landesplanungen in Merseburg und in Leipzig mit der Ostthüringer Landesplanung für den mitteldeutschen Raum eine, wenngleich jeweils verschieden organisierte, aber kooperierende (mindestens abgestimmte) Landesplanung institutionalisiert worden. Drei Jahre später gründete Luthardt die Landesplanungsstelle Thüringen Mitte, deren Geschäftsführer er auch wurde, und schließlich gelang es ihm noch 1933 die Landesplanung in Westthüringen zu initiieren, die dann aber schon in das Fahrwasser der Nationalsozialisten geriet. Den 2. Weltkrieg sollte er nicht überleben.[348]
Neben seiner institutionsbildenden Wirkung beim Aufbau der Landesplanung in Thüringen besteht sein Verdienst darin, dass er, analog zur Landesplanung in Merseburg, auch einen – wenngleich nicht so umfassenden und weitgreifenden – Planungsatlas nebst Textband für Ostthüringen erarbeitete und 1932 veröffentlichte.[349]

344 Stadtarchiv Gera, Akte III B 1/4960, Bl. 161–162. So gab es Vorwürfe vom Bund Deutscher Architekten gegen Luthardt, er betreibe ein „illegales" Architekturbüro neben seiner Stadtbauratsstelle, was jedoch entkräftet werden konnte. Diese „Nebentätigkeit" war Teil seiner Aufbauarbeit für eine Landesplanung in Ostthüringen.

345 Luthardt, W. (1930), S. 50; siehe auch: Kegler, H. (2019), S. 12–21.

346 Luthardt, W. (1930), S. 58.

347 Ebd., S. 60.

348 Soweit die wenigen Quellen zu seiner Person Aussagen für die Zeit nach 1933 zulassen.

349 Luthardt, W. (1933)

3.4 Die Geburtsstunde der Raum-Planungstheorie: Die Leipziger Siedlungswoche und ihre Folgen

3.4.1 Die Leipziger Siedlungswoche im März 1927

Vom 9. bis 31. März 1927 fand in drei Veranstaltungsreihen ein fulminantes Programm zu nahezu allen Fragen, die die Landesplanung im weitesten Sinne betrafen, am Rande der Leipziger Baumesse statt. Initiatoren waren die Stadt Leipzig, mit dem Stadtbaurat Hubert Ritter, hauptsächlich federführend für die Siedlungswoche, und das Deutsche Archiv für Siedlungswesen, Städtebau und Wohnungswesen, mit dessen Leiter, Gustav Langen (1878–1964), verantwortlich für den Lehrgang und die Ausstellung (Abb. 12).[350] Mit dieser Siedlungswoche in Leipzig wurde eine bereits seit vier Jahren stattfindende Veranstaltungsform fortgesetzt, die jedoch hinsichtlich der theoretischen Aussagen für die Landesplanung besondere Bedeutung besaß.[351]

Die „Siedlungswoche" bestand aus drei Abschnitten:

1. Teil Siedlungswoche (Mittwoch 9. – Sonnabend 12. März 1927)

Hier fanden an zwei Tagen Fachvorträge statt, die jeweils mit einem ausländischen Beitrag eingeleitet worden waren (Wohnungsbau in Holland bzw. England) und sich am ersten Tag mit dem Wohnungsbau im Allgemeinen und am zweiten Tag mit Wohnungsbau in Leipzig beschäftigten. Dann gab es jeweils Führungen durch die parallel laufende Internationale Städtebauschau sowie eine Besichtigung von Leipziger Siedlungen. Der dritte Tag wurde mit einem Vortrag von Hildegard Margis zu Wohnungsfragen eröffnet und mit Ausführungen zu Finanzierungen des Wohnungsbaus abgeschlossen. Am Nachmittag boten die Veranstalter eine Exkursion zu den neuen Siedlungen der Leuna-Werke bei Merseburg an.

2. Teil. Wissenschaftlicher Lehrgang über das deutsche Siedlungswesen in Stadt und Land (Montag 14. – Donnerstag 31. März 1927)

Dieser Teil wurde von Langens Archiv-Institut maßgeblich bestimmt. In den zwei Wochen boten 32 Referenten Vorträge zu sieben Hauptthemengruppen an:

- Grundlagen des Siedlungswesens in politischer und wirtschaftlicher Hinsicht (drei Vorträge),
- Gesetzgebung, Verwaltung und Organisation (sieben Vorträge)
- Finanzfragen (drei Vorträge),
- Bodenfrage, Kreditwesen, Grundstücksmarkt (vier Vorträge),
- Wohnungs- und Gartenhäuser, Kleinsiedlungen, Kleingärten (drei Vorträge),
- Siedlungstechnik, Hygiene, Stadtwirtschaft (sieben Vorträge),
- Planungswesen (fünf Vorträge).

Die Liste der Referenten liest sich wie das Who's who des Städtebaus und der Planung aus dieser Zeit. Namhafte Praktiker, Beamte und Hochschullehrer steuerten Beiträge zu dieser Fortbildungsveranstaltung bei. Namen wie z. B. Schmidt-Essen (Direktor des SVR), Leberecht Migge (der bekannte Gartenarchitekt), die Professoren Blum, Genzmer, Heiligenthal, Muesmann, oder die Stadtbauräte bzw. Beigeordne-

350 Ritter, H. (Hg.) (1928). Hier wurden alle Beiträge und ein Großteil des Bildmaterials dokumentiert. Vgl. auch: Deutsche Bauzeitung (DBZ), 36, 1927, S. 312.

351 Vgl. Lehweß, W. (1924): Städtebauliche Vorträge der Dresdener Städtebauwoche 1924, S. 152. Mit diesem Format einer „Woche" wurde eine kommunikative Brücke zwischen den Fachleuten unterschiedlicher Disziplinen wie auch der Öffentlichkeit hergestellt. Derartige „Wochen" (zu den Themen Siedlung bzw. Städtebau) fanden jährlich an wechselnden Orten statt. Auch die Beiträge der Dresdener Veranstaltung wurden publiziert: Genzmer, E.; Wolf, P. (Hg.) (1924). Mit seinem darin enthaltenen Beitrag über „Die wirtschaftliche und rechtliche Bedeutung großstädtischer Ortserweiterungspläne" hatte Mackowsky erste Ansätze einer überörtlichen Planung, vor allem für den Raum Leipzig, umrissen (S. 172–174). Bereits 1923 hatte es eine „Reichssiedlungswoche" in Berlin gegeben; vgl. dazu: Deutsche Bauzeitung (DBZ) (1923), 16, S. 76.

ten Wolf (Dresden), Ehlgötz (Essen), Rank (Hamburg) oder Fisch, Geschäftsführer der mitteldeutschen Landesplanung, tauchten in den Rednerlisten auf. Die Vortragsreihe konnte durch Förderung von der Stadt Leipzig, aber auch vom Reichsarbeitsministerium, vom sächsischen Arbeits- und Wohlfahrtsministerium und von der Landes-Siedlungs-Gesellschaft ermöglicht werden.[352] Diese Vortragsfolge bildete den Kern der Veranstaltung und dokumentierte den aktuellen Stand der wissenschaftlichen und praktischen Erkenntnislage zur Landesplanung sowie zum Siedlungs- und Städtebau. Die einzelnen Beiträge fügten sich zu einem Kompendium der Planung zusammen, das mit den Beiträgen der Siedlungswoche und dem Plan- und Bildteil einen zusammenhängenden Überblick auf unterschiedlichen Ebenen gibt. Breiten Raum nahmen stadttechnische und wirtschaftliche Themen ein. Die Unterschiede der Organisationsformen in der Landesplanung kamen durch drei relativ kontroverse Beiträge zum Ausdruck: Ruhrsiedlungsverband, mitteldeutsche Landesplanung sowie die Planung für Hamburg und die preußische Umgebung. Heuristisch gesehen reicht dieses Kompendium von Erfahrungsberichten und Beschreibungen über Vergleiche und Verallgemeinerungen von gewonnenen Erkenntnissen aus praktischer wie aus politischer Tätigkeit der Planung bis zu planungstheoretischen Grundlagen. Damit enthalten die in einem Buch zusammengefassten Beiträge eine herausgehobene Stellung in der sich in der zweiten Hälfte der 1920er Jahre verdichtenden Planungsliteratur.[353] Es kann als das erste planungstheoretische Kompendium bezeichnet werden. Der umfangreiche Text- und Bildteil vermittelt einen reifen Stand der Fachdebatte. Die Plandokumente und Fotografien sowie die Kommentare dazu liefern die empirische Basis der theoretischen Darlegungen. Die moderne Landesplanungstheorie hatte in dem privaten langenschen Archiv ihr wissenschaftliches Zentrum. Bemerkenswert ist dies umso mehr, da die Forschung nicht im akademischen Zirkel der Hochschulen hauptsächlich verankert war, sondern in einem privaten Institut, aber auch in den entstehenden Planungsverbänden der Praxis. Der Schlüsselbeitrag kam von Langen und war knapp mit „Planungswesen" überschrieben. In diesem skizzierte er die Kerngedanken einer Planungstheorie. Darauf soll speziell eingegangen werden.

3. Teil: „Internationale Schau für Städtebau, Landesplanung, Siedlungs- und Wohnwesen, Leipzig 1927"[354]: Diese bildreiche Darstellung (es müssen mehrere hundert Pläne und Fotografien gewesen sein), die sich im Wesentlichen aus den Beständen des langenschen Archivs rekrutierte, gliederte sich in sieben Abteilungen:

- Siedlung als Welt- und Menschheitsaufgabe,
- Landesplanung,
- Stadtplanung, vorbereitende Sonderpläne,
- Stadtplanung, Hauptpläne,
- Siedlungsplanung, Stadtteile und Einzelsiedlungen,
- Wohnungsplanung und
- Monumentalplanung.

Die Ausstellung war ausgesprochen international angelegt worden: Exponate kamen aus 23 Ländern. Mit China, Japan, Palästina, der Türkei und den USA stellten, neben den alle Teile Europas gleichermaßen vertretenden 18 Staaten, die besonders für die Urbanisierung bedeutenden außereuropäischen Länder ihre Planungen aus.[355] Langen stellte bei der deutschen Abteilung die Bodenfrage an den Beginn. Dabei ließ er sich von der Erkenntnis leiten, dass „die Bodenfrage am Anfang jeder Siedlungsentwicklung stehe".[356] Aber nicht diese methodische Anleitung sollte den Rahmen setzen, sondern die Verfügbarkeit über

352 Ritter, H. (Hg.) (1928), S. 7–13.
353 Albers, G. (1997), S. 171–187, insbes. S. 182–185.
354 Ritter, H. (Hg.) (1928), S. 9.
355 Ebd., S. 269–271.
356 Ebd., S. 270.

diesen, wenn er schrieb: „[...] so gehört entweder der Boden selbst oder die Bestimmung über seine Nutzung in die öffentliche Hand."[357] Er plädierte aber keineswegs für eine vollständige Verstaatlichung des Bodens, sondern für den Einsatz differenzierter Instrumente, wie sie vor allem in anderen Ländern praktiziert wurden, um jene Einflussmöglichkeiten auf die Flächennutzung und die Bodenpreise zu erlangen, wozu auch die punktuelle Enteignung oder Boden-Sperrzonen für den Grundstücksmarkt zählten.

Den Ausstellungsteil leitete Langen mit einem Grundsatzbeitrag ein, einem Geleitwort, in welchem er sich zu einer globalen Sicht der Siedlungsentwicklung aufschwang: Siedlung als Welt- und Menschheitsaufgabe. Seine Kernaussagen rankten sich um die Relation von Zentralisation und Dezentralisierung. Dabei scheinen Argumente einer Re-Agrarisierung durch, werden jedoch nicht platt ins Feld geführt, sondern ausgewogen erörtert. Vor allem rückte er die Dezentralisierungsfrage in den Zusammenhang mit der Frage nach der Verantwortung für eine nichtzerstörerische Nutzung der Natur, wenn er feststellte: „So stehen die Schäden der übertriebenen Dezentralisation auf dem Lande mit denen der Kulturleere, der Naturvernichtung als Folgen einer materiell-zivilisatorischen Lebensauffassung in verhängnisvollem Zusammenhange."[358]

In bemerkenswerter Weise suchte Langen Antworten auf die Ressourcenfrage entlang der „Erzeugungsmittel" Boden, Wasser, Sonne und Arbeit durch Effizienz und Technikeinsatz zu bekommen. Keine Spur von Romantik oder Verklärung, wenngleich manche „völkische" Formulierung als zeitbedingt, aber keineswegs rassistisch bewertet werden muss. Ganz im Gegenteil. Nach dem Ressourcenthema erörterte er die Zukunft des Verkehrs. Langen bemängelte die Dominanz der Verkehrsplanung gegenüber Städtebau und Landesplanung. Verkehr erhielt in seiner Diktion eine Schlüsselrolle beim „Umbau der Großstädte nach produktiven Gesichtspunkten", also deren „Rationalisierung" – einem „Schlagwort" der Zeit, wie er feststellte. Verkehr wird also das „Dezentralisierungsmittel" sein.[359] Danach diskutierte er die soziale Ordnung. Dabei unterschied Langen zwischen „Dezentralisation" und „Atomisierung" der Gesellschaft. Seine Darstellungen atomisierter Vororte erinnern bereits an den erst Jahre später Wirklichkeit werdenden suburban Sprawl, dessen Konturen aber bereits erkennbar waren. Dezentralisierung wäre zu unterscheiden von Vorstädten, in denen „Familienzellen zusammenhanglos aneinandergereiht [werden], ohne sie dem Gedanken der höheren Gemeinschaft unterzuordnen."[360] Schnell kommt der Verdacht eines Ständestaates auf. Doch sah Langen eher die englischen Gartenstädte als Modell an. So arbeitete er heraus: „Form ist nicht an mittelalterliche Gebundenheit gefesselt. Auch in höheren Regionen der Freiheit kann Form entstehen."[361] Und: „Wir sollen das städtebauliche Erbe der Vergangenheit [...] sorgfältig pflegen und behüten, nicht vernichten [...] wir sollen mutig neben die Altstadt die Neustadt setzen [...]."[362] Die in der Ausstellung präsentierten Beispiele reichen dabei von industriell gefertigten „Großhausanlagen" von Riphahn, Köln, und Le Corbusiers Vorstellungen für Paris über Stahl-Einfamilien- bzw. Doppelhäuser bis zu einem weiten Spektrum an Siedlungstypen mit urbanem und ländlichem Charakter.[363] Dieses Geleitwort enthielt in komprimierter Form Langens theoretische, aber auch moralische Überlegungen zur Entwicklungstendenz der menschlichen Siedlungsweise in Richtung einer „gesunden Dezentralisation", die wiederum Grundlage des Planungsdenkens sein sollte.

Die planungstheoretischen Ausführungen leitete Langen mit einer dezenten Polemik ein: „Fragt man die Menschen, was zum Bauen und Siedeln nötig sei, so erhält man immer die banale Antwort: Geld, Geld

357 Ebd.
358 Ebd., S. 278.
359 Ebd., S. 283, 284.
360 Ebd., S. 286.
361 Ebd., S. 287.
362 Ebd., S. 288.
363 Ebd., S. 382, 244, 50, 351 ff. Abbildungen sind an verschiedenen Stellen vorhanden.

und nochmals Geld.“[364] Worauf er dann selbst antwortete: „Es gab eine Zeit, da wurde bei uns in Deutschland mehr gebaut, als jemals in der gesamten Menschheitsgeschichte zusammen irgendwo gebaut worden sei. Das waren die Jahre 1872–1913. Wir hatten Geld in Hülle und Fülle, aber keinen Plan, und das Ergebnis des fehlenden oder fehlerhaften Planungswesens waren die bekannten Steinwüsten [...].“[365] Das klang sehr nach Hegemanns Polemik gegen das „Steinerne Berlin“.[366]

Doch Langen blieb nicht auf dieser Ebene stehen. Er versuchte durch eine theoretische Wendung nicht einer „Steinwüstenpolemik“ zu erliegen, sondern der Planung eine Basis zu geben, auf der es dann möglich sein dürfte, zukünftige Entwicklungen in andere Bahnen zu lenken. Dabei erweiterte er zunächst den Planungsbegriff von der räumlichen auf die gesellschaftliche und wirtschaftliche Dimension. Dies erschien ihm von zentraler Bedeutung zu sein, um einer Zersplitterung des Planungswesens durch „das feste Gerüst eines Systems“ entgegenzuwirken, also ein ganzheitliches Planungsverständnis zu erlangen, das auf den ersten Blick dem amerikanischen „Comprehensive City Plan“ entsprach, aber eigentlich viel weiter ging. Er erweiterte den Begriff des „Planungswesens“ hinsichtlich der „technisch-räumlichen und künstlerisch-räumlichen Fragen“ im Sinne einer „planmäßigen Wirtschaftsgestaltung und einer planmäßigen Lebens- und Kulturgestaltung“.[367]

Zunächst leitete Langen ein Theorieverständnis der Planung ab, das folgerichtig zu jener Begriffserweiterung führte, bevor er dann die Systematik der Begrifflichkeiten und inhaltlichen Planungsebenen herausarbeitete, um schließlich den Gesamtzusammenhang des Planens und das Selbstverständnis der Planer zu reflektieren. Die in Leipzig 1927 vorgetragenen Auffassungen hatte er bereits 1925 in einer Textfolge in ersten Konturen umrissen, um sie dann zwei Jahre später zu entfalten.[368]

„Der Stolz unserer materialistischen Zeit, die deutsche Großwerkstatt des Ruhrgebietes, erstickte in Unordnung und Planlosigkeit, krankte an Leerlauf, Überhitzung, Verstopfung, und nur die gewaltigen Gewinne der dort arbeitenden Werke, gespeist aus den Erträgen der Weltwirtschaft und des allgemeinen deutschen Aufschwungs, ließen nicht empfinden, wie teuer diese Werkstatt arbeitete.“[369] Überleitend zur Planung, stellte er dem „schwindelnden Gebäude deutscher Wirtschaftserfolge“ das Fehlen der „tiefen Fundamente“ gegenüber. Diese sah er u. a. in einem „geordneten Planungswesen“.[370] Ordnung stand für Langen als Metapher für Rationalität, für im Gemeinsinn verstandenes, vernünftiges Handeln. Das Ordnungsverständnis könnte aber auch als ein autoritäres oder irrationales gedeutet werden, wofür es durchaus Anhaltspunkte gibt, wenn er z. B. vom Verfall des Volkstums sprach, den es aufzuhalten gelte. Doch das entscheidende Moment im Planungsverständnis beschrieb Langen mit einem (inkrementalistischen) Prozessmodell: „In der Praxis, das heißt im Wirken des oft kurzsichtigen Lebens des Tages, bleibt uns nicht viel mehr übrig, als an zerfahrenen Zuständen langsam zu flicken und umzubauen.“[371]

Er beabsichtigte nicht, diese offenbar zu akzeptierenden Normalzustände der Gesellschaft doktrinär zu ändern, sondern dem Planungsalltag jenes feste Gerüst eines Planungssystems als Basis zu geben, damit allmählich immer geordnetere Verhältnisse entstehen. Diese lagen für ihn in einer rationalen Bodennutzung, in einer identitätsstiftenden Bindung der Menschen an den Ort, in einer sinnfälligen Organisation

364 Ebd., S. 223.
365 Ebd.
366 Sturm, U. (2010), S. 131.
367 Ritter, H. (Hg.) (1928), S. 224.
368 Langen, G. (1925), S. 191 f., 25, S. 198 f., (1926) 2, S. 14–16. Diese Artikel waren aus Anlass des zehnjährigen Bestehens des Archivs für Siedlungswesen geschrieben worden. So führte er hier bereits den Begriff „Raumwirtschaftsplan“ (S. 199) als einen Teil der Landesplanung ein. Dieser Begriff dürfte als Vorläufer für die spätere Bezeichnung „Raumordnung“ bei Langen anzusehen sein. Vgl. auch: Blotevogel, H. (2011): Raumordnung in der ersten Hälfte des 20. Jahrhunderts, S. 82–101, S. 99.
369 Ritter, H. (Hg.) (1928), S. 224.
370 Ebd.
371 Ebd.

der Wirtschaft, nach Kosten- und nicht Gewinnprinzipien, die technischen Fortschritt einschließt, und in einer Gesellschaft, die in Balance mit der Natur und den internationalen Entwicklungen gedeiht. Dies kann als eine Art ‚konservative Modernität' verstanden werden. Damit ist auch ein „Geist" der Landesplanung umrissen, der mehr oder minder bei vielen der Planer in den 1920er Jahren zu konstatieren war. Aus diesem Verständnis heraus diskutierte Langen die noch zu bestimmende Sinnhaftigkeit vorausschauender Tätigkeit, den Kern des Planens: „Die Frage, ob dies möglich ist, läßt sich allgemeingültig nicht entscheiden. Die Möglichkeit eines planmäßigen Vorausschauens wird von Pessimisten, von Tages- und Konjunkturpolitikern und von allen auf mathematische Unfehlbarkeit eingestellten Naturen bestritten werden. Wer aber den Glauben an eine Weiterentwicklung und Höherentwicklung hat, wer Keime künftigen Wachstums zu sehen, große Linien volksmäßig-notwendiger Entwicklung zu verfolgen vermag, wer vor allem den Mut, die Kenntnisse und das Verantwortungsgefühl hat, einer örtlich gebundenen Bevölkerung ihre besondere Leistungsaufgabe aus ihren besonderen örtlichen Bedingungen zu entwickeln, der wird eine Planung in diesem Sinne auch für möglich halten. Nützlich ist ein solches Leitbild für die Entwicklung einer Stadt oder eines Landkreises, die ihr Leben selbst tatkräftig in die Hand nehmen wollen, zweifellos selbst dann, wenn nur Teile verwirklicht werden oder manches auch anders als vorgesehen sich entwickelt."[372]

Er führt hier den Begriff des Leitbildes ein, das dem ‚Genius loci' verpflichtet ist und das auf ein planvolles, selbstbestimmtes Agieren der lokalen Gemeinschaften – in Verantwortung für das Ganze – zielt. Die Planung stellt dem die notwendigen Instrumente zur Verfügung und agiert orientierend. Die Unvollkommenheit des Planens ist Teil eines Systemverständnisses von Planung. Das kann wohl als ein sehr moderner Ansatz gedeutet werden. Darin scheint sich ein gänzlich anderes Modernitätsverständnis zu verbergen, als es Zeitgenossen, wie z. B. Martin Wagner, vertraten. Langen propagierte eine globale Verantwortung aus lokalem Handeln, Wagner hingegen forderte: „Der moderne Städtebau braucht Freiheit der Gestaltung […]."[373] Beide verfechten einen Rationalitätsanspruch, mit gänzlich verschiedenen Ausrichtungen. Beide aber sind einem humanitären Anliegen verpflichtet, welches als Brücke zwischen den „Traditionalisten" und „Modernisten" angesehen werden kann, jedoch nur auf der Zielebene, bei der Wahl der städtebaulichen Mittel bzgl. der Dezentralisierung gehen beide – hier prototypisch gemeint – unterschiedliche Wege.

Langen unterschied dann drei verschiedene Typen an Planungen, die er aus einer Kritik an dem damals gültigen „formalen Planen" (auch dieser Begriff ist neu) mit Fluchtlinienplan, Bebauungsplan, Siedlungsplan, Flächenaufteilungs- bzw. Flächennutzungsplan und „den fälschlich sogenannten Wirtschaftsplänen" ableitete. Er teilte die Planung in Typen entlang der Tätigkeiten des Planens ein:

„A. Linienplanung (hauptsächlich technischer und gesetzlicher Natur)
a) Technische Linienführung für Verkehrswege und Versorgungsleitungen: […]
b) Rechtliche Linienführung für Besitzgrenzen, Nutzungsgrenzen, Bebauungsgrenzen […]
B. Flächenplanungen (hauptsächlich wirtschaftlicher Natur)
a) Allgemeine Flächennutzung:
1. Waldflächen […]
2. Ackerflächen […]
3. Feldgarten- und Gartenflächen […]
4. Industrieflächen […]
6. Bergbauflächen […]
7. Verkehrsflächen […]

372 Ebd., S. 225.
373 Wagner, M. (1929), S. 108.

8. Städtische Baugebiete [...]
9. Städtische öffentliche Grünflächen [...]
b) Besondere Flächennutzung, die unter Umständen Ausnahmegesetzen untersteht.
1. Bauflächen besonderer Bestimmung, z. B. [...] Citybildung oder Schaffung von [...] Mittelpunkten des öffentlichen Lebens [...] usw.
2. Freiflächen besonderer Bestimmung, z. B. Schutzzonen für gefährliche Betriebe, Naturschutzgebiete [...], Heimatschutzgebiete [...], Ödländereien und sonstigen für landwirtschaftliche Nutzung nicht in Frage kommenden, aber für die landschaftlich wertvollen Gegenden, Heiden, Mooren, Gebirgen und sonstigen Fremdenverkehrsgebieten. [...]
C) Raumplanung (hauptsächlich schönheitlicher und gesundheitlicher Natur)
1. Planungen über die Art der Bebauung, ergänzt durch entsprechende Bestimmungen [...]
2. Planungen über die Art der Bepflanzung [...]"[374]
„Es gehört eine ganz besondere Anlage des Denkens in weiten Zusammenhängen, des fast künstlerischen Gestaltens auch in wirtschaftlichen Dingen dazu, es gehört Ehrfurcht vor dem Gewordenen und Liebe zum Werdenden, verbunden mit einem Fanatismus zur eindringenden Kleinarbeit, die allein davor bewahrt, sich in grenzenlosen Ideen zu verflüchtigen. Der Schöpfer eines guten Planes muß ein ‚Symphoniker' sein, der unter den Städtebauern und Siedlungstechnikern mindestens so selten ist wie unter den Musikern."[375] Letztlich beendete er seine Ausführungen in dem Vortrag zum Planungswesen mit einem reflexiven Ausblick: „Hüten aber müssen wir uns vor allen Schlagwörtern und Rezepten und vor dem Dünkel, als könnten wir schon etwas. Wir stehen in den ersten Anfängen dieser Wissenschaft, und da ziemt uns Bescheidenheit."[376]
In diesem Kontext hat Langen bei der Leipziger Siedlungswoche 1927 zwei der bis heute im Zentrum der übergreifenden Planungswissenschaft stehende Begriffe öffentlich geprägt: Raumordnung[377] und Raumplanung. „Es ist also alles Planungswesen Raumordnung" – diese sah er als prozesshaften Teil einer gesellschaftlichen Entwicklungsvorstellung, der mit den „räumlichen Beziehungen aller menschlichen Einrichtungen zu tun hat"[378]. Raumplanung subsummierte er unter Raumordnung als raumgestaltende Tätigkeit und somit als erweiterten Städtebau. Damit ist der begriffliche Rahmen der Wissenschaft vom Planen abgesteckt worden. Die Einzelfachbegriffe wurden hier, aufbauend auf den seit etwa 1910 in den Fachbüchern bereits dargelegten Definitionen, systematisiert und in einen neuen logischen Zusammenhang gestellt:
So unterschied Langen Flächenaufteilung, d. h. die Art der funktionalen Zuordnung im Raum, und die Flächennutzung, d. h. die Art der Ausnutzung der jeweiligen Flächenzuschnitte. Beide Begriffe wurden in der Praxis jedoch häufig synonym verwendet, weswegen letztlich sich die Flächennutzung durchgesetzt hat. Stadtplanung unterschied er ebenfalls von dem um 1910 gebräuchlichen Begriff, der sowohl das Planen als auch die räumliche Gestaltung und den Bauprozess der Städte betraf und fallweise im jeweiligen Kontext verwendet wurde. Nun begann die Ausdifferenzierung, in welcher die Tätigkeit des prozessbezogenen Antizipierens stärker betont wurde und damit der Planungsbegriff an Gewicht gewann. Sicher war dies nicht unbeeinflusst vom angloamerikanischen Sprachgebrauch, wo „City Planning" sich durchgesetzt hatte.

---

374 Ritter, H. (Hg.) (1928), S. 225–228.
375 Ebd.
376 Ebd., S. 231.
377 Blotevogel, H. (2011): Raumordnung in der ersten Hälfte des 20. Jahrhunderts, S. 82–101; hier wird (auf einen unveröffentlichten Beitrag von Istel, 2000, Bezug nehmend) zu Recht darauf verwiesen, dass der Raumordnungsbegriff nicht erst nach 1933 entstanden ist, sondern eben auf Gustav Langen zurück geht, S. 99. Weiterhin wird auf den konservativen Sozialwissenschaftler Wolfgang Schmerler verwiesen, der 1932, im Grunde Langen bestätigend, der Landesplanung eine gesellschaftlich „wegbereitend(e)" Rolle zuschrieb und die in diesem Sinne ordnend wirken solle (S. 99). Schmerler, W. (1930).
378 Ritter, H. (Hg.) (1928), S. 224.

Zugleich begegnete Langen der Gefahr einer Fragmentierung der Wissenschaft vom Planen durch die verbindende Unterscheidung in der planenden Tätigkeit in Linienplanung, Flächenplanung und Raumplanung. Dieser Versuch hat sich letztlich nicht durchgesetzt, verweist aber auf den erreichten Reifegrad disziplinärer Entwicklung. Die Gefahr einer subdisziplinären Aufspaltung, also jener „Fragmented Art"[379], von der in den USA in dieser Zeit bereits gesprochen werden kann, und wie sie z.B. die Verselbständigung der Verkehrsplanung verdeutlichte, wurde im begrifflichen Apparat aufgehoben. Die Planungspraxis hatte nur in Teilen diese Systematik übernommen – aber das erscheint letztlich nur als bestätigendes Indiz. Der Begriff Stadtplanung war zum allgemeinen Sprachgebrauch avanciert und bezeichnete die Tätigkeit auf einer bestimmten räumlichen Ebene – im Vergleich zur Landesplanung. Städtebau war in diesem Verständnis eine Sub-Kategorie der Stadtplanung und blieb als Begriff erhalten. Es soll an dieser Stelle keine weitere Debatte über diese Unterscheidungen geführt werden; es genügt lediglich der Fakt, dass es einen auf den Gegenstand der Disziplin bezogenen Begriffsapparat gab und dieser sich wiederum in einem ‚theoretischen Gebäude' der planenden Tätigkeit wiederfand, um die kognitive Reife einer etablierten Disziplin zu zeigen.

3.4.2 Der erste Planungsforscher und -theoretiker sowie das erste (private) Forschungsinstitut für Stadt- und Raumplanung: Gustav Langen und das Archiv für Städtebau, Siedlungswesen und Wohnungswesen

Gustav Langen (1878–1964), geboren in Hatzum und verstorben in Hannover, gehörte zweifelsohne zu den führenden Köpfen der Landesplanung und zu den in vielfältiger Weise aktiven Vordenkern, aber auch Planungspraktikern in den 1920er und beginnenden 1930er Jahren. Wie Prager ist auch er kaum bekannt.[380] Das theoretische und praktische Werk von Langen ist bislang nur in Einzelbeiträgen aufgearbeitet und noch nicht ausreichend und umfassend bewertet. Durch einen Beitrag von Hoffacker, der im Kontext der Profilierung des Bauhauses in Dessau 1992 und auf Anregung des Autors entstanden war, wurde erstmalig der Versuch unternommen, das Werk von Langen zu befragen und bzgl. seines strategischen Gehalts für eine Ausgestaltung der Theorie der Moderne unter Einbezug ihrer konservativen Komponenten fruchtbar zu machen. So konnten Sichtweisen auf das „Umfeld" des Bauhauses präzisiert werden, die wiederum eine kulturgeschichtliche Rezeption für das Langzeitprojekt „Industrielles Gartenreich" um eine theoretisch-historische Dimension erweiterten.[381]
Sein Hauptlebenswerk bestand im Aufbau der größten wissenschaftlichen Sammlung von Planungen zu

---

379 Peterson, J. (2003), S. 319 ff.

380 Umlauf, J. (1958). Der erste Chronist der Landesplanung, Josef Umlauf, hatte in seiner als Dissertation 1957 vorgelegten Schrift einen Gesamtüberblick gegeben, in welchem Gustav Langen nicht erwähnt wurde. Es gibt allein nur zwei kurze Würdigungen anlässlich Langens 75. Geburtstages 1954. Krebs (1954), S. 53, sowie ein redaktioneller Beitrag „Ein Leben für die Siedlungswissenschaft", in: Bauwelt 1953, Heft 50, S. 992. Siehe auch: Leendertz, A.: Ordnung, Ausgleich, Harmonie. Koordinaten raumplanerischen Denkens in Deutschland, 1920 bis 1970, in: Etzemüller, T. (Hg.): Die Ordnung der Moderne. Social Engineering im 20. Jahrhundert, Bielefeld 2009, S. 129–150, hier S. 133 ff. Hier wird Langen gewürdigt als jemand, der „mit seinen vergleichsweise radikalen Ansichten damals nur eine Minderheitenposition innerhalb der Profession vertrat, propagierte die Landesplanung als Mittel umfassender gesellschaftlicher Erneuerung" (S. 133). Inzwischen gibt es sogar einen Wikipedia-Artikel über ihn: Gustav Langen, https://de.wikipedia.org/wiki/Gustav_Langen (12.12.2024).

381 Hoffacker, H. W. (1995), S. 276–287. Das Werk von Langen war parallel und unabhängig voneinander in den 1980er Jahren sowohl in der BRD als auch in der DDR wieder entdeckt worden: Zum einen durch Kegler (in: Die Herausbildung der wissenschaftlichen Disziplin Stadtplanung, Weimar, 1987), durch Hoffacker (in: Entstehung der Raumplanung, konservative Gesellschaftsreform und das Ruhrgebiet 1918–1933, Essen, 1989) sowie durch Engeli (in: Landesplanung in Berlin-Brandenburg, Stuttgart, 1986). Erst im November 1989 kam es zu einer Begegnung zwischen Kegler und Hoffacker, dem sich ein fruchtbarer Austausch anschloss, welcher Anfang der 1990er Jahre zu dem Beitrag für das Bauhaus Dessau führte.

allen Gebieten des Städtebaus, der Landes- und Siedlungsplanung in Deutschland.[382] Es war die einzige und einzigartige wissenschaftliche Institution, welche empirische Befunde zur Planung erstellte und mit vielfältigen Aktivitäten zur Verbreitung der Planung in der Öffentlichkeit, aber auch zur Qualifizierung der Fachwelt in erheblichem Maße beigetragen hat. Ein wesentlicher Zweck dieses Archivs bestand in der Ausrichtung von Ausstellungen, z. T. als Wanderausstellungen angelegt. Dieses Archiv war von Langen als Privatinstitution aufgebaut und geführt worden – das erste dieser Art überhaupt (auch im internationalen Rahmen). Er kann als Begründer eines neuen Typs wissenschaftlicher Institutionen auf den Gebieten des Städtebaus und der Landesplanung angesehen werden – einer außeruniversitären/privaten Sammlungs-, Forschungs-, Kommunikations- und Lehrstätte. Ihr Aufbau war zwischen 1912 und 1919 in drei Phasen erfolgt: Die Gründung als „Wandermuseum" zwischen 1912 und 1914, der eigentliche Aufbau als „Archiv für Städtebau und Siedlungswesen" zwischen 1915 und 1918 – also während des Weltkriegs, ab 1919 als „Deutsches Archiv für Städtebau, Siedlungswesen und Wohnungswesen" mit den Schwerpunkten Ausstellungen und Fortbildung.[383]

Langen hatte Architektur studiert und war zwischen 1909 und 1912 Assistent am gerade gegründeten Seminar für Städtebau an der TH Berlin-Charlottenburg.[384] Er hatte 1910 im Team von Brix und Genzmer an dem Beitrag für den Berliner Städtebauwettbewerb teilgenommen. Beim Wettbewerb für Groß-Düsseldorf 1912 erhielt er einen 3. Preis. Er war in den Kreis der anerkannten Städtebauer Deutschlands aufgestiegen. Im gleichen Jahr übernahm er die Leitung für die Städtebau-Ausstellung in Düsseldorf (schon 1910 hatte er die aus Berlin nach Düsseldorf gewanderte Ausstellung dort kuratiert). Diese Ausstellungserfahrungen motivierten ihn, 1913 die Ausstellung des wissenschaftlichen Teils der Leipziger Internationalen Baufachausstellung (IBA), der sich der Siedlungsfrage widmete, zu übernehmen. Damit war der Grundstein für das „Wandermuseum" gelegt. Da ihm eine akademische Laufbahn versagt blieb – die Nachfolge von Baumeister auf dem Städtebaulehrstuhl in Karlsruhe wurde aus bürokratischen Gründen nicht an ihn, sondern an Heiligenthal vergeben – widmete er sich dem Aufbau eines wissenschaftlichen Institutes außerhalb der Universität.

Es gelang ihm, während des Krieges den staatlichen Stellen nachzuweisen, dass er durch seine Tätigkeit unabkömmlich war und somit nicht für den Kriegsdienst einzuziehen sei. So gelang es ihm, sich diesem zu verweigern. Sein wissenschaftlicher Ehrgeiz half dabei. Der Nachweis der Bedeutung seiner Tätigkeit für den Kaiserlichen Staat in Kriegszeiten ermöglichte ihm – unter permanenten Finanzierungsproblemen – sogar den stetigen Ausbau der Sammlungen. In der Nachkriegszeit profitierte sein Institut von dem Bedarf nach Siedlungsstellen im ländlichen Raum, der vor allem von Kriegsheimkehrern, Aussiedlern und schlichtweg Notleidenden gestellt wurde. Er bot, finanziell gefördert von staatlichen Stellen, Weiterbildungskurse zum Siedlungswesen an. Daneben baute er die Sammlungen, basierend auf dem von ihm entwickelten System der „Einheitspläne", dem ersten vereinheitlichten Analyseinstrument städtischer Planungen, aus und entwickelte erste theoretische Studien zur Kleinwohnungsfrage, zum ländlichen Siedlungsbau und zur Dezentralisierung. Der Durchbruch auf internationaler Ebene gelang ihm, als ihm die Leitung des deutschen Beitrages zur Internationalen Städtebauausstellung in Gotenburg 1923 übertragen wurde.[385]

Mit dem Entstehen der Landesplanungsverbände ab 1925 erwuchsen für Langen und sein Archiv ein neues, weitergreifendes Aufgabenfeld der Kommunikation und der Forschung sowie der Beratung (Abb. 13). Mit

382 Kegler, H. (1987), S. 157–169.

383 Ebd., S. 169 sowie Hoffacker, H. W. (1989), S. 213 ff.

384 ZStA-M, Ministerium für öffentliche Arbeiten, Rep. 93 B, Nr. 1014, Bl. 182. In dem Schreiben an den Staatsminister für das Wohnungswesen vom 25. März 1919 sind Angaben zur Person von Langen enthalten. (die Bezeichnung ZStA-M steht für Zentrales Staatsarchiv, Merseburg; da die Archivstudien hierzu Mitte der 1980er Jahre durchgeführt worden sind, wird diese Bezeichnung weitergeführt).

385 Katalog zur „Internationalen Städtebau-Ausstellung in Gothenburg", Schweden, Gothenburg, 1923, S. 17.

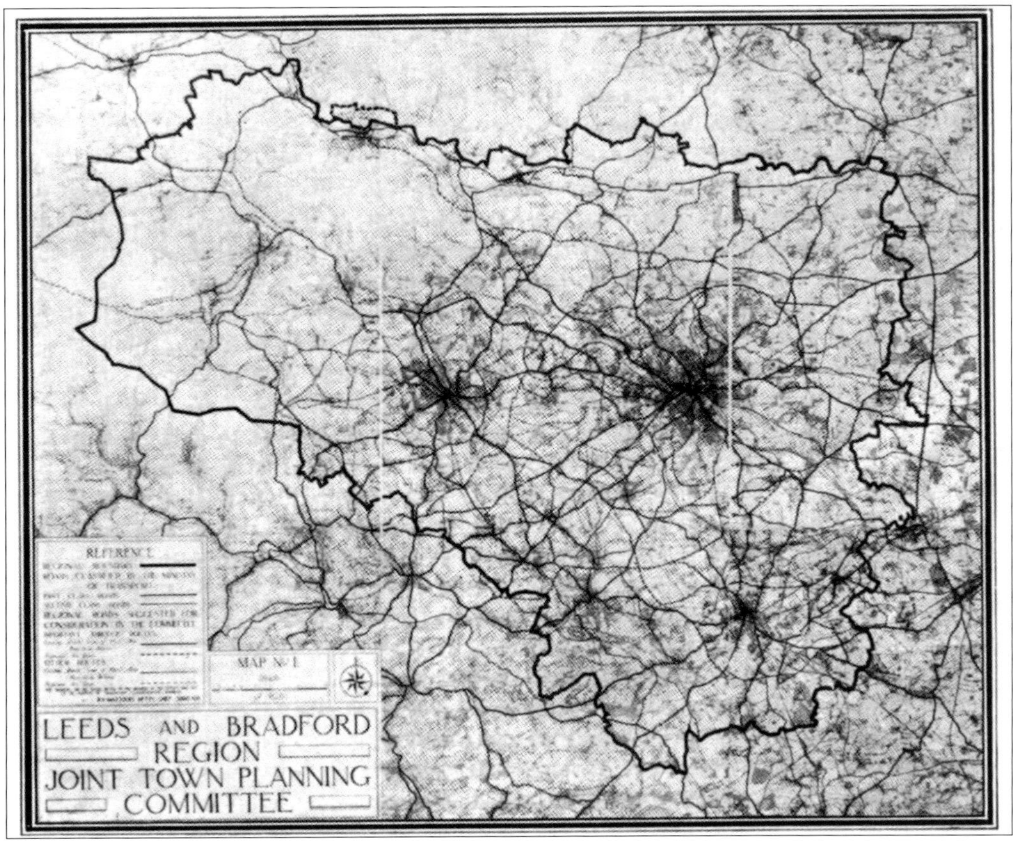

13 Landesplanung für den Raum Leeds und Bradford, England, Abbildung aus Gustav Langens Beitrag „Landesplanung", in: Ritter, H. (Hg.) (1928)

den „Siedlungswochen" in Berlin 1925, in Essen 1926 und vor allem in Leipzig 1927 avancierte Langen zur wichtigsten wissenschaftlichen Instanz in Deutschland auf dem Gebiet der Landesplanung. Eine Initiative von 1929 belegt exemplarisch sein Engagement für eine übergreifende wissenschaftliche Vertiefung der Landesplanung. Er regte an, eine systematische Zusammenfassung der vorliegenden, meist nicht im Kontext vorliegenden Fachbeiträge zu erstellen und diese in eine Gesamtschau der Wissenschaft von der Siedlungsentwicklung zu stellen und dabei die Stellung der planenden Disziplinen zu bestimmen: „Es handelt sich also nicht um Wohnsiedlungen, sondern das zu bearbeitende Gebiet erstreckt sich von der Entwicklung und Gestaltung ländlicher Siedlungen über die Stadtentwicklung und Stadtplanung mit ihren Einzelaufgaben bis zur umfassenden Siedlungsgestaltung, der Landesplanung."[386] In Kooperation von Redaktion der „Deutschen Bauzeitung" und Deutschem Archiv für Siedlungswesen (von Gustav Langen) sollte eine Beilage „Stadt und Siedlung" geschaffen werden, die eine übergreifende Zeitschriftenschau für die Fachwelt zusammentragen sollte. Mit dieser, auch ansatzweise realisierten, Initiative zeigte sich das breite Feld fachpolitischer und wissenschaftlicher Arbeiten von Langen, der eine maßgebliche Rolle bei der Ausprägung der Landesplanung als wissenschaftliche Disziplin spielte. Langen stand allerdings, trotz aller erzielten Resultate in fachlicher Hinsicht, stets im Schatten von Robert Schmidt, dem Verbandsdirektor des SVR. Langen hatte – außer seinem Privatinstitut – keine staatliche oder akademische Position inne, was seine institutionelle „Durchschlagskraft" minderte.[387]

1929 legte Langen mit dem umfassenden Buch „Deutscher Lebensraum. Ein Beitrag zur deutschen

386 Priess, K. (1929), S. 9–11, zit. S. 10.
387 Hoffacker, H. W. (1989).

Raumwirtschaft und zur Gesamtrationalisierung in Wirtschaft, Siedlung und Volksleben" sein Credo zu den Grundlagen der Landesplanung dar. Dieses Buch fußte auf dem Beitrag zur Leipziger Siedlungswoche 1927, „Siedlung als Welt- und Menschheitsaufgabe".[388] Darin formulierte er sein Planungs- und Gesellschaftsverständnis, den kulturell-zivilisatorischen, ökonomischen und ökologischen Krisen der Gesellschaft durch eine planvolle Gesamtrationalisierung langfristig zu begegnen und eine neue Zukunft zu eröffnen, die eine krisenresistente Entwicklung ermöglichen würde. Dabei stand für ihn eine neue Art rationaler wie effektiver, aber die Besonderheiten der jeweiligen Region berücksichtigende Nutzung der vorhandenen Flächen im Zentrum. Dies sollte über eine Konfliktvermeidungsstrategie auf Basis systematischer Planung und Einbeziehung der jeweiligen Menschen vor Ort sowie prozesshaft erfolgen.[389] Die bisherigen Arbeiten zum Siedlungswesen bildeten die Grundlage für seine Promotion, die er 1931 an der TH Dresden (bei Prof. Muesmann) vorlegte; „Das Umsiedlungsproblem und der neuzeitliche Ausbau von Kleinstädten".[390]

Mit dieser, grundlegend konservativen wie strategisch ausgerichteten fachlichen Haltung stand Langen im entschiedenen Gegensatz zu Theoretikern wie dem Soziologen Hans Freyer aus Leipzig, der bereits ab Mitte der 1920er Jahre ein „Volk ohne Raum" (angelehnt an den Roman von Hans Grimm, 1926) propagierte und damit eine expansive Raumordnung durch Eroberung anderer Gebiete favorisierte. Langen lehnte einen solchen Ansatz ab. Vielmehr suchte er ein im heutigen Sinne ökologisches Gleichgewicht und internationale Balance.[391] Frieden galt für Langen als ein kategorischer Imperativ: „[...] wenn wir uns aber vorstellen, was an technischen und menschlichen Kräften im Weltkriege in den Dienst gegenseitiger Zerstörung gestellt wurde, dann erscheinen die künftigen Leistungen des Friedens in einem ganz anderen Lichte. Für die etwa 800 Goldmilliarden Gesamtkriegskosten hätten sich tatsächlich Wüsten in Paradiese, Einöden in volkreiche Gegenden, ungesunde Städte in lichte Lebensräume verwandeln lassen, und statt Krankheit, Not und Entartung wäre allgemeine Wohlfahrt die Folge solcher Friedensarbeit gewesen. Die großen Krisen der Wirtschaft haben weiten Kreisen mehr und mehr die Augen darüber geöffnet, daß Wirtschaftsfragen nicht durch Kriege, sondern nur durch friedliche und geregelte Zusammenarbeit aller Menschen, aller Farben zu lösen sind."[392] Auf seine theoretischen Arbeiten zur Raumordnung und auf das Planwerk für Berlin-Brandenburg wird später noch eingegangen.

Es erscheint auf den ersten Blick unverständlich, dass er mit einer solch klaren Position dennoch versuchte, seine fachlichen Auffassungen ab 1933 unter der nationalsozialistischen Macht durchzusetzen. Er hatte sich als Berater bei der brandenburgischen Landesplanung zwar nicht direkt in den Staatsdienst integriert, arbeitete aber trotzdem für die neuen Machthaber. Offenbar folgte er einem unbedingten fachlichen Glauben, dass seine Auffassungen Gehör finden müssen und dass er das in den letzten beiden Jahrzehnten Aufgebaute nun auch werde umsetzen können. Ein Irrglaube. Als er 1935 seinen Wirtschaftsplan für Berlin-Brandenburg-Mitte vorlegte, musste er sehen, dass die Nationalsozialisten vollkommen andere Ziele verfolgten.[393] Sein Plan der inneren Entwicklung stand im Gegensatz zu einer Auffassung von Raumordnung, die eben auf Expansion, letztlich auf Krieg und Annexion ausgerichtet war. Die Raumordnung zielte nunmehr auf die Neuordnung Europas, eine Deutung von räumlicher Ordnung, die Langen gerade nicht gemeint hatte. Obgleich Langen auch völkisch argumentierte, agrarische Autarkie

388 Ritter, H. (Hg.) (1928), S. 273–290, sowie in der weiterführenden Fassung in: Langen, G. (1929).

389 Hoffacker, H. W. (1995), S. 283 f.

390 Langen, G. (1934) und Hoffacker, H. W. (1989), S. 216.

391 Mit der komplexen Betrachtung der Raumentwicklung, die Langen anstrebt, trachtet er nach Überwindung von Grenzen im planerischen Denken – eine Ansicht, die heutigen Diskursen zur Nachhaltigkeit ansatzweise nahekommt. Vgl. dazu auch: Spangenberg, J. H. (2007), S. 215–276.

392 Langen, G. (1928): Siedlung als Welt- und Menschheitsaufgabe, S. 282.

393 Hoffacker, H. W. (1995), S. 285.

durchaus als einen Bestandteil seiner Entwicklungsvorstellung ansah – Momente, die sich mit den politischen Bekundungen der nationalsozialistischen Machthaber deckten – hatte er keine expansiven oder antiurbanen Ambitionen in seiner geradezu kosmopolitischen Auffassung.[394]
Nach den Arbeiten zu den Ausstellungen „Schaffendes Volk" in Düsseldorf und für den deutschen Pavillon zur Weltausstellung 1937 in Paris, mit denen noch betraut worden war, beendete er seine aktive planerische und kuratorische Tätigkeit. Er war „überflüssig" geworden und wurde fachpolitisch kaltgestellt. In seinen letzten Berufsjahren ging er nach Essen, um beim Ruhrsiedlungsverband als technischer Mitarbeiter im Archiv zu wirken. Dann ging er in den Ruhestand und lebte in Breisach. Er gehörte einer Generation an, die den Nationalsozialisten keine Dienste mehr leisten konnte – sie war nur notwendig gewesen, um den Übergang von der Weimarer Republik zur Entfaltung der nationalsozialistischen Terrorherrschaft, der auch die Raumordnung diente, zu bewerkstelligen. Für diese Aufgaben – einer expansiven Raum-Ordnung der durch einen Krieg zu erobernden Gebiete – taugte ein Langen nicht mehr. Zu allem Überfluss verbrannte das umfangreiche und einzigartige Material, das er im Archiv für Städtebau, Siedlungswesen und Wohnungswesen gesammelt hatte, in den letzten Kriegstagen vollständig.[395] Das Archiv war in der Luisenstraße im Berliner Zentrum gelegen und konnte wohl nicht mehr verlegt werden. Letztlich gibt es nur wenige Dokumente, die in Archiven verstreut sind, die vom einzigartigen Wert dieser wissenschaftlichen Sammlung künden. Die Abbildungen in dem Dokumentationsband zur Leipziger Siedlungswoche vermitteln einen kleinen Eindruck dessen, welche Planschätze das Archiv besessen haben muss. Nach 1945 übernahm er noch gelegentlich Forschungsaufträge, so für das Bundesministerium für Wohnungsbau eine Studie zu „Lebenshaltung und Wohnungsaufwand – mit internationalen Vergleichen" (1953).[396]

3.4.3 Die Konstituierung des „Raumes": Ein rahmensetzender Begriff der Planung

Von Gustav Langen wurden die Begriffe Raumplanung bzw. Raumordnung in den Bestand des disziplinären Gebäudes der Landesplanung eingeführt. Zwar erlangte die Raumordnung als Begriff erst im Nationalsozialismus mit der staatlichen Verankerung eine öffentliche Verbreitung, die bis heute wirkt und durchaus kritisch zu betrachten ist.[397] Doch darf nicht übersehen werden, dass die Ursprünge des Raum-Begriffes in der Landesplanung nicht nur vorher zu datieren sind, sondern auch anders konnotiert waren.[398] Den Bezug zwischen Landesplanung und Raum fasste Langen zunächst indirekt: „Das Wesen der Landesplanung ist die Lückenlosigkeit. Es gibt in der Landesplanung keinen leeren oder gleichgültigen oder nur minderwertigen Raum."[399] Damit erhob er den Raum-Begriff zu einer umfassenden, ganzheitlichen Kategorie der Planung, implizierte dabei zugleich den umfassenden Gestaltungsanspruch, der nicht etwa zwischen schönen und hässlichen Bereichen unterscheidet, sondern alles gleichberechtigt in eine zugleich notwendige Planbehandlung einbezieht. Damit waren nunmehr auch die devastierten Landschaften, die suburbanen Randzonen oder andere oft als „Hinterhöfe" abgestempelte Areale Gegen-

394 Zum gesamten Planungsvorgang für Berlin-Brandenburg 1929–1935: Kegler, H. (2020), S. 80.
395 Krebs (1954), S. 53.
396 Das Original der Studie datiert vom 12. Oktober 1953: Archiv Kegler.
397 Siehe dazu vor allem: Leendertz, A. (2008).
398 Schmidtkunz, H. (1910), S. 42 f. In diesem Beitrag taucht zum ersten Mal der Raumbegriff im Kontext der Stadtplanung auf. Der Autor verwendete diesen, um – bezogen auf die Verkehrsproblematik – die erweiterte Dimension des Verkehrs zu unterstreichen. Es ginge nicht mehr nur darum, die Fläche des Stadtgebietes zu erschließen, sondern den weiteren Horizont zu betrachten. Raum wird also als eine höhere Warte der Betrachtung des Gegenstandes benutzt (vergleichbar mit der heutigen Bezeichnung „Landschaft" für verschiedene Sachverhalte, um deren größere Zusammenhänge zu verdeutlichen).
399 Langen, G. (1928): Landesplanung, S. 303.

stand umfassender Planung, deren Ziel ein „Gleichgewicht“[400] aller Teile sein sollte. Um 1927, dem bisher feststellbaren Jahr des ersten öffentlichen Vorstellens der Bezeichnungen „Raumplanung“ bzw. „Raumordnung“ für die räumlich planende Tätigkeit, rückte der Raum-Begriff in verschiedenen Disziplinen vermehrt in den Vordergrund. Er lag „in der Luft“ und wartete auf seine Adaption. Es soll hier nicht eine vertiefende Darstellung aller Diskussionslinien vorgenommen werden, die sich dem Raum widmeten.[401] Vielmehr geht es um ein kursorisches Verorten der Begriffsfindung der Planungsdisziplin in einem Umfeld.

Ende des 19. und am Beginn des 20. Jahrhunderts begann der Raum-Begriff zunächst in der Kunstgeschichte Platz zu greifen. Die Stilanalysen wurden unter das Raumparadigma gestellt, ein bedeutender Schritt zu einer umfassenden Wahrnehmung der einzelnen Künste im übergreifenden, letztlich gesellschaftlichen Kontext. Für die Architektur erfolgte die Ausweitung des Gestaltungsbegriffes auf den des Raumes ebenfalls um 1900, von den Vorläufern in der ersten Hälfte des 19. Jahrhunderts abgesehen: „Albert E. Brinckmann versteht Plastik und Raum als Grundformen der künstlerischen Gestaltung, wie sein Buch von 1922 heißt“.[402] Treffender hätte die Bedeutung, die der Raum für die Gestaltung i. w. S. gewonnen hatte, nicht zum Ausdruck gebracht werden können. Der Raumbegriff begann sich zu vervielfachen: Von der Mathematik und Physik bis zur aufkommenden Fotografie gewann er eine neue Bedeutung.[403] Die Diskussionslinien in der Kunstgeschichte mündeten in dem 1930 abgehaltenen „IV. Kongress für Ästhetik und Allgemeine Kunstwissenschaft“ unter der Überschrift „Gestaltung von Raum und Zeit in der Kunst“. Ernst Cassirer bestimmte in seinem Eröffnungsvortrag den Raum als „neues Verhältnis“, „in das sich der Mensch zur Welt setzt“.[404] In der Geografie vollzog sich ebenfalls in dieser Zeit ein Umbruch. Die Geografie begann sich von der beschreibenden und erkundenden Disziplin zu einer Wissenschaft zu entwickeln, die die naturräumlichen Gegebenheiten mit den menschengemachten in ein Wechselverhältnis zu setzen begann. Einer der wichtigsten Wortführer in diesem Werden der neuen Geografie war Alfred Hettner, der in seinem 1927 erschienenen Werk, „Die Geographie. Ihre Geschichte, ihr Wesen und ihre Methoden“, grundlegende Impulse setzte.[405] Dabei gewann der Raumbegriff eine Erweiterung und bildete die Grundlage für die Verknüpfung mit weiteren Disziplinen, wie der Wirtschaftswissenschaft.

Ab Mitte der 1920er Jahre gewann in den bildenden und darstellenden Künsten der Raum eine zunehmende Bedeutung und erfuhr eine experimentelle Ausdeutung in bisher nicht gekanntem Maße. Hier spielten die neuen Medien (Film, Fotografie), aber auch das Theater eine besonders inspirierende Rolle – erwähnt sei hier nur als eines der markantesten Beispiele der „Licht-Raum-Modulator“ von Moholy-Nagy oder die „Raum-Bewegungskunst“ der Theaterkonzepte von Schlemmer am Bauhaus.[406] Gerade die Installation von Moholy-Nagy verkörperte die wesentlichen Merkmale der Raumauffassung der sogenannten klassischen Moderne: Die dynamischen Elemente des metallenen Körpers umschreiben einen abstrakten Raum im Raum, der sich durch die wechselnden Licht-Schatten-Relationen für den Betrachter unentwegt neu konstituiert. Er definiert – im Kleinen – was die Moderne im architektonischen Raum avisierte. Diese Abstraktion des konkreten Raumes, der sich aus materiellen und imma-

400 Ebd., S. 305.

401 Siehe dazu: Rau, S. (2013)

402 Führ, E. (2009), S. 46. In diesem Sammelband wird ein Aufriss aller Disziplinen getätigt, die sich mit dem Raum wissenschaftlich auseinandersetzen. Nur eine Disziplin fehlt: die RAUMPLANUNG!

403 Ott, M. (2009), S. 14–29, insbes. S. 14.

404 Ebd., S. 22 f.

405 Vgl. Hettner, Alfred, in: GeoDZ. Das Lexikon der Erde, http://www.geodz.com/deu/d/Hettner (11.12.2024).

406 Stellvertretend sei hier auf die Raumkunst des Bauhauses verwiesen, die mit Moholy oder Schlemmer neue Raum-Zeit-Medien-Bewegungs-Kunstwerke schufen. Vgl. z. B. Bossmann, A. (1993), S. 78–93, insbes. S. 84. Hier beschreibt Bossmann zusammenfassend den Licht-Raum-Modulator als eine „Lernmaschine des ‚Neuen Sehens‘ und zugleich [als] ein[en] Teil der neuen, urbanen optischen Kultur.“ Das trifft den Kern.

teriellen Größen speiste und erst im Kopf der Rezipienten zu einem je verschieden wahrnehmbaren Konstrukt reift, gehört sicher zu den wichtigsten kulturellen Beiträgen der Moderne. Dies fand auch, zumindest indirekt, seinen Niederschlag in den raumplanerischen Modellen des wohl radikalsten städtebaulich-landesplanerischen Denkers der klassischen Moderne, Ludwig Hilberseimer (1885–1967). Diese Vorstellungen kamen jedoch nicht über das Versuchsstadium in der Lehre am Bauhaus oder in gelegentlichen Publikationen hinaus. Sie wurden erst nach dem 2. Weltkrieg umfassender rezipiert.[407]
Ein Kernmanko aber kennzeichnete diese Moderne von Anbeginn und damit unterschied sie sich von der hier als konservative Moderne bezeichneten Strömung um Gustav Langen. Sie konstituierte ihre Raumauffassung auf der Basis unendlich verfügbarer Flächen – der umfassende Entzug der Flächen aus privater Verfügbarkeit scheint auf den ersten Blick verführerisch fortschrittlich, war aber wohl doch eher als eine Entgrenzung gemeint. Und zum Zweiten bildete die billige und ebenfalls (scheinbar) unendlich verfügbare Energie die Grundlage für die Neukonstruktion des Raumes. Die ewige Beleuchtung (das Licht-Schatten-Spiel mit künstlichem Licht – ob in Architektur, Theater oder Plastik) war Synonym für dieses Unendlichkeitsdenken. Es befreite das Denken in tradierten Raumauffassungen nur zum Teil. Es verstellte zugleich den Blick auf die schon damals gravierende Ressourcenknappheit. Diese Frage war wiederum für Vertreter der konservativen Moderne eine zwingende Ausgangsbasis ihrer Dezentralisations- und letztlich Raumkonzeption, wie sie bei Langen sehr prononciert vorgetragen wurde. Damit ist natürlich nur scherenschnittartig die Raumauffassung der beiden Lager in den 1920er Jahren umrissen. Kennzeichnend für beide ist aber der Versuch, die Auffassung eines begrenzenden „Container-Raumes" zu überwinden.
Und schließlich sei auf die Mathematik verwiesen. John von Neumann veröffentlichte 1927 einen Artikel in den Mathematischen Analen, der auf einem im Vorjahr in Göttingen gehaltenen Vortrag fußte: „Zur Theorie der Gesellschaftsspiele".[408] Dieser gilt als einer der die moderne Spieltheorie begründenden Artikel. Die Interaktion der beteiligten „Spieler" (Wirtschaftsakteure etc.) schafft einen Raum für das „Spiel". Hier wird der euklidische Raum verlassen und nur auf die Interaktion von Beteiligten bezogen. Diese Raumauffassung spielt in der Wirtschaftsgeografie eine wichtige Rolle, bei der die Raumüberwindung zum Zwecke des Gewinns wirtschaftlicher Vorteile eine solche Interaktion darstellt. Diese Raumauffassung findet sich später auch in der Raumordnung wieder, in welcher der konkrete Raum reduziert wird auf die Raumwiderstands- oder Raumempfindlichkeitsfunktion[409] gesellschaftlicher Interaktion beteiligter „Spieler".
Mit diesem kurzen Blick auf die Diskurse der Zeit, welche den Raum aus verschiedenen Dimensionen und Zusammenhängen in die breitere wissenschaftliche bzw. künstlerische Diskussion transportieren, kann eine Atmosphäre umrissen werden, in welcher der Raumbegriff den Weg in die Landesplanung nahm. Es gibt keinen direkten Hinweis darauf, ob Langen den Begriff hier direkt entlehnt hat. Vielmehr muss angenommen werden, dass dieser indirekt aufgegriffen wurde oder zufällig zeitgleich zu den anderen „Entdeckungen" des Raumes in der Landesplanung bei Langen auftauchte. In den Beiträgen zur Leipziger Siedlungswoche 1927 findet sich an keiner anderen Stelle dieser Begriff wieder. Er kann vorher auch nicht ausgemacht werden, jedenfalls nicht im direkten Kontext mit der Landesplanung.
In seinem Eröffnungsvortrag für diese international ausgerichtete Leistungsschau von Stadtplanung und Wohnungswesen bot Langen ein überaus bemerkenswertes Verständnis gesellschaftlicher Raumentwicklung, welches aus heutiger Sicht von enormem Weitblick kündet. Er stellte dem fordistischen, zukunftsgläu-

407 Letztlich legte Hilberseimer erst mit den Büchern „The Nature of Cities", Chicago, 1955 (engl.) sowie „Entfaltung einer Planungsidee", Frankfurt am Main, 1963 (deutsch) diese Raumauffassungen zusammenfassend vor. Bei aller denkbaren Kritik daran, gehören sie zum unverzichtbaren kulturellen Gut landesplanerischen/städtebaulichen Denkens.
408 Neumann, J. v. (1927), S. 295–320.
409 Fürst, D.; Scholles, F. (Hg.) (2004), S. 247 f.

bigen Zeitgeist grundsätzliche Überlegungen zu den Grundlagen der menschlichen Gesellschaft gegenüber. Seine Argumentation gründete er auf der Ressourcenfrage, auf deren Endlichkeit er abhob, und auf einer nichttrivialen Fortschrittskritik. „Die Menschheit hat das uralte Wort, daß sie sich die Erde Untertan machen solle, nur zu gründlich befolgt. In rasendem Tempo mit von Jahr zu Jahr steigender Beschleunigung sehen wir bei uns eine Entwicklung ablaufen, die, wenn sie nicht geordnet und gemeistert wird, uns in eine Folge von Katastrophen führen muß, von denen der Weltkrieg nur die erste war. Der Taumel technischer Entwicklung und Eroberung hat uns in wenigen Jahrzehnten einen Zustand unerträglicher Spannungen gebracht, der davon herrührt, daß wir die Schätze des Bodens und der Fläche der Länder und Meere durchaus nicht als unbegrenzt, sondern als enger werdendes Feld wirtschaftlicher Kämpfe empfinden. Die [...] Schätze des Erdöls, vor kurzem noch auf Jahrzehnte berechnet, reichen nach neueren Erhebungen infolge gewaltig gesteigerten Verbrauchs nur noch Jahre aus [...] [und] so sieht heute die Weltwirtschaft schon die Zeit kommen, wo sich der Schwerpunkt ihrer Erzeugung und Verarbeitung nach anderen Weltteilen verschiebt, unter Umwälzung des Weltverkehrs und der Weltbesiedelung, die sich bis ins kleinste Dorf jedes Landes erschütternd fühlbar machen wird. Die Sorglosigkeit, endlos aus dem Vollen schöpfen zu können, ist selbst dem zukunftsfrohen Amerikaner schon seit geraumer Zeit ausgegangen."[410]

So ordnet er die planerischen Aufgaben in einer globalen Raumvorstellung ein, d.h. der Raum wurde zunächst als ein endlicher, aber nicht im Sinne des euklidischen Raumes begrenzt, sondern endlich im Sinne begrenzter gesellschaftlicher Interaktion und Ressourcenverfügbarkeit unter der Maßgabe einer vernünftigen Genügsamkeit raumgreifender Aneignung verstanden.

Dies bedeutete nicht mehr und nicht weniger als ein zweiter Perspektivwechsel für die planende Disziplin: Nachdem 1910 bzw. 1912 der erste Wechsel von der ‚Innensicht' zur ‚Außensicht' der Betrachtung der Stadt erfolgt war, setzte nun Gustav Langen 15 Jahre später mit der Ressourcenfrage als Kern landesplanerischer Tätigkeit den entscheidenden kognitiven Akzent. Von der Sicht auf die funktionale Trennung im Raum lenkte er den Blick auf die Verfügbarkeit der Ressourcen (vor allem Flächen und Energie). Damit war ein neues disziplineigenes, nicht mehr nur funktional-räumliches, sondern strategisch konstitutives Moment geboren worden. Ressource wurde dabei von zwei Seiten aus betrachtet: Die „abgelagerte Geschichte" als sozial-kulturelle Ressource und die natürlichen Sicherungsbedingungen des Lebens, von der Energie- bis zur Flächenfrage reichend, und letztere unter dem Gesichtspunkt der Endlichkeit ihrer Verfügung.

Der unmittelbare Beweggrund für Langen mag der Versuch gewesen sein, so jedenfalls kann sein Aufsatz in der Dokumentation der Siedlungswoche gelesen werden, die inzwischen entstandenen Ebenen der Planung (vom Wohnungsbau über den Städtebau bis zur Landesplanung) zu ordnen und übergreifend neu zu definieren. So gelangte er zu der Auffassung, dass das „Planungswesen [...] mit den räumlichen Beziehungen aller menschlichen Einrichtungen" zu tun hat.[411] Das Planungswesen gliederte er nach den Aufgaben: „Raumordnung, der Wirtschaftsordnung und der Gesellschaftsordnung."[412] Im plantechnischen Sinn unterschied er, wie oben aufgeführt, drei Planungsebenen, der Linien-, Flächen- und Raumplanung, wobei letztere „hauptsächlich schönheitlicher und gesundheitlicher Natur" sei. Damit definierte er städtebauliche Gestaltung als Raumplanung – eine sachliche Folgerichtigkeit, wenngleich der Raumbegriff dadurch auf die physische und nur eingeschränkt auf die gesellschaftliche Dimension reduziert wird.[413] Doch Langen ließ es nicht dabei bewenden, als Planungsforscher eine Systematik der Planungsebenen zu umreißen. Er wechselte die Betrachtungswinkel und empfahl dem Planbearbeiter, nicht mechanisch die einzelnen Schritte von der Analyse zur Planerstellung vorzunehmen, sondern das gesamte

410 Langen G. (1928): Siedlung als Welt- und Menschheitsaufgabe, S. 273–290, insbes. S. 273 f.
411 Langen G. (1928): Planungswesen, S. 224.
412 Ebd.
413 Ebd., S. 227.

räumliche und soziale Gefüge der Städte und Dörfer sich anzueignen. „Daß er endlich den großen Blick für die Weltstadt [gemeint ist nicht nur die Großstadt, sondern auch die Weltsicht, H. K.] besitzt, der intuitiv und nicht formal, sondern wesenhaft erfaßt, was mit Bienenfleiß niemals zu bewältigen ist."[414]
Diese Aneignung der urbanisierten Räume bedarf jedoch eines weiteren zentralen Momentes planerischen Handelns: „Aber erst die geschichtliche Betrachtung, die zeigt, wie die Wirtschafts- und Kulturverhältnisse in jedem Ort und jedem Planungsgebiet mehrfach *übereinander gelagert* sind, gibt den rechten Standpunkt für das, was an dem betreffenden Ort auch in Zukunft möglich und nötig ist."[415] Diese – aus heutiger Sicht moderne – Auffassung von kulturgeschichtlich fundierter Planung stand in einem fundamentalen Kontrast zur Auffassung einer sich modern gebenden Stadtplanung, wie sie zeitgleich von Ludwig Hilberseimer am Bauhaus in Dessau vertreten worden war. Diese brach radikal mit kulturgeschichtlichen Bezügen.[416] Obgleich er in Mitteldeutschland keine Planungen und Bauten verwirklicht hatte und nicht mit der Landesplanung in direktem Kontakt stand, wäre sein Einfluss über die städtebauliche Lehre am Bauhaus auch als ein Beitrag zur Raumdiskussion in Mitteldeutschland zu betrachten. Er vertrat die Auffassung, dass der existierenden Stadt nur durch einen radikalen Wandel einer neuen, und zudem einer anzustrebenden neuen Gesellschaft gemäße Raumstruktur gegenübergestellt werden muss – rational und linear geplant, auf der Grundlage einer industriellen Kultur, die ihren „Raum" seriell produziert. Die Grundlage dazu sah er in einer neuen Gesellschaftsordnung, die erst die Voraussetzung für das Entstehen eines neuen Raumgefüges sein müsse, das dann auch nichts mehr mit der überkommenen Stadt zu tun haben würde. Sie wäre eine vollkommen dezentralisierte Einfamilienhaus- oder Hochhaus-Siedlung in der Landschaft.[417] Die Planungen für Berlin zwischen 1924 und 1930 zeigten den radikalen Umbau der Berliner Innenstadt zu einer vertikalen Stadt.[418] Doch nicht nur die Architekten und Planer der – aus heutiger Sicht – als „modern" eingestuften Akteure plädierten für einen „Umbau" der vorhandenen Großstadt.
Bei Langen findet sich explizit ein außerordentlich moderner, die neuen technischen Errungenschaften in die Argumentation einbeziehender Ansatz. Sein Ziel war aber nicht die Auflösung der Großstadt durch radikalen Abbau und Ersatz mit neuen Bauten, sondern der „Umbau" im Sinne einer Dezentralisierung, ohne den Charakter der Großstadt als Träger wichtiger „Leistungsaufgaben" der Gesellschaft aufzugeben, was er in Verbindung mit der dem Zeitgeist entspringenden „Rationalisierung" sah: „Die große technische Entwicklung kommt diesem Umbau sehr entgegen. Die geradezu unbegrenzte Übertragbarkeit elektrischer Energie, die Ferngasleitung und Fernheizung, welche heute schon Gesamtheizung ganzer Städte ohne jeden Kohletransport ermöglicht, die schon erwogene Anwendung von Ölleitungen, die verkehrsfreie Nachrichtenübermittlung mit Fernsprecher und Rundfunk erleichtern die Dezentralisation der Arbeit und des Wohnens und eine verkehrssparende Neuordnung der Städte außerordentlich. Nicht blutleer und farblose Vorstädte, sondern kräftige Siedlungsorganismen, gebaut zur Erfüllung ganz bestimmter Sonderaufgaben mit bestimmter Höchstleistung, gilt es als Teile der Großstadt zu schaffen, einer Großstadt, die, um einen Ausdruck Mächlers zu gebrauchen, sich keine angeflickten Trabanten

414 Ebd., S. 230.
415 Ebd. (Herv. d. Verf.). Dieses Schichtenmodell der Planung bildete – allerdings ohne direkten Bezug auf Langen – die entscheidende Grundlage für die Konzipierung des „Industriellen Gartenreichs" ca. 50 Jahre später.
416 Bodenschatz, H. (1992), S. 77. Diese die überkommende Geschichte durch radikale Gestaltung und Planung überwindenden Konzeptionen kennzeichnen das Bauhaus und die vergleichbaren Bewegungen in dieser Zeit generell.
417 Kieren, M. (1999), S. 570–573, insbes. S. 572 f.
418 Bodenschatz, H. (1992), S. 66–83. Dieser Beitrag gehört zu den veröffentlichten Tagungsvorträgen, die am Bauhaus Dessau 1991 in einem Kolloquium eine Betrachtung der divergierenden urbanistischen Konzeptionen sowohl von Hilberseimer als auch von Gustav Langen zum ersten Mal vornahm. Auch daraus erwuchsen Impulse für das Projekt „Industrielles Gartenreich". Diese wurden u. a. noch einmal in der Ausstellung „Dimensionen" 1993 thematisiert, wobei die Planungen von Hilberseimer zu Dessau – ebenso radikal angelegt – vorgestellt und diskutiert worden waren. Vgl. Kegler, H. (1993), S. 22–31, insbes. S. 28. Eine ausführliche Darstellung der beiden titelgebenden Positionen zum Stadtraum in Hilberseimers Werk ist bei Kilian, M. (2002) insbes. S. 6, 15, zu finden.

gefallen lassen kann, sondern solche Sonderorganismen mit eigener Energie aus sich herausgeschleudert und mit eigenen Kräften an sich bindet. Nur der Teil dieser Organismen, der ländlich ist und an der Peripherie des ungeheuren Lebewesens Gesamtstadt seine Abfallstoffe in den großen Kreislauf der Natur zurückführt, wird auch ländlich zu verwalten sein.“[419]

Als Fazit für die raumgestaltende Tätigkeit kam Langen zu folgendem Schluss: „Es ist alles Planungswesen Raumordnung“, wobei er dem „Gesichtspunkt des Raumes die Gesichtspunkte der Wirtschaft und der Gesellschaft“ gegenüber stellt.[420] In dem sehr weit gefassten Verständnis von Planung und Gesellschaft kommt er Hilberseimer nahe, wenngleich mit diametraler Richtung, nämlich die vorhandene Stadt und Landschaft in ihrer räumlich „abgelagerten“ Geschichte aufnehmen und weiterführen, nicht aber sie auslöschen und neu errichten. Er stellt den raumordnenden Plan allen gestaltenden Disziplinen voran, da erst das Planungswesen „in die Zusammenhänge der Wirtschaft und des gesellschaftlichen Gemeinschaftslebens“ einzudringen vermag und alle Gestalter, vom Tiefbauingenieur über den Architekten und Städtebauer Sondergebiete bearbeiten.[421]

Ein solches Verständnis von Raum als gesellschaftlicher Kategorie geht über das der Einzelfachgebiete hinaus und bildet zugleich die Grundlage für eine systematische und integrierende Operationalisierung aller raumgestaltenden Tätigkeiten.[422] In politischer Hinsicht sah er die planende Tätigkeit als eine die Individualbedürfnisse der Menschen ausgleichende Aufgabe an: „Kein Parteimann, vom äußersten Kommunisten bis zum äußersten Deutschnationalen kann sich, soweit er überhaupt Verstand und Herz auf dem rechten Fleck hat, der Forderung entziehen, daß jeder einzelne Mensch und jedes einzelne Lebensbedürfnis Anspruch auf Lebensraum hat und daß ein guter Plan wiederum das beste Mittel ist, die Interessen des Einzelnen gegenüber denen der Allgemeinheit abzugrenzen.“[423]

Dieses Verständnis ist weit entfernt von dem vulgären Gebrauch des Raumbegriffes durch die nationalsozialistische Raumordnung im Sinne von „Blut und Boden“ oder Neuordnung eroberter Gebiete. Dennoch boten die Ausführungen von Langen genügend Möglichkeiten, die intendierte humanitäre Dimension zu reduzieren und die umfassend angelegte Konzeption in eine totalitäre Raumordnung zu verkehren. Darin verbirgt sich eine latente Gefahr raumplanender Tätigkeit, die, wenn sie nicht demokratisch verankert und an humanitäre Grundsätze gebunden wird, in dogmatische RaumORDNUNG abgleiten kann. Ein gebremster demiurgischer Gestus schwang bei Langen mit.

Die demokratische Verfasstheit von räumlicher Planung war kein expliziter Gegenstand der Auseinandersetzung – sie wurde als gegebene Grundlage nicht infrage gestellt. Vielmehr rückte Langen – auch stellvertretend für viele Fachleute – die Bedeutung von Verwaltung, Regierung und auch die Persönlichkeit eines Bürgermeisters in den Vordergrund für die Umsetzung einer Raumwirtschaft im Sinne einer Gesamtrationalisierung, einer geordneten Innenentwicklung. Die demokratische Art des Zustandekommens von Regierungen spielte eher eine untergeordnete Rolle, vielmehr sah er die Funktion einer starken, aufgeklärten Steuerungskraft als wichtigen Faktor für eine gelingende Raumordnung. Sie möge rational und kulturvoll lenken, aber nicht diktieren, sondern im Bündnis mit Kräften der Selbstorgani-

419 Langen, G. (1928): Siedlung als Welt- und Menschheitsaufgabe, S. 273–290, insbes. S. 284.

420 Langen G. (1928): Planungswesen, S. 224. In seinem 1929 veröffentlichten Buch „Deutscher Lebensraum – Ein Beitrag zur deutschen Raumwirtschaft und zur Gesamtrationalisierung in Wirtschaft, Siedlung und Volksleben“ führt Langen die 1927 umrissenen Raumordnungsgedanken weiter aus, bleibt jedoch in der bereits 1927 umfassend skizzierten Denkrichtung.

421 Ebd.

422 Ein derartiges Verständnis vom Raum greift Diskussionen vor, die seit den 1990er Jahren geführt worden sind und den Raum als Schlüsselkategorie herausgearbeitet haben. Vgl. dazu: Harvey, D. (2006), S. 119–148, insbes. S. 121 „relational space” – diese heutige Begrifflichkeit kann auch den Ansatz von Langen charakterisieren. Vgl. auch: Löw, M. (2001), S. 103–105.

423 Langen, G. (1929), S. 109–114, insbes. S. 113: Hier beton er weiter, dass die Planung nicht „im Dienste“ des „Grundstückes“, sondern für die „Rechte der Allgemeinheit im städtischen Lebensraum“ zu wirken habe.

sation, vor allem der freien Wirtschaft, die Geschicke lenken, durchaus kontrolliert durch die gewählten Organe im Staat. Diese starke Ausrichtung auf eine qualifizierte Steuerung machte ihn, wie andere auch, durchaus anfällig für diktatorische Steuerer, was auch seine Versuche erklärt, nach 1933 seine Ideen von Raumordnung durch die neuen Machthaber umsetzen zu lassen. Er mühte sich um Einfluss, scheiterte aber letztlich; er war kein Protagonist der Diktatur.[424] Damit kam das Verständnis von Landesplanung als demokratiebasierte, kooperative Steuerung zum Ausdruck.

Im Jahr 1928 fasste Langen seine Überlegungen zum Raum zusammen: In der für die breite Öffentlichkeit gedachten Schrift „Deutscher Lebensraum“ (veröffentlicht 1929) umriss er seine Auffassungen von Dezentralisation, neuer Raumordnung für Stadt und Land durch Gesamtrationalisierung und Steuerung von Raumwirtschaft – eingebettet in ein Friedensbekenntnis.[425] Obgleich der Lebensraum-Begriff auch von der NS-Propaganda verwendet wurde, grenzte sich Langen von der Ideologie des „Volk-ohne-Raum“ ab: „Zwei Wege kann die Technik [der Raumwirtschaft] gehen. Der eine führt zur Expansion [...] – zum Krieg! Der andere führt zur Intensivierung [...] zur Ordnung des Raumes und zur Kultur des Lebens – zum Frieden!“[426]

Die raumplanerische Umsetzung dieses Gedankens sah Langen in umfassender Dezentralisation in neuen Stadt-Land-Gebilden; er nannte dies „Gruppenbildung und Rationalisierung“. Ihm schwebten Gruppen, d. h. – im heutigen Verständnis – Module aus Wohnbereichen, Industrieanlagen, städtischer Landwirtschaft, Gärten, differenzierten Versorgungsarealen und Zentren für Stadt-Land-Siedlungseinheiten (Gruppen) in Größen von ca. 20.000 Menschen vor.[427]

Diese Module unterschieden sich in ihrer kurzwegigen Verknüpfung von Wohnen, Arbeiten, Versorgen, Ernähren und urbaner Zentralität von anderen zeitgenössischen Planungen für Nachbarschaften,

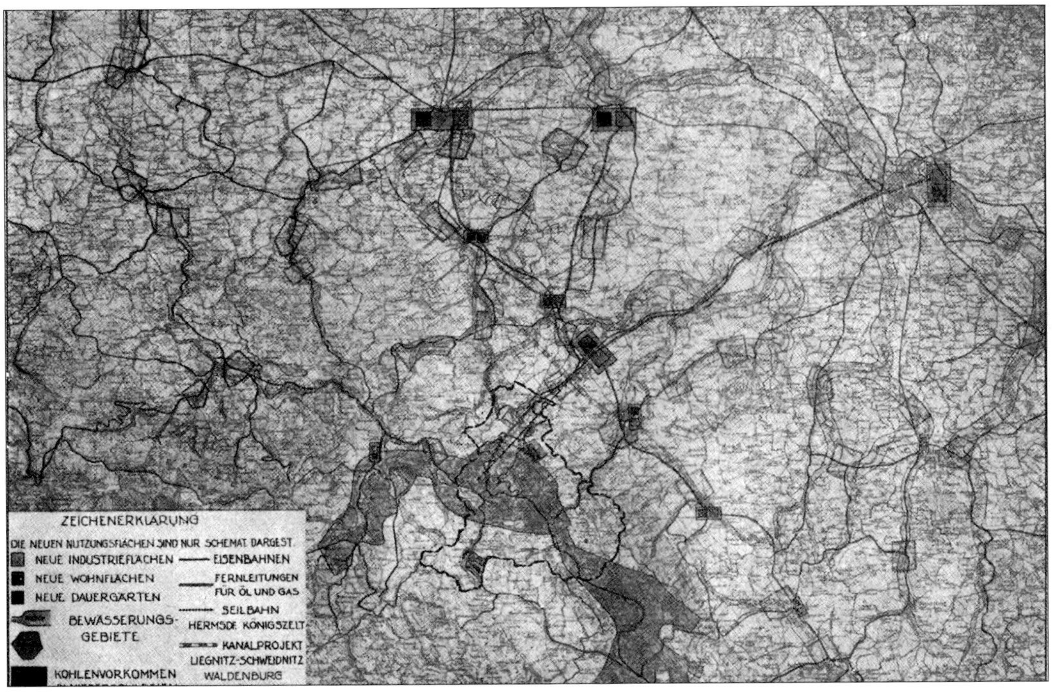

14 Landesplanung Kreis Waldenburg/Schlesien: „Ein Beispiel produktiver Landesplanung“, Gustav Langen, 1929

424 Ebd., S. 87–89.
425 Ebd., S. 60 ff.
426 Ebd., S. 120.
427 Ebd., S. 59–69.

Superblöcke oder Wohnkomplexe.[428] Mit einer Beispielplanung für den im schlesischen Industriegebiet südwestlich von Breslau (*Wrocław*) gelegenen Entwicklungsraum um Waldenburg (*Wałbrzych*) – vergleichbar mit Mitteldeutschland damals – illustrierte er am konkreten Fall seine Vorstellung von einer dezentralisierten Raumwirtschaft (Abb. 14).[429]
In diesem Plan demonstriert er die Transformation der Region hin zu einer intensiven Raumwirtschaft auf der Basis von modularisierten Raumeinheiten. Diese entstehen im „Spiel" der staatlich bzw. kommunal gelenkten Wirtschaftskräfte. Sie gründen sich auf den vorhandenen Siedlungseinheiten (Dorf bis Großstadt) und vernetzen diese zu sinnvollen, nichthierarchischen Strukturen, auf Grundlage der vorhandenen Ressourcen und unter Berücksichtigung der historischen „Schichten" der Region. In diesem Plan demonstrierte er das Verständnis von Raumordnung. Diese Planskizze von 1928 – auf der Grundlage von Vorplanungen und Untersuchungen zu einem „Generalsiedlungsplan [...] Raumwirtschaftsplan" (1927)[430] – sollte umgesetzt werden. Die Planungen begannen, blieben aber im Zuge der Weltwirtschaftskrise stecken. Dies mag auch ein Grund dafür sein, dass diese nichthierarchische Vorstellung von modularisierter, ressourcenbedingter Raumordnung nicht weiterverfolgt worden ist, sondern sich das Konzept „Zentraler Orte" durchsetzte.

3.4.4 Der Counterpart – Robert Schmidt: Wortführer der deutschen Landesplanung

Er ist der Doyen der Landesplanung gewesen. Mit der auf seine Initiative erfolgten Gründung des Siedlungsverbandes Ruhr (SVR), die bereits vor dem 1. Weltkrieg angebahnt und dann 1920 vollzogen worden ist, sind internationale Maßstäbe gesetzt worden.[431] In der von Schmidt vorgelegten Denkschrift von 1912 hatte er jene übergreifende Sicht auf die Stadt gesetzt, die als Maßstab für die spätere Landesplanung angesehen werden kann. Er hatte darin u. a. ein System von Grünanlagen vorgeschlagen, das den gesamten Raum gliedern und umfassend gestalten sollte, also das Einfügen von Grünräumen, Wanderwegen und Naturschutzgebieten in das Konglomerat der industriellen und infrastrukturellen Anlagen als ordnendes und gesundheitsförderndes Moment.[432] Erst die Gründung eines Verbandes auf gesonderter Rechtsgrundlage ermöglichte die Weiterentwicklung dieses Kerngedankens in Richtung umfassender und die Gemeindegrenzen übergreifender Siedlungsplanung – nach dem 1. Weltkrieg. Der SVR avancierte zum allgemeinen Bezugspunkt für alle folgenden Initiativen – im Positiven wie im Negativen. Robert Schmidts Werk ist vielfach gewürdigt worden und steht im Rang eines Monuments der Planungsgeschichte. Dies ist zweifelsohne berechtigt – auch die neueren Forschungen haben daran kaum etwas geändert.[433] Er kann, ohne Übertreibung, als ein „system builder"[434] der Landesplanung betrachtet werden.

428 Mumford, L. (1979), S. 584 f., Zednicek, W. (2009), S. 7 f. oder auch Rietdorf, W. (1976), S. 104.

429 Langen, G. (1929), S. 47, 75, 78–83. Materialien zu den Planungen von Langen erschloss auch Feodora Strehlau in einer Studienarbeit an der Universität Kassel, 2016/17: Die Entwicklung des Begriffs Raumordnung zu Lebzeiten Gustav Langens (betreut vom Autor).

430 Langen G. (1928): Planungswesen, S. 311. Die Planskizze wurde auf der Leipziger Siedlungswoche ausgestellt.

431 Schmidt, R. (1912). Diese konzeptionelle Schrift war auch von Schmidt als Dissertation an der TH Aachen 1912 eingereicht worden.

432 Ebd., S. 65–68. Diese Ausführungen könnten einem grünen Nationalpark für den rheinisch-westfälischen Industriebezirk entsprechen. Die Durchgrünung des Ruhrgebietes war, neben den wohnungsbaulichen, verkehrstechnischen und sozialen Planungsaussagen in dieser Schrift, das zentrale Anliegen von Schmidt für die Entwicklung des Ruhrgebietes. Er hatte damit eine ‚Außensicht' auf die Städte dieses Raumes entworfen – eine Voraussetzung für die Landesplanung. Mit dieser Schrift hatte er eine Art Memorandum für die neue Disziplin verfasst.

433 Die umfassendste, und durchaus auch kritische Würdigung erfuhr Robert Schmidt durch Hoffacker, H. W. (1989), S. 32–50.

434 Der „Titel" geht auf eine Charakterisierung von Walther Rathenau zurück, der damit seine strukturbildende Rolle als „Mann der vielen Eigenschaften" und „polyphoner Charakter", multitalentierter Theoretiker, Wirtschaftslenker und Außenminister

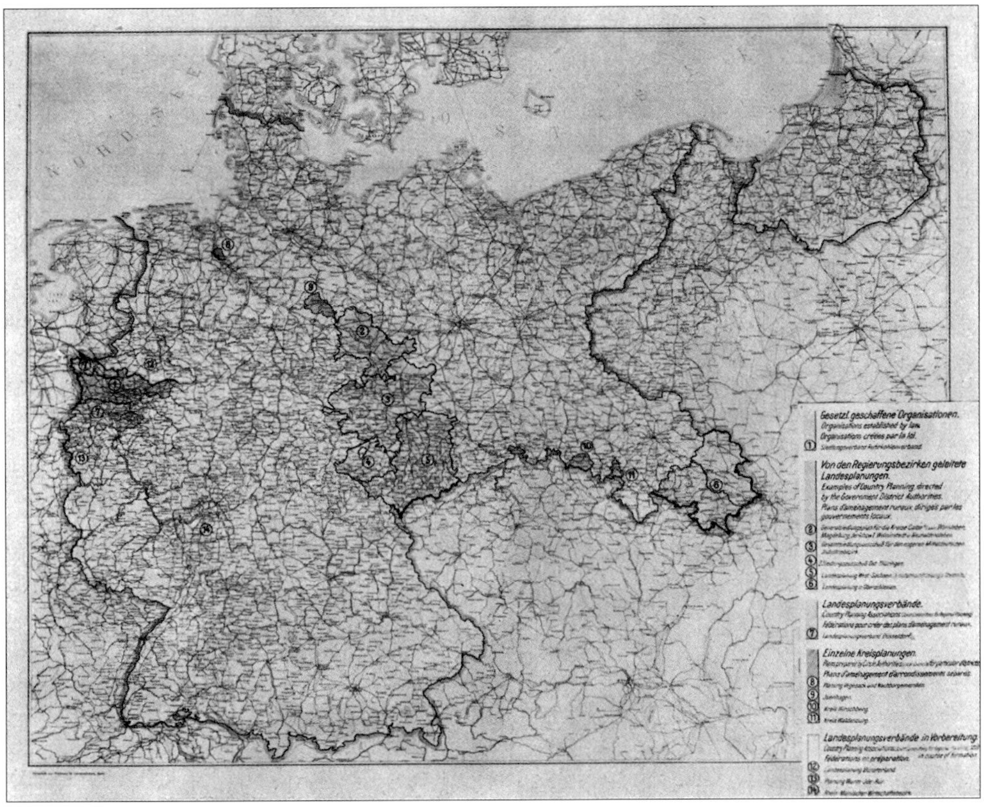

15 Übersicht der Landesplanungsgebiete in Deutschland, 1927

Mit ihm gewann der kognitive wie institutionelle Pol der Landesplanung in Deutschland, das Ruhrgebiet, seine feste Verankerung. Von hier strahlten die disziplinären wie praktischen Entwicklungen in der Landesplanung aus. Bemerkenswert erscheint, dass es in der Region keine höhere technische Bildungsanstalt gab, die sich diesem Thema gewidmet hatte. Der wesentliche Beitrag zur Landesplanung war also im außerakademischen Sektor herangereift.

Hier zeigte sich ein erster Unterschied zu dem anderen Pol disziplinärer Entfaltung, dem mitteldeutschen Raum. Hier gab es vielfältige Bezüge zur akademischen Welt, allen voran zur Technischen Hochschule Berlin-Charlottenburg, aber auch zu den Universitäten in Halle und Leipzig. Die Initiative aber ging auch hier von der konkreten Landesplanung in der Region aus. Mit Gustav Langens Forschungsinstitut in Berlin verfügte der mitteldeutsche Raum über eine exzellente wissenschaftliche Bezugsbasis. Vergleichbares gab es im Ruhrgebiet nicht, wenngleich der Siedlungsverband auch über umfassende Informationsgrundlagen verfügte, aber eben nur auf die konkreten Planungsaufgaben in der Region bezogen (Abb. 15).

Neben seiner institutionellen Wirkung, sowohl im Ruhrgebiet als auch national wie international, hat Schmidt vor allem zwei planungstheoretische Beiträge geleistet, die das Planungsdenken in dieser Zeit beeinflussten:

Zum einen führte er die Begriffe „allgemeine und besondere Landesplanung" ein.[435] Beide Begriffe spielten für Schmidt eine zentrale Rolle und fanden in der Folgezeit in verschiedenen Ausdeutungen langsam Eingang in die Begriffswelt der Landesplanung.[436] Er führte damit zwei Betrachtungsebenen ein: die

in einem Begriff zusammenführte. Für Robert Schmidt trifft diese weit gespannte Charakterisierung nur bedingt zu; bezüglich seiner Rolle in der Landesplanung kann dies aber durchaus behauptet werden. Hughes, T. P. (1990), S. 9–31.

435 Schmidt, R. (1926), S. 127–131.

436 Siehe u. a. die Definition der Landesplanung bei Luthardt, W. (1933), S. 1. So wurde hier Landesplanung definiert als „Planungen für einen größeren Bezirk [...], die Wege weisen für die künftige Entwicklung seiner Wirtschaft, seiner Siedlungen

supranationale und die kleinräumig regionale. Allgemeine Landesplanung sollte also von einer volkswirtschaftlichen, auch im internationalen Kontext stehenden Betrachtung ausgehen und allgemeine, langfristige Planungsvorgaben bestimmen. Die besondere Landesplanung hingegen sollte kurzfristigere, übergemeindliche Planungen auf sehr konkreter Ebene umfassen.[437] Die allgemeine Landesplanung sollte dem Reichswirtschaftsministerium zugeordnet werden, wohingegen die untere Ebene die Aufstellung von „interkommunalen Ortserweiterungsplänen" beinhalten sollte.[438] Hier führte Schmidt eine weitere Begrifflichkeit ein, die überaus aktuell anmutet: Interkommunalität. Weiterhin kreierte er den „Wirtschaftsplan" als den Kern der besonderen Landesplanung, der die Flächenaufteilung aus inhaltlicher Sicht entlang der Wirtschaftsentwicklung umfasste. Dies fand Eingang in die Planungspraxis auch in Mitteldeutschland. An gleicher Stelle wurden von ihm „Bänder" (Verkehrsbänder) als räumliche Zusammenfassungen verschiedener verkehrlicher Infrastrukturen und als ordnendes System in den Regionen definiert.[439] Dabei räumte er dem Schienenverkehr eine zentrale Funktion ein. Er griff dabei eine Argumentation der „Studiengesellschaft für Automobilstraßenbau" auf, die die „raumfressende Wirkung des Automobils im Fahren und Stehen" herausgestellt hatte und eine „falsche Konkurrenz zwischen beiden Verkehrsmitteln" kritisierte, wobei die Studiengesellschaft zum Ergebnis kam, dass es sich nicht empfahl, „an den Bau von selbständigen kreuzungsfreien Kraftwagenbahnen heranzutreten".[440]

Diese Empfehlung ist auch in Merseburg bei der Favorisierung des eisenbahnbasierten Kommunikationssystems im „Plan 23" des Planungsatlanten von 1932 aufgegriffen worden. So viele Bezüge es zu Schmidt seitens der mitteldeutschen Planung auch gab, seine Polemik hinsichtlich der in Merseburg gewählten Planungsstrukturen und Planungsräume weisen viele grundlegende Unterschiede auf: Der Charakter der informellen Planung mittels Siedlungsausschüssen und das planerische Zusammendenken von industriellen und nichtindustriellen Räumen wurden von ihm massiv attackiert.[441] Schmidt war „Top-Down"-Planer. Er fokussierte räumliche Planung ausschließlich auf wirtschaftliche Belange, wenn er sagte, dass der Flächenaufteilungsplan weder durch Kunst noch durch Technik beeinflusst wird, sondern letztlich nur durch die Wirtschaft.[442] In dieser Einengung lag auch die Divergenz zu Langen oder auch zu Prager, die jeweils komplexere und planungsmethodisch differenziertere Ansichten vertraten. Darüber hinaus gab es noch persönliche Differenzen, die sich aus der privilegierten Position des SVR in Preußen und damit auch der besonderen Beziehungen, die Schmidt besaß, ableiteten. Zudem vertrat Schmidt auch wirtschaftspolitische Positionen, die – im Gegensatz zu Langen – die allgemeine Landesplanung aus den zu beklagenden Landverlusten nach dem 1. Weltkrieg ableiteten. Langen hingegen argumentierte für eine rationale Landnutzung im Inneren – aus Vernunftgründen und nicht aus Verlustgründen.[443]

Jedenfalls hat Schmidt, wie auch Langen, eine gesamtgesellschaftliche Planung gefordert, mit deren Hilfe auch die Bodenfrage gelöst werden sollte. Darin waren sie sich argumentativ einig. Die Landesplanung hatte in Deutschland mit diesen beiden kognitiven Polen eine ausgesprochen ertragreiche Quelle für die disziplinäre Entwicklung, denn der Streit und die gegensätzlichen Auffassungen trieben inhaltliche Ausprägungen voran, ein Zeichen für den ausreifenden Disziplincharakter der Landesplanung.

und seines Verkehrs" und die „an den kommunalen Grenzen der Städte nicht halt" macht. Damit lieferte Luthardt eine eher praktikable Auslegung der Definition von Schmidt.

437 Schmidt, R. (1926), S. 127, 128.

438 Ebd., S. 129.

439 Ebd.

440 Ebd., S. 128.

441 Ebd., S. 130.

442 Ebd.

443 Ebd., S. 127.

3.5 Der produktive Höhepunkt und der Schluss: Eine Entfaltung der Landesplanung zwischen 1929 bis 1932/33

3.5.1 Die Gründung der „Arbeitsgemeinschaft der deutschen Landesplanungsverbände"

Die vielleicht turbulenteste und zugleich widersprüchlichste Phase der Zwischenkriegszeit zeitigte zugleich die produktivsten Resultate der Landesplanung. Es war die Zeit der Weltwirtschaftskrise, der sich abzeichnenden nationalsozialistischen Diktatur, die ihre ersten „Erfolge" in Mitteldeutschland erringen konnte, und es war die Zeit politischer Unbestimmtheiten. Gerade diese allseits bekannten politischen und wirtschaftlichen Turbulenzen bildeten einen virulenten Raum für die eigentliche Konstituierung der Landesplanung in Deutschland, besonders in den mitteldeutschen Gebieten. Es war die Zeit des faktischen Scheiterns der Bemühungen um das Preußische Städtebaugesetz, das nach einem Jahrzehnt intensiver Debatten nicht mehr den parlamentarischen Weg absolvieren konnte. Die Konstituierung der Landesplanung setzte sich trotz (oder gerade wegen) dieses Fehlens einer rechtlichen Basis erfolgreich fort und zeitigte – durchaus bis heute – Maßstäbe setzende Ergebnisse. Getrieben von den Unsicherheiten, suchte die Landesplanung – in ihren facettenreichen Ausprägungen – Stabilität und Langfristigkeit im räumlichen Entwicklungsdenken zu erzeugen.

„Am 2. Mai 1929 ist in Hannover auf Veranlassung des preuss. Ministers für Volkswohlfahrt eine Arbeitsgemeinschaft der preuss. Landesplanungsstellen gegründet [worden]".[444] An diesem Tage wurde, quasi auf halbem Wege zwischen Berlin und dem Ruhrgebiet, der erste Schritt in Richtung einer übergreifenden Koordination der Landesplanung in Deutschland vorgenommen. Diese zunächst preußische Initiative sollte von Anbeginn alle interessierten Landesplanungsstellen einbeziehen, was auch unmittelbar nach der Gründung passierte. An der Auftaktveranstaltung nahmen 12 Landesplanungsstellen (existierend oder in Gründung) teil: Köln, Düsseldorf, Münsterland/Minden, Rheinprovinz, Siegerland, Merseburg, Elbe-Weser (Hamburg/Bremen), Magdeburg, Rhein-Mainischer Regionalplanungsverband, Lausitz, Oberschlesien und der SVR aus Essen.[445] Ein Jahr später, beim ersten regulären Treffen, nahmen 11 staatlich anerkannte und registrierte Landesplanungsstellen teil: SVR, Düsseldorf, Köln, Merseburg, Westfalen und Münster, Oberschlesien, Ost- und Mittelthüringen, Leipzig sowie Chemnitz; beantragt hatten Hannover, Erfurt und Niederlausitz; eine Prüfung lief für das Siegerland.[446] Um die Entstehung eines Verbandes in Stuttgart kümmerte sich der gewählte Vorsitzende, der Geschäftsführer des SVR, Schmidt, selbst.

Diese Gründung war seit drei Jahren von Gustav Langen vorbereitet worden. Am 24. Juni 1926 hatte er Vertreter aller gegründeten bzw. vor einer Gründung stehenden Landesplanungsverbände zu einem informellen Treffen in das Haus des Vereins Deutscher Ingenieure nach Berlin eingeladen.[447] Die Teilnehmerliste liest sich wie ein Who's who der damaligen Landesplanung.[448] Langen hatte damit bewusst

444 ThHStAW, Landesplanungsgemeinschaft Thüringen, Nr. 9, Bl. 6r.

445 Ebd. Bl. 8r. Der Rhein-Mainsche Verband trug als erster und einziger den heute üblichen Namen eines „Regionalplanungsverbandes". Regionalplanung war als Begriff sonst nur im englischsprachigen Raum üblich. Dieser Verband taucht später nicht mehr in den Darstellungen der Arbeitsgemeinschaft auf, da er offenbar nicht staatlich anerkannt wurde, eine Voraussetzung für die offizielle Mitwirkung in der Arbeitsgemeinschaft. Luthardt weist diesen jedoch als existent und arbeitsfähig aus. Luthardt, W. (1933), S. 5 f.

446 ThHStAW, Landesplanungsgemeinschaft Thüringen, Nr. 9, Bl. 92v.

447 ThHStAW, Landesplanungsgemeinschaft Thüringen, Nr. 1, Bl. 55r.

448 Zu den Teilnehmern gehörten: Fisch/Merseburg, Niemeyer/Oppeln, Mackowsky/Leipzig, Diez/Weimar, Hecker/Düsseldorf, Rappaport/Essen, v. Löschebrand/Berlin, Thamm/Berlin, Rohleder/Chemnitz, Sander/Berlin, Langen/Berlin sowie sein Mitarbeiter im Archiv für Siedlungswesen, v. Mangold; nicht anwesend waren Vertreter aus Wiesbaden, Münster und Köln. Auffallend ist, dass Robert Schmidt, Chef des SVR, selbst nicht anwesend war.

auf eine reichsweite Dachorganisation abgehoben, um eine Vereinheitlichung der Planungstechnik – nicht der Organisationsstruktur – zu befördern und natürlich insgesamt der Landesplanung als Fachgebiet größere politische Bedeutung zu verleihen. Neben den permanenten kartografischen Problemen standen auch Fragen der internationalen Kooperation, die ebenfalls einer größeren Vereinheitlichung der Planungsarbeiten in methodischer und darstellerischer Hinsicht dienen sollte, auf der Tagesordnung. Das langensche Archiv für Siedlungswesen bildete eine fachliche Grundlage für die Arbeit, insbesondere für die Planbearbeitungsfragen. Zugleich wurden erste Erfahrungen bei der Gründung von Landesplanungsverbänden ausgetauscht, wobei der Vertreter aus Merseburg, Fisch, außerordentlich positive Erfahrungen mit der Struktur informeller Kooperation, die nicht Sonderorgane darstellen, wie der Ruhrsiedlungsverband, sondern, wie Niemeyer darlegte, „freiwillige Verbände mit behördlicher Aufsicht“ waren.[449] Noch ein weiterer strategischer Aspekt kam zur Sprache: Fisch warnte davor, dass „die gesetzliche Regelung der Landesplanung diese selber im Wesentlichen als reine Verwaltungssache behandelt und maßgebend den Juristen in die Hand gegeben werde unter Zurückdrängung der Techniker; dies würde z. B. der Fall sein, wenn die Sache an die Provinzen übergehe. Dagegen müssten wir unsere Stimme erheben.“[450] Dieser Mahnruf hatte geradezu etwas Prophetisches an sich und war auch als Aufforderung zur weiteren Professionalisierung der Landesplanung und ihrer organisatorischen Eigenständigkeit zu verstehen.

In der Folgezeit stagnierte die Initiative, auch aus Geldmangel. Erst 1928 unternahm Langen einen erneuten Vorstoß zur Weiterführung dieses Netzwerkes der Landesplanungsverbände in Deutschland. Legitimiert durch das Votum der seinerzeit Anwesenden, versuchte er die förmliche Gründungsveranstaltung bewusst außerhalb Preußens durchzuführen, um gerade den sich dort in Gründung befindlichen neuen Verbänden Auftrieb zu geben. Er schlug Weimar als Gründungsort vor und trat mit der Thüringer Regierung (Innerministerium) in Verbindung.[451] Die gerade gegründete Ostthüringer Landesplanung entwickelte sich zu einem „Musterknaben“ der Landesplanung und hätte als ein Vorbild für eine selbstständige Organisation gelten können. Aus dieser Initiative wurde nichts. Offenbar hatte Robert Schmidt interveniert. Langen vertrat nur ein wissenschaftliches Privatinstitut, Schmidt hingegen hatte den starken SVR hinter sich. Zugleich sah er, wie im Protokoll von 1926 ersichtlich war, eine gewisse Negativstimmung gegen das Modell des SVR aufkommen, dem er begegnen musste; so kann nur vermutet werden, da die Quellen hier keine eindeutige Aussage zulassen. Dennoch erscheint aus dem Vergleich der Quellen diese Deutung plausibel. Schmidt entpuppte sich als ein gewisser Gegenspieler zu Langen. Folgerichtig fand die Gründungsveranstaltung auf preußischem Boden statt und Schmidt wurde der erste Vorsitzende.

Mit der Wahl Merseburgs als dem ersten regulären Tagungsort des neuen Dachverbandes am 10. November 1931 wurde auch die Bedeutung unterstrichen, die diesem Verband im Ensemble der Landesplanungsstellen zugemessen worden war. In organisatorischer Hinsicht kam es in Merseburg zur Bildung von Ausschüssen, die die inhaltliche Arbeit leisteten:

- Ausschuss für das Städtebaugesetz,
- Ausschuss für wirtschaftliche und statistische Grundlagen,
- Ausschuss für Karten- und Luftbildwesen,
- Ausschuss für die Beteiligung an der großen Berliner Bauausstellung 1931.[452]

Letzterer wurde von Stephan Prager geleitet. „Die Ausstellung soll zeigen: das historische Jahr 1900 und

449 ThHStAW, Landesplanungsgemeinschaft Thüringen, Nr. 1, Bl. 63r.
450 Ebd., Bl. 63v.
451 Ebd., Bl. 170r–171r.
452 ThHStAW, Landesplanungsgemeinschaft Thüringen, Nr. 9, Bl. 91v.

das historische Heute, also 1930."[453] Damit war beabsichtigt, das breite Aufgabenspektrum der Landesplanung und die historischen Wandlungen konzentriert zu vermitteln.
Die wichtige Landesplanungsstelle Brandenburg-Mitte wurde bis 1932 kein Mitglied der Arbeitsgemeinschaft, war aber über den technischen Leiter und das Archiv für Siedlungswesen mit Gustav Langen indirekt vertreten. Die Arbeitsgemeinschaft, die den Zusammenschluss der auf dem „Gebiete der Landesplanung und zwischengemeindlichen städtebaulichen Arbeit" tätigen Institutionen darstellt, diente dem praktischen Erfahrungsaustausch, vor allem aber der Erstellung von „Grundlagen für eine einheitliche Bearbeitung aller Fragen auf dem Gebiete der Landesplanung".[454]
Eine besondere Qualität dieser Dachvereinigung sahen die Mitglieder darin, dass eine breite Varianz an institutionellen Formen und inhaltlichen Ansätzen vertreten war und es sich nicht um eine „staatlich uniformiert(e)" Einrichtung handelte.[455] Diese Vielfalt und die internen Kommunikationsformen brachten die Landesplanung, neben der staatlichen Anerkennung, auch inhaltlich und methodisch voran, worauf Luthardt bei der Erarbeitung der Planwerke für Ostthüringen verweist.[456] Der informelle Institutionalisierungsgrad war damit neben dem formellen ausgereift. Einzig die Lehre an einer Hochschule hatte sich noch nicht selbstständig entwickelt, was aber durch die zahlreichen Fortbildungsangebote kompensiert wurde. Publikationen, Ausstellungen und umfassende Plansammlungen sowie ein etablierter wissenschaftlicher Diskurs sind in wenigen Jahren entstanden, wobei die Trägerschaft der vielen vorhandenen städtebaulichen Institutionen, allen voran die „Freie Akademie des Städtebaus" und ihrer Arbeitsgemeinschaften, auch eine Grundlage waren.[457] Letztlich war eine Art Lerngemeinschaft entstanden. Es ging somit nicht nur um die Durchsetzung eines Fachgebietes als notwendiger Instanz zur Bewältigung bestimmter gesellschaftlicher Probleme, sondern um die Entfaltung einer Disziplin mittels lateraler Macht- und Austauschstrukturen.[458]
Die fachliche Rezeption der Aktivitäten zur Landesplanung, insbesondere zu Mitteldeutschland, hielt sich in der einschlägigen Fachpresse in Grenzen.[459] Dieser für die disziplinäre Entwicklung wichtige Indikator kann nur bedingt als Maßstab für den erreichten disziplinären Reifegrad herangeführt werden. So erschienen in den beiden wichtigsten Fachorganen im fraglichen Zeitraum zur mitteldeutschen Landesplanung, im „Städtebau" nur vier Beiträge, die von den Hauptakteuren des Fachgebietes verfasst waren (Schmidt, Walthausen, Pfannschmidt) und in der Deutschen Bauzeitung sechs Beiträge und eine Literaturdarstellung (Prager, Köster, Luthardt sowie Redaktionsnotizen). Zur Leipziger Siedlungswoche erschienen im gleichen Blatt ebenfalls sechs Beiträge und zur Ausstellung in Gotenburg vier. Das kann nicht als große Plattform für eine Fachdebatte angesehen werden. Offenbar ist es aber so, dass sich der Kommunikationsschwerpunkt der entstehenden Disziplin auf andere, direkte Formen verlagert hatte. Dies scheint nachvollziehbar, da in der Entstehungsphase ein unmittelbarer Austausch über Konferenzen, Fachgemeinschaften oder Bereisungen effektiver und erkenntnisgenerierender wirkt.

453 Ebd., Bl. 94r.
454 Ebd., Bl. 176r. Satzung der Arbeitsgemeinschaft von 1932.
455 Ebd., Bl. 98v.
456 Luthardt, W. (1933), S. 5–7.
457 Die Initiatoren der Landesplanung waren z. T. gleichzeitig auch in der Freien Akademie für Städtebau tätig, wie z. B. Robert Schmidt. Sie bildete eine weitere Kommunikationsplattform, in welcher auch Landesplanungsthemen behandelt worden waren. Hierzu wären weiterhin die Deutsche Gartenstadtgesellschaft oder der Verein für Wohnungsfürsorge zu zählen. Vgl. dazu: Lehweß, W. (1924): Arbeitsgemeinschaft der im Städtebau tätigen Verbände, S. 146 sowie Deutsche Bauzeitung (DBZ), (1923) 52, S. 254 f.
458 Rifkin, J. (2011), S. 133 ff. sowie S. 259–263. Die von Rifkin für die Zukunft apostrophierten lateralen Strukturen in Wirtschaft, Politik und Bildung, können – im historischen Umkehrschluss – in Ansätzen bei der entstehenden Landesplanung ausgemacht werden. Eine mögliche Denkstruktur für weitere Analysen.
459 Die Deutsche Bauzeitung, Jahrgänge 1923 bis 1928: 6 Beiträge sowie 1932 eine Literaturbesprechung zur Landesplanung in Mitteldeutschland und 6 Beiträge zur wichtigen Leipziger Siedlungswoche von 1927.

3.5.2 Die „Wolfener Siedlung" in Dessau: Ein Modell für die praktizierte Dezentralisierung in Mitteldeutschland um 1930

„Im Jahre 1927 wurde er [Fritz Richter] zum Geschäftsführer der seinerzeit für die hiesigen Werke (AGFA Wolfen) neugegründeten „Gemeinnützigen Wohnungsbaugesellschaft für Werksangehörige der I. G. Farbenindustrie Frankfurt/Main/Sitz Wolfen" ernannt. Als solcher leitete er die bei der Gründung erforderlichen Vorarbeiten, organisierte sie kaufmännisch und technisch und leitete dann auch selbständig den in Dessau ca. 100 Wohnungen umfassenden geschlossenen Siedlungsbau, der nach seinen Entwürfen entstanden ist. Auf Grund seiner vor 1933 gehabten Tätigkeit als Vertrauensmann der Angestelltenschaft in der Farbenfabrik wurde behördlicherseits von ihm die Niederlegung [ab 1934] dieser Tätigkeit gefordert."[460] Nach dem 2. Weltkrieg wurde er dann rehabilitiert und wieder in sein Amt als Geschäftsführer eingesetzt.

Im mitteldeutschen Raum begannen sich ab 1893, und dann noch einmal verstärkt im 1. Weltkrieg, eine Vielzahl von chemischen Industriebetrieben anzusiedeln. Die AEG machte den Anfang mit der Gründung der „Elektrochemischen Werke" in Bitterfeld, geleitet von Walther Rathenau. Dem folgte dann in kurzem Abstand die Farbenfabrik der AGFA, Berlin, die sich bereits im nahe gelegenen Dorf Wolfen ansiedelte. Schließlich komplettierte die Filmfabrik der AGFA ab 1909/10 den Kern des mitteldeutschen Chemiestandortes. Diesem folgten 1916 bzw. 1917 die chemischen Fabriken in Piesteritz bei Wittenberg und die Ammoniak-Werke Leuna bei Halle-Merseburg. Damit war in zwei Jahrzehnten einer der international bedeutendsten Standorte der chemischen Industrie, einer damaligen „High-Tech"-Industrie, entstanden.[461] Die günstigen Standortvoraussetzungen, billige Arbeitskräfte aus dem ländlich geprägten Raum, reiche Braunkohlevorkommen sowie die zentrale Lage im Deutschen Reich an den Verkehrswegen der Eisenbahn und der Flüsse (insbesondere die Elbe), prädestinierten Mitteldeutschland. Zugleich wuchs ein Bedarf an Wohnungen, insbesondere für die qualifizierten Arbeitskräfte, die nicht aus der Region gewonnen werden konnten.[462]

Mit der Gründung der I. G. Farben 1925 begann eine verstärkte Konzentration und ein weiterer Ausbau der Produktionskapazitäten in Mitteldeutschland. In Wolfen wurde der Sitz der mitteldeutschen Konzernleitung der I. G. Farben angesiedelt und mit einem repräsentativen Gebäudekomplex symbolisch markiert. Dieser Bedeutungsgewinn der mitteldeutschen Chemieindustrie führte zu qualitativ neuen Anforderungen an die Wohnungsversorgung. Nunmehr galt es nicht nur die wachsende Zahl der Beschäftigten unterzubringen, sondern verstärkt für Führungspersonen und für die Forscher Angebote zu unterbreiten. Eigens dafür wurde auch die oben erwähnte werkseigene, aber gemeinnützige Wohnungsgesellschaft gegründet.[463]

Mit der durch die Erhebung der Hauszinssteuer ab Mitte der 1920er Jahre durch den Staat beförderten Wohnungsbauaktivitäten veränderte sich der bis zum 1. Weltkrieg vornehmlich privat oder (vergleichsweise minimal) genossenschaftlich betriebene Wohnungsbau in Richtung eines kommunal bzw. staatlich geförderten, gemeinnützigen Baus. Dies war eine entscheidende Voraussetzung für die Durchsetzung einer Dezentralisierungsstrategie im großen Stil. Im Preußischen Wohnungsgesetz von 1918 wurde explizit ein Zusammenhang von Wohnungsbauförderung mit der Wirtschaftsentwicklung hergestellt:

460 Zeugnis, ausgestellt am 1.3.1956 für Fritz Richter, dem Baumeister der Wolfener Siedlung in Dessau. Dem Autor vom Sohn, Wolf Richter (Wuppertal), als persönliches Dokument, nebst Bildmaterial, 1992 übergeben (mit Begleitbrief vom 24.3.1992). Archiv Kegler.

461 Obst, E. (1991), S. 76; Stadt Wolfen (Hg.) (1994), S. 8; Landeshauptarchiv Sachsen-Anhalt (Hg.) (2004), S. 7; Berthold, R. u. a. (1988), S. 180 f. sowie S. 352–354.

462 Stadt Wolfen (Hg.) (1994), S. 9 f.

463 Vgl. Stadt Wolfen (Hg.) (1994), S. 16–35.

16 Die „Wolfener Siedlung“ in Dessau, 1929 – Beispiel für systematische Dezentralisierung

„Gefördert werden Gemeinden, in denen ein vermehrter Wohnungsbedarf [...] besteht oder in denen die Produktivität der Industrie dadurch gekennzeichnet ist, daß entweder nicht genügend Arbeitskräfte aufgrund fehlender Wohnungen angestellt werden können oder die vorhandenen Arbeitskräfte durch unzureichende Wohnverhältnisse in ihrer Leistungsfähigkeit beeinträchtigt sind. Staatliche Hilfe erhalten deshalb auch werksgeförderte Wohnungen; reine Werkswohnungen hingegen nicht.“[464]

Die Gemeinnützige Wohnungsgesellschaft für Werksangehörige der I.G. Farben in Wolfen als werksgefördertes Unternehmen nahm derartige staatliche Förderungen in Anspruch und konzentrierte die Aktivitäten insbes. auf einen Siedlungsbau, der sich an Leitungskräfte, vor allem aber an Wissenschaftler richtete. Damit verband das Unternehmen eine starke Verlagerung seiner Bautätigkeit nach Dessau, also in ein urbanes Umfeld.[465]

So entstand die „Wolfener Siedlung“ (1928–1930) im Nordwesten der Stadt, in Dessau-Ziebigk, als eine voll ausgestattete urbane Wohnanlage, die zwischen der Gartenstadt Hohe Lache (1919–1925) und dem Bauhaus liegt (Abb. 16). Sie ist damit in fußläufiger Entfernung zur Eisenbahn angelegt worden (deswegen entstand Mitte der 1930er Jahre ein Westausgang des Bahnhofes als Untertunnelung). Hier wurden – in bester Wohnlage – mittlere Angestellte, vor allem aus dem Forschungs- und Technologiebereich angesiedelt. Es wurden etwa 100 Wohnungen mit einer Grundfläche von 90 bis 100 qm in drei mäanderförmigen zwei- bis dreigeschossigen Mietwohnungsanlagen errichtet. Sie waren mit Etagenheizung ausgerüstet. Zu jeder Wohnung gehörte ein kleiner Garten, für den es im Gebiet eine eigene Gärtnerei gab. Zudem war der Wohnkomplex mit einem Schwimmbecken, einer Tennisanlage, einer Brausefabrik, einer Wäscherei sowie einer zentralen Weckanlage (mit Uhr im Wohninnenbereich) ausgestattet.[466]

464 Preußisches Wohnungsgesetz, zit. nach: Peltz-Dreckmann, U. (1978), S. 59.
465 Vgl. Stadt Wolfen (Hg.) (1994), S. 36 f.
466 Vgl. auch Kegler, H. (1992): Siedlungen im Gegenwind, S. 153 sowie Stadt Wolfen (Hg.) (1994), S. 39.

Diese Wohnanlage stellt das Beispiel für die im „Plan 23" hervorgehobene Bedeutung von Dessau als Wohnlage für Arbeitskräfte im Bitterfelder Raum dar – ohne diese Siedlung explizit zu nennen. Die Dessauer Siedlungsaktivitäten im Süden und Nordwesten der Stadt gehörten zu den qualitativ hochwertigsten, die die I. G. Farben in Mitteldeutschland errichtet hatte. Damit wurde das Verständnis von Dezentralisierung nicht nur räumlich erweitert, sondern auch komplexer angelegt. Zugleich ging es nicht um ein neues Siedlungssystem, sondern um eine Integration der neuen Wohnsiedlungen in die vorhandene Stadt im Sinne einer – vorweg genommenen – dezentralen Konzentration. Die „Wolfener Siedlung" in Dessau ist somit ein Prototyp für das Verständnis von Dezentralisierung und Strukturentwicklung: Ausgehend von der entwickelten Großindustrie mit ihren weit reichenden Einzugsgebieten für Arbeitskräfte, entstanden dezentral angelegte Wohnstrukturen und deren infrastrukturelle Vernetzung in großräumigen Systemen der vorhandenen Städte und Ortschaften.

4 Der Planungsatlas: Landesplanung im engeren Mitteldeutschen Industriebezirk

4.1 Struktur und Inhalt des Kartenbandes

Mit dem sogenannten „Kartenband“ von 1932 legte die Landesplanung in Merseburg nach fast 10 Jahren vorbereitender Tätigkeit das umfassendste Planwerk vor, das in der Weimarer Republik geschaffen worden ist. Aber auch darüber hinaus sucht es seinesgleichen. Andererseits basiert die Planung in Mitteldeutschland auch auf den internationalen Erfahrungen, insbesondere aus England oder aus Schweden, wie sie 1924 beim Internationalen Städtebaukongress in Amsterdam vorgestellt worden waren. Die Aufstellung von regionalen Flächenaufteilungsplänen („Regional Plan“ in England oder „Plan Régional“ in Frankreich) ist international zur gleichen Zeit auf dem Vormarsch. Von diesen Erfahrungen profitierte auch das Planwerk in Mitteldeutschland, wie Prager herausstellte.[467]

Wie bereits einleitend bemerkt, ist zwar der Mitteldeutsche Planungsverband bereits Gegenstand weniger Betrachtungen gewesen, jedoch nur ein einziges Mal wurde dabei das eigentliche „Produkt“ dieser umfassenden Planungstätigkeit, die Pläne selbst, zum Gegenstand erhoben, und dies auch nur kursorisch.[468] Das verwundert nicht, da alle bisherigen Untersuchungen aus historiografischer oder kunstgeschichtlicher Sicht die institutionellen Dimensionen in den Mittelpunkt gerückt hatten, nicht aber der aus der Perspektive eines Stadtplaners wichtige Planinhalt selbst analysiert wurde. Daraus leitet sich ein modifiziertes Erkenntnisinteresse ab. Es geht zudem darum, welche mögliche Bedeutung dieses Planwerk für die aktuelle Auseinandersetzung um die „strategische Planung“ haben könnte. Neben den bereits dargestellten Verfahren und Strukturen der Planungskultur, geht es auch um den eigentlichen Plan („Nr. 23“), der im Wesentlichen ein Plan der Flächennutzung (Raumstruktur) und der Mobilität war.

Das Planwerk kann aber nur verstanden werden, wenn es als Teil des umfassender angelegten Planungsverständnisses im Merseburger Verband begriffen wird. Die Auswahl der Planstruktur und die Darstellung fügen sich ein in eine auf Kommunikation angelegte Vorgehensweise. Es war nicht beabsichtigt, ein geschlossenes Plansystem zu erstellen sondern eine Grundlage für ein sich dynamisch entwickelndes und sich entlang wesentlicher Grundlagen bzw. Orientierungen bewegendes Verständnis auf drei Ebenen der Planung zu schaffen: die übergreifende Betrachtung im mitteldeutschen Raum (zwischen Berlin, Hannover, Fulda und Dresden), die strategische Orientierung für den engeren mitteldeutschen Industriebezirk zwischen Wittenberg, Magdeburg, Weimar und Gera sowie die Flächennutzungs- bzw. Bebauungsplanebene im stadtregionalen Bereich ausgewählter wirtschaftlicher Schwerpunkte. Die Pläne wurden nicht als „Top-Down“ Vorgaben der Landesplanung angesehen, sondern als ein Arbeitsprogramm, in dem die Landesplanung „die Einzelpläne ihrer Mitglieder miteinander in Einklang“ bringt, also moderierend wirkt.[469] „Ein Einfluß auf die Planungen ist im allgemeinen nicht möglich und nur dadurch mittelbar erreicht, daß der Wohnungskommissar, Regierungs- und Baurat Lindemann in Merseburg, Geschäftsführer der Landesplanung ist, wodurch bei der Frage der Bauzuschüsse usw. Rücksichtnahme auf Pläne der Landesplanung erreicht wird.“[470] Neben der Moderation stand der Landesplanungsgeschäftsstelle nur der „goldene Zügel“ zur Verfügung, der offensichtlich geschickt im Rahmen der Verhandlungen eingesetzt wurde.

467 Prager, S. (1925). ThHStAW, Landesplanungsgemeinschaft Thüringen Nr. 71/2, Bl. 30v. Siehe: Übersicht der Karten und Pläne im Anhang II.

468 Hofmann, W. (1992). Einlegeblatt mit einem Ausschnitt des Plans Nr. 26 „Wirtschaftsplan Dessau-Roßlau-Zerbst“.

469 Luthardt, W. (1929): Die Landesplanung in Mitteldeutschland, Nr. 56, Bl. 8r.

470 Ebd.

Die Pläne erscheinen aus dieser Sicht als Instrumente für die Hauptaufgabe, die sich die Geschäftsstelle der Landesplanung selbst gegeben hatte: Beratung der Planverfasser auf der Ebene der Kommunen und Wirtschaftszusammenschlüsse. Sie verstand sich als zentrale Instanz zur Förderung und Beratung der Mitglieder in den einzelnen Ausschüssen, was bei der Mehrheit der Landesplanungsverbände, die nicht staatlich dirigiert wurden, der Fall war und in Merseburg besonders ausgeprägt erschien.[471] Dabei bediente sich die Geschäftsstelle zahlreicher Partner in Organisationen und Institutionen, die als planungsrelevant angesehen wurden (z. B. Wasserverbände, Elektrizitätsunternehmen oder Statistische Stellen der Länder bzw. des Reiches) und bezog deren Untersuchungen in die Beratungs- und Planungstätigkeit ein. Sie verstand sich zugleich als eine Bündelungs- und Vermittlungsstelle von relevantem Wissen und spezifischen Daten. Zugleich wurde bei der Beratung auf Wahrung einer strikten Selbstständigkeit der Planbearbeitung auf der lokalen Ebene der Kommunen bzw. der Zweckverbände geachtet und somit eindrucksvoll ein Beispiel für ein vorweg genommenes „Gegenstromprinzip" heutiger Landes- und Regionalplanung geliefert, wobei sich die Landesplanung mit dem Planwerk auch als Instanz der Öffentlichkeitsarbeit (vom Lichtbildervortrag bis zu Vortragsveranstaltungen) verstand.[472] Dabei sollten die Pläne und Verfahren in erklärenden Schriften und durch Vorträge in öffentlichen Veranstaltungen erläutert werden. Die jeweiligen Fachinstanzen und Behörden sollten durch gezielte Informations- und Weiterbildungsmaßnahmen mit den Inhalten und Zielen des Planwerkes vertraut gemacht werden und somit selbst als Teil der Kommunikationskultur fungieren, wobei die „Weiterbildung der Baupolitik voraussichtlich grundlegende Bedeutung" gewinnen würde.[473]

Der vorliegende Kartenband blieb unvollendet, da der angekündigte Textband bis 1933 nicht mehr fertig gestellt werden konnte. In den Archivbeständen findet sich (jedenfalls bislang) kein Material, das als Rohfassung für diesen Textband angesehen werden kann. Offenbar war dieser noch nicht sehr weit gediehen oder ist verloren gegangen. Insofern müssen die Beiträge in der zeitgenössischen Fachliteratur und begleitende Archivalien als Quellen zur Bewertung dienen. Ein wesentlicher Grund für das verzögerte und unvollendete Erscheinen des Planwerkes lag auch in einem methodisch wesentlichen Aspekt.

Mit Einbruch der Weltwirtschaftskrise verstärkten die Planer das in Ansätzen erkennbare nichtlineare Verständnis um die adaptiv-emergente Seite. Sie stellten sich auf die neue Situation ein, die sie als fundamental betrachteten. „In Anpassung an die veränderten wirtschaftlichen Verhältnisse wurden die Wirtschaftspläne weiter durchgearbeitet bzw. auf ihre Wirtschaftlichkeit hin geprüft. Nur wenn die zwischengemeindlich wichtigen Plandispositionen weiterhin der Entwicklung angepaßt und die erforderlichen Flächen offengehalten werden, ist die Verwaltung und die Wirtschaft in der Lage, sich rationell einzurichten."[474]

Der Prototyp einer emergent-adaptiven Planung war geboren worden. Dabei wurde nicht einfach nur reflexhaft reagiert, sondern abgewogen, indem alle „Projekte, deren Ausführung trotz der Notzeit nicht zurückgestellt werden [kann], zu klären" sind.[475] Diese Anpassungen wurden dann in die strategischen Planüberlegungen eingefügt und mit den entsprechenden Partnern in Behörden und der Wirtschaft kommuniziert.[476]

Dem Kartenband ist eine kurze, aber prägnante Einführung vorangestellt worden. Hier umreißen die Autoren der Landesplanungsstelle in Merseburg Struktur, Inhalt und Absicht der Planunterlagen. Danach glie-

471 Ebd.

472 Ebd. sowie Prager, S. (1925?), S. 36–38, insbes. S. 37 sowie Luthardt, W. (1929): Die Landesplanung in Mitteldeutschland, Nr. 11, Bl. 81r, 81v, 8r, 9r.

473 Luthardt, W. (1929): Die Landesplanung in Mitteldeutschland, Nr. 56, Bl. 8v.

474 ThHStAW, Landesplanungsgemeinschaft Thüringen Nr. 11, Bl. 72r.

475 Ebd. Diese Ausführungen wurden im Geschäftsbericht der Geschäftsführung der Landesplanung für den engeren mitteldeutschen Industriebezirk für das Jahr 1931 getätigt.

476 Ebd., 73r.

dern sie die Materialien in zwei Kartenteile auf den Maßstabsebenen 1 : 1.000.000 und 1 : 200.000 sowie den Planteil in den Maßstäben 1 : 25.000/1 : 10.000 bzw. 1 : 50.000. Er umfasst insgesamt 39 Karten und Pläne und ist einem Schuber ausgeliefert worden.[477] Der Kartenband erschien im Eigenverlag der Landesplanung in Merseburg, einzelne Karten sind bei anderen Druckereien in Berlin, Zwickau oder Düsseldorf angefertigt worden. Der Bearbeitungsstand der einzelnen Karten bzw. Planung ist in der Regel 1929, wenige Ausnahmen beziehen sich auf 1925 bzw. 1927 oder 1931. Der gesamte Kartenband erschien letztlich 1932. Die lange Bearbeitungszeit ist der Weltwirtschaftskrise geschuldet, die zu erheblichen Problemen bei der technischen Fertigstellung geführt hatte, wie einleitend vermerkt wird. Im Geschäftsbericht der Landesplanung vom Mai 1932 wird vermerkt, dass nunmehr die Veröffentlichung des Planwerkes erfolgt.
Zunächst sollte, so die Ankündigung, der Kartenband erscheinen, später dann der Textband, welcher sich „eingehend mit den neueren Problemen der Planung auseinandersetzen [wird]. Es erscheint aus diesen Gründen unbedenklich, die Herausgabe beider Bände voneinander zu trennen."[478] Dieser Textband ist offenbar nie erschienen, jedenfalls konnte keine antiquarische oder archivarische Stelle gefunden werden, wo ein solcher Band – auch als Rohfassung – verzeichnet wäre.
Ein Blick in die Vorankündigung des Werkes von 1931 belegt, dass durchaus ein inhaltlicher Zusammenhang von Text- und Kartenband angestrebt worden war, man sich aber inzwischen schon fast davon verabschiedet hatte und dem Text nur noch eine Nebenrolle zuwies.[479] Demnach wäre der Textband in fünf Abschnitte gegliedert:
1. Entstehung, Organisation und Aufbau der Landesplanung Merseburg,
2. Natürliche und wirtschaftliche Verhältnisse des Planungsbezirks,
3. Die allgemeine Landesplanung,
4. Die spezielle Landesplanung (örtliche Wirtschaftspläne),
5. Die Durchführung der Planungen.
Das „Kartenwerk" ist dann mit kleinen Abweichungen als „Kartenband" wie vorgesehen erschienen. Die Modifikationen betreffen die Trennung der Wasserkarten (Fluss- und Grundwasserkarte), die Einfügung der Karte zu den „Mitteldeutschen Landstraßen" sowie die Reihenfolge einiger Karten. Zusätzlich war ursprünglich noch eine Karte „Der Wohnungsbedarf" in der zweiten Maßstabsebene vorgesehen. Eine Begründung findet sich nicht den Geschäftsberichten.[480]
Das Ziel der planerischen Arbeiten wurde, nach Angaben der Autoren in dieser Einleitung, auf vier Schwerpunkte bezogen:
- Verkehr,
- Arbeitsmarkt,
- Bevölkerungsbewegung,
- Bodeninteressen.
Damit sind die zentralen Kategorien planerischen Handelns umrissen, wie sie sich in der Genese des Fachgebietes herausgebildet haben: Umgang mit der Flächennutzung, mit dem Wandel der Wirtschaftsstruktur und der Demografie, vermittelt durch Kommunikationsinfrastrukturen. Die städtebauliche und landschaftliche Gestaltung, die bisherige Domäne der Disziplin, tritt „versteckt" auf – ein Indiz für die innere Ausdifferenzierung des Fachgebietes.
Von besonderer Bedeutung ist jedoch ein relativierendes, nichtlineares Selbstverständnis der vorgelegten Planungen:

---

477 Original im Archiv Kegler. Es gibt aber in mehreren Stadtarchiven, so in Dessau oder Merseburg, weitere Exemplare des Originals.
478 ThHStAW, Landesplanungsgemeinschaft Thüringen Nr. 11, Bl. 73v.
479 Ebd., Bl. 26r.
480 Ebd., Bl. 78r–80v.

„Sie [die Planungen] tragen lediglich den Charakter von Entwürfen, die den Erwägungen zum jeweiligen Zeitpunkt der Planaufstellung entsprechen und schaffen daher auch keine endgültige und rechtlich gesicherte Bestimmung für die Flächennutzung. Landesplanung und Städtebau von heute betrachten die Wirtschaftspläne als Programme, die mit den ständig wechselnden tatsächlichen Verhältnissen ihren Inhalt ändern, und die schließlich so geformt werden, dass der verhältnismäßig geringe Flächenbedarf der nächsten Zukunft an richtiger Stelle gedeckt werden kann. Entsprechend solcher Labilität der Planung ist auch für die einliegenden örtlichen Wirtschaftspläne von Zeit zu Zeit eine Überarbeitung zu erwarten."[481]
Dieses Planungsverständnis ist nicht nur ausgesprochen modern und – aus heutiger Sicht – sehr aktuell. Es ist auch ein Ausdruck einer gewandelten Auffassung von Planung im gesellschaftlichen Sinn und von der Rolle des institutionalisierten Planers. Die hier vertretene Planungsauffassung liegt jenseits einer „Gottvater-Diktion", aber offenbar auch jenseits einer nur dem Markt vertrauenden Heilslehre. Wirtschaftsplanung wurde, wie eingangs ausgeführt, als Ausdruck einer Gesamtrationalisierung der Standortwahl und Gestaltung begriffen. Dabei ging es weniger um die konkrete planerische Zuweisung als vielmehr um die programmatische Ausrichtung, die flexibel und elastisch genug sein muss, um sich wandelnden Anforderungen genügen zu können, ohne eine optimierte Grundorientierung aufzugeben. „Wirtschaftspläne" werden als die informellen Instrumente der Landes- und städtebaulichen Planung auf lokaler Ebene angesehen. Das ist ein neuer Ansatz, der im Wesentlichen auf Gustav Langen zurück geht. Durch die Anwesenheit von Vertretern der mitteldeutschen Landesplanung auf der Leipziger Siedlungswoche 1927 dürfte die Adaption erfolgt sein. Somit wurde ein städtebaulicher Wirtschaftsplan zum ersten Mal in dieser Form durch die Landesplanung in Merseburg praktiziert und gedruckt.[482]
Die Wirtschaftspläne waren im Grunde Flächennutzungspläne, die sich aber nicht allesamt, sondern vorrangig den Standorten der Wirtschaft widmeten. Zugleich wiesen sie die verkehrlichen und landschaftlichen Vorhaben (incl. Schutzgebiete) aus. Zudem sind in den Darstellungen deutlich die städtebaulichen Konfigurationen erkennbar. Allerdings fallen diese in den jeweiligen Planungen, die in der Verantwortung der kommunalen Akteure liegen, differenziert aus. So weist der Wirtschaftsplan für Halle (Plan 30) eine sehr klar erkennbare städtebauliche und landschaftsplanerische Vorstellung aus, wohingegen der Wirtschaftsplan für Zipsendorf-Meuselwitz vorrangig die Standortentwicklung der Braunkohlewirtschaft hervorhebt.[483]
Die entscheidende Feststellung jedoch ist die, dass in nächster Zukunft ein „verhältnismäßig geringer Flächenbedarf" zu erwarten sei und deshalb die Frage der „richtigen Stelle", d.h. der optimalen Lagezuweisung von wirtschaftlichen und Wohnungsstandorten eine besondere Wertschätzung erfahren müsse. Die in den meisten Plänen erscheinenden großflächigen Ausweisungen der Braunkohleabbaugebiete werden offenbar nicht als „Flächenbedarf" dargestellt, da diese nur als temporäre Inanspruchnahmen – mit einem Zeithorizont von 30 Jahren – angesehen werden. Im strategischen „Plan 23" tauchen diese auch nicht auf.
Eine zentrale Rolle des analytischen Teils im Planungsatlas spielt die Karte 10:
„Die Wandlungen der wirtschaftlichen Struktur 1907 bis 1925 in den mittleren Verwaltungsbezirken und den Großstädten Mitteldeutschlands". In der grafisch sehr abstrakten wie ästhetisch ansprechenden Darstellung sind die Änderungen in der Branchenstruktur des weiteren Planungsgebietes, inkl. Berlin, abgebildet worden. Diese Karte enthält den Schlüssel für die Ausrichtung des Planungsdenkens: der „Strukturwandel".[484] Hier taucht dieser Begriff erstmalig, im Sinne einer Trendanalyse auf.

481 Inhalt des Kartenbandes, Deckblatt, Merseburg 1932.
482 Langen, G. (1928): Planwesen, S. 224.
483 Siehe Anhang mit den Texten und Karten zum Planungsatlas. Es wird hier zwischen Karten (Analyse) und Plan (Planungen) im Planungsatlas unterschieden, was historisch nicht explizit getan worden war, aber deutlich erkennbar ist.
484 Karte Nr. 10: Die Wandlungen der wirtschaftlichen Struktur 1907 bis 1925; angekündigt war 1931 eine Karte mit dem Titel:

Die 39 Karten und Pläne[485] stellen ein offenes System analytischer und orientierender Aussagen zur Entwicklung des mitteldeutschen Wirtschaftsraumes dar. Die Karten bzw. Pläne sind nach drei Maßstabsebenen geordnet (1:1.000.000, 1:200.000 und 1:50.000 bzw. 1:25.000/1:10.000). Dieser Unterteilung liegt die auf Robert Schmidt zurückgehende Trennung in „allgemeine und spezielle Landesplanung" zugrunde.[486] Den Planungsebenen wurde hier noch eine Analyseebene vorgeschaltet, woraus sich die Dreigliederung ergibt. Sie geht weiter als es Schmidt forderte. Im vorliegenden Planwerk sind die Grenzen zwischen den Ebenen jedoch fließend gestaltet. So umfasst die erste Maßstabsebene Übersichtskarten von der „Politischen Gliederung" über die Bestandskarten zum Wald oder Bodenschätzen und analytischen Trenddarstellungen von Wirtschaftsstrukturen und Bevölkerungsentwicklung bis hin zu Verkehrsplanungen. Dieser Part ist mit 18 Karten der umfänglichste. Der zweite Teil umfasst lediglich 6 Karten bzw. Pläne, verbindet also auch Analyse (wie z.B. die Bevölkerungsentwicklung 20) mit Planung (z.B. Flächennutzungsplan 23), bezogen auf den engeren Raum Mitteldeutschlands. Die „Wirtschaftspläne" für die einzelnen Schwerpunkte im Planungsraum beinhalten stadtregionale Flächennutzungen und stellen den Übergang zu den örtlichen Bebauungsplänen dar. Es handelt sich also um eine fließende Struktur der Planungsebenen. Andererseits sind die einzelnen Teile des Kartenbandes nicht zwangsläufig aufeinander bezogen. Die Schlussfolgerungen und Deutungen können durchaus verschieden ausfallen. Es handelt sich also nicht um fertige Vorgaben der oberen Planungsebene an die untere, sondern um ein Diskursangebot und keine lineare Kausalität. Zugleich sollen die Kommunen bzw. die regionalen Siedlungsausschüsse mit Informationen versorgt werden, die sie selbst nicht erheben könnten. Darauf verwies Werner von Walthausen, einer der beauftragten Architekten und Planer.[487]

Die Landwirtschaft hat kaum Beschäftigtenzuwachs zu verzeichnen, meist im Gegenteil – Rückgang. Damit ist ein deutlicher Trend ausgemacht worden, der als Begründung für den Dezentralisierungsansatz – aus dem Bestand heraus – angeführt wird. Zuwachs hingegen wird im gewerblichen Sektor konstatiert. Dabei wird eine großräumige Disparität zwischen dem industriellen Kerngebiet um Merseburg und den sächsischen bzw. thüringischen Wirtschaftsregionen unterschieden. Im ersteren erfolgte eine Konzentration großindustrieller Strukturen, in den beiden letztgenannten prägte sich eine eher mittelständische Veredlungs- und Verbrauchsgüterwirtschaft aus. Dies wird auch durch die Untersuchung der Pendlerbeziehungen (Karte 21) unterstrichen. Entscheidend ist die Feststellung, dass sich in dem gesamten Beobachtungszeitraum von 18 Jahren die Tendenz zur Rationalisierung abzeichnete. Dies kann u.a. an den Zuwächsen in der Beschäftigtenzahl der Braunkohlewirtschaft und der chemischen Industrie im Regierungsbezirk Merseburg abgelesen werden: einer Verdopplung in der Braunkohlegewinnung steht eine Vervierfachung in der chemischen Industrie gegenüber.

Vorausgesetzt, dass sich die Zunahme der Beschäftigung direkt proportional zum Produktausstoß verhält, wovon hier ausgegangen wird, bedeutet das einen Rationalisierungsschub und vor allem einen rasanten Effizienzzuwachs in der Nutzung des Rohstoffes Braunkohle. Der technologische Fortschritt in der chemischen Industrie schlägt sich also direkt im Verbrauch an Rohstoffen nieder. Das wiederum bedeutet im Umkehrschluss, dass bei anhaltender Rationalisierungstendenz der Rohstoffeinsatz weiter deutlich relativ sinken dürfte, was unmittelbare Auswirkungen auf die Flächennutzung in der Region hätte. Dies hatte Pfannschmidt in seiner allgemeinen Begründung für das Zusammenwirken von Wirtschaftskunde/Landeskunde und Landesplanung herausgearbeitet, wobei er von einer „elastischen Wirt-

„Strukturwandelungen der mitteldeutschen Wirtschaft 1907–1925" ThHStAW, Landesplanungsgemeinschaft Thüringen Nr. 11, Bl. 26r.

485 Karten enthalten Bestandsangaben, wohingegen Pläne antizipierte Aussagen beinhalten.

486 Schmidt, R. (1926), S. 127–131, insbes. 127.

487 Walthausen, v.W. (1926), S. 193–194, insbes. S. 194.

schaftsplanung" sprach.[488] Die Entwicklung des ökonomisch-sozialen Systems erschien in den Augen der Planer als ein dynamisches, welches sich nur „bruchstückhaft" verwirklicht und das durch entsprechende Freiheitsgrade in der Planung berücksichtigt werden müsse.[489]
Die Darstellung der Lagerstätten auf der Karte 12 vermittelt eine Tendenz zur Konzentration der Abbaugebiete der Braunkohle vom Raum Merseburg/Bitterfeld in Richtung Lausitz und Leipziger Südraum (hier als „sächsische Bucht" bezeichnet), was sich anhand der Anzahl der Förderstätten („Betriebe") ablesen lässt. So erscheint z. B. das Geiseltal als Insel mit einer großen Anzahl an Förderstätten, was anzeigt, dass diese Lagerstätte in einem absehbaren Zeitraum von ca. 70 Jahren ausgekohlt sein dürfte. (siehe „Geiseltal in 70–80 Jahren" im Anhang) Die Kohle stellt neben dem Kaliabbau den wichtigsten regionalen Rohstoff dar. Der Erzbergbau spielt eine geringere Rolle. Am stärksten betroffen ist dabei das Mansfelder Kupferrevier. Die starke Konkurrenz aus Übersee (vor allem Chile) führte zu Förderrückgängen, was sich wiederum im Schrumpfen der Bevölkerungszahlen in diesem Gebiet niederschlägt (Karte 9). Diese Analyse, basierend auf der Volkszählung von 1925, offenbart die Dynamik und regionale Disparität der Bevölkerungsentwicklung. Es kann die Gleichzeitigkeit von Wachstums- und Schrumpfungsprozessen in Mitteldeutschland abgelesen werden. Neben dem Mansfelder Revier betrifft die Schrumpfung vor allem Ostthüringen (um Greiz). Stark wachsende Städte hingegen sind Jena und die Umlandgemeinden von Leipzig sowie im Bitterfelder und Merseburger Raum. Gleichzeitig ist eine Abnahme der Bevölkerung in den produktiven landwirtschaftlichen Gebieten wie der Magdeburger Börde zu konstatieren.
Außerdem wird in Karte 10 auf die starke Exportabhängigkeit der mitteldeutschen Industrie hingewiesen, wie die Trendbetrachtung, die bis 1928 weiter gerechnet wird, aussagt. Hier kommen die Autoren zu dem Schluss, dass die Weltwirtschaftskrise, die sich bereits abzeichnete, einen Rückgang der Beschäftigung erkennen lässt, was aber nicht zu Wanderungen der Arbeitskräfte führt, d. h. es wird keine nennenswerte Abwanderung aus der Region konstatiert. Um den krisenbedingten Disproportionen in der regionalen Entwicklung entgegen zu wirken, und um unnötige Binnenwanderungsbewegungen zu verhindern, ist ein flexibles Mobilitätssystem zu entwickeln, das es den Arbeitskräften ermöglicht, in der „Einstundenentfernung" auch einen notwendig werdenden Arbeitsplatzwechsel vornehmen zu können, ohne umziehen zu müssen.[490] Von dieser Grundannahme getrieben, hat Pfannschmidt das Mobilitätssystem der „Halb- und Einstundenerreichbarkeit" mit Eisenbahn, Kraftfahrzeug, Fahrrad und zu Fuß als sich überlappende Einzugsradien entwickelt, was im „Plan 23" abgebildet worden ist.
Kartografisch stellt das Planwerk eine grafisch außerordentlich ansprechende, in der typografischen Sprache der Moderne gehaltene wissenschaftliche Bildfolge dar. Eine serifenlose Schrifttype, seitlich herausgestellte Blattnummern, z. T. die Planränder sprengende Karten und vor allem die Darstellung der statistischen Angaben lassen den Einfluss moderner Typografie und Werbegrafik erkennen, ohne dass dies direkt nachweisbar ist. In den Geschäftsberichten findet sich kein eindeutiger Hinweis darauf. In den ansonsten einheitlichen Darstellungen weichen lediglich die beiden Wirtschaftspläne von Halle und Magdeburg etwas vom Layout ab, die erst gegen Ende der Arbeiten am Planwerk eingefügt wurden und somit nicht mehr plangrafisch angepasst werden konnten, wie aus den Erstellungsdaten der Pläne ersichtlich ist.
Das Planwerk ist über mehrere Stufen gereift und wurde im Eigenverlag des Planungsverbandes in Merseburg erarbeitet. Erste Entwürfe wurden bereits 1925 veröffentlicht und tragen in der Plangrafik wie in der inhaltlichen Ausgestaltung deutliche Kennzeichen eines Herantastens an den Planungsgegenstand und

488 Pfannschmidt, M. (1929), S. 55.
489 Ebd.
490 Ebd., S. 53 f. Auf S. 54 ist dieses Prinzip zum ersten Mal und mit dem Datum 27. Januar 1928 veröffentlicht worden.

dessen Vermittlung.[491] Die Einflüsse der Typografie der Moderne sind ab 1927 erkennbar.[492] Der letztlich gewählten Darstellung ging eine seit 1924 währende Auseinandersetzung um Vereinheitlichung von Plandarstellungen voraus.[493] Diese Vereinheitlichung erschien notwendig, um die – aus heutiger Sicht – informellen Siedlungspläne von den formellen Bebauungsplänen nach Fluchtliniengesetz zu unterscheiden. Solange es noch kein Preußisches Städtebaugesetz gab, das dann auch diese Frage hätte regeln sollen, bestand die Notwendigkeit, inhaltliche und darstellerische Regeln für die Erstellung dieser Pläne für den Regierungsbezirk festzulegen. Die Siedlungspläne wurden also den Bebauungsplänen vorgeschaltet, um grundsätzliche Orientierungen für die Anlage von Wohn-, Industrie-, Erholungs-, Verkehrs-, Handels- oder Bergbauflächen zu gewinnen.

Die Siedlungspläne sollten, so Prager, „Schwierigkeiten bei der förmlichen Festsetzung der Bebauungs- und Fluchtlinienpläne [...] aus dem Wege räumen."[494] Mit diesen Anforderungen an die Siedlungspläne wurde der kommunikative Charakter des späteren Planwerkes vorgezeichnet. Zugleich definierten die Planer die wesentlichen Darstellungsarten für die einzelnen Flächennutzungen, die Maßstabsebenen sowie die kartografischen Grundlagen.[495] Die Farben der einzelnen Nutzungsarten und Statistiken im späteren Planwerk sind hier bereits in den Grundzügen umrissen und wurden letztlich beibehalten, eben nur ausdifferenziert und grafisch angepasst. Besonderes Augenmerk legte Prager auf den Umgang mit den Bergbauarealen. In den Plänen sollte nicht nur der aktive Bergbau und die möglichen Fördergebiete für die nächsten 50 Jahre ausgewiesen werden, sondern auch „Angaben darüber [...], in welchem Maße die Auffüllung der Gruben in die Wege geleitet worden ist, inwieweit der Boden wieder rekultiviert worden ist [...]."[496]

Den Bemühungen um einheitliche Planzeichen und Farben schließt sich auch der Normenausschuss der Deutschen Industrie mit einem Entwurf der „Reichshochbaunormung" an. Um dem „in den Fachkreisen schon mehrfach empfundene[n] Bedürfnis, die Darstellungen und Kennzeichen [...] einheitlich zu gestalten", nachzukommen, erstellten die Planer den Entwurf für ein Normblatt, das jedoch wegen dem fehlenden Städtebaugesetz nicht angewendet wurde.[497] Dennoch nahmen die zuständigen Stellen im preußischen Ministerium diesen zur Kenntnis. Vergleichbare Vereinheitlichungsversuche sind auch aus Sachsen bekannt.

Die dort von Mackowsky vorgelegte „Farbenbezeichnung des Siedlungs- und Wirtschaftsplanes für das westsächsische Braunkohlegebiet (Landesplanung)" stellte eine einfach handhabbare und zugleich aussagekräftige Planzeichenordnung dar. Sie fand entsprechende Anwendung und wurde auch bei der länderübergreifenden Planerstellung von der Landesplanung in Merseburg berücksichtigt.[498]

Der für Mitte 1931 angekündigte Versand der beiden Teile des Planwerks, Karten- und Textband, wurde mit einer breiten Informationskampagne im Frühjahr 1931 eingeleitet. Presseinformationen, Rundschreiben, Handreichungen und Vorträge gehörten zum Propagandaprogramm, mit dem das Planwerk einer breiten Öffentlichkeit zugänglich gemacht werden sollte. So wurden z. B. die Schulleiter sämtlicher Mittel- und Volksschulen angeschrieben und die Anschaffung des Kartenwerkes dringend empfohlen.[499]

491 Siehe: Küster, D. (1925), S. 129–132, insbes. S. 130. 1929 erschien dann der erste Entwurf zum „Plan 23", der ebenfalls nur Konturen aufzeigt. Siehe: Pfannschmidt, M. (1929), S. 54.

492 So wurden nach 1927 (bes. ab 1930) die Geschäftsberichte in einer modernen Schrifttype geschrieben, die die bis dahin übliche Frakturtype ablöste.

493 LHASA, MD, Rep. C 20 I, Ib, Nr. 2768, Bd. 1, Bl. 9–16 (Richtlinien für die Aufstellung von Siedlungsplänen für die Mitteldeutschen Wirtschaftsgebiete innerhalb des Regierungsbezirkes Merseburg, Verfasser: Stephan Prager, 22. 2. 1924).

494 Ebd., Bl. 2.

495 Ebd., Bl. 12–16.

496 Ebd., Bl. 14.

497 ThHStAW, Landesplanungsgemeinschaft Thüringen, Nr. 11, Bl. 102.

498 Ebd., Bl. 162–164.

499 Ebd., Bl. 9r, 10r.

Ähnlich wurden die Baugenossenschaften angeschrieben und Vorträge angekündigt.[500] Die ganze Werbekampagne wurde durch Autoritätsbeweise maßgeblicher Persönlichkeiten zur „Beurteilung des Werkes aus Verwaltung und Wirtschaft" untersetzt und breit kommuniziert.[501]

4.2 Das Hauptresultat des Planwerks: Der „Plan 23" – eine VISION

In dem strategischen „Plan 23" manifestierte sich generell der Ideengehalt der Landesplanung Ende der 1920er Jahre. Er kann als ein *Großer Regional-Plan* und als eine übergreifende *Vision für Mitteldeutschland* am Beginn der Hochindustrialisierungszeit angesehen werden. Damit knüpft er an die Tradition der Großen Pläne vor dem 1. Weltkrieg an und erweitert diese nicht nur in räumlicher Hinsicht, sondern auch hinsichtlich des wissenschaftlichen Charakters, der demokratischen Grundlage und der ausgereiften Plandarstellung. Er erfüllt in jeder Hinsicht die Kriterien, die an einen Großen Plan zu stellen wären, wie sie aus der Analyse der Planwerke um 1910 ermittelt worden waren:
„1. Verständnis zur Zeit: Kenntnisnahme von und Bezug zur Geschichte und zweitens Strategien zur dynamischen Anpassung während des Planungsprozesses.
2. Umgang mit dem Bestand: Ausgehen von den konkreten Gegebenheiten, ordnen und verbessern.
3. Vielfalt inhaltlicher Positionen sammeln, sortieren und sichtbarmachen, Komplexität und Ambivalenz aushalten, Prioritäten aushandeln.
4. Handlungszusammenhänge und Ebenen des Austausches: Horizontale und vertikale Co-operation: interdisziplinär, inter-regional, zwischen hierarchischen Entscheidungs-Ebenen. Menschen und ihre konkreten Lebenszusammenhänge sind der Ausgangspunkt und wichtiger Bezugsrahmen der Planung."[502]
Örtliche Bestände und die Geschichte der räumlichen Veränderungen, Integrations- und Anpassungsfähigkeit sowie Mehrebenbezug der Planung und Hinwendung zu sozialen Zwecken kennzeichnen auch den Plan 23 der mitteldeutschen Landesplanung – ein Großer Plan mithin und sehr kommunikativ angelegt (Abb. 17).
Nicht nur, dass dieser Plan bis heute Anregungen parat hält, was einen Nebeneffekt der erstmaligen Aufarbeitung eines Planwerkes aus dem Fundus der Landesplanung jener Zeit darstellt. Er kann auch als ein erster Prototyp für ein nichtlineares Planungsverständnis gewertet werden. Zwar gründete er sich auf eine breit angelegte Analyse der räumlichen, sozialen, wirtschaftlichen u. a. Gegebenheiten; doch wurde mit dem Flächennutzungsplan („Plan 23") keine positivistische Ableitung aus diesen Analysen getroffen. Vielmehr erscheint dieser Plan als ein Ergebnis der vielfältigen Interaktion mit den regionalen Akteuren, konkreten Einlassungen auf den Bestand und zugleich als eine strategische Setzung von Grundlinien zukünftiger, stabiler Entwicklung, die Spiel-Räume ermöglicht, zugleich aber auch Grenzen formuliert. Nicht nur das Setzen von Flächen- bzw. Raumfunktionen, sondern auch das Integrieren von dynamischen Raumbeziehungen und sichtbare Gestaltungsabsichten auf regionaler Ebene machen diesen Plan lesenswert und interpretierbar. Als länderübergreifender, langfristig orientierter Rahmenplan (nach heutiger Lesart) besitzt er eine planungswissenschaftliche und ästhetische Qualität, die weit mehr ist als ein Vorläufer heutiger Planungen. Er geht zudem deutlich weiter und ist komplexer sowie anschaulicher als die später entstandene Konzeption der Zentralen Orte. Der Plan 23 kann als eine „Geburtsurkunde" der Strategischen Planung auf stadtregionaler Ebene angesehen werden. In der Weiterentwicklung des Gro-

500 Ebd., Bl. 8r, v, 81r, v.
501 Ebd., Nr. 11, Bl. 27v, 67r.
502 Kress, C. (2017), S. 24.

17 Plan 23 – Plan der Gewerbe-, Wohn- und Grünflächen im engeren mitteldeutschen Industriebezirk und in den angrenzenden Gebieten

ßen Planes zu einer strategisch angelegten Planung mit dynamischem Planungsverständnis, und weit gesteckten Planungshorizonten sowie einer systematischen, zudem demokratisch basierten Planungskultur auf einer bis dahin nicht gekannten räumlichen Ebene (länderübergreifend) stellt der Plan 23 als Teil des Planwerks (Planungsatlas) eine absolute Innovation dar. Er ist der erste Große Strategie-Plan, der nicht nur die oben genannten Kriterien erfüllt, sondern sie maßstabsetzend weitertreibt. In ihm manifestiert sich eine VISION für Mitteldeutschland als Plan und Prozess. Dem soll im Einzelnen nachgegangen werden.
Der Originaltext zum Plan 23 lautet:[503]

> „Zusammendruck 1929 aus der Topogr. Übersichtskarte des Deutschen Reiches 1:200 000 mit dem Stand der auf den Grundplatten ausgeführten Berichtigungen und Nachträge. Hergestellt vom Reichsamt für Landesaufnahme, Reichskartenstelle, Berlin 1929.
> Der Plan wurde aufgestellt von der Landesplanung Merseburg unter Mitwirkung der Landesplanungen Magdeburg, Westsachsen-Leipzig u. Ostthüringen sowie der Städte Dessau, Halle, Leipzig und Magdeburg.
> Vorliegender Übersichtsplan soll den Zusammenhang der gegenwärtigen und künftigen Verteilung der Gewerbe-, Wohn- und Grünflächen darstellen. Die geplanten Gewerbe- und Wohnflächen entsprechen einem Höchstbedarf der nächsten 30 Jahre. Ihre örtliche Lage ändert sich mit den Standortbedingungen. Für die nähere Zukunft sind nur Teile der geplanten Flächen zum Aufschluss durch Baustufen- und Fluchtlinienpläne bestimmt. – Die jetzige Bebauung ist teils aus dem Unterdruck ersichtlich, soweit dieser dem gegenwärtigen Stand entspricht, teils ist sie in den als geplant ausgewiesenen Flächen enthalten. – Die Lage der Industrie- und Wohngebiete zueinander soll den künftigen siedlungstechnisch erwünschten Zustand zeigen. Gegenwärtig schließen die vorhandenen Wohnflächen das Mischgebiet ein, enthalten also schädliche Industrie; die geplanten Wohnflächen enthalten dagegen außer dem reinen Wohngebiet nur Mischindustrie mit Kleingewerbe und Geschäftsgebiete. In den Wirtschaftsplänen sind die einzelnen Flächennutzungsarten plantechnisch voneinander unterschieden.
> Gewerbestandorte: Der Mittellandkanal nebst Südflügel begünstigt die gewerbliche Ansiedlung an der Elbstrecke Magdeburg-Dessau-Wittenberg sowie an der Saale-Elster-Strecke Bernburg–Staßfurt–Halle–Merseburg–Leipzig. Außer der Lage zum Wasserweg ist die stärkere oder schwächere Begünstigung einzelner Orte und Gebiete durch Bahn- und Straßenverkehrslage, durch die Wasserversorgung aus Urstromtälern und durch die Lage zu den Verbraucherorten der Bevölkerung für die gewerbliche Ansiedlung bestimmend.
> Wohnflächen: *Die Entwicklung der Wohngebiete wird sich zweckmäßig weiter im Anschluss an die bisherigen Stadtkörper und an die günstigen Gewerbestandorte vollziehen, wobei eine dezentralisierte Besiedlung der Ortschaften in der Einstundenlage zu mehreren Gewerbezentren erstrebt wird. – Die Einstundenzone eines Gewerbeortes umschließt sämtliche Wohnorte, von denen aus die Erwerbstätigen bei Benutzung der Bahn in höchstens einer Stunde zur Arbeitsstätte gelangen können.* Wohnorte, die von mehreren Zonengrenzen umschlossen werden, sind demnach arbeitsmarktlich besonders günstig gelegen. – Die Wohnflächen sind in diesem Plane nur für Wohnorte mit vorwiegend gewerblicher Bevölkerung und für Wohnortgruppen mit mehr als 2000 Einwohnern eingetragen worden.
> Grünflächen: Größere Waldflächen für öffentliche Erholung besitzen lediglich das Gebiet Dessau-Wittenberg-Bitterfeld, das Mansfelder Land, das Unstrutgebiet, Ostthüringen und das sächsische Mittelgebirgsland. Im Elster-Saale-Gebiet ist dagegen der Bestand an Waldflächen überaus gering. Hier

503 Kartenband Plan Nr. 23, Bildunterschrift (Archiv Kegler), Herv. d. Verf.

gewinnen daher die Talniederungen (natürliche Überschwemmungsgebiete und angrenzende Niederungsgebiete) erhöhte Bedeutung für die Volkserholung und die Wasserwirtschaft. Dargestellt sind ferner für Preußen und Anhalt die geschützten landschaftlich hervorragenden Gegenden sowie die größeren Naturdenkmalschutzgebiete."

Der Plan 23 stellt also das Herzstück des Planungsatlasses für die mitteldeutsche Landesplanung dar. Darin sind Hauptaussagen der Planung für den engeren mitteldeutschen Industriebezirk in einer räumlich-funktionalen und flächenbezogenen Synopse zusammengefasst worden. Die geplanten Gewerbe-, Wohn- und Grünflächen wurden als strategische Aussagen hervorgehoben. Darüber hinaus enthält der Plan ein Raum-Zeit-Modell zur eisenbahnbasierten Mobilität, das als abstrakte Einzugsgebietsdarstellung über den Flächennutzungsplan gelegt wurde. Damit enthält dieser Plan auch Aussagen zu dynamischen Elementen räumlicher Vernetzung.
Es handelt sich um einen kombinierten Flächennutzungs- und Strategieplan, der sowohl den aktuellen Planungsstand repräsentiert als auch langfristig stabile Elemente der räumlichen Entwicklung hervorhebt. Dazu zählen:

- die Korridore der Flussauen,
- die zusammenhängenden Waldgebiete,
- die Grenzen der Stadtentwicklung mit Hervorhebung der bestehenden Kerne und der Erweiterungsflächen,
- die Schwerpunkte der gewerblichen und industriellen Wirtschaft.

Gewerbestandorte:
Im Wesentlichen werden die bereits bis zum 1. Weltkrieg angelegten Industrie- und Gewerbestandorte fortgeschrieben. Im Planwerk wird nicht zwischen Alt- und Neustandorten unterschieden. Es kommt zu einer neuen Wichtung, indem sie bzgl. der verkehrlichen Erschließung über die Bahn und die Flüsse (weniger über die Straße) erweitert werden. So bilden sich Korridore ab: Magdeburg–Schönebeck–Bernburg/Köthen–Halle/Leuna; Halle–Bitterfeld–Wittenberg; Wittenberg–Piesteritz–Roßlau; Eisleben–Hettstedt–Aschersleben–Staßfurt–(Magdeburg).
Die Städte bzw. Gewerbestandorte werden als regionale Zielpunkte in einem 30-km-Netz der bahnseitigen Erschließung (vorrangig zur Heranführung von Arbeitskräften) hervorgehoben:
Magdeburg, Schönebeck, Staßfurt, Aschersleben, Bernburg, Dessau, Roßlau, Piesteritz, Wittenberg, Farbenfabrik Wolfen, Bitterfeld, Leipzig, Halle, Leuna, Plagwitz, Eisleben, Hettstedt, Jena, Zeitz, Gera, Weißenfels, Meuselwitz sowie Apolda (wobei es hier keine planerischen Aussagen zur Entwicklung gibt). Diese Orte könnten als „zentrale Orte" (diesen Begriff gab es noch nicht), als wirtschaftliche Zentren, aber auch als dezentrale Wohnorte angesehen werden. Nicht dabei sind: Zerbst, Delitzsch, Altenburg, Wurzen, Eilenburg, Weimar (auch diese Stadt ist offenbar nur kursorisch aufgenommen, ohne eine planerische Aussage, die möglicherweise auch noch nicht vorlag, da ja die Landesplanung Mittelthüringen erst ab 1930 aufgebaut wurde).
In den Zentren überlagern sich die Einzugsradien, weswegen z. T. die 30-km-Radien oder sogenannten „Ein- bzw. Halbstundenzonen" unterschritten werden. Entlang der Einzugskorridore werden die potenziellen Wohnstandorte, bezogen auf die Haltepunkte der Bahn wiederum mit Einzugsradien von 3 bis 7 km (10 km) dargestellt – also fußläufige oder fahrradbezogene Anbindungen. Daraus ergibt sich ein Korridor-Netz, welches die dezentralen Standortschwerpunkte für die Wohnbereiche hervorhebt. Die dazwischen liegenden Orte werden als nicht erweiterbar angesehen. Ausnahmen bilden Orte in besonderen Naturlandschaften, wie der Elbaue (Bad Schmiedeberg etc.) oder dem Unstruttal.
Besonders auffallend ist im Planwerk das System der Auenverbindungen. Alle Fluss- und Bachläufe sind als Grünverbindungen betont und fast vollständig von jedweder Bebauung freigehalten. Sie bilden klar

abgegrenzte Räume des Natur- und Hochwasserschutzes. Es ist ein zusammenhängendes Netzwerk dieser Auenlandschaften vorgesehen, die wiederum mit den großen Waldgebieten (Dübener Heide, Harz, Fläming und Ostthüringen) verknüpft sind. In diesen Grünräumen werden – für preußisches und anhaltisches Gebiet – Naturschutz- bzw. Naturdenkmalebereiche ausgewiesen:

- das Unstruttal mit Teilen der Saaleaue (Artern bis Naumburg sowie Großheringen bis Leißling) – größtes Gebiet,
- die Saale-Elster-Aue mit Teilen des Stadtgebietes von Merseburg bis Schkopau – zweitgrößtes Gebiet,
- ein Abschnitt der Muldeaue zwischen Jessnitz und Altjessnitz/Raguhn,
- ein Waldgebiet südlich von Mosigkau bei Dessau,
- die Elbaue südlich von Roßlau (südliches Ufergebiet),
- die Elbaue zwischen Steutz und Badetz mit Steckby – drittgrößtes Gebiet,
- Waldgebiete südlich Medewitz und nördlich von Zerbst.

In diesen Gebieten sind die Naturschutzgebiete abgegrenzt. Das Dessau-Wörlitzer Gartenreich ist nicht ausgewiesen worden, obwohl es in dieser Zeit als touristisches Naherholungsgebiet erschlossen und beworben wurde.[504] Die Stadt Wörlitz ist hingegen in das System der „Ein- bzw. Halbstundenzonen" einbezogen. Die existierende Bahnverbindung, für die touristisch lebhaft geworben wurde, war – im Gegensatz zu der in den Kurort Bad Schmiedeberg – Bestandteil der bahnseitig erschlossenen Naherholungsstruktur im Gesamtplan.

Die Braunkohletagebaue erscheinen im Planbild fast unkenntlich und nur als Standortsymbol (gekreuzte Hammer und Schlegel). Sie werden nicht flächenmäßig ausgewiesen, obgleich sie beträchtliche Flächenrelevanz auch schon damals besaßen. Zum einen können dafür taktische Gründe eine Rolle spielen. Wegen der starken Präsenz der Landwirtschaftsvertreter in den Siedlungsausschüssen sollten die zwar temporären, aber eben enormen Devastierungen durch den Bergbau nicht direkt kommuniziert werden, sondern erst auf der kleinräumigen Ebene der Wirtschaftspläne. Andererseits kann vermutet werden, dass diese Gebiete als Übergangslandschaften angesehen wurden, wie aus den Veröffentlichungen von Prager 1925 abzuleiten wäre. Er setzte sich bereits ausführlich mit den Fragen der Bergbau-Folge-Landschaften auseinander.[505] Dabei ging es zumeist um eine forst- und landwirtschaftliche Nachnutzung, nur in Ausnahmefällen stand die Vision einer Freizeitlandschaft im Mittelpunkt, wie z. B. im Geiseltal.

Die konkreten Ausweisungen der Bergbauareale in den Plänen 32 bzw. 33 zeigen die weiten, potenziell devastierten Flächen. Auf dieser Grundlage entstand auch die Vision der Zukunftslandschaft „Das Geiseltal in 70 bis 80 Jahren" von Walthausen 1928, die aber Prager bereits 1925 angedeutet hatte.[506] Der „Plan 23" selbst weist explizit keinen Zeithorizont aus, wenngleich Annahmen für die nächsten 30 Jahre getroffen werden (siehe nächster Abschnitt). Es sollte offenbar ein Zielkorridor mit den wesentlichen landschaftsprägenden Elementen vermittelt werden. Für das Geiseltal aber wird lediglich landwirtschaftliche Fläche als Nachnutzung dargestellt – eine touristische Seenlandschaft hingegen nicht. Auch hier können taktische Überlegungen eine Rolle gespielt haben. Die Vision von 1928 hätte vielleicht im Textteil Niederschlag gefunden.

Damit wird der Plan handhabbarer und die Hauptaussagen sind klar erkennbar. Das Mobilitätsmodell hingegen liegt wie eine Arabeske darüber und bedarf der intensiven Beschäftigung, will der Betrachter

504 Stiftung Bauhaus Dessau (Hg.) (1996), S. 48–50.

505 Prager, S. (1925), S. 44.

506 Ebd. „Im Geiseltal, wo eine Wiederauffüllung der Gruben, die voraussichtlich zu großen Teichen werden, nicht möglich ist, und wertvoller landwirtschaftlicher Boden in den Abraumhalden untergeht, könnten diese Halden wenigstens durch Bepflanzung wieder in die Natur einbezogen werden." Dazu hatte dann 1928 der zuständige Planbearbeiter, Werner von Walthausen, das entsprechende Planbild erstellt.

dieses System verstehen. Aber vielleicht ist dies auch nicht sofort notwendig. Es genügt auf den ersten Blick zu erkennen, dass alle wichtigen Standorte der Industrie mit denen des Wohnens über die Eisenbahn in einem effektiven Zeit-Raum-Maßstab verknüpfbar sind.[507]
Die Industriestandorte:
Die bestehenden Standorte bildeten in dieser Planung das Grundraster für die wirtschaftliche Entwicklung. Damit wird der Trend zur Dezentralisierung, wie er sich aus den Standortentscheidungen bis 1918 ergeben hatte, weitergeführt. Neben dieser Fortschreibung der wesentlichen Industrie- und Gewerbestandorte ist im Plan ein neuer Standort mit beabsichtigter großer Bedeutung, eine neue Industrie-Wohnbandstadt zwischen Roßlau und Steutz, mit einer Länge von ca. 10 km auf dem Hochufer der Elbaue vorgesehen. Hierfür waren auch neue Bahn- und Straßenverbindungen vorgesehen. Damit würde ein zweiter Pol an Großstandorten in Mitteldeutschland geschaffen werden, der so groß wie Leuna geworden wäre. Er hätte Bitterfeld-Wolfen übertroffen. Der Ausbau des Standortes Magdeburg-Rothensee, unmittelbar an dem Wasserstraßenkreuz von Elbe und Mittellandkanal, wäre dann noch ebenso groß geworden und hätte den dritten Pol dargestellt.
Zwischen diesen Polen entfaltete sich in dem Plan ein weitmaschiges Netz dezentraler Konzentration des Wohnens und Gewerbes. Dieses Modell kann als einer der frühesten Ansätze für eine heute wieder diskutierte „dezentrale Konzentration“ (siehe Teil 2 der vorliegenden Arbeit) betrachtet werden.
Der neue Standort wäre zudem durch eine neue Eisenbahntrasse von Süden sowie – auf Dessauer Gebiet – durch eine Straßenbrücke (am Leopoldshafen/Kornhaus, nördlich von Dessau) angebunden worden. Vor allem aber sollte der Hafen Roßlau erweitert werden. Das Industriegebiet wäre in zwei Abschnitte gegliedert gewesen, welche durch Schneisen bei Brambach und bei Roßlau einen Zugang zur Elbe gehabt hätte. Steutz und Aken könnten zu einem bedeutenden Wohnstandort in bester Lage zur Elbaue entwickelt werden.[508] Die geschützte Aue bei Steckby sollte von dieser Entwicklung unberührt bleiben. Durch die Lage auf dem Hochufer wären mögliche Schadstoffemissionen weiträumig verteilt worden und hätten das in der Hauptwindrichtung gelegene Dessau offenbar weniger betroffen. Die Hauptentscheidungskriterien für diesen neuen Großstandort waren:
- optimaler Bahnanschluss für die Heranführung der Arbeitskräfte (Zonenüberlagerung in Roßlau),
- günstige Lage in Bezug auf die Auenlandschaft, d. h. außerhalb Hochwassergebietes,
- optimale Bedingungen für den Gütertransport über die Elbe, aber auch über die Bahn und die Straße (mit Neubauten von Brücken),
- Begrenzung des Ausbaus der Dessauer Industrie im westlichen (Auen)-Gebiet.

Die Industriestandorte werden unmittelbar den Rohstoffquellen zugeordnet, so wie sie seit der zweiten Hälfte des 19. Jahrhunderts entstanden waren: Leuna befindet sich unmittelbar in der Nähe der Braunkohlegruben des späteren Geiseltals; Bitterfeld/Wolfen grenzt an die Tagebaue westlich der Industriestandorte an; Zschornewitz ist am Rande der Braunkohlelagerstätte von Golpa errichtet worden.
Die Standorte an der Elbe (der neue bei Roßlau und Wittenberg-Piesteritz) werden wegen der günstigen Lage am Fluss entwickelt. Dies wird durch den Aufbau des mitteldeutschen Überlandverbundes für Elektroenergie möglich.
In der Deutung von Pfannschmidt spielte die Lageoptimierung der Produktionsorte zu den Rohstoffquellen, die in den Standorttheorien von Alfred Weber entscheidend sind, eine untergeordnete Rolle, da sich alle Standorte in einem 30-km-Netz befinden. Damit bleiben die Raumüberwindungsaufwendungen für alle Marktbeteiligten offenbar relativ gleich, zumal sich alle auf die Eisenbahn und die Flüsse beziehen.

507 Pfannschmidt, M. (1929), S. 54.
508 Vgl. Wirtschaftsplan 26 (Dessau – Roßlau – Zerbst).

Die 30-km-Marke stellte eine „Schallmauer“ für Transportaufwendungen dar.[509] Das Hauptkriterium in der Planung hingegen war die Lage und Verknüpfbarkeit der Wohnstandorte in Bezug auf die dezentral verteilten Industriestandorte („nestartige Gruppierungen“), welche entlang von Entwicklungskorridoren verknüpft werden, ohne dass sie als Wohngebiete zusammenwachsen sollen.[510]
In diesem räumlichen Modell legten die Verfasser, so kann vermutet werden, mit der differenzierten Herausarbeitung eines Mobilitätsnetzes offenbar den Übergang der Wirtschaft Mitteldeutschlands von der „Rohstofforientierung“ zu einer „Absatzorientierung“ an – ein Trend, der durch die Kriegswirtschaft bereits vorangetrieben worden war.[511] Rathenau hatte diesen Prozess strategisch eingeleitet, was sich in den Ansiedlungen der Kraftwerke und Chemischen Industrien niedergeschlagen hatte.[512] Mit den nun vorgelegten Planungen erfuhr dieser Anschub eine Qualität, die bis dahin reichte, dass die Industrien, die ja noch an die Braunkohle gebunden waren, sich langfristig von dieser Primärenergiequelle abkoppeln würden.
Einige der Korridore werden jedoch verdichtet und bilden Bandstädte: Magdeburg (Rothensee bis Schönebeck), Merseburg bis Leuna, Eisleben bis Hettstedt und – als neuer Standort – Roßlau bis Steutz. Daneben zeichnen sich räumliche Cluster („Nester“) ab: zwischen Weißenfels, Zeitz und Meuselwitz, um Bitterfeld und Wittenberg sowie die große Stadt Leipzig und der westliche Bereich Plagwitz. Die Kette der Städte Aschersleben, Bernburg, Köthen und Dessau wird hervorgehoben. Zudem bilden sich kleinere, dezentrale Schwerpunkte entlang der Eisenbahntrassen: zwischen Zschornewitz, Gräfenhainichen und Bergwitz. Weiterhin werden Inseln wie Jena oder Gera mit räumlich begrenzter Industrie ausgewiesen. Einen Sonderstatus nimmt der Bereich um Bad Schmiedeberg, Pretzsch und Düben ein: dieser wird nicht als an das Eisenbahnsystem angeschlossen ausgewiesen (obwohl eine Bahnverbindung besteht). Offenbar ist dieser Bereich als ein autonomer und für die Naherholung in der Dübener Heide vorgesehen worden. Es ergibt sich ein sehr differenziertes Gebilde, das nicht einem Dogma verpflichtet zu sein scheint, sondern von den realen Gegebenheiten ausgeht und diese maßvoll ergänzt.
Auffallend ist, dass der Südraum Leipzig nicht in das Mobilitätsmodell einbezogen worden war. Borna als größte Stadt in diesem Bereich ist nicht integriert. Die Erschließung der Braunkohlelagerstätten hatte hier noch nicht in dem Maße begonnen, dass sie vermerkt wurde. Doch ließ sich das Modell durchaus auf diesen Raum erweitern. Es bezog sich bislang nur auf den Grenzbereich zu Thüringen um Meuselwitz und Zeitz, die bereits im Einzugsbereich der Mobilitätsplanungen lagen.

509 Pfannschmidt, M. (1929), S. 53–54.

510 Pfannschmidt, M. (1929), S. 51–55. In diesem grundlegenden Beitrag liefert Pfannschmidt die wirtschaftstheoretische Einführung in das mitteldeutsche Planwerk und stellt insbesondere sein Modell für den im Plan 23 dargestellten Ansatz der dezentralen Konzentration und der Mobilität vor. Dieser Artikel beinhaltet die Quintessenz seiner 1932 fertig gestellten Dissertation „Standort, Landesplanung. Baupolitik“ (siehe auch: Hofmann, W. (1992), S. 26).

511 Voppel, G. (1990), S. 63 sowie S. 39. Diese wirtschaftsstrategischen Überlegungen waren Anfang der 1920er Jahre in verschiedenen Veröffentlichungen dargelegt worden. Vor allem der Geograf Bücher hatte 1922 das Modell einer wirtschaftlichen wie räumlichen Kaskade wirtschaftlicher Tätigkeit aufgestellt, die von der städtischen Hauswirtschaft bis zur „Volkswirtschaft mit großräumlichen Verflechtungen“ reicht. Ohne, dass es konkrete Hinweise darauf gibt, dass Pfannschmidt diese Literatur studiert hatte, darf davon ausgegangen werden, dass er bei seinen Studien an der Universität in Halle mindestens Kenntnis davon erhalten hatte – so legen die Ausführungen von Bücher Bezüge zur mitteldeutschen Planung nahe. Vgl. Bücher, K. (1922), S. 149.

512 Wilderotter, H. (Hg.) (1994), S. 362–386, insbes. S. 363. Hier werden Rathenaus Überlegungen für eine Rationalisierung der Gesamtwirtschaft zusammengefasst. Die Ideen der Gemeinwirtschaft, wie Rathenau sein Konzept einer durch Behörden beaufsichtigten „Gruppenbildung der einzelnen Industrien“ nannte, also einer räumlich wie stofflich/energetisch (dezentral) organisierten und nicht nur dem freien Wettbewerb überlassenen industriellen Wirtschaft, dürfte ebenfalls bekannt gewesen sein. Die AEG (Gründer: Emil Rathenau) hatte den Aufbau der mitteldeutschen Elektrowirtschaft, von Bitterfeld ausgehend, eingeleitet. Es gab also Bezüge zwischen Rathenau und der mitteldeutschen Planung.

4.3 Eine überschlägliche Flächenbilanz im „Plan 23"

Die Industrieflächenausweisung erscheint moderat und geht kaum über den bereits erreichten Stand hinaus – bis auf den neuen Standort nördlich von Dessau sowie westlich von Bitterfeld und von Wittenberg. Hinzu kommen die Standorte südlich von Merseburg und der Westen von Leipzig. Insgesamt aber wird das Modell einer dezentralen Industrieentwicklung verfolgt, welche keine übermäßigen Konzentrationen nur an den Großstädten vorsieht. Vielmehr werden, neben den oben genannten Standorten, viele eher kleine Flächen bestimmt bzw. fortgeschrieben. Der Umfang der Flächenzunahme variiert in der Regel zwischen 20 bis 30 %, in wenigen Ausnahmen 50 % der Wohnbau- bzw. Industrieflächen (z. B. Dessau), aber bei kleineren Orten liegt dieser auch unter 10 % bzw. reicht bis zur Stagnation.[513]

Die Ausweisung der Stadterweiterungsgebiete geht von einem Zeithorizont von 30 Jahren aus, also bis etwa 1960. Für den Zeitraum von 1905 bis 1925 konnte ein Bevölkerungswachstum von durchschnittlich 13,5 % konstatiert werden (siehe Karte 9). Dies läge unter der durchschnittlichen Erweiterungsfläche von ca. 20–30 %. Damit würde, bei einer proportional angenommenen Entwicklung der Bevölkerung eine Verringerung der Bebauungsdichte in den Erweiterungsgebieten erfolgen. Dies wird im Plan 39 für die Stadt Magdeburg städtebaulich detailliert ausgewiesen. Der Plan ist also nicht nur ein Flächennutzungsplan, sondern auch städtebaulich-landschaftlicher Raumgestaltungsplan. Dies wird erhärtet durch Übernahme der historischen Baustrukturen im Grundbild des Planes. Zudem stellt die Ausweisung der Erweiterungsflächen eine Vorwegnahme der Baugrenzen der zukünftigen Stadt dar. Auch das wird an den Plänen für Magdeburg und Halle besonders deutlich. Zwar gehen die Planer vom quantitativen Wachstum aus, doch legen sie Grenzen fest, die ein sprawlartiges Zusammenwachsen der Städte verhindern sollen. Dies weicht ab vom amerikanischen Suburbanisierungsmodell. Die Stadt- bzw. Dorferweiterungen erfolgen zudem nur entlang der im Mobilitätsmodell ausgewiesenen Eisenbahntrassen. Die dezentrale Konzentration erfolgt planerisch entlang der bestehenden Siedlungsstruktur und erweitert diese moderat. Dies entspräche dem, was 60 Jahre später mit dem Begriff Nachhaltigkeit belegt worden ist.

Bezogen auf das wichtige Thema Mobilität folgte die Planungsvorstellung der Trendbetrachtung, wie sie in den Analysekarten 15 bis 18, insbes. aber 17 „Verkehr auf den mitteldeutschen Landstraßen" zur strategischen Relation von Güterverkehren auf der Straße und mit der Bahn getroffen wurden, aber wirtschaftspolitisch akzentuiert:

„Ein Vergleich der Straßenverkehrskarte und der Eisenbahnverkehrskarte ergibt auch, daß die Gebiete mit Schwerindustrie, besonders im engeren mitteldeutschen Industriebezirk, sich mehr auf den Bahnverkehr beschränken als die Gebiete mit Veredlungs- und Verbrauchsgüterindustrie und mit regem Handelsgewerbe zur Versorgung dichtbevölkerter Gegenden, wo eine wesentlich stärkere Entwicklung des Straßenverkehrs in Erscheinung tritt."[514]

Das theoretische Selbstverständnis des Planes leitet Pfannschmidt, der durchaus als der geistige Vater dieses Planes angesehen werden kann, aus den seinerzeitigen Diskussionen der Wirtschaftswissenschaft ab. Diese ringen in der Standortlehre um die Definition von Wirtschaftsräumen und deren Abgrenzungen. Der Wirtschaftsgeograf Erwin Scheu von der Universität Leipzig lieferte für Pfannschmidt die wohl geeignetste Begründung mit seiner Definition sogenannter „indifferenter Zonen", d. h. der „Zonen geringster Flächenverdichtung oder Intensität der Flächennutzung, welche die Einflußzonen der einzelnen Strukturmerkmale der Wirtschaftsgebiete voneinander trennen. [...] Das Aufsuchen der indifferenten

513 Eigene Ermittlungen mittels Rasterung des Plangebietes und vergleichender Flächenausweisungen, wie sie im Plan 23 farblich differenziert wurden (Unterscheidung zwischen Bestand und Zuwachs).

514 Planungsatlas, Textpassage auf der Karte 17.

Zonen vermittelt daher eine genaue Kenntnis der Wirtschafts- und Siedlungsräume, deren Hauptmerkmal wiederum nicht die Dauer ihres Bestandes, sondern der Wechsel ist."[515] Damit wurden die dezentrale Struktur und die flexible Vernetzung der Standorte als Planungsziel begründet. Grundsätzlich folgt Pfannschmidt letztlich der Standorttheorie Alfred Webers und der Nationalökonomie, die sich auch in verschiedenen Spielarten der Wirtschaftsgeografie zeigte, wie er selbst vermerkte.[516]
Dabei unterliegt er einem Dilemma: Das Hauptproblem an der Theorie Webers liegt bekanntlich in dessen Reduktion der standorttheoretischen Frage auf die Kostenminimierung und die Vernachlässigung der Definition des optimalen Betriebsortes als gewinnmaximalem Standort.[517] Diesen Widerspruch vermochte die Landesplanung nicht aufzulösen, ja sie thematisierte diesen auch nicht explizit. Vielmehr suchte sie eine planerische Umgangsform mit den aus der Eigenlogik der kapitalistischen Wirtschaftsform entstehenden Folgen. Dabei spielte das sogenannte „Gesetz der wachsenden und sich verengenden Räume" eine Schlüsselrolle.[518]

4.4 Der „Plan 23" – eine erweiterte Annäherung[519]

Die Deutung dieses Planes folgt der These, dass es sich hierbei um einen neuen Typ an Plan handelt, der sowohl langfristige stabile Elemente als auch dynamische Komponenten enthält. Er könnte als ein früher Prototyp einer kommunikativen und „elastischen Wirtschaftsplanung", d. h. Raumplanung angesehen werden, die als ein lernendes System wirken sollte.[520] Obwohl die Kernaussagen sich auf die Kategorien der Flächennutzung beziehen („Gewerbeflächen, Wohnflächen, Waldflächen, Talniederungen, landschaftlich geschützte Gebiete/Naturdenkmalschutzgebiete"), weist er sich als ein Kultur-Landschaftsplan aus. Hier wird das Bild eines balancierten Gefüges von funktionsoptimierten Standorten der Wirtschaft,

515 Pfannschmidt, M. (1929), S. 54. Der Bezug auf Scheu wird hier auf den 1.4.1927 datiert. Damit lässt sich der Übergang von der beschreibend phänomenologischen zur (empirisch fundierten) theoretischen Phase im Planungsdenken – bezogen auf den mitteldeutschen Planungsprozess – terminisieren. Er fällt zusammen mit der institutionellen Neujustierung des Planungsverbandes sowie mit einer personellen Veränderung.

516 Ebd., S. 52.

517 Schätzl, L. (2003), S. 47.

518 Pfannschmidt, M. (1929), S. 54 f.

519 Da zum Planwerk kein Textband erschienen war, bedarf es einer Deutung dessen, was in diesem Schlüsselplan vermittelt werden sollte. Der Plan ist keine Aggregation der Wirtschaftskarten, aber auch keine direkte Ableitung aus der Analyse. Insofern liegt keine eindeutige Quellenlage vor, aus der Ableitungen getroffen werden könnten. Deswegen soll auf einen hermeneutischen Zugang verwiesen werden, um den *Plan lesen*, d. h. verstehen zu können, ohne weitere Ausführungen der Schöpfer zur Hand zu haben. „Das ‚Verstehen' (Sinn-Verstehen) ist der gemeinsame Nenner der verschiedenen Auslegungen und Spielarten der Hermeneutik. Der Gegenstand der Hermeneutik ist der *Text* [hier: *der Plan*, H. K.], etwa ein Buch oder ein Brief. Als Texte können jedoch auch Gespräche, Bilder, Gesetze, Filme, Sitten, Institutionen oder Handlungen verstanden werden. Die Hermeneutik als wissenschaftliche *Methode* ist als strukturiertes, planmäßiges Vorgehen zu verstehen. Das Wissen um die Bedeutung (nicht um die Ursachen) soll hierbei eine präzise Interpretation z. B. eines Briefes ermöglichen." Zit. nach Demografischer Wandel – gemeinsam Strategien finden! Anpassungsstrategie der Gemeinde Hohe Börde an den demografischen Wandel, hg. von der Gemeinde Hohe Börde, o. O. 2011, S. 18, Anm. 26. Grundlegend für den Zugang zu dem hier betrachteten Gegenstand ist die *„Hermeneutik der Differenz"* nach Gadamer, da der Zugang zum Plan 23 überhaupt erst geschaffen werden musste – die institutionelle Vorgeschichte und die Einbindung in das Planwerk insgesamt ermöglichen nun den Zugang, ohne sofort eine plausible Erklärung zu liefern. Gadamer, H.-G. (1972); siehe auch: http://www.wu-wien.ac.at/usr/h96b/h9608493/arbeit2.html (1.5.2011).

520 Dieser Plan könnte also als ein lernendes, entwicklungsfähiges System gelten, ohne damit seine noch im Fordismus und dessen Linearitäten verhafteten Denkmustern vollkommen überwunden zu haben. Gerade eine flexible Anpassungsfähigkeit und funktionale Diversität zeichnen letztlich effektive Systeme aus – die im Plan angedeutete Offenheit in der funktionalen Struktur kann diese Deutung unterstreichen. Vgl. zu den Hintergründen dieses Ansatzes: Spangenberg, J. H. (2013), S. 131–160, insbes. S. 141–146.

Kommunikation/Transport, Schutz natürlicher Ressourcen und dezentralisiertem Stadtsystem vermittelt. „Die Landesplanung erstrebt eine harmonische Einheit von Landschaftsformen, Wirtschafts- und Siedlungsformen [...].“[521]

Mit diesem „Gesetz“ deuteten die Wirtschaftsgeografen, und in deren Gefolge die Landesplanung in Mitteldeutschland, den begonnen Strukturwandel der Wirtschaft an. Die empirisch ermittelte Gleichzeitigkeit von sich dezentralisierender, neuer Industrie (Tendenz zur Randwanderung) und sich konzentrierender, alter Industrie an vorhandenen Standorten wird als „Bedeutungswandel“ verstanden, dem die Landesplanung Rechnung tragen müsse.[522] Dieser Bedeutungswandel heißt zwar vor allem Umgang mit dem Wachstum, kann aber auch mit Schrumpfung zu tun haben, wie die Analysen der Bevölkerungsentwicklung für Standorte alter Industrien (wie z. B. im Mansfelder Land) belegen. Vor allem ist es ein Wandel der Industrie, der sich aus dem technologischen und damit auch sozialen Wandel ableitet, wie Pfannschmidt hervorhebt.[523]

Die Dezentralisierungsdebatte erscheint nicht in dem Maße als ideologisch dominierter Planungsgrundsatz, wie es Hoffacker[524] ausmachte, sondern eher als ein planerisches Modell, nach dem ein konkreter Raum gestaltet werden kann. „Harmonie“ drückt auch eine Hoffnung aus, die Krise mit den Mitteln der Landesplanung in ein ruhiges Fahrwasser zu geleiten, eine sicherlich trügerische Annahme. Hier schwingt die Vorstellung der Gestaltbarkeit einer neuen Einheit von Wirtschaft und Gesellschaft mit. Ein Wunsch, der auch in anderen Kulturkreisen, wie z. B. dem Bauhaus, anzutreffen war.

Der mitteldeutsche Raum mit seiner per se dispersen Raumstruktur bot sich an für die Umsetzung eines solchen Modells. Dies wurde von Pfannschmidt, aber auch bereits von Prager mit Blick auf das Ruhrgebiet betont, dem Referenzraum für die Landesplanung schlechthin. Dass es eine Frage der praktischen Vernunft ist, eine Auflösung der Städte nicht in Betracht zu ziehen und dennoch eine Dezentralisierung vorzunehmen, um das Wachstum der Städte aufzufangen, kann als nicht triviales Planungsziel angesehen werden.

In diese Richtung argumentierte Gustav Langen bereits bei seiner kritischen Würdigung des Wettbewerbs zu Breslau 1922, was Einfluss auf die Planungen gehabt haben dürfte, wenngleich dieser nicht unmittelbar nachweisbar ist.[525] Seine Omnipräsenz in der Fachwelt seinerzeit dürfte dafürsprechen, dass die Argumente in die konkrete Planungsdiskussion eingeflossen sind. Die von ihm vertretenen Auffassungen stellen die Quintessenz der – aus konservativer Position vorgetragenen – Fachdebatte dar. Diese nimmt die internationale Diskussion, insbesondere aus dem angloamerikanischen Raum durchaus auf, integriert sie aber in die reale Situation in Deutschland und schlägt die Brücke von den utopischen Vorstellungen zu den Alltagsfragen der Planung.

Im Grunde beinhaltet der Plan 23 den „DNS-Code“ der räumlichen Planung: die vier Basisbausteine Wohnen, Gewerbe, Grün und Mobilität. Diese werden im Plan, entlang der Bestände und im Ergebnis eines gestaffelten, rückkoppelnden Diskurses organisiert. Gerade darin liegt die Bedeutung dieses Plans.

---

521 Pfannschmidt, M. (1929), S. 55.

522 Ebd.

523 Ebd., S. 52.

524 Hoffacker, H. W. (1989), S. 172–178. Seine Argumentation gründet sich im Wesentlichen auf die Dissertation von 1932. Hier setzte er sich eher allgemein mit der Standorttheorie auseinander und kritisierte u. a. Alfred Weber. Zu diesem Zeitpunkt hatte Pfannschmidt die Landesplanung in Merseburg bereits verlassen.

525 Langen, G. (1922), S. 178.

4.5 Der „Plan 23" und der Versuch eines historischen Modells nichtlinearer Raumordnung

Als 1932 der sogenannte Planungsatlas für den engeren mitteldeutschen Industriebezirk erschien, arbeitete der Doktorand Walter Christaller gerade an den letzten Kapiteln seiner Dissertation über „Die zentralen Orte in Süddeutschland" (erschienen 1933), also jener Theorie, die nach dem 2. Weltkrieg die Grundlage für das Paradigma der Raumordnung in Gestalt der „Zentrale Orte Konzeption" (nicht nur in Deutschland) geben sollte.[526]

Auf den ersten Blick unterscheiden sich diese beiden raumwirksamen Modelle (Dezentralisierungsmodel versus Zentrale-Orte-Modell) hinsichtlich ihres Wirtschaftsbezuges: Geht das Modell des mitteldeutschen Planungsverbandes von der bestimmenden Wirkung der Industrie und des Gewerbes für die räumliche Entwicklung aus, so stellt Christaller die Versorgung der Bevölkerung mit Diensten und Produkten in den Mittelpunkt, was er zudem auf industrieferne Gebiete bezieht, woraus das hierarchische System der zentralen Orte abgeleitet wird.[527] Der Planungsatlas hingegen konzentriert sich auf die Wirtschaft und deren konstituierende Rolle für die räumliche Entwicklung. Vor allem aber handelt es sich hierbei um ein dynamisches System, das von der Veränderung der räumlichen Struktur und der damit zusammenhängenden Veränderungen der räumlich-funktionalen Beziehungen ausgeht. Christallers Modell ist ein eher statisches (vgl. Anhang).[528]

In den Karten 9, 10, 19 und 20 des Planungsatlasses werden die dynamischen Prozesse der Bevölkerungs- und Gewerbeentwicklung und deren räumliche Verteilung dargestellt und bewertet. Außerdem werden, insbesondere in der Karte 11 („Die mitteldeutschen Handelsstädte") die dynamischen Beziehungen der Städte und Wirtschaftsstandorte mit den Nachbargebieten (bis Süddeutschland und bis Hamburg) – bis hin zu Hinweisen auf weltwirtschaftliche Einflüsse auf die Standortdynamik – aber auch ihre inneren Veränderungen herausgearbeitet. Damit greift die Darstellung weit über den von Christaller gewählten Horizont hinaus, ohne jedoch ein abstraktes Modell zu liefern.

Neben dem dynamischen Modell werden die Invarianten räumlicher Entwicklung herausgearbeitet (Kartenteil A), welche vor allem die naturräumlichen Gegebenheiten betreffen, die zwar auch Veränderungen unterliegen und durchaus anthropogenen Einflüssen ausgesetzt sind, aber bezogen auf die wirtschaftliche Dynamik und die Stadtveränderungen rel. konstant bleiben. Hier spielen vor allem die Flusssysteme, die Waldgebiete, aber auch die klimatischen Verhältnisse eine wichtige Rolle. Diese Elemente finden sich dann auch im Plan 23 wieder und fungieren dort als rahmensetzende Raumelemente (Einschränkungen sind bzgl. der Klimaverhältnisse zu bemerken). Besonders auffallend ist das Verständnis der Struktur des Siedlungssystems insgesamt. Dabei wird von einem relativen Ausreifen des Siedlungsbestandes ausgegangen, d.h., die Verteilung der Siedlungen im mitteldeutschen Raum wird als Abbild eines dezentralen Systems angesehen, welches in dieser Dezentralität zu stärken und vor allem zu optimieren wäre. Damit reflektiert der Plan 23 die geltende Auffassung der Fachdisziplin Stadt- und Landesplanung, wonach die Zukunft der Stadt in deren Dezentralisierung – aus dem Bestand heraus – liegt. In ähnlicher Weise werden die Wirtschaftsstandorte dezentralisiert betrachtet und in Einzelfällen durch neue, dezentrale Standortausweisungen (Wirtschaftsplan 26 – Dessau) ergänzt. Es gilt also das gewachsene Siedlungssystem als relativ optimale Struktur, wobei die historische Kernstadt (resp. das Dorf und die Kleinstadt) gestärkt werden.

Als wesentlich werden die Kommunikationsbeziehungen angesehen. Sie basieren auf der Eisenbahn und

526 Siehe dazu: Rau, S. (2013), S. 46: In der Forschung wurde dieser Ansatz u.a. durch „Netzwerk-Theorien" inzwischen überwunden. Christaller, W. (1933/1968).

527 Schätzl, L. (2003), S. 82.

528 Ebd., S. 82 und S. 223 ff. Erst seit dem Beginn des Strukturwandels in den 1970er/80er Jahren treten dynamische Raummodelle verstärkt (wieder) auf. Ein wesentlicher Kritikpunkt ist die bis heute anzutreffende Orientierung der räumlichen Planung auf Verwaltungshandeln und die mangelnde Relevanz für die wirtschaftlichen Akteure.

der Schifffahrt, da es in jedem Falle um Massentransporte geht, wofür offenbar das Automobil als unwirtschaftlich angesehen wird. Da die wirtschaftliche Struktur Mitteldeutschlands hauptsächlich durch Grundstoffchemie, Landwirtschaft und Rohstoffproduktion gekennzeichnet ist, die jeweils Massenbedarfe zu bewältigen haben, kommt einer optimalen Verkehrsstruktur eine Schlüsselbedeutung zu. Dies betrifft in besonderem Maße auch den Personenverkehr, der auf die Arbeitsstätten bezogen wird. Die Versorgungsfunktion, die bei Christaller dann eine wesentliche Rolle spielen wird, ist im Planungsatlas nur eine abgeleitete Funktion. Im Zentrum steht die Wirtschaft. Das Kommunikationssystem wird entlang von Korridoren, deren Kern die Eisenbahnlinien sind, entfaltet. Orte, die außerhalb dieser Korridore liegen, sind nicht Teil des wirtschaftsbezogenen Dezentralisierungssystems. Insofern wird eine gewisse Zentralität betont, die aber nicht absolut und abschließend ist.
Somit kann in dem Modell, das dem Planungsatlas zugrunde liegt, von einer dynamischen De-Zentralität der stadtregionalen Entwicklung ausgegangen werden. Dies wird durch eine empirische Analyse gestützt, ohne, dass es eine direkte und kausale Ableitung aus der Analyse für die Planung gibt. Dies wäre auch nicht durchsetzbar gewesen. Als Prozess sich sukzessive aggregierender Schritte reiften die Planungen der relativ autonom agierenden, aber koordinierten Siedlungsgemeinschaften. Dabei wurden Impulse aus der Planungsstelle in Merseburg aufgenommen bzw. in den Plan eingefügt. Die impliziten Grundlagen sind also: ein Selbstorganisationsprozess der Raumstruktur des Siedlungs- und Wirtschaftssystems; die Landes-Planung hat diesen Prozess jeweils zu optimieren, wobei die Planungen selbst einer Dynamik und Relativität unterliegen.[529]
Es gibt keine eindeutige Hierarchie im Siedlungsnetz, die Größe einer Stadt und deren Bedeutung für die Wirtschaft, den Handel und die Kultur wird nicht zum Merkmal ihrer Hervorhebung genutzt; einzig die Bedeutung als Wirtschaftsstandort und Arbeitsstätte bestimmt den Stellenwert als relatives „Zentrum". Die anderen Funktionen sind abgeleitet und werden in Gestalt der Flächennutzung (Wohnen, Rohstoffgewinnung, Verkehr, Grünsysteme, Gewerbeflächen) aufgeführt; Versorgungsfunktionen werden als marktbestimmte Funktionen angesehen, die sich selbst regulieren und deshalb nicht planbar sind. Der raumordnende Planungsansatz (der Begriff Raumordnung – siehe Gustav Langen – ist zwar erschienen, wird jedoch nicht begrifflich, aber sinnverwandt im Planungsatlas verwendet) kann als eine dynamische Raumordnung mit fraktalen Wachstumsgrenzen[530] bezeichnet werden – damit würde sich das Modell der Planung im mitteldeutschen Raum epochal von dem statischen Modell der Zentralen Orte Christallers unterscheiden.
Die Planelemente, wie sie insbesondere im Plan 23 hervorgehoben sind (Wohnen, Gewerbe, Grün und Mobilität), sind Funktionalismus im nichttrivialen Sinne, d. h., diese sich aus dem räumlichen Entwicklungsprozess ergebene räumliche Struktur wird als funktional angesehen (sie hat sich selbst organisiert) und somit soll sie als stabile Grundgröße wirken. Die Elemente sind in der Planung nicht einfach nur abstrakt und linear in optimierter Weise gesetzt worden, sondern sie fungieren als zentrale Elemente für eine Vermittlung von Beziehungen in einer auf ein Gleichgewicht ausgerichteten Entwicklung im gesamten Raumgefüge. Dabei werden Verknüpfungen innerhalb und außerhalb des Gebietes mit erwogen, also Kooperation und Austausch zwischen verschiedenen dezentralen Zentren einbezogen, wobei die inhaltliche Entwicklung jeweils offengehalten wird. Das sind Aspekte, die unter der Kategorie Nichtlinearität gefasst werden können.[531]

529 Vgl. Einleitung Kartenteil im Planungsatlas.
530 Für die einzelnen Orte werden Erweiterungsgebiete ausgewiesen, die jeweils begrenzt sind. Da alle Orte mit derartigen Bereichen versehen wurden, die der jeweiligen Größe des Ortes in Relation entsprechen – so die vom Autor vorgenommenen Flächenbetrachtungen – verteilen sich die Wachstumsmöglichkeiten relativ proportional auf die jeweiligen Orte (als Erweiterungen der kompakten Orte) – analog zu einer fraktalen Struktur. So gewinnt die Dezentralisierung eine übergreifende Struktur. Dies wird ermöglicht durch das gestaffelte Verkehrssystem. Damit könnte, ohne dass die Planung bewusst so angelegt worden ist, ein übergreifendes Planungsprinzip aus dem Plan 23 abgeleitet werden.
531 Siehe u. a.: Briggs, J; Peat, D. (2006). Vgl. dazu insbes. S. 243 f., aber auch Prigogine, I. (1985), S. 138–144 oder Meadows, D. (2010), S. 111–113.

5 Das Bauhaus in Dessau und die Bezüge zur mitteldeutschen Landesplanung: Die erste und weitreichende Adaption

5.1 Die „Dessau-Analyse"

Die erste wissenschaftlich-planerische Adaption der im Merseburger Planungsatlas zusammengefassten Ergebnisse, vor allem des analytischen Teils, erfolgte durch das Bauhaus in Dessau. Unter der Ägide von Hannes Meyer und wesentlich von Ludwig Hilberseimer getragen, fand ein räumliches Denken auf der Ebene der Gesamtstadt und der Region Einzug in die Lehre des Bauhauses.[532] Hier spielten die Untersuchungen, aber auch Planungen für die im industriellen Aufbruch befindliche Stadt Dessau eine zentrale Rolle. Dies beförderte die Stadt Dessau unter der Leitung des Bürgermeisters Hesse. Studierende nahmen wissenschaftliche Analysen der verschiedenen Entwicklungskomponenten vor, zu denen auch Hubert Hoffmann zählte. Als der 4. CIAM-Kongress 1933 vorbereitet wurde, wählten die Organisatoren, zu denen Gropius Kontakt hatte, auch die Stadt Dessau als eine von 40 Städten aus, deren Stadt-Analysen zu präsentieren. Nachdem international die Stadt- und Landesplanung sich in den 1920er Jahren etabliert hatte, schloss nun die CIAM, die Bewegung der modernen Architekten unter Führung von Le Corbusier, zu dieser Entwicklung auf. Letztlich fanden sich in der „Charta von Athen" nur drei spärliche Hinweise auf die Methodik der Stadt- und Landesplanung, aber die Ausstellung verdeutlichte die Richtung, in welche sich auch die moderne Architektenschaft in ihrer Diskussion bewegte. Auch dies kann als eine Art kultureller Brückenbildung angesehen werden – zumindest im Ansatz, da die Aussagen deutlich hinter dem in der Landesplanung bereits erreichten Stand zurücklagen.[533]

Die gleichzeitige Beauftragung des Bauhauses mit der Generalbebauungsplanung für Dessau, die nicht vollendet werden konnte, da die Nationalsozialisten im gleichen Jahr die Arbeit des Bauhauses in Dessau beendeten, und die Vorbereitung des CIAM-Beitrages waren eine glückliche Fügung. Vor allem aber erschien zugleich der Merseburger Planungsatlas, der eine wichtige empirische Quelle für die „Dessau-Analyse" werden sollte.[534] Die Arbeiten der Landesplanung wurden explizit als Vorbild genommen. Die Tafeln der Dessau-Analyse geben ausdrücklich den Hinweis auf die Landesplanung Merseburg wieder: „mit freundlicher Genehmigung der Landesplanung Merseburg", heißt es auf Tafel 8 („wirtschaftliche funktionen").[535] Gleiches betraf auch die auf den Tafeln 10 und 11 dargestellten Themen „materielle versorgung" bzw. „vor- und nachteile der lage", wobei zudem explizit die Wirtschaftspläne von Dessau („E. vorhandene vorschläge, Wirtschaftsplan Dessau-Roßlau-Zerbst": Plan 26) und Bitterfeld (Plan 27) einbezogen worden waren.

Die grafischen Darstellungen der Landesplanung in Merseburg wurden in die Grafiken für die „Dessau-Analyse" integriert. Dafür griffen die Bearbeiter um Hubert Hoffmann auf die Methode von Otto

532 Bauhaus Archiv Berlin (Hg.) (1988), S. 419, Angaben zu Hubert Hoffmann, S. 340 f., Planungsarbeiten von Hess und Selmanagic zu Arbeitersiedlungen in Dessau, die als Ideen in den Beitrag zur CIAM-Ausstellung aufgenommen worden waren.

533 Bauhaus Archiv Berlin, 10858/1–56, Mappe 3: Breit, R. (1965): Beiträge zur Methodik der Stadtplanung, S. 357. Vgl.: Bauhaus Archiv Berlin, Mappe 3. In der Charta von Athen heißt es (zit. Nach Breit, S. 360): – „Die Stadt muß im größeren Rahmen ihres Einflussbereiches untersucht werden. Eine Gebietsplanung hat die einfache Gemeindeplanung zu ersetzen. – Es ist von dringender Notwendigkeit, dass jede Stadt ihr Programm aufstellt und die Gesetze erlässt, die seine Verwirklichung gestatten. – Das Programm muß auf Grund genauer, von Fachleuten durchgeführter Analysen aufgestellt werden. Es hat die Etappen in Zeit und Raum vorzusehen."

534 Bauhaus Archiv Berlin, 10858/1–56, Mappe 3: Breit, R. (1965): Beiträge zur Methodik der Stadtplanung, S. 357.

535 Bauhaus Archiv Berlin, 10858/1–56, Mappe 17: Wilhelm Hess; Hubert Hoffmann, Cornelius van der Linden: Strukturanalyse Dessau („Dessau-Analyse"), 1932/33 für CIAM. Die Tafeln sind z. T. auch kommentiert.

Neurath zurück, der auch unter Hannes Meyer am Bauhaus gelehrt hatte.[536] Dabei handelte es sich um eine piktogrammartige Vermittlung von Analysedaten, gepaart mit einer Schreibmaschinen-Anmutung, wie sie auch Meyer propagiert hatte. Die feinsinnige und wissenschaftlich ausgereifte Grafik des Merseburger Planungsatlasses erreichten die Bauhäusler ästhetisch wie kartografisch nicht. Dennoch belegt die Dessau-Analyse eine erste, wenngleich nur kurzzeitige und nicht vertiefte Beziehung des Bauhauses mit der Landesplanung. Der erste Kontakt der Landesplanung zum Bauhaus aus dem Jahr 1927, als sich die länderübergreifende Landesplanung für den engeren mitteldeutschen Industriebezirk am Bauhaus in Dessau als solche konstituierte, mag evtl. ein Hintergrund für Gropius gewesen sein, die Bearbeiter der Dessau-Analyse auf die Arbeiten in Merseburg zu verweisen; belegt ist dies nicht.
Die 50 Tafeln der Dessau-Analyse gliedern sich in:
1. Natürliche Gegebenheiten,
2. Soziale Gegebenheiten,
3. Wirtschaftliche Gegebenheiten,
4. Technische Gegebenheiten,
5. Zusammenfassende Beurteilung.

„Der Analyse folgt als zweiter Hauptteil die Synthese; die neuen Planungsvorschläge konnten jedoch nicht mehr vollständig ausgearbeitet werden, ebenso wurden die beabsichtigten Detail-Bestandsaufnahmen nur teilweise durchgeführt. [...] Im Gegensatz zur Methodik der Analyse wurde für die Phase der Aufstellung der Konzepte zu Plänen und der Pläne selbst sowie für die Phase der Beschlussfassung und Verwirklichung keine programmatische Darstellung gegeben."[537] Inhaltlich zielten die Standortvorschläge zur Lage der Industrie in Dessau, die das Bauhaus 1932 – in den Worten von Hubert Hoffmann – unterbreitete, eher moderat und keineswegs utopisch. Im Unterricht von Hilberseimer hingegen wurden radikale Neuordnungsvorschläge für Dessau unterbreitet, die die gesamte Stadt durch ein Industrie-Wohnband (Bandstadt) ersetzen sollten. Das Beispiel zeigten die Tafeln für den CIAM-Kongress nicht. Nicht einmal die Idee einer Verlagerung der historisch im Westen der Stadt angesiedelten Industrie auf die östliche Seite der Mulde wurde unterbreitet (wegen der Windrichtung der bessere Standort für Industrien), sondern lediglich eine moderate funktionale Verbesserung der existierenden Standorte, darauf hoffend, dass neue Technologien die schädlichen Emissionen der Industrien minimieren bzw. höhere Schornsteine diese besser verteilen würden.[538]
Der im „Wirtschaftsplan" der Merseburger Landesplanung vorgesehene Standortwechsel der Industrie auf das Nordufer der Elbe spielte für das Bauhaus keine Rolle; es gab zumindest keinen Hinweis darauf. Der planerische Teil in der Dessau-Analyse war ohnehin auf die neuen Wohngebiete für die Junkerswerke beschränkt, die Zeugnisse der Planungskultur einer radikalen städtebaulichen Moderne waren. Zumindest als Reaktion auf die hygienischen Verhältnisse in Dessau mögen sie eine funktionale Bedeutung gehabt haben. Sie wirken wie Fragmente eines unvollendeten Gesamtwerkes. So beinhalteten sie „Trabanten-Siedlungen", aber auch im Flächennutzungsplan dargestellte Vorschläge für eine „Verbindung der beiden Industrielinien [an vorhandenen Standorten], Anlage neuer Industrieflächen am Wasserlauf [der Mulde], Erhaltung und Ausbau des Stadtzentrums, umfangreiche Sanierung der Altbebauung, Anlage neuer Verkehrswege und Ausbau des bestehenden Verkehrsnetzes".[539]

---

536 Bauhaus Archiv Berlin, 10858/1–56, Mappe 18: Hinweis auf Otto Neurath – seine Bedeutung für die Städtebautheorie, 1982 (Brief).
537 Bauhaus Archiv Berlin, 10858/1–56, Mappe 3: Breit, R. (1965): Beiträge zur Methodik der Stadtplanung, S. 360.
538 Bauhaus Archiv Berlin, 10858/1–56, Mappe 3: Hoffmann, Hubert: „Utopien, die wir nicht einmal in die ‚Analyse von Dessau 1932' aufgenommen haben [...]". S. 45. Die im Seminar von Hilberseimer am Bauhaus begonnene „Analyse von Dessau" wurde von Hoffmann für die CIAM-Ausstellung erweitert.
539 Bauhaus Archiv Berlin, 10858/1–56, Mappe 3: Breit, R. (1965): Beiträge zur Methodik der Stadtplanung, S. 362.

5.2 Die ersten Landesplaner vom Bauhaus: Hubert Hoffmann

Bekannt war Hoffmann durch seine Mitautorenschaft an dem für den Nachkriegsstädtebau in der Bundesrepublik wichtigen Buch „Die gegliederte und aufgelockerte Stadt" (Johann Göderitz, Roland Rainer). Hoffmann war Bauhausschüler bei Gropius, Meyer und vor allem Hilberseimer.[540] Hoffmann (1904–1999) kam 1926/27 an das Bauhaus nach Dessau, nachdem er in Hannover und München Architektur studiert hatte. Er kam also nicht als junger Student, sondern als ein bereits mit einem Abschlusszeugnis ausgestatteter Baumeister – am Bauhaus fand er seine wirkliche Berufung zum Architekten. So absolvierte er vor allem die architektonischen, besonders aber die städtebaulichen Kurse bis zum Abschluss 1929. Hilberseimer hatte es ihm angetan, wie er in einer späteren Würdigung hervorhob.[541] Danach arbeitete Hoffmann im Büro von Fred Forbart und Macel Breuer in Berlin, blieb aber als Hospitant mit dem Bauhaus verbunden. Dort übertrug ihm Gropius, zusammen mit Wilhelm Jacob Hess und Cornelius van der Linden, die Bearbeitung eines Ausstellungsbeitrages für den CIAM-Kongress 1933.
Nach den Arbeiten zur „Dessau-Analyse" versuchte Hoffmann 1933 vergeblich in der Schweiz und in Paris eine berufliche Laufbahn zu starten. So kehrte er nach Deutschland zurück. Zunächst arbeitete er als Assistent/Hauptassistent für Kraftverkehr und Städtebau an der TH Berlin, bei Professor Müller, wo er an Autobahnplanungen teilnahm. Parallel zu seiner Anstellung im Staatsdienst wirkte er in der „Freiheitsgruppe" mit, die u. a. Hilfe für verfolgte Juden oder Verbreitung von antinationalsozialistischen Informationen leistete. 1937 begann er eine Sachbearbeitertätigkeit in Posen, der eine Stelle als Stadtplaner 1938/39 in Potsdam folgte. Von 1940 bis 1942 war er zum Kriegsdienst eingezogen, aber 1943 und 1944 wurde er zu landesplanerischer Tätigkeit in Litauen eingesetzt. Er war in Litauen als Leiter der Raumordnung an Planungen zur Umgestaltung („Germanisierung") der eroberten Gebiete im sogenannten „Generalplan Ost" tätig.[542] Er lebte also ein Doppelleben. Durch den Kriegsverlauf musste er dann zurück nach Deutschland gehen, wo er den Kontakt zur Freiheitsgruppe weiterführte. Hier hatte er ab 1944 zusammen mit Göderitz und Rainer an der Deutschen Akademie Städtebau, Reichs- und Landesplanung an dem dann erst 1957 erschienenen Buch gearbeitet. Das Kriegsende 1945 erlebte er in Berlin bzw. Magdeburg mit einer kurzzeitigen Gefangennahme durch die Amerikaner.
Dann versuchte er einen Neuanfang in Dessau. Unter dem von der amerikanischen Besatzungsmacht wieder eingesetzten liberalen Bürgermeister Hesse (er war 1933 von den Nationalsozialisten aus dem Amt gedrängt worden) arbeitete er als Mitarbeiter im Bauamt der Stadtverwaltung. Zugleich war er von Hesse beauftragt worden, eine Neugründung des Bauhauses in Dessau zu prüfen, was Hoffmann auch mit seinem Konzept der „Planungsgemeinschaft" 1945/46 versuchte.[543] In diesen ersten Schritten zu einem neuen Bauhaus, das sich dem Thema Wiederaufbau der Städte unter der Maßgabe ihrer Schrumpfung und Neugliederung, aber auch ökologischen Themen widmen sollte, griff er direkt Lehrinhalte von Hannes Meyer auf, aber auch Methoden, die er in der „Dessau-Analyse" von 1932/33, mit Bezügen zur mittel-

540 Manzke, D. (1996), S. 150–157. Biografische Darstellung zu Hoffmann, S. 150 sowie: Bauhaus Archiv Berlin, 10858/1–56 Mappen 3, 12, 17 – in Mappe 12 Hubert Hoffmann: „Mein Studium am Bauhaus", 1975: „Hilberseimer führte mich zum Städtebau". Wichtige Hinweise und Lebensdaten zu Hubert Hoffmann sind durch Harald Wetzel, Dessau, zusammengestellt worden. Vgl. u. a.: Wetzel, H.: Vom Bauhausstudent zum Stadtbaurat. Hubert Hoffmann zum 85. Geburtstag gewidmet, in: Dessauer Kalender, 1989, S. 40–41.

541 Bauhaus Archiv Berlin, 10858/1–56, Mappe 3: Hubert Hoffmann „Zum Phänomen Stadt".

542 Hofmann, W. (1993), S. 12–18. Hubert Hoffmann wird hier namentlich nicht erwähnt – er spielte keine wesentliche Rolle – doch erscheint dessen Tätigkeit in den beiden Jahren in Litauen in einem anderen Licht: Immerhin war er als Bauhäusler in einer letztlich der SS unterstehenden Organisation (Reichsstelle für Raumordnung) tätig gewesen, wenngleich nicht als Nationalsozialist, sondern notgedrungen dienend und mit Oppositionshaltung. Dies äußerte Hoffmann gegenüber dem Autor im Gespräch am 1. Juli 1989. Überprüft werden kann diese Aussage quellenseitig (bislang) nicht.

543 Die Grundlage dafür wurde in diesem Beitrag gelegt und erstmals veröffentlicht: Hoffmann, H. (1949), S. 541–549. Hesse war Oberbürgermeister von Dessau.

deutschen Landesplanung, ausgearbeitet hatte. Damit war ein zaghafter und schnell wieder vergehender Versuch unternommen worden, teilweise auch an die Tradition der räumlichen Planung von vor 1933 anzuknüpfen.

Neben praktischen und ideologischen Gründen, die einem Neuaufbau der Institution Bauhaus in Dessau in den ersten Jahren nach dem Krieg entgegenstanden und die diesen Versuch zum Scheitern brachten, war auch die von der (ab Sommer 1945 in Dessau herrschenden) sowjetischen Besatzungsmacht wegen seiner Mitwirkung in Litauen versuchten Verhaftung Hoffmanns ein Grund für das Aus dieses Reaktivierungsversuches. Dem durch eine Denunziation ausgelösten Verhaftungsversuch 1948 entzog sich Hoffmann durch Flucht „über Nacht" nach West-Berlin.[544] Dort arbeitete er als Architekt, war im Planungsamt tätig, übernahm eine Dozentenstelle in Berlin-Dahlem, beteiligte sich an der INTERBAU 1957, bevor er dann 1959 an die TH Graz als Professor für Städtebau und Landesplanung berufen wurde. Dort wirkte er bis 1975. Seit 1988 besuchte er auch Dessau wieder und im Sommer 1989 wurde ihm am Bauhaus in Dessau erstmals an seiner ehemaligen Lehrstätte eine Ausstellung gewidmet. Letztmalig besuchte er Dessau anlässlich der Aufnahme des Bauhauses in die Liste des Welterbes 1996.[545] Drei Jahre später starb er in Graz.

5.3 Die ersten Landesplaner vom Bauhaus: Ernst Kanow

Dieser Bauhäusler nahm einen gänzlich anderen Weg.[546] Kanow gehörte zu den Mitbegründern der Landesplanung im Osten Deutschlands nach dem 2. Weltkrieg. Er war Zeitgenosse von Hubert Hoffmann und hatte wie er am Bauhaus studiert, allerdings nur in Berlin von 1931 bis zur Schließung des Bauhauses 1933.[547] Er war jedoch deutlich politisierter als Hoffmann. Nach eigenen Aussagen besuchte er, neben dem Studium in Dessau, „einer Freundin zuliebe", Vorlesungen zur Nationalökonomie bei Werner Sombart in Berlin. Besonders aber prägte ihn Hermann Dunker, als dessen Schüler er sich bezeichnete.[548]

Schon vor seiner Bauhaus-Zeit betätigte er sich in der politischen Jugendbewegung und stand der kommunistischen Partei nahe. Er war nach 1933 als selbstständiger Architekt tätig. Seinem späteren Partner beim Aufbau der Landesplanung in der sowjetischen Besatzungszone, Ernst Scholz, auch ein Bauhäusler, hatte er „1937 nach seiner Entlassung aus der Haft bei Potsdam ein Haus gebaut, das [er] noch heute als eine gelungene Arbeit" betrachtete.[549]

Kanow war dann als Soldat eingezogen worden (er verlor im Krieg seinen rechten Unterarm) und kam in Italien in amerikanische Gefangenschaft. Im Juni 1945 wurde er aus der Lazarett-Internierung entlassen

544 Aussage von Hubert Hoffmann im Gespräch mit dem Autor am 1. Juli 1989 am Bauhaus in Dessau.

545 Das war auch die letzte Begegnung des Autors mit Hoffman, der noch aktiv am Fest zur Aufnahme des Bauhauses in die UNESCO-Welterbeliste 1996 am Bauhaus in Dessau teilgenommen hatte.

546 Die Ausführungen basieren auf einem persönlichen Gespräch sowie einem Briefwechsel vom 28. Februar 1992. Danach verloren sich die Kontakte zu Ernst Kanow. Er wurde 1906 geboren. Sein Sterbedatum 1993 konnte bislang nicht verifiziert werden.

547 Leibnitz-Institut für Regionalentwicklung und Strukturplanung (IRS) Erkner, Wissenschaftliche Sammlungen, Dokumente zu Ernst Kanow. Die Aufnahmeanträge in den BDA (Bund der Architekten der DDR) sind die einzigen Dokumente, die es im IRS gibt. Auch in den anderen Sammlungsstätten, die sich mit dem Bauhaus bzw. der DDR-Architekturgeschichte (i. w. S.) beschäftigen, gibt es keine weiteren Unterlagen. Die von Kanow an den Autor übergebenen Materialien sind insofern Unikate und offenbar von Kanow nicht weitergegeben worden. Dem IRS sei an dieser Stelle für die unkomplizierte Unterstützung der Forschung gedankt.

548 „Zwischen Anfang und Elend der Gebietsplanung in der DDR (Kurzfassung)" – Manuskript von Ernst Kanow vom August 1986 mit handschriftlichen Anmerkungen. Dieses Material ist nicht veröffentlicht worden und liegt dem Autor als Kopie vor, die von Kanow 1991 persönlich übergeben worden war.

549 Kanow, E. (1986), S. 1, unveröff., Archiv Kegler.

und ging nach Oranienburg bei Berlin. Dort hatte er sich 1937 ein eigenes Haus gebaut. Er übernahm die Funktion eines Stadtarchitekten in dieser stark zerstörten Stadt. 1946 trat er der SED bei. „Die Funktion des Landesplaners habe ich auf Drängen der Landesleitung der Partei und der mit mir aus der Zeit vor 1933 befreundeten Genossen Ernst Scholz und Günther Spieß übernommen.“[550] Die Landesplanung in Brandenburg bekam ihren Sitz in Potsdam. Er übernahm die Leitung. Damit wurde er, neben Dr. Hans Lehmann in Thüringen und Dr. Kurt Wiedemann in Sachsen, einer der drei Gründer der Landesplanung in der späteren DDR: „Mitte 1948 kam ein Telegramm der damaligen Deutschen Wirtschafts-Kommission, Sitz Berlin, an die Minister-Präsidenten der Regierungen der 5 Länder in der sowj. besetzten Zone: ‚beim Minister-Präsidenten ist die Stelle eines LANDESPLANERS mit entsprechendem Apparat einzurichten‘; ohne Kommentar zu Funktionen, Aufgaben, administrativer Zuordnung. Später dazu angestellte Nachforschungen scheiterten, da auch der Absender des Telegramms nicht ermittelt werden konnte.“[551] Es gibt keinen Hinweis darauf, dass die noch unter Besatzungsverhältnissen neu entstehende Landesplanung an Arbeiten aus der Zeit vor 1933 anknüpfte. Der personelle Austausch und die strukturelle Neugliederung der Verwaltungen nach 1945 ließen keine Bezugnahme aufkommen, obgleich mit dem Begriff „Landesplanung“ ein Hinweis auf ein Wiederanknüpfen gegeben sein könnte. Die neu aufzubauende Landesplanung in Brandenburg hatte die Aufgabe, „die Ingangsetzung der Wirtschaft, des Lebens in Stadt und Land, erste Maßnahmen zur Überwindung und Beseitigung der baulichen Kriegsschäden und erste Experimente in der Wirtschaftsplanung“ zu unterstützen und „brauchbare Zuarbeit“ zu leisten.[552] Diese virulente Phase fand jedoch bald ein Ende. Schon 1952 wurden die Länder aufgelöst, Bezirke gegründet und die Landesplanung, nun Territorial- bzw. Gebietsplanung, in das linear angelegte staatliche Planungssystem eingebaut.[553]

Ernst Kanow wechselte in die ein Jahr zuvor gegründete Bauakademie der DDR, zum Institut für Städtebau, wo er zusammen mit Dr. Lehmann, der die Landesplanung in Weimar aufgebaut hatte, die Gebietsplanung als Forschungsgegenstand entfaltete. Er war der erste Bauhäusler im Osten Deutschlands, der die Landesplanung praktisch und forschend wesentlich beeinflusste und bis zu seinem Ausscheiden aus der Bauakademie betrieben hatte.[554] In seinen wissenschaftlichen Arbeiten widmete er sich vor allem den „Stadtrandzonen“ und den Aufgaben beim Aufbau der Gebietsplanung in der DDR. In seiner raumpolitischen Tätigkeit an der Bauakademie wirkte er an der Neugliederung der DDR ab 1952 (Bildung der Bezirke), an der Kategorisierung der Gemeinden der DDR nach Funktionstypen (dem Pendant zu den „Zentralen Orten“ der Bundesrepublik in der DDR) ab 1969 sowie an dem „Modell der prog[nostischen] Gestaltung des Siedlungsnetzes der DDR auf Basis eines Systems der großen Städte“ ab 1970 mit.[555] Zwischen 1956 und 1959 gehörte Kanow der Expertengruppe aus der DDR zum Wiederaufbau Nord-Koreas an.[556] Er vertrat in dieser Zeit eine lineare Planungsauffassung, wenngleich er offenbar um 1930 Auffassungen Steiners aufgeschlossen gegenüber gestanden hatte.

---

550 Ebd.

551 Ebd.

552 Ebd.

553 Ebd., S. 2.

554 Ebd., S. 6. Sein Arbeitsschwerpunkt lag vor allem im ländlichen Raum und den Randzonen der Städte.

555 IRS Erkner, Unterlagen zu Ernst Kanow, Karteibogen des BDA von 1971. Daneben finden sich hier weitere Angaben zu Kanow, die über den in dieser Schrift verfolgten Zusammenhang hinausgehen und Teil einer DDR-Geschichte wären: „Soziale Herkunft: Arbeiter-Aristokrat im pos. Sinne, Abschluss: keinen, wegen Schließung des Bauhauses durch NSDAP, Sprachkenntnisse: schwedisch […].“ In seinem Spätwerk kam Kanow auf seinen Aufenthalt in der Schweiz 1930/31 zurück: Er veröffentlichte einen Bericht zur anthroposophischen Architektur Steiners. Kanow E. (1990), S. 50–53. Dieser Umstand öffnet mögliche Schlüsse über Widersprüche in seinem Denken als Territorialplaner und lässt Kanow als durchaus anthroposophischen Auffassungen gegenüber aufgeschlossenen Architekten erahnen.

556 IRS Erkner, Unterlagen zu Ernst Kanow, Aufnahmeantrag für den BDA von 1958.

6 Brandenburg-Mitte: Planung für das Umland der Reichshauptstadt Berlin

6.1 Anfänge einer neuen, kooperativen Planungs-Kultur

Der mitteldeutsche Raum war durch eine Vielzahl wirtschaftlicher, politischer, aber auch planungsbezogener Beziehungen mit den Entwicklungen Berlins und seines Umlandes verbunden. Als preußische Provinz, als wirtschaftliches „Hinterland" der Metropole, aber auch durch vielfältige Personalverbindungen stand die mitteldeutsche Planung in engem Bezug zu Berlin. Zudem wurde in den Planungsatlas für das mitteldeutsche Industriegebiet der Raum Berlin einbezogen – aus guten Gründen. Ein Blick auf die Entwicklungen in dem Stadt-Umland-Konstrukt der Hauptstadt erscheint notwendig, werden doch hier eine Reihe von Bezügen und Unterschieden zur Planung in Mitteldeutschland sowie grundsätzliche Fragen der Landesplanung deutlich.

Die Planungssituation zwischen der Reichshauptstadt und deren Umland war – seit der Auflösung des Zweckverbandes 1920, dem Hauptergebnis des Wettbewerbes von 1910 – eine der am meisten ungeklärten wie zugleich auch dringendsten, die einer Lösung bedurft hätte. Der Zweckverband war der Stadtgemeinde Berlin, also der Eingemeindung, aus politischen Erwägungen gewichen.[557] Zwar war die Hauptstadt gestärkt worden, die Probleme der ausufernden Großstadt konnten damit kaum gelöst werden. Kooperation war Subordination geopfert worden. Das nährte Spannungen und vertagte Problemlösungen, die sich gerade aus Infrastrukturfragen, der Wasserproblematik oder der Wohnsuburbanisierung ergaben. Das Umland war auf sich zurückgeworfen worden. Der Mangel an qualifizierten Planern, Städtebauern und Architekten in den Umlandgemeinden und Kreisen trug zur tendenziellen Verschärfung von Entwicklungsproblemen bei.

Erst am 3. November 1929 gelang, durch Initiative der „Märkischen Arbeitsgemeinschaft der Freien Akademie für Städtebau", allerdings gegen den ausdrücklichen Vorschlag der Akademiemitglieder zur Einbeziehung Berlins und vom Oberpräsidenten der Provinz nur für die Umlandregion von Berlin ausgelegt, die Gründung der Landesplanung Brandenburg-Mitte.[558] Obwohl der Oberpräsident staatlicher Verwaltungschef sowohl für Berlin als auch für das Umland – auf der Ebene der preußischen Provinz – war, scheute er vor einer integrierenden Landesplanung ob der vermeintlichen Dominanz Berlins zurück. Er beschränkte sich auf die Argumentation, zunächst die Verhältnisse im Umland zu klären, dann zur Kooperation überzugehen. Andererseits gab es auch von Berliner Seite, so vom wirtschaftsnahen City-Ausschuss, Vorbehalte, sich mit „Randproblemen" zu beschäftigen.[559]

So begann sich die Landesplanung auf die Qualifizierung der Planungen und die sich dem Übergreifen der Metropole auf das Umland abzuleitenden, zukünftigen Fragestellungen zu konzentrieren. Dabei griffen die Initiatoren auch auf Erfahrungen aus dem Ausland, insbesondere aus England und Holland zurück. Damit wurden vor allem die Notwendigkeit einer „gegenseitigen Verständigung zwischen den Landkreisen und der Stadt" als auch die zwingenden Erfordernisse einer Dezentralisierung der Großstadt in „Ortschaften mit selbständigem Eigenleben" aus den internationalen Erfahrungen in die Debatte zur

557 Engeli, C. (1986), S. 60 f.

558 Ebd., S. 73–75, sowie Müller-Haccius: Referat zum Geschäftsbericht 1931, S. 1 in: Die Arbeit des Landesplanungsverbandes Brandenburg-Mitte, Geschäftsberichte (1929/1931–1935, Berlin, Bundesarchiv Koblenz/Berlin, R 113 Landesplanungsgemeinschaften, 486, einzelne Bereiche der Landesplanung 1925–1941, 2.2.11.1.4 Raumordnung, BAK/41/1061, im Folgenden: BAK-Geschäftsberichte Landesplanung Brandenburg-Mitte).

559 Engeli, C. (1986), S. 75.

Planung der Region von Berlin und Umland eingebracht.[560] Ohne an dieser Stelle den weiteren Werdegang der Landesplanung zu beleuchten, was für die verfolgte Fragestellung weniger bedeutsam ist (zudem ausführlich bei Engeli geschehen), soll die inhaltliche Arbeit der Landesplanung beleuchtet werden, die vor allem durch den technischen Berater, Gustav Langen, geprägt wurde.
Die Planungsarbeit war demgemäß auf zwei Ebenen angelegt: der Auseinandersetzung mit der Dezentralisierungsfrage, einer eher konzeptionellen und strategischen wie z. T. theoretischen, und auf der praktischen Frage der Qualifizierung der gemeindlichen sowie gemeindeübergreifenden Planungen.
Die Landesplanung ging sehr rational und effizient vor. Nach den organisatorischen Aufbauarbeiten im Jahr 1930 gingen die Bearbeiter daran, die inhaltliche Ausgestaltung ihres Aufgabenfeldes vorzunehmen. Zunächst wurden „Siedlungstechnische Grundsätze" aufgestellt. Diese sollten als Maßstab für die Planungsarbeit der Gemeinden, aber auch zur Beurteilung dieser Pläne durch die Geschäftsstelle dienen.[561] Dabei wurde unterschieden zwischen Grundsätzen, die „in erster Linie in Betracht" kamen, und übergreifenden „Gedankengänge[n]", die zwischengemeindlichen Zusammenhängen der Landesplanung galten.[562] Diese auf zwei räumlichen Ebenen angesiedelten leitenden Aussagen wurden in zwei Kategorien ausgeführt:
„A. Allgemeine Ziele – Kürzeste Fassung",
„B. Erweiterte Fassung".
In sieben Punkten wurden die wichtigsten übergreifenden Aussagen für eine Orientierung der Planung vorangestellt. Diese reichten von Verkehrsanlagen über die Infrastrukturen, die Gewerbeflächen, die Landwirtschaft, die Erholungsflächen, die Besiedlungsentwicklung bis zum Landschafts- und Siedlungsbild. In der erweiterten Fassung wurden die einzelnen Ziele erläutert, wobei jeweils hervorgehoben wurde, was für die Kommunen besonders zu beachten sei.

6.2 Eine Strategie für den Berliner Raum

In einem weiteren Grundlagenpapier legte der Landesplanungsverband gleichzeitig die „Gesichtspunkte für die Behandlung von Siedlungsplänen in den bisher ländlichen Gebieten des Landesplanungsverbandes", also für die neuen, suburbanen Areale dar. Sie beinhalteten die einzelnen Darstellungen, die zu wählenden Kategorien und die im Text bzw. Plan aufzunehmenden Inhalte.[563] Nach allgemeinen Voraussetzungen folgten dann überschaubare 10 Punkte, die es im Plan bzw. Text in kurzer Form darzulegen galt. Dabei wurde u. a. auch auf eine Typologie der „geplanten Siedlungen", also der von Suburbia, verwiesen – eine Besonderheit in der Landesplanung:
- „Wohnsiedlung",
- „Wochenendsiedlung",
- „Nutzgartensiedlung",
- „Wirtschaftssiedlung".

Eine weitere Besonderheit war der „Zeitzonenplan". In diesem sollte von dem Verfasser eine zeitliche Reihenfolge der Parzellierungen als „1. Zone sofort, 2. Zone nach Verkauf von 75 % der Parzellen der 1. Zone, 3. Zone entsprechend" ausgewiesen werden. Außerdem wird hier nicht mehr von Flächenaufteilung, sondern unter Punkt 7 von „Flächennutzung" und deren differenzierter Gliederung in Nutzungsarten gesprochen. Ein Indiz für die begriffliche Transformation einer der zentralen Kategorien der Stadt-

560 Kuhberg, L. (1929), 13.11.1929, S. 777–783, insbes. S. 783.
561 BAK-Geschäftsberichte Landesplanung Brandenburg-Mitte: Siedlungstechnische Grundsätze, Juli 1931.
562 Ebd., S. 1.
563 Ebd., S. 1 f.

und Landesplanung. Mit diesen beiden Instrumenten sollte eine geordnete Suburbanisierung erreicht werden. Die allgemeine Dezentralisierung bekam in Gestalt dieser Planungsausrichtung einen systematischen Charakter. Die lenkende Hand des „Technischen Beraters" in der Geschäftsstelle, Gustav Langen, war unverkennbar. Er hatte für das von ihm gegründete „Deutsche Archiv für Siedlungswesen" eine umfassende Plansystematik, die standardisierten „Einheitspläne"[564] eingeführt. Diesen Musteranalyseplan hatte er bereits 1913 vorgelegt und darauf fußend eine Vielzahl von Stadtanalysen für Kommunen erarbeitet. Diese Sammlung wurde in der Folgezeit durch sein „Wandermuseum" kommuniziert. Auf diesen Analyse-Prinzipien fußen sowohl die „Grundsätze" als auch die Plan-„Gesichtspunkte". Mit der Ausgabe dieser beiden Grundlagenpapiere an die Gemeinden und Landkreise war stets der Hinweis auf das Zurateziehen geeigneter Fachleute bei der Planbearbeitung verbunden.
In dem Bericht zum 3. Geschäftsjahr (1. April 1932 bis 31. März 1933) wurde ausführlich auf die durchgeführten Planbearbeitungen eingegangen – das letzte Mal in dieser Form:
Im Zentrum der Tätigkeit der Landesplanung stand demnach die Mitwirkung bei den gemeindlichen Einzelplänen, um der allgemeinen Siedlungsentwicklung Vorrang geben zu können gegenüber „örtlichen egozentrischen Gesichtspunkten". Dabei wurde als bedeutender Erfolg registriert, dass die Mehrheit der Grundeigentümer professionelle Planverfasser beauftragt hat, nämlich „über fünfzig private Städtebauer und Landmesser", die in enger Verbindung mit der Geschäftsstelle wirkten.[565] Die Planungen wurden jeweils in der „Plankammer des Landesplanungsverbandes" gesammelt. Dort konnten dann die Bearbeiter ihre Abschnitte mit den Nachbarplanungen und den Gesamtübersichten abgleichen. Im Jahr 1932 wurden zur besseren Bearbeitbarkeit noch „Typenpläne" herausgegeben.
Die Geschäftsstelle berät die einzelnen Planbearbeiter bzw. die Gemeinden in einem frühen Stadium der Erarbeitung. Danach hat sie die Aufgabe, die Pläne in dem förmlich vom Ministerium für Volkswohlfahrt erlassenen Verfahren der Begutachtung Stellung zu nehmen, bevor die Genehmigung des Planes erfolgt (durch das zuständige Regierungspräsidium). Dabei wurden 1930 – 35 Planungen, 1931 – 79 Planungen und 1932 – 92 Planungen bearbeitet. Dazu fanden z. B. 1932 über 90 örtliche Verhandlungen und Ortsbesichtigungen statt. Von den 210 Planungen wurden folgende Beanstandungen vorgenommen: „60 ohne ausreichende Unterlagen; 35 plantechnisch minderwertig, 63 zu umfangreich [...]." Die Geschäftsstelle erarbeitete 14 Fehlergruppen – analog zu den Grundsätzen. Bei 92 von 150 Plänen wurden mehr als 5 Verstöße registriert. Diese wurden dann in grafischen Übersichten als „Gesamtkritik" anschaulich gemacht und den Gemeinden erläutert. Daran schlossen sich dann langwierige Verhandlungen mit den jeweiligen Stellen an, um die Umänderungen gemeinschaftlich festzulegen. Ein insgesamt aufwendiges Verfahren, das aber eine hohe Garantie für eine qualitativ anspruchsvolle Planung und dann auch Umsetzung bot.
Über diese dezidierte Planungsarbeit hinausgehend, legte Langen noch im Frühjahr 1933 eine Vision für den Raum um Berlin vor. Unter der Überschrift „Die große Form der Kleinsiedlung" unterbreitete er den Vorschlag, um Berlin herum einen „Siedlerring" anzulegen. Dieser sollte entlang der vom Landesplanungsverband Brandenburg-Mitte planerisch vorbereiteten „Güterumgehungsbahn" als ein 50 bis 80 m breiter Siedlungsring angelegt werden.[566] Dieser Ring sollte der dezentralen Ansiedlung von Menschen aus Berlin dienen, aber zugleich auch der „sorgfältige[n] Behandlung der Außengebiete außerhalb und innerhalb der Stadtgrenze im Umkreis von 50 km als Ergänzung zur Pflege der City" dienen,

564 „Musterblatt für die Herstellung städtebaulicher Einheitspläne". Aufgestellt durch Gustav Langen auf der Internationalen Baufach-Ausstellung, Leipzig 1913. Gisaldruck von Bogdan Gisevius, Berlin. Deutsche Nationalbibliothek Leipzig. Signatur: 1922 T 37.

565 BAK-Geschäftsberichte Landesplanung Brandenburg-Mitte: Geschäftsbericht vom 25. 4. 1933, S. 9, 10, 14. Alle Angaben zu den Verfahren sind hier zusammengestellt.

566 Langen, G. (1933), 19.4.1933, S. 303–305.

was auch vom Vorsitzenden des City-Ausschusses Berlin, Martin Mächler, vertreten wurde.[567] Dieser, auf den ersten Blick etwas aufgesetzt wirkende Vorschlag, kann als ein Vorläufer des Konzeptes der „dezentralen Konzentration" aus den 1990er Jahren angesehen werden, bei welchem auch von einem Ring um Berlin ausgegangen wurde, welcher das Wachstum auffangen sollte.[568] Bei Langen handelte es sich um ein Element der landschaftlichen Gestaltung des Raumes. Diese Gestaltung sollte auf Selbsthilfe, auf eisenbahnbezogene und streng landschaftlich geordnete, auf Ressourcenreproduktion orientierte und auf Schonung der Flächen im sich suburbanisierenden Umland der Metropole Berlin orientiert werden.
Neben dieser plantechnischen und Beratungstätigkeit war die Landesplanung auch noch auf den Gebieten der Gesetzgebung und der Verwaltung beratend tätig. Außerdem organisierte sie eine umfassende Kooperation mit den fachlichen Partnern der Planungstätigkeit in der Region sowie mit den Körperschaften wie der Akademie für Städtebau oder der Arbeitsgemeinschaft der deutschen Landesplanungsstellen. Als vorteilhaft erwies sich natürlich die in Personalunion von Gustav Langen vollzogene Zusammenarbeit mit dem Deutschen Archiv für Siedlungswesen. Nur mit der Stadt Berlin, der Reichshauptstadt, war bislang keine befriedigende Kooperation gelungen.[569]
Dies stand in einem eklatanten Widerspruch zu der ab etwa 1926 einsetzenden starken peripheren Stadtentwicklung Berlins. Die Industrie, Infrastrukturen und Wohnungsbau wanderten zunehmend an den Rand der Metropole. Berlin wurde zu einer Weltstadt mit dezentraler Ausrichtung, die im Grunde bis in den mitteldeutschen Raum reichte.[570] Damit kann auch die wechselseitige planerische Bezugnahme in der Mitteldeutschen und Berliner Landesplanung als ein Reflex auf die bauwirtschaftlichen und infrastrukturellen Aktivitäten angesehen werden, wenngleich diese auch einer Eigenlogik folgten.
Mit dem von Gustav Langen 1935 vorgelegten „Wirtschaftsplan Berlin-Brandenburg-Mitte" war das umfassendste Planwerk für die Hauptstadtregion erarbeitet worden, das es bis dahin gegeben hatte und bis heute Anregungen parat hält.[571] Langen hatte seit 1931 auf der Grundlage von „Probeplänen", die mit den lokalen Akteuren erörtert worden waren, und verschiedenen Typen an Handlungsplänen (Verwaltungsplan, Plan der Verhandlungsergebnisse mit den Kommunen, Flächennutzungspläne, Wirtschaftspläne, gesetzliche Pläne), aber bereits unter Einbeziehung der ab 1933 von den NS-Machthabern verordneten Autobahnplanung, seinen Gesamtplan erarbeitet. Dabei gab es noch eine punktuelle Kooperation mit Pfannschmidt, der seine Expertise als Wirtschaftsfachmann einbrachte.

6.3 Der Wirtschaftsplan von 1929–1935

Am 1. Mai 1935 lag der im Wesentlichen auf Langen zurückgehende „Wirtschaftsplan Berlin-Brandenburg" („Übersichtskarte") vor (Abb. 18). Bei diesem Planwerk handelte es sich im Grundsatz um einen „Sternplan" (sieben urbane Sterne und Grünkeile) sowie um Teilpläne für die Bereiche Wohnen, Gewerbe, Grün und Verkehr mit Ringen und Radialen. Im Verkehrsplan fallen besonders der Autobahn- und der Eisenbahnring auf, die später fast eins zu eins umgesetzt wurden. Zudem sah der Plan die Freihaltung von Randbereichen vor, die als Ausgleichs- oder Versorgungsgebiete für die Ernährung Berlins dien-

567 Ebd., S. 305.
568 Diller, C. (2010), S. 175.
569 Kegler, H. (2020), S. 79 f.
570 Kress, C. (2011), S. 133–154, insbes. auch S. 151. Hier wird der Bezug zum Bauhaus in Dessau hergestellt, welches mit den Planungen für die Siedlung in Törten an die Entwicklungen in Berlin, aber auch in Merseburg und Bad Dürrenberg anknüpfte. Der Gesamtraum zwischen Berlin und Mitteldeutschland rückte planerisch/ideell zusammen.
571 Wirtschaftsplan für Berlin-Brandenburg-Mitte (Gustav Langen, 1935), Brandenburgisches Landeshauptarchiv Rep. 1, Oberpräsident, der Provinz Brandenburg und Berlin – Karten 128/1 A bis 128/6 A.

ten. Dieser Plan war der erste und zugleich letzte integrierte Gesamtplan einer kommunal orientierten Institution für die Entwicklung von Berlin und der brandenburgischen Provinz, der sowohl die Einheitsgemeinde Berlin (bis auf das Zentrum) als auch den Raum bis weit über den 50-km-Radius hinaus beinhaltete und dabei noch die in der Weimarer Republik begonnen Ansätze enthielt. Damit lag kurz vor dem radikalen Umbau der Landesplanung 1936 durch die Nationalsozialisten, bei der der Plan dann seine Gültigkeit verlor, ein integrierter Gesamtplan vor. Nun hätten beide Körperschaften gemeinsam eine administrative Form finden können für die Verwirklichung dieses Rahmenplans. Doch mit dem Führererlass vom 18. Dezember 1935 wurde die Reichs- und Landesplanung neu geordnet und eine „Raumordnung" eingeführt, die letztlich der Kriegsvorbereitung diente, sich zwar in technischer Hinsicht einiger Elemente von Langens Plan bediente, aber grundlegend anderen Intentionen folgte.[572]
Zwar übernahmen die NS-Strategen den von Gustav Langen eingeführten Begriff „Raumordnung", doch kehrten sie diesen letztlich in sein Gegenteil um: Die rationale Ordnung von Raum und Gesellschaft sollte nunmehr nicht mehr humanistischen Zwecken, sondern der Subordination aller Entwicklungen unter die Kriegsziele und die Diktatur dienen.[573] Diese Dimension des Begriffs schwingt bei dessen heutiger Anwendung indirekt immer mit und sollte stets demokratisch reflektiert werden, denn eine latente eindimensionale, lineare Planung birgt stets auch die Gefahr einer zweckrationalen Durchsetzung von Einzelinteressen.

572 Kegler, H. (2020), S. 81.
573 Pahl-Weber, E. (2023), S. 42 f. Im „Generalplan-Ost" kulminierte diese Zielstellung. Das Zentrale-Orte-Konzept wurde von Christaller bereitwillig „an die Ordnungsvorstellungen des NS-Staates angepasst".

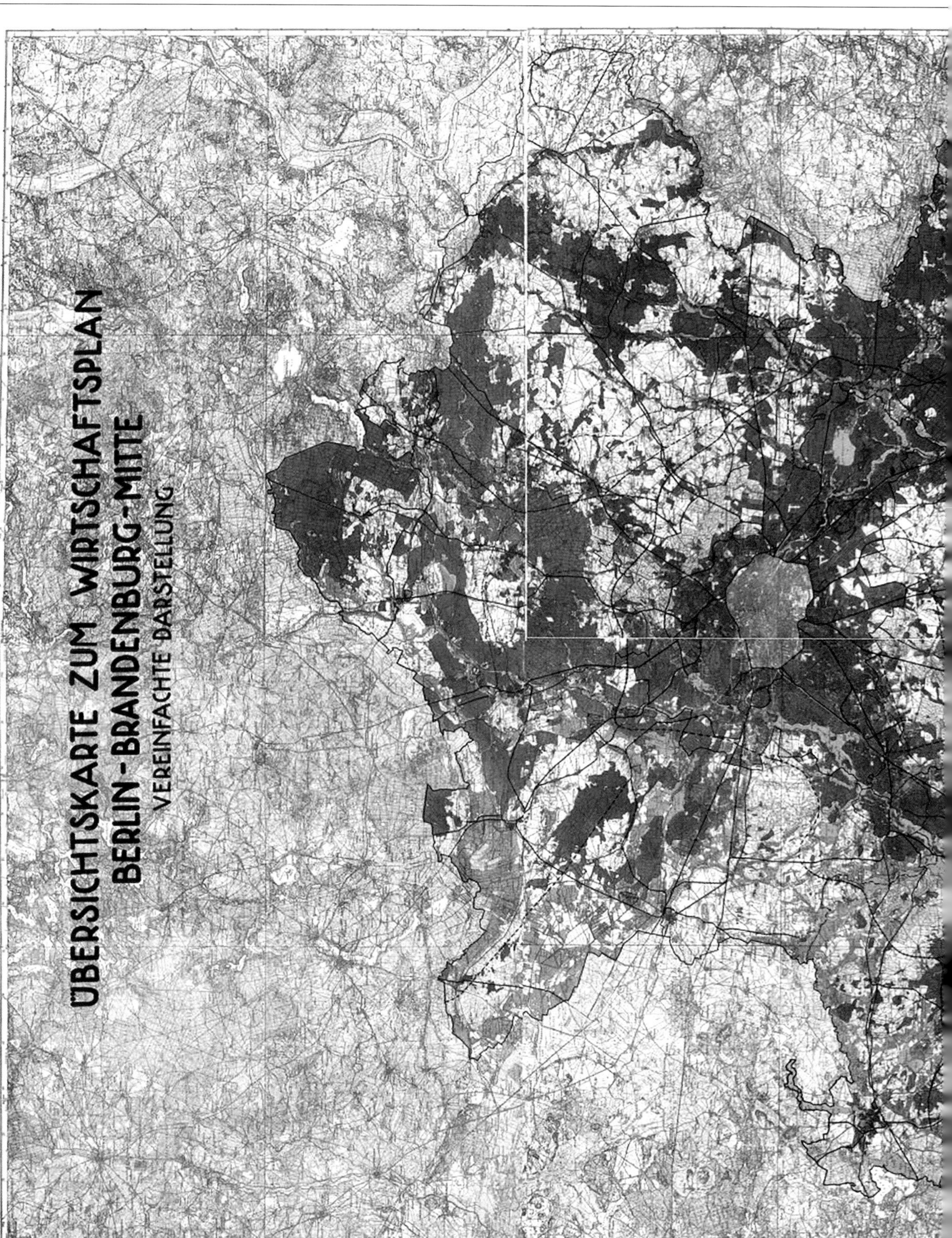
ÜBERSICHTSKARTE ZUM WIRTSCHAFTSPLAN
BERLIN-BRANDENBURG-MITTE
VEREINFACHTE DARSTELLUNG

18 Übersichtskarte zum Wirtschaftsplan Berlin-Brandenburg, 1935, Autor: Gustav Langen

7 Informelle Strukturen der wissenschaftlichen Landesplanung

Jenseits der inhaltlichen Themen, die die Landesplanung ausmachen, gibt es ein Spektrum an konstituierenden Momenten, an Nuancen im systemtheoretischen Sinne, die nicht nur den disziplinären Aufbau bestimmen, sondern ein Charakteristikum von Planung jenseits etablierter kognitiver Strukturen darstellen. Sie dienen insbesondere dazu, die Frage nach Kriterien zu beantworten, die herangezogen werden können, um Qualitäten bzw. um die Fähigkeiten von Planung aufzuzeigen, sich beweglich zu entfalten, neue Wege zu finden in sich ggf. bietenden Spiel-Räumen und dabei auf Entwicklungen sensibel und vorausahnend zu reagieren. Die innere Bewegungsqualität des Fachgebietes kann ein wesentliches Indiz für Nichtlinearität darstellen. Es sollen hier Befunde vorgestellt werden, die auf diese Fähigkeit hindeuten. Neben den primären Faktoren, die andeutungsweise im Plan für Waldenburg von Langen, aber auch in Ansätzen im Plan 23 der mitteldeutschen Landesplanung erkennbar sind, erscheinen weitere Merkmale von Nichtlinearität wichtig, die sich von hierarchisch ausgerichteter Planung unterscheiden. Einen Beweis für die Ausprägung jener Qualitäten kann damit nur bedingt erbracht werden, da die Landesplanung in Mitteldeutschland unter demokratischen Umständen nur wenige Jahre existierte. Die Langzeitwirkungen wären einer gesonderten Untersuchung vorbehalten.
Es wird hier also von der Hypothese ausgegangen, dass derartige Merkmale (Nuancen) eine Nichtlinearität, d. h. Selbstorganisation befördern, dass diese sogar konstituierend für den weiteren Entwicklungsweg der Disziplin gewesen sind.[574] Diese Anzeichen sollen zugleich auch Anlass sein für mögliche Fortsetzungen der Forschung über den hier betrachteten Zeitraum hinaus.

7.1 Grenzen überwinden – Kooperationen entfalten

Die Landesplanung erreichte, nachdem eine quantitative Anreicherung stattgefunden hatte, ein inhaltliches Niveau, das es gestattete, in neuen Dimensionen zu agieren. Eine Kernfrage dabei war die der Grenzen. Wenn also „Dezentralisierung" das paradigmatische Selbstverständnis der Landesplanung prägte, dann traten folgerichtig für die Auseinandersetzung mit dem Thema Grenzen auf die Tagesordnung. Hier standen weniger die Fragen nach einer administrativen Neugliederung Deutschlands im Vordergrund, wenngleich diese durchaus mitschwangen, sondern eher die nach dem Umgang mit den Landesgrenzen.[575]
Mit einer Denkschrift, veröffentlicht 1928, forcierte die Landesplanungsstelle in Merseburg die Diskussion. Nach der formalen Aufbauphase der Landesplanungen in der südlichen Provinz Sachsen (Preußen) und dem Land Anhalt sowie in Westsachsen und Ostthüringen, stand nun die Frage der übergreifenden Koope-

574 Aus dem historischen Befund lassen sich folgende Nuancen innerdisziplinärer Entwicklung erkennen, die hier als qualitative Anzeichen aufgeführt werden, ohne ihre quantitative Stichhaltigkeit belegen zu wollen (zu können): 1. Grenzen überwinden – Kooperationen entfalten; 2. Internationaler Austausch – Diffusion von Erkenntnissen; 3. Fach-politische Kultur – zur sozialistischen Stadt (ohne politische Vorbehalte); 4. Neue Akteure in der Planung – Beteiligungen und Gender-Ansätze; 5. Netzwerkstrukturen und Diskurse – der Planungsalltag (als Testfeld); 6. Rückkopplungen – Planung zwischen Theorie und Praxis. Die „Brücke" dient hier als Metapher für die Suche nach Pfaden disziplinärer Entwicklung an neuen Ufern. Anregungen dazu finden sich in: Briggs, J.; Peat, D. (2006), S. 267, S. 298–300 („Nuancen: Eine extreme Empfindlichkeit").

575 Hofmann, W. (1992), S. 9 f. Die Territorialreform sollte die Struktur der Länder durch eine den wirtschaftlichen Realitäten entsprechende, rationale Gliederung in Provinzen ersetzen. Danach wäre Mitteldeutschland eine einheitliche Provinz geworden. Diese Debatte kam nach 2000 wieder in Gang.

ration und langfristigen Orientierung jenseits überkommener Grenzziehungen im Vordergrund.[576] Es sollte eine Debatte angeregt werden, die „Möglichkeiten zukünftiger Gestaltung Mitteldeutschlands" auslotet, ohne Anspruch auf Vollständigkeit oder gar Endgültigkeit. „Sie stellt eine flüchtige Skizze" dar, der weitere Ausführungen folgen sollten. Die Landesgrenzen wurden als die größten Hemmnisse für eine erfolgversprechende Landesplanung ausgemacht. Die von der Landesplanung angeregte Diskussion aber geht viel weiter als die im Zusammenhang mit der territorialen Neugliederung geführte Debatte. Sie war in der Tat sehr modern und öffnete den Blick für die Relativität und Dynamik von Planung generell. Die Grenzfrage wurde sehr systematisch aufgerollt und blieb nicht bei plakativen Forderungen an die Politik stehen.
Im Gegenteil. Der Umgang mit Grenzen gehörte, so die einleitende Darstellung, zum Kerngeschäft der Landesplanung (und auch der Stadtplanung resp. des Städtebaus), weswegen es sich nicht um ein Sonderthema handelte: „Verwirklicht wird Landesplanung durch ständige Umformung vorhandener Grenzen der Bodennutzung."[577] Dafür müsse die Landesplanung, so die Folgerung seinerzeit, geeignete Methoden entwickeln. Dazu gehörten grundsätzlich die „Grenzänderung" (Enteignung, Umlegung, Eingemeindung) und die „Grenzentwertung" (Zweckverband). Bei den Landesgrenzen treten nun komplexere Grenzfragen auf, die weit mehr sind als nur politischer Art. Die Systematik dieser Grenzfragen und die Ableitung von methodischen Konsequenzen sind dann der Hauptgegenstand der Denkschrift gewesen. Ausgangspunkt für die methodischen Überlegungen war das Herausarbeiten von Überlagerungen der Übereinstimmungen und Widersprüche bei den Grenzen auf den unterschiedlichen Sach- und Raumebenen.
Der Kern der Aussagen mündet in der Feststellung, dass es ein „vergebliches Unterfangen" sei, eine Übereinstimmung von politischen und wirtschaftlichen Grenzen herstellen zu wollen, „da Grenzen, Formen und Inhalte von Wirtschaftsgebieten ständigen Wandlungen durch verkehrstechnische Bedingungen, industriellen Fortschritt, Weltwirtschaft und Außenpolitik unterliegen [und zudem] […] die Grenzen der Wirtschaftsgebiete räumlich unklar sind oder einander durchdringen".[578] Das weitreichende Fazit der Analysen lautete denn auch: „Endlich ist auch eine politische Abgrenzung von Ländern entsprechend der Grenzen einzelner Wirtschaftsgebiete gar nicht wünschenswert, da die wirtschaftliche Gesundheit von Ländern gerade in einer Vereinigung verschiedenartiger Wirtschaftsgebiete und daraus sich ergebender Mannigfaltigkeiten der Wirtschaftsbeziehungen und W i d e r s t a n d s f ä h i g k e i t e n gegenüber schlechten Konjunkturen zu liegen pflegt."[579] Die Autoren Pfannschmidt und Rosenberger plädieren schließlich in ihrem Diskussionsangebot auf der Ebene der Landesplanung für eine weitere „Grenzentwertung", die letztlich eine „völlige Aufhebung von Grenzen" bedeuten kann, welche nur noch „Formen […] Historischer Bedeutung" annehmen würden.[580]
Die Divergenzen wirtschaftlicher Interessen der Länder können bei einer „vorsorglichen technischen Zukunftsplanung" überwunden werden; Widersprüche dürften sich aber bei der „taktischen Durchführung der Landesplanung" ergeben.[581] Auf diesen beiden Ebenen, der strategischen und der operationalen, liegen die unterschiedlichen planerischen und kommunikativen Herausforderungen der Landesplanung. Hier wurden unterschiedlich gelagerte, zusätzliche Instrumente vorgeschlagen: „Interessengemeinschaften und Staatsverträge", die eine Willensbildung zur Kooperation über Grenzen hinweg befördern, und eine „Reichsgesetzgebung", die als harte Instrumente den Rahmen für eine bessere Durchsetzung von

576 ThHStAW, Landesplanungsgemeinschaft Thüringen, Nr. 11, Bl. 51r–58v. Alle folgenden Aussagen beziehen sich auf diese Denkschrift.
577 Ebd., Bl. 53r.
578 Ebd., Bl. 55r.
579 Ebd., Bl. 55r (Herv. d. Verf.). Dieser Hinweis kann auch im Sinne von Resilienz erklärt werden, weil er mehr als nur Widerstand bedeutete.
580 Ebd., Bl. 58r.
581 Ebd.

Kooperation schaffen – aber keinen Ersatz bieten für die kooperativen Instrumente, denen sogar Vorrang eingeräumt wurde.[582]
Die hier angestoßene planungsrelevante Diskussion reiht sich ein in ein ganzes Spektrum literarischer Äußerungen aus Politik und Wissenschaft sowie der Wirtschaft. Von besonderer Bedeutung war das im Auftrage des 42. Provinziallandtages der Provinz Sachsen in Preußen an die zuständige Staatsregierung in Berlin erstellte und in „zwanzigmonatiger Arbeit" geschaffene Gutachten, das der Landeshauptmann, Dr. Hübner, vorstellte und dem mehrere wissenschaftliche Beiträge (z. B. der Universität Halle) beigefügt waren.[583] Weitere, einflussreiche Beiträge stammten von Vertretern der Wirtschaft und Wissenschaft, wie Leiske („Leipzig und Mitteldeutschland") oder Müller („Der Mitteldeutsche Industriebezirk") sowie Mackowsky von der Kreishauptmannschaft Leipzig. Die Akzente waren durchaus unterschiedlich, doch der Tenor glich sich: keine einfachen Lösungen, sondern abgewogenes Voranschreiten beim Ausbau von Kooperation und Suche nach einem optimalen Grenzverständnis.[584] Diese Diskussionen kamen insbesondere in den Nachbarregionen der Provinz Sachsen, in Westsachsen und Ostthüringen zur Geltung und wurden rege reflektiert.[585] Gerade der informelle Charakter der Kooperation habe sich „vorzüglich bewährt", so Luthardt in seiner 1929 erschienen Grundsatzschrift zur Landesplanung in Mitteldeutschland, die bereits das gesamte Gebiet einer – gedachten – Wirtschaftsprovinz umfasste.[586]

7.2 Internationaler Austausch – Diffusion von Erkenntnissen

Seit der Ausstellung in Gotenborg 1923 war der internationale Austausch zu einem elementaren Bestandteil der Kommunikation und der wechselseitigen Einflussnahme geworden. Die jährlichen Megakongresse mit über 1.000 Teilnehmern zu Fragen des Städtebaus, des Wohnwesens und der Landesplanung setzten die Maßstäbe im fachlichen Diskurs. Neben Robert Schmidt als der Leitfigur für die Landesplanung in Deutschland und auch im Ausland, war Stephan Prager der wichtigste fachpolitische und kulturelle Brückenbildner auf dem Gebiet der Landesplanung. Beide trugen maßgeblich zur Internationalität in der disziplinären Entwicklung der Landesplanung bei. Sowohl die Beteiligung an den wichtigen Kongressen als auch die führende Rolle, die Robert Schmidt als Vizepräsident der „International Federation for Town and Country Planning and Garden Cities"[587] von 1924 bis 1929 einnahm, wirkte damit auf die inhaltliche Arbeit in der Landesplanung. Aber auch Jansen, Heiligenthal, Hoepfner und Langen sowie der omnipräsente Stübben, soweit die wichtigsten Vertreter, gehörten zur Kernzone der inhaltlichen und institutionellen Aufbauarbeit der Landesplanung.
Neben der Permanenz internationaler Themen in der Fachliteratur schlugen sich die Berichte über internationale Entwicklungstendenzen, besonders aus den führenden Ländern auf diesem Gebiet, England, USA und Holland, auch in den Veröffentlichungen der Landesplanungsverbände[588] nieder – die Interna-

582 Ebd., Bl. 58r, 58v.
583 Hübner (1927): Die Mitteldeutsche Frage im Landtage der Provinz Sachsen – „Mitteldeutschland auf dem Wege zur Einheit", sowie die einzelnen in diesem Sammelband zusammengefassten Beiträge.
584 ThHStAW, Landesplanungsgemeinschaft Thüringen, Nr. 56, Bl. 13v.
585 Ebd.
586 Luthardt, W. (1929). Hier werden auch grundlegende begriffliche und methodische Fragen der Landesplanung dargelegt, so z. B. die Definition von Landesplanung und Städtebau und vor allem deren fließende inhaltlich-methodische Übergänge. ThHStAW, Landesplanungsgemeinschaft Thüringen, Nr. 56, Bl. 3r.
587 Albers, G. (1997), S. 190–192.
588 ThHStAW, Landesplanungsgemeinschaft Thüringen, Nr. 1, Bl. 187v–192r. In diesem offiziellen „Bericht über die Landesplanungen im In- und Ausland" wurden die Landesplanungen besonders in Holland und, sehr ausführlich, in England vorgestellt. Aus dem Inland kamen der SVR und die Landesplanung in Mitteldeutschland als besonders nennenswerte und international vergleichbare Einrichtungen vor.

tionalität gehörte selbst in der Provinz zum mehr als guten Ton.[589] Diese Selbstverankerung der Landesplanung – im Kontext mit dem Städtebau bzw. der Stadtplanung – in der internationalen Szenerie war einerseits bedingt durch das Bemühen, Teil der internationalen Community zu werden, Anerkennung zu erhalten und andererseits den eigenen inhaltlichen Entwicklungsstand messen zu können. In umgekehrter Richtung wurden, wie an der Wahl von Schmidt erkennbar ist, die Leistungen der deutschen Landesplanung durchaus gewürdigt und die Erfahrungen aus Deutschland aufgegriffen. Dabei fällt insbesondere das „Amerikanische Urteil über Deutschlands Städtebau" ins Gewicht, wurde doch damit der deutsche Beitrag endgültig in den internationalen Club aufgenommen, ja, mehr noch, zu einem Vorbild erhoben, und das kurz bevor ab 1933 ein jähes Ende einsetzte. Bei aller Lobpreisung des deutschen Systems der städtebaulichen und Landesplanung darf natürlich nicht übersehen werden, dass seit fast einem Jahrzehnt ein wechselwirkender Austausch dazu beigetragen hatte, dass jeweils Elemente der verschiedenen Partner im internationalen Austausch sich durchdrangen bzw. beeinflussten. In dem markanten Artikel von 1933 arbeitete Stübben, den amerikanischen Wortführer unter den Städtebauern und Planern, John Nolen, reflektierend, heraus, dass der „deutsche Erfolg" auf vier Grundlagen basiere:
„Erstens kluge und zweckmäßige Gesetzgebung; zweitens sorgfältige Erziehung einer großen Zahl von Architekten, Ingenieuren und Gartenkünstlern in der Wissenschaft und in der Kunst des Städtebaus, sowie drittens vortreffliche Organisation der Bauämter, schließlich geeignete Fürsorge für die Durchführung der Pläne in längerem Zeitraum."[590] Gerade diese vier Momente, die Stübben hervorhebt, bringen den reifen disziplinären Charakter, aber auch die hohe Anerkennung der öffentlichen Regulation von städtischer und ländlicher Entwicklung zum Ausdruck. Deutschlands Disziplinen hatten Einfluss gewonnen in der internationalen Arena der Planungswissenschaften.

7.3 Fach-politische Kultur – zur sozialistischen Stadt

Ein Hinweis auf eine ganz außergewöhnliche Brücke findet sich in der Deutschen Bauzeitung vom 18. Januar 1933, also kurz vor der Machtergreifung Hitlers, zu einer Diskussion über die „Sozialistische Stadt".[591] Nicht der Zeitpunkt des Artikels, sondern die Träger dieser Debatte sind bemerkenswert. Im Vorspann der Schriftleitung findet sich der Hinweis auf die politische Planungskultur:
„Die Siedlungswissenschaftliche Arbeitsgemeinschaft (Siewag), im Anschluß an die erste Internationale Städtebauausstellung nach dem Kriege (Gotenburg 1923) von der Deutschen Gartenstadtgesellschaft, der Siedlerschule Worpswede, dem Deutschen Archiv für Siedlungswesen, dem Deutschen Verein für Wohnungsreform und dem Deutschen Bund Heimatschutz zusammen mit dem Architekten Mächler ins Leben gerufen, hat im Herbst 1931 eine internationale Aussprache über die heutige Stadtentwicklung in Sowjetrussland eingeleitet. Als Unterlage diente eine Denkschrift der ‚Siewag', die auf die entscheidenden Punkte hinweist (‚Journal of the Town Planning Institute', London, und Deutsche Bauzeitung 1932, Heft 40). Der nachstehende Beitrag, der uns von der Arbeitsgemeinschaft Sozialistischer Architekten, Berlin, zugegangen ist, unterrichtet über den marxistischen Standpunkt deutscher Fachkreise zu der in der Denkschrift behandelten Frage."[592]

589 Luthardt, W. (1929), S. 6. ThHStAW, Landesplanungsgemeinschaft Thüringen, Nr. 56, Bl. 4v. Dies ist nur ein Beispiel, bei dem beiläufig auf den Begriffsapparat in England („Regional Planning") verwiesen wird. Alle Darstellungen zur Landesplanung verweisen auf die internationalen Entwicklungen, letztlich auch, um die Bedeutung der Landesplanung gegenüber den staatlichen Stellen zu untermauern.

590 Stübben, J. (1933), S. 262.

591 Rücker, R. (1933), S. 43–45.

592 Ebd., S. 43.

Anlass für den Artikel war für den Autor (Rücker) die durch die Siewag in der „Proletarischen Bauausstellung", der „Gegenausstellung" zur Deutschen Bauausstellung 1931, vertretene und bildlich dokumentierte These: „Die Stadt als Hotel und Fabrik". Rücker, selbst Mitglied in der Arbeitsgemeinschaft sozialistischer Architekten, begrüßte ausdrücklich die Initiative der Siewag, also einer aus eher konservativen, reformorientierten Fachleuten bestehenden informellen Vereinigung, die auf Mit-Initiative von Gustav Langen zustande gekommen war, die Entwicklungen in Sowjetrussland zu erörtern und einem breiten Kreis zugänglich zu machen. Ja, er unterstützte sogar die kritischen Positionen, die Mächler vertrat, weil sie die Unzulänglichkeiten der Proletarischen Bauausstellung offenbarten. Die marxistische Position sei viel umfassender und ziele auf „eine neue Siedlungsweise der Menschheit".[593] Beide „Lager" (die „Konservativen" und die „Sozialisten") waren sich sehr viel näher, als das auf den ersten Blick scheinen mag, wenn Rücker die vom Architekten Korn in der Proletarischen Bauausstellung gezeigten Pläne für Berlin kritisierte: „Es ist übelster Projektemachestil, wenn z. B. A. Korn in der proletarischen Bauausstellung den Plan zeigte, Berlin einfach verfallen zu lassen und an der Havel als Bandstadt neu aufzubauen".[594] Rücker stellte klar, dass die sozialistische Umgestaltung „auch die Rekonstruktion der alten Städte und ihre Erweiterung" beinhalte.[595]

7.4 Neue Akteure in der Planung – Beteiligungen und Gender-Ansätze

Die Verwendung des heute gebräuchlichen Begriffs überzieht natürlich in der historischen Rückprojektion die Geschlechterfrage. In den 1920er Jahren dominierte die überkommene Rollenteilung zwischen den Geschlechtern, die der Frau eindeutig den Platz an den Orten des Kochens, der Kindererziehung, der Hausarbeit oder im Dienstleistungssektor vorsah. Auch bei Reforminstitutionen wie dem Bauhaus in Dessau waren die weiblichen Studierenden vorranging in der Weberei tätig (außer Kath Both und Lilly Reich als die wenigen, die sich im Architekturbereich betätigten).[596] Die Landesplanung war, wie alle anderen gesellschaftlichen Sektoren, männerdominiert. In zweifacher Hinsicht jedoch erscheint die Frau in Bezug auf die Landesplanung: im passiven Sinne, als „Planungsobjekt" sowie als Akteurin. Dabei traten Frauen sowohl als fachpolitisch engagierte Reformerinnen als auch, das war ebenso ein Novum, als Planerinnen selbst auf. Dabei handelt es sich natürlich nur um Einzelerscheinungen, die jedoch als Beginn einer zukünftigen Entwicklung angesehen werden können, in der Frauen in der fachpolitischen wie in der unmittelbaren Planung eine wesentliche Rolle spielen würden – noch aber können nur diese Beispiele angeführt werden. Dennoch besitzen sie eine enorme Bedeutung, werfen sie doch ein Licht auf das Verständnis der Landesplanung sowohl hinsichtlich der Frauen in der fachlichen Tätigkeit als auch hinsichtlich der politischen Kultur, die mit den Frauen – zwar punktuell, aber eben signifikant – eingebracht worden war bzw. welche kulturellen Brücken die mitteldeutsche Landesplanung auch damit schlagen wollte. Mit dem Auftritt einer der bedeutendsten liberalen Kämpferinnen für die Emanzipation der Frau und späteren Widerstandskämpferin gegen den Faschismus, der Hildegard Margis (1897–1944), während der Leipziger Siedlungswoche 1927 wurden sowohl fachliche Aspekte in die Diskussion der Landesplanung als auch eine liberale Haltung eingebracht. Eigentlich war sie nur die Vertretung der im ursprünglichen Programm angekündigten Dr. Gertrud Bäumer (1873–1954).[597] Diese galt als eine der wichtigsten Perso-

593 Ebd., S. 45.
594 Ebd.
595 Ebd.
596 Baumhoff, A. (1999), S. 354–356. Es wird eine sehr kritische Analyse der als „subtile Verschleierung der Diskriminierung" dargestellten Rolle von Frauen am Bauhaus vorgenommen. Von einem Hort der Fortschrittlichkeit und Gleichberechtigung bleibt danach wenig übrig.
597 Notiz in der Deutschen Bauzeitung (DBZ), 5, 1927, S. 24.

nen der bürgerlichen Frauenbewegung. Sie war 1920 in das Reichsinnenministerium als Ministerialrätin berufen worden, engagierte sich daneben publizistisch für die Stärkung der gesellschaftlichen Stellung der Frau und widmete sich in fachlicher Hinsicht der Rationalisierung der Frauenarbeit im Haushalt.[598]
Dies war denn auch die Brücke zur Aufnahme in das Programm der Leipziger Siedlungswoche. Ihre Vertreterin, Hildegard Margis, war ihre kongeniale Partnerin in dieser Hinsicht. Als Bezirksverordnete in Berlin Charlottenburg (für die Deutsche Volkspartei von Stresemann) und im Reichswirtschaftsrat tätig, engagierte sie sich vor allem für Ernährungsfragen oder für den Verbraucherschutz – sie gründete die erste Verbraucherschutzorganisation in Deutschland („Heibaudi"), und war publizistisch zu Themen der Wohnungs- und Haushaltsorganisation tätig.[599]
In ihrem Beitrag zur Leipziger Siedlungswoche stellte sie die Frage der Rationalisierung der Küchenarbeit der Frau in den Mittelpunkt.[600] Sie griff dabei weiter aus als nur die Frage der Gestaltung der Küche anzusprechen. Für sie – wie auch für Gertrud Bäumer – ging es um die Gleichwertigkeit der Arbeit der Frau im Haushalt wie in der Fabrik und damit die Gleichstellung der Geschlechter wie der Arbeitswelten generell. Dass die Hauswirtschaft hinsichtlich der Rationalisierung noch hinter den Rationalisierungen und technischen Entwicklungen zurückgeblieben ist, erhebt sie zu ihrer Ausgangsthese, um für die Rationalisierung der Hausarbeit im Kontext des Wohnungsbaus zu plädieren: „Die Rationalisierung des Haushalts wird fraglos mit der *Arbeitsstätte, d.h. also dem Wohnungsbau* beginnen müssen."[601]
Ihre detaillierten Ausführungen zur Ausstattung, zur Gestaltung und Organisation des Wohnungsgrundrisses zielen auf die Änderung einer Planungskultur, nämlich die direkte Einbeziehung der eigentlichen Nutzer/innen der Gebäude in den Entwurf des Grundrisses. Nur sie, so ihre Argumentation, seien die Experten, die den optimalen, also rationalen Grundriss einer Wohnung, vor allem der Küche als der Hauptarbeitsstätte, zusammen mit dem Baumeister entwickeln könnten. Dabei verweist sie auf eine in England angewandte Planungsmethode: die Befragung. Dort seien Fragbögen an Hausfrauen ausgegeben worden, mit deren Hilfe Fehler bei der Planung sowie Anregungen für neue Gestaltungsmöglichkeiten eingeholt werden sollten. Dies war offenbar ein großer Erfolg und sie empfahl diese Methode auch in Deutschland zu übernehmen.[602] Hier wurde die Frau selbst zum Subjekt der Planung und nicht mehr nur Objekt – wie es üblich war – auch bei den modernen Architekten. Diese Methoden wurden zwar nicht in die Landesplanung übernommen, jedoch legte der Vortrag den Zusammenhang zwischen der Planung einer Wohnung unter aktiver Einbeziehung der Nutzer und einer Landesplanung, die die Interessen von Einwohnern einbezieht, nahe.
Die Landesplanung, wie auch die Architektur oder das Ingenieurwesen waren von Männern dominiert. Nur langsam erhöhte sich die Zahl der Frauen in den technischen Berufen. Eine von ihnen im mitteldeutschen Raum war Edith Schulze (1896–1984) in Dessau. Sie hatte in Braunschweig an der Technischen Hochschule studiert und kam als junge Diplomingenieurin nach Dessau und begann Anfang der 1920er

598 Vgl. Art. Gertrud Bäumer, http://de.wikipedia.org/wiki/Gertrud Bäumer (13.12.2024). Sie spielte eine große Rolle in der Frauenemanzipation mit vielen Verbindungen auch ins Ausland (sie war auch Vertreterin im Völkerbund). Folgerichtig wurde sie 1933 aus allen Ämtern entfernt. Sie zog sich in die innere Emigration zurück. Diese Darstellungen bei Wikipedia sollen hier als ein Bezug, nicht aber verifizierbare Quelle angegeben werden.

599 Vgl. Art. Hildegard Margis, http://de.wikipedia.org/wiki/Hildegard_Margis (13.12.2024). Eine der Schriften belegt exemplarisch diese politische wie fachliche Orientierung ihrer Arbeit: „(mit Erna Meier) Macht Euch endlich frei – von der Haushalt-Sklaverei! Der vereinfachte Haushalt und wie man ihn zeitgemäß führt. Hausfrauen, der halbe Tag gehört Euch! Ullstein-Verlag: Berlin 1930". Sie wirkte mit ihrem Verlag und ihrer offensiven publizistischen Tätigkeit, die getragen war von einer grundsätzlichen Antikriegshaltung (ihr Mann war im 1. Weltkrieg gefallen), für eine gesellschaftspolitische Aufklärung der Frauen. Sie ging 1933 in den politischen Widerstand und arbeitete u.a. mit der Gruppe um Anton Saefkow zusammen. Sie wurde 1944 verhaftet und starb an den Folgen der Folter durch die Gestapo.

600 Margis, H. (1928), S. 75–78.

601 Ebd., S. 75.

602 Ebd., S. 77 f.

Jahre bei der städtischen Wohnungsbaugesellschaft. Hier wirkte sie als rechte Hand des Stadtbaurates Overhoff bei der Planung von Werkssiedlungen und der Gartenstadt „Hohe Lache".[603] Später baute sie für die „Mitteldeutsche Heimstätte" in Dessau und in Magdeburg, um nach 1945 als Stadtbaurätin in Dessau zu wirken. Als Mitarbeiterin von Overhoff war sie auch in den Siedlungsausschüssen der Landesplanung für den engeren mitteldeutschen Industriebezirk in Dessau zeitweilig tätig, insbesondere zu Fragen des Siedlungsbaus.[604]

7.5 Netzwerkstrukturen und Diskurse – der Planungsalltag

Natürlich hatten die in den nichtstaatlich organisierten Planungsverbänden tätigen Landesplaner täglich Brücken zu bauen zwischen den verschiedenen Interessengruppen, aber auch zwischen dem was fachlich übergreifend notwendig erschien und dem was lokal verfochten wurde, um letztlich einen Konsens zu erreichen. Die Geschäftsberichte der Landesplanung in Merseburg gewähren einen gewissen Einblick in diesen Alltag, wobei diese Berichte nur einen schwachen Abglanz der in den Ausschüssen wirklich abgelaufenen Debatten darstellen dürften.

Die Landesplanung in Merseburg hatte bereits in ihrer Aufbauphase erkannt, dass sie, wenn sie erfolgreiche Planung betreiben wollte, unbedingt zu den Nachbarregionen in Sachsen und Thüringen „Tuchfühlung" aufnehmen musste. So berichtet Walter Lehweß, Architekt aus Berlin und von der Merseburger Landesplanung beauftragter Fachmann für die Betreuung des Wirtschaftsgebietes Weißenfels-Zeitz und Bearbeiter des regionalen Flächenaufteilungsplanes von seinen Kontaktaufnahmen mit den Behörden in Altenburg (Thüringen) und Leipzig (Sachsen). Er sei vom Siedlungsausschuss in Weißenfels-Zeitz beauftragt worden, „wegen der Einbeziehung des Meuselwitz-Rositzer Gebiets in Verbindung zu treten", weil „die Planbearbeitung eigentlich an der Landesgrenze nicht Halt machen, sondern [...] das Meuselwitz-Rositzer Gebiet einbeziehen" müsste.[605] Die Thüringer Seite antwortete nicht nur positiv, sie erweiterte die Kooperation durch Einbeziehung der Thüringer Landesregierung, die sich auch für eine finanzielle Unterstützung der Planungsarbeiten einsetzte.[606]

Es gehörte aber auch das Scheitern von Bemühungen dazu – nicht alle Brücken waren, im übertragenen Sinne, baubar. Ein Problemfeld, das keine Brücke entstehen ließ, betraf die Standortentwicklung der Stickstoffwerke in Piesteritz, westlich von Wittenberg. „Keiner Fabrik Deutschlands entströmen auch nur annähernde Mengen solcher Rauch- und Staubwolken."[607] Dies konstatierte Anfang der 1920er Jahre der Arzt Prof. Kraft in seinem Gutachten zur Umweltsituation der Piesteritzer Stickstoffwerke. Die Situation änderte sich während der 1920er Jahre nur unwesentlich, was anhaltende Proteste belegen. Die Landesplanung behielt den ungünstigen Standort im Westen der Stadt bei, was offenbar der ökonomischen und politischen Stärke der Stickstoffwerke geschuldet blieb.

---

603 Overhoff, T. (1921), S. 23.

604 Vgl. Bücholdt, U.: Frauen in der Architektur. Architektinnen, Innenarchitektinnen und Kunstgewerblerinnen vor 1945, www.kmkbuecholdt.de/historisches/sonstiges/Architektinnen1.htm (13.12.2024). Von den hier aufgeführten ca. 90 Architektinnen war nur Edith Schulz bzw. Dinkelmann genannt, die im mitteldeutschen Raum als Architektin tätig gewesen waren. Die meisten arbeiteten in Berlin, Dresden oder in Süddeutschland. Edith Dinkelmann ging in den 1950er Jahren nach Karlsruhe. Ihre Tochter begann dort als ausgebildete Architektin u. a. im Regionalen Planungsverband „Mittlerer Oberrhein" als Raumplanerin zu arbeiten. Grundlage: Gespräche mit Frau Dinklemann jun. im Sommer 1996.

605 ThHStAW, Landesplanungsgemeinschaft Thüringen, Nr. 1, Bl. 1r. Brief von Lehweß an den Kreisdirektor von Altenburg vom 31. August 1925.

606 ThHStAW, Landesplanungsgemeinschaft Thüringen, Nr. 1, Bl. 1v Abschrift an das Thüringer Ministerium für Wirtschaft und Inneres vom 5. September 1925.

607 Landeshauptarchiv S-A, Rep. C 48, Nr. 1004, Bl. 455r, sowie Kegler, H. (1992): Die Piesteritzer Werkssiedlung, Dessau, S. 38–41.

7.6 Rückkopplungen – Planung zwischen Theorie und Praxis

Die Erkenntnis des Strukturwandels – das Paradigma der Planung – gewinnt eine neue Dimension: Die ersten Ansätze können dargestellt werden am Bespiel der Landesplanung Ostthüringen – mögliche Anzeichen einer eher nichtlinearen Planung.[608]

Die tiefen Erschütterungen der Gesellschaft der Weimarer Zeit, die von den Auswirkungen des Weltkrieges und dann von der Weltwirtschaftskrise geprägt waren, haben das Denken auch der Planung massiv beeinflusst. Das lineare Denken entlang eines schier unaufhaltsamen Wachstums geriet ins Wanken, wenngleich nicht vollkommen und eher zurückhaltend, schließlich überwog die Hoffnung auf Überwindung der krisenhaften Zustände. Dies war auch mit der beginnenden Erholungsphase der Wirtschaft nach dem Ende der Inflation der Fall – Optimismus machte sich breit, wie er sich auch in Kunst, Wissenschaft oder urbaner Lebenskultur unter dem Schlagwort der „Goldenen Zwanziger" eingebürgert hat, sicher ein euphemistisches Bild, das aber durch Momente eines mondänen Lebens genährt wird.[609]

Doch der Beginn der Weltwirtschaftskrise läutete ein erneutes Nachdenken und differenziertes Betrachten von Entwicklungsprozessen ein. Basierte das Planungsdenken bis etwa 1927/28 auf gesicherten statistischen Untersuchungen, die, wie im Merseburger Planungsatlas erkennbar, schon ein differenziertes Bild von Wachstum und Schrumpfung – auch aus der Vorkriegszeit – zeichneten, so waren die Planer ab 1929 auf sich und vor neue Herausforderungen gestellt. Diese Krise war nicht vergleichbar mit denen der jüngsten Vergangenheit. Sie stellte etwas Neues dar. Viele Antworten grassierten in der Fachwelt und Politik. Sie reichten von Agrarromantik über Totalautarkie, also Ende des Exportindustrialismus, Industriefeindlichkeit mit Auflösung der Großstädte und Übergang zur vollständigen Selbsthilfe bis zu unverdrossener Fortschrittsgläubigkeit.[610] Die Diskussionen in der Landesplanung Mitteldeutschlands (und nicht nur dort) waren nicht unbeeinflusst von diesen meist ideologisch gefärbten Aufwallungen. Die seriösen Debatten darunter verliefen noch im Heimatschutz, der noch nicht weitgehend im Fahrwasser der Rassenideologie ab 1933 angekommen war und eher im Sinne von bewahrender Erneuerung und Schutz vor übereilter Modernisierung agierte, wie am Beispiel Thüringens sichtbar geworden war. Dieses Vokabular findet sich recht verbreitet in den Schriften der Landesplanung, die versuchte, eine Brücke zwischen Modernisierung und Bewahrung zu schlagen.[611]

Die pragmatisch angelegte Landesplanung war gezwungen, einen realen Weg zu finden, der alle Seiten an einen Tisch zu bringen vermochte, der umsetzbar sein konnte und der dabei fachliche Positionen nicht aufgab, zu denen auch der Erhalt von landschaftlichen Schönheiten, angemessene Wohnverhältnisse in Stadt und Land etc. zählten, ja diese letztlich durchsetzte. Um eine empirische Sicherheit für ihre Argumentationen zu erhalten, bedienten sich die Planer der offiziellen Statistik auf Reichs- und Länderebene. Die entsprechenden Fachleute wurden von Anbeginn einbezogen. Die Statistik bot einen hohen Grad an Informationsdichte, was vor allem Trendbetrachtungen ermöglichte oder erhärtete – aber weitgehend nur bis Mitte der 1920er Jahre. Das Problem aber, wie aus der Vielzahl an Informationen eine Synthese

608 Luthardt, W. (1933). Mit diesen beiden Veröffentlichungen liegt das einzige vollständige und einen gewissen Abschluss dokumentierende Planwerk eines Landesplanungsverbandes in Deutschland vor. Es ist in Form und Aufmachung schlichter und weniger ausladend als die Fragmente anderer Planungsverbände, wie etwa das Planwerk aus Merseburg, das allein in grafischer Hinsicht einen gravierenden Klassenunterschied darstellt – hier aber fehlt der Textband. Auch die Kartensammlung in Brandenburg-Mitte war umfassender, aber nicht systematisch für eine Veröffentlichung aufbereitet.

609 Sinnbild hierfür können die Bauhausfeste oder die Revuen an den Berliner Theatern sein. Dafür sind sicher keine neuen Belege erforderlich.

610 Hoffacker, H. W. (1989), S. 51–59, S. 284–298, S. 309–326.

611 Es verging kaum ein Artikel, der nicht mit einem Appell an die Bewahrung der Schönheiten der Heimat, an Heimatgefühl etc. endete. Darin liegt offenbar auch ein kommunikativer Schlüssel, um der mächtigen Industrielobby Argumente entgegenzusetzen, was jedoch nicht explizit geäußert wurde.

in der Planung, sowohl die Situation als auch die Vorausschau betreffend, geschaffen werden konnte, war nur in Ansätzen gelöst.

Die Planer griffen zu einem – nicht explizit herausgearbeiteten – Mittel, das zum Verständnis der komplexen Raumentwicklung und der Umbrüche diente: Die Hermeneutik. Beschreibend und deutend näherte sich die Landesplanung an ihren zu bearbeitenden Gegenstand. Dies hatte Prager 1924 vorgemacht, als er den Unterschied zwischen der Situation im Ruhrgebiet und Mitteldeutschland begründete und damit für eine methodisch eigenständige Ausrichtung der Landesplanung in Merseburg plädierte.[612] Luthardt, für den das planerische Vorgehen in Merseburg ein Vorbild war, was sich besonders im Kartenband oder in der Darstellung der „Arbeitswegzonenpläne"[613] ablesen lässt, bediente sich gleich mehrfach dieses Vorgehens:

– phänomenologische Beschreibung und Deutung der Teilregionen und deren Wirtschaftsstrukturen,
– Ableitung von planerischen Aussagen auf übergreifender Ebene.

Nach umfassenden Beschreibungen der wirtschaftlichen, städtebaulichen und landschaftlichen Gegebenheiten Ostthüringens[614] gelangte Luthardt zu einer grundsätzlichen Deutung der ökonomischen Struktur in diesem Gebiet (und für Thüringen insgesamt): „[…] dass Thüringen hinsichtlich des Grades seiner Industrialisierung von den größeren Bezirken des Deutschen Reiches nach Sachsen, Westfalen und Rheinland den vierten Platz einnimmt, so kann dies nur eine Industrie sein, bei der die angegebenen Nachteile der Rohstoffarmut und beförderungstechnisch ungünstigen Lage vergleichsweise weniger ins Gewicht fallen, also eine Industrie von Erzeugnissen, deren Hauptwert nicht in den verbrauchten Roh- und Hilfsstoffen liegt, sondern in der körperlichen und vor allem geistigen Arbeit, die zu ihrer Herstellung notwendig war."[615] Erhärtet wurde diese Auslegung seiner Beschreibungen durch eine Statistik von 1925, nach der nur ein Sechstel der Industriebeschäftigten mit der Herstellung von Halbfabrikaten, die übrige Mehrheit mit der Erzeugung von Fertigfabrikaten beschäftigt war – Thüringen war also kein Billiglohngebiet für eine Grundstoff- und Zulieferindustrie, sondern stellte ein Angebot an durchaus qualifizierten Arbeitsplätzen bereit.[616] Daraus leitete er eine diversifizierte Standort- und Distributionsstruktur ab, die keine Konzentration und Verkehrsbänder benötigt, sondern eine Kleinteiligkeit und Vernetzung, um mit heutigen Worten zu sprechen.

Dem Aufbau einer Kommunikationsstruktur widmete sich die Landesplanung in Ostthüringen in besonderem Maße. Der Bau neuer Straßen rückte dabei in den Mittelpunkt. Da Luthardt Thüringen auch als „Durchgangsland"[617] bezeichnet hatte, was aus der zentralen Lage in Deutschland und an den Verbindungswegen zwischen den wichtigen Zentren gelegen abgeleitet wurde, ergab sich – neben der Binnenbedeutung des Verkehrs – noch der überregionale Aspekt. Beides sollte in die landschaftlichen Gegebenheiten harmonisch eingefügt werden, da inzwischen der Fremdenverkehr zu einem „Industriezweig" herangewachsen sei.[618] Allein diese nüchterne Feststellung liegt jenseits aller Heimattümelei. Dennoch ging es nicht nur um wirtschaftliche Interessen, sondern auch um die Menschen, die in den Städten und Dörfern lebten, die eine Heimat, auch unter sich verändernden Bedingungen haben sollten.

Eine Brücke, die für Thüringen ungewöhnlich ist, wurde von der Landesplanung geschlagen, um die Struktur der Wirtschaft und den Lebensraum in Zukunft zu sichern, also um das Augenmerk auf die Kommunikationswege zu lenken: die internationale Ausstattung mit Kraftwagen (PKW) – Los Angeles

612 Prager, S. (1925), S. 24. ThHStAW. Landesplanungsgemeinschaft Thüringen Nr. 71/2, Bl. 31v.
613 Luthardt, W. (1933), S. 54 f.
614 Ebd., S. 21–44.
615 Ebd., S. 44.
616 Ebd., S. 45.
617 Ebd., S. 4.
618 Ebd., S. 31.

2 Personen auf einen PKW ... Berlin 64 Personen pro PKW. Nicht dass Luthardt amerikanische Verhältnisse wünschte, doch leitete er daraus ab, dass diesem Trend rechtzeitig und angemessen begegnet werden müsse – durch entsprechenden Ausbau der Straßen – allerdings behutsam und auf die konkrete Situation bezogen und sorgsam in die Landschaft eingepasst.[619]

Nach dieser allgemeinen Begründung und Herleitung des Ausbaus der Verbindungswege in Thüringen, führte Luthardt eine neue Kategorie in der Landesplanung ein: das Projekt. Üblicherweise blieb die Landesplanung bei der zweidimensionalen Darstellung auf Planebene stehen. Die Flächennutzung (im Verbund mit Planungen für Verkehrswege etc.) bildete den Inhalt der Landesplanung und den Kern von deren Kommunikation. Im Textband finden sich hingegen 37 konkrete Projekte zum Bau von Straßen, die meist als Ortsumgehungen oder als Direktverbindungen zwischen neuen Wirtschaftsschwerpunkten ausgelegt waren.[620] Die einzelnen Straßenprojekte erhielten jeweils einen Gesamtkontext und wurden als zusammenhängende Strukturen beschrieben, also nicht als singuläre Maßnahmen additiv aufgeführt. Im Gegensatz dazu erhielt die Eisenbahn, obgleich ihre tragende Rolle betont wurde, neben dem Luftverkehr eine eher untergeordnete Darstellung.

Die Akzentuierung war klar. Methodisch ist damit der Landesplanung eine Doppelrolle zugeschrieben worden, nämlich sowohl konzeptionell als auch umsetzungsorientierend zu fungieren. Das Straßen-Projekt diente zum einen dazu, die Landesplanung herunterzubrechen auf den konkreten Fall und damit als Entwicklungsimpuls wirksam zu werden. Zum anderen ging es dabei nicht schlechthin um Neubauprojekte. Es ging, nachdem das Reichsstraßennetz in Verhandlungen mit den Ländern auch für Thüringen abgestimmt worden war, „nicht etwa, [um] den sofortigen Bau völlig neuer Straßen, sondern [... darum,] auf den vorhandenen Straßenzügen den Verkehr geordnet und übersichtlich zu leiten und für den weiteren Ausbau Leitsätze an die Hand zu geben."[621] Demnach soll das Fernstraßennetz die vorhandenen Straßen als Anregung und die „Verkehrsbänder" als „Spielraum" für die Suche nach mehreren Lösungen nutzen, was auch die Möglichkeit der Anlage von „Autobahnen" einschließen könne.[622] Diesen Spielraum würden dann die Projekte – auch als Varianten angelegt – füllen, so der planerische Ansatz.

Eine vergleichbare Idee lag der Bearbeitung des Flächenaufteilungsplanes zugrunde. Auch hier wurden einzelne Teilräume definiert und dann in ihrer wirtschaftlichen Perspektive beschrieben. Sie haben einen relativ kurz bemessenen zeitlichen Horizont, waren also eher umsetzungsorientiert denn visionär angelegt.[623] Außerordentlich detailliert hat die Landesplanung die Entwicklungen im Bereich der technischen Infrastrukturen aufgeführt, insbesondere die für Ostthüringen markanten Wasserkraftwerke und Stauanlagen sowie die Systeme der Fernversorgung mit Elektrizität und Gas – beide Systeme waren gerade im Aufbau begriffen, weswegen diesen Themen so viel Raum gewährt worden war.

All diese Ausführungen klingen nach gradlinigem, linearem Planungsverständnis, das vor allem funktionsorientiert ist. Doch dann wurde dies gebrochen: Im Kontext von „Wohnungswesen und Bevölkerungsstand" meldete die Landesplanung, eigentlich Luthardt, Zweifel an. Der Bezug war das Raum-Zeit-Modell von Lagebeziehungen zwischen Arbeits- und Wohnstandorten.

Er reflektierte (die Vorkriegssituation durchaus beschönigend) in einem knappen Absatz an einer nicht prononcierten Stelle dieses grundsätzliche Entwicklungsmodell: „Zwischen Wohnungsbedarf und gewerblicher Entwicklung besteht ein enger Zusammenhang. Vor dem Kriege, in Zeiten normaler Wohnungserstellung, vollzog sich ein harmonischer Ausgleich der Entfernung zwischen Arbeits- und Wohn-

619 Ebd., S. 11.

620 Ebd., S. 64–96. Die Projekte wurden als „Spezielle Straßenplanung" bezeichnet und z. T. mit Detailzeichnungen untersetzt, so z. B. die Verlegung der Staatsstraße in Lehndorf, S. 68.

621 Ebd., S. 64.

622 Ebd.

623 Ebd., S. 101–106.

stätten. Diese Harmonie ist seitdem gestört durch die Strukturwandlungen, welche die Wirtschaft Infolge von Krieg, Krisen und Produktionshemmungen sozialen Ursprungs durchgemacht hat und aus denen sie kapitalistisch und technisch rationalisiert hervorgegangen ist. Das blieb nicht ohne Wirkungen auf den Arbeitsmarkt. Der Umschichtungsprozess der erwerbstätigen Bevölkerung innerhalb der Berufsgruppen ist noch nicht zum Abschluß gelangt. [...] Im mitteldeutschen Braunkohlebezirk hat sich die Wirtschaftsstruktur besonders stark gewandelt: während des Weltkrieges durch Zuwanderung von Kriegsrüstungsindustrie in das ungefährdete mitteldeutsche Gebiet, dann durch Neuerungen in der Verwertung der Kohle, durch vorteilhafte Entwicklungen der Verkehrswege und andere Umstände."[624] Luthardt antizipierte einleitend „den Beginn einer Umwälzung unserer gesamten Wirtschaftsverhältnisse", getrieben von der sich wandelnden Industrie.[625] Noch deutete er den daraus resultierenden Drang der Bevölkerung aus den Städten auf das Land z. T. aus der ideologischen Brille als „ aus dem Triebe nach Arterhaltung". Doch dann konstatiert er wieder rational: „Wenn man sich diese verschiedenen auf Dezentralisierung der Großstädte drängenden Kräfte vor Augen hält, wird einem klar, dass möglicherweise in einiger Zeit andere Siedlungsbedürfnisse der Industrie eintreten, selbst wenn ihre Gütererzeugung sich gar nicht steigern sollte."[626] Also (planmäßige) Suburbanisierung ohne Wachstum – ein Szenario, das bereits die aus dem Wachstum von Bevölkerung und Industrie entspringende Suburbanisierungsperiode überspringt und dicht an die heutigen Tendenzen heranführt: Zersiedlung trotz Schrumpfung.
Vor einem solchen Horizont erscheinen die unmittelbaren planerischen Aussagen recht kurz gegriffen, verständlicherweise, denn dies war in den Konsequenzen nicht weiter deutbar und schon gar nicht kommunizierbar. Doch die neuen Herausforderungen, mit denen auch die Landesplanung konfrontiert werden würde, waren zumindest im vagen Blick, so ideologisch sie auch bisweilen hergeleitet. Eine empirische Absicherung wurde jedoch stets gesucht – es blieb also nicht im Bereich des Spekulativen, wenngleich die Unsicherheiten und Risiken der Planung schon ahnbar wurden. Darin schlummerte bereits ein neuer, weitergehender Grad an Modernität in der Planungskultur.

624 Ebd., S. 54 f. (Herv. d. Verf.).
625 Ebd., S. 2.
626 Ebd.

8 Ein Fazit: Erste Deutungen zum Entstehen und Ausblick der Landesplanung in Mitteldeutschland

8.1 Der Rahmen für das Entstehen der Landesplanung

Das Fehlen einer übergreifenden staatlich-gesetzlichen Regelung der kommunalen und regionalen Koordinierung von Infrastruktur-, Wohnungsbau- oder Standortentscheidungen bildete den Treibsatz für das Entstehen der Landesplanungen – letztlich auch in Sachsen, wenngleich dort staatlich angeordnet und gelenkt. Das Fehlen des immer wieder eingeklagten Städtebaugesetzes rief kreative Kräfte auf den Plan, die die Initiative ergriffen, um entsprechende Koordinations- und Planungsinstanzen zu schaffen, also jene *Spiel-Räume*, die das Entstehen und Entfalten der Landesplanung eröffneten. Dabei erwiesen sich die freien Vereinigungen als die – gezwungenermaßen – kreativsten. Mit der Landesplanung in Merseburg bildete sich die aktivste von allen, die zudem mit dem Planungsatlas das umfassendste Planwerk vorlegte. Etwas ähnliches, nur im kleineren Format, entstand in Ostthüringen. In Düsseldorf, wie in den meisten anderen Verbänden, wurden ebenfalls Planwerke erstellt, die aber nicht in solch ein systematisches Werk mündeten. Der fehlende gesetzliche Zwang führte nicht nur zu einer ausgeprägten informellen Kooperationskultur, er setzte auch inhaltliche Kreativität frei, die, wie im Falle der Merseburger Planungsansätze, eine neue Dimension, nämlich Andeutungen einer Planung für den Strukturwandel und nicht mehr „nur" für die rationale Organisation des industriellen Wachstums beinhaltete. Eine solche Situation ist u. a. heute in den USA anzutreffen. Hier entstehen, wie z. B. im Planwerk „Chicago Metropolis 2020"[627], kreative Planungsmodelle, getragen von informellen Zusammenschlüssen. Allerdings bergen diese das Risiko in sich, keine gestaltende „Durchschlagskraft" zu erlangen, wenn alles nur auf freiwilliger Vereinbarungsbasis erfolgen solle. Das Problem wurde auch in den 1920er Jahren lebhaft erörtert. Diese Debatte führte dann 1932 so weit, dass die Landesplanungsverbände nicht mehr ein preußisches Städtebaugesetz forderten, was nicht mehr zur Verabschiedung kam, sondern ein Reichsplanungsgesetz.[628] In dieses sollten die gewonnenen Erfahrungen beim Aufbau der Landesplanungsverbände einfließen. Das wäre sicher ein internationaler Durchbruch auf dem Gebiet der demokratisch verfassten, kreativen räumlichen Planung auf allen Ebenen geworden. Mit der Durchsetzung der nationalsozialistischen Raumordnung ab 1935 wurden derartige Ansinnen Makulatur. Damit ging nicht nur die demokratisch basierte Landesplanung – mit all ihren Unzulänglichkeiten, aber vor allem weitreichenden Potenzialen – zu Ende. Dies bedeutete auch das Ende der wohl kreativsten und experimentellsten Phase in der Geschichte der Landesplanung im Industriezeitalter überhaupt.

8.2 Die historische Bedeutung der Landesplanung Mitteldeutschland

Das Ziel der Landesplanung formulierte der Verkehrsverband Mitteldeutschland, die Tourismusorganisation, wie folgt:
„Wenn heute [1928] Landesplanung getrieben wird, wie in Mitteldeutschland durch den Landesplanungsverband für den mitteldeutschen Industriebezirk, so geschieht dies, um neben der Schonung und

627 Johnson, E. W. (2001). Diese Strategie setzt auf eine Renaissance der Dezentralisierung als Modell für den nachhaltigen Umbau der Sprawl-Region im Umland der Metropole.

628 Engeli, C. (1986), S. 32.

Erhaltung guter alter überlieferte Zeugen einer verflossenen Kultur die wirtschaftlichen, verkehrs- und bevölkerungspolitischen Fragen der Neuzeit, die mit der Industrialisierung Deutschlands eng verknüpft sind, in vollem Umfang zu berücksichtigen und alle Gesichtspunkte der vorerwähnten Art zu beachten mit der Absicht, selbst aus den schlechtesten Gelegenheiten noch das Beste für die Allgemeinheit herauszuholen und die Grundlagen für ein menschenwürdiges Wohnen in gesunder Umgebung soweit irgend möglich zu schaffen."[629]

Ein solches Ziel der Planung war also bereits in der Öffentlichkeit Konsens. Im Zentrum standen das Gemeinwohl und die ganzheitliche Sicht auf den zu planenden Gegenstand. Inhaltlich kommt eine solche Formulierung, wie hier umrissen worden war, einem Verständnis von Nachhaltigkeit heute sehr nahe. Das ist wirklich alles andere als eine Suche nach primär wirtschaftlicher Standortoptimierung und Dominanz von ökonomischen Verwertungsinteressen. Die abzustrebende Ausgleichsabsicht von Interessen einerseits und übergreifenden kulturellen und sozialen Zielen andererseits kündet von einem zutiefst humanistischen, aufgeklärten Planungsverständnis. Nur fünf Jahre sollten vergehen, bis dieses Verständnis einem radikal inhumanen, kriegerisch expansiven der NS-Zeit weichen sollte.

Die gesamte Planung basierte auf demokratischen Prinzipien, welche durch eine konsequente Dezentralisierung von Entscheidungskompetenzen, Mitwirkungsmöglichkeiten auf informelle Weise, auf Einbeziehung von externem Fachwissen und auf Langfristigkeit wie auf Verbindlichkeit gerichtete waren. Die Offenheit und Freiwilligkeit gehörten zu Grundübereinkünften für die Planungsarbeit. Sie war dabei aber nicht beliebig, sondern stets verantwortungsvoll mit Blick auf Gesamtzusammenhänge. Das klingt alles nahezu ideal. Sicher gab es Differenzen und Konflikte, von einigen ist bekannt. Hier geht es aber um Strukturen und Möglichkeiten von Raumplanung, die nicht ressortiert, in administrative Korsetts geschnürt, kurzfristig reaktiv ausgerichtet und stark engen politischen bzw. rechtlichen Rahmensetzungen unterworfen ist. Spiel-Räume zu gestalten bedeutet auch, Spiel-Räume zu erhalten. Diese suchte die Landesplanung Ende der 1920er Jahre. Daran kann ermessen werden, was auch in dieser Hinsicht nach 1933 verloren gegangen war.

Konkret ging es auf der Verbandsebene um die Abstimmung und Zusammenführung der Flächennutzungspläne (der Begriff wurde um 1930 eingeführt, ansonsten hießen sie meist Flächenwidmungspläne) zu einem „Generalsiedlungsplan", der den Charakter eines orientierenden Rahmenplans trug. Er beinhaltete die Planung von Gewerbebereichen, Bergbaugebieten und ihrer Folgeentwicklung sowie die Koordinierung des öffentlichen Nahverkehrs (vorrangig der Eisenbahn), der Naturschutzbelange und der Anlage von Wohnsiedlungen. Die in der Planungsstelle bzw. für den Verband arbeitenden „Plantechniker" repräsentierten den damals höchsten Entwicklungsstand der wissenschaftlichen Disziplin, wie z. B. Martin Pfannschmidt, Verbandsgründer Stephan Prager oder Hermann Jansen. Mit der Herausgabe des mitteldeutschen Planungsatlanten erschien 1932 (Druck 1931) das umfassendste wissenschaftliche Planungswerk Deutschlands, das bis heute eine planungshistorische Fundgrube geblieben ist. Er beinhaltete insgesamt 39 Plandarstellungen mit Analysekarten im Maßstab 1:1.000.000 für das Gesamtgebiet Mitteldeutschlands (zwischen Berlin, Hannover, Kassel und Dresden), Analysen und Planungen im Maßstab 1:200.000 für das engere mitteldeutsche Industriegebiet (Magdeburg, Erfurt, Leipzig, Dessau) sowie städtebauliche Wirtschaftspläne für die einzelnen Wirtschaftsgebiete im Maßstab 1:50.000 bzw. 1:25.000. Dabei führen die „Ausschnitte aus dem Aufgabenbereich der allgemeinen Landesplanung [wie] die Verkehrsübersichtspläne 18 und 22, der Gewerbe-, Wohn- und Grünflächenplan 23 [das Kernstück des gesamten Planwerkes, siehe Abbildung] und der Plan der Gas- und Kraftversorgung 24" die wesentlichen planerischen Arbeiten zusammen.[630]

629 Mitteldeutscher Verkehrsverband (Hg.) (1928): Mitteldeutschland, Magdeburg, S. 56.
630 Planungsatlas, Vorbemerkungen sowie Pfannschmidt, M. (1971), S. 17–28, hier S. 24.

Diese Darstellungen entsprechen etwa den Maßstäben von Flächennutzungsplanung, Regionalplanung und Raumordnung heute. Dabei weisen die Wirtschaftspläne auch städtebauliche Strukturen auf, sind also auf die dreidimensionale Ebene ausgerichtet. Sie bilden ein Bindeglied zwischen flächiger Standortplanung und Städtebau. Auch das war eine Innovation. Der Mitteldeutsche Planungsverband war im Jahr 1932 der einzige von 31 Planungsvereinigungen im Deutschen Reich, der ein solch umfassendes Planwerk geschaffen hatte.[631] Dieses Ergebnis war nur durch eine intensive, grenzüberschreitende Zusammenarbeit mit den benachbarten Planungsgremien in Westsachsen und Ost-Thüringen sowie mit den großen Städten zustande gekommen und grundsätzlich demokratisch angelegt war.[632] Das hatte Maßstäbe gesetzt, die bis heute anregend sein können.

8.3 Ein Ausblick: Regionalpark Mitteldeutschland

In seinem letzten Brief von 1992 an den Autor widmete sich Ernst Kanow, bereits erwähnter ehemaliger Bauhäusler, dem 1989 geborenen Projekt „Industrielles Gartenreich“: „Der Beitrag ‚Industrielles Gartenreich‘ gefällt mir natürlich, Programm und Forderungen zu dessen Realisierung sind weit gesteckt und ich kann nur wünschen, dass Eure Arbeit einmal von Erfolg gekrönt sein wird. Damit würde ein großartiger Beitrag zur Rettung dieser Landschaft geleistet werden. Wann sonst, wenn nicht jetzt könnten mit einer neuen Strukturierung dieses Gebietes die entscheidenden Schritte zu einer allmählichen Gesundung getan werden. Wenn ihr die regionale Entwicklungsressource ‚Bauhaus‘ richtig nutzen wollt, solltet ihr auf dem 6. Bauhaus-Kolloquium gut vertreten sein […].“[633]

Dieses, vom Bauhaus Dessau 1989 ersonnene und in den Folgejahren tatsächlich in wichtigen Teilen umgesetzte Projekt strategischer Planung zur Transformation der Region Dessau-Bitterfeld-Wittenberg nach der „Wende“ („Industrielles Gartenreich“[634]), kann als eine zeitgemäße Neuinterpretation der Landesplanung aus den 1920er Jahren angesehen werden. Im Projekt wurden planerisch und baulich exemplarisch transformative Projekte und ein weitgestecktes Revitalisierungs-Programm miteinander verbunden. Dieses gründete einerseits auf den kulturellen Schichten der Region, das historische Gartenreich der Aufklärung, und die (widersprüchlichen) Hinterlassenschaften des Industriezeitalters und zielte zugleich auf die Umgestaltung des Raumes zu einer nachhaltigen, ästhetisch anspruchsvollen, sozial orientierten und für neue und verträgliche Nutzungen geeigneten Stadt-Landschaft. Das Projekt wurde korrespondierende Region der Weltausstellung EXPO 2000. In Mitteldeutschland konnten so exemplarisch Projekte und Strategien zum Umbau in Richtung Nachhaltigkeit erlebt werden. Projekte dieser Zeit, wie z. B. Ferropolis, existieren und entwickeln sich weiter.

Daran soll mit einer weitergreifenden Idee vom „Regionalpark Mitteldeutschland“ angeknüpft werden: Die heutigen Herausforderungen sind zwar nicht problematischer als vor 100 oder auch vor 30 Jahren, sie sind jedoch auf andere Art komplexer, globaler und zugleich mit von einem Moment getragen, das sich fundamental unterscheidet: Dieses kann als ein sich dem Ende entgegen neigendes Wachstumsmodell bezeichnet werden. Der Strukturwandel nach 1990 war ein alle Lebensbereiche betreffender, grundlegender Wandel, eine „Wende“. In diesem Umfeld wurde das „Industrielle Gartenreich“ entwickelt. An diese Erfahrungen knüpft der „Regionalpark Mitteldeutschland“ für die gegenwärtig begin-

631 Engeli, C. (1986), S. 18 ff. sowie auch Marx, C. (2006) – nicht mehr abrufbar (veröffentlichter Text liegt dem Autor vor).

632 LHASA, MD, Rep. C 20 I b 2768, Bd. 1, Bl. 63, 65, 89.

633 Brief vom 28.2.1992 an den Autor. Archiv Kegler. Mit diesem Vorgriff auf Teile der vorliegenden Arbeit soll eine Brücke des – indirekt wirkenden – Planungsdenkens zwischen dem frühen Bauhaus und den Initiativen zum „Industriellen Gartenreich“ der 1990er Jahre an dieser Stelle angedeutet werden.

634 Stiftung Bauhaus Dessau (Hg.) (1999).

nende Transformation an. Und dennoch muss letzterer weitergedacht werden. Die Herausforderungen sind elementar.

Das Paradigma der Planung vor 100 Jahren lautete Dezentralisierung, was implizit fortwährendes Wachstum von Wirtschaft, Bevölkerung und Ressourcenverfügbarkeit voraussetzte. Die Grenzen des Wachstums[635] sind heute vielfach erreicht und die Konsequenzen der langjährigen Wachstumspolitik und -wirtschaft können am Klimawandel, Flächeninanspruchnahmen, sozialer Spaltung, Müllexpansion, Rohstoff- und Energieverknappung, Migration etc. verfolgt werden. Dass eine „Wende" hin zu einem „inneren Wachstum" auf all diesen Gebieten und in den entropischen Rahmensetzungen notwendig ist, mag einleuchten. Indes ist eine Politik der Umsteuerung schwer zu realisieren. Es bedarf neuer Impulse, um – bezogen auf die räumliche Ebene – eine neue Ganzheitlichkeit in der Umsteuerung unter riskanten Bedingungen zu ermöglichen. Das ist eine Langzeitaufgabe.

Ein Regionalpark der Region Mitteldeutschland könnte dafür ein Referenzraum werden (Abb. 19). Er würde zugleich planerische und bauliche Handlungs- und Entwicklungsstrategie zur weitergehenden Transformation verknüpfen und abbilden – mit all den damit verbundenen Schwierigkeiten. Mit einem Regionalpark verbinden sich also Zukunftsvorstellungen mit konkreten, kooperativen Handlungsweisen zur Transformation durch die Menschen in der Region und deren Partner außerhalb.[636]

Die mitteldeutsche Region stellt mit ihrer räumlichen Vielgestaltigkeit von großen Städten, Klein- und Mittelstädten sowie Dörfern, Siedlungen und Infrastrukturen, der verschiedenen – auch menschengemachten – Landschaften, ihrer bedeutsamen europäischen Geschichte, ihren sozial-ökologischen Problemen sowie Risiken, aber auch Umgestaltungserfolgen im Sinne nachhaltiger Entwicklung per se einen typischen Transformationsraum Europas dar. All diese „Schichten" sind bis heute ablesbar. Dies gilt es bewusst zu machen und zugleich diesen Raum für reale Umgestaltungen im Sinne klimagerechten, resilienten Umbaus von Stadt-Land-Strukturen mit den Menschen der Region kooperativ auszuprägen. Ob darin auch die Möglichkeit angelegt sein könnte, auf der räumlich-planerischen Ebene bislang polarisierende Positionen der Moderne (auch der Vor- und Postmoderne) in einem neuen Sinne ganzheitlicher Entwicklung als „Meta-Moderne" fruchtbar werden zu lassen, sollte weiter ergründet werden.[637] Das wäre mehr als Krisenreaktion. Ein Plan 23 der mitteldeutschen Landesplanung könnte dafür eine Anregung liefern.

Um diesem chancenreichen Anspruch gerecht werden zu können, sollte der Regionalpark auch konkrete Wege beschreiten zu einer neuen Raumordnung, die mit neuen Verfahren und Experimenten sowie einer Kommunikations- und Kooperationskultur angemessene Lösungsmöglichkeiten als Verantwortungsraum für die Herausforderungen der Zukunft in einem europäischen Regionen-Kontext aufzeigt.[638] Damit könnte dieser Referenzraum im Gebiet zwischen Harz, Elbe und Saale als ein *Regionalpark der Zukunfts-Schichten,* also ein „Stratum-Park"[639] – der Meta-Moderne – werden. Zudem wären Prinzipien einer vernetzten *Modularisierung,* wie sie Langen 1928 vorgeschlagen hatte, für eine heutige Raumordnung unter neuen Rahmenbedingungen und angesichts sich erschöpfender Ressourcen zu prüfen und neu zu formulieren. Dies käme einer zeitgemäßen, resilienten und demokratischen Innen-Raumordnung – unter Weiterentwicklung jener „Nuancen" mit Selbstorganisationspotenzial –

635 Siehe Meadows und daran heute anknüpfende Literatur: Meadows, D. (1992).

636 Hage, G. (2005): Regionalpark/Landschaftspark, in: ARL (Akademie für Raumforschung und Landesplanung) (Hg.): Handwörterbuch der Raumordnung, Hannover, S. 960, S. 958–963, sowie Priebs, A. (2019), S. 181, 210.

637 Hosang, M., Hüther, G. (Hg.) (2024), insbes. S. 17 f.

638 Vgl. Petrin, Julian (2017), S. 137 sowie Guérot, U. (2017), S. 149.

639 „Stratum" bezieht sich auf Stratigrafie – eine Abfolge von geologischen Schichten. „Stratum" gründet sich vor allem auf anthropogenen Schichten – vergangenen, aber auch konzeptionellen. Vgl.: Stratigraphie. Schichtweise Erkenntnisgewinne, https://www.denkmalschutz.de/denkmale-erhalten/kulturspur-2022/forschungsmethoden-und-spuren/stratigraphie.html (16.12.2024).

19 Fußspuren im Anthropozän: „Gullivers Reise in eine unbekannte Zukunft“ (Künstlerin: Gesa Königstein). Sinnbild für den Regionalpark Mitteldeutschland. Fußspuren aus Kohle, Claim-Summer 1998 im ehemaligen Tagebau Golpa-Nord (Ferropolis)

entgegen. Diese Momente integrierend, können Anpassungen der Raumordnung als systemische Raumentwicklung im Geiste einer Meta-Moderne fruchtbar werden.[640]
Diesen Prozess begleitend und die historischen Leistungen der mitteldeutschen Landesplanung sowie das Erbe der langen Transformationsprozesse verknüpfend, sollte ein *Zukunfts-Museum der Raumordnung*[641] – vielleicht korrespondierend zum „Zukunftszentrum" – in der Region aufgebaut werden. Es könnten vernetzte Orte entstehen, in welchen das Sammeln von Erfahrungen und Ideen, von sichtbaren Erfolgen sowie von erlebten Widersprüchen und Konflikten verbunden werden im zukunftsgerichteten Dialog und im Planen über Grenzen hinweg. So kann für eine Raumentwicklung als integrierte Raumordnung und Regionalentwicklung in der Ära des Anthropozäns ein Sammel-, Experimentier- und Visionsnetzwerk der Zukunft entstehen.

640 Kegler, H. (2022): Resilienz – Strategien und Perspektiven für die widerstandsfähige und lernende Stadt, S. 230 ff.
641 Kegler, H., Rhede-Bauers, C. (2015), S. 42 f.; siehe auch: Kegler, H. (2024) und https://www.sachsen-anhalt.de/lj/grossprojekte-sachsen-anhalt/grossprojekte-sachsen-anhalt/zukunftszentrum (04.02.2025).

9 Literaturverzeichnis

Zitierte sowie allgemein verwendete Literatur. Auf Archivalien fußende Literatur sowie weitergehende Quellenangaben sind in den jeweiligen Fußnoten vermerkt.

Abendroth, A. (1905): Die Großstadt als Stadtgründerin, in: Der Städtebau, 2, S. 24–26; 3, S. 50 f.

Adorno, T. W. (1986): Rückblickend auf den Surrealismus, in: Surrealismus in Paris 1919–1939, Leipzig, S. 693–698.

Akademie der Künste (Hg.) (1985): Martin Wagner Wohnungsbau und Weltstadtplanung – Die Rationalisierung des Glücks, Berlin (West).

Akademie für Raumforschung und Landesplanung ARL (Hg.) (2005): Handwörterbuch der Raumordnung, Hannover.

Albers, G. (1975): Entwicklungslinien im Städtebau, Düsseldorf.

Albers, G. (1988): Stadtplanungsgeschichte als Wissenschaft, in: Informationen zur modernen Stadtgeschichte, 1, S. 2–8.

Albers, G. (1996): Entwicklungslinien der Raumplanung in Europa seit 1945, in: DISP 127, Zürich, S. 2–12.

Albers, G. (1997): Zur Entwicklung der Stadtplanung in Europa, Braunschweig, Wiesbaden.

Albers, G. (2005): Stadtplanung, in: Akademie für Raumordnung und Landesplanung ARL (Hg.): Handwörterbuch der Raumordnung, Hannover, S. 1085–1091.

Albrecht, R. (1993): Historismus-Architektur in der Bitterfelder Region. Ein industriegeschichtlicher Kristallisationspunkt für heimatlichen Identitätsgewinn, in: Kuntz, A. (Hg.): Arbeiterkulturen. Vorbei das Elend – Aus der Traum? Düsseldorf, S. 67–79.

Albrecht, R., Kretschmer, K. (1993): Chronik zur Industriegeschichte der Bitterfelder Region, in: Beiträge zur Bitterfelder Industriegeschichte, H. 1 (1993): Zur Industriegeschichte der Bitterfelder Region, Verein der Freunde und Förderer des Kreismuseums Bitterfeld (Hg.), S. 4–22.

Alexander, C. (1965): „A City is Not a Tree", in: Architectual Form, Vol. 122, No. 1, S. 58–61, No. 2, S. 58–62.

Alkin, M. (2006): Organisationale Kompetenzen aus systemtheoretischer Perspektive, Hamburg.

Altrock, U. (2004): Anzeichen für eine Renaissance der strategischen Planung? in: Altrock, U., Günter, S., Huning, S., Peters, D. (Hg.): Perspektiven der Planungstheorie, Berlin, S. 221–238.

Altrock, U., Huning, S., Kuder, T., Nuissl, H. (Hg.) (2010): Zwanzig Jahre Planung im vereinigten Deutschland, Berlin.

Anhalter Anzeiger vom 26.1.1934.

Anhalter Anzeiger vom 8.6.1932 und 26.8.1932.

Anhalter Staatsanzeiger vom 15.6.1885.

Arnold, E.: Spieltheorie und klassische Gesellschaftsvertragstheorie, in: http://www.eckhartarnold.de/papers/spieltheorie/node13.html (03.03.2011).

Arnold, H. (2001): Rezension zu Martina Löw: Raumsoziologie. Frankfurt am Main 2001, in: geographische revue, 3. Jg, Heft 2, S. 103–105.

Bach, J., Kind, G., Staufenbiel, G. (Hg.) (1988): Zur Entwicklung einer allgemeinen Theorie der Stadtplanung, Weimar.

Barnett, J. (2001): Planning for a New Century, Washington.

Bartschat, J. (1917): Ein Gesamtsiedlungsplan für die neuen Oststaaten, in: Der Städtebau, 10/11, S. 111–113.

Bauhaus-Universität Weimar, Fachhochschule Erfurt, Thüringer Ministerium für Bau, Landesentwicklung und Verkehr (Hg.) (2010): Kulturlandschaft Thüringen, Weimar.

Baugesetzbuch (2005): Einführung Bauleitplanung, München, S. XXIX.

Bauhaus Dessau (Hg.) (1993): Dimensionen – Bauhaus 1925–1932, Dessau.

Bauhaus-Archiv Berlin (Hg.) (1988): Experiment Bauhaus. Ausstellungskatalog, Berlin/W.

Baumann, K. (2007): Bauhaus Dessau, Berlin.

Baumeister, R. (1874): Thesen über Stadterweiterungen, in: Deutschen Bauzeitung (DBZ), 67, S. 265.

Baumeister, R. (1876): Stadt-Erweiterungen in technischer, baupolizeilicher und wirthschaftlicher Beziehung, Berlin.

Baumhoff, A. (1999): Die Alibi-Meisterin, in: Fiedler, J., Feierabend, P. (Hg.): Bauhaus, Köln, S. 354–356.

Bauriedl, S. (2007): Spielräume nachhaltiger Entwicklung – die Macht stadtentwicklungspolitischer Diskurse, München.

Beck, U. (1991): Politik in der Risikogesellschaft, Frankfurt/Main.

Beck, U. (1994): Die Stadt in der Gewißheit des Umbruchs, in: Deutsches Architektenblatt, Nr. 9, S. 1315–1317.

Benjamin, W. (1984): Allegorien kultureller Erfahrung, Leipzig.

Berkner, A. (1997): Die „Mitteldeutsche Straße der Braunkohle" – Ausgangssituation, Visionen, aktuelle Situation, in: Bergbau-Folge-Landschaft, S. 155–158.

Berlepsch-Valendas (1914): Die Gartenstadtbewegung in England, ihre Entwicklung und jetziger Stand, in: Der Städtebau, 1, S. 14.

Berthold, R. u. a. (Hg.) (1988): Produktivkräfte in Deutschland 1917 bis 1945, Berlin.

Billerica Garden Suburb (1915), in: Der Städtebau, 3/4, S. 44.

Bjur, H. (2018): Lilienbergs Stad. Göteborg 1900–1930, Stockholm.

Blom, P. (2014): Die zerrissenen Jahre 1918–1938, München.

Blotevogel, H. (2000): Zur Konjunktur der Regionsdiskurse, in: Bundesamt für Bauwesen und Raumordnung (Hg.): Die neue Konjunktur von Regionen und Regionalisierung, Bonn, S. 491–506.

Blotevogel, H. (Hg.) (2002): Fortentwicklung des Zentrale-Orte-Konzeptes, Hannover.

Blotevogel, H. (2002): Zur Theorie und Praxis des Zentrale-Orte-Konzeptes, in: Blotevogel, H. (Hg.): Fortentwicklung des Zentrale-Orte-Konzeptes, Hannover, S. 10–16.
Blotevogel, H. (2011): Gelenkte Raumentwicklung als implizite Raumordnung in der Geschichte, in: ARL (Hg.): Grundriss der Raumordnung und Raumentwicklung, Hannover, S. 76–115, als Teil von: Blotevogel, H., Schelhaas, B. (2011): Geschichte der Raumordnung, in: Akademie für Raumforschung und Landesplanung (Hg.): Grundriss der Raumordnung und Raumentwicklung, Hannover, S. 75–201.
Blotevogel, H. (2011): Raumordnung in der ersten Hälfte des 20. Jahrhunderts, in: Akademie für Raumforschung und Landesplanung (Hg.): Grundriss der Raumordnung und Raumentwicklung, Hannover, S. 82–101, als Teil von: Blotevogel, H., Schelhaas, B. (2011): Geschichte der Raumordnung, in: Akademie für Raumforschung und Landesplanung (Hg.): Grundriss der Raumordnung und Raumentwicklung, Hannover, S. 75–201.
Blum, O. (1911): Städte und Eisenbahnen in ihren gegenseitigen hindernden und fördernden Beziehungen, in: Der Städtebau, 11, S. 121–125.
Blume, T. (1989): Hubert Hoffmann und sein Versuch nach 1945 das Bauhaus in Dessau wiederzubeleben – zur Bauhausrezeption in der DDR, Semesterarbeit an der Karl-Marx-Universität Leipzig.
Blume, T. (1990): Grundzüge der Bauhausrezeption in der DDR, Diplomarbeit, Leipzig (unveröff.).
Blume, T. (1993): Radikaler Aufbruch, in: Bauhaus Dessau (Hg.): Dimensionen – Bauhaus Dessau 1926–1932, S. 32–62.
Blume, T. (1994): Die Siedlung Hohe Lache, Dessau.
Blume, T., Bredenhorst, A. (1994): 100 Jahre Wohnkolonie Wolfen, Dessau.
Böhlk, O. (2015): Wo Sachsen Anhalt trifft …, Bernburg.
Bober, M. (2006): Von der Idee zum Mythos. Die Rezeption des Bauhauses in beiden Teilen Deutschlands in Zeiten des Neuanfangs (1945 und 1989), Diss.
Bober, M. (2009): Der Mauerfall von Dessau, in: Bauhausstadt, 12 (2009) S. 8.
Bode, H. (1993): Analyse des Transformationsprozesses der großchemischen Industrie Sachsen-Anhalts in mikro-, makroökonomischer, regionaler und sozialpolitischer Hinsicht. Teilbericht „Fallstudie Filmfabrik Wolfen", Dessau (unveröff.).
Bodenschatz, H. (1987): Platz frei für das Neue Berlin! Geschichte der Stadterneuerung in der „größten Mietskasernenstadt der Welt" seit 1871, Berlin.
Bodenschatz, H. (1987): Zur Aktualität der Stadt-Planungsgeschichte, in: Die alte Stadt, 4, S. 330.
Bodenschatz, H., Geisenhof, J. (1991): Plädoyer für eine kulturelle Stadterneuerung, in: Die alte Stadt 3 (1991), S. 239–247.
Bodenschatz, H. (1992): Großstadt-Bauhaus-Hochhaus-Berlin … Ludwig Hilberseimer (1885–1967), in: Stein, M. (Hg.): BauhausStadt – Spiegelbild urbanistischer Konzeptionen um 1930, Dessau, S. 66–83.
Bodenschatz, H.; Seifert, C. (1992): Stadtbaukunst, Berlin.
Bodenschatz, H. (1998): Alte Stadt – neu gebaut, in: Die Alte Stadt 4 (1998), S. 299–317.
Bodenschatz, H., Kegler, H. (2000): Die Piesteritzer Siedlung, Lutherstadt Wittenberg.
Bodenschatz, H., Kegler, H. (2000): Städtebaureform auf Amerikanisch, in: Stadtbauwelt 12 (2000), S. 42–59.
Bodenschatz, H. (2003): Stadtumbau – Begriffe und Perspektiven, in: Boeckl, M. (Hg.): Stadtumbau/Urban Conversion, Wien, New York. S. 10–24.
Bodenschatz, H., Kegler, H. (2005): Stadtumbau. In: ARL – Akademie für Raumordnung und Landesplanung (Hg.): Handwörterbuch der Raumordnung, Hannover, S. 1092–1096.
Bodenschatz, H., Schultz, B. (2010): Stadtvisionen 1910 I 2010, in: Stadtbauwelt 187, S. 13.
Bodenschatz, H., Gräwe, C., Kegler, H., Nägelke, H.-D., Sonne, W. (Hg.) (2010): Stadtvisionen 1910 I 2010, Berlin.
Bodenschatz, H. (2010): Paris oder London: Konzentrierender oder dezentralisierender Städtebau? In: Bodenschatz, H., Gräwe, C., Kegler, H., Nägelke, H.-D., Sonne, W. (Hg.): Stadtvisionen 1910 I 2010, Berlin, S. 84–87.
Boelcke, W. A. (1983): Die deutsche Wirtschaft 1930–1945. Interna des Reichswirtschaftsministeriums, Düsseldorf.
Böhmert (1909): Englische Arbeiterwohnhäuser in deutscher Beleuchtung, in: Der Städtebau, 2, S. 15–17.
Bollerey, F., Hartmann, K., Fehl, G. (Hg.) (1990): Im Grünen wohnen – im Blauen planen, Hamburg.
Bollnow O. F. (2000): Mensch und Raum, Stuttgart, Berlin, Köln.
Bongards, M. G. (2004): Raumplanung als wissenschaftliche Disziplin im Nationalsozialismus, Marburg, Diss.
Bosman, J. (1993): Jenseits des Textes – die Charta von Athen im Lichte der Projekte der Nachkriegszeit, in: Werk, Bauen + Wohnen (1993), 4, S. 8–17.
Bossmann, A. (1993): Reformen im Hintergrund: Oskar Schlemmer und Laszlo Moholy-Nagy, in: Bauhaus Dessau (Hg.): Dimensionen 1925–1932, Dessau, S. 78–93.
Brake, K. (1985): Methodische Anmerkungen zur Geschichtsschreibung der modernen Stadtplanung, in: Brake, K. (Hg.) (1985): Stadtentwicklungsgeschichte und Stadtplanung, Oldenburg, S. 133–147.
Brake, K. (Hg.) (1985): Stadtentwicklungsgeschichte und Stadtplanung, Oldenburg.
Breymeyer, U. (1998): Rüben und Dampf, industrialisierte Landwirtschaft, in: Brüggemeier, F.-J.; Korff, G.; Steiner, J. (Hg.): mittendrin, Dessau, S. 283–307.
Brichetti, K. (2009): Die Paradoxie des postmodernen Historismus, Berlin.
Briggs, J., Peat, D. (2006): Die Entdeckung des Chaos, München.
Brockmann, O. (1916): Wettbewerb für einen Bebauungsplan der Stadt Zürich und ihrer Vororte, in: Der Städtebau, 6/7, S. 62–65.
Bruch, E. (1870): Berlins bauliche Zukunft und der Bebauungsplan, in: Deutsche Bauzeitung DBZ 20, S. 159–163; 23, S. 183–186.

Brüggemeier, F.-J., Korff, G., Steiner, J. (Hg.) (1998): mittendrin, Katalog zur landeskulturellen Ausstellung Sachsen-Anhalt, Dessau.
Brunner, K.H. (1925): Baupolitik als Wissenschaft, Wien.
Buchholz, M. (1998): Der Wirtschaftsverband Mitteldeutschland 1921–1936, Leipzig.
Büchner, K. (1903): Die Großstadt in Gegenwart und Vergangenheit, in: Die Großstadt, Dresden, S. 1–33.
Bücher, K. (1922): Die Entstehung der Volkswirtschaft. Erste Sammlung, Tübingen.
Burckhardt, L. (1989): Das Ende der polytechnischen Lösbarkeit, in: Archithese, Nr. 5, S. 42–43.
Burnham, D., Bennett, E. (1908/1993): Plan of Chicago, Chicago (Reprint New York).
Calthorpe, P., Fulton, W. (2001): The Regional City, Washington, Covelo, London.
Christaller, W. (1933/1968): Die zentralen Orte Süddeutschlands, Jena/Darmstadt.
Claussen, H. (1986): Walter Gropius – Grundzüge seines Denkens, Hildesheim.
Clemens, R. (1978): Eine authentische Aussage über Idee und Arbeit, Geist und Leben am Bauhaus, in: bauhaus 3, Leipzig, S. 8 f.
Conrads, U. (1981): Programme und Manifeste der Architektur des 20. Jahrhunderts, Braunschweig.
Crasemann Collins, C. (2005): Werner Hegemann and the Search of Universal Urbanism, New York, London.
Danielzyk, R. (1998): Neue Aktionsfelder der Regionalplanung – regionale Entwicklungskonzepte (REK)/Regionalkonferenzen und Städtenetze, Referatesammlung Nr. 73, Institut für Städtebau Berlin (DASL), S. 190–210.
Das Aufbaugesetz (1950): Wortlaut, in: Bauzeitung 11 (1950), S. 218.
Decken, O. (1993): Vom Kohlepott zum Mülleimer? Eine Polemik zur Zukunft der Emscherzone, in: Müller, S., Schmals, K.M. (Hg.): Die Moderne im Park, Dortmund, S. 231–245.
Denkschrift betreffend eine Ergänzung des Gesetzentwurfes zur Bildung eines Stadtkreises Groß-Berlin (1920), in: Der Städtebau, 1/2, S. 3–12.
Der Feierabend, Fabrikzeitung der Aktiengesellschaft für Anilinfabrikation in Wolfen, 1916–1933, Wolfen
Der Wettbewerb zur Erlangung eines Bebauungsplanes der Stadt Breslau und ihrer Vororte (1919), in: Deutsche Bauzeitung (DBZ), 39 (1922), S. 242–244, 333–340, 357–362.
Dessauer Tageblatt vom 23.08.1991.
Deutsche Bundesbahn (Hg.) (1987): 65 Jahre Stuttgarter Hauptbahnhof, Stuttgart.
Deutsche Landeskulturgesellschaft (Hg.) (2006): Ländlicher Raum auf Roter Liste, Kaiserslautern.
Deutsche Gesellschaft für Städtebau und Landesplanung (1921), in: Bauwelt, 45, S. 662.
Die Bauordnung für die Berliner Vororte im Architekten-Verein zu Berlin, in: Deutsche Bauzeitung, 16, S. 93–95.
Die Gartenstadt, Mitteilungsblatt der Deutschen Gartenstadtgesellschaft, 1925, Berlin.
Die Haupt- und Residenzstadt Dessau, 1911, Dessau.
Die Stadt Dessau und ihre Umgebung, 1926, Dessau.
Dieck (1919): Über zeitgemäße Bodenpolitik, in: Der Städtebau, 5/6, S. 57–60.
Diestel, K. (1911): Neuzeitliche Anschauungen im Bauordnungswesen, in: Der Städtebau, 8, S. 85–89; 9, S. 99–102; 10, S. 113–116.
Diller, C. (2010): Zwanzig Jahre Raumordnung im vereinigten Ostdeutschland: Vom Ziehkind zum Innovator, in: Altrock, A., Hunig, S., Kuder, T., Nuissl, H. (Hg.): Zwanzig Jahre Planung seit der Wiedervereinigung, Berlin, S. 167–211.
Topfstedt, T. (1988): Städtebau in der DDR 1955–1971, Berlin, S. 164.
Droste, M. (1989): Unterrichtsstruktur und Werkstattarbeit am Bauhaus unter Hannes Meyer, in: Hannes Meyer, Berlin, S. 134–147.
Droste, M. (1990): Bauhaus 1919–1933, Berlin.
Duden (1996): Stratege/Strategie, Mannheim, Wien, Zürich, S. 715.
Duisberg, C. (1921): Die Arbeiterschaft der chemischen Großindustrie. Darstellung ihrer sozialen Lage, Berlin.
Durth, W., Gutschow, N. (1993): Träume in Trümmern – Stadtplanung 1940 bis 1950, München.
Düttman, M. (1992): Wie die Architektur zur Sprache kommt, Berlin, Boston, Basel.
Eberl, I. (1992): Hubert Hoffmann, seine Lehre der Grundlagen der Gestaltung an der Technischen Universität Graz, Diss. (unveröff.).
Ebersbach, W., Müller, U.G. (1997): Die Aufarbeitung der Geschichte des Braunkohletagebaus in Mitteldeutschland – Ziele, Defizite, Notwendigkeiten, in: Bergbau-Folge-Landschaft, S. 168–170.
Eberstadt, R. (1909): Die neue Gartenvorstadt in London-Hampstead, in: Der Städtebau, 8, S. 99–103.
Eberstadt, R. (1909): Die städtische Bodenparzellierung in England und ihre Vergleichung mit deutschen Einrichtungen, in: Der Städtebau, 2, S. 17.
Ehrenburg, I. (1922): Und sie bewegt sich doch, Leipzig (Reprint 1989).
Ehrenburg, I. (1927): Bauhaus, zit. nach: Baumann, K. (2007): Bauhaus Dessau, Berlin.
Eisold, N. (1993): Das Dessau-Wörlitzer Gartenreich, Köln.
Eisold, N. (2000): Das Dessau-Wörlitzer Gartenreich, Rostock.
Ellin, N. (1996): Postmodern Urbanism, New York.
Engeli, C. (1986): Landesplanung in Berlin-Brandenburg, Stuttgart u.a.
Entwurf Verfassung der Deutschen Demokratischen Republik. Arbeitsgruppe „Neue Verfassung der DDR" des Runden Tisches, Berlin, April 1990, http://www.documentarchiv.de/ddr/1990/ddr-verfassungsentwurf_runder-tisch.html (11.12.2024).
Erfurth, H. (1987): Stadtstruktur und Stadtentwicklung, in: Erfurth, H., Reichhoff, L.: Dessauer Veduten. Ansichten aus fünf Jahrhunderten, Teil I, Beiträge zur Stadtgeschichte – Heft 8, Museum für Stadtgeschichte Dessau, S. 3–14.
Erfurth, H. (1991): Die Wolfener Siedlung, in: Rund um die Sieben Säulen, Dessau, S. 90–92.

Erfurth, H, Reichoff, L. (Hg.) (1987): Dessauer Veduten, Dessau.
Feder, G. (1939): Die neue Stadt. Versuch einer Begründung einer neuen Stadtplanungskunst aus der sozialen Struktur der Bevölkerung, Berlin.
Federn-Kohlhaas, E. (1927): Rathenau, sein Leben und Wirken, Dresden.
Fehl, G. (1990): Fordismus und Städtebau um 1930: „Auflösung" oder „Auflockerung" der Großstadt? in: Wiss. Zeitschrift der Hochschule für Architektur und Bauwesen (heute Bauhaus-Universität) Weimar, 1, 2, 3, S. 61–66.
Fehl, G. (2004): Stadt im ‚National Grid', in: Petz, Ursula v. (Hg.): Going West? Stadtplanung in den USA – gestern und heute, Dortmund, S. 42–67.
Fehr, M. (1994): Für ein neues Paradigma des Musealen, in: Kulturpolitische Mitteilungen, Nr. l, S. 16.
FERROPOLIS (Geschichte), online: https://www.ferropolis.de/gelaende/geschichte (11.12.2024).
Fischer, H. (1985): „Diffusion" im geografischen Begriffsfeld, in: Naturwissenschaftliche Rundschau, Stuttgart, 7, S. 299–300.
Fischer, T. (1932): Um das Bauhaus, in: Die Kunst, S. 30–32.
Fishman, R. (1987): Bourgeois Utopias, New York.
Flint, A. (2006): This Land – The Battle over Sprawl and the Future of America, Baltimore.
FOEG (Forschungs- und Entwicklungsgruppe) (1994): „Reise zum Ursprung modernen Lebens", Dessau, Leipzig, Krefeld (unveröff.).
Ford, H. (1923): Mein Leben und Werk, Leipzig.
Ford, E. (1994): Das Detail in der Architektur der Moderne, Basel.
Ford, G. B. (1916): Die Planung der Stadt für das Gemeinschaftsleben, in: Der Städtebau, 6/7, S. 69 f.
Florida, R. (2002): The Rise of the Creative Class, New York.
Frick, D. (2008): Theorie des Städtebaus, Tübingen, Berlin.
Friemert, Ch. (1984): Die gläserne Arche, Dresden.
Fühmann, F. (1986): Brief an den Minister für Kultur vom 1.3.1964, in: Essays, Gespräche, Aufsätze. 1964–1981, Rostock.
Führ, E. (2009): Architektur/Städtebau, in: Günzel, S.: Raumwissenschaften, Frankfurt am Main, S. 46–60.
Fujita, M., Krugman, P., Venables, A. J. (2001): The Spatial Economy, Cambridge, London.
Fulton, W. (2005): After the Unrest: Ten Years of Rebuilding Los Angeles following the Trauma of 1992, in: Vale, L., Campanella, T. (2005): The Resilient City, New York, S. 299–311.
Fürst, D. (2001): Regionale Strukturpolitik in Sachsen-Anhalt, in: et-Magazin der Regionen 3 (2001), S. 24–25.
Fürst, D., Scholles, F. (Hg.) (2004): Handbuch Theorien + Methoden der Raum- und Umweltplanung, Dortmund.
Fürst, D. (2006): Entwicklung und Stand des Steuerungsverständnisses in der Regionalplanung, in: Selle, K., Zalas, L. (Hg.): Zur räumlichen Entwicklung beitragen, Dortmund, S. 117–128.
Gadamer, H.-G. (1972): Wahrheit und Methode. Grundzüge einer philosophischen Hermeneutik. Tübingen; http://www.wu-wien.ac.at/usr/h96b/h9608493/arbeit2.html (01.05.11).
Ganser, K., Sieverts, T. (1993): Vom Aufbaustab Speer bis zur Internationalen Bauausstellung Emscher Park und darüber hinaus, in: DISP 115, Zürich, S. 31–37.
Garnier, T. (1989): Die ideale Industriestadt (Cité Industrielle), Tübingen (Reprint).
Geissler, O. (1908): Boden im Gemeindebesitz, in: Der Städtebau, 7, S. 88–92.
Geißler, R. (2000): Nachholende Modernisierung mit Widersprüchen – eine Vereinigungsbilanz aus modernisierungstheoretischer Perspektive. In: Noll, H.-H., Habich, R. (Hg.): Vom Zusammenwachsen einer Gesellschaft. Frankfurt a. M., S. 37–60.
Geist, J., Kürvers, K. (1980): Das Berliner Mietshaus 1740–1862, München.
Geist, J. F., Kürvers, K. (1989): Das Berliner Mietshaus 1945–1989, München.
Genzmer, E. (1917): Bebauungspläne für die Außengemeinden südlich von Leipzig, in: Der Städtebau, 10/11, S. 105–111.
Genzmer, E., Wolf, P. (Hg.) (1924): Städtebau-Vorträge der Dresdener Städtebauwoche 1924, Berlin, 1924.
Giedion, S. (1923): Bauhaus und Bauhauswoche zu Weimar, in: Das Werk, Jg. X, Nr. 9, S. 232–234.
Giedion, S. (1989): Raum, Zeit, Architektur, Zürich/München.
Glaser, H. (1989): Neue Stadtstrukturen unter veränderten Bedingungen – von der Arbeitsgesellschaft zur Tätigkeitsgesellschaft, in: Wildemann, R. (Hg.): Stadt, Kultur, Natur, Baden-Baden, S. 524–539.
Glaser, H. (1993): Fragen zur Zukunft der Moderne, in: Deutscher Werkbund (Hg.): Perspektiven 1 Beiträge zur Zukunft der Moderne, Stadt und Region, Frankfurt am Main, S. 8 f.
Gleick, J. (1987): Chaos: Making a New Science, New York, S. 23 f., zit. in: Meadows, D. H. (2010): Die Grenzen des Denkens, München, S. 111.
Göderitz, J., Rainer, R., Hoffmann, H. (1957): Die gegliederte und aufgelockerte Stadt, Tübingen.
Goebel, J., Gornig, M., Häußermann, H. (2010): Polarisierung der Einkommen: Die Mittelschicht verliert, in: Deutsches Institut für Wirtschaftsforschung, DIW-Wochenbericht Nr. 24 (2010), S. 3–8.
Goecke, T. (1904): An unsere Leser, in: Der Städtebau, 1, S. 1–4.
Goecke, T. (1904): Rückblicke auf die deutsche Städtebauausstellung in Dresden, in: Der Städtebau, 1, S. 12–13.
Goecke, T. (1904): Zur Stadterweiterung von Stuttgart, in: Der Städtebau, 4, S. 53–55.
Goecke, T. (1905): Von den Beziehungen der Zonenbauordnung zum Bebauungsplan Der Städtebau,1, S. 2–4.
Goecke, T. (1906): Zur Beschaffung eines Gesamt-Bebauungsplanes für Groß-Berlin, in: Der Städtebau, 7, S. 85–88.
Goecke, T. (1906): Der Wald- und Wiesengürtel von Wien und seine Bedeutung für den Städtebau, in: Der Städtebau,7, S. 88–92.
Goecke, T. (1911): Welche Erwartungen dürfen wir an das Ergebnis des Wettbewerbs „Groß-Berlin" knüpfen? In: Der Städtebau, 1, S. 2–5, 2, S. 16–20, 3, S. 29–31.

Goecke, T. (1913): Von den Beziehungen öffentlicher Gebäude zum modernen Stadtbilde, in: Der Städtebau, 1, S. 2–3.
Goecke, T. (1914): Besprechung zu: R. Schmidt: Denkschrift, betr. Grundsätze zur Aufstellung eines General-Siedlungsplanes für den Regierungsbezirk Düsseldorf, in: Der Städtebau, 4, S. 50–51.
Goecke, T. (1914): Der Bebauungsplan in Stadt und Land, in: Der Städtebau, 1, S. 2–4; 2, S. 19–21.
Goecke, T. (1915): Wünsche für den Deutschen Städtebau, in: Der Städtebau, 1, S. 1–3.
Goecke, T. (1916): Die Wettbewerbsentwürfe für die Stadterweiterung von Soest, in: Der Städtebau, 12, S. 123–124.
Goecke, T. (1917): Gesamtplan für die Stadterweiterung von Braunschweig, in: Der Städtebau, 8/9, S. 81–85.
Goldbeck, M. v., Kotzer, E. (1930): Die Stadt von Morgen. Ein Film vom Städtebau (1930), in: Wasmuths Monatshefte 5, S. 237–239.
Goldzamt, E. (1974): Städtebau sozialistischer Länder, Berlin.
Goldzamt, E., Schwidkovskij, A., O. A. (1985): Städtebaukultur europäischer sozialistischer Länder, Moskau (russ. Ausgabe).
Grishchenko, Y. (2007): Eine neue Klasse hybrider Innovationsdiffusionsmodelle: Ein theoretischer Vergleich existierender Ansätze und eine Analyse mit Simulationen und Realdaten, Berlin, Diss.
Grober, U. (1998): Ausstieg in die Zukunft, Berlin.
Grönwald, B. (1992): Gesellschaftskonzeption und Stadtentwicklung sind nur über praktisches Bauen realisierbar, in: Helms, H. G. (Hg.): Die Stadt als Gabentisch, Leipzig, S. 309–324.
Gropius, W. (1926): Glasbau, in: Die Bauzeitung 23. Jg. 25.5.1926 Nr. 20.
Gropius, W. (1962): Monumentale Kunst und Industriebau, in: Wingler, H. M. (Hg.): Das Bauhaus 1919–1933 Weimar Dessau Berlin, Bramsche.
Gropius, W. (1965): Idee und Aufbau des Staatlichen Bauhauses, in: W. Gropius: Die neue Architektur und das Bauhaus, Mainz.
Gropius, W. (1981): Grundsätze der Bauhausproduktion 1926, in: U. Conrads: Programme und Manifeste zur Architektur des 20. Jahrhunderts, Braunschweig, S. 90 f.
Gropius, W. (1981): Programm des Staatlichen Bauhauses in Weimar 1923, in: U. Conrads: Programme und Manifeste zur Architektur des 20. Jahrhunderts, Braunschweig, S. 47–50.
Gropius, W. 1919: Was ist Baukunst? in: Probst, H., Schädlich, C. (Hg.) (1987): Walter Gropius, Berlin, Bd. 3, S. 63 f.
Guérot, U. (2017): Die Europäischen Kulturregionen: Einheit in Vielfalt, in: ARCH+ 228, S. 148–151.
Günter, R. (1998): Hexenkessel, Ein Reisebuch zu Sachsen-Anhalt, Halle (Saale).
Günzel, S. (Hg.) (2009): Raumwissenschaften, Frankfurt am Main.
Hage, G. (2005): Regionalpark/Landschaftspark, in: ARL (Akademie für Raumforschung und Landesplanung) (Hg.): Handwörterbuch der Raumordnung, Hannover, S. 960, S. 958–963.
Hahn, E. (1983): Ökologischer Stadtumbau: Idealistischer Zukunftstraum oder Notwendigkeit, in: Kennedy, M. (Hg.): Öko-Stadt, Frankfurt am Main, Bd. 2, S. 129–136.
Hahn, P. (1988): Experiment Bauhaus, Das Bauhaus-Archiv zu Gast im Bauhaus Dessau, in: Bauhaus-Archiv (Hg.): Experiment Bauhaus, S. 7–8.
Hammer, B. (1908): Über die Entwicklungsmöglichkeit ländlicher Gemeinden, in: Der Städtebau, 6, S. 77–79.
Hammer, B. (1915): Moderne Stadtgründung, in: Der Städtebau, 2, S. 9–11.
Harlander, T. (Hg.) (2001): Villa und Eigenheim – suburbaner Städtebau in Deutschland, Stuttgart, München.
Harvey, D. (2006): Space as a key word, in: Harvey, D.: Space of global Capitalism – Towards a Theory of uneven Geographical, London, New York, S. 119–148.
Hauff, V. (Hg.) (1987): Unsere gemeinsame Zukunft. Der Brundtland-Bericht der Weltkommission für Umwelt und Entwicklung, Greven.
Haus, A. (1991): Die Entwicklung der Modernen Fotografie, in: Wagner, M.: Moderne Kunst, Teil 2, S. 354–366.
Häußermann, H., Siebel, W. (1993): Wandel von Planungsaufgaben und Wandel der Planungsstrategie. Das Beispiel IBA Emscher Park, in: Jahrbuch Stadterneuerung, Berlin, S. 141–154.
Häussermann, H., Siebel, W. (1998): Hat die urbane Stadt noch Zukunft? In: Sauberzweig, D.; Wagner, B., Röbke, T. (Hg.): Kultur als intellektuelle Praxis, Essen, S. 51.
Hayden, D. (2003): Building Suburbia: green fields and urban growth, 1820–2000, New York, S. 61–70.
Hegenmann, W. (1911 bzw. 1913): Der Städtebau – Nach den Ergebnissen der Allgemeinen Städtebauausstellung in Berlin 1910, Bd. 1 bzw. 2, Berlin.
Hegemann, W. (1925): Amerikanische Architektur & Stadtbaukunst, Berlin.
Hegemann, W. (1913): Der Städtebau nach den Ergebnissen der Internationalen Städtebau-Ausstellung Gotenburg, Berlin.
Hegemann, W., Peets, E. (1922): Civic Art, New York (Reprint 1988).
Heiduczeck, W. (1994): Demnächst im Lexikon? in: Staeck, K. (Hg.): Kunst. Was soll das? Göttingen, S. 14–22.
Heineberg, H. (1989): Stadtgeographie, Paderborn, München, Wien, Zürich.
Heinz, W. (1990): Stadtentwicklung und Strukturwandel, Stuttgart, Berlin, Köln.
Heinz, W. (2008): Der große Umbruch – Deutsche Städte und Globalisierung, Berlin.
Heismann, G. (2000): Überholen ohne einzuholen. Neue Hochtechnologien zwischen Ostsee und Thüringer Wald, Berlin.
Helbrecht, I. (1991): Das Ende der Gestaltbarkeit?, Oldenburg.
Helbrecht, I. (1992): Das Bauhaus als Wille zur Gestaltung, in: Bauhaus Dessau (Hg.): Die Bauhausstadt, Dessau, S. 6–27.
Hellige, H. D. (1990): Walther Rathenau – ein Kritiker der Moderne als Organisator des Kapitalismus, in: Buddensieg, T., Hughes, T., Kocka, J. (Hg.): Ein Mann vieler Eigenschaften – Walther Rathenau und die Kultur der Moderne, Berlin, S. 32–54.

Helms, H. G. (Hg.) (1992): Die Stadt als Gabentisch, Leipzig.
Henard, E. (1910): Die Vorstädte von Paris und der neue Parkgürtel, in: Der Städtebau, 1, S. 4–7; 2, S. 17–19.
Henning, F.-W. (1975): Das industrialisierte Deutschland 1914 bis 1972, Paderborn.
Henning, F.-W. (1993): Die Industrialisierung in Deutschland 1800 bis 1914, Paderborn.
Henrici, K. (1904): Beiträge zur praktischen Ästhetik im Städtebau: eine Sammlung von Beiträgen und Aufsätzen, München.
Henselmann, H. (1981): Drei Reisen nach Berlin, Berlin.
Herbert, G. (1995): Das Gropius-Wachsmann-Paradox, in: Stiftung Bauhaus Dessau, RWTH Aachen (Hg.): Zukunft aus Amerika, Dessau, S. 234–250.
Hercher, L. (1929): Organisation und Bedeutung der Landesplanungsvereine, in: Zentralblatt der Bauverwaltung, 5, S. 74–75.
Herfert, G., Röhl, D. (2001): Leipzig – Region zwischen Boom und Leerstand, in: Brake, K.; Dangschat, J., Herfert, G. (Hg.): Suburbanisierung in Deutschland, Opladen, S. 151–162.
Hettner, Alfred, in: GeoDZ. Das Lexikon der Erde, online: http://www.geodz.com/deu/d/Hettner (11.12.2024).
Hien, W. (1990): Die Naturzerstörung beginnt bei den Arbeitern – der Paradefall der chemischen Industrie, in: Hamburger Stiftung für Sozialgeschichte des 20. Jahrhunderts (Hg.): Arbeitsschutz und Umweltgeschichte, Köln, S. 128–149.
Hilberseimer, L. (1955): The Nature of Cities, Chicago.
Hilberseimer, L. (1963): Entfaltung einer Planungsidee, Frankfurt am Main.
Hillmann, K.-H. (1999): Überlebensgesellschaft, Würzburg.
Hilpert, T. (1992): Als alles offen ist (im Sommer 1991): Medien-Bauhaus-Stadt-Raum, in: Bauhaus Dessau (Hg.): Die Bauhausstadt, Dessau, S. 28–51.
Hirsch, E. (1965): Der Dessau-Wörlitzer Kulturkreis, Wörlitz.
Hoepfner, K. A. (1928): Grundbegriffe des Städtebaus, 2. Band, Berlin.
Hoffacker, H. W. (1989): Entstehung der Raumplanung, konservative Gesellschaftsreform und das Ruhrgebiet 1918–1933, Essen.
Hoffacker, H. W. (1992): Diskussionen in der Weltwirtschaftskrise über die soziale und ökonomische Rolle der Stadt, in: Bauhaus Dessau (Hg.): Die BauhausStadt. Spiegelbild urbanistischer Konzeptionen um 1930, Dessau, S. 85–97.
Hoffacker, H. W. (1995): Raumplanung als Gesamtrationalisierung – Ein Versuch zur theoretischen Begründung der Notwendigkeit von Raumplanung aus dem Jahre 1929, in: Stiftung Bauhaus Dessau, RWTH Aachen (Hg.): Zukunft aus Amerika, Dessau, S. 276–287.
Hoffmann, H. (1949): Eine Analyse. Der Raum Dessau, in: Der Bauhelfer, 20, S. 541–549.
Hoffmann, H. (1988): Die Stunde „0“ – 1947 – als der Krieg zu Ende war, Graz (unveröff.).
Hoffmann, W. (1925): Mitteldeutschland. Das neue Wirtschaftszentrum, Halle.
Hoffmann-Axthelm, D. (1996): Anleitung zum Stadtumbau, Frankfurt am Main, New York.
Hofmann, W. (1992): Mitteldeutschland in der Geschichte der deutschen Raumplanung, Zwischen Wörlitz und Mosigkau – Schriftenreihe zur Geschichte der Stadt Dessau und Umgebung, Heft 35, Dessau.
Hofmann, W. (1993): Abstraktion und Bürokratie – Raumplaner im NS-Staat, in: Forum Wissenschaft 2 (1993), S. 12–18.
Holzer, L. (1996): Stadtlandschaft USA: Die Kulturlandschaft des American Way of Life, Gotha.
Hönsch, F., Lavrov, S., Sdasjuk, G. (1986): Bürgerliche Konzeptionen der regionalen Entwicklung, Gotha.
Horkheimer, M., Adorno, T. W. (1986): Dialektik der Aufklärung, Frankfurt am Main.
Hosang, M., Hüther, G. (Hg.) (2024): Die Metamoderne – Neue Wege zur Entpolarisierung und Befriedung der Gesellschaft, Göttingen.
Hughes, T. P. (1990): Walther Rathenau: „system builder“, in: Buddensieg, T., Hughes, T., Kocka, J. (Hg.): Ein Mann vieler Eigenschaften – Walther Rathenau und die Kultur der Moderne, Berlin, S. 9–31.
Hüter, K. (1976): Das Bauhaus in Weimar, Berlin.
Industrie- und Filmmuseum Wolfen e. V., O. J.: Industrie- und Filmmuseum Wolfen. Ein Museum im Entstehen, Wolfen.
Internationale Städtebauausstellung Gotenburg (1923), Gotenburg.
Isaacs, R. R. (1983): Walter Gropius. Der Mensch und sein Werk, Bd. I, Berlin.
Jessen, J., Reuter, W. (2006): Lernende Praxis – Erfahrung als Ressource – planungstheoretische Konsequenzen, in: Selle, K., Zalas, L. (Hg.): Zur räumlichen Entwicklung beitragen, Dortmund, S. 42–56.
Johnson, E. W. (2001): Chicago Metropolis 2020: The Chicago Plan for the Twenty-First Century. Chicago: Univ. of Chicago Press.
Junghanns, K., Schulz, J. (1967): Die Gartenstadt im deutschen Städtebau, in: Deutsche Architektur, 1, S. 58.
Kallai, E. (1929): bauhaus Nr.3, Jg. III.
Kanow E. (1990): 75 Jahre Goetheanische Architektur, in: Architektur der DDR, 4 (1990), S. 50–53.
Kanow, E. (1986): Zwischen Anfang und Elend der Gebietsplanung in der DDR (Kurzfassung), Manuskript, S. 1 (unveröffentlicht).
Karlsch, R. (1992): Ein geteiltes Unternehmen – zur Entwicklung der Beziehungen zwischen den Agfa-Fabrikationsstatten in Leverkusen und Wolfen nach 1945, in: Plumpe, W., Kleinschmidt, C. (Hg.): Unternehmen zwischen Markt und Macht. Aspekte deutscher Unternehmens- und Industriegeschichte im 20. Jahrhundert, Bochumer Schriften zur Unternehmens- und Industriegeschichte, Bd. l, Essen, S. 105–122.
Kastorff-Viehmann, R., Utku, Y. (Hg.) (2014): Regionalplanung im Ruhrgebiet – von Robert Schmidt lernen, Essen.
Kegler, H. (1987): Die Herausbildung der wissenschaftlichen Disziplin Stadtplanung: ein Beitrag zur Wissenschaftsgeschichte; Schriftenreihe der HAB Weimar Nr. 5; Weimar (Diss.).

Kegler, H. (1989): Stadtplanung um 1900: Konzeption der „gemischten Bauweise“ als planerischer Beitrag zur Auseinandersetzung mit der Wohnungsfrage unter kapitalistischen Verhältnissen; in: Bauhaus Dessau (Hg.): Neue Bauhaushefte, Berlin/Dessau, 1, S. 69–75.
Kegler, H. (1990): Stadtplanung – zur Genese einer wissenschaftlichen Disziplin, in: NTM 27, Leipzig, S. 65–73.
Kegler, H. (1991): Das Bauhaus Dessau Projekt – Ein planungshistorischer Versuch, in: Halter, R. (Hg.): Vom Bauhaus bis Bitterfeld, Gießen, S. 18–24.
Kegler, H. (1992): Die Piesteritzer Siedlung, Dessau.
Kegler, H. (1992): Siedlungen im Gegenwind, in: TU Berlin (Hg.): Jahrbuch Stadterneuerung, Berlin, S. 153–161.
Kegler, H. (1993): Ort und Auftrag, in: Bauhaus Dessau (Hg.): Dimensionen, S. 22–31.
Kegler, H., Kuhn, R. (1993): Planungskultur – Ost: Zwischen Chance zur Katharsis und Abgang eines Reformversuchs, in: DISP 115, Zürich, S. 42–46.
Kegler, H. (1995): Die Piesteritzer Werkssiedlung – ein programmatisches Denkmal, in: Oehmig, S. (Hg.): 700 Jahre Wittenberg – Stadt Universität Reformation, Weimar, S. 419–428.
Kegler, H. (1996): Bauhaus Dessau – Zukunftswerkstatt aus Tradition, in: Stiftung Bauhaus Dessau (Hg.): Industrielles Gartenreich-1, Dessau, S. 288–292.
Kegler, H. (1996): Industrielles Gartenreich – Bezüge, Ziele und Struktur für eine „Reform-Landschaft“ des 21. Jahrhunderts, in: Stiftung Bauhaus Dessau (Hg.): Industrielles Gartenreich-1, Dessau, S. 228–241.
Kegler, H. (1999): Industrielles Gartenreich: Projekte 1989–1999, in: Stiftung Bauhaus Dessau (Hg.): Industrielles Gartenreich 2, Dessau, S. 216–220.
Kegler, H. (1999): Industrielles Gartenreich, in: Stiftung Bauhaus Dessau (Hg.): Industrielles Gartenreich-2; Dessau; S. 8–31.
Kegler, H. (1999): Kraftwerk und Vision, in: Buschmann, W. (Hg.): Kohlekraftwerke: Kraftakte für die Denkmalpflege, Essen, S. 126–133.
Kegler, H. (2001): Quo Vadis – Industrielles Gartenreich, in: Bundesamt für Bauwesen und Raumordnung (Hg.): Regionen der Zukunft–Aufgaben der Zukunft, Werkstatt: Praxis 3 (2001), Bonn, S. 28–31.
Kegler, H. (2002): Ressource Region: Regionalpark Mitteldeutschland, in: UIA Berlin 2002 e. V. (Hg.): Ressource Architektur, Basel; Boston; Berlin, S. 117–119.
Kegler, H. (2005): Ferropolis – die Stadt aus Eisen, Dessau/Gräfenhainichen.
Kegler, H. (2006): Planen ohne Plan, In: Selle, K., Zalas, L. (Hg.): Planung neu denken Bd. 2 – Praxis der Stadt- und Regionalplanung. Dortmund, S. 487–500.
Kegler, H. (2010): Gewonnene Planlosigkeit, in: Altrock, U., Huning, S., Kuder, T., Nuissl, H. (Hg.): Zwanzig Jahre Planung seit der Wiedervereinigung, Berlin, S. 35–51.
Kegler, H. (2010): Landschaftspark Thüringen – ein planungshistorischer DiskurS. In: Welch Guerra, M. (Hg.): Kulturlandschaft Thüringen. Weimar, S. 262–283.
Kegler, H. (2001): Regionalpark Mitteldeutschland, in: et 4 (2001), S. 45.
Kegler, H. (2011): Spiel-Räume – demokratisch basierte Landesplanung in Mitteldeutschland zwischen 1923 und 1932 sowie 1990 und 2000: Ein Beitrag zur Geschichte und Theorie strategischer, nicht-linearer Planung. Habilitation, Bauhaus-Universität Weimar.
Kegler, H. (2014): Der Landesverband für den Mitteldeutschen Industriebezirk – Anfänge und Perspektiven der Landesplanung in Mitteldeutschland 1925 bis 1933, in: Kastorff-Viehmann, R., Utku, Y. (Hg.): Regionale Planung im Ruhrgebiet – von Robert Schmidt lernen? Essen, S. 85–93.
Kegler, H., Rhede-Bauers, C. (2015): Ein Museum der Raumordnung, in: PlanerIn 3 (2015), S. 42–43.
Kegler, H. (2017): Raumordnung und sein „Erfinder” – Ein Schlüsselbegriff wird 90, in: PlanerIn 2 (2017), S. 38–39.
Kegler, H. (2017): Professionalisierung der Disziplin Städtebau in Europa und USA um 1910, in: Bodenschatz, H., Kress, C. (Hg.): Kult und Krise des Großen Plans im Städtebau, Petersberg, S. 126–135.
Kegler, H. (2019): Moderner Siedlungsbau der 1920er Jahre in Deutschland, in: Kunstsammlung Gera (Hg.): Bauten der Moderne in Gera – Thilo Schoder und Kollegen, Gera, S. 12–21.
Kegler, H. (2020): Planungen im Zwielicht der „Goldenen Zwanziger Jahre“ – Groß-Berlin und der Landesplanungsverband Brandenburg-Mitte, in: Bodenschatz, H., Kegler, H. (Hg.): Planungskultur und Stadtentwicklung – 100 Jahre Groß-Berlin, Berlin, S. 58–85.
Kegler, H. (2021): Die Zeitschrift „Raumforschung und Raumordnung“ und die DDR. Zur Rezeption der DDR-Raumplanung in „Raumforschung und Raumordnung“ (RuR), in: Raumforschung und Raumordnung | Spatial Research and Planning (2021) 0/0: 1–15, online: https://rur.oekom.de/index.php/rur/article/view/47/123.
Kegler, H. (2022): Resilienz – Strategien und Perspektiven für die widerstandsfähige und lernende Stadt, BauweltFundamente, Basel. 2., erw. Aufl.
Kegler, H. (2022): Herausbildung und Institutionalisierung von Stadt-Umland-Planungen. In: Henn S., Zimmermann T., Braunschweig B. /eds.: Stadtregionales Flächenmanagement. Springer Spektrum, Berlin, Heidelberg online: https://doi.org/10.1007/978-3-662-63295-6_3-1.
Kegler, H. (2022): Resiliente Raumstrukturen: Stern plus Archipel, in: Bodenschatz, H., Lompscher, K. (Hg.): Siedlungsstern – Perspektiven Radikal Radial. Berlin, S. 166–175.
Kegler, H. (2024): Stadtwende-Halle – Eine Referenz zum Zukunftszentrum, Halle (Saale).
Kempen, W. v., (1925): Dessau und Wörlitz, in: Stätten der Kultur, Bd. 35, Leipzig.

Kersten, W. (1989): Hannes Meyer und die Kunst der Moderne, in: Hannes Meyer, Berlin, S. 126–133.
Kieren, M. (1999): Vom Siedlungsbau zum Städtebau – der Architekt, Städtebauer und Pädagoge Ludwig Hilberseimer, in: Fiedler, J., Feierabend, P. (Hg.): Bauhaus, Mailand, S. 570–573.
Kil, W. (2000): Gründerparadiese: Vom Bauen in Zeiten des Übergangs, Berlin.
Kilian, M. (2002): Großstadtarchitektur und New City, Karlsruhe, Diss. (unveröff.).
Kimball, T. (1923): Manual of information on City Planning and Zoning, Cambridge, Boston; online: http://openlibrary.org/books/OL7051695M/Manual_of_information_on_city_planning_and_zoning (11.12.2024).
Kirchhoff, F.-W. (1992): Impulse aus Mitteldeutschland 1800–1945, Hanau.
Kirchhoff, F.-W. (1991): Wirtschaftsgeschichte, in: Heckmann, H. (Hg.): Sachsen-Anhalt. Historische Landeskunde Mitteldeutschlands (Hg. für die Stiftung Mitteldeutscher Kulturrat Bonn), Würzburg, S. 139–149.
Klußmann, U., Mohr, J. (Hg.) (2015): Die Weimarer Republik, Hamburg.
Klüter, H. (2000): Regionale Kommunikation in Politik und Wirtschaft, in: Informationen zur Raumentwicklung, 9/10, S. 599–610.
Kommunalverband Ruhrgebiet (1994): Robert-Schmidt-Preis 1993, Dokumentation, Essen.
Köster, D. (1925): Über die Aufstellung eines Generalsiedlungsplanes für den mitteldeutschen Industriebezirk, in: Deutsche Bauzeitung (DBZ), 5, S. 129–132.
Krebs (1954): Gustav Langen 75 Jahre, in: Der Baumeister, Heft 1, S. 53.
Kress, C. (2011): Adolf Sommerfeld/Andrew Sommerfield, Bauen für Berlin 1910–1970, Berlin.
Kress, C. (2017): Große Pläne – Ein Instrument für die Zukunft? In: Bodenschatz, H., Kress, C. (Hg.): Kult und Krise des Großen Plans im Städtebau, Petersberg, S. 19–27.
Krugman, P. (1997): Development, Geography, and Economic Theory, Cambridge.
Kuhberg, L. (1929): Ein Beitrag zur Lösung der Landesplanung um Berlin, in: Deutsche Bauzeitung (DBZ) 91, S. 777–783.
Kühn, M., Fischer, S. (2010): Strategische Stadtplanung, Detmold.
Kuhn, R. (1989): Die Aufgaben des Bauhauses Dessau bei der gesellschaftlichen Erneuerung in der DDR (unveröff.).
Küster, D. (1925): Über die Aufstellung eines Generalsiedlungsplanes für den mitteldeutschen Industriebezirk, in: Deutsche Bauzeitung (DBZ), 17, S. 129–132.
Lambach, W. (1918): Diktator Rathenau, Hamburg, Leipzig.
Lammert, P. (1987): Die gegliederte und aufgelockerte Stadt vor und nach 1945, in: Die alte Stadt, 4, S. 352–366, bes. S. 354.
Lampugnani, V. (2010): Wie die Geschichte der Stadt zur Neugründung der Disziplin Städtebau beitragen kann, in: Bodenschatz, H., Gräwe, C., Kegler, H., Nägelke, H.-D., Sonne, W. (Hg.): Stadtvisionen 1910 I 2010, Berlin, S. 446–449.
Lampugnani, V. (2005): Neue Perspektiven für den Städtebau, in: Tages-Anzeiger, Zürich vom 30.08.2005
Landeshauptarchiv Sachsen-Anhalt (Hg.) (2004): Leuna 1916–1945, Erfurt.
Landesplanung Merseburg (1932): Landesplanung im engeren mitteldeutschen Industriebezirk – ihre Grundlagen, Aufgaben und Ergebnisse, Merseburg.
Langen, G. (1922): Zur Entwicklung der städtebaulichen Grundsätze, in: Zeitschrift Deutscher Architekten und Ingenieure (1922), Nr. 37/38.
Langen, G. (1925): Das neuzeitliche Planungswesen und die Siedlungsaufgaben der Gegenwart, in: Deutsche Bauzeitung (DBZ), 24, S. 191–192, 25, S. 198–199, (1926) 2, S. 14–16.
Langen, G. (1927): Stadtplan und Wohnungsplan vom hygienischen Standpunkt, Leipzig.
Langen, G. (1928): Die Entwicklung der deutschen Auslandsbeziehungen im Städtebau seit der Tagung in Gotenburg, in: DBZ, 30, S. 270–271.
Langen, G. (1928): Landesplanung, Ritter, H. (Hg.) (1928) in Verbindung mit Langen, G./Deutsches Archiv für Städtebau, Siedlungswesen und Wohnungswesen: Wohnung, Wirtschaft, Gestaltung, Berlin, Leipzig, Wien, S. 303–305.
Langen, G. (1928): Planwesen, in: Ritter, H. (Hg.) in Verbindung mit Langen, G./Deutsches Archiv für Städtebau, Siedlungswesen und Wohnungswesen: Wohnung, Wirtschaft, Gestaltung, Berlin, Leipzig, Wien. S. 223–231.
Langen, G. (1928): Siedlung als Welt- und Menschheitsaufgabe, in: Ritter, H. (Hg.) (1928) in Verbindung mit Langen, G./Deutsches Archiv für Städtebau, Siedlungswesen und Wohnungswesen: Wohnung, Wirtschaft, Gestaltung, Berlin, Leipzig, Wien, S. 273–290.
Langen, G. (1929): Deutscher Lebensraum, Berlin.
Langen, G. (1929): Der Lebensraum der Kleinstadt, in: Stadt und Siedlung, 10, S. 109–114.
Langen, G. (1933): Die große Form der Kleinsiedlung, in: Deutsche Bauzeitung (DBZ), 16, S. 303–305.
Langen, G. (1934): Das Umsiedlungsproblem und der neuzeitliche Ausbau von Kleinstädten. Dissertation, Dresden 1934.
Leendertz, A. (2008): Ordnung schaffen – Deutsche Raumplanung im 20. Jahrhundert, Göttingen.
Lehweß, W. (1924): Arbeitsgemeinschaft der im Städtebau tätigen Verbände, in: Stadtbaukunst, 10, S. 146.
Lehweß, W. (1924): Städtebauliche Vorträge der Dresdener Städtebauwoche 1924, in: Stadtbaukunst 10, S. 152.
Leitsätze des Vereins für öffentliche Gesundheitspflege über die Notwendigkeit weiträumiger Bebauung (1895), in: Deutsche Vierteljahresschrift für öffentliche Gesundheitspflege, Braunschweig, S. 1–2.
Lenz, G. (1999): Verlusterfahrung Landschaft, Frankfurt am Main, New York.
Lenz, G. (1999): Versprochene Lebenswelten – von der „Kulturalisierung" des Naturraumes zur Konstruktion „sekundäre Natur", in: Stiftung Bauhaus Dessau (Hg.): Bergbau-Folge-Landschaft, S. 77–92.
Liehmann, G. (1996): Zur Industriegeschichte der Bitterfelder Region, Heft 6, Bitterfeld.

Lilienberg, A. (1923): Internationale Städtebau-Ausstellung in Gotenborg, Schweden, Göteborg.
Lindemann, H. C. (1930): Vortrag zur Durchführung der Flächenaufteilungspläne, in: Bericht über die 7. Ordentliche Verbandsversammlung der Landesplanung für den engeren mitteldeutschen Industriebezirk vom 9. Januar 1930.
Lippert, H.-G. (2010): Titan und Gitterwürfel, in: Publik Forum, 13, 9.7.2010, S. 40–42.
Loehnert-Baldermann, E.: Einführung in die Spieltheorie, in: http://www.metrionconsulting.de/sites/default/files/file/EinfuehrungSpieltheorie_ELB.pdf (3.3.2011).
Loest, E. (1994): Mao in Bitterfeld, in: K. Staeck (Hg.): Kunst. Was soll das? Göttingen, S. 11–13.
Löw, M. (2001): Raumsoziologie, Frankfurt am Main.
Luthardt, W. (1929): Die Landesplanung in Mitteldeutschland, Sonderabdruck aus dem Jahrbuch 1929 der Landesgruppe Sachsen/Thüringen im Reichsbund Deutsche Technik.
Luthardt, W. (1930): Deutschlands Städtebau – Gera, Berlin.
Luthardt, W. (1932): Landesplanung Thüringen, Gera.
Luthardt, W. (1933): Landesplanung Ostthüringen 1927–1932, Bd. I und II, Leipzig.
Lux (1914): Eine Wiener Musterbauordnung, in: Der Städtebau, 1, S. 10–11.
Makropoulus, M. (1994): Haltlose Souveränität, in: Gangl, M. (Hg.): Intellektuellendiskurse in der Weimarer Republik, Frankfurt a. M., S. 197–211.
Manzke, D. (1996): Zur Geschichte der versuchten Neueröffnung des Bauhauses in Dessau, in: Stiftung Bauhaus Dessau (Hg.): Industrielles Gartenreich, Dessau, S. 150–157.
March, O. (1913): Stand und Ziele der Städtebaukunst, in: Der Städtebau, 4, S. 38–41.
Margis, H. (1928): Die Frau als Heimgestalterin, in: Ritter, H. (Hg.) zusammen mit Langen, G./Deutsches Archiv für Städtebau, Siedlungswesen und Wohnungswesen: Wohnung, Wirtschaft, Gestaltung, Berlin, Leipzig, Wien, S. 75–78.
Martens, E. (1994): Zeit für die 3. Revolution, in: Die Zeit Nr. 12 vom 18.03.1994, S. 37.
Marx, C. (2006): Der Landesplanungsverband für den engeren Mitteldeutschen Industriebezirk – Gründung vor 80 Jahren, in: Die neue Stadt (online Magazin) II/VI.
Marx, C., Schautz, T. (2003): Studentische Charrette Ferropolis, in: Planerin 4/02, S. 62–63.
May, E. (1919): Ländliche Kleinsiedlungen der schlesischen Landgesellschaft in der Provinz Schlesien, in: Der Städtebau, 7/8, S. 84–86.
May, E. (1922): Stadterweiterung mittels Trabanten, in: Der Städtebau, 5/6, S. 51–55.
May, E. (1923): Die Internationale Städtebauausstellung in Gotenburg, in: Schlesisches Heim, 8/9, S. 183–187.
May, E. (1924): Die internationale Städtebautagung in Amsterdam, in: Schlesisches Heim, 7, S. 208–215.
Mayr, G. v. (1903): Die Bevölkerung der Großstadt, in: Die Großstadt, Dresden, S. 73–147.
Meadows, D. (1992): Die neuen Grenzen des Wachstums, Stuttgart.
Meadows, D. H. (2010): Die Grenzen des Denkens, München.
Mendels, F. (1972): Proto-Industrialization, The first place of the industrialization process, in: Journal of Economic History, No. 32, S. 247–261.
Merkur vom 09.04.1999.
Metropolregion Mitteldeutschland, http://www.mitteldeutschland.com/ (11.12.2024).
Miegel, M. (2010): EXIT. Wohlstand ohne Wachstum, Berlin.
Migge, L. (1926): Anhaltische Siedlungspolitik, in: Anhaltische Siedler-Zeitung, Nr. l, Dessau.
Migge, L. (1926): Deutsche Binnenkolonisation, Berlin.
Mitteldeutscher Verkehrsverband (Hg.) (1928): Mitteldeutschland, Magdeburg, S. 56.
Mitteldeutscher Verkehrsverein (Hg.) (1928): Mitteldeutschland – seine Eigenheit und Schönheit, Magdeburg.
Mittmann, E. (1998): Konzepte vom Reißbrett: Großindustrie in Leuna, in: Brüggemeier, F.-J., Korff, G., Steiner, J. (Hg.): mittendrin – Sachsen-Anhalt in der Geschichte, Dessau, S. 308–337.
Möller, H. (2008): Die Weimarer Republik – Eine unvollendete Demokratie, München.
Mönninger, M. (Hg.) (1999): Stadtgesellschaft, Frankfurt am Main.
Monod, T., Durou, J. – M. (1992): Die Wüsten der Welt, München.
Moore, C. (Hg.) (1993): Plan of Chicago (Reprint Burnham, Daniel/ Bennett, Edward: Plan of Chicago, 1908/1909), New York.
Muesmann, A. (1924): Der Stand des Städtebaus auf Grund der letztjährigen Internationalen Städtebau-Ausstellung in Gothenburg (Schweden), in: Genzmer, E., Wolf, P. (Hg.): Städtebau-Vorträge der Dresdener Städtebauwoche 1924, Berlin, S. 175–178.
Müller, H. H. (1983): Geschichte der Rübenzuckerindustrie im Regierungsbezirk Magdeburg im 19. Jahrhundert, in: Magdeburger Blätter, S. 30–41.
Müller, L. (1909): Die städtische Bodenfrage, in: Der Städtebau, 2, S. 18–19.
Müller-Haccius: Referat zum Geschäftsbericht 1931, S. 1 in: Die Arbeit des Landesplanungsverbandes Brandenburg-Mitte, Geschäftsberichte (1929/1931–1935, Berlin, Bundesarchiv Koblenz/Berlin, R 113 Landesplanungsgemeinschaften, 486, einzelne Bereiche der Landesplanung 1925–1941, 2.2.11.1.4 Raumordnung, BAK/41/1061, im Folgenden: BAK-Geschäftsberichte Landesplanung Brandenburg-Mitte).
Müller-Krug, C. H. (2002): Das Bauhaus und die Gestaltung mitteldeutscher Bergbaulandschaften, Stuttgart.
Müller-Wolff, S. (2007): Ein Landschaftsgarten im Ilmtal, Köln, Weimar, Wien.
Mumford, L. (1979): Die Stadt. Geschichte und Ausblick, Bd. 1, München.
Munier, G., Duhm, B. (1991): Vom Bauhaus nach Bitterfeld, Bielefeld.

Münzberg, J., Richter, G., Findeisen, P. (1977): Architekturführer DDR, Bezirk Halle, Berlin.
Negt, O. (1991): Weltausstellung 2000: Industriemesse oder ein „Haus Salomonis"?, in: Brandt, A./Jüttner, W./Weil, S. (Hg.): Das EXPO-Projekt. Weltausstellung und Stadtzukunft, Hannover, S. 25–38.
Nerdinger, W. (1985): Walter Gropius, Berlin.
Nerdinger, W. (1989): Anstößiges Rot, in: Hannes Meyer, Berlin, S. 12–29.
Neumann, E. (Hg.) (1985): Bauhaus und Bauhäusler – Erinnerungen und Bekenntnisse, Köln.
Neumann, J. v. (1927): Zur Theorie der Gesellschaftsspiele, in: Mathematische Annalen 100, S. 295–320. Quelle: www.digizeitschriften.de.
Newman, P., Beatley, T., Boyer, H. (2009): Resilient City, Responding to Peak Oil and Climate Change, Washington, Covelo, London.
Niedermeier, M. (1992): Das Ende der Idylle: Symbolik, Zeitbezug, Gartenrevolution in Goethes Roman „Die Wahlverwandtschaften", Berlin.
Niehus, H. (1910): Geschichte der englischen Bodenreformtheorien, Leipzig. zit. nach: Berlepsch-Valandes (1912): Die Gartenstadtbewegung in England, München, Berlin, S. V.
Niethammer, L., Weigel, S. (1991): Gedächtnis, in: Kulturwissenschaftliches Institut (Hg).: Jahresbericht, Essen, S. 40–41.
Oberbergamt Halle (Hg.) (1907): Die Belegschaft der Bergwerke und Salinen im Oberbergamtsbezirk Halle nach der Zählung vom 28.10.1905, Halle.
Oberkrome, W. (2004): Deutsche Heimat: Nationale Konzeption und regionale Praxis von Naturschutz, Landschaftsgestaltung und Kulturpolitik in Westfalen-Lippe und Thüringen (1900–1960), Paderborn.
Obst, E. (1922): Das Absterben der Bitterfelder Walddenkmäler, in: Unsere Heimat, H. 3/4.
Obst, E. (1991): Bitterfeld und Umgebung nebst Industrie, Handel und Gewerbe in Wort und Bild, Halle (Reprint der Originalausgabe von 1909).
Oelke, E. (2002): Glück auf! Bergbau und Bergbauregionen in Sachsen-Anhalt.
Ohne Autor: Über ein Zentral-Tiefbauamt, in: Deutsche Bauzeitung, Berlin (1891), 46, S. 280.
Ott, M. (2009). Ästhetik/Kunstgeschichte, in: Günzel, S. (Hg.): Raumwissenschaften, Frankfurt am Main, S. 14–29.
Overhoff, T. (1921): Die Siedelung Hohe Lache, Dessau.
Paasi, A. (1986): The institutionalization of regions, zitiert nach: Blotevogel, H. (2000): Zur Konjunktur der Regionsdiskurse, in: Bundesamt für Bauwesen und Raumordnung (Hg.): Die neue Konjunktur von Regionen und Regionalisierung, Bonn, S. 491–506 (S. 501).
Pahl-Weber, E. (2023): Infrastruktur und planerische Ordnung des Raumes, in: Unabhängige Historikerkommission (Hg.): Macht – Raum – Gewalt – Planen und Bauen im Nationalsozialismus, Berlin, S. 38–43.
Passuth, K. (1987): Moholy-Nagy, Dresden.
Paul, W. (1985): Stadtentwicklung und Stadtgestaltung, in: Zwischen Wörlitz und Mosigkau. Schriftenreihe zur Geschichte der Stadt Dessau und Umgebung, Heft 27, Dessau.
Peltz-Dreckmann, U. (1978): Nationalsozialistischer Siedlungsbau, München.
Peter, M. (1990): Das Erbe eines Mythos, in: VDI-Nachrichten, Nr. 10, S. 72–78.
Peterson, J. (2003): The Birth of City Planning in the United States, 1840–1917, Baltimore, London.
Petrin, J. (2017): Die Verantwortung der Raumordnung, in: ARCH+228, S. 137–139.
Petz, U. v. (1995): Die Geschichte Des Verbandes Oder: Vom Siedlungsverband Ruhrkohlenbezirk Zum Kommunalverband Ruhrgebiet. 75 Jahre Landesplanung Und Regionalpolitik Im Revier. Dortmund: IRPUD.
Petz, U. v. (Hg.) (2004): Going West? Stadtplanung in den USA – gestern und heute, Dortmund.
Pfannschmidt, M. (1929): Landeskunde und Landesplanung, in: Die Baupolitik, S. 51–55.
Pfannschmidt, M. (1971): Landesplanung im engeren mitteldeutschen Industriebezirk, in: Akademie für Raumordnung und Landesplanung (Hg.): Raumordnung und Landesplanung im 20. Jahrhundert, Forschungs- und Sitzungsberichte Bd. 63, Hannover, S. 17–28.
Pfeil, E. (1972): Großstadtforschung, Hannover.
Pflug, W. u. a. (Hg.) (1998): Braunkohletagebau und Rekultivierung: Landschaftsökologie – Folgenutzung – Naturschutz, Berlin.
Pflüger, F. (1991): Zwischen Bauhaus und City – ein Entwicklungskonzept, Diplomarbeit an der RWTH Aachen, unveröff.
Piccinato, G. (1983): Städtebau in Deutschland 1871–1914: Genese einer wissenschaftlichen Disziplin, Braunschweig, Wiesbaden war 1978.
Plessner, H. (1931): Macht und menschliche Natur. Ein Versuch zur Anthropologie der geschichtlichen Weltansicht, Gesammelte Schriften V, Berlin.
Popper, K. R., Lorenz, K. (1985): Die Zukunft ist offen, München.
Posener, J. (Hg.) (1968): Ebenezer Howard – Gartenstädte von Morgen, Frankfurt, Berlin.
Posener, J. (1989): Geleitwort in: Garnier, T.: Die ideale Industriestadt (Cité Industrielle) (Reprint), Tübingen, S. 7 f.
Posener, J. (1993): Fast so alt wie das Jahrhundert, Biel-Benken.
Prager, S. (1925): Vorarbeiten für die Aufstellung eines Generalsiedlungsplanes für den Mitteldeutschen Industriebezirk, (Sonderdruck aus Zeitschrift für Bauwesen, 4.–6. Heft, S. 30–38) in: ThHStAW, Landesplanungsgemeinschaft Thüringen Nr. 71/2, Bl. 29r–38r.
Prager, S. (1925?): Mitteldeutsche Siedlungspläne, in: Hofmann, W.: Mitteldeutschland – das neue Wirtschaftszentrum, Berlin, S. 36–38.
Priebs, A. (2019): Die Stadtregion, Stuttgart.

Priess, K. (1929): Die Aufgaben einer Zeitschriftenschau über Siedlungsentwicklung und Siedlungsgestaltung, in: Deutsche Bauzeitung (DBZ) 1, S. 9–11.
Prigogine, I. (1985): Vom Sein zum Werden, München, S. 138–144 oder Meadows, D. (2010): Die Grenzen des Denkens, München.
Pucks, S. (1990): Rathenau im Spiegel der Kunst, in: Buddensieg, T., Hughes, T., Kocka, J. (Hg.): Ein Mann vieler Eigenschaften – Walther Rathenau und die Kultur der Moderne, S. 83–98.
Rading, A. (1920): neue Kleinhausmietshaus-Bebauungen, in: Der Städtebau, 11/12, S. 105–113.
Rau, S. (2013): Räume, Frankfurt am Main.
Rathenau, W. (1925): Rede vor der Deutschen Gesellschaft am 20.10.1915, in: Gesammelte Werke, Bd. 5 (Wirtschaft, Staat und Gesellschaft), Berlin.
Redaktioneller Beitrag „Ein Leben für die Siedlungswissenschaft", in: Bauwelt 1953, Heft 50, S. 992.
Reichsamt für Wehrwirtschaftliche Planung (Hg.) (1939): Die deutsche Industrie, Berlin.
Riechmann, T. (2010): Spieltheorie, München.
Rifkin, J. (2011): Die dritte industrielle Revolution, Frankfurt am Main, New York.
Rietdorf, W. (1976): Wohngebiete sozialistischer Länder, Berlin.
Ritter, H. (Hg.) (1928) in Verbindung mit Langen, G./Deutsches Archiv für Städtebau, Siedlungswesen und Wohnungswesen: Wohnung, Wirtschaft, Gestaltung, Berlin, Leipzig, Wien.
Rode, A. (1798): Wegweiser durch die Sehenswürdigkeiten in und um Dessau, III. Wörlitz, Dessau.
Rodriguez-Lores, J. (1985): Die deutsche Bauzonenplanung, in: Architektur und Planung der Großstadt, Aachen, S. 58–90.
Römer, C. (1991): Geschichte, in: Heckmann, H. (Hg.): Sachsen-Anhalt. Historische Landeskunde Mitteldeutschlands (Hg. für die Stiftung Mitteldeutscher Kulturrat Bonn), Würzburg, S. 7–44.
Rücker, R. (1933): Die sozialistische Stadt, in: Deutsche Bauzeitung (DBZ), 3, S. 43–45.
Rudolph, A. (1930): Wirtschaftsgeographie des Kreises Bitterfeld, Halle.
Salingaros, N. (2005): Principles of Urban Structures, Delft.
Salzmann, G. (1926): Die Kavalierstraße zu Dessau, Schicksal einer Straße, in: Baupolitik, S. 194–197.
Schaffer, K. (1993): Fabric of City Life, in: Moore, Charles (Hg.): Plan of Chicago (Reprint Burnham, Daniel; Bennett, Edward: Plan of Chicago, 1908/1909), New York.
Schätzl, L. (2003): Wirtschaftsgeografie 1 Theorie, Paderborn, München, Wien, Zürich.
Schmelzer, J.; Stein, E. (1969): Geschichte des VEB Filmfabrik Wolfen, hrsg. von der Betriebsparteiorganisation der SED des VEB Filmfabrik Wolfen, Berlin.
Schmerler, W. (1930): Die Landesplanung in Deutschland. Berlin.
Schmidt, R. (1925): Ein Beitrag zur Frage der Satellit-Städte, in: DBZ, 85, S. 674–675.
Schmidt, R. (1926): Landesplanung. In: Baupolitik, 3, S. 127–131.
Schmidt, R. (1912): Denkschrift betreffend Grundsätze zur Aufstellung eines General-Siedlungsplanes für den Regierungsbezirk Düsseldorf (rechtsrheinisch), Essen (Reprint 2009).
Schmidtkunz, H. (1908): Städtisches und ländliches Wohnen, in: Der Städtebau, 11, S. 147–150.
Schmidtkunz, H. (1910): Flächenstadt oder Raumstadt, in: Der Städtebau, 4, S. 42–43.
Schmidtkunz, H. (1912): Kunst und Großstadtverkehr, in: Der Städtebau, 6, S. 67–69.
Schmitz, G., Baumheier, R., Akademie für Raumforschung und Landesplanung (1999): Grundriß Der Landes- Und Regionalplanung. ARL.
Schöbel-Rutschmann, S. (2008): Landschaftsurbanismus, in: Wolfrum, S., Nerdinger, W.: Multiple City, Berlin, S. 14–18.
Schröder, T. (2009): Raum*um*ordnung. In: Links, C., Volke, K.: Zukunft erfinden. Berlin, S. 130–136.
Schubert, D. (1983): Innere Kolonisation und Eigenheim, in: Schubert, D., Frank, H. (Hg.): Lesebuch zur Wohnungsfrage, Köln, S. 69–77.
Schuiten, F., Peeters, B. (1987): Das Fieber des Stadtplaners, Stuttgart.
Schulin, E. (1990): Krieg und Modernisierung – Rathenau als philosophierender Industrieorganisator im Ersten Weltkrieg, in: Buddensieg, T., Hughes, T., Kocka, J. (Hg.): Ein Mann vieler Eigenschaften – Walther Rathenau und die Kultur der Moderne, S. 55–69.
Schulz, B. (1988): Das deutsch-deutsche Bauhaus, Der Tagesspiegel vom 8. 8.1988.
Schulze-Naumburg, P. (1906): Kulturarbeiten, in: Der Städtebau, 9, S. 113.
Seifert, P.-J. (1984): Dr. Walther Rathenau – der erste Direktor der Elektrochemischen Werke in Bitterfeld, dem jetzigen Werkteil Nord des VEB Chemiekombinat Bitterfeld, Bitterfeld.
Siemens, C. F. v. (1917): Die Bedeutung der Wohnungsfrage für die Industrie, in: Großstadt und Kleinhaus, Berlin.
Sies, C., Brocher, T. (1999): Achtung vor kognitiven Systemen, in: Tress, W., Langenbach, M. (Hg.): Ethik der Psychotherapie; online: http://www.sies.de/Psycho/Achtung_vor_dem_kognitiven_System!.pdf (11.12.2024).
Sieverts, T. (1980): Vorbemerkung zu Meise, Volwahsen: Stadt- und Regionalplanung. Ein Methodenhandbuch, Braunschweig, Wiesbaden, S. IX.
Sieverts, T., Ganser, K. (1983): Vom Aufbaustab Speer bis zur Internationalen Bauausstellung Emscher Park und darüber hinaus, in: DISP 115, Zürich, S. 31–37.
Sieverts, T., Müller, R. (Hg.) (1991): Emscher Landschaftspark, Zukunft für Industrieregionen, Gelsenkirchen.
Sieverts, T. (1991): Perspektive Emscher Landschaftspark. Sieben unbequeme Fragen aus der „Werkstatt Landschaft", in: Sieverts, T., Müller, R.: Internationale Bauausstellung Emscher Park, Köln, S. 60–65.

Sieverts, T. (2001): Zwischenstadt, Basel, Berlin, Boston (3. Aufl.).
Sieverts, T. (2009): Stadtbaugeschichte als Ressource? Zu einem zeitgemäßen Verhältnis von Stadtbaugeschichte, Moderne und Zukunft im Umgang mit der Stadtregion, in: Council for European Urbanism (Hg.): 10 Jahre Zwischenstadt – wie weiter? Sundern.
Sieverts, T. (2011): Beyond Institutions? Versuch einer Positionsbestimmung der Stadtplanung, in: polis – Magazin für Urban Development, 02 (2011), S. 6–12.
Simon, S. (1994): Historischer Ablauf des Wiederbelebungsversuches des Bauhauses von 1945–1948 in Dessau, Dessau (unveröff.).
Sitte, C. (1889): Der Städtebau nach seinen künstlerischen Grundsätzen, Wien.
Sitzung des Gemeinderates vom 11.3.1925 bzw. vom 19.3.1925, Gemeindeprotokoll, Stadtarchiv Dessau.
Sitzung des Gemeinderates vom 28.2.1924, Gemeindeprotokoll, Stadtarchiv Dessau.
Sombart, W. (1902): Der moderne Kapitalismus. Bd. 2, Die Theorie der kapitalistischen Entwicklung: mit Registern über Band I und II, Berlin.
Sonne, W. (2017): Eine Inkunabel des Großen Plans: Der Plan of Chicago in seiner Zeit, in: Bodenschatz, H., Kress, C. (Hg.): Kult und Krise des Großen Plans im Städtebau, Petersberg, S. 29–36.
Sonne, W. (2010): Blütezeit des Städtebaus in Europa und den USA, in: Bodenschatz, H., Gräwe, C., Kegler, H., Nägelke, H.-D., Sonne, W. (Hg.): Stadtvisionen 1910 I 2010, Berlin, insbes. S. 30–37.
Spangenberg, J. H. (2007): Ausdifferenzierung des Nachhaltigkeitskonzepts. Von der Grenzziehung zum Komplexitätsmanagement. In: Wittlich, E.; Meier, K. (Hg.): Theoretische Grundlagen nachhaltiger Entwicklung. Berlin, S. 215–276.
Spangenberg, J. H. (2013): Nachhaltigkeit und die Herausforderung komplexer Systeme, in: Enders, J. C., Remig, M. (Hg.): Perspektiven nachhaltiger Entwicklung – Theorien am Scheideweg, Marburg, S. 131–160
Splett, O. (1922): Der Bitterfelder Braunkohlenbergbau. Seine wirtschaftliche Entwicklung und seine Bedeutung für den dortigen Industrieaufbau, Halle.
Stadt Wolfen (Hg.) (1994): 100 Jahre Wohnkolonie Wolfen, Wolfen.
Stadterweiterungsschmerzen in Dessau (1906), in: Der Städtebau, S. 110–115.
Stein, C., Wright, H. (1926): Dokument, in: Fehl, G., Rodriguez-Lores, J. (1997): Die Stadt wird in der Landschaft sein und die Landschaft in der Stadt, Basel, Berlin Boston, S. 202–226.
Steinbrucker, F. (1916): Die Bedeutung der Zweckgebiets- und Bauweisenbestimmungen bei der Besiedlungsplanung, in: Der Städtebau, 6/7, S. 68–69.
Stiftung Bauhaus Dessau (Hg.) (1996): Industrielles Gartenreich 1, Dessau.
Stiftung Bauhaus Dessau (Hg.) (1999): Industrielles Gartenreich 2, Dessau.
Stölzl, C. (1994): Vorwort, in: Walther Rathenau. Die Extreme berühren sich, Berlin, S. 9–11.
Strehlow (1912): Psychologie der Grundstückspreise, in: Der Städtebau, 9, S. 103–106; 10, S. 116–118.
Strehlow (1914): Die Umlegung der Straßenbaukosten nach dem Fluchtliniengesetz, in: Der Städtebau, 3, S. 35–37.
Stübben, J. (1890): Der Städtebau, Darmstadt.
Stübben, J. (1923): Von der internationalen Städtebau-Ausstellung zu Gothenburg in Schweden, in: Deutsche Bauzeitung, 78/79, S. 341–344; 84/85, S. 361–363.
Stübben, J. (1924): Der Städtebau, Leipzig.
Stübben, J. (1933): Amerikanisches Urteil über Deutschlands Städtebau, in: Deutsche Bauzeitung (1933), 13, S. 262.
Sturm, H. (1977): Fabrikarchitektur – Villa – Arbeitersiedlung, München.
Sturm, U. (2010): Formprobleme der Großstadt – progressiver Traditionalismus im Städtebau der 1920er Jahre in Deutschland, BTU Cottbus (Diss.).
Sutcliffe, A. (1980): Vorstadtplanung im Vergleich mit anderen Ländern – Die geplante Wanderung an die Perepherie um die Jahrhundertwende, in: Stadtbauwelt 65, S. 48–53.
Tachieva, G. (2010): Sprawl Repair Manual, Washington, Covelo, London.
Taeglichsbeck, W. (1892): Die Wohnungsverhältnisse der Berg- und Salinenarbeiter im Oberbergamtsbezirk Halle, Berlin.
Taleb, N. N. (2014): Antifragilität: Anleitung für eine Welt, die wir nicht verstehen, München.
Taut, B. (1919): Theodor Goecke, in: Die Bauwelt, 34, S. 13.
Thöner, W. (1993): Die Meisterhäuser im Porträt, in: Bauhaus Dessau (Hg.): Leben am Bauhaus, Dessau, S. 27–79.
Thöner, W. (1993): Feste und Spiele, in: Bauhaus Dessau (Hg.): Dimensionen – Bauhaus Dessau 1926–1932, Dessau, S. 94–109.
Thünen, J. (1875). Der isolierte Staat in Beziehung auf Landwirthschaft und Nationalökonomie. Berlin.
Topfstedt, T. (1988): Städtebau in der DDR 1955–1971, Leipzig.
Touché, B. (1997): Der Geographische Garten, die Idee für den Landschaftspark auf dem Wünsch, in: Dachverband Bergbaufolgelandschaft e. V.; Stiftung Bauhaus Dessau (Hg.): Bergbau-Folge-Landschaft, S. 107–112.
Tullner, M. (1993): Geschichte des Landes Sachsen-Anhalt, Hg. von der Landeszentrale für politische Bildung des Landes Sachsen-Anhalt, Magdeburg.
Tullner, M. (2008): Geschichte Sachsen-Anhalts, München.
Uhlmann, G. (1998): Zwischen Wüsten und Oasen, in: deutsche bauzeitung 7 (1998), S. 20–21.
Uhlmann, G., (1998): Giganten der Vergangenheit, Ferropolis: Mythos aus einer fernen Industrieregion, in: Kultur & Technik, S. 21–24.
Umlauf, J. (1958): Wesen und Organisation der Landesplanung, Essen.

Vahrenkamp, R. (1988): Botschaften der Industriekultur, Technikdebatten und ihre Wirkungen, in: Technikgeschichte, Bd. 35, S. 112.
Vale, L., Campanella, T. (2005): The Resilient City, New York.
Voppel, G. (1990): Die Industrialisierung Der Erde. Stuttgart: Teubner.
Wagner, M. (1929): Ein Generalplan für Hochhäuser? in: Akademie der Künste (Hg.) (1985): Martin Wagner Wohnungsbau und Weltstadtplanung – Die Rationalisierung des Glücks, Berlin/W., S. 108–109.
Walker, B., Salt, D. (2006): Resilience thinking, Washington.
Walthausen, W. v. (1926): Landesplanung im Regierungsbezirk Merseburg, in: Baupolitik, S. 193–194.
Wehl, B. (1909): Englische Reiseeindrücke über Gartenstädte und Vororte, in: Der Städtebau, 12, S. 160–161.
Wehl, B. (1919): Industrielle Innenkolonisation in der Schweiz und Deutschland, in: Der Städtebau, 3/4, S. 32–33.
Wehl, D. (1908): Die Gartenstadtbewegung in Theorie und Praxis, in: Der Städtebau, 4, S. 50–51.
Wehl, D. (1910): Der Zug in die Vororte, in: Der Städtebau, 6, S. 72.
Wehler, H. U. (1983): Das deutsche Kaiserreich 1871–1918, Deutsche Geschichte, Bd. 9, Göttingen.
Weiske, C. (1988): Zur Evolution einer stadtplanerischen Leitidee über die Stufen ihrer praktischen Adaption: Ebenezer Howards Gartenstadt-Idee, in: Beiträge zur Kritik der bürgerlichen Philosophie und Gesellschaftstheorie, Halle (Saale), S. 87–106.
Weiske, C. (1989): Soziale Ziele in modernen, nicht-marxistischen Theorien zur Raumplanung – ihr Platz, ihre Begründung und ihre Wirkung auf den internen Bestand der Theorien, Halle/S.
Welch-Guerra, M. (2010): Kulturlandschaft als Fluchtpunkt, in: Bauhaus-Universität Weimar, Fachhochschule Erfurt, Thüringer Ministerium für Bau, Landesentwicklung und Verkehr (Hg.): Kulturlandschaft Thüringen, Weimar, S. 288–300.
Weltkommission für Umwelt und Entwicklung (Hg.) (1988): Unsere gemeinsame Zukunft (DDR-Ausgabe des Brundtland-Berichtes), Berlin.
Werckmeister, O. K. (1981): Versuche über Paul Klee, Frankfurt.
Werner, O. (2022): Wissenschaft „in jedem Gewand"? Von der „Reichsarbeitsgemeinschaft für Raumforschung" zur „Akademie für Raumforschung und Landesplanung" 1935–1955, Göttingen.
Wetzel, H. (1989): Vom Bauhausstudent zum Stadtbaurat. Hubert Hoffmann zum 85. Geburtstag gewidmet, in: Dessauer Kalender, S. 40–41
Wick, R. (1988): Bauhauspädagogik, Köln.
Wiechmann, T. (2005): Die Planung des Unplanbaren? in: Neumann, I. (Hg.): Szenarioplanung in Städten und Regionen, Dresden, S. 36–49.
Wiechmann, T. (2008): Planung und Adaption, Dortmund.
Wilderotter, H. (1994): Das Geheimnis des Ganzen, in: Wildenrotter, H. (Hg.): Walther Rathenau. Die Extreme berühren sich, Berlin, S. 17–32.
Wilderotter, H. (1994): Die Mechanisierung der Welt, in: Wildenrotter, H. (Hg.): Walther Rathenau – Die Extreme berühren sich, Berlin, S. 256–289.
Wilderotter, H. (Hg.) (1994): Walther Rathenau 1867–1922 – Die Extreme berühren sich, Berlin, S. 362–386.
Wilhelm, K. (1983): Walter Gropius Industriearchitekt, Braunschweig, Wiesbaden.
Wilson, W. H. (1989): The City Beautiful Movement, Baltimore, London.
Windthorst, zitiert nach Bruch, E. (1870): Berlins bauliche Zukunft und der Bebauungsplan, in: Deutsche Bauzeitung, 20, S. 159.
Wingler, H. M. (1989): Bauhaus Archiv Berlin, Berlin/W.
Winkler, H. A. (2009): Geschichte des Westens, München.
Winkler, K.-J. (1989): Hannes Meyer, Berlin.
Winkler, K.-J. (1993): Die Architektur am Bauhaus in Weimar, Berlin.
Wolf, P. (1922): Neue Wege, in: Der Städtebau, 11/12, S. 116–120.
Wuttke, R. (1904): Die deutschen Städte, Leipzig, Bd. 1, S. XI, XIX, XX, XXI.
www.denkwerkzukunft.de/lebensraumstadt (15.12.2010).
Zednicek, W. (2009): Architektur des Roten Wien, Wien.
Zehner, K. (2001): Stadtgeografie, Gotha.
Zeuchner, S. (1992): Sanierung der alten Industrieregion Halle, Leipzig, Bitterfeld – Erfahrungen aus der Ruhrgebietspolitik, Ruhr-Forschungsinstitut für Innovations- und Strukturpolitik e. V. (Hg.), Bochum.
Zlonicky, P. (1991): Über den Umgang mit sperrigen Gütern, in: Stadtbauwelt, 110, S. 1270–1276.
Zlonicky, P. (1995): Hellerau und die Stadt der Zukunft, in: Fricke, W. (Hg.): Die Zukunft der Stadt, Bonn, S. 42–48.

10 Bildnachweis

Abb. 1: Langen, G. (1927): Stadtplan und Wohnungsplan, Leipzig, Tafelanhang: Tafel XV/ Abb. 38, Bezug auf: Langen, G. (1912): Stadt, Dorf, Landschaft, Städtebauliche Vorträge 5/3, Berlin, S. 26.
Abb. 2: Hegemann, W. (1925): Amerikanische Architektur & Stadtbaukunst, Berlin, S. 7.
Abb. 3: Plan der Gesamtausstellung zum Jubiläum der 300. Jahrestages der Gründung der Stadt Göteborg, 1923. In: Lilienberg, A. (1923): Internationale Städtebau-Ausstellung in Gotenborg, Schweden, Göteborg, Anhang.
Abb. 4: Hegemann, W. (1925): Amerikanische Architektur & Stadtbaukunst, Berlin, S. 119.
Abb. 5: Hofmann, W. (1992): Mitteldeutschland in der Geschichte der deutschen Raumplanung, Zwischen Wörlitz und Mosigkau – Schriftenreihe zur Geschichte der Stadt Dessau und Umgebung, Heft 35, Dessau, S. 7, (nach: Egli, C. (1986): Landesplanung Berlin-Brandenburg, Berlin, S. 27).
Abb. 6: Darstellung: Christian Marx, 2001.
Abb. 7: Langen, G. (1928): Landesplanung, Ritter, H. (Hg.) (1928) in Verbindung mit Langen, G./Deutsches Archiv für Städtebau, Siedlungswesen und Wohnungswesen: Wohnung, Wirtschaft, Gestaltung, Berlin, Leipzig, Wien, S. 307.
Abb. 8: Landeshauptarchiv Sachsen-Anhalt, MD, Rep. C 20 I, lb, Nr. 2768 Bd. 1, 278.
Abb. 9: Hofmann, W. (1992): Mitteldeutschland in der Geschichte der deutschen Raumplanung, Zwischen Wörlitz und Mosigkau – Schriftenreihe zur Geschichte der Stadt Dessau und Umgebung, Heft 35, Dessau, S. 14.
Abb. 10: Luthardt, W. (1933): Landesplanung Ostthüringen 1927–1932, Bd. I und II, Leipzig, S. 55.
Abb. 11: Querfurter Tageblatt, 22. 12. 1928, Abb. 10 (Stadtarchiv Querfurt).
Abb. 12: Langen, G. (1928): Siedlung als Welt- und Menschheitsaufgabe, in: Ritter, H. (Hg.) (1928) in Verbindung mit Langen, G./Deutsches Archiv für Städtebau, Siedlungswesen und Wohnungswesen: Wohnung, Wirtschaft, Gestaltung, Berlin, Leipzig, Wien, S. 291.
Abb. 13: Langen, G. (1928): Landesplanung, Ritter, H. (Hg.) (1928) in Verbindung mit Langen, G./Deutsches Archiv für Städtebau, Siedlungswesen und Wohnungswesen: Wohnung, Wirtschaft, Gestaltung, Berlin/Leipzig/Wien, S. 301.
Abb. 14: Langen, G. (1928): Deutscher Lebensraum, Berlin, S. 82.
Abb. 15: Langen, G. (1928): Landesplanung, Ritter, H. (Hg.) (1928) in Verbindung mit Langen, G./Deutsches Archiv für Städtebau, Siedlungswesen und Wohnungswesen: Wohnung, Wirtschaft, Gestaltung, Berlin, Leipzig, Wien, S. 306 (Reichsamt für Landesaufnahme, Berlin).
Abb. 16: Die Heimat, 2. Juni 1929 (Archiv Kegler, aus dem Nachlass von Richter, Fotos: Wedekind).
Abb. 17: Landesplanung Merseburg (1932): Landesplanung im engeren mitteldeutschen Industriebezirk – ihre Grundlagen, Aufgaben und Ergebnisse, Verlag der Landesplanung für den engeren mitteldeutschen Industriebezirk, Merseburg, Regierung, Vorschloss (Archiv Kegler).
Abb. 18: Landesplanung Merseburg (1932): Landesplanung im engeren mitteldeutschen Industriebezirk – ihre Grundlagen, Aufgaben und Ergebnisse (Planungsatlas, Inhaltsverzeichnis), Verlag der Landesplanung für den engeren mitteldeutschen Industriebezirk, Merseburg, Regierung, Vorschloss (Archiv Kegler).
Abb. 19: Brandenburgisches Landeshauptarchiv Potsdam, Rep. 1. Oberpräsident der Provinz Brandenburg und Berlin – Karten 128/1 A bis 128/6 A.
Abb. 20: Regionalpark Mitteldeutschland. Fußspuren aus Kohle, Claim-Summer 1998 im ehemaligen Tagebau Golpa-Nord (Ferropolis), Autorin: Gesa Königsstein, Berlin, Foto: Harald Kegler (Ausschnitt).

Karten aus dem Planungsatlas: „Landesplanung für den mitteldeutschen Industriebezirk", 1932: Archiv Kegler.

11 Dokumentation der Pläne und Begleittexte zum Planungsatlas

Die Texte befinden sich als Legenden auf den jeweiligen Karten bzw. Plänen. Sie werden hier zum ersten Mal extra veröffentlicht (Rechtschreibung wie im Original). Weiterhin sind Angaben zu Maßstäben, den verwendeten Planzeichen sowie den Kartengrundlagen enthalten. Die Maßstäbe reichen von 1 : 1.000.000 bis 1 : 10.000.

Der Planungsatlas „Landesplanung für den mitteldeutschen Industriebezirk", Merseburg 1932 – Textteil:

1. Politische Gliederung von Mitteldeutschland
(ohne textliche Erläuterung)

2. Landesplanungsbezirke in Mitteldeutschland
(ohne textliche Erläuterung)

3. Topografische Übersicht von Mitteldeutschland
Topographische Grenzen: Das hier dargestellte mitteldeutsche Gebiet wird begrenzt im Südosten vom Lausitzer Gebirge und Erzgebirge, im Süden vom Fichtelgebirge und Frankenwald, im Südwesten vom Thüringer Wald oder der Wasserscheide zwischen Werra und Main, im Westen von der unteren Fulda und der Leine (Ostrand des Göttinger Grabens) und im Norden von der Norddeutschen Tiefebene, deren Grenze etwa von Hannover über die Alter- und Ohre-Niederung nach Magdeburg, von dort über den Fläming und den Muskauer Forst auf den Wasserscheiden zwischen dem Görlitz-Bremer und dem Glogau-Lausitzer Urstromtal verläuft. Als Ostgrenze kann der Neißegraben angenommen werden.
Landschaften (nach G. Braun, Greifswald): Das Tiefland reicht über den Fläming und die Niederung der Schwarzen Elster bis an die sächsische Bucht, die den Verkehrssammler Mitteldeutschlands darstellt. Im Nordwesten des Gebiets liegt der Harz, umgeben von dem nördlichen Harzvorland, dem östlichen Harzvorland und dem Eichsfeld im Südwesten. Die beiden letzteren Landschaften umgeben die Thüringer Senke zusammen mit dem Weserbergland, dem Thüringer- und dem Frankenwald und dem Vogtland. Weiter östlich folgen die Erzgebirgsplatte und das Elbsandsteingebirge. Daran schließt sich im Norden die Oberlausitz. Zum Tiefland rechnen die Niederlausitz, die Niederung zwischen Elbe und der Schwarzen Elster und der Fläming.
Höhenverhältnisse: Über 100 m Höhe erhebt sich das mitteldeutsche Hügelland südlich der Hannover-Braunschweigischen Bucht, der Aller-Ohre-Niederung und der Elbe-Niederung, nordöstlich der Elbe außerdem der Fläming mit der Oberlausitz und dem Südteil der Niederlausitz. Die für Mitteldeutschland besonders charakteristische 200 m-Schwelle durchzieht die Oberlausitz, säumt die Südränder der Dresdener Bucht, der sächsischen Bucht und den Nordrand des Harzes. Südlich dieses Saumes liegen nur das Unstrutbecken mit der goldenen Aue tiefer als 200 m. Der Übergang vom Hügelland zum Mittelgebirge beginnt etwa an der 400 m-Schwelle, an deren Fuß die sächsischen Industriestädte Freiberg, Chemnitz, Zwickau und Plauen liegen.
Verkehr: Sämtliche Gebirge werden von zahlreichen Verkehrsstraßen unschwer überschritten. Der Eisenbahnpersonenverkehr überquert den Thüringer Wald und das Erzgebirge an den günstigsten Passstellen, während der Eisenbahngüterverkehr die Gebirgsschwellen am Durchbruch der Elbe durch das Elbsandsteingebirge, beiderseits des Fichtelgebirges und in der Senke zwischen Thüringer Wald und Harz um-

geht. Der Wasserverkehr beschränkt sich auf das Einflussgebiet der Elbe. Die bevorzugten Verkehrspunkte sind durch größere Siedlungen gekennzeichnet.

4. Klimatische Verhältnisse von Mitteldeutschland

Die vorliegende Darstellung zeigt, welche Abweichungen von den mitteleuropäischen Temperaturverhältnissen in den einzelnen Teilen Mitteldeutschlands auftreten. Danach beträgt die Temperatur in fast ganz Mitteldeutschland gleichmäßig im Januar 0–1°, im Juli 18–19° *und im Jahresmittel bis 9°. Eine Ausnahme hiervon bilden lediglich der Harz, Das Eichsfeld und das ostelbische Tieflandgebiet, deren Temperaturen um ein Geringes tiefer liegen als im übrigen Mitteldeutschland.*

Wärmeschwankungen: Über Königsberg-Leipzig und die Schweiz verläuft die Grenze zwischen dem westlich davon befindlichen Gebiet des Übergangsklimas zum ozeanischen Klima mit absoluten Wärmeschwankungen von 15–20 °C und dem östlich gelegenen Gebiet des gemäßigten Landklimas mit Wärmeschwankungen von 20–25 °C. Mitteldeutschland ist daher ein Übergangsgebiet zwischen dem Seeklima und dem Kontinentalklima mit milden Wintern und gemäßigter Sommerwärme.

Winde und Wetter: Die vorherrschenden Winde Mitteleuropas kommen im Januar aus SW, im Juli aus WNW, im Jahresdurchschnitt aus WSW. Die Windrosen der mitteldeutschen Städte zeigen, welchen örtlichen Veränderungen diese durchschnittlichen Windrichtungen in der Anpassung an die Oberflächengestaltung unterliegen. In der Umgebung des Harzes werden die Westwinde teilweise parallel zu den Harzrändern abgelenkt. Die Hauptwinde im Eichsfeld streichen von West nach Ost zwischen Harz und Thüringer Wald hindurch. Thüringer Wald und Frankenwald werden durch vorherrschend südwestl. Winde überquert, deren Richtung auch in der sächs. Bucht noch überwiegt und erst in der Niederlausitz in west-süd-westl. Richtung umbiegt. Auch im Erzgeb. ist infolge tägl. Temperaturausgleichs eine Verstärkung der senkrecht zum Kamm (hier also von SO nach NW) streichenden Winde zu beobachten. Neben diesen Grundrichtungen zeigen die Windrosen einzelner Städte besondere Abweichungen infolge örtlicher Bodengestaltungen wie z. B. Zittau, Dresden, Altenburg und einige Städte im Erzgebirge.

Niederschläge: Die jahresdurchschnittliche Regenmenge in der nordostdeutschen Tiefebene liegt zwischen 50 und 60 cm, in Westdeutschland und im mitteldeutschen Hügelland zwischen 60 und 70 cm; sie steigt auf den höchsten Erhebungen der Mittelgebirge bis über 140 cm. Das Gebiet der mittleren Unstrut, der unteren Saale, der Bode und der Elbe von der Saalemündung abwärts liegt im Regenschatten des Harzes; es ist ein besonders regenarmes Gebiet mit jährlichen Niederschlägen unter 50 cm.

5. Die Verbreitung der bedeutenderen Wasserschätze Mitteldeutschlands

(nur Legende)

6. Die mitteldeutschen Flußgebiete

Die Niederschlagsgebiete der mitteldeutschen Vorfluter werden durch die okergelb dargestellten Wasserscheiden getrennt. Mitteldeutschland gehört größtenteils zum Niederschlagsgebiet der Elbe. Die wichtigsten Nebenflüsse sind rechtsseitig: die Schwarze Elster und die Havel mit der Spree, linksseitig: die Mulde und die Saale mit der Weißen Elster, der Unstrut und der Bode. Der Verlauf der Wasserscheiden gibt in Ergänzung des Höhenreliefs und der Höhenkurven der topographischen Karte ein plastisches Bild der Oberflächengestaltung. Die Hauptpaßpunkte für die Überschreitung von Gebirgskämmen und von Niederungen liegen an Stellen, wo sich die größeren Vorfluter am stärksten den Hauptwasserscheiden nähern. In der Ebene folgen die Vorfluter dem west-nord-westlichen Verlauf der eiszeitlichen Urstromtäler, insbesondere dem Görlitz-Magdeburg-Bremer, dem Glogau-Baruther und Crossen-Berliner Urstromtal und den ost-nord.östlichen Querverbindungen dieser Urstromtäler. Die Wasserscheiden innerhalb dieser Urstromtäler werden von Kanälen und Grabenverbindungen durchbrochen. Die gewöhnlichen (jahresdurchschnittlichen) und die geringsten Niedrigwassermengen von Elbe und Saale sind, soweit bekannt, eingetragen worden. Sie zeigen, dass die Wassermengen der Vorfluter im Regenschatten des Harzes (vergl. Karte 5: Klima) im Verhältnis zur Größe des Niederschlaggebiets außerordentlich gering sind; daher können diese Vorfluter in regenarmen Perioden die Abwässer von Gewerbe, Bergbau und städtischen Kläranlagen nicht mehr einwandfrei abführen.

Schiffbar sind die größeren Flüsse und die sie verbindenden Kanäle in den Urtromtälern. Ein Vergleich der Flussgebiete mit den Verwaltungsgrenzen zeigt deutlich, welche Gebiete durch Grenzziehung getrennt, jedoch wasserwirtschaftlich so eng verbunden sind, dass die gemeinschaftliche Behandlung wasserwirtschaftlicher Lebensfragen, wie Wasserversorgung, Abwässerbeseitigung, Wasserhygiene, Flutregelung u. a. m. mehr dringlicher werden wird

7. Die Waldverbreitung Mitteldeutschlands in Gegenwart und Vergangenheit

Innerhalb der violetten Grenze wird versucht, den landschaftlichen Zustand des Gebiets zu Beginn des Mittelalters (etwa um 500 n. Chr.) darzustellen. Ortsnamen und Flurnamen, die auf ehemaligen Wald deuten (z. B. –rode), geschichtliche Nachrichten, vorgeschichtliche Funde, bieten im Zusammenhang mit Boden und Klima die Mittel dazu. Bemerkenswert ist die große Ausdehnung zusammenhängender waldfreier oder waldarmer Siedelungsflächen, durch die sich Mitteldeutschland vor allen anderen Teilen Deutschlands auszeichnet. Ein zweites großes Gebiet uralter Siedelung inmitten von Böhmen fällt noch überwiegend in den Rahmen der Karte hinein. Die Gegenden außerhalb der violetten Grenze sind noch nicht genauer bearbeitet worden. Im Tiefland östlich der Elbe und Schwarzen Elster sind Wald und Sumpf als herrschend zu denken. Größere frühgeschichtliche Wohnflächen liegen vermutlich am Westende des Flämings (gegenüber von Magdeburg) im Teltow und Barnim (südlich und nördlich von Berlin) und in der Gegend von Frankfurt a. O. Der westliche Teil des von der Karte erfassten Raumes ist Waldland mit eingestreuten, kleinen Siedelungsflächen, die zwischen Hannover und Braunschweig etwas größeren Umfang erreichen.

8. Die landwirtschaftlichen Gebiete Mitteldeutschlands

Die landwirtschaftlichen Böden sind durch ihren geologischen Ursprung, durch das Klima, durch die bisherigen Einwirkungen der Vegetation (Pflanzenwuchs, Be- und Entwaldung) und durch die menschliche Kulturarbeit bedingt, wobei dir verschiedene Zeitdauer der Einwirkung dieser einzelnen Faktoren verschieden starke Bodenveränderungen ergeben hat. Vorliegende Darstellung lehnt sich im wesentlichen an diese Abgrenzung der Bodenarten an. Die Gruppen der Gebiete 1–18 im nordostdeutschen Flachland führen ihre Bodenoberfläche größtenteils auf jüngere (1–7) und ältere (8–18) Vereisung zurück, wobei sich je nach der Höhenlage Geschiebelehmböden, Sandböden und Flußaueböden vorfinden, während die Gebiete 19–24 zur lößbedeckten Zone der älteren Vereisung rechnen, von denen die Gebiete 21 und 22 teilweise fruchtbare Steppenböden aufweisen. Die Hügellandgebiete 25–28 mit Lehm- und Verwitterungsböden bilden den Übergang zu den Gebirgsböden 29–33. Klimatisch sind die Gebiete der Steppenböden 21 und 22 im Regenschatten des Harzes durch geringere Winterniederschläge begünstigt. Bewaldet sind vornehmlich die wenig fruchtbaren Gebirgsböden und Sandböden.

Der geringe Boden des nordostdeutschen Flachlandes und seine schlechten Absatzverhältnisse begünstigen den landwirtschaftlichen Großbetrieb mit Viehzucht auf verhältnismäßig extensiver Grundlage. Die fruchtbaren Lößgebiete weisen von jeher eine dichte landwirtschaftliche Besiedlung auf. Eine Ausnahme hiervon bilden gewisse Teile der Magdeburger Börde und des hallischen Lehmbodenbezirks, in welchem die Entwicklung des Zuckerrübenbaues zusammen mit der sonstigen Industrieverbundenheit der Landwirtschaft eine Reihe von gutgeleiteten landwirtschaftlichen Großbetrieben entstehen ließ. Dabei mitgewirkt hat das für Saatzucht und Ackerbau besonders günstige Klima. Haupterzeugnisse dieser

intensiven Landwirtschaft sind Zuckerrüben, Braugerste, Brotgetreide und Gemüse. Die Produktion ist auf den großen Nahrungsmittelbedarf der gewerblichen Bevölkerung des Gebiets eingestellt. Erhebliche Überschüsse über diesen Bedarf hinaus, besonders an Getreide und Handelsgewächsen, werden anderen deutschen Gebietsteilen zugeführt. In den Gebirgsgegenden herrscht der Kleinbetrieb vor; die ehemals blühende Erzgewinnung und das Hauptgewerbe hat hier einen großen Teil der Bevölkerung in Verbindung mit der Ernährungsreserve des Grund und Bodens erhalten.
In den Gebieten der fruchtbaren Lößzone, die ihre Bevölkerungsdichte und ihren wirtschaftlichen Aufschwung sowohl den Bodenschätzen wie der gewerblichen Verbundenheit der Landwirtschaft verdankt, treten starke Interessengegensätze in den Bedürfnissen der Landwirtschaft und der Industrie auf; durch den Abbau der Kohle, durch industrielle Abwässerschäden, durch Verkehrs- und Versorgungsanlagen, durch Abzug der Landarbeiterschaft zur Industrie infolge höherer Löhne, durch Belastung ländlicher Gemeinden mit den Bedürfnissen der Industriebevölkerung wird die landwirtschaftliche Betriebsführung zum Teil fühlbar beeinträchtigt.
Bearbeitungsvermerk: Die Abgrenzung der landwirtschaftlichen Gebiete ist nach einem Vorentwurf der Landwirtschaftskammer für die Provinz Sachsen, Halle, ausgearbeitet worden unter Mitwirkung der brandenburgischen, sächsischen, thüringischen und braunschweigischen Landwirtschaftskammern; bei der bodenkundlichen Abgrenzung sind die Untersuchungen der Geologen Prof. Dr. H. Stremme, Danzig, und Dr. Freiherr P. F. von Hoyningen gen. von Huene sowie des Geologischen Instituts und des Landwirtschaftlichen Instituts der Universität Halle verwertet worden.

9. Die Bevölkerung Mitteldeutschlands

Die Bevölkerung der letzten Volkszählung (1925) ist für die größeren Gemeinden (mit 20 000 Einwohnern und mehr) durch Kugeln dargestellt, für die Landkreise in Zählpunkten von je 5.000 Einwohnern, wobei die Zählpunkte nach der geographischen Lage der wichtigeren Siedlungsgebiete angeordnet sind. Verschiedene Farbstufen zeigen den geringeren oder stärkeren Grad der Zunahme von 1905–1925 an; durch graue Tönung heben sich die Gebiete mit rückrangiger Bevölkerung heraus. Die Darstellung gibt Aufschluss über die Besiedlung und über die Bevölkerungsdichte, die das Ergebnis der Wirtschafts- und Arbeitsmarktentwicklung sind, über das Größenverhältnis der Städte zueinander, über die städtischen Einflussgebiete und über die Größe der ländlichen Gewerbegebiete.
Bevölkerungsdichte: Aus dem gleichmäßig dünn besiedelten nordostdeutschen Flachland hebt sich die Großstadt Berlin mit ihrem Einflussgebiet und das Niederlausitzer Braunkohlengebiet als bedeutende Siedlungskomplexe heraus. Am Rande der deutschen Mittelgebirge steigt die Bevölkerungsdichte an; sie verstärkt sich in der Sächsischen Bucht und in der Thüringer Senke, denen eine Anzahl größerer und mittlerer Städte das Gepräge gibt. Die dichteste Bevölkerung erreicht das sächsische Erzgebirge mit seiner ausschließlich gewerblich tätigen Bevölkerung; auch das Gebiet von Dresden mit der Oberlausitz ist über den mitteldeutschen Durchschnitt hinaus bevölkert.
Das Bevölkerungswachstum deutet nur da, wo es stärker ausgeprägt ist, auf wirtschaftlichen Aufschwung und auf Zuwanderung. Stärkere Anziehungskraft auf die Zuwanderung übten bis 1925 die größeren Städte und ihre Vorortbezirke aus, wobei die Vororte von Berlin, Leipzig, Hannover, Halle, Kassel meist in stärkerem Tempo wuchsen als die Städte selbst. Im Allgemeinen haben die Städte in günstiger Verkehrslage besonders durch Wanderungen gewonnen. In den ländlichen Gewerbegebieten ist das Bevölkerungswachstum größtenteils durch Zuwanderung erfolgt, am stärksten in einigen Teilen des mitteldeutschen Industriegebietes, des ostelbischen Braunkohlenbezirks, in Teilgebieten Thüringens und des Erzgebirges. Abgenommen hat die Bevölkerung in Gebieten rückgängigen Bergbaus (Freiburg im Erzgebirge und Zellerfeld im Harz, Mansfelder Kupferbergbaugebiet und Kaligebiet nördlich des Harzes), in verkehrsentlegenen Gebieten des mitteldeutschen Hügellandes (z. B. Alsfeld und Lauterbach westlich Fulda und

Holzminden) und in besonders fruchtbaren Gebieten mit landwirtschaftlichem Großbetrieb (nördlicher Saalkreis und Mansfelder Seekreis, West-Anhalt und Magdeburger Börde, Zuckerrübengebiete zwischen Halberstadt und Hannover).

10. Die Wandlungen der wirtschaftlichen Struktur 1907 bis 1925 in den mittleren Verwaltungsbezirken und den Großstädten Mitteldeutschlands

Die Erwerbsorte von Landwirtschaft, Industrie und Handel im Gesamtgebiet wirken sich in den örtlichen Verkehrs-, Arbeitsmarkt- und Siedlungsverhältnissen der Wirtschaftsgebiete des engeren mitteldeutschen Industriebezirks aus (vgl. Karte 19).

Die 1 cm hohen Blockdiagramme lassen in ihrer Länge das Stärkeverhältnis der Erwerbszweige und -gruppen zueinander in den mittleren Verwaltungsbezirken und Großstädten nach dem Bestand an Erwerbstätigen vom Jahre 1925 erkennen. – Das Ausmaß der Strukturwandlungen von 1907 bis 1925 zeigt der verstärkte Vergleichsstrich bei den Blockdiagrammen der einzelnen Erwerbsgruppen an: von der Grundlinie des Diagramms ausgehend, misst er den Stand der Erwerbstätigenzahl des Jahres 1907. Der Vergleichsstrich über dem Blockdiagramm weist also eine (hohl dargestellte) Abnahme an Erwerbstätigen, dagegen innerhalb des Diagramms eine Zunahme nach.

Die Landwirtschaft in Mitteldeutschland erhöhte ihre Beschäftigungszahl fast durchweg nur gering. Während die dargestellten Randgebiete, die Bezirke Magdeburg, Braunschweig, Hildesheim, Kassel, Erfurt, Thüringen und Niederschlesien (z. T. mittelbäuerliche Besitzverhältnisse oder gewerbliche Nebenbeschäftigung) noch Arbeitskräfte aufnahmen, trat in den Bezirken Potsdam, Frankfurt a. d. O., Merseburg und in ganz Sachsen nur geringe Zunahme, in Nordbayern Stillstand, in Anhalt Rückgang ein; die überschüssigen Arbeitskräfte wurden hier an die Gewerbe abgegeben.

In der Darstellung der Gewerbe vom Jahre 1925 treten die Tendenzen der technischen und organisatorischen Rationalisierung noch nicht voll in Erscheinung. – Die Gewerbe sind in den Bezirken Hannover, Berlin-Brandenburg und Land Sachsen vorwiegend städtisch konzentriert, in der Provinz Sachsen dezentralisiert, wo die Hälfte der gewerblich Tätigen auf Gemeinden unter 20 000 Einwohner entfällt.

Die Erz- und Steinkohlengewinnung in den Mittelgebirgen sowie der Salzbergbau waren rückgängig, während die Braunkohle in der sächsischen Bucht und in der Lausitz steigende Bedeutung gewann. Die Industrien der Steine und Erden erfuhren durch Umstellungen in der betrieblichen Organisation und im Verbrauch teils Belegschaftsverminderung, teils Zunahme (Ostsachsen und Lausitz). Die Metallgewinnung suchte mehr die Großstädte und ihre Vororte auf zur Versorgung der Verarbeitungsindustrien. Die Industrien des Maschinenbaus, der Metallwaren, des Fahrzeug- und Apparatebaues, der Elektrotechnik und Optik, größtenteils in den Gebieten mit vorhandener Facharbeiterschaft ansässig, gewannen mit zunehmender gewerblicher Spezialisierung, Maschinen- und Elektrizitätsverwendung und durch neue Produktionszweige für Kraftverkehr, Sport, Hygiene, Foto- und Funktechnik, Hauswirtschaft. Die chemische Großindustrie für Kunstdünger, Säuren, Farben, Fotobedarf, Erdölveredlung wandte sich besonders dem Merseburger Bezirk zu, wo die benötigten Betriebsstoffe und Rohstoffe, Arbeitskräfte und Verkehrsverbindungen vorhanden sind. In den Mittelgebirgen nahm die Papierindustrie, in den Großstädten Leipzig und Berlin das Druckereigewerbe zu. Die Textilindustrie, die in den süd-östlichen Gebirgsgegenden und in der Lausitz wegen billiger und geschulter Arbeitskräfte ihren Hauptsitz hat, ging im Vogtland und in Berlin zurück. Innerhalb der Holzindustrie (Thüringen, Mittel- und Westsachsen, Berlin, Merseburg, Anhalt) war die Erzeugung von Musikinstrumenten und Spielwaren rückgängig, jedoch wirkte der gesteigerte Bedarf an Fahrzeugen und Baumaterial auf Zunahme der Erwerbsgelegenheit hin. In der Lederindustrie verstärkten Berlin, Ostsachsen und Thüringen ihre Bedeutung; in der Kautschukerzeugung gewannen Stadt Hannover und Bezirk Merseburg. Von den Nahrungs- und Genussmittelgewerben gingen die landwirtschaftlichen Halbfabrikationszweige in den ländlichen Bezirken zurück, dagegen waren die

Konsumgewerbe in den Verbraucherzentren mit Bevölkerungszunahme aufstrebend. Besondere Marktverhältnisse, wie der Übergang zur Massenproduktion, hemmten das Wachstum des Bekleidungsgewerbes fast allgemein in Mitteldeutschland (außer in Thüringen, Erfurt und Hannover), in der Lausitz und in Berlin. Die günstige Baukonjunktur für Industrie und Wohnungsbau nach dem Krieg belebte das Baugewerbe in den aufstrebenden Gebieten (z. B. Stadt Halle). Versorgungsbetriebe bevorzugten die Braunkohlebezirke Merseburg und Lausitz (Braunkohlenkraftwerke). Das Handelsgewerbe vermehrte sich, entsprechend der wachsenden Zahl der Haushaltungen und mit der gewerblichen Spezialisierung, in den Großstädten stärker als im übrigen Lande. Gewerbsmäßige Verkehrsunternehmungen (ohne Reichsbahn und Post gerechnet) verloren an Beschäftigten durch den privaten Kraftfahrzeugverkehr.
Im engeren mitteldeutschen Industriebezirk nahmen die schwerindustriellen, konzerngebundenen Produktionsmittelindustrien erheblich zu, was sich mehr in der Steigerung der motorischen Leistungen als der Belegschaft äußerte, im Unterschied zu Sachsen und Thüringen mit ihren von jeher arbeitsorientierten mittelbetrieblichen Veredlungs- und Verbrauchsgütergewerben. Die in den dargestellten 18 Jahren beobachteten Umstellungstendenzen haben sich seit 1925 mit fortschreitender Rationalisierung noch deutlicher fortgesetzt; die Beschäftigungszahl der Gewerbe stieg im Merseburger Bezirk von 1925–1928 nochmals um ein Drittel zugunsten der Produktionsmittelindustrien. Seit 1928 ist die Beschäftigung in fast sämtlichen Erwerbszweigen der mitteldeutschen Bezirke verschieden stark rückgängig, infolge der weltwirtschaftlich bedingten Krisenerscheinungen. Erhebliche Wanderungsbewegungen auf dem Arbeitsmarkt sind jedoch bisher dadurch nicht ausgelöst worden.

11. Die mitteldeutschen Handelsstädte

Die Handelsbedeutung der Städte mit mehr als 20 000 Einwohnern ist durch die Anzahl der Erwerbstätigen des Handelsgewerbes (einschl. Versicherungswesen) dargestellt nach den Ergebnissen der gewerblichen Betriebszählung vom 16. Juni 1925. Der Einzelhandel und die wichtigsten Zweige des Großhandels sind durch Farbgebung unterschieden. Die Farben entsprechen denjenigen der Industriezweige in der Darstellung der Industriekarte 1927, Maßstab 1 : 200.000. Die dem Handel verwandten Gruppen des Kredit- und Versicherungswesens, der gewerblichen Organisation, des Markt- und Messewesens sind zum Teil in die Darstellung des Großhandels einbezogen worden.
Die Darstellung soll die Funktion der Handelsstädte im Erwerbsleben der Wirtschaftsgebiete und der Handelsbevölkerung im Arbeitsmarkt zeigen und soll die verschiedenartigen Verkehrsbeziehungen der Handelsstädte als Hauptausgangs- und Zielpunkte des Regional- und Fernverkehrs auf Wasserstraßen, Eisenbahnen und Landstraßen erläutern.
Der Handelscharakter der einzelnen Städte verstärkt sich mit ihrer zunehmenden Größe lebhafter als ihr Bevölkerungswachstum. Leipzig, Dresden, Chemnitz, Magdeburg, Halle, Erfurt, Plauen vereinigen auf sich die Hälfte des Handelsumsatzes von ganz Mitteldeutschland bei einem Bevölkerungsanteil von nur einem Viertel. In der Besetzung des Großhandels (je 1000 der Einwohnerzahl) führt Frankfurt a. M. vor Leipzig und Berlin; es folgen Magdeburg und Halle vor den größeren Städten Hannover, Dresden und Chemnitz; Erfurt überragt ebenfalls Chemnitz, Dresden und Kassel. – In Städten mit Angestelltenbevölkerung oder mit Fremdenverkehr oder dicht besiedelter Umgebung, wie Braunschweig, Leipzig, Dresden, Berlin, Frankfurt a. M., Halle ist der Einzelhandel spezialisiert und daher je 1000 der Bevölkerung stärker besetzt als in Arbeiterstädten, in denen ein Teil des Handels auf Kaufhäuser, Genossenschaftseinrichtungen u. dgl. übergeht (Chemnitz, Magdeburg, Weißenfels). Der Großhandel bevorzugt als Standort mehr und mehr die Verkehrsknotenpunkte, die zu den Bedarfs- und Produktionsgebieten günstig liegen und gleichzeitig Verwaltungs- und Kulturzentren sind. Die Orientierung des Handels nach den Produktionsstätten überwiegt bei Keramik- und Glaswaren, Papierwaren und Spielwaren, während der Handel an Chemikalien und Drogen, Nahrungs- und Genußmitteln, Vieh, landwirtschaftlichem Betriebsbedarf

und Baustoffen mehr zu den Zentren der Verbrauchsgebiete wandert; der Großhandel mit Bergwerkserzeugnissen, Textil- und Bekleidungswaren, Fahrzeugen, Apparaten, elektrotechnischem und Hausgerät bevorzugt gleichmäßig die Erzeugungsgebiete und die großstädtischen Gebiete. Im Kredit-, Markt- und gewerblichen Organisationswesen haben einige Großstädte die Führung; hier wird das wirtschaftliche Schaffen der Provinz durch Kreditvergebung und Marktpreisbildung u. a. m. organisatorisch gelenkt. Die kreditwirtschaftlichen Umstellungen der Nachkriegszeit haben im Kreditwesen gleichzeitig die Zusammenfassung an den Handelszentralen wie die Dezentralisation auf kleinere Städte (Bankfilialen, Genossenschaften) gefördert.
Diesen Standortserscheinungen der Großhandelszweige entspricht in großen Zügen folgendes Bild der Einflußbereiche: Während die vom Hauptverkehr abgelegenen Städte der Randzone des sächsisch-thüringischen Gebirgslandes entsprechend der Bevölkerungsdichte ihres Gebiets größtenteils Versorgungshandel und Austausch von Spezialerzeugnissen betreiben, vereinigt Leipzig dank seiner Mittellage auf sich den Großvertrieb der erzgebirgisch-thüring. Verbrauchsgüterindustrien (Welt-Messe) und beeinflußt lebhaft die Versorgung des mitteldeutschen Gebiets mit Lebensmitteln und Industriebedarf. Dresden, mit regen Handelsbeziehungen zu Südosteuropa, rechnet das östliche Erzgebirge und die schles. – sächs. Oberlausitz zu seinem Haupteinflußgebiet, Erfurt das südöstliche Eichsfeld und Mittelthüringen. In bevorzugter Verkehrslage versorgt Halle teils die intensive Landwirtschaft und die Industrie seines Gebiets mit Bedarfsgegenständen, teils setzt es die landwirtschaftlichen Produkte und die Verarbeitungserzeugnisse an Nahrungs- und Genußmitteln in ganz Deutschland, besonders in Thüringen und Süddeutschland ab. Ähnliche Beziehungen, nur in stärkerem Anschluß an die Seehäfen und Norddeutschland, insbesondere an Berlin, unterhält Magdeburg in seiner Verbindungslage zwischen Hamburg-Mitteldeutschland einerseits und Berlin- Niedersachsen-Westdeutschland andererseits; es ist außerdem Vorort des Kalisalzgebietes. Hannover erstreckt seinen Einfluß auf große Teile von Niedersachsen und den Nordharz, Kassel auf das mittlere Wesergebiet, Frankfurt a. M. auf Südwestdeutschland. Berlin zieht den Handel von und nach dem deutschen Osten auf sich, u. a. versorgt es Schlesien mit schwedischen Erzen, vertreibt schlesische Kohle, ist Großverteiler der Erzeugnisse der Niederlausitz. Hier vereinigen sich Verkaufszentralen und Vertretungen sämtlicher deutscher und vieler ausländischer Gewerbe und Organisationen; im Bankwesen allein beschäftigt Berlin drei Viertel des Personals des deutschen Bankgewerbes.

12. Lagerstätten und Standorte des mitteldeutschen Bergbaus

Die wichtigsten Rohstoffquellen Deutschlands sind die reichen Vorräte an Braunkohle und Kali, außerdem verschiedene Erze. Die hauptsächlichen Braunkohlelager liegen in der sächsischen Bucht und in der Lausitz, Vorkommen geringerer Mächtigkeit finden sich im nördlichen Harzvorland und in Hessen. Steinkohlevorkommen im Freistaat Sachsen, nördlich Halle und südwestlich Hannover dienen außerdem der örtlichen Versorgung. Die Umgebung des Harzes und Oberhessen bergen reiche Kalilager. Umfangreichere Lagerstätten sonstiger Mineralien liegen im nördlichen Harzvorland. Die hier vorkommenden Eisenerze sind nach dem Verlust Lothringens von erheblicher Bedeutung für die deutsche Eisenerzversorgung. In letzter Zeit gewinnen auch die Erdölvorräte im Allergebiete durch neue Funde erhöhte Bedeutung. Der Kupferbergbau im Mansfelder Gebiet kämpft schwer gegen den überlegenen Wettbewerb des Auslandes. Zahlreiche kleinere Erzlager im Harz, Thüringer Wald und Erzgebirge sind größtenteils abgebaut und mehr von geschichtlicher Bedeutung. Im einzelnen werden die Vorräte wie gefolgt geschätzt:

13. Gebiete der mitteldeutschen Gesteine

Nutzbare Gesteine werden im Bereich der Mittelgebirge und Hügellandschaften der mitteldeutschen Hauptscholle an den verschiedensten Stellen ausgebeutet. Neben dem mitteldeutschen Bedarf selbst versorgen sie einen gro6en Teil des Bedarfs der norddeutschen Tiefebene an Schotter und Splitt für Bahn- und Straßenbauten, an Dachschiefer, Gips, Bauwerksteinen und edleren Steinarten. Bahn- und Straßenschotter wird gewonnen im Flechtinger Höhenzug und im westlichen Fläming, im Harz, in der sächsischen und Dresdner Bucht, in der Lausitz, im Erzgebirge, im Vogtland und in Thüringen. Pflastersteine liefern u. a. die Quarzporphyrgebiete nördlich Halle und östlich Leipzig, die Granitbrüche nördlich Dresden und in der Lausitz, sowie die Basaltbrüche der Lausitz, des Wesergebiets und der Rhön. Dachschiefer liefert hauptsächlich der Lehestener Dachschieferbezirk zwischen Thüringer- und Frankenwald. Gips wird in den Gipsbezirken von Hannover, vom Südharz und von Thüringen gefördert. Quarzporphyre liefert u. a. Nordsachsen, Granite die Dresdner Bucht und die Lausitz, Buntsandstein der Thüringer Wald, die Finne und das Elbsandsteingebirge, Muschelkalk das Thüringer Becken und die Saalemündung. An edleren Steinarten sind die Marmorbrüche bei Saalfeld (Thüringen) und Serpentinbrüche bei Zöblitz (Sachsen) zu erwähnen.

14. Gebiete der mitteldeutschen Erden

Die nutzbaren Erden werden in der Glas- und Porzellanindustrie, der Grob- und Feinkeramik, der Erzeugung von Baustoffen und daneben in der Papierindustrie und in der chemischen Industrie sowie in anderen Gewerben verwandt. Folgende Fundstätten sind besonders zu erwähnen:
Glassand – Lager nördlich des Harzes, in Thüringen, Sachsen und der Niederlausitz; in letzterer befindet sich der reinste Glassand Deutschlands.
Formsand – Lager nördlich und südlich des Harzes, bei Hannover, in der sächsischen und Dresdner Bucht, in der Lausitz und dem Frankenwald.
Farberde – Vorkommen: Kassler Braun bei Kassel, rote Eisenerze, Oker und brauner Eisenoker im Frankenwald, im Fichtelgebirge, in Thüringen und im Harz
Kreide: Das einzige Lager bei Söhlde nördlich des Harzes liefert den Rohstoff für viele Fabrikationen. Kreide wird für die Herstellung von Porzellan, Steingut, Fein- und Grobkeramik und Chamotte sowie in der Papierindustrie verwandt.
An Kaolinen lagern in Thüringen kleinere Vorkommen, größere bei Halle, die größten im Kaolinbezirk des Freistaates Sachsen und der Lausitz.
Tone dienen zur Herstellung von Ziegeln, Tonröhren, Töpferwaren, Steinzeug, glasierten Platten und Chamotte. Besonders zu erwähnen sind die Lager nördlich und südlich des Harzes, die Kaolin- und Tonvorkommen bei Eisenberg, Teuchern, Bitterfeld, Halle, Wurzen, in der Niederlausitz, sowie die Flaschentone bei Wittenberg und in der Dübener Heide. Wo Tone als Abraum bei der Braunkohlenförderung anfallen, werden sie vielfach vom Bergbau selbst zur großbetrieblichen Erzeugung von Ziegeln und Tonwaren verwandt.
Von besonderer Bedeutung sind Schwerspatlager im Südharz und Thüringer Wald und Flußspatlager im Südharz, Thüringerwald und Fichtelgebirge. Im Fichtelgebirge sind ferner Specksteinlager und Feldspatlager vorhanden. Auch das Erzgebirge führt Feldspat. Ein Kieselgurlager findet sich in Klieken bei Coswig a. d. Elbe.

15. Der Personenzugverkehr auf den mitteldeutschen Reichsbahnen

Die Stärke des tagesdurchschnittlichen Verkehrs der Personenzüge ist in Bruttotonnen nach dem Stand vom Sommer 1928 dargestellt. Zu dieser Zeit hatte der Personenverkehr in Mitteldeutschland noch einen verhältnismäßig hohen Stand; seitdem ist infolge der zunehmenden Wirtschaftsdepression ein starker Rückgang eingetreten, sowohl im Fernverkehr (Geschäftsverkehr, Erholungsverkehr) wie im Ortsverkehr (täglicher Berufsverkehr, örtlicher Geschäfts- und Erholungsverkehr). – Diese Darstellung der Streckenbelastung bringt einmal das Gewicht der Wagen und damit ihren Beförderungsraum zum Ausdruck; sie gibt also das Platzangebot sämtlicher Personenzüge aller Grade auf den einzelnen Strecken an, woraus der Stand des Verkehrsbedürfnisses ersichtlich ist. Zum andern enthält sie Gewichtszuschläge nach der Anzahl der beförderten Personen. Die Zahl der Züge wurde nicht als Maßstab gewählt, da sie lediglich die zeitliche Verkehrshäufigkeit (Zugfolge) erkennen lassen würde, dagegen nicht die Mengen des Verkehrs. Der gewählte Gewichtsmaßstab ermöglicht auch einen brauchbaren Vergleich mit der Darstellung des Güterverkehrs. – Den Norden des Kartenausschnittes begrenzt die Haupt-West-Ost-Linie Köln-Hannover-Berlin. Von Hannover zweigt der auf mehrere Parallellinien verteilte Südostverkehr nach der sächsischen Bucht ab. Die Parallellinien vereinigen sich in Halle und Leipzig und schließen von dort aus strahlenförmig die Erzgebirgsplatte auf. Nach Südosten führt ein starker Verkehr aus der Sächsischen Bucht zur Dresdner Bucht und von dort weiter nach Görlitz und dem Osten; so entsteht die Gebirgsrandlinie Hannover-Mitteldeutschland-Oberschlesien am Nordsaum der deutschen Mittelgebirge. Dieser von Nordwest nach Südost gerichtete Randverkehr wird gekreuzt von der Linie Berlin-Halle-Leipzig-Frankfurt als Hauptverkehrsrichtung von Nordost nach Südwest. Von den beiden Hauptlinien Hannover-Dresden und Berlin-Frankfurt zweigen nach Süden ab die Hauptlinien Halle-Probstzella-Nürnberg-München und Leipzig-Plauen-Hof-München, nach Norden die Linie Halle-Magdeburg-Hamburg. Diese Linien ergänzen sich zu einer Nordsüdlinie durch die sächsische Bucht. Die Linie Halle-Magdeburg-Hamburg ist die Fortsetzung der historischen Elbverkehrslinie Prag-Dresden-Magdeburg-Hamburg. Eine Parallel-Linie bildet die Verbindung Dresden-Großenhain-Wittenberg-Magdeburg nördlich der Elbe. Eine zweite große Nordsüdverkehrslinie verläuft im Leinetal und trägt den Verkehr Frankfurt-Hannover-Bremen-Hamburg. Infolge der starken Wirtschaftskraft Mitteldeutschlands sind die Hauptstrecken in verschiedene Parallellinien aufgelöst worden, wodurch ein so dichtes Maschennetz entstanden ist, wie es sonst in Deutschland nur der Ruhrbezirk und die Rhein-Mainische Bucht aufweisen. – Die Flächen zwischen diesen Hauptverkehrslinien werden durch Bahnlinien geringerer Bedeutung aufgeschlossen, die dem Ortsverkehr dienen und im Erzgebirge, Thüringer Wald und Harz auch auf den Fremdenverkehr abgestellt sind. Das Harzgebirge ist nur durch Neben- und Kleinbahnen erschlossen, während die Erzgebirgsplatte bis zu ihrem südlichen Abbruch an der böhmischen Grenze von Vollbahnen aufgeschlossen und der Thüringer Wald auch von mehreren Hauptlinien mit Schnellzugsverkehr gekreuzt wird. – Ortsverkehr und Durchgangsverkehr sind in der vorliegenden Darstellung nicht voneinander getrennt. Es kann aber aus dem Anschwellen des Verkehrs in der Umgebung der großen Städte und der Industriegebiete auf die örtliche Verdichtung des Verkehrs geschlossen werden.

16. Der Güterverkehr auf den mitteldeutschen Reichsbahnen

Der Eisenbahngüterverkehr ist durch das auf jeder Strecke im Tagesdurchschnitt durchrollende Gewicht der Güterzüge mit ihren Ladungen dargestellt. Da die Massengüter (Kohle, Holz, Erze, Salze, chemische Düngemittel, Steine, Erden, Papier, Teere, Öle, landwirtschaftliche Erzeugnisse, Nahrungs- und Genußmittel) den Güterverkehr wohl gewichtsmäßig beherrschen, ihre Beförderung aber, auf die Gewichtseinheit bezogen, geringeren Verkehrs- und Betriebsaufwand erfordert als der Verkehr von Leichtgütern, Stückgütern und dergleichen, so bringt diese Darstellung die tatsächliche Verkehrsleistung der Strecken zueinander nicht voll zum Ausdruck; sie mißt die Verkehrsleistung am Gewicht statt am erforderlichen Aufwand. – Trotz dieses Vorbehalts gibt die Darstellung ein lebendiges Bild der Wechselbeziehungen der einzelnen Wirtschaftsgebiete untereinander, zumal auch der Verkehr beider Richtungen eingetragen ist. Sie entspricht dem Stande vom Sommer 1928, zu Beginn des Konjunkturrückganges in Mitteldeutschland. – Für Mitteldeutschland ist aus der Karte zu entnehmen, daß nicht der Verkehr einzelner Strecken und zentraler Punkte vorherrscht, sondern daß eine fast gleichmäßige Verteilung des Verkehrs auf eine große Zahl von Strecken stattfindet, die untereinander eine enge Verknotung aufweisen. – Am stärksten belastet sind die Strecken mit Kohletransporten; Ruhrkohle und Koks werden auf sämtlichen West-Ostlinien nach Berlin und nach dem mitteldeutschen Industriegebiet über Hannover-Stendal und Ottbergen-Northeim geliefert. Ebenso gehen schlesische Steinkohlen und schlesischer Koks über Guben-Frankfurt und Guben-Kottbus nach Berlin und über Forst-Kottbus-Torgau nach Leipzig und Halle. Die Braunkohlenversorgung Berlins erfolgt überwiegend von der Niederlausitz her. In der Gegenrichtung zeigt sich nur geringer Verkehr von Leerzügen. Die Braunkohlentransporte des mitteldeutschen Industriebezirks verstärken den gesamten Bezirksverkehr innerhalb des beschränkten Absatzgebiets der Braunkohle. Der Brikettabsatz beeinflußt den Verkehr auch auf einigen Fernstrecken (Richtungen: Plauen-Hof, Magdeburg-Stendal-Hamburg, Northeim-Hannover). Stark ist der Verkehr Mitteldeutschlands an künstlichen Düngemitteln, Steinen und Erden. Z. B. fällt die Verkehrssteigerung im Richtungsverkehr Nordhausen-Halle auf, wo die Gipszüge der chemischen Großindustrie verkehren. Die Außenbeziehungen des Güterverkehrs der verarbeitenden Industrie in der Provinz Sachsen und in Thüringen sind vornehmlich auf die süddeutschen Industriegebiete und die Küstengebiete im Norden und im Nordosten gerichtet. – Aus der Darstellung lassen sich zum Teil auch Zubringerstrecken und Hauptverkehrsstrecken unterscheiden; ein plastisches Beispiel hierfür ist das Anschwellen des Braunkohlenverkehrs im Geiseltal (Mücheln-Merseburg) von Station zu Station. – Ein Vergleich der Güterverkehrskarte mit der Personenverkehrskarte zeigt, daß die Güterverkehrsverdichtung häufig auf Strecken liegt, die im Personenverkehr nur geringe Bedeutung haben. Zum Teil beruht das auf systematischer Gliederung des Verkehrs aus Betriebsrücksichten (Leistungsfähigkeit der Strecken, Zugförderkosten, Fahrzeiten), zum Teil darauf, daß für Güter- und Personenverkehr verschiedene Standorte und Verkehrsräume maßgebend sind. Sehr deutlich kommt das in der Belastung der Strecke Kassel-Nordhausen-Halle-Falkenberg-Kottbus zum Ausdruck, auf der nur geringer Personenverkehr vorhanden ist.

17. Der Verkehr auf den mitteldeutschen Landstraßen

Die graphische Darstellung der Straßenbelastung ist entnommen worden aus der Karte: „Täglicher Verkehr auf den deutschen Landstraßen" 1:500 000, bearbeitet von der Sächsischen Straßenbaudirektion Dresden auf Grund der Verkehrszählung, die der Deutsche Straßenbauverband im Jahre 1928/29 durchgeführt hat. In abgestuften Bandbreiten (1 mm = 400 to) ist das Gewicht der Fahrzeuge angegeben, die im Tagesdurchschnitt einer Anzahl ausgewählter Zähltage auf den einzelnen Zählstrecken verkehrten. Die Belastungsziffern sind aus den verschiedenen Gewichtsbewertungen der Verkehrsgruppen: Lastkraftwagen, Personenkraftwagen, Krafträder, Pferdefuhrwerke ermittelt worden. Die Verkehrszählung erstreckt sich lediglich auf die Staats-, Provinzial- und Kreisstraßen, dagegen nicht auf die Gemeindestraßen. Die Verkehrsbeziehungen der Großstädte mit ihren Vororten treten dementsprechend mehr oder weniger verstärkt in Erscheinung, je nachdem das Stadtgebiet infolge von Eingemeindungen einen geringeren oder größeren Teil der Vororte in sich schließt. Seit der Verkehrszählung 1924/25 hat sich der Verkehr an Kraftfahrzeugen in Mitteldeutschland etwa verdreifacht, an bespannten Fahrzeugen um ein Fünftel verringert. Auf den Hauptstraßenzügen war die Zunahme stärker als im übrigen Straßennetz. Die Verkehrsbelastung hat sich auch auf dem Lande allgemein erhöht, während 1924/25 noch die Groß- und Mittelstädte und ihre Umgebung fast alleinige Träger stärkeren Verkehrs waren. Der Aktionsradius des Kraftwagens ist also im Wachsen begriffen.

Die topographische Gestalt der einzelnen Wirtschaftsgebiete, die Siedlungsdichte und besonders die gewerbliche Struktur geben dem Landstraßenverkehr seine Entwicklungslinien an. Sehr klar tritt die Verdichtung des Verkehrs in der Randzone der Mittelgebirge zutage. Die Verdichtung beginnt in der Oberlausitz und setzt sich im topographisch reich gegliederten Erzgebirge fort, wo zahlreiche Klein- und Mittelbetriebe mit starker Arbeitsteilung und die Vielheit von Städten eine mannigfaltige Verkehrsverflechtung bewirken. Dieser Verkehr geht in klaren Sammellinien in die Ebene der Halle-Leipziger Bucht über. Die großen Verkehrszüge entsprechen denjenigen des Eisenbahnnetzes, sie heben sich deutlich in dem Gesamtbilde Mitteldeutschlands ab: ihre Durchgangsbedeutung verstärkt sich mehr und mehr. Das

Hervortreten stark belegter Hauptlinien in einem einheitlichen Netz erklärt sich hier durch die gleichmäßige Verteilung städtischer und ländlicher Wirtschaftszentren in einem Durchschnittsabstande von rd. 30 km. Vielfach verzahnt ist der Landstraßenverkehr des Nordharzes und seines weiteren Vorlandes, ausgehend von Halle, teils unmittelbar am Nordharz entlang, teils über Magdeburg, Braunschweig, Hannover führend. Die intensiv betriebene ertragreiche Landwirtschaft und zahlreiche landverteilte Bergbau- und Industriebetriebe bewirken diesen Verkehr. Im Südharz treten die Gebiete um Göttingen und Nordhausen besonders hervor. Im Thüringer Becken sind die Städte an der Hauptbahnlinie Träger größeren Verkehrs, sie schließen den Thüringer Wald vom Norden her auf. Erfurts Einfluß tritt deutlich hervor, er erfaßt im Nordosten die Goldene Aue. Ein nicht geringer Teil des Verkehrs in den Mittelgebirgen und im Thüringer Becken entfällt auf den Erholungsverkehr und den zur Bedienung der Kurorte erforderlichen Geschäftsverkehr. Die Verkehrsbeziehungen zwischen der mitteldeutschen Randgebirgszone und Berlin sind auf zwei Hauptlinien beschränkt: Berlin-Brandenburg-Magdeburg und Berlin-Wittenberg-Bitterfeld mit Fortsetzungen. Der Verkehr Berlins mit seinen näher gelegenen östlichen Einflußgebieten ist dagegen stärker gegliedert und enthält wohl einen beträchtlichen Ausflugs- und Erholungsverkehr.
Der Verkehrsplanung gibt die Belastungskarte ein Bild, in welcher Richtung sich das tatsächliche Verkehrsbedürfnis entwickelt. Dabei steht offenbar zur Zeit nicht der Großdurchgangsverkehr zwischen den Wirtschaftsprovinzen im Vordergrund, sondern der mehr örtliche Durchgangsverkehr zwischen engeren und weiteren Wirtschaftsgebieten. Die Pflege beider Verkehrsgattungen wird durch ein Ausbauprogramm des Straßennetzes erstrebt, das aus den größeren Zusammenhängen heraus entwickelt wird. In erheblichem Maße sind heute bereits zahlreiche kleinere Gemeinden mit geringer finanzieller Leistungsfähigkeit in die rapide Entwicklung des zwischenörtlichen Kraftverkehrs hineingezogen, wodurch ihnen schwierige Aufgaben erwachsen.
Ein Vergleich der Straßenverkehrskarte und der Eisenbahnverkehrskarte ergibt auch, daß die Gebiete mit Schwerindustrie, besonders im engeren mitteldeutschen Industriebezirk, sich mehr auf den Bahnverkehr beschränken als die Gebiete mit Veredlungs- und Verbrauchsgüterindustrie und mit regem Handelsgewerbe zur Versorgung dichtbevölkerter Gegenden, wo eine wesentlich stärkere Entwicklung des Straßenverkehrs in Erscheinung tritt.

18. Verkehrsübersichtsplan von Mitteldeutschland

Der Verkehrsübersichtsplan gibt ein Bild der wichtigsten vorhandenen und geplanten Verkehrsflächen Mitteldeutschlands, die für die Entwicklung des Verkehrs im engeren mitteldeutschen Industriebezirk von Belang sind. Die Abhängigkeit der Verkehrsnetze von der Oberflächengestaltung prägt sich insbesondere in der zentralen Verknotung der Linienführungen in der Sächsischen Bucht aus. Allgemein lassen sich die Linienführungen unterscheiden in parallele Randlinien und Querlinien von Gebirgen, Flüssen und Niederungen. Zu den Verkehrsflächen der einzelnen Verkehrsarten ist folgendes zu bemerken:
Straßenverkehr: Die Mittellage der Sächsischen Bucht und des engeren mitteldeutschen Industriebezirks im Herzen Deutschlands bringt es mit sich, daß im Vergleich zum Ortsverkehr und Bezirksverkehr der fremde Durchgangsverkehr stark überwiegt, woraus den Wegebaupflichtigen große finanzielle Lasten zugunsten der Nachbargebiete erwachsen. Im Straßenverkehrsnetz fehlen insbesondere an den Landesgrenzen noch einige Verbindungen; diese werden durch Zusammenarbeit der Landesplanungsstellen planmäßig entwickelt, um später den Ausbau eines Straßennetzes zu ermöglichen, das den zunehmenden Personen- und Lastkraftwagenverkehr über längere Strecken aufnehmen kann. Neue Hauptstraßen erscheinen insbesondere erforderlich im Gebiet des Niederlausitzer Reviers, beiderseits von Elbe und Saale und zwischen Leipzig und den südlich davon liegenden Industriestädten Freiberg, Chemnitz und Gera.
Eisenbahnen: Die Maschenweite des Eisenbahnnetzes ist ebenso wie die des Verkehrsstraßennetzes im mitteldeutschen Gebiet besonders eng, so daß neue Bahnlinien nur noch in geringer Zahl erforderlich

werden. Neue Hauptbahnen sind nicht geplant. Dagegen sind Erweiterungsflächen für einen viergleisigen Ausbau der Hauptlinien Berlin-Magdeburg, Hannover-Magdeburg-Halle-/Leipzig-Dresden und Berlin-Bitterfeld-Halle/Leipzig-Weißenfels-Erfurt-Frankfurt a. M. offen zu halten. Daneben ist eine Vervollständigung der Kleinbahnnetze beiderseits der Elbe geplant, sowie der Bau einiger Braunkohlebahnen.
Wasserwege: Für den mitteldeutschen Frachtverkehr stehen außer den schiffbaren Flußläufen von Oder-Spree-Havel, Elbe-Saale-Unstrut und Weser-Werra-Fulda bisher nur ein Teil des Mittellandkanals und das brandenburgische Kanalnetz zur Verfügung. Nach Fertigstellung des Mittellandkanals wird der Ost-West-Verkehr an schweren Frachtgütern auf dieser Hauptverkehrslinie und auf den nördlich und südlich anschließenden Wasserstraßen voraussichtlich eine starke Belebung erfahren, insbesondere auch auf dem geplanten Südflügel des Mittellandkanals, bestehend aus der bis Merseburg aufwärts kanalisierten Saale und dem Kanal Merseburg-Leipzig. Als Fortsetzung dieses Wasserstraßennetzes ist die Verbindung Leipzig-Gera sowie die Verbindung des ostelbischen Braunkohlenreviers mit Leipzig und Berlin geplant.
4. Luftverkehr: Die ausgebauten Flughäfen Berlin, Halle/Leipzig (Schkeuditz), Hannover, Erfurt, Leipzig-Mockau nehmen im wesentlichen den planmäßigen Großflugstreckenverkehr auf, der sich immer mehr zur Hauptaufgabe des Flugverkehrs entwickelt und streckenweise bereits für Nachtflug hergerichtet ist. Berlin ist Ausgangs- und Endhafen, während die übrigen Plätze mehr als Durchgangs- und Umsteigehäfen dienen. Nur ein geringer Teil der Großflugstrecken geht noch über die Verkehrslandeplätze, die hergerichtete Rollfelder und sonstige vorschriftsmäßige Landevorrichtungen haben. Die Verkehrslandeplätze tragen auch einen Teil des Kurzstrecken-(Zubringer-)verkehrs, der jedoch bisher noch nicht zu einem festen Liniennetz geführt hat, sondern das Verkehrsbedürfnis abtastet. Die Verkehrslandeplätze dienen im wesentlichen auch dem Gelegenheitsflugverkehr und dem Bedürfnis von Flugschulen und Versuchsanstalten; sie liegen bei sämtlichen bedeutenderen Städten sowie im Bereich der Erholungsgebiete des Harzes und Thüringer Waldes. Hilfslandeplätze sind für Gelegenheitsflugverkehr und für Notlandungen erforderlich; ihre planmäßige Ausweisung steht noch bevor, die Flugrouten der jetzigen Großflugstrecken können als Anhalt hierfür dienen. Die Flugrouten im Hügelland werden bei Schönwetter etwa geradlinig geflogen, bei Schlechtwetter folgen sie den Flußtälern.
Karten 1 : 200.000 des engeren mitteldeutschen Industriebezirks und der angrenzenden Gebiete

19. Standorte und Belegschaft der Industrie- und Bergbaubetriebe 1927

Die Darstellung enthält die Standorte der Betriebe in ihrer örtlichen Lage zum Verkehr, zu den Wasserläufen, nach ihrer Zugehörigkeit zu Verwaltungsbezirken, Siedlungsgebieten und Wirtschaftsgebieten. Die Betriebsgröße des einzelnen Werkes nach der Beschäftigtenzahl (Arbeiter und Angestellte) weist auf seine Bedeutung für den Arbeitsmarkt und z. T. auf den Umfang der Produktion hin. Saisongewerbe (z. B. Rohzuckerindustrie, Betriebe der Steine und Erden, Baugewerbe, Bekleidungsgewerbe) sind nach ihrer Belegschaft in der Hauptbeschäftigungszeit angegeben. Die Farbgebung soll die Gewerbegruppen sinnfällig unterscheiden. Bergbau, Steinbrüche und Tongruben, die durch ihre Veränderung der Erdoberfläche die Planung beeinflussen, sind sechseckig eingefaßt. Verlassene Bergwerksfelder werden durch gesenkte Bergbauzeichen angedeutet. – Das Darstellungsjahr 1927 zeigt einen Höhepunkt des Beschäftigungsgrades, inmitten der industriellen Rationalisierungsbewegung, deren spätere Auswirkungen auf den Arbeitsmarkt hier in den Ansätzen bemerkbar sind.
Die fast gleichmäßige Standort-Verteilung und starke Dezentralisation der Industrie im dargestellten Raume erklärt sich aus der verstreuten Lage der Gewinnungsstätten der Bodenschätze (Braunkohle, Kalisalz, Kupfererz, Gesteine und Erden), ferner aus dem regen Zusammenhang der Industrie mit der intensiven Landwirtschaft, ist aber auch durch das gleichmäßige Netz wichtiger Eisenbahnlinien in der mitteldeutschen Bucht begründet. Im westsächsisch-thüringischen Gebiet wirken die historisch bedingten Arbeitsmarktverhältnisse dezentralisierend. Daher sind beim gegenwärtigen Stand der Entwicklung

auch weite ländliche und landwirtschaftliche Gebietsteile in den gewerblichen Arbeitsmarkt verflochten. Deutlich zeigt die Darstellung das gegenseitig bedingte Zusammenleben einzelner Erwerbszweige, die zusammenballende Kraft des Großverkehrs zugunsten der Mittel- und Großstädte, die Wanderung der Großbetriebe in die städtischen Außengebiete und Vororte, u. a. m.
Die gewerbliche Entwicklung und gegenwärtige Struktur in dem Gebiet nördlich der Linie Apolda-Naumburg-Weißenfels-Schkeuditz-Eilenburg ist von dem südlich gelegenen Gebiet sehr verschieden, wenn auch die Gewinnung von Braunkohle, Gesteinen und Erden beiden Gebieten gemeinsam ist.
Im Nordteil, auf den fruchtbaren Böden, ist die Industrie der Verarbeitung landwirtschaftlicher Produkte, insbesondere die Zuckerindustrie von der Börde her nach dem Saale- und Unstrutgebiet vorgedrungen und hat den eigentlichen Anstoß zur Erschließung der Braunkohlenreviere bei Aschersleben, Staßfurt, Köthen, Bitterfeld, Halle, Oberröblingen, z. T. auch Geiseltal und Weißenfels gegeben. Der Aufschwung des Kalibergbaues und seiner chemischen Verarbeitungsbetriebe in den Bezirken Schönebeck, Egeln, Staßfurt, Aschersleben, Bernburg, im Hallischen- und Unstrut-Kalibezirk schufen der Braunkohle weitere reiche Möglichkeiten. Diese wurden im Laufe der Zeit ergänzt durch die Entwicklung von Verarbeitungs-, Verbrauchsgüter- und Hilfsindustrien in den verkehrsgünstigen größeren und mittleren Städten. Besonderen Aufschwung nahm hierbei der Maschinenbau für den Bedarf der früh intensivierten Landwirtschaft, der Zuckerindustrie, der Gewinnung von Steinen und Erden, des Kohle- und Kalibergbaues und des Baugewerbes. Dabei kam der Stadt Magdeburg die Nachbarschaft der Börde, die Nähe der Kalilager und der Schiffahrtsweg der Elbe zugute, während die Vorzüge Halles in seiner Mittellage zu den Bergbaubezirken und einem dicht bevölkerten Hinterland bestehen. Bei Dessau war der Reichtum an Wald und Wasser maßgebend, bei Wittenberg die Verkehrslage und Wasserversorgung. Rohstofflager, Verkehr, billiger Grunderwerb und vorhandene Arbeitskräfte begünstigten weiter die Ansiedlung der chemischen Großindustrie vor dem Kriege (Bitterfeld, Eilenburg, Ammendorf) und im Kriege (Leuna, Piesteritz, Reinsdorf, Roßlau), desgleichen von Kraftwerken (Golpa, Kayna, Amsdorf Gröbers) und anderen angegliederten Betrieben der Großindustrie. Die allgemeine gewerbliche Belebung und wachsende Bevölkerung der Großstädte, Mittelstädte und ländlichen Industrieorte ließ besonders die Städte an Verbrauchsgüterindustrie für Nahrungsmittel und Hausgeräte sowie an Spezialmaschinenfabriken, Fahrzeugbau, Apparatebau, Elektrotechnik zunehmen. Dieses Anwachsen hat der Braunkohle weiteren Absatz verschafft, während die Rohzuckerindustrie, der Kalibergbau und der alte Mansfelder Kupfererzbergbau mit ihren Verarbeitungsbetrieben seit einiger Zeit zurückgehen.
Im Gebiet südlich der obengenannten Linie überwiegen die sächsisch-thüringischen Gewerbe, die weniger auf den Bodenschätzen als auf billigen bezw. qualifizierten Arbeitskräften beruhen. Ausgesprochene Textilstädte sind Gera und Apolda. In Naumburg, Zeitz und Eilenburg ist vornehmlich holzverarbeitende Industrie, in Weißenfels Schuhindustrie, in Altenburg Maschinenbau tätig. Leipzig besitzt eine mannigfaltige arbeitsorientierte Spezialindustrie, u. a. die alteingesessene Papierindustrie, Druckerei, Pelzwarenbranche, Gewerbe der Drogen und Farben, Kleiderkonfektion und sonstige Verbrauchsgütergewerbe. Die Orte der Umgebung von Leipzig sind dem gewerblichen Charakter der Großstadt eng verwandt (z. B. Schkeuditz mit Pelzwaren, Eilenburg mit Musikinstrumentenbau). Die Braunkohlenreviere Borna und Meuselwitz, z. T. auch Weißenfels-Zeitz zeigen nicht die starke Verbindung mit Großindustrie wie die nördlichen Reviere; die Veredlung der hochwertigen Kohle und Umwandlung in elektrische Kreft (Böhlen, Theißen) nimmt im Süden neben dem Kleinabsatz an Brennkohle breiten Raum ein. Für die Verzahnung des nördlichen und südlichen Gebiets kennzeichnend ist das Übergreifen der sächsisch-thüringischen Papierindustrie nach Norden (Elster, Mulde, Saale).
Die Mannigfaltigkeit der Wirtschaftsstruktur im dargestellten Gebiet, die hier aus großen Zusammenhängen heraus zu betrachten ist, stellt der Planung zwischen einzelnen Gemeinden und zwischen einzelnen Wirtschaftsgebieten ihre ganz besonderen charakteristischen Aufgaben.

20. Bevölkerungsstand der einzelnen Gemeinden vom Jahre 1925 und Bevölkerungswachstum seit 1905

Die Darstellung wurde für die preußischen, anhaltischen und ostthüringischen Gebiete im Originalmaßstab 1 : 100.000 von der Landesplanung Merseburg bearbeitet. Der westsächsische Ausschnitt ist mit Genehmigung der Landesplanung Westsachsen, Kreishauptmannschaft Leipzig aus deren Bevölkerungskarte entnommen worden.

Die Bevölkerung ist nach den Angaben der amtlichen Volkzählungen dargestellt worden und zwar: ortsanwesende Bevölkerung sämtlicher Gemeinden vom 1.12.1905, Wohnbevölkerung vom 16.6.1925.

Diese Darstellung verfolgt die auf Karte 9 (Maßstab 1 : 100.000) in dem größeren Zusammenhang Mitteldeutschlands dargestellte Bevölkerung und Besiedlung bis auf die einzelnen Gemeinden des engeren mitteldeutschen Planungsbezirks und seiner Nachbargebiete. Die Eintragung der Bevölkerungszahl in den kartenmäßigen Zusammenhang mit den Höhenverhältnissen, den Gewässern, Waldungen, Bahnen, Straßen gibt Aufschluß über den heutigen Stand der Siedlungsstruktur. Fast sämtliche Ortschaften sind ursprünglich als landwirtschaftliche Siedlungen entstanden.

Infolge der Verschiedenartigkeit der Besitzverfassung, der landwirtschaftlichen Betriebsbedingungen, Bodenverhältnisse, Verkehrsverhältnisse u. a. m. ist die Verteilung und Größe der Siedlungen in den südlichen Wald- und Hügellandgebieten wesentlich verschieden von der Besiedlung des Flachlandes der sächsischen Bucht und der anschließenden Gebiete (man vergl. z. B. die Reihensiedlung in den Flußtälern des Flachlandes mit der gleichmäßigen Besiedlung des Hügellandes oder die Ortsgrößen Ostthüringens mit denjenigen der Börde). Die gewerbliche Entwicklung, die sich über das Mittelalter bis zur Neuzeit unter dem Einfluß politischen, kulturellen, wirtschaftlichen und sozialen Geschehens allmählich vollzog, – wobei, besonders in der Neuzeit der Aufschwung der Technik, die Schaffung von Verkehrseinrichtungen, die Aufschließung einzelner Bodenschätze und der Wandel der Marktverhältnisse entscheidend mitwirkten, – hat innerhalb der ursprünglichen Besiedlung erst die jetzt erkennbaren Größenunterschiede der Gemeinden herausgebildet. Städtische, ländliche und halbländliche Siedlungen mit industrieller, bergbaulicher, handelsgewerblicher, landwirtschaftlicher Bevölkerung beleben heute das Bild in mannigfachen Uebergangsformen des Siedlungscharakters.

Die jetzige Größe der Orte läßt ihre Bedeutung im Verkehr, im Arbeitsmarkt und im Wohnungsmarkt erkennen. Die dargestellte Zu- oder Abnahme zeigt für die letzten 20 Jahre die Bewegung der Bevölkerung unter dem Einfluß der Wandlungen im Erwerbsleben an. Durch die gewerbliche Aufwärtsentwicklung sind die Wirtschaftsgebiete an den verkehrsgünstigen Bahnen besonders bevorzugt worden:
Magdeburg, Köthen, Dessau-Roßlau, Wittenberg, Bitterfeld, Halle, Leipzig, Merseburg, Weißenfels, Naumburg, Apolda, Weimar, Jena, Zeitz und Gera, ebenso die Braunkohlengebiete zwischen Weißenfels-Zeitz-Borna. Die übrigen Gebiete haben sich im allgemeinen nicht weiter entwickelt und sind z. T. erheblich zurückgegangen: die rein landwirtschaftlichen Gebiete mit überwiegendem Großbetrieb, die Orte mit stillgelegter Einzelindustrie, die Kalibezirke und der Mansfelder Kupfererzbezirk.

Wie stark eigentlich die verschiedenen Kräfte der Bevölkerungsbewegung infolge der Wandlungen im Arbeitsmarkt wirksam sind, gibt die Darstellung des Jahres 1925 nur unvollkommen wieder, weil zu diesem Beobachtungszeitpunkte die wachsenden Arbeitsmärkte eine durch Wohnungsmangel stark gehemmte Freizügigkeit vorfanden. Zahlreiche industrielle Arbeitskräfte sind in ihren bisherigen Wohnsitzgemeinden festgehalten worden und haben z. T. unter Zurücklegung weiter Wege ihre Arbeitsstätte aufsuchen müssen. Das Maß des örtlichen Wohnungsbedarfs geht daher aus dieser Darstellung nur zum Teil hervor. Auch deshalb, weil der Wohnungsbedarf sich weniger in der Zunahme der Personenzahl als der Haushaltungen äußert. Die Zahl der Haushaltungen hat sich aber schneller vermehrt als der Personen. Zur Beurteilung des Wohnungsbedarfs ist also die Zunahme an Haushaltungen bei sämtlichen hier dargestellten Gemeinden mit Bevölkerungszunahme weiter verstärkt zu denken. Andererseits haben eine Entlastung ihres Wohnungsmarktes nur Gemeinden mit erheblicher Bevölkerungsabnahme erfahren. In allen übrigen Gemeinden mit geringerem Bevölkerungsrückgang ist infolge des gewandelten Verhältnisses zwischen der Haushaltung und ihrer Personenzahl der Wohnungsbedarf gewachsen.

21. Tägliche Pendlerwanderungen der Erwerbstätigen zwischen den Wohnorten und wichtigeren Betriebsorten im Jahre 1929

Die Darstellung fußt auf einer Erhebung über die tägl. Berufswanderungen zwischen Arbeitsorten und Wohnorten. Diese Erhebung ist auf Veranlassung der Landesplanung Merseburg vom Stat. Reichsamt anhand der finanzamtlichen Personenstandsaufnahme vom 10.10.1929 durchgeführt worden. Der Erhebungstermin liegt zwischen dem Höchststande der Beschäftigung (1927/28) und dem Beschäftigungstiefstand bei Erscheinen dieses Werkes (1931). Inzwischen haben sich die Pendelwanderungen verringert; der Wert der Erhebung liegt jedoch unverändert in der erstmaligen Möglichkeit zur Erkenntnis des Grades der Arbeitsmarktverflechtung, der verschieden stark wirkenden Anziehungskraft einzelner ländlicher und städtischer Gewerbeorte- und Gruppen auf die Bevölkerung der einzelnen Wohngebiete. 180.000 Pendler wanderten im Herbst 1929 täglich von 2.113 Wohnorten zu 1.096 Arbeitsorten. Brennpunkt der Pendelwanderungen waren etwa 34 Betriebsorte mit mehr als 1000 Zuwanderern täglich, darunter die Betriebsorte Leipzig mit 29.000, Leuna 16.500, Magdeburg 8.000, Halle 7.500, Wolfen 7.200, Bitterfeld 5.400, Dessau 4.000 Zuwanderern. Von den insgesamt erfaßten Betriebsorten mit Zuwanderern sind hier nur 73 Orte bezw. Ortsgruppen mit täglich mehr als 500 Zuwanderern dargestellt. Die Kreisflächen entsprechen der Gesamtbeschäftigtenzahl der Betriebsorte; ihr Größenverhältnis zueinander und zu den Wanderungsströmen zeigt, daß Städte wie Naumburg, Bernburg, Köthen, Aschersleben, Altenburg nur geringe Anziehungskraft haben und den Hauptteil ihrer Arbeitnehmer aus der Ortsbevölkerung entnehmen, im Gegensatz zu Wittenberg, Dessau, Leipzig, Halle und besonders zu den ländlichen Industrierevieren Leuna, Bitterfeld, Wolfen, Piesteritz-Reinsdorf, Mansfeld, Luckenau, Meuselwitz, Born bei denen die Zuwandererströme den Betriebsort in dichten Massen umgeben. Der obere mit Ringlinie eingefaßte Sektor jedes Betriebsorts stellt den Anteil der am Ort wohnenden Bevölkerung dar, die übrigen Sektoren zeigen den Anteil derer, die täglich von außerhalb zuwandern und dabei eine Wegzeit von 0–½ Stunde, ½–1 Stunde und über 1 Stunde zurücklegen, – bei der Annahme, daß der Arbeitsweg mit Eisenbahn und Fahrrad zurückgelegt wird. Der Anteil der Pendelwanderer mit weiten Wegen wächst bei den ländlichen Gewerbeorten, wo der Hauptbedarf aus mehr oder weniger abgelegenen Groß- und Mittelstädten gedeckt wird; so sind z. B. Halle, Merseburg, Weißenfels, Naumburg Wohnstädte für Leuna, Dessau für Wolfen, Wittenberg für Piesteritz-Reinsdorf. Die Mittelstädte und Bergbaugebiete ergänzen ihre Arbeiterschaft aus der näheren ländlichen Umgebung, während die Großstädte mit großem Bedarf an qualifizierten Arbeitskräften, besonders Angestellten, ihr Einzugsgebiet auf die Vororte sowie auf die Mittelstädte und Kleinstädte der weiteren Umgebung ausdehnen. – Durch den Verkehr der Eisenbahnen bedingt, ergeben sich ausgeprägte Wanderungsketten in den Wechselbeziehungen der einzelnen Arbeitsmärkte, es zeigen sich aber auch wanderungsschwache Räume und isolierte Arbeitsmärkte. Die Pendelwanderungsströme sind in Sammellinien von 20 und mehr Arbeitern dargestellt, deren Einzellinien von den Wohnortgruppen der näheren Umgebung ausgehend zu denken sind. – Die Pendelwanderungen sind meist die Vorstufe der Wohnansiedlungsbewegung. Es läßt sich eine Stufenwanderung feststellen, die zunächst von den ausgesprochen ländlichen in die halbländlichen Gebiete mit Bergbau oder Ortsindustrie geht und von hier aus den reinen Industrieorten und Großstädten zustrebt. – Auch die verschiedene berufliche und soziale Struktur der auf Sammellinien vereinigten Pendlermengen ist für die siedlungspolitische Bewertung der Darstellung beachtenswert.

22. Verkehrsplan für den engeren mitteldeutschen Industriebezirk und die angrenzenden Gebiete

Der Verkehrsplan wurde aufgestellt von der Landesplanung Merseburg und der Straßenverwaltung der Provinz Sachsen, unter Mitwirkung der Reichsbahndirektion Halle, der Elbstrombauverwaltung, der

Landesplanungen Magdeburg, Westsachsen-Leipzig und Ostthüringen, sowie der Städte Dessau, Halle, Leipzig und Magdeburg.
Der Verkehrsplan zeigt das gegenwärtige und das künftige Zusammenwirken der Verkehrswege im Raume des mitteldeutschen Planungsgebiets und seiner einzelnen Teile. Die gemeindliche Planung von Ortsverkehrsflächen, Gewerbeflächen und Wohnflächen ist durch dieses Verkehrsnetz bedingt. Ziel der Planung ist, den Raum für die Erweiterung und Verlegung von Straßen und Bahnen, für Anlage von Kanälen und Anfluggelände der Flugplätze gegen Verbauung zu sichern. Der Abbau der Braunkohle stellt hierbei örtlich besondere Aufgaben.
Die Verkehrsstraßenplanung enthält im vorliegenden Gebiet sämtliche Straßen größerer Verkehrsbedeutung (die Hauptverkehrsstraßen einschließlich Reichsfernstraßen und die Straßen erster Ordnung). Für das Gebiet der Landesplanung Merseburg sind außerdem die Straßen geringerer Verkehrsbedeutung (zweiter Ordnung) eingetragen worden.

23. Plan der Gewerbe-, Wohn- und Grünflächen für den engeren mitteldeutschen Industriebezirk in den angrenzenden Gebieten
Der Plan wurde aufgestellt von der Landesplanung Merseburg unter Mitwirkung der Landesplanungen Magdeburg, Westsachsen-Leipzig u. Ostthüringen sowie der Städte Dessau, Halle, Leipzig und Magdeburg.
Vorliegender Übersichtsplan soll den Zusammenhang der gegenwärtigen und künftigen Verteilung der Gewerbe-, Wohn- und Grünflächen darstellen. Die geplanten Gewerbe- und Wohnflächen entsprechen einem Höchstbedarf der nächsten 30 Jahre. Ihre örtliche Lage ändert sich mit den Standortbedingungen. Für die nähere Zukunft sind nur Teile der geplanten Flächen zum Aufschluss durch Baustufen- und Fluchtlinienpläne bestimmt. – Die jetzige Bebauung ist teils aus dem Unterdruck ersichtlich, soweit dieser dem gegenwärtigen Stand entspricht, teils ist sie in den als geplant ausgewiesenen Flächen enthalten. – Die Lage der Industrie- und Wohngebiete zueinander soll den künftigen siedlungstechnisch erwünschten Zustand zeigen. Gegenwärtig schließen die vorhandenen Wohnflächen das Mischgebiet ein, enthalten also schädliche Industrie; die geplanten Wohnflächen enthalten dagegen außer dem reinen Wohngebiet nur Mischindustrie mit Kleingewerbe und Geschäftsgebiet. In den Wirtschaftsplänen sind die einzelnen Flächennutzungsarten plantechnisch voneinander unterschieden.
Gewerbestandorte: Der Mittellandkanal nebst Südflügel begünstigt die gewerbliche Ansiedlung an der Elbstrecke Magdeburg-Dessau-Wittenberg sowie an der Saale-Elster-Strecke Bernburg-Staßfurt-Halle-Merseburg-Leipzig. Außer der Lage zum Wasserweg ist die stärkere oder schwächere Begünstigung einzelner Orte und Gebiete durch Bahn- und Straßenverkehrslage, durch die Wasserversorgung aus Urstromtälern und durch die Lage zu den Verbraucherorten der Bevölkerung für die gewerbliche Ansiedlung bestimmend.
Wohnflächen: Die Entwicklung der Wohngebiete wird sich zweckmäßig weiter im Anschluss an die bisherigen Stadtkörper und an die günstigen Gewerbestandorte vollziehen, wobei eine dezentralisierte Besiedlung der Ortschaften in der Einstundenlage zu mehreren Gewerbezentren erstrebt wird. – Die Einstundenzone eines Gewerbeortes umschließt sämtliche Wohnorte, von denen aus die Erwerbstätigen bei Benutzung der Bahn in höchstens eine Stunde zur Arbeitsstätte gelangen können. Wohnorte, die von mehreren Zonengrenzen umschlossen werden, sind demnach arbeitsmarktlich besonders günstig gelegen. – Die Wohnflächen sind in diesem Plane nur für Wohnorte mit vorwiegend gewerblicher Bevölkerung und für Wohnortgruppen mit mehr als 2000 Einwohnern eingetragen worden.
Grünflächen: Größere Waldflächen für öffentliche Erholung besitzt lediglich das Gebiet Dessau-Wittenberg-Bitterfeld, das Mansfelder Land, das Unstrutgebiet, Ostthüringen und das sächsische Mittelgebirgsland. Im Elster-Saale-Gebiet ist dagegen der Bestand an Waldflächen überaus gering. Hier gewinnen daher die Talniederungen (natürliche Überschwemmungsgebiete und angrenzende Niederungsgebiete) erhöhte Bedeutung für die Volkserholung und die Wasserwirtschaft. Dargestellt sind ferner für Preußen

und Anhalt die geschützten landschaftlich hervorrangenden Gegenden sowie die größeren Naturdenkmalschutzgebiete.

24. Überlandnetz der Elektrizitäts- und Gasversorgung für den engeren mitteldeutschen Industriebezirk in den angrenzenden Gebieten

Dargestellt ist das vorhandene Elektrizitäts- und Gasversorgungsnetz; projektierte Leitungen sind nur zum Teil angegeben. Die Karte gibt einen Überblick über die heutigen Versorgungsgebiete der einzelnen Unternehmungen, die sich aus dem regional und zeitlich verschieden stark aufgetretenen Versorgungsbedürfnis schrittweise herausgebildet haben. Fördern auf die Versorgung mit Elektrizität wirkte in neuerer Zeit die Gründung von Großkraftwerken auf der Braunkohle; der Bau der Stromverteilungsnetze ist fast abgeschlossen. Dagegen ist der Bau von Ferngasleitungen erst seit einigen Jahren im Gange.
Die Versorgungsnetze stellen der Landesplanung besondere Aufgaben:
Schutz der vorhandenen Leitungen vor baulichen Anlagen, die Störungen der Versorgungen mit sich bringen könnten oder eine spätere Ausbreitung des örtlichen Verteilungsnetzes erschweren würden.
Erleichterung des Baues von Fernleitungen durch Einpassung der Leitungsprojekte in die Wirtschaftspläne der Landesplanung (richtige Lage der Leitführung zum Baugebiet, Kohlegebiet, Verkehrsanlagen u. a. m.), wodurch eine Entlastung der Leitungsbaukosten möglich ist.

25. Wirtschaftsplan Wittenberg-Piesteritz und Umgebung

Die Stadt Wittenberg, ursprünglich als Marktsiedlung an der Handelsstraße Magdeburg-Lausitz-Schlesien entstanden, später als Festung am Elbübergang ausgebaut, gilt gegenwärtig wegen ihrer Verkehrslage am Elbstrom und am Kreuzungspunkt zweier bedeutender Bahnlinien als günstiger Gewerbestandort. In und bei Wittenberg haben sich in neuerer Zeit chemische Großbetriebe und Verbrauchsgüterindustrien niedergelassen und das Erwerbsleben von Stadt und Landkreis gefördert. Weitere örtliche Industrien nordwestlich von Wittenberg stützen sich auf größere Lager von Sanden und Tonen, auf die nahen Braunkohlenlager und benutzen die Vorteile des Wasserweges. Im Wirtschaftsplan werden folgende Flächennutzungen vorgeschlagen:
Industrieflächen für künftigen Bedarf können teils westlich von Wittenberg in Nachbarschaft der Bodenschätze, teils an Stichkanälen westlich und östlich der Stadt angelegt werden.
Städtische Mischgebiete sind innerhalb des alten Festungsgebiets an der Eisenbahn und den Ausfallstraßen ausgewiesen.
Die städtischen Wohngebiete geschlossenerer Bebauung werden durch Wohngebiete mit offenerer Bebauung in den Randgemeinden ergänzt. Beide dienen vornehmlich dem Bedarf der Industriearbeiterschaft, die in der Stadt Wittenberg, in Werkssiedlungen und in benachbarten ländlichen Gemeinden wohnt. Besonders zu schützen sind wertvolle alte gärtnerische Siedlungen – speziell für Blumen- und Gemüsebau – in den moorigen Niederungen der Umgebung.
Im Westen der Stadt werden die Industrieflächen durch ausgedehnte Grünflächen von den Wohnflächen getrennt.

26. Wirtschaftsplan Dessau-Roßlau-Zerbst

Im Wirtschaftsgebiet von Dessau und Umgebung ist eine rege wirtschaftliche Entwicklung beiderseits der Elbe im Gange, die durch den Mittellandkanal weiter gefördert werden wird. Inmitten fruchtbarer Landwirtschaft und in Nachbarschaft bedeutender Industriegebiete liegt die anhaltische Landeshauptstadt Dessau mit Industrien der Verarbeitung landwirtschaftlicher Erzeugnisse, der Metallwaren, des Flugzeug- und Apparatebaues (u. a. Junkers Flugzeuge), der Spezialmaschinenindustrie und der Holzindustrie. Rosslau weist chemische Werke, Porzellanindustrie und Holzindustrie auf. Zerbst hat Gemüsebau,

Veredlung landwirtschaftlicher Erzeugnisse, Eisen- und chemische Industrie, sowie arbeitsorientierte feinmechanische Gewerbe; es ist Hauptsitz der deutschen Thermometerindustrie. Neue Industrieflächen sind östlich der Mulde und am nördlichen Elbufer westlich Rosslau freizuhalten; letztere sollen der späteren Ansiedlung von Industrien mit großem Flächenbedarf dienen, die hier in bester Frachtlage zu den einheimischen und überseeischen Rohstoffen und zu den benachbarten Arbeitsmärkten nach Durchführung des Mittellandkanals einen vorzüglichen Standort finden. Auf diese künftige Entwicklung ist auch die Wohnflächenplanung teilweise eingestellt. Gegenwärtig gehören Rosslau, Zerbst und die westlichen Gemeinden zu den Hauptwohnsitzgemeinden der Dessauer Arbeitnehmer, während ein großer Teil der Dessauer Wohnbevölkerung seinen Erwerb im nahen Bitterfelder Industriegebiet findet.
Die günstigsten Wohnflächen liegen landschaftlich reizvoll an der Elbe- und Muldeniederung sowie bei den südlich und westlich vorgelagerten Waldungen.

27. Wirtschaftsplan Bitterfeld und Umgebung

Im Wirtschaftsgebiet Bitterfeld liegen zwei Braunkohlenflöze übereinander. Das obere liegt sehr flach und wird daher großflächiger und schneller abgebaut. Die Braunkohle beliefert Großbetriebe der Chemie, Elektrizitätskraftwerke, Papierindustrie und Betriebe der Steine und Erden. Für die Ansiedlung der chemischen Großindustrie war neben der Braunkohleversorgung ein billiger Grundstückserwerb, Grundwasserströme und Bahnverkehrslage entscheidend. Durch die Ansiedlung gewerblicher Arbeiter sind die Gemeinden stark gewachsen. Neue Wohnflächen werden außerhalb der Braunkohlevorkommen und auf wiedereingeebnetem Tagebaugelände offengehalten. Die vorhandenen Wohnflächen auf Braunkohle werden entweder nicht erweitert oder fallen dem Bergbau zum Opfer. Die Industrieflächen liegen in großflächiger Vereinigung westlich und nördlich von Bitterfeld. Diese der Windrichtung nach ungünstiger Lage ist historisch bedingt. Teils wird versucht, die Industrie durch Grünflächen von den Wohnflächen zu trennen. Die wichtigen Verkehrsanlagen, Bahnen und Straßen, bleiben bei fortschreitendem Kohleabbau auf Pfeilern stehen, die weniger wichtigen werden verlegt.

28. Wirtschaftsplan Hettstedt-Sandersleben sowie
29. Entwässerungsplan des Gebietes oberhalb Hettstedt

In dem Gebiet zwischen Eisleben und Hettstedt wird seit 100 Jahren der Mansfelder Kupfererzbergbau betrieben, auf dem heute noch das Erwerbsleben der Bevölkerung am Ostrand des Harzes beruht. Innerhalb des ausgehenden des Kupferschieferflözes sind die kleinen Schutthalden der ersten Gruben der mittelalterlichen Gewerke noch sichtbar. Gegenwärtig wird der Kupferschiefer südöstlich der dargestellten Gebiete im Tiefbau gefördert und auf Grubenbahnen nach Großörner und Burgörner geschafft. Hier befinden sich die Betriebe der Kupfergewinnung und -verarbeitung, in denen z. T. auch eingeführte Rohstoffe verhütet werden. Erhebliche Flächen sind durch riesige Schlackenhalden belegt. Die Wohnflächen der Arbeiterschaft liegen teils in den Betriebsgemeinden, teils in der benachbarten Stadt Hettstedt und in den preußischen und anhaltischen Gemeinden der Umgebung. Mit Rücksicht auf das Bergklima liegen die Wohnflächen größtenteils windgeschützt in Tälern. Da der Fortbestand des Mansfelder Kupferschieferbergbaues durch das anhaltende Sinken des Weltmarktkupferpreises gefährdet ist, werden die ausgewiesenen Wohnflächen in absehbarer Zeit nur in geringem Umfange beansprucht werden und durch Pachtgartenflächen an geeigneter Stelle zu ersetzen sein.
Dadurch würde der größtenteils im Eigenhaus hier ansässigen Bevölkerung, die allmählich ihre Arbeitsgelegenheit einbüßt, ihre Ernährungsgrundlage erhalten bzw. erweitert werden. Die Führung der Verkehrsstraßen, die auch dem lebhaften Harzreiseverkehr dienen, bedarf innerhalb der eng gedrängten Ortslagen des Wippertales zahlreicher Verbesserungen. In Hettstedt und dem anhaltischen Sandersleben wird die Anlage größerer Umgehungsstraßen notwendig. Die eng verbundenen Ortslagen bedürfen fer-

ner einer gemeinsamen Kanalisation mit verschiedenen Kläranlagen für die Abwässer der Gewerbeflächen und Wohnflächen. Das Projekt paßt sich den Planabsichten des Wirtschaftsplanes an.

30.Gesamtsiedlungsplan für das engere Hallische Wirtschaftsgebiet (ohne textliche Erläuterung)

31. Wirtschaftsplan Schkeuditz und Umgebung
Die Stadt Schkeuditz, in unmittelbarer Nachbarschaft der sächsischen Großstadt Leipzig, ist mit dieser wirtschaftlich eng verbunden.
Es findet beiderseits ein reger Austauschverkehr an Arbeitskräften statt, wobei Schkeuditz überwiegend Wohnsitzgemeinde ist. Eine Anzahl von typischen Leipziger Gewerben, besonders der Pelzwarenbranche, der Nahrungs- und Genußmittelindustrie sowie der Holzverarbeitung sind hier ansässig.
Erhöhte Bedeutung hat Schkeuditz durch den Flughafen Halle-Leipzig, dessen Einflugbereich sich auf fast ganz Mitteldeutschland erstreckt. Der Hafen hat den starken Spitzenverkehr der Leipziger Messen aufzunehmen und soll später Imstande sein, den Flughafen Berlin-Tempelhof zu entlasten. Zur Sicherung des Anfluges sind im Wirtschaftsplan um die Rollfeldgrenze Schutzzonen von 0,5 bis 1,5 km vorgesehen. Die Nachbarschaft von Sachsen und Leipzig ergibt für Schkeuditz eine Reihe zwischenstaatlicher und –gemeindlicher Aufgaben größerer Bedeutung. Die geplanten Verkehrsstraßen berücksichtigen besonders die Anschlüsse an die Reichsfernstraßen, an die geplante Kraftwagenbahn Leipzig-Halle und an den Flughafen. Die Weiterführung der bestehenden Oberlandbahn Leipzig-Schkeuditz bis zum Flughafen ist dargestellt. In das Verkehrsliniennetz hingen sich die Bauflächen als Industriegebiet, Mischgebiet und Wohngebiet ein. Die natürlich baubeschränkten Überschwemmungsflächen der Elsteraue gewinnen für die Bevölkerung des gesamten Gebiets steigende Bedeutung als Erholungsflächen. Ihre landwirtschaftliche Ausgestaltung ist eng verbunden mit der Vorflutreinhaltung und Regulierung der Elster.

32. Arbeitsstätten und Wohnorte der Erwerbstätigen im Wirtschaftsgebiet Merseburg-Leuna-Geiseltal (zusammen mit Plan 33)

33. Wirtschaftsplan des westlichen Geiseltals
Im Geiseltal bei Merseburg, auf einer Fläche von etwa 5.000 ha., liegen etwa 1 Milliarde von 9,4 Milliarden to. der gesamten Braunkohlenvorräte Mitteldeutschlands in einer FIözmächtigkeit bis zu 90 m und mehr. Rohbraunkohle wird an die Ortsindustrie der angeschlossenen Brikettwerke, ferner an die Zuckerfabrik Stöbnitz, das Großkraftwerk und die Maschinenglasfabrik in Kayna sowie das Leunawerk durch Werksbahnen, an die Industrien der Umgebung mittels der Reichsbahn geliefert. Auf weitere Strecken und für den Hausbrand kommt brikettierte Kohle zum Versand. Neue Industrieflächen werden für ähnliche Betriebe in Nachbarschaft der jetzigen Werke und bei Frankleben im Südwesten von Merseburg vorgesehen. Die Mächtigkeit des Kohlevorkommens lohnt den Abbruch und die Verlegung von vorhandenen Bahnen, Straßen und Straßenbahnen. Vorflutern, Baulichkeiten und ganzen Ortschaften. Abbruch und Verlegung erfolgen abschnittsweise entsprechend dem Vordringen der einzelnen Gruben. Die Landwirtschaft, auf die jetzt noch eine Bevölkerung von etwa 10.000 unter 83.000 Geiseltalbewohnern insgesamt entfällt, wird ausgekauft und wandert allmählich ab. Mit fortschreitendem Abbruch der alten Ortslagen werden daher neue Wohnflächen nur für den Bedarf gewerblicher Arbeiter sowie für Versorgungsgewerbe notwendig. Diese Flächen liegen am Südrand und Ostrand des ausgehenden der Braunkohle, zu wenigen größeren Siedlungen zusammengefaßt, und sind jetzt schon größtenteils mit Werkssiedlungen einzelner Bergwerksgesellschaften bebaut. Andere Orte, wie St. Ulrich, Stöbnitz, Crumpa und Bedra, bewahren ihren landwirtschaftlichen Charakter. Umgemeindungen sind bereits im Sinne der Planbearbeitung erfolgt. – Der gegenwärtige Zustand (1931) des gesamten Wirtschaftgebietes nach dem Abschluß

der jüngsten raschen Aufwärtsentwicklung wird durch den seit 1924 nicht berichtigten Unterdruck nur teilweise wiedergegeben.

34. Wirtschaftsplan Weißenfels

Die Stadt Weißenfels liegt an der Eingangspforte zur thüringischen Landschaft und sammelt den Verkehr der Eisenbahnen und Straßen zwischen Halle-Leipzig einerseits und Ost- und Mittelthüringen andererseits. Die Bedeutung von Weißenfels in dieser günstigen Fernverkehrslage wird durch seine örtlichen Beziehungen gesteigert, die es inmitten einer reichen, größtenteils mittelbäuerlichen Landwirtschaft und in Nachbarschaft des südöstlichen Braunkohlenreviers sowie des nördlichen Wirtschaftsgebiets Merseburg-Leuna-Geiseltal einnimmt. Die Wohnbevölkerung findet ihren Erwerb teils in der historischen Leder- und Schuhindustrie, teils in örtlicher Papierindustrie, in eisenverarbeitender Industrie, im Braugewerbe, Versorgungsgewerbe aller Art und in lebhaftem Handel. Größere Teile der Weißenfelser Wohnbevölkerung sind auch im nördlich gelegenen Leunawerk tätig, geringere Teile finden ihren Erwerb in Leipzig, Naumburg, Merseburg, Halle, Zeitz, im Braunkohlenbergbau des Geiseltals und in den südlichen Kohlenrevieren von Hohenmölsen und Luckenau. An das Mischgebiet der Innenstadt schließen sich Wohnflächen in offenerer Bebauung auf den Hängen südlich der Saale an. Das flachere Gelände im Norden, im Anschluß an die Bahn und an das bestehende Mischgebiet mit größeren gewerblichen Anlagen bietet für zukünftige Industrie geeigneten Raum. In Weißenfels gabeln sich die Straßen, die aus dem Saaletal nach Leipzig und Halle führen; eine weitere Hauptstraße zweigt nach Süden in Richtung Plauen und Fichtelgebirge ab. Mit Rücksicht auf die bereits weit vorgeschrittene Verbauung und das bewegte Gelände ist für die Zukunft im Südwesten eine Umgehungsstraße in großem Bogen geplant, ähnlich der weitausholenden Schleife der Eisenbahn Zeitz-Weißenfels.

35. Wirtschaftsplan Zipsendorf-Meuselwitz und Umgebung

Meuselwitz, Zipsendorf und Umgebung gehören zu den ältesten mitteldeutschen Braunkohlenrevieren. Noch stärker als im Bitterfelder Revier wechseln hier die gleichen Flächen ihre wirtschaftliche Nutzung. Unter Flächen, die früher bereits im Tiefbau und im Tagebau abgebaut worden sind, werden tiefere Braunkohlenflöze nach neueren wirtschaftlichen Methoden nochmals aufgeschlossen. Erschöpfte Tage- und Tiefbaufelder werden für Wohnzwecke nutzbar gemacht. Gemeinsam für die Gemeinden Zipsendorf und Meuselwitz muß die Lage von Wohnflächen, Grünflächen, Verkehrsstraßen und Kanalisationsanlagen im Einvernehmen mit dem Bergbau dem Fortschritt der Tagebauten und Tiefbauten angepaßt werden. Die wichtigen Verkehrsanlagen, insbesondere Bahnen, bleiben auf Sicherheitspfeilern bestehen. Straßenverlegungen werden in ihrer künftigen Linienführung mit den notwendigen Umgehungsstraßen zu verbinden sein. Gelände für spätere Industrieansiedlung ist zwangsläufig im Westen beider Orte im Anschluß an die Zeitzer Bahn gegeben. Da Zipsendorf preußisch und Meuselwitz thüringisch ist, bedarf es, wie dies bei der Planbearbeitung geschehen ist, auch bei der Durchführung einer zwischenstaatlichen Verständigung. – Beide Orte sind Wohnsitze für zahlreiche Bergbauarbeitnehmer der benachbarten Grubengebiete und unterhalten einen regen Austausch von Arbeitskräften mit den Nachbarstädten Zeitz, Altenburg, Rositz. Die Stadt Meuselwitz hat eine bedeutende Fabrikation von Porzellanen, Installationsmaterial, Baumwollwebstoffen, Steinbearbeitungsmaschinen, Förderanlagen und sonstige Spezialindustrien; Versorgungs- und Handelsgewerbe dienen dem Bedarf der dichten bergbaulichen Gebietsbevölkerung.

36. Wirtschaftsplan Corbetha-Spergau-Dürrenberg

Corbetha liegt an der wichtigen Eisenbahngabel der Linien aus Richtung Weißenfels nach Halle und Leipzig, ist aber erst durch den Zuzug von Arbeitnehmern des nahen Leunawerkes lebhafter gewachsen, ebenso wie seine Nachbargemeinden Wengelsdorf und Spergau. Ein großer Teil der Arbeitnehmer ist außerhalb der nördlich gelegenen Werkssiedlung Leuna in Bad Dürrenberg angesiedelt worden. Dieses Soolebad mit seinen landschaftlich schönen Kuranlagen wird von der einheimischen Industriebevölkerung und von Leipziger Einwohnern in steigendem Maße aufgesucht. Die Soolequellen Dürrenbergs werden durch eine staatliche Saline ausgebeutet. Bei Spergau und Corbetha treten verarbeitende Industrien von Glassand- und Kaolinlagern auf. Die Umgebung zeigt hochentwickelte Landwirtschaft. Künftige Industrieentwicklung findet geeignetes Gelände im Norden im Anschluß an die bedeutenden Eisenbahnlinien und an die Reserveflächen des Leunawerkes. Ferner ist die Führung der wichtigeren Straßen unter Vermeidung der engen dörflichen Ortslagen und die Freihaltung dieser Verkehrsflächen eine dringende Aufgabe. Geplante Wohnflächen sind an den zum Bahnverkehr gleich günstig gelegenen Orten Corbetha und Dürrenberg zusammengefaßt. Landschaftsgestaltung und weitere Erschließung des Saaletals unter Berücksichtigung der Kanalisierungspläne ergänzen die hier vorhandenen Planungsaufgaben.

37. Wirtschaftsplan Zeitz und Umgebung

In der Stadt Zeitz und ihren Vororten sind Textilbetriebe, Kinderwagenindustrie, Metallwaren- und Maschinenfabriken, Klavierfabriken und Nahrungsmittelindustrie aller Art (Zucker- und Schokoladenfabriken) ansässig. Mit dieser typischen Verbrauchsgüterproduktion, die sich wesentlich auf eingesessene qualifizierte Arbeitskräfte stützt, trägt das Zeitzer Gewerbe den Charakter des sächsisch-thüringischen Gewerbegebiets. Zwischen der Stadt, den Vororten und den Braunkohlengebieten der Umgebung, besonders im Weißenfelser Revier, findet ein reger Austausch an Arbeitskräften statt; ein Teil sucht täglich entferntere Arbeitsstätten auf, u. a. die Großstadt Leipzig. Das lebhafte Wachstum der Stadt Zeitz rechtfertigt die Ausweisung neuer Industrieflächen am nördlich gelegenen Bahnhof, in Nachbarschaft der Braunkohle und an dem projektierten Kanal Leipzig-Gera, dessen Verwirklichung z. Zt. noch ungewiß ist. Die neuen Wohnflächen zeichnen sich durch vorzügliche Lage im südöstlichen Hügelland aus und werden durch Grünflächen in den Talfalten stark aufgelockert. Die Planung der notwendigen Umgehungsstraßen und ihrer zweckmäßigen Verbindung mit den vorstädtischen Gebieten wird durch das bewegte Gelände und durch die bereits vorhandene Bebauung erschwert. Die landschaftlichen Vorzüge der Gebiete im Süden und Westen der Stadt erfordern besondere Pflege. – Im Gegensatz zu Weißenfels erstreckt sich der Entwicklungsplan von Zeitz auf eine Anzahl von Vorortgemeinden, die an Industrie und Bevölkerung in raschem Wachstum begriffen sind, besonders Aue und Rasberg; die einheitliche Durchführung des Geplanten ist hier eine wichtige zwischengemeindliche Aufgabe.

38. Wirtschaftsplan Naumburg-Kösen-Freyburg

Die Umgebung von Naumburg, Bad Kösen und Freyburg ist wegen ihrer landschaftlichen Reize das besuchteste Erholungsgebiet der gewerbereichen sächsischen Bucht. Die Rentnerstadt, Behördenstadt und Schulstadt Naumburg ist gleichzeitig das Kultur- und Wirtschaftszentrum einer größeren preußisch-thüringischen Umgebung. Industrieanlagen sind hier nur in geringem Umfange, hauptsächlich von der Holz- und Textilindustrie vorhanden. In jüngerer Zeit begeben sich aus Naumburg zahlreiche männliche Arbeitnehmer täglich nach dem bei Merseburg gelegenen Leunawerk und weibliche Arbeitnehmer in die Apoldaer Textilindustrie. Bad Kösen besitzt wegen seiner Bäder und seiner Burgenlandschaft große Anziehungskraft. Freyburg betreibt hauptsächlich Obstbau und Winzerei. Industrien der Steine und Erden, besonders Kalk- und Zementwerke, gewinnen und verarbeiten die vorhandenen Bodenschätze des Saale- und Unstruttales. – Die Aufgabe des Wirtschaftsplanes besteht im Schutz der Weinberghänge der Saale und Unstrut gegen planlose Besiedlung durch Wochenendhäuser und in der Pflege und Erschließung der landschaftlichen Schönheit des Gebiets. – Der Verkehrsaufschluß des Erholungsgebiets ist durch eine Fernstraße auf dem nördlichen Saaleufer geplant, die gleichzeitig zur Entlastung der alten Ortsdurchfahrten der Talstraße dienen soll.

39. Entwicklungsplan für die Stadt Magdeburg und ihr Einflußgebiet
ENTWURF: STADTERWEITERUNGSAMT MAGDEBURG 1931.
Magdeburg ist entstanden als Brückenort und als nordöstlichste Randstadt der Ausläufer des Mittelgebirges, Ausfallstor nach Osten und Stützpunkt der Ostgrenzbefestigung (bis 1900) unmittelbar neben dem fruchtbaren Hinterland der Börde, einer Lößhügelkette, die beste Böden und klimatische Vorzüge aufweist. Der Anbau von Weizen, Zuckerrüben, Gemüse und Handelsgewächsen wird hier von einer intensiven Landwirtschaft betrieben. Das Straßennetz alter Handelswege vereinigt sich in einem Elbübergang, der durch das Niederungsdelta der Elbe (Zusammenfluß mit dem Breslauer Urstromtal) geschützt wurde. Aus dem Dreißigjährigen Kriege ging die reiche Stadt gänzlich zerstört hervor. Trotz der weitsichtigen Vorschläge Otto v. Guerickes für die Neubebauung blieb leider die Enge der mittelalterlichen Straßenzüge in der Altstadt bestehen. Sie wurde bis ins 19. Jahrhundert durch den immer stärker werdenden Festungsgürtel fixiert; dessen Aufhebung ermöglichte jedoch die Ausgestaltung eines willkommenen Grünringes. Im 18. Jahrhundert bereits war eine blühende Textilindustrie und Tabakfabrikation in Magdeburg ansässig. Sie wurde um 1830 durch die neue Industrieentwicklung der Stadt abgelöst, die mit der Anlage von Werften und Maschinenfabriken für die Dampfschiffahrt, später auch für den Bergbau und die landwirtschaftliche Verarbeitungsindustrie einsetzte. Südwestlich von Magdeburg, in etwa 20 bis 30 km Abstand ziehen sich in weitem Bogen ausgedehnte Braunkohle-, Erz- und Salzreviere hin, ergänzt durch eine bedeutende landwirtschaftliche Veredelungsindustrie und Betriebe der Gesteine und Erden. Auf den technischen Bedarf dieser Produktionszweige und der Landwirtschaft ist die heutige Magdeburger Industrie vornehmlich eingestellt; sie ergänzt sich durch bedeutende Nahrungs- und Genußmittelgewerbe. Der Magdeburger Handel ist der Großversorger der gewerblichen Bevölkerung der Umgebung, insbesondere des Nordharzes und seines Vorlandes, aber auch großer Teile des Elbgebietes und des weiteren Mitteldeutschlands. Im Zucker- und Getreidegroßhandel Deutschlands nimmt Magdeburg eine führende Stelle ein, gefördert durch die Lage am Elbstrom und durch die Verbindungslage einerseits zwischen den nördlichen Einfuhrhäfen und Mitteldeutschland, andererseits zwischen Berlin und Westdeutschland.
Die Bahnanlagen am Elbufer, die jetzt die Stadt von der Elbe abtrennen, können und müssen fortfallen. Sie sind ein Rudiment der ersten alten Bahnstrecke, die sich außerhalb der Stadtwälle halten mußte. Die Umlegung der Bahn, die nach Aufgabe der inneren Befestigung den Glacisring im Westen benutzte, hat für die Stadtentwicklung eine neue Erschwerung geschaffen; die Ostwestverbindungen werden durch den Bahnkörper stark behindert. Eine Verlegung des an den Hauptbahnhof angeschlossenen Güterbahnhofs nach Nordwesten ist erstrebenswert. Der starke Durchgangsverkehr Magdeburgs macht ein Umgehungsstraßensystem notwendig, das in Ansätzen schon vorhanden ist. In dem nördlichen Niederungsgebiet zwischen der Trasse des Mittellandkanals und den bisherigen Häfen wird ein umfangreiches neues Industrie- und Hafengelände erschlossen. Die Zukunftsaufgabe der Stadt ist der Ausbau dieses Industriekomplexes im Norden der Stadt. Die Elbehäfen erhalten durch einen Abstiegkanal und ein Schiffshebewerk Verbindung mit dem Mittellandkanal. Magdeburg bekommt dadurch einen neuen wirtschaftlichen Faktor, der seine Stellung als die eines nördlichen Kernpunktes der mitteldeutschen Industrie befestigen wird.
Die Bevölkerung, von der über die Hälfte in der Industrie und ein Drittel im Handel tätig ist, stellt eine besonders hochqualifizierte Arbeiterschaft. Als unmittelbares Einflußgebiet der Stadt ist der Elbestreifen bis Schönebeck und die Orte im 10-Kilometer-Umkreis anzusehen. Nach dem Plan würden hier etwa 800.000 Einwohner Platz finden.
Die Industrie folgt dem Elblauf und den Außenbahnen. Der Komplex Westerhüsen/Buckau umfaßt hauptsächlich Schwerindustrie und chemische Industrie. An der Braunschweiger Bahn zwischen Sudenburg und Wilhelmstadt liegen der Schlacht- und Viehhof und eine große Metallwarenfabrik. Obwohl die Rauch- und Geruchsbelästigungszone nach Westen nur wenig Wohngebiet überdeckt, wäre Umlegung

erwünscht. Vorläufig ist das Gebiet so eingeriegelt, daß keine größeren Erweiterungen möglich sind. Ähnlich liegt es bei einem kleinen Gebiet östlich der Friedrichstadt an der Strecke der alten Berliner Bahn, das außerdem schlechte Verkehrsverbindungen hat. Ein neuerer Industriekern zwischen alter und neuer Neustadt enthält Groß- und Kleinbetriebe, Brauereien usw. Er ist ausbaufähig und hat Anschluß an das alte und neuerschlossene Hafengebiet, in dessen nördlicher Verlängerung die neuen Großindustrien unter sehr günstigen Standortsbedingungen angesiedelt werden.
Stark mit Industrie durchsetzt sind die Arbeitervororte Sudenburg, Alte und Neue Neustadt und Friedrichstadt. Das umfassendste Wohngebiet aus dem Ende des vorigen Jahrhunderts ist die Wilhelmstadt. Die Großsiedlung nach dem Kriege nahm zwischen Wilhelmstadt und Diesdorf ihren Ausgangspunkt. Seit 1929 wird der Ostrand der Stadt bei Cracau und östlich Friedrichstadt mit Großsiedlung bebaut. Augenblicklich wird ein neuer Komplex zwischen Alter Neustadt und Rothensee erschlossen. Außer den großen zusammenhängenden Gebieten mit geschlossener Bebauung sind in großem Umfange Gebiete für eine vereinfachte Form der Erschließung und höchstens zweigeschossiger Bauweise und ausreichender Land- bzw. Gartenzulage für die Wohnungen vorgesehen.
In den Mischwaldbeständen der Elbniederung hat Magdeburg ostelbisch einen gewissen Reichtum an Erholungsflächen. Parkmäßig gestaltet ist die Elbinsel mit dem Ausstellungsgelände und ein Gebiet östlich der alten Neustadt mit Rennbahn und großen Wiesenflächen. Auf dem Westufer der Elbe sind neben dem Grüngürtel des Glacis einige zusammenhängende Parks, Friedhöfe usw. geblieben. Außerdem werden planmäßig unter Benutzung der Bachläufe radiale Grünstreifen nach den Außenbezirken angelegt. Die Außenforts sollen fast sämtlich als Erholungsstätten ausgebaut werden. Zum Teil ist der Ausbau schon durchgeführt.

Karten aus dem Planungsatlas:

„Landesplanung für den mitteldeutschen Industriebezirk“, 1932

„INHALT DES KARTENBANDES

VORBEMERKUNG: Die Untersuchungen dieses Werkes sind so aufgebaut, daß der engere mitteldeutsche Industriebezirk sowohl In seinem Eigenleben wie in seiner Bedingtheit durch das weitere Mitteldeutschland auf dem Gebiete des Verkehrs, des Arbeitsmarktes, der Bevölkerungsbewegung und der Bodeninteressen betrachtet wird. Der Rahmen der landeskundlichen Untersuchungen der Karten 1–18 Im Maßstab 1:1.000.000 ist daher das mitteldeutsche Gebiet, das im Süden durch das Erzgebirge und den Thüringer Wald, im Norden durch die Norddeutsche Tiefebene, im Westen durch den Leinegraben natürlich begrenzt wird und das im Osten die Übergangszone der Lausitz erfaßt. Diese Übersichtskarten enthalten die Gemeinden mit mehr als 2.000 Einwohnern. Demgegenüber geben die Spezialuntersuchungen der Karten 19–24 Im Maßstab 1:200.000 sämtliche Gemeinden des mit der Braunkohle verbundenen mitteldeutschen Industriebezirks wieder.
Ausschnitte aus dem Aufgabenbereich der allgemeinen Landesplanung stellen die Verkehrsübersichtspläne 18 und 22, der Gewerbe-, Wohn- und Grünflächenplan 23 und der Plan der Gas- und Kraftversorgung 24 dar. Einige verschieden geartete Beispiele der speziellen Landesplanung bilden die Wirtschaftspläne einzelner Gebietsteile in größeren Maßstäben. Sie tragen lediglich den Charakter von Entwürfen, die den Erwägungen zum jeweiligen Zeitpunkt der Planungsaufstellung entsprechen und schaffen daher auch keine endgültige und rechtlich gesicherte Bestimmung für die Flächennutzung. Landesplanung und Städtebau von heute betrachten die Wirtschaftspläne als Programme, die mit den ständig wechselnden tatsächlichen Verhältnissen ihren Inhalt ändern, und die schließlich so geformt werden, daß der verhältnismäßig geringe Flächenbedarf der nächsten Zukunft an richtiger Stelle gedeckt werden kann. Entsprechend solcher Labilität der Planung ist auch für die einliegenden örtlichen Wirtschaftspläne von Zeit zu Zeit eine Überarbeitung zu erwarten. Trotz der drucktechnisch bedingten ausgedehnten Bearbeitungszeit dieses Werkes ist angestrebt worden, den neuesten Stand der Planungsarbeit wiederzugeben. Nähere Ausführungen über die weitere Entwicklung der landesplanlichen Auffassungen sind Im Textband enthalten.“

LANDESPLANUNGSBEZIRKE UND POLITISCHE GLIEDERUNG VON MITTELDEUTSCHLAND

2

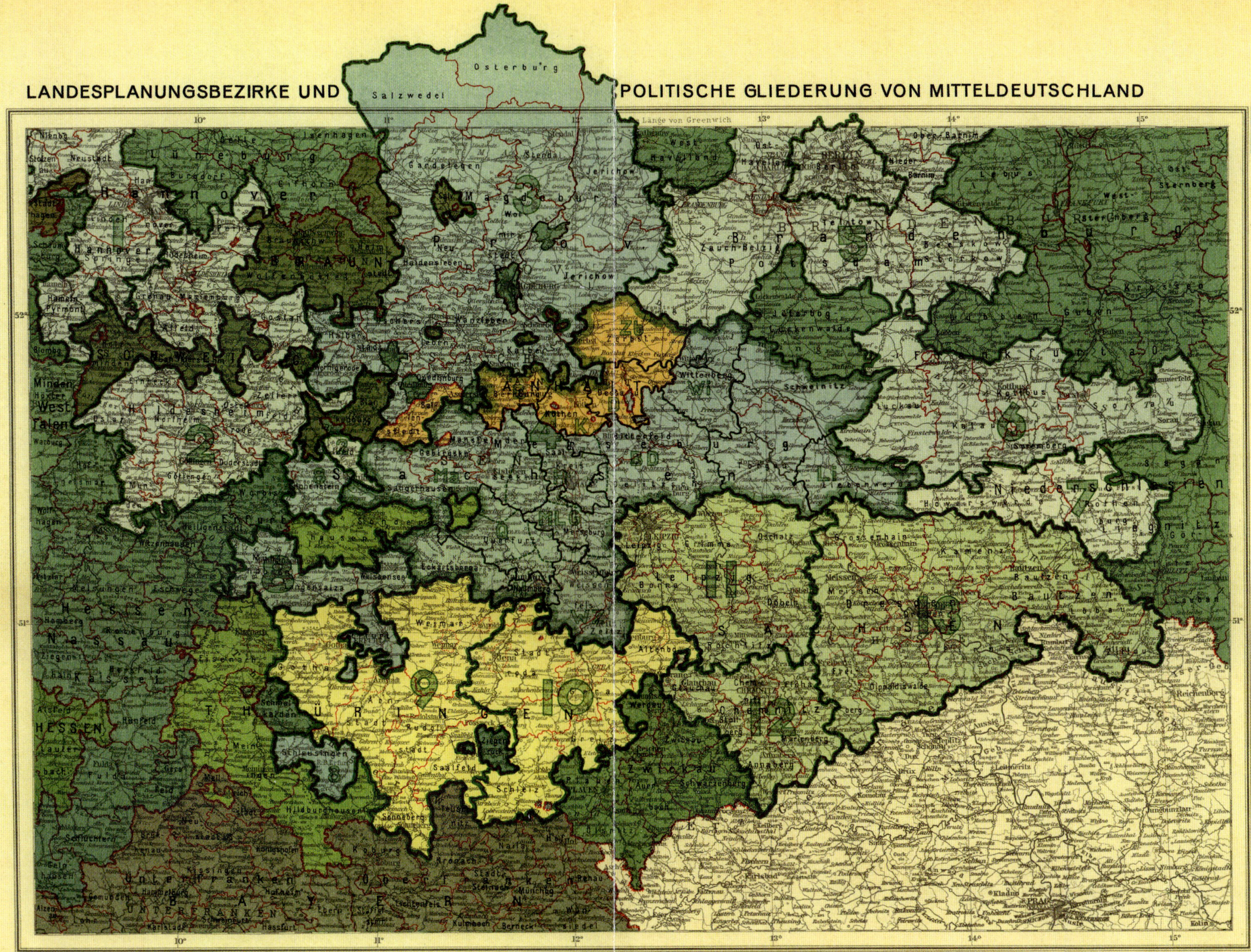

Geogr. Anst. v. Wagner & Debes, Leipzig

Maßstab 1:1000000,
1 Kilometer in der Natur = 1 Mm. auf der Karte

Landesplanung Merseburg 1931.

Grenzen: .... preuß. Stadtkreise und Städte mit mehr als 20000 Einwohnern, ____ Landkreise bzw. Amtshauptmannschaften, ---- Regierungsbezirke bzw. Kreishauptmannschaften, -.-.- Provinzen, Länder, Reich

Mitteldeutsche Landesplanungsstellen (nach dem Stande des Jahres 1930)	Gründungsjahr	Fläche qkm	Wohnbevölkerung 1925 in 1000	Bevölkerungsdichte: Einwohner auf 100 qkm	Anzahl der Gemeinden 1928
1. Landesplanung des Regierungsbezirks Hannover	1929	5,784	823,0	142,30	626
2. Landesplanung des Regierungsbezirks Hildesheim	1929	5,354	594,3	111,01	732
3. Landesplanung Bezirk Magdeburg	1928	11,146	872,4	112,34	1419
4. Landesplanung für den engeren mitteldeutschen Industriebezirk, zu Merseburg	1922/25	12,193	1731,5	142,10	2467
5. Landesplanung Brandenburg-Mitte	1929	8,193	638,2	77,8	969
6. Planungsgemeinschaft der brandenburgischen Niederlausitz, zu Cottbus	1928/29	4,698	451,2	96,0	930

Mitteldeutsche Landesplanungsstellen (nach dem Stande des Jahres 1930)	Gründungsjahr	Fläche qkm	Wohnbevölkerung 1925 in 1000	Bevölkerungsdichte: Einwohner auf 100 qkm	Anzahl der Gemeinden 1928
7. Landesplanung der schles. Niederlausitz, Liegnitz	1928/29	1,993	130,6	65,7	366
8. Landesplanung Regierungsbezirk Erfurt	1930	2,452	457,0	186,3	353
9. Landesplanung Thüringen-Mitte, zu Weimar	1930	4,687	628,0	133,8	693
10. Ostthüringische Landesplanungsstelle, zu Gera	1926	3,343	531,5	158,8	822
11. Landesplanung Westsachsen, Kreishauptm. Leipzig	1925	3,566	1307,3	366,58	912
12. Landesplanung Westsachsen, Kreishauptm. Chemnitz	1914/25	2,073	976,1	470,79	282
13. Landesplanung Ostsachsen, Kreishauptmannschaften Dresden und Bautzen, zu Dresden	1926	6,807	1854,3	272,8	1343

Die örtlichen Planungsstellen der Landesplanung Merseburg:

BD = Siedlungsausschuß „Wirtschaftsgebiet Bitterfeld-Delitzsch"
Be = Anhaltischer Landkreis Bernburg
D = Anhaltischer Landkreis Dessau
H = Siedlungsausschuß „Wirtschaftsgebiet Halle"
K = Anhaltischer Landkreis Köthen
Li = Siedlungsausschuß des Landkreises Liebenwerda
Ma = Siedlungsausschuß „Wirtschaftsgebiet Mansfelder-Land"
MLG = Siedlungsausschuß „Wirtschaftsgebiet Merseburg-Leuna-Geiseltal"
N = Siedlungsausschuß „Wirtschaftsgebiet Naumburg"
Q = Landkreis Querfurt
Wi = Stadtkreis Wittenberg und Siedlungsausschuß „Wittenberg-Land"
WZ = Siedlungsausschuß „Wirtschaftsgebiet Weißenfels-Zeitz"
Zb = Anhaltischer Landkreis Zerbst

POLITISCHE GLIEDERUNG VON MITTELDEUTSCHLAND

1

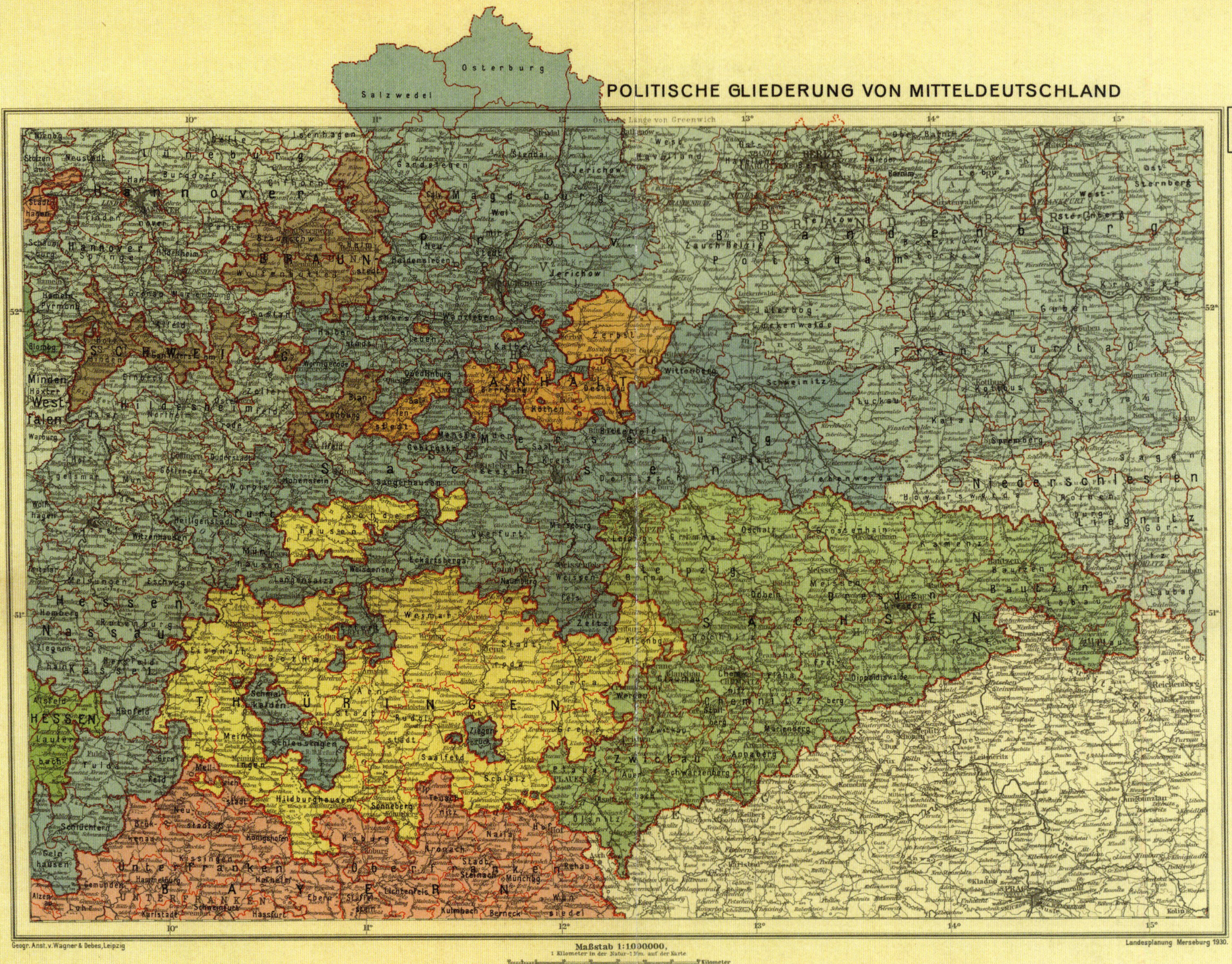

Grenzen: .... preuß. Stadtkreise und Städte mit mehr als 20000 Einwohnern, ____ Landkreise bzw. Amtshauptmannschaften, ---- Regierungsbezirke bzw. Kreishauptmannschaften, -.-.- Provinzen, ⊢⊢⊢ Länder, ⊢⊢⊢ Reich

B

Verwaltungsbezirk	Gebietsfläche qkm 1925	Länge der Grenzen km	Verhältnis der vorhandenen Grenzlänge zur kürzestmöglich. (= 1 gesetzt) Grenzlänge	Zahl d. Stadt- und Landkreise	Zahl der Gemeinde-Einh. 1929	Wohnbevölkerung 1925 in 1000
Spalte 1	2	3	4	5	6	7
Land Thüringen	11 750,64	1 526 ca.	1 : 3.52	26	1 964	1 609,3
Land Anhalt	2 306,45	750	1 : 3,90	5	298	351,1
Mitteldeutschland ausschl. Sachsen	*39 330,90*	.	.	*86*	*6 425*	*5 237,9*
Mitteldeutschland einschl. Sachsen	*54 323,84*	.	.	*135*	*9 400*	*10 230,2*
Bezirk der Landesplanung Merseburg (Reg.-Bez. Merseburg und Land Anhalt ohne Kr. Ballenstedt)	*12 193,03*	*1 260 ca.*	*1 : 2,86*	*27*	*2 467*	*1 731,5*
Land Braunschweig	3 672,05	1 359	1 : 5,6	6	447	501,9
Bayr. Reg.-Bezirk Oberfranken	7 506,63	839	1 : 2,42	30	1 119	757,5
Bayr. Reg.-Bezirk Unterfranken	8 444,72	864	1 : 2,5	27	1 005	762,7

Reihenfolge der Tabellen: A, B, C.

A

Verwaltungsbezirk	Gebietsfläche qkm 1925	Länge der Grenzen km	Verhältnis der vorhandenen Grenzlänge zur kürzestmöglich. (= 1 gesetzt) Grenzlänge	Zahl d. Stadt- und Landkreise	Zahl der Gemeinde-Einh. 1929	Wohnbevölkerung 1925 in 1000
Spalte 1	2	3	4	5	6	7
Preuß. Reg.-Bezirk Magdeburg	11 528,51	1 144	1 : 2,68	20	1 402	1 294,5
Preuß. Reg.-Bezirk Merseburg	10 216,48	1 188,5	1 : 2,96	23	2 191	1 412,7
Preuß. Reg.-Bezirk Erfurt	3 583,87	1 138	1 : 4,77	12	570	570,3
Preuß. Provinz Sachsen	*25 273,81*	*3 420 ca.*	*1 : 5,38*	*55*	*4 163*	*3 277,5*
Sächs. Kreishauptmannschaft Bautzen	2 469,33	430,7	1 : 2,17	6	511	461,2
Sächs. Kreishauptmannschaft Chemnitz	2 073,29	366,9	1 : 2,02	9	282	976,1
Sächs. Kreishauptmannschaft Dresden	4 336,86	520,0	1 : 1,97	12	832	1 393,0
Sächs. Kreishauptmannschaft Leipzig	3 566,25	487,1	1 : 2,04	10	912	1 307,3
Sächs. Kreishauptmannschaft Zwickau	2 546,81	473,3	1 : 2,34	12	438	854,8
Land Sachsen	*14 992,94*	*1 301,1*	*1 : 2,67*	*49*	*2 975*	*4 992,3*

C

Verwaltungsbezirk	Gebietsfläche qkm 1925	Länge der Grenzen km	Verhältnis der vorhandenen Grenzlänge zur kürzestmöglich. (= 1 gesetzt) Grenzlänge	Zahl d. Stadt- und Landkreise	Zahl der Gemeinde-Einh. 1929	Wohnbevölkerung 1925 in 1000
Spalte 1	2	3	4	5	6	7
Stadt Berlin	*878,40*	.	.	*1*	*1*	*4 024,2*
Preuß. Reg.-Bez. Potsdam	19 835,51	.	.	19	2 395	1 299,9
Preuß. Reg.-Bez. Frankfurt a./O.	19 200,02	.	.	22	2 629	1 292,5
Preuß. Provinz Brandenburg	*39 035,53*	.	.	*41*	*5 024*	*2 592,4*
Preuß. Reg.-Bezirk Liegnitz	13 616,93	.	.	24	2 601	1 235,2
Preuß. Reg.-Bezirk Hannover	5 783,80	.	.	13	626	823,0
Preuß. Reg.-Bezirk Hildesheim	5 353,45	.	.	18	732	594,3
Preuß Reg.-Bezirk Kassel	10 048,96	.	.	25	1 657	1 092,3

TOPOGRAPHISCHE ÜBERSICHT VON MITTELDEUTSCHLAND

3

Geogr. Anst. v. Wagner & Debes, Leipzig

Landesplanung Merseburg 1931

Maßstab 1:1000000,
1 Kilometer in der Natur = 1 Mm. auf der Karte.

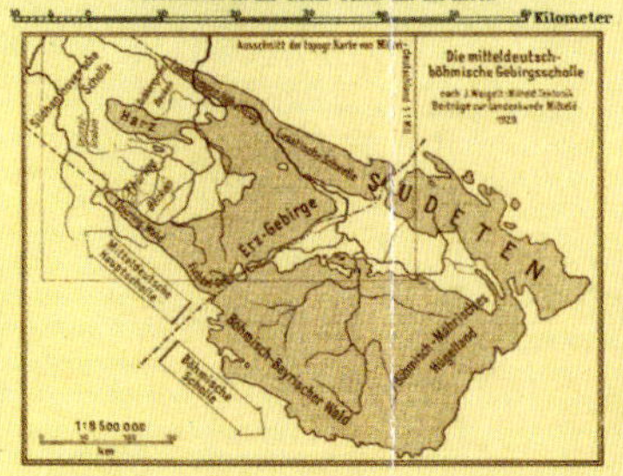

I. Situation

- Flüsse und Bäche (Vorfluten)
- Kanäle
- Straßen
- Kreisgrenzen
- Landesgrenzen
- Reichsgrenzen
- Ortschaften

II. Gebirge

- Höhenschraffen
- Höhenschichtlinien
- 50 m
- 100, 300, 500, 700, 900, 1100 m
- 200, 400, 600, 800, 1000, 1200 m

III. Talniederungen

- Talniederungen
- Sümpfe

IV. Eisenbahnen

- Hauptbahnen in Betrieb
- Nebenbahnen in Betrieb
- Bahnen geplant
- Kleinbahnen

V. Schrift

- ORTE von mehr als 100000 Einwohner
- *ORTE* „ 50000—100000 „
- Orte von 25000— 50000 Einwohner
- *Orte* „ 10000— 25000 „
- *Orte* „ 5000— 10000 „
- *Orte* Kleinere Orte
- BERLIN, Merseburg, LEIPZIG: Landeshauptstädte und Provinzhauptstädte, Hauptorte der Regierungsbezirke und Kreise, sowie der sächsischen Kreishauptmannschaften und Amtshauptmannschaften sind unterstrichen.

Topographische Grenzen: Das hier dargestellte mitteldeutsche Gebiet wird begrenzt im Südosten vom Lausitzer Gebirge und Erzgebirge, im Süden vom Fichtelgebirge und Frankenwald, im Südwesten vom Thüringer Wald oder der Wasserscheide zwisch. Werra und Main, im Westen von der unteren Fulda und der Leine (Ostrand des Göttinger Grabens) und im Norden von der Norddeutschen Tiefebene, deren Grenze etwa von Hannover über die Aller- und Ohre-Niederung nach Magdeburg, von dort über den Fläming und den Muskauer Forst auf den Wasserscheiden zwischen dem Görlitz-Bremer und dem Glogau-Lausitzer Urstromtal verläuft. Als Ostgrenze kann der Neißegraben angenommen werden.

Landschaften (nach G. Braun, Greifswald): Das Tiefland reicht über den Fläming und die Niederung der Schwarzen Elster bis an die sächsische Bucht, die den Verkehrssammler Mitteldeutschlands darstellt. Im Nordwesten des Gebiets liegt der Harz, umgeben von dem nördlichen Harzvorland, dem östlichen Harzvorland und dem Eichsfeld im Südwesten. Die beiden letzteren Landschaften umgeben die Thüringer Senke zusammen mit dem Weserbergland, dem Thüringer- und dem Frankenwald und dem Vogtland. Weiter östlich folgen die Erzgebirgsplatte und das Elbsandsteingebirge. Daran schließt sich im Norden die Oberlausitz. Zum Tiefland rechnen die Niederlausitz, die Niederung zwischen der Elbe und der Schwarzen Elster und der Fläming.

Höhenverhältnisse: Über 100 m Höhe erhebt sich das mitteldeutsche Hügelland südlich der Hannover-Braunschweigischen Bucht, der Aller-Ohre-Niederung und der Elbe-Niederung, nordöstlich der Elbe außerdem der Fläming mit der Oberlausitz und dem Südteil der Niederlausitz. Die für Mitteldeutschland besonders charakteristische 200 m-Schwelle durchzieht die Oberlausitz, säumt die Südränder der Dresdner Bucht, der sächsischen Bucht und den Nordrand des Harzes. Südlich dieses Saumes liegen nur das Unstrutbecken mit der goldenen Aue tiefer als 200 m. Der Übergang vom Hügelland zum Mittelgebirge beginnt etwa an der 400 m-Schwelle, an deren Fuß die sächsischen Industriestädte Freiberg, Chemnitz, Zwickau und Plauen liegen.

Verkehr: Sämtliche Gebirge werden von zahlreichen Verkehrsstraßen unschwer überschritten. Der Eisenbahnpersonenverkehr überquert den Thüringer Wald und das Erzgebirge an den günstigsten Paßstellen, während der Eisenbahngüterverkehr die Gebirgsschwellen am Durchbruch der Elbe durch das Elbsandsteingebirge, beiderseits des Fichtelgebirges und in der Senke zwischen Thüringer Wald und Harz umgeht. Der Wasserverkehr beschränkt sich auf das Einflußgebiet der Elbe. Die bevorzugten Verkehrspunkte sind durch größere Siedlungen gekennzeichnet.

KLIMATISCHE VERHÄLTNISSE VON MITTELDEUTSCHLAND

4

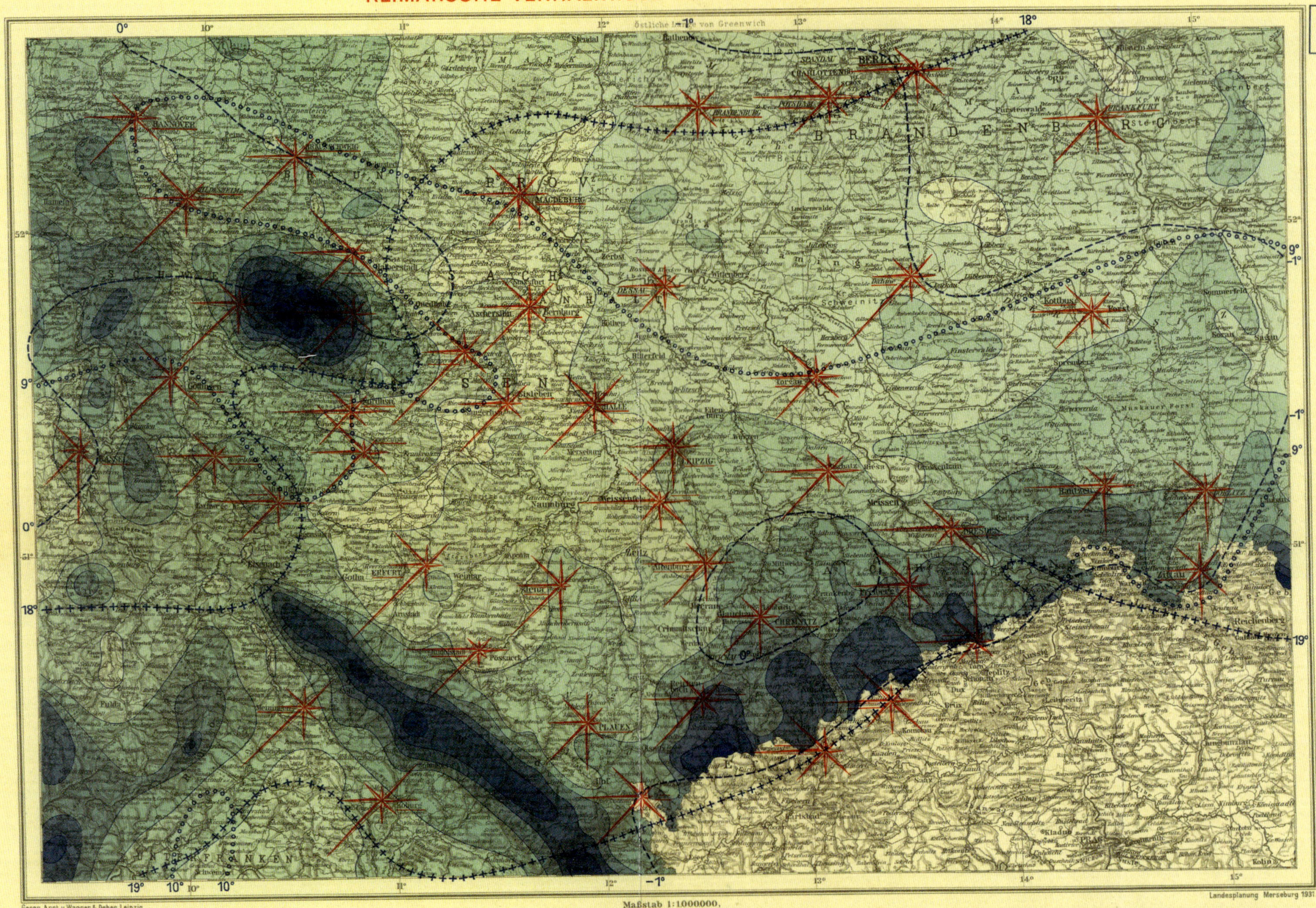

Geogr. Anst. v. Wagner & Debes, Leipzig

Maßstab 1:1000000.
1 Kilometer in der Natur = 1 Mm. auf der Karte.

Landesplanung Merseburg 1931

N, NO, O, SO, S, SW, W, NW

WINDRICHTUNGEN

nach Angaben des preuß. meteorologischen Instituts, Berlin

Windrosen: 1 mm Pfeillänge = 1% des durchschnittlichen Windausfalls aus der angegebenen Richtung

TEMPERATUREN

nach Prof. Dr. G. Hellmann

ooooo mittlere Jahrestemperatur
– – – – Januar-Isotherme
++++ Juli-Isotherme

JÄHRLICHE NIEDERSCHLAGSMENGEN IM DURCHSCHNITT 1893–1912

nach Prof. Dr. G. Hellmann

cm, unter 50, 50-60, 60-70, 70-80, 80-90, 90-100, 100-120, 120-140, über 140

Mittlere Temperaturen: Infolge der warmen Wassermengen des Golfstromes, der Großbritannien und ganz Skandinavien umspült, sinkt im Winter die Temperatur von Westen nach Osten. Die mittlere Januar-Isotherme 0° verläuft westlich der Linie Kristiania-Berlin-Leipzig-Nürnberg. Im Sommer sinkt die Temperatur dagegen infolge der kontinentalen Hitze im Innern Ost-Europas und Mittel-Asiens von SOS nach NWN. Die mittlere Juli-Isotherme von 20° verläuft südlich der Linie Moskau-Warschau-Dresden-Nürnberg-Stuttgart-Metz-Paris. Die durchschnittlichen Jahrestemperaturen sinken im Ausgleich der extremen Temperaturgefälle des Januar und Juli von SWS nach NON. Die mittlere Jahres-Isotherme von 10° verläuft von London über das südliche Mitteldeutschland nach Odessa.

Die vorliegende Darstellung zeigt, welche Abweichungen von den mitteleuropäischen Temperaturverhältnissen in den einzelnen Teilen Mitteldeutschlands auftreten. Danach beträgt die Temperatur in fast ganz Mitteldeutschland gleichmäßig im Januar 0—1°, im Juli 18—19° und im Jahresmittel bis 9°. Eine Ausnahme hiervon bilden lediglich der Harz, das Eichsfeld und das ostelbische Tieflandgebiet, deren Temperaturen um ein Geringes tiefer liegen als im übrigen Mitteldeutschland.

Wärmeschwankungen: Über Königsberg-Leipzig und die Schweiz verläuft die Grenze zwischen dem westlich davon befindlichen Gebiet des Übergangsklimas zum ozeanischen Klima mit absoluten Wärmeschwankungen von 15—20° C und dem östlich gelegenen Gebiet des gemäßigten Landklimas mit Wärmeschwankungen von 20—25° C. Mitteldeutschland ist daher ein Übergangsgebiet zwischen dem Seeklima und dem Kontinentalklima mit milden Wintern und gemäßigter Sommerwärme.

Winde und Wetter: Die vorherrschenden Winde Mitteleuropas kommen im Januar aus SW, im Juli aus WNW, im Jahresdurchschnitt aus WSW. Die Windrosen der mitteldeutschen Städte zeigen, welchen örtlichen Veränderungen diese durchschnittlichen Windrichtungen in der Anpassung an die Oberflächengestaltung unterliegen. In der Umgebung des Harzes werden die Westwinde teilweise parallel zu den Harzrändern abgelenkt. Die Hauptwinde im Eichsfeld streichen von West nach Ost zwischen Harz und Thüringer Wald hindurch. Thüringer Wald und Frankenwald werden durch vorherrschend südwestl. Winde überquert, deren Richtung auch in der sächs. Bucht noch überwiegt und erst in der Niederlausitz in west-süd-westl. Richtung umbiegt. Auch im Erzgeb. ist infolge tägl. Temperaturausgleichs eine Verstärkung der senkrecht zum Kamm (hier also von SO nach NW) streichenden Winde zu beobachten. Neben diesen Grundrichtungen zeigen die Windrosen einzelner Städte besondere Abweichungen infolge örtlicher Bodengestaltung wie z. B. Zittau, Dresden, Altenburg und einige Städte im Erzgebirge.

Niederschläge: Die jahresdurchschnittliche Regenmenge in der nordostdeutschen Tiefebene liegt zwischen 50 und 60 cm, in Westdeutschland und im mitteldeutschen Hügelland zwischen 60 und 70 cm; sie steigt auf den höchsten Erhebungen der Mittelgebirge bis über 140 cm. Das Gebiet der mittleren Unstrut, der unteren Saale, der Bode und der Elbe von der Saalemündung abwärts liegt im Regenschatten des Harzes; es ist ein besonders regenarmes Gebiet mit jährlichen Niederschlägen unter 50 cm.

DIE MITTELDEUTSCHEN FLUSSGEBIETE

6

Geogr. Anst. v. Wagner & Debes, Leipzig

Landesplanung Merseburg 1930.

Wasserscheiden

- der Hauptströme
- der Zuflüsse I. Ordnung
- der Zuflüsse II. Ordnung
- der wichtigeren Zuflüsse III. und niederer Ordnung

Die Darstellung der Wasserscheiden wurde übernommen aus der Wasserkarte der norddeutschen Stromgebiete 1 : 200000, herausgegeben 1893 vom Preuß. Landwirtschaftsministerium

Schiffbarkeitsgrenzen für Schiffe mit

- = unter 170 t
- = 170—210 t
- = 210—400 t
- = 400—600 t
- = über 600 t
- = über 1200 t

Maßstab 1:1000000,
1 Kilometer in der Natur = 1 Mm. auf der Karte.
Kilometer

Schiffbare Flüsse — Kanäle

Maßstab der Abflußmengen Elbegebiet
(1 mm = 20 cbm/sec)

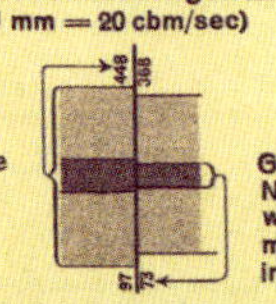

Gewöhnliche (jahresdurchschnittlich) Abflußmenge in cbm/sec

Geringste Niedrigwassermenge in cbm/sec

Die Wasserscheiden und Talniederungen sind aus den Höhenschichten der topographischen Übersichtskarte des deutschen Reichs 1:200000 entnommen worden. Die Angaben über die Abflußmengen im Elbegebiet stammen, soweit sie zur Verfügung standen, aus Unterlagen der Preuß. Landesanstalt für Gewässerkunde, über die Schiffbarkeit aus Unterlagen der Reichswasserstraßenverwaltung.

Die Niederschlagsgebiete der mitteldeutschen Vorfluter werden durch die okergelb dargestellten Wasserscheiden getrennt. Mitteldeutschland gehört größtenteils zum Niederschlagsgebiet der Elbe. Die wichtigsten Nebenflüsse sind rechtsseitig: die Schwarze Elster und die Havel mit der Spree, linksseitig: die Mulde und die Saale mit der Weißen Elster, der Unstrut und der Bode. Der Verlauf der Wasserscheiden gibt in Ergänzung des Höhenreliefs und der Höhenkurven der topographischen Karte ein plastisches Bild der Oberflächengestaltung. Die Hauptpaßpunkte für die Überschreitung von Gebirgskämmen und von Niederungen liegen an Stellen, wo sich die größeren Vorfluter am stärksten den Hauptwasserscheiden nähern. In der Ebene folgen die Vorfluter dem west-nord-westlichen Verlauf der eiszeitlichen Urstromtäler, insbesondere dem Görlitz-Magdeburg-Bremer, dem Glogau-Baruther und Crossen-Berliner Urstromtal und den ost-nord-östlichen Querverbindungen dieser Urstromtäler. Die Wasserscheiden innerhalb dieser Urstromtäler werden von Kanälen und Grabenverbindungen durchbrochen. Die gewöhnlichen (jahresdurchschnittlichen) und die geringsten Niedrigwassermengen von Elbe und Saale sind, soweit bekannt, eingetragen worden. Sie zeigen, daß die Wassermengen der Vorfluter im Regenschatten des Harzes (vergl. Karte 5: Klima) im Verhältnis zur Größe des Niederschlagsgebiets außerordentlich gering sind; daher können diese Vorfluter in regenarmen Perioden die Abwässer von Gewerbe, Bergbau und städtischen Kläranlagen nicht mehr einwandfrei abführen.

Schiffbar sind die größeren Flüsse und die sie verbindenden Kanäle in den Urstromtälern. / Ein Vergleich der Flußgebiete mit den Verwaltungsgrenzen zeigt deutlich, welche Gebiete durch Grenzziehung getrennt, jedoch wasserwirtschaftlich so eng verbunden sind, daß die gemeinschaftliche Behandlung wasserwirtschaftlicher Lebensfragen, wie Wasserversorgung, Abwässerbeseitigung, Wasserhygiene, Flutregelung u. a. m. immer dringlicher werden wird.

DIE VERBREITUNG DER BEDEUTENDEREN WASSERSCHÄTZE MITTELDEUTSCHLANDS

5

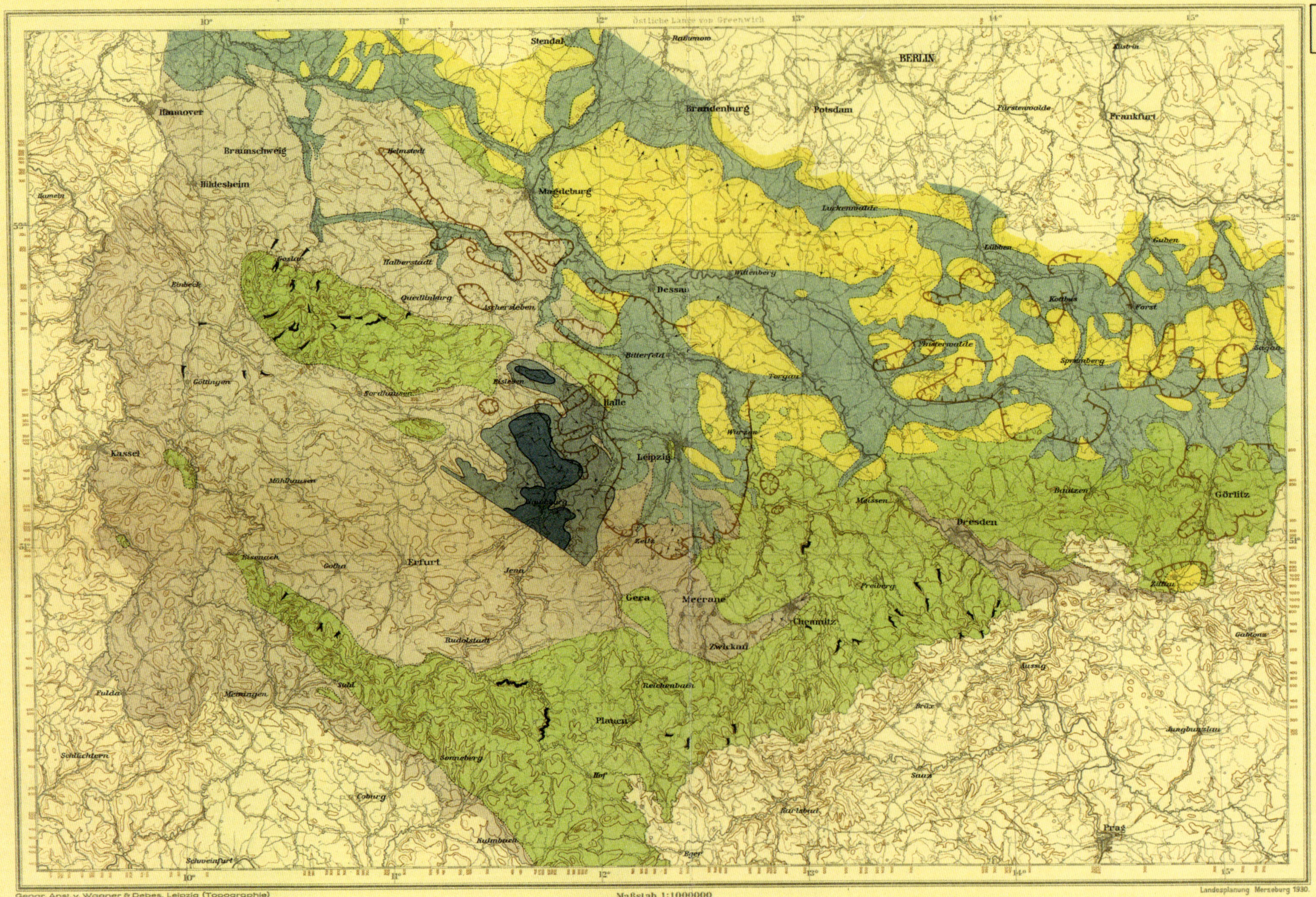

Geogr. Anst. v. Wagner & Debes, Leipzig (Topographie)
Hausdruckerei d. Preuss. Geol. Landesanstalt (Geol. Eintrag.)

Maßstab 1:1000000
1 Kilometer in der Natur = 1 Mm. auf der Karte
Kilometer

Landesplanung Merseburg 1930.

Bearbeitet von C. Gäbert, beratender Geologe und Hydrologe zu Naumburg, 1929.

Vorherrschend stark gefaltete Schichtenkomplexe der alten Gebirgshorste und -schwellen: Kristalline Schiefer, Tonschiefer, Grauwacken, Granite, Porphyre, Diabase usw. (Archaikum und Paläozoikum), ohne größere Grundwasserströme und -becken; hauptsächlich **Kluft-** und **Spaltenwasser.** Wassergewinnung in großem Ausmaß (Oberflächenwasser) durch **Talsperren.**

Durchschnittlich wenig gefaltete Rotliegend-, Zechstein-, sowie Buntsandstein-, Muschelkalk-, Keuper-, Jura- und Kreideschichten, mit einzelnen, z. T. übereinanderliegenden, in enger Abhängigkeit von der Tektonik befindlichen **Grundwasserhorizonten,** in weiten Gebieten **artesisch gespannt,** — hauptsächlich das hügelige Gebirgsvorland, einbeschlossen der Elbtalgraben (Sächsische Schweiz bis Meißen). Basisausstriche von Mittlerem Buntsandstein und Muschelkalk (Hauptwasserhorizonte) der Mansfelder und Querfurt—Naumburger Mulde besonders markiert (Muldeninneres dunklere Farbe).

Grenze des **älteren** (eozänen) Tertiärs: Sande, Kiese, Tone, Braunkohlenflöze, mit weit verbreitetem **artesischem Grundwasser** zwischen und unter den Flözen, infolge Bergbaues nur z. T. ausnutzbar.

Die Sande, Kiese, Tone, Braunkohlenflöze, des **jüngeren** (miozänen) Tertiärs, die den Raum östlich der Linie Genthin—Bitterfeld—Leipzig und nördlich der sächsischen Grenze bis an den östlichen Kartenrand (zum größten Teil unter Diluvium und Alluvium verborgen) sowie ein kleines Gebiet bei Zittau einnehmen, sind auf der Karte nur z.T. ausgeschieden. Sie enthalten ebenfalls verschiedene artesische **Grundwasserhorizonte** zwischen und unter den Braunkohlenflözen (z. B. Dübener Heide—Bitterfeld).

Diluviale Urstromtäler, in Verbindung mit alluvialen Talbildungen, mit **bedeutenden Grundwasserströmen,** örtlich artesisch gespannt.

Grundwasserströme in diluvialen Sanden und Kiesen außerhalb der Urstromtäler, örtlich unter artesischer Spannung (Letzlinger Heide, Ohretal, Fläming usw.).

Talsperren, vorhanden und geplant.

Hauptrichtungen der Grundwasserströmung (nur in einigen Gebieten dargestellt).

Die Alluvionen der Bäche und Flüsse sind nicht eingetragen.

DIE WALDVERBREITUNG MITTELDEUTSCHLANDS IN GEGENWART UND VERGANGENHEIT

bearbeitet innerhalb der violetten Grenzen von O. Schlüter-Halle.

7

Geogr. Anst. v. Wagner & Debes, Leipzig

Maßstab 1:1000000,
1 Kilometer in der Natur-1 Mm. auf der Karte.
Kilometer

Landesplanung Merseburg 1931.

heutiger Wald — ehemaliger Wald — heutiges Sumpfgelände — ehemaliges Sumpfgelände

Innerhalb der violetten Grenze wird versucht, den landschaftlichen Zustand des Gebietes zu Beginn des Mittelalters (etwa um 500 n. Chr.) darzustellen. Ortsnamen und Flurnamen, die auf ehemaligen Wald deuten (z. B. -rode), geschichtliche Nachrichten, vorgeschichtliche Funde, bieten im Zusammenhang mit Boden und Klima die Mittel dazu. Bemerkenswert ist die große Ausdehnung zusammenhängender waldfreier oder waldarmer Siedelungsflächen, durch die sich Mitteldeutschland vor allen anderen Teilen Deutschlands auszeichnet. Ein zweites großes Gebiet uralter Siedelung inmitten von Böhmen fällt noch überwiegend in den Rahmen der Karte hinein. Die Gegenden außerhalb der violetten Grenze sind noch nicht genauer bearbeitet worden. Im Tiefland östlich der Elbe und Schwarzen Elster sind Wald und Sumpf als herrschend zu denken. Größere frühgeschichtliche Wohnflächen liegen vermutlich am Westende des Fläming (gegenüber von Magdeburg) im Teltow und Barnim (südlich und nördlich von Berlin) und in der Gegend von Frankfurt a. O. Der westliche Teil des von der Karte erfaßten Raumes ist Waldland mit eingestreuten, kleinen Siedelungsflächen, die zwischen Hannover und Braunschweig etwas größeren Umfang erreichen.

DIE LANDWIRTSCHAFTLICHEN GEBIETE MITTELDEUTSCHLANDS

abgegrenzt nach Bodenarten, Klima, Bodenbenutzung, Anbau- und Ertragsverhältnissen, Besitz- und Betriebsverhältnissen

8

Geogr. Anst. v. Wagner & Debes, Leipzig

Maßstab 1:1000000,
1 Kilometer in der Natur = 1 Mm. auf der Karte

Landesplanung Merseburg 1931.

Grenzen: .... preuß. Stadtkreise und Städte mit mehr als 20000 Einwohnern, ——— Landkreise bzw. Amtshauptmannschaften, ---- Regierungsbezirke bzw. Kreishauptmannschaften, .-.-.- Provinzen, Länder, Reich

Landwirtschaftliche Gebiete:

1. Wartheland
2. Märkisches Tiefland
3. Oderniederung
4. Frankfurter Höhen
5. Spreewald
6. Teltower Plateau
7. Havelland
8. Niederlausitzer Tiefland
9. Fläming

10. Dresdener Elbniederung
11. Elbe-Elster-Niederung
12. Magdeburger Elbniederung
13. Elbniederung der Altmark
14. Altmärkisches Tiefland mit Wische

15. Lüneburger Heide
16. Mulde-Elbe-Tieflandgebiet
17. Sächsisches Flachland
18. Nordsächs.-Lausitzer Hügelland

19. Kamenzer Rübenbaubezirk
20. Lommatzscher Pflege
21. Hallescher Rübenbaubezirk
22. Magdeburger Börde und angrenzende Gebiete
23. Braunschweig-Hannöversches Harzvorbergland
24. Unstrutgebiet

25. Nordthüringisches Terrassenland
26. Westsächsisch-Thüringisches Hügelland

27. Ostsächsisch-Lausitzer Hügelland
28. Westschlesisches Hügelland

29. Sächsisches Bergland
30. Thüringisches Bergland
31. Harzer Bergland mit Eichsfeld
32. Finnegebiet

33. Kammzone des Erzgebirges

34. Südthüringer Hügelland
35. Rhön-Bergland
36. Hessisches Hügelland
37. Südhannöversches Hügelland
38. Kasseler Mulde
39. Vogelsbergland

Die landwirtschaftlichen Böden sind durch ihren geologischen Ursprung, durch das Landschaftsrelief, durch die Wasseransammlung, durch das Klima, durch die bisherigen Einwirkungen der Vegetation (Pflanzenwuchs, Be- und Entwaldung) und durch die menschliche Kulturarbeit bedingt, wobei die verschiedene Zeitdauer der Einwirkung dieser einzelnen Faktoren verschieden starke Bodenveränderungen ergeben hat.

Vorliegende Darstellung lehnt sich im wesentlichen an diese Abgrenzung der Bodenarten an. Die Gruppen der Gebiete 1—18 im nordostdeutschen Flachland führen ihre Bodenoberfläche größtenteils auf die jüngere (1—7) und ältere (8—18) Vereisung zurück, wobei sich je nach der Höhenlage Geschiebelehmböden, Sandböden und Flußaueböden vorfinden, während die Gebiete 19—24 zur lößbedeckten Zone der älteren Vereisung rechnen, von denen die Gebiete 21 und 22 teilweise fruchtbare Steppenböden aufweisen. Die Hügellandgebiete 25—28 mit Lehm- und Verwitterungsböden bilden den Übergang zu den Gebirgsböden 29—33. Klimatisch sind die Gebiete der Steppenböden 21 und 22 im Regenschatten des Harzes durch geringere Winterniederschläge begünstigt. Bewaldet sind vornehmlich die wenig fruchtbaren Gebirgsböden und Sandböden.

Der geringe Boden des nordostdeutschen Flachlandes und seine schlechten Absatzverhältnisse begünstigen den landwirtschaftlichen Großbetrieb mit Viehzucht auf verhältnismäßig extensiver Grundlage. Die fruchtbaren Lößgebiete weisen von jeher eine dichte landwirtschaftliche Besiedlung auf. Eine Ausnahme hiervon bilden gewisse Teile der Magdeburger Börde und des hallischen Lehmbodenbezirks, in welchem die Entwicklung des Zuckerrübenbaues zusammen mit der sonstigen Industrieverbundenheit der Landwirtschaft eine Reihe von gutgeleiteten landwirtschaftlichen Großbetrieben entstehen ließ. Dabei mitgewirkt hat das für Saatzucht und Ackerbau besonders günstige Klima. Haupterzeugnisse dieser intensiven Landwirtschaft sind Zuckerrüben, Braugerste, Brotgetreide und Gemüse. Die Produktion ist auf den großen Nahrungsmittelbedarf der gewerblichen Bevölkerung des Gebiets eingestellt. Erhebliche Überschüsse über diesen Bedarf hinaus, besonders an Getreide und Handelsgewächsen, werden anderen deutschen Gebietsteilen zugeführt. In den Gebirgsgegenden herrscht der Kleinbetrieb vor; die ehemals blühende Erzgewinnung und das Hausgewerbe hat hier einen großen Teil der Bevölkerung in Verbindung mit der Ernährungsreserve des Grund und Bodens erhalten.

In den Gebieten der fruchtbaren Lößzone, die ihre Bevölkerungsdichte und ihren wirtschaftlichen Aufschwung sowohl den Bodenschätzen wie der gewerblichen Verbundenheit der Landwirtschaft verdankt, treten starke Interessengegensätze in den Bedürfnissen der Landwirtschaft und der Industrie auf; durch den Abbau der Kohle, durch industrielle Abwässerschäden, durch Verkehrs- und Versorgungsanlagen, durch Abzug der Landarbeiterschaft zur Industrie infolge höherer Löhne, durch Belastung ländlicher Gemeinden mit den Bedürfnissen der Industriebevölkerung wird die landwirtschaftliche Betriebsführung zum Teil fühlbar beeinträchtigt.

Bearbeitungsvermerk: Die Abgrenzung der landwirtschaftlichen Gebiete ist nach einem Vorentwurf der Landwirtschaftskammer für die Provinz Sachsen, Halle, ausgearbeitet worden unter Mitwirkung der brandenburgischen, sächsischen, thüringischen und braunschweigischen Landwirtschaftskammern; bei der bodenkundlichen Abgrenzung sind die Untersuchungen der Geologen Prof. Dr. H. Stremme, Danzig, und Dr. Freiherr P. F. von Hoyningen gen. von Huene sowie des Geologischen Instituts und des Landwirtschaftlichen Instituts der Universität Halle verwertet worden.

DIE BEVÖLKERUNG MITTELDEUTSCHLANDS

Bevölkerungsstand 1925 der Städte mit 20 000 und mehr Einwohnern und der kleineren Verwaltungsbezirke unter gleichzeitiger Darstellung des Bevölkerungswachstums seit 1905

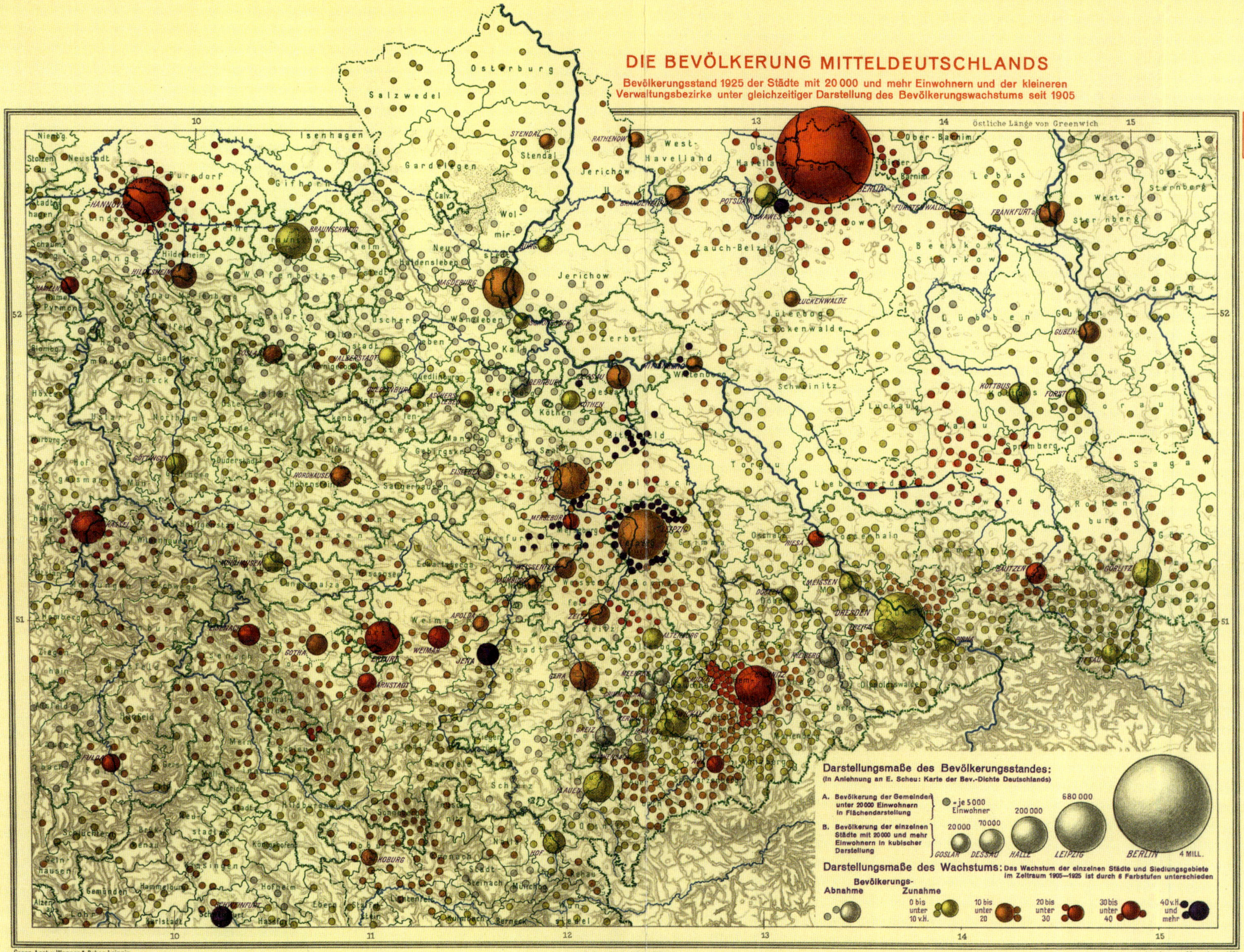

Geogr. Anst. v. Wagner & Debes, Leipzig

Maßstab 1:1000000,
1 Kilometer in der Natur-1 Mm. auf der Karte

Landesplanung Merseburg 1931

Grenzen: .... preuß. Stadtkreise und Städte mit mehr als 20 000 Einwohnern, ——— Landkreise bzw. Amtshauptmannschaften, - - - - Regierungsbezirke bzw. Kreishauptmannschaften, .—.—.— Provinzen, ⊢⊢⊢⊢ Länder, ⊢⊢⊢⊢ Reich

Die Bevölkerung der letzten Volkszählung (1925) ist für die größeren Gemeinden (mit 20000 Einwohnern und mehr) durch Kugeln dargestellt, für die Landkreise in Zählpunkten von je 5000 Einwohnern, wobei die Zählpunkte nach der geographischen Lage der wichtigeren Siedlungsgebiete angeordnet sind. Verschiedene Farbstufen zeigen den geringeren oder stärkeren Grad der Zunahme von 1905—1925 an; durch graue Tönung heben sich die Gebiete mit rückgängiger Bevölkerung heraus.

Die Darstellung gibt Aufschluß über die Besiedlung und über die Bevölkerungsdichte, die das Ergebnis der Wirtschafts- und Arbeitsmarktentwicklung sind, über das Größenverhältnis der Städte zueinander, über die städtischen Einflußgebiete und über die Größe der ländlichen Gewerbegebiete.

Bevölkerungsdichte: Aus dem gleichmäßig dünn besiedelten nordostdeutschen Flachland hebt sich die Großstadt Berlin mit ihrem Einfußgebiet und das Niederlausitzer Braunkohlengebiet als bedeutendere Siedlungskomplexe heraus. Am Rande der deutschen Mittelgebirge steigt die Bevölkerungsdichte an; sie verstärkt sich in der Sächsischen Bucht und in der Thüringer Senke, denen eine Anzahl größerer und mittlerer Städte das Gepräge geben. Die dichteste Bevölkerung erreicht das sächsische Erzgebirge mit seiner ausschließlich gewerblich tätigen Bevölkerung; auch das Gebiet von Dresden mit der Oberlausitz ist über den mitteldeutschen Durchschnitt hinaus bevölkert.

Das Bevölkerungswachstum deutet nur da, wo es stärker ausgeprägt ist, auf wirtschaftlichen Aufschwung und auf Zuwanderung. Stärkere Anziehungskraft auf die Zuwanderung übten bis 1925 die größeren Städte und ihre Vorortbezirke aus, wobei die Vororte von Berlin, Leipzig, Hannover, Halle, Kassel meist in stärkerem Tempo wuchsen als die Städte selbst. Im Allgemeinen haben die Städte in günstiger Verkehrslage besonders durch Wanderungen gewonnen. In den ländlichen Gewerbegebieten ist das Bevölkerungswachstum größtenteils durch Zuwanderung erfolgt, am stärksten in einigen Teilen des mitteldeutschen Industriegebietes, des ostelbischen Braunkohlenbezirks, in Teilgebieten Thüringens und des Erzgebirges. Abgenommen hat die Bevölkerung in Gebieten rückgängigen Bergbaues (Freiberg im Erzgebirge und Zellerfeld im Harz, Mansfelder Kupferbergbaugebiet und Kaligebiet nördlich des Harzes), in Gebieten rückgängigen Textilhausgewerbes (Vogtland), in verkehrsentlegenen Gebieten des mitteldeutschen Hügellandes (z. B. Alsfeld und Lauterbach westlich Fulda und Holzminden) und in besonders fruchtbaren Gebieten mit landwirtschaftlichem Großbetrieb (nördlicher Saalkreis und Mansfelder Seekreis, West-Anhalt und Magdeburger Börde, Zuckerrübengebiete zwischen Halberstadt und Hannover).

Größenordnung der Städte mit 20000 und mehr Einwohnern und ihr Wachstum

Stadt	Einwohnerzahl 1905	Einwohnerzahl 1925	% Zunahme
Berlin	3226251	4024165	25
Leipzig	585156	679159	16
Dresden	572572	619157	8
Hannover	343146	422745	23
Chemnitz	261605	333851	27
Magdeburg	263131	293959	12
Halle	169916	194575	15
Kassel	138670	171234	23
Braunschweig	136397	146725	7
Erfurt	108908	135579	25
Plauen	105381	111436	6
Görlitz	83766	85920	3
Gera	73552	81402	11
Zwickau	74434	80358	8
Dessau	61937	71272	16
Frankfurt	64304	70884	10
Potsdam	62997	64208	3
Brandenburg	51239	59297	16

Stadt	Einwohnerzahl 1905	Einwohnerzahl 1925	% Zunahme
Hildesheim	51508	58522	14
Jena	35273	52649	49
Cottbus	46270	50482	9
Halberstadt	45529	48184	6
Weimar	34814	45957	32
Gotha	40024	45780	14
Eisenach	35381	43885	28
Altenburg	41904	42570	16
Meißen	40262	41516	8
Göttingen	34081	41514	2
Hof	38907	41377	6
Guben	36636	40636	11
Bautzen	32877	40335	22
Zittau	34885	38353	9
Greiz	38809	37538	— 8
Weißenfels	30894	36756	19
Mühlhausen	34359	36755	7
Freital	35028	36558	4

Stadt	Einwohnerzahl 1905	Einwohnerzahl 1925	% Zunahme
Schweinfurt	21002	36336	73
Forst	33752	35962	7
Nordhausen	29883	35056	18
Freiberg	35153	34742	— 1
Zeitz	30568	34590	18
Bernburg	36910	36167	— 2
Reichenbach	30601	30862	1
Pirna	27721	30460	10
Stendal	25009	29701	19
Naumburg	25057	29337	17
Aschersleben	27878	28627	3
Rathenow	23095	27588	19
Glauchau	25724	27318	6
Crimmitschau	27609	27119	— 2
Quedlinburg	24798	27014	9
Nowawes	19026	26975	42
Cöthen	24307	26595	9
Fulda	20419	26057	27

Stadt	Einwohnerzahl 1905	Einwohnerzahl 1925	% Zunahme
Apolda	22007	25703	17
Hameln	20736	25649	24
Merseburg	20024	25630	28
Luckenwalde	22265	24791	11
Coburg	22488	24701	10
Burg	23522	24406	4
Riesa	20580	24928	21
Meerane	25360	24094	— 5
Planitz	23590	24004	2
Eisleben	25121	23694	— 6
Wittenberg	20332	23457	15
Fürstenwalde	20489	23168	13
Döbeln	22351	22508	1
Arnstadt	16899	21693	29
Schönebeck	20197	21353	6
Aue	17374	21296	22
Werdau	19473	21047	8
Goslar	17818	20854	17

DIE WANDLUNGEN DER WIRTSCHAFTLICHEN STRUKTUR 1907-1925 IN DEN MITTLEREN VERWALTUNGSBEZIRKEN UND DEN GROSZSTÄDTEN MITTELDEUTSCHLANDS UND SEINER UMGEBUNG

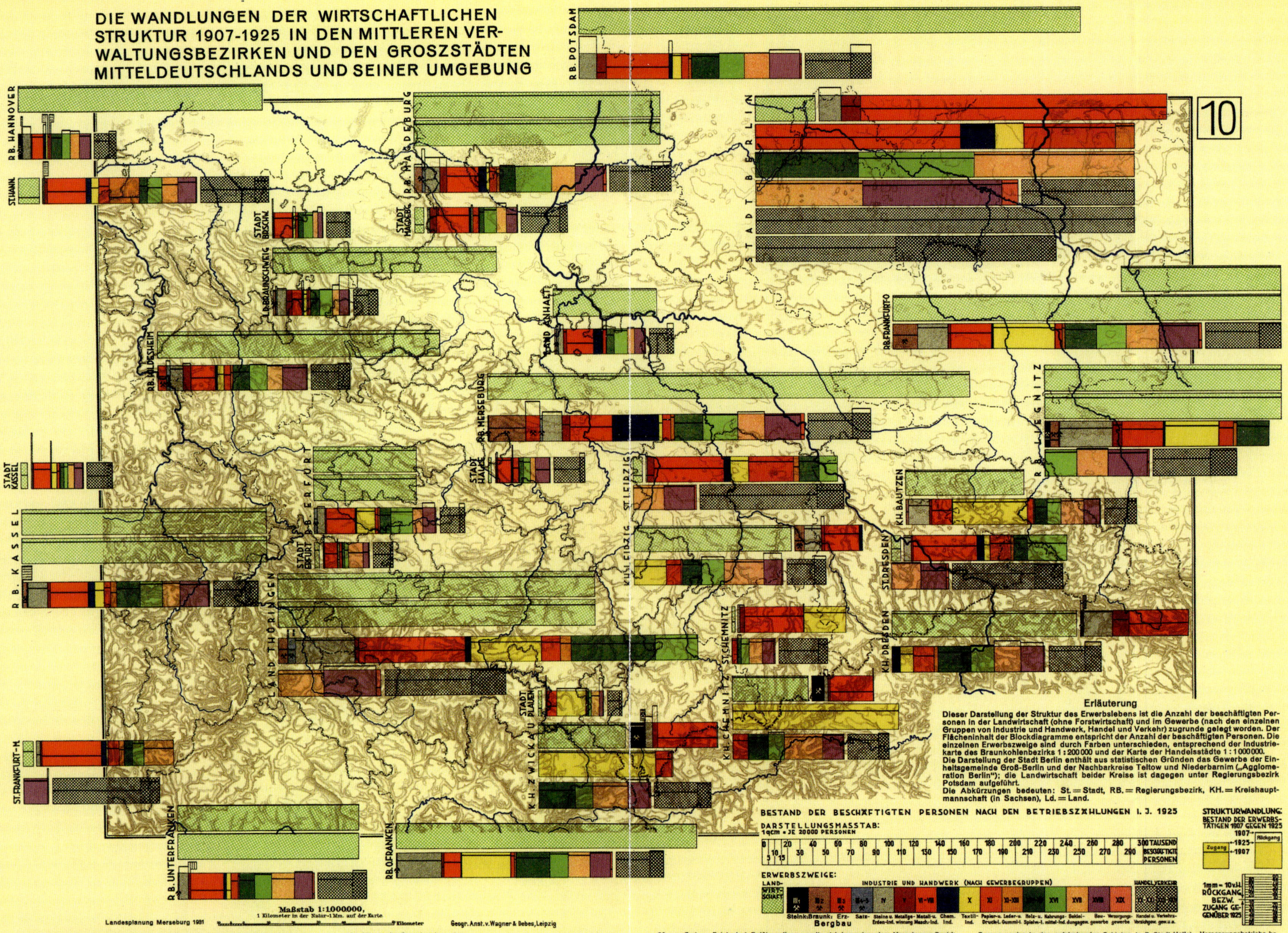

Landesplanung Merseburg 1931

Geogr. Anst. v. Wagner & Debes, Leipzig

Die Erwerbsstandorte von Landwirtschaft, Industrie und Handel im Gesamtgebiet wirken sich in den örtlichen Verkehrs-, Arbeitsmarkt- und Siedlungsverhältnissen der Wirtschaftsgebiete des engeren mitteldeutschen Industriebezirks aus (vergl. Karte 19).
Die 1 cm hohen Blockdiagramme lassen in ihrer Länge das Stärkeverhältnis der Erwerbszweige und -gruppen zueinander in den mittleren Verwaltungsbezirken und Großstädten nach dem Bestand an Erwerbstätigen vom Jahre 1925 erkennen. — Das Ausmaß der Strukturwandlungen von 1907 bis 1925 zeigt der verstärkte Vergleichsstrich bei den Blockdiagrammen der einzelnen Erwerbsgruppen an: von der Grundlinie des Diagramms ausgehend, mißt er den Stand der Erwerbstätigenzahl des Jahres 1907. Der Vergleichsstrich über dem Blockdiagramm weist also eine (hohl dargestellte) Abnahme an Erwerbstätigen, dagegen innerhalb des Diagramms eine Zunahme nach.
Die Landwirtschaft in Mitteldeutschland erhöhte ihre Beschäftigtenzahl fast durchweg nur gering. Während die dargestellten Randgebiete, die Bezirke Magdeburg, Braunschweig, Hildesheim, Kassel, Erfurt, Thüringen und Niederschlesien (z. T. mittelbäuerliche Besitzverhältnisse oder gewerbliche Nebenbeschäftigung) noch Arbeitskräfte aufnahmen, trat in den Bezirken Potsdam, Frankfurt a. d. O., Merseburg und in ganz Sachsen nur geringe Zunahme, in Nordbayern Stillstand, in Anhalt Rückgang ein; die überschüssigen Arbeitskräfte wurden hier an die Gewerbe abgegeben.
In der Darstellung der Gewerbe vom Jahre 1925 treten die Tendenzen der technischen und organisatorischen Rationalisierung noch nicht voll in Erscheinung. — Die Gewerbe sind in den Bezirken Hannover, Berlin-Brandenburg und Land Sachsen vorwiegend städtisch konzentriert, in der Provinz Sachsen dezentralisiert, wo die Hälfte der gewerblich Tätigen auf Gemeinden unter 20000 Einwohner entfällt.
Die Erz- und Steinkohlengewinnung in den Mittelgebirgen sowie der Salzbergbau waren rückgängig, während die Braunkohle in der sächsischen Bucht und in der Lausitz steigende Bedeutung gewann. Die Industrien der Steine und Erden erfuhren durch Umstellungen in der betrieblichen Organisation und im Verbrauch teils Belegschaftsverminderung, teils Zunahme (Ostsachsen und Lausitz). Die Metallgewinnung suchte mehr die Großstädte und ihre Vororte auf zur Versorgung der Verarbeitungsindustrien. Die Industrien des Maschinenbaues, der Metallwaren, des Fahrzeug- und Apparatebaues, der Elektrotechnik und Optik, größtenteils in den Gebieten mit vorhandener Facharbeiterschaft ansässig, gewannen mit zunehmender gewerblicher Spezialisierung, Maschinen- und Elektrizitätsverwendung und durch neue Produktionszweige für Kraftverkehr, Sport, Hygiene, Foto- und Funktechnik, Hauswirtschaft. Die chemische Großindustrie für Kunstdünger, Säuren, Farben, Fotobedarf, Erdölveredlung wandte sich besonders dem Merseburger Bezirk zu, wo die benötigten Betriebsstoffe und Rohstoffe, Arbeitskräfte und Verkehrsverbindungen vorhanden sind. In den Mittelgebirgen nahm die Papierindustrie, in den Großstädten Leipzig und Berlin das Druckereigewerbe zu. Die Textilindustrie, die in den südöstlichen Gebirgsgegenden und in der Lausitz wegen billiger und geschulter Arbeitskräfte ihren Hauptsitz hat, ging im Vogtland und in Berlin zurück. Innerhalb der Holzindustrie (Thüringen, Mittel- und Westsachsen, Berlin, Merseburg, Anhalt) war die Erzeugung von Musikinstrumenten und Spielwaren rückgängig, jedoch wirkte der gesteigerte Bedarf an Fahrzeugen und Baumaterial auf Zunahme der Erwerbsgelegenheit hin. In der Lederindustrie verstärkten Berlin, Ostsachsen und Thüringen ihre Bedeutung; in der Kautschukerzeugung gewannen Stadt Hannover und Bezirk Merseburg. Von den Nahrungs- und Genußmittelgewerben gingen die landwirtschaftlichen Halbfabrikationszweige in den ländlichen Bezirken zurück, dagegen waren die Konsumgewerbe in den Verbrauchszentren mit Bevölkerungszunahme aufstrebend. Besondere Marktverhältnisse, wie der Übergang zur Massenproduktion, hemmten das Wachstum des Bekleidungsgewerbes fast allgemein in Mitteldeutschland (außer in Thüringen, Erfurt und Hannover), in der Lausitz und in Berlin. Die günstige Baukonjunktur für Industrie und Wohnungsbau nach dem Kriege belebte das Baugewerbe in den aufstrebenden Gebieten (z. B. Stadt Halle). Versorgungsbetriebe bevorzugten die Braunkohlenbezirke Merseburg und Lausitz (Braunkohlenkraftwerke). Das Handelsgewerbe vermehrte sich, entsprechend der wachsenden Zahl der Haushaltungen und mit der gewerblichen Spezialisierung, in den Großstädten stärker als im übrigen Lande. Gewerbsmäßige Verkehrsunternehmungen (ohne Reichsbahn und Post gerechnet) verloren an Beschäftigten durch den privaten Kraftfahrzeugverkehr.
Im engeren mitteldeutschen Industriebezirk nahmen die schwerindustriellen, konzerngebundenen Produktionsmittelindustrien erheblich zu, was sich mehr in der Steigerung der motorischen Leistung als der Belegschaft äußerte, im Unterschied zu Sachsen und Thüringen mit ihren von jeher arbeitsorientierten mittelbetrieblichen Veredlungs- und Verbrauchsgütergewerben. Die in den dargestellten 18 Jahren beobachteten Umstellungstendenzen haben sich seit 1925 mit fortschreitender Rationalisierung noch deutlicher fortgesetzt; die Beschäftigtenzahl der Gewerbe stieg im Merseburger Bezirk von 1925—1928 nochmals um ein Drittel zugunsten der Produktionsmittelindustrien. Seit 1928 ist die Beschäftigung in fast sämtlichen Erwerbszweigen der mitteldeutschen Bezirke verschieden stark rückgängig, infolge der weltwirtschaftlich bedingten Krisenerscheinungen. Erhebliche Wanderungsbewegungen auf dem Arbeitsmarkt sind jedoch bisher dadurch nicht ausgelöst worden.

LAGERSTÄTTEN UND STANDORTE DES MITTELDEUTSCHEN BERGBAUES
NEBST ANGABE DER WICHTIGSTEN HEILQUELLEN UND MINERALQUELLEN, SALINEN UND MOORBÄDER

Geogr. Anst. v. Wagner & Debes, Leipzig

Maßstab 1:1000000,
1 Kilometer in der Natur = 1 Mm. auf der Karte.

Landesplanung Merseburg 1931.

Lagerstätten **Betriebe**

bekannt vermutet

- Steinkohle
- Braunkohle
- Kali und Steinsalz
- Eisen- und Manganerz Nr. 1-17
- Kupferschiefer (Flözausstrich) Nr. 24
- Metallische Erze; Schwerspat, Flußspat Nr. 19-23, 25-27
- Erdöl

- Steinsalzbergwerke und Solbohrlöcher zugleich Kali- und Steinsalzförderung
- Solquellen
- Salinen
- Eisenhaltige Quellen
- Schwefelquellen
- Moorbäder
- Einfache warme und kalte Quellen

Eisen- und Manganerze.

1 Isernhagen
2 Großilsede-Salzgitter Kreideeisenerzbezirk
3 Elbingeroder Eisensteinbezirk
4 Ilfelder Manganbezirk
5 Friedrichrodaer Manganbezirk
6 Ruhla-Schmalkaldener Eisenerzbezirk
7 Brotteroder Eisenmanganbezirk
8 Elgersburg-Ilmenauer Braunsteinbezirk
9 Schmiedefelder Magneteisenbezirk
10 Schmiedefelder Chamosit-Thuringitbezirk
11 Albüberdeckung
12 Kamsdorfer Zechsteingürtel-Erzbezirk
13 Lobenstein-Stebener Spateisenstein-Gangbezirk
14 Frankenwald Rot- und Verwitterungs-Eisenerzbezirk
15 Vogtländischer Spateisensteinbezirk
16 Arzberger Kalkeisenerzbezirk
17 Westerzgebirgischer Rot-, Magneteisen- und Manganerzbezirk

Asphalt und Erdöl.

18a Limmer-Lindener Jura-Asphaltbezirk
18b Holzen-Vorwohler Jura-Asphaltbezirk
18c Hannoverscher Erdölbezirk

Metallische Erze, Schwerspat, Flußspat.

19 Erzgebirgischer Zinnerzbezirk (Dippoldiswalde-Sadisdorf
20 Kommunion Unterharzbezirk
21 Oberharzbezirk
22 Lauterberg-Andreasberger Gangbezirk
23 Ostharzer Bleizinkerz-Flußspat-Gangbezirk
24 Kupferschiefer (Mansfelder Mulde)
25 Riechelsdorfer Zechsteinbezirk
26 Schweinaer Kobaltrückenbezirk
27 Heiligenstädter Schwerspat-Flußspatgänge
28 Ruhla-Schmalkaldener Schwerspat-Flußspatgänge
29 Vogtländischer Antimonerzbezirk
30 Vogtländischer Flußspat-Kupfererzgangbezirk
31 Schneeberger Kobaltbezirk
32 Freiberger Gangbezirk
33 Sohlander Nickelerzbezirk
34 Erzgebirgischer Zinnerz-Wolframbezirk v. Altenberg-Zinnwald
35 Annaberg-Marienberger Gangbezirk
36 Eibenstock-Johanngeorgenstädter Zinnerz-Wismut-Eisenerzbezirk
37 Klingenthal-Graslitzer Kieslager

Die wichtigsten Rohstoffquellen Mitteldeutschlands sind die reichen Vorräte an Braunkohle und Kali, außerdem verschiedene Erze. Die hauptsächlichsten Braunkohlenlager liegen in der sächsischen Bucht und in der Lausitz, Vorkommen geringerer Mächtigkeit finden sich im nördlichen Harzvorland und in Hessen. Steinkohlevorkommen im Freistaat Sachsen, nördlich Halle und südwestlich Hannover dienen außerdem der örtlichen Versorgung. Die Umgebung des Harzes und Oberhessen bergen reiche Kalilager. Umfangreichere Lagerstätten sonstiger Mineralien liegen im nördlichen Harzvorland. Die hier vorkommenden Eisenerze sind nach dem Verlust Lothringens von erheblicher Bedeutung für die deutsche Eisenerzversorgung. In letzter Zeit gewinnen auch die Erdölvorräte im Allergebiete durch neue Funde erhöhte Bedeutung. Der Kupferbergbau im Mansfelder Gebiet kämpft schwer gegen den überlegenen Wettbewerb des Auslandes. Zahlreiche kleinere Erzlager im Harz, Thüringer Wald und Erzgebirge sind größtenteils abgebaut und mehr von geschichtlicher Bedeutung. Im einzelnen werden die Vorräte wie folgt geschätzt:

Bodenschätze	Gebiet	Vorräte geschätzt (in Mill. to) Tagebau	Tiefbau	Zusammen
Stein-Kohle	Prov. Hannover	–	250	250
	Zwickau-Lugau-Ölsnitz	–	150	150
	Döhlen bei Dresden	–	6	6
	Freistaat Sachsen	–	(230)	(280)
Kali	Mitteldeutschland	–	2000	2000

Bodenschätze	Gebiet	Vorräte geschätzt (in Mill. to) Tagebau	Tiefbau	Zusammen
Braun-Kohle	Magdeb.-Braunschweig	300	1810	1610
	Sachsen-Thüringen	5050	2700	7750
	Niederlausitz	570	4660	5280
	Oberlausitz	1750	980	2780
	Oder	40	480	470
	Mittelostdeutschland zus.	7710	10080	17790
	(Deutsches Reich) zus.	(10140)	(12060)	(22200)

Bodenschätze	Gebiet	Vorräte geschätzt (in Mill. to) Tagebau	Tiefbau	Zusammen
Eisen-Erze	Grossilsede	218	68	286
	Salzgitter	1500	500	2000
	Harz	46	20,5	66,5
	Thüringer Wald	104	36,4	140,4
	Raseneisenerze	10	4	14
	Mitteldeutschland zus.	1878	629	2507
	(Deutschland zus.)	(2800)	(1000)	(8800)

DIE MITTELDEUTSCHEN HANDELSSTÄDTE

11

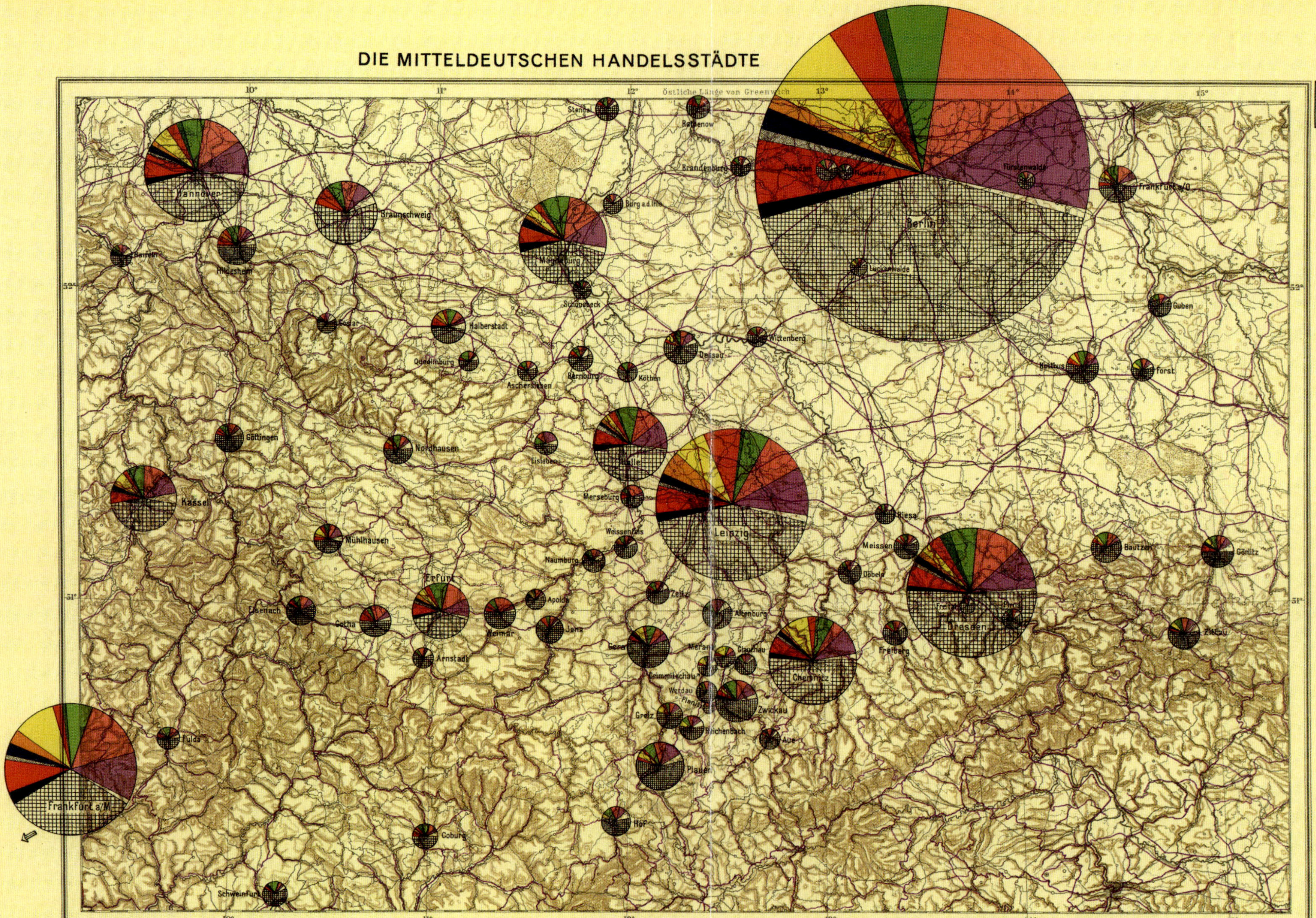

Geogr. Anst. v. Wagner & Debes, Leipzig

Maßstab 1:1000000,
1 Kilometer in der Natur = 1 Mm. auf der Karte
Kilometer

Landesplanung Merseburg 1931

Die Handelsbedeutung der Städte mit mehr als 20000 Einwohnern ist durch die Anzahl der Erwerbstätigen des Handelsgewerbes (einschl. Versicherungswesen) dargestellt nach den Ergebnissen der gewerblichen Betriebszählung vom 16. Juni 1925. Der Einzelhandel und die wichtigsten Zweige des Großhandels sind durch Farbgebung unterschieden. Die Farben entsprechen denjenigen der Industriezweige in der Darstellung der Industriekarte 1927, Maßstab 1:200000. Die dem Handel verwandten Gruppen des Kredit- und Versicherungswesens, der gewerblichen Organisation, des Markt- und Messewesens sind zum Teil in die Darstellung des Großhandels einbezogen worden.

Die Darstellung soll die Funktion der Handelsstädte im Erwerbsleben der Wirtschaftsgebiete und der Handelsbevölkerung im Arbeitsmarkt zeigen und soll die verschiedenartigen Verkehrsbeziehungen der Handelsstädte als Hauptausgangs- und Zielpunkte des Regional- und Fernverkehrs auf Wasserstraßen, Eisenbahnen und Landstraßen erläutern.

Der Handelscharakter der einzelnen Städte verstärkt sich mit ihrer zunehmenden Größe lebhafter als ihr Bevölkerungswachstum. Leipzig, Dresden, Chemnitz, Magdeburg, Halle, Erfurt, Plauen vereinigen auf sich die Hälfte des Handelsumsatzes von ganz Mitteldeutschland bei einem Bevölkerungsanteil von nur einem Viertel. In der Besetzung des Großhandels (je 1000 der Einwohnerzahl) führt Frankfurt a. M. vor Leipzig und Berlin; es folgen Magdeburg und Halle vor den größeren Städten Hannover, Dresden und Chemnitz; Erfurt überragt ebenfalls Chemnitz, Dresden und Kassel. — In Städten mit Angestelltenbevölkerung oder mit Fremdenverkehr oder dicht besiedelter Umgebung, wie Braunschweig, Leipzig, Dresden, Berlin, Frankfurt a. M., Halle ist der Einzelhandel spezialisiert und daher je 1000 der Bevölkerung stärker besetzt als in Arbeiterstädten, in denen ein Teil des Handels auf Kaufhäuser, Genossenschaftseinrichtungen u. dgl. übergeht (Chemnitz, Magdeburg, Weißenfels). Der Großhandel bevorzugt als Standort mehr und mehr die Verkehrsknotenpunkte, die zu den Bedarfs- und Produktionsgebieten günstig liegen und gleichzeitig Verwaltungs- und Kulturzentren sind. Die Orientierung des Handels nach den Produktionsstätten überwiegt bei Keramik und Glaswaren, Papierwaren und Spielwaren, während der Handel an Chemikalien und Drogen, Nahrungs- und Genußmitteln, Vieh, landwirtschaftlichem Betriebsbedarf und Baustoffen mehr zu den Zentren der Verbrauchsgebiete wandert; der Großhandel mit Bergwerkserzeugnissen, Textil- und Bekleidungswaren, Fahrzeugen, Apparaten, elektrotechnischem und Hausgerät bevorzugt gleichmäßig die Erzeugungsgebiete und die großstädtischen Gebiete. Im Kredit-, Markt- und gewerblichen Organisationswesen haben einige Großstädte die Führung; hier wird das wirtschaftliche Schaffen der Provinz durch Kreditvergebung und Marktpreisbildung u. a. m. organisatorisch gelenkt. Die kreditwirtschaftlichen Umstellungen der Nachkriegszeit haben im Kreditwesen gleichzeitig die Zusammenfassung an den Handelszentralen wie die Dezentralisation auf kleinere Städte (Bankfilialen, Genossenschaften) gefördert.

Diesen Standortserscheinungen der Großhandelszweige entspricht in großen Zügen folgendes Bild der Einflußbereiche: Während die vom Hauptverkehr abgelegenen Städte der Randzone des sächsisch-thüringischen Gebirgslandes entsprechend der Bevölkerungsdichte ihres Gebiets größtenteils Versorgungshandel und Austausch von Spezialerzeugnissen betreiben, vereinigt Leipzig dank seiner Mittellage auf sich den Großvertrieb der erzgebirgisch-thüring. Verbrauchsgüterindustrien (Welt-Messe) und beeinflußt lebhaft die Versorgung des mitteldeutschen Gebiets mit Lebensmitteln und Industriebedarf. Dresden, mit regen Handelsbeziehungen zu Südosteuropa, rechnet das östliche Erzgebirge und die schles.-sächs. Oberlausitz zu seinem Haupteinflußgebiet. Erfurt das südöstliche Eichsfeld und Mittelthüringen. In bevorzugter Verkehrslage versorgt Halle teils die intensive Landwirtschaft und die Industrie seines Gebiets mit Bedarfsgegenständen, teils setzt es die landwirtschaftlichen Produkte und die Verarbeitungserzeugnisse an Nahrungs- und Genußmitteln in ganz Deutschland, besonders in Thüringen und Süddeutschland ab. Ähnliche Beziehungen, nur in stärkerem Anschluß an die Seehäfen und Norddeutschland, insbesondere an Berlin, unterhält Magdeburg in seiner Verbindungslage zwischen Hamburg-Mitteldeutschland einerseits und Berlin-Niedersachsen-Westdeutschland andererseits; es ist außerdem Vorort des Kalisalzgebietes. Hannover erstreckt seinen Einfluß auf große Teile von Niedersachsen und den Nordharz, Kassel auf das mittlere Wesergebiet, Frankfurt a. M. auf Südwestdeutschland. Berlin zieht den Handel von und nach dem deutschen Osten auf sich, u. a. versorgt es Schlesien mit schwedischen Erzen, vertreibt schlesische Kohle, ist Großverteiler der Erzeugnisse der Niederlausitz. Hier vereinigen sich Verkaufszentralen und Vertretungen sämtlicher deutscher und vieler ausländischer Gewerbe und Organisationen; im Bankwesen allein beschäftigt Berlin drei Viertel des Personals des deutschen Bankgewerbes.

Darstellungsmaßstab
(1 qmm = 40 Personen)

Durchmesser in cm =	0	0,5	1	1,5	2	2,5	3	3,5	4	4,5	5	5,3	6	7	8	9	10	11	12
Anzahl der im Handel erwerbstätigen Personen	0	800	3100	7000	13000	19000	28000	39000	50000	63600	79000	92000 (Leipzig)							486000 (Berlin)

Gruppen des Großhandels

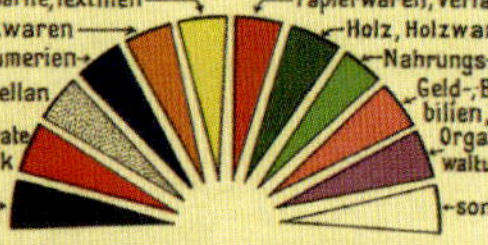

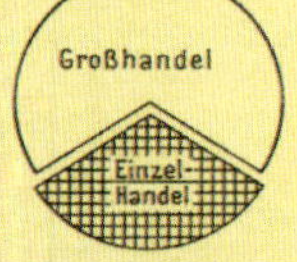

GEBIETE DER MITTELDEUTSCHEN GESTEINE

13

Geogr. Anst. v. Wagner & Debes, Leipzig (Topographie)
Hausdruckerei d. Preuss. Geol. Landesanstalt (Geol. Eintrag.)

Maßstab 1:1000000
1 Kilometer in der Natur = 1 Mm. auf der Karte

Landesplanung Merseburg 1930.
Bearbeitet von C. Gäbert, beratender Geologe und Hydrologe zu Naumburg, 1929.

- □ Kalkstein, Marmor, Kalkmergel, Kalktuff
- ■ Dachschiefer, Tonschiefer, Fruchtschiefer
- ○ Quarzit, Knollenstein, Gangquarz
- △ Serpentin
- □ Sandstein
- ■ Gips
- ○ Diabas, Diorit, Gabbro
- ● Basalt, Basalttuff, Phonolith, Trachyt
- △ Gneis, Glimmerschiefer, Granulit
- □ Grauwacke
- ○ Quarzporphyr, Porphyrtuff
- ● Granit, Granitporphyr, Syenit
- ⊕ Porphyrit, Melaphyr, Kersantit, Syenitporphyr

Nutzbare Gesteine werden im Bereich der Mittelgebirge und Hügellandschaften der mitteldeutschen Hauptscholle an den verschiedensten Stellen ausgebeutet. Neben dem mitteldeutschen Bedarf selbst versorgen sie einen großen Teil des Bedarfs der norddeutschen Tiefebene an Schotter und Split für Bahn- und Straßenbauten, an Dachschiefer, Gips, Bauwerksteinen und edleren Steinarten. Bahn- und Straßenschotter wird gewonnen im Flechtinger Höhenzug und im westlichen Fläming, im Harz, in der sächsischen und Dresdner Bucht, in der Lausitz, im Erzgebirge, im Vogtland und in Thüringen. Pflastersteine liefern u. a. die Quarzporphyrgebiete nördlich Halle und östlich Leipzig, die Granitbrüche nördlich Dresden und in der Lausitz, sowie die Basaltbrüche der Lausitz, des Wesergebiets und der Rhön. Dachschiefer liefert hauptsächlich der Lehestener Dachschieferbezirk zwischen Thüringer- und Frankenwald. Gips wird in den Gipsbezirken von Hannover, vom Südharz und von Thüringen gefördert. Quarzporphyre liefert u. a. Nordsachsen, Granite die Dresdner Bucht und die Lausitz, Buntsandstein der Thüringer Wald, die Finne und das Elbsandsteingebirge, Muschelkalk das Thüringer Becken und die Saalemündung. An edleren Steinarten sind die Marmorbrüche bei Saalfeld (Thüringen) und Serpentinbrüche bei Zöblitz (Sachsen) zu erwähnen.

GEBIETE DER MITTELDEUTSCHEN ERDEN

14

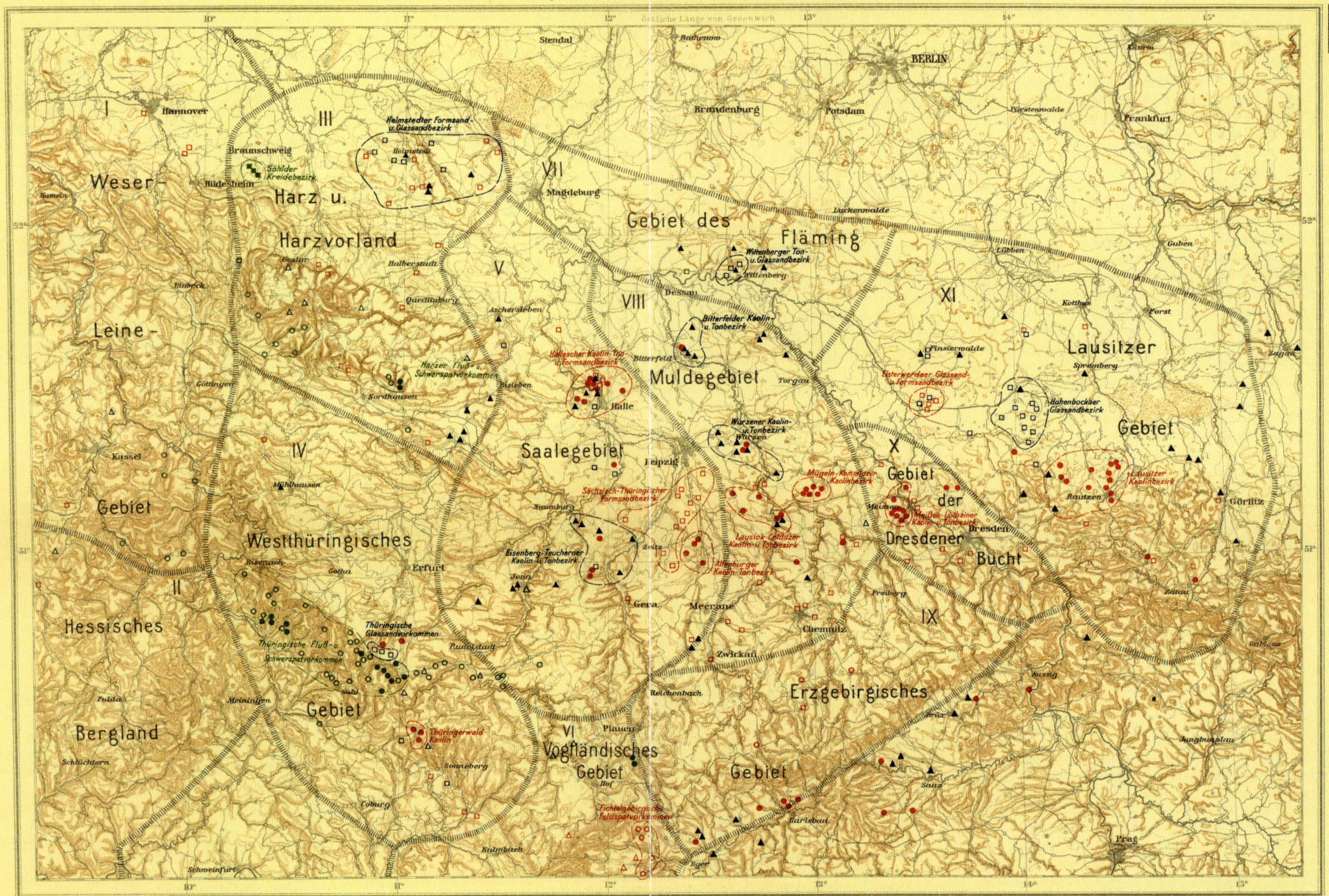

Geogr. Anst. v. Wagner & Debes, Leipzig (Topographie)
Hausdruckerei d. Preuss. Geol. Landesanstalt (Geol. Eintrag.)

Maßstab 1:1000000

Landesplanung Merseburg 1930.
Bearbeitet von C. Gäbert, beratender Geologe und Hydrologe zu Naumburg, 1929.

- ◻ Glassand
- △ Farberde
- ▲ Ton
- ◻ Kieselgur
- ■ Kreide
- c Schwerspat
- ● Flußspat
- △ Asbest, Talk, Speckstein
- ◻ Formsand
- ○ Feldspat
- ● Kaolin

Die nutzbaren Erden werden in der Glas- und Porzellanindustrie, der Grob- und Feinkeramik, der Erzeugung von Baustoffen und daneben in der Papierindustrie und in der chemischen Industrie sowie in anderen Gewerben verwandt. Folgende Fundstätten sind besonders zu erwähnen:

Glassand-Lager nördlich des Harzes, in Thüringen, Sachsen und der Niederlausitz; in letzterer befindet sich der reinste Glassand Deutschlands.

Formsand-Lager nördlich und südlich des Harzes, bei Hannover, in der sächsischen und Dresdner Bucht, in der Lausitz und dem Frankenwald.

Farberde-Vorkommen: Kassler Braun bei Kassel, rote Eisenerze, Oker und brauner Eisenoker im Frankenwald, im Fichtelgebirge, in Thüringen und im Harz.

Kreide: Das einzige Lager bei Söhlde nördlich des Harzes liefert den Rohstoff für viele Fabrikationen. Kreide wird für die Herstellung von Porzellan, Steingut, Fein- und Grobkeramik und Chamotte sowie in der Papierindustrie verwandt.

An Kaolinen lagern in Thüringen kleinere Vorkommen, größere bei Halle, die größten im Kaolinbezirk des Freistaates Sachsen und der Lausitz.

Tone dienen zur Herstellung von Ziegeln, Tonröhren, Töpferwaren, Steinzeug, glasierten Platten und Chamotte. Besonders zu erwähnen sind die Lager nördlich und südlich des Harzes, die Kaolin- und Tonvorkommen bei Eisenberg, Teuchern, Bitterfeld, Halle, Wurzen, in der Niederlausitz, sowie die Flaschentone bei Wittenberg und in der Dübener Heide. Wo Tone als Abraum bei der Braunkohlenförderung anfallen, werden sie vielfach vom Bergbau selbst zur großbetrieblichen Erzeugung von Ziegeln und Tonwaren verwandt.

Von besonderer Bedeutung sind Schwerspatlager im Südharz und Thüringer Wald und Flußspatlager im Südharz, Thüringerwald und Fichtelgebirge. Im Fichtelgebirge sind ferner Specksteinlager und Feldspatlager vorhanden. Auch das Erzgebirge führt Feldspat. Ein Kieselgurlager findet sich in Klieken bei Coswig a. d. Elbe.

DER PERSONENZUGVERKEHR AUF DEN MITTELDEUTSCHEN REICHSBAHNEN

15

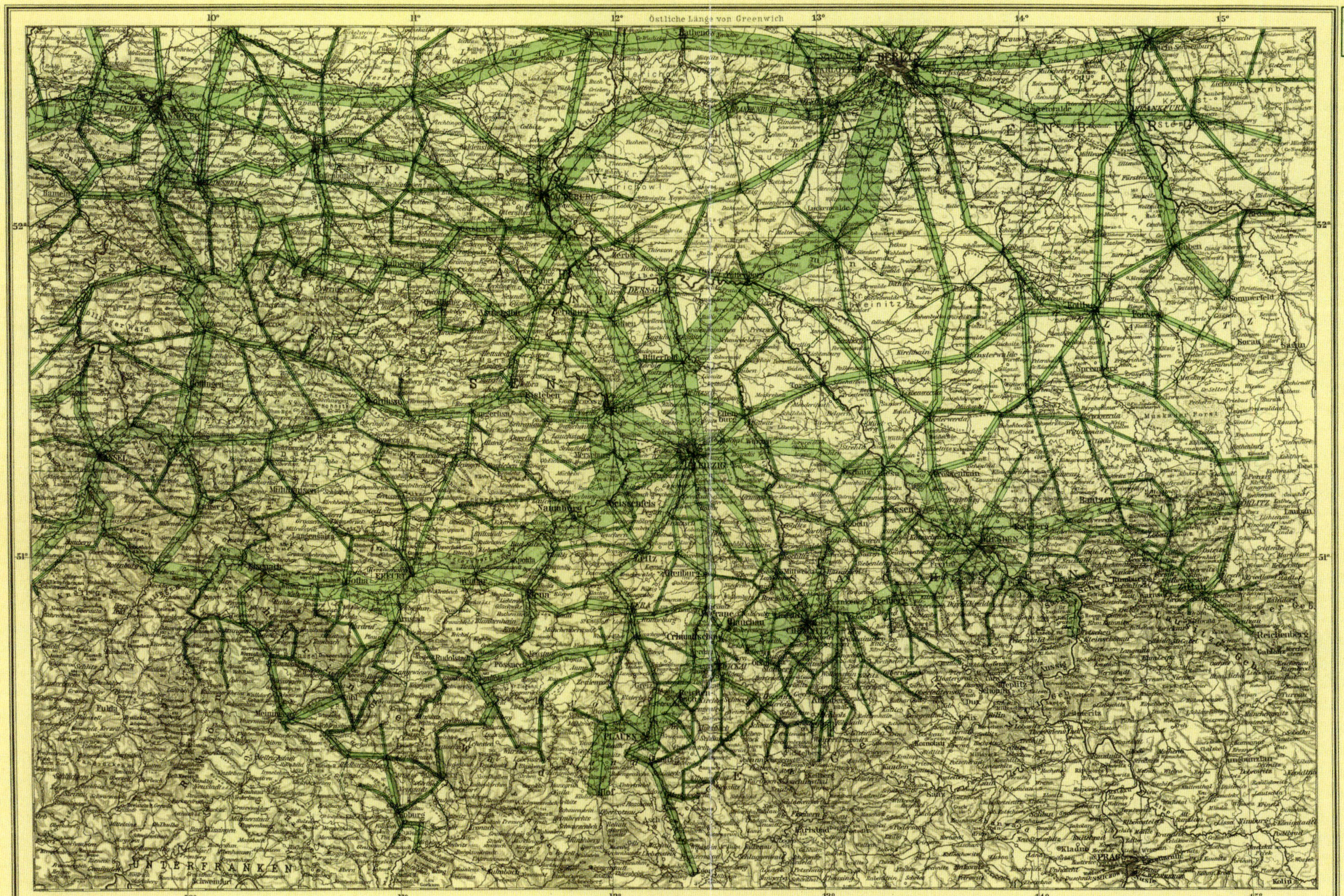

Geogr. Anst. v. Wagner & Debes, Leipzig

Maßstab 1:1000000,
1 Kilometer in der Natur = 1 Mm. auf der Karte

Landesplanung Merseburg 1931.

Tagesdurchschnittliche Streckenbelastung mit Personenzügen BRUTTO-TONNEN in beiden Richtungen
Ermittelt nach der Betriebszählung vom 14. Juni 1928 bei den Reichsbahndirektionen HALLE, MAGDEBURG, ERFURT, DRESDEN, KASSEL, HANNOVER, BERLIN (ohne Vorortverkehr), OSTEN (Frankfurt a. O.)
Die Strecken mit weniger als 1000 to Verkehrsbelastung sind in Strichstärke, das Kleinbahnnetz ist punktiert angegeben

Beim Vergleich der Personenverkehrsdarstellung mit derjenigen des Güterverkehrs ist zu beachten, daß die Güterverkehrsbelastung nur im halben Maßstab des Personenverkehrs dargestellt ist.

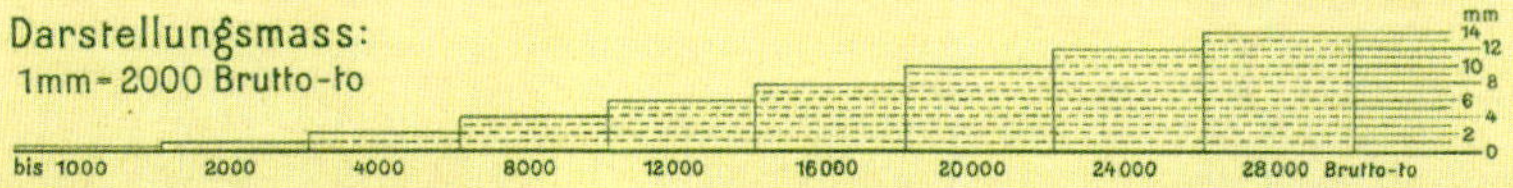

Die Stärke des tagesdurchschnittlichen Verkehrs der Personenzüge ist in Bruttotonnen nach dem Stand vom Sommer 1928 dargestellt. Zu dieser Zeit hatte der Personenverkehr in Mitteldeutschland noch einen verhältnismäßig hohen Stand; seitdem ist infolge der zunehmenden Wirtschaftsdepression ein starker Rückgang eingetreten, sowohl im Fernverkehr (Geschäftsverkehr, Erholungsverkehr) wie im Ortsverkehr (täglicher Berufsverkehr, örtlicher Geschäfts- und Erholungsverkehr). — Diese Darstellung der Streckenbelastung bringt einmal das Gewicht der Wagen und damit ihren Beförderungsraum zum Ausdruck; sie gibt also das Platzangebot sämtlicher Personenzüge aller Grade auf den einzelnen Strecken an, woraus der Stand des Verkehrsbedürfnisses ersichtlich ist. Zum andern enthält sie Gewichtszuschläge nach der Anzahl der beförderten Personen. Die Zahl der Züge wurde nicht als Maßstab gewählt, da sie lediglich die zeitliche Verkehrshäufigkeit (Zugfolge) erkennen lassen würde, dagegen nicht die Mengen des Verkehrs. Der gewählte Gewichtsmaßstab ermöglicht auch einen brauchbaren Vergleich mit der Darstellung des Güterverkehrs. — Den Norden des Kartenausschnittes begrenzt die Haupt-West-Ost-Linie Köln-Hannover-Berlin. Von Hannover zweigt der auf mehrere Parallel-Linien verteilte Südostverkehr nach der sächsischen Bucht ab. Die Parallel-Linien vereinigen sich in Halle und Leipzig und schließen von dort aus strahlenförmig die Erzgebirgsplatte auf. Nach Südosten führt ein starker Verkehr aus der Sächsischen Bucht zur Dresdner Bucht und von dort weiter nach Görlitz und dem Osten; so entsteht die Gebirgsrandlinie Hannover-Mitteldeutschland-Oberschlesien am Nordsaum der deutschen Mittelgebirge. Dieser von Nordwest nach Südost gerichtete Randverkehr wird gekreuzt von der Linie Berlin-Halle-Leipzig-Frankfurt als Hauptverkehrsrichtung von Nordost nach Südwest. Von den beiden Hauptlinien Hannover-Dresden und Berlin-Frankfurt zweigen nach Süden ab die Hauptlinien Halle-Probstzella-Nürnberg-München und Leipzig-Plauen-Hof-München, nach Norden die Linie Halle-Magdeburg-Hamburg. Diese Linien ergänzen sich zu einer Nordsüdlinie durch die sächsische Bucht. Die Linie Halle-Magdeburg-Hamburg ist die Fortsetzung der historischen Elbverkehrslinie Prag-Dresden-Magdeburg-Hamburg. Eine Parallel-Linie bildet die Verbindung Dresden-Großenhain-Wittenberg-Magdeburg nördlich der Elbe. Eine zweite große Nordsüdverkehrslinie verläuft im Leinetal und trägt den Verkehr Frankfurt-Hannover-Bremen-Hamburg. Infolge der starken Wirtschaftskraft Mitteldeutschlands sind die Hauptstrecken in verschiedene Parallel-Linien aufgelöst worden, wodurch ein so dichtes Maschennetz entstanden ist, wie es sonst in Deutschland nur der Ruhrbezirk und die Rhein-Mainische Bucht aufweisen. — Die Flächen zwischen diesen Hauptverkehrslinien werden durch Bahnlinien geringerer Bedeutung aufgeschlossen, die dem Ortsverkehr dienen und im Erzgebirge, Thüringer Wald und Harz auch auf den Fremdenverkehr abgestellt sind. Das Harzgebirge ist nur durch Neben- und Kleinbahnen erschlossen, während die Erzgebirgsplatte bis zu ihrem südlichen Abbruch an der böhmischen Grenze von Vollbahnen aufgeschlossen und der Thüringer Wald auch von mehreren Hauptlinien mit Schnellzugsverkehr gekreuzt wird. — Ortsverkehr und Durchgangsverkehr sind in der vorliegenden Darstellung nicht voneinander getrennt. Es kann aber aus dem Anschwellen des Verkehrs in der Umgebung der großen Städte und der Industriegebiete auf die örtliche Verdichtung des Verkehrs geschlossen werden.

DER GÜTERZUGVERKEHR AUF DEN MITTELDEUTSCHEN REICHSBAHNEN

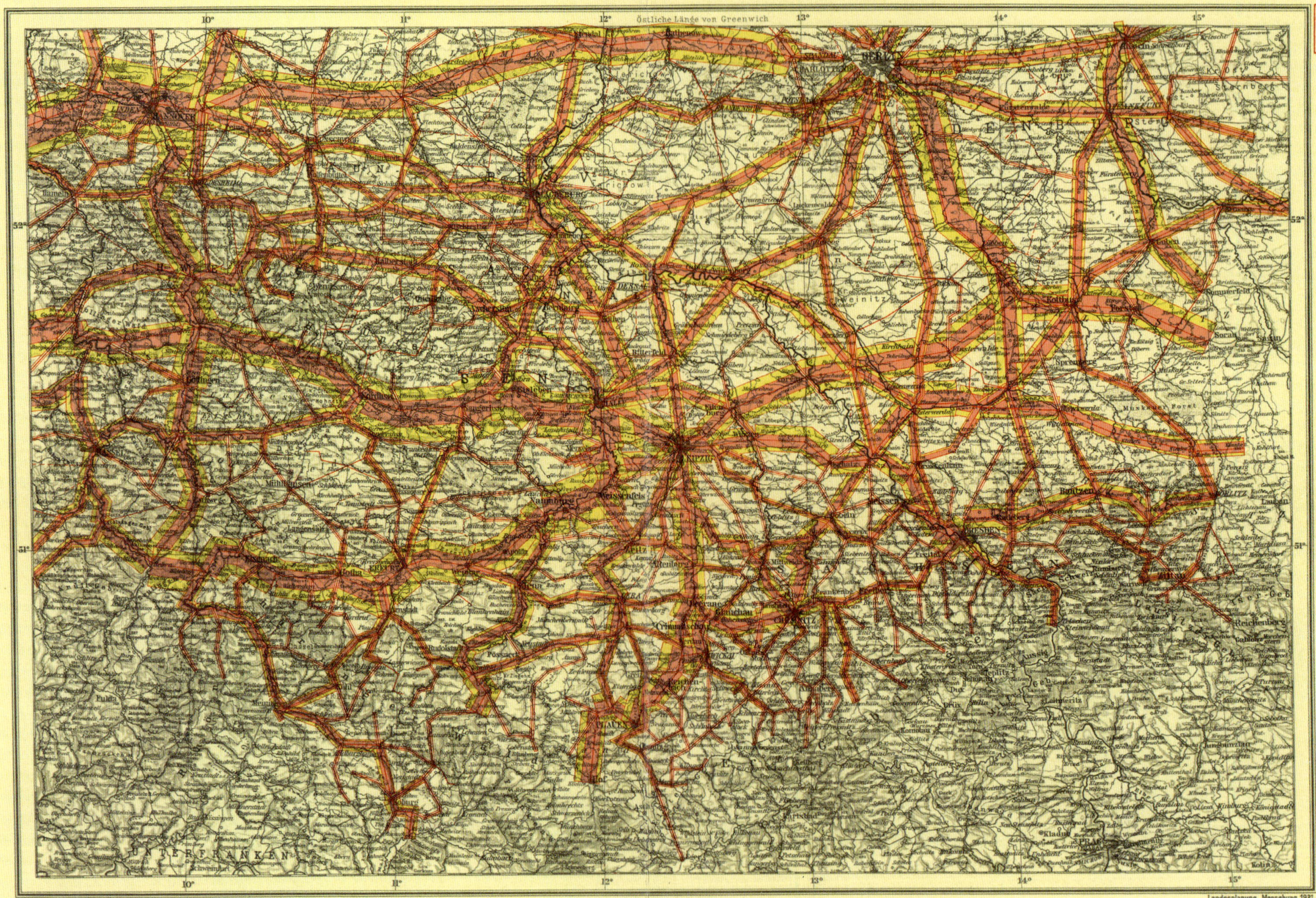

Maßstab 1:1000000,
1 Kilometer in der Natur = 1 Mm. auf der Karte.
Kilometer

Tagesdurchschnittliche Streckenbelastung mit Güterzug-Verkehr
BRUTTO- und NETTO-TONNEN in beiden Richtungen
Ermittelt nach der Betriebszählung vom 14. Juni 1928 bei den Reichsbahndirektionen HALLE, MAGDEBURG, ERFURT, DRESDEN, KASSEL, HANNOVER, BERLIN (ohne Vorortverkehr), OSTEN (Frankfurt a. O.)
Die Strecken mit weniger als 8000 to Verkehrsbelastung sind nur im Brutto-to-Verkehr dargestellt. Strecken mit unter 2000 Brutto-to sind in Strichstärke, Kleinbahnstrecken gestrichelt angegeben

Brutto-to des Güterzug-Verkehrs { Netto-to — Wagengewicht / Ladegewicht

Darstellungsmass:
1mm = 4000 to

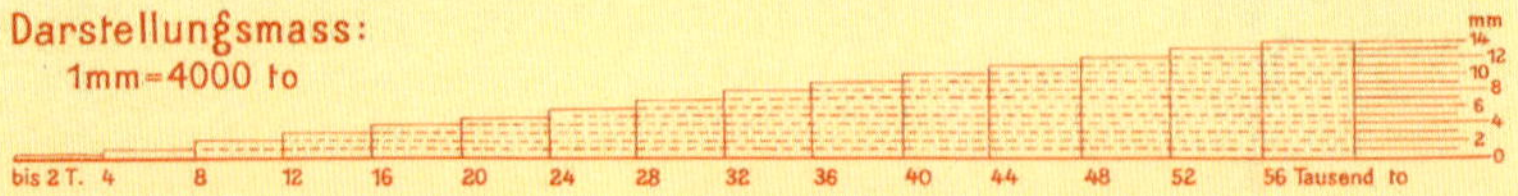

Der Eisenbahngüterverkehr ist durch das auf jeder Strecke im Tagesdurchschnitt durchrollende Gewicht der Güterzüge mit ihren Ladungen dargestellt. Da die Massengüter (Kohle, Holz, Erze, Salze, chemische Düngemittel, Steine, Erden, Papier, Teere, Öle, landwirtschaftliche Erzeugnisse, Nahrungs- und Genußmittel) den Güterverkehr wohl gewichtsmäßig beherrschen, ihre Beförderung aber, auf die Gewichtseinheit bezogen, geringeren Verkehrs- und Betriebsaufwand erfordert als der Verkehr von Leichtgütern, Stückgütern und dergleichen, so bringt diese Darstellung die tatsächliche Verkehrsleistung der Strecken zueinander nicht voll zum Ausdruck; sie mißt die Verkehrsleistung am Gewicht statt am erforderlichen Aufwand. — Trotz dieses Vorbehalts gibt die Darstellung ein lebendiges Bild der Wechselbeziehungen der einzelnen Wirtschaftsgebiete untereinander, zumal auch der Verkehr beider Richtungen eingetragen ist. Sie entspricht dem Stande vom Sommer 1928, zu Beginn des Konjunkturrückganges in Mitteldeutschland. — Für Mitteldeutschland ist aus der Karte zu entnehmen, daß nicht der Verkehr einzelner Strecken und zentraler Punkte vorherrscht, sondern daß eine fast gleichmäßige Verteilung des Verkehrs auf eine große Zahl von Strecken stattfindet, die untereinander eine enge Verknotung aufweisen. — Am stärksten belastet sind die Strecken mit Kohletransporten; Ruhrkohle und Koks werden auf sämtlichen West-Ostlinien nach Berlin und nach dem mitteldeutschen Industriegebiet über Hannover-Stendal und Ottbergen-Northeim geliefert. Ebenso gehen schlesische Steinkohlen und schlesischer Koks über Guben-Frankfurt und Guben-Kottbus nach Berlin und über Forst-Kottbus-Torgau nach Leipzig und Halle. Die Braunkohlenversorgung Berlins erfolgt überwiegend von der Niederlausitz her. In der Gegenrichtung zeigt sich nur geringer Verkehr von Leerzügen. Die Braunkohlentransporte des mitteldeutschen Industriebezirks verstärken den gesamten Bezirksverkehr innerhalb des beschränkten Absatzgebiets der Braunkohle. Der Brikettabsatz beeinflußt den Verkehr auch auf einigen Fernstrecken (Richtungen: Plauen-Hof, Magdeburg-Stendal-Hamburg, Northeim-Hannover). Stark ist der Verkehr Mitteldeutschlands an künstlichen Düngemitteln, Steinen und Erden. Z. B. fällt die Verkehrssteigerung im Richtungsverkehr Nordhausen-Halle auf, wo die Gipszüge der chemischen Großindustrie verkehren. Die Außenbeziehungen des Güterverkehrs der verarbeitenden Industrie in der Provinz Sachsen und in Thüringen sind vornehmlich auf die süddeutschen Industriegebiete und die Küstengebiete im Norden und im Nordosten gerichtet. — Aus der Darstellung lassen sich zum Teil auch Zubringerstrecken und Hauptverkehrsstrecken unterscheiden; ein plastisches Beispiel hierfür ist das Anschwellen des Braunkohlenverkehrs im Geiseltal (Mücheln-Merseburg) von Station zu Station. — Ein Vergleich der Güterverkehrskarte mit der Personenverkehrskarte zeigt, daß die Güterverkehrsverdichtung häufig auf Strecken liegt, die im Personenverkehr nur geringe Bedeutung haben. Zum Teil beruht das auf systematischer Gliederung des Verkehrs aus Betriebsrücksichten (Leistungsfähigkeit der Strecken, Zugförderkosten, Fahrzeiten), zum Teil darauf, daß für Güter- und Personenverkehr verschiedene Standorte und Verkehrsräume maßgebend sind. Sehr deutlich kommt das in der Belastung der Strecke Kassel-Nordhausen-Halle-Falkenberg-Kottbus zum Ausdruck, auf der nur geringer Personenverkehr vorhanden ist.

VERKEHRSÜBERSICHTSPLAN VON MITTELDEUTSCHLAND

18

Geogr. Anst. v. Wagner & Debes, Leipzig

Maßstab 1:1000000

Landesplanung Merseburg 1931.

Straßen größerer Verkehrsbedeutung — Hauptbahnen — Nebenbahnen — Klein- und Werks-Bahnen — Kanäle

Vorhanden:
Geplant:

Bezirk der Landesplanung Merseburg

Schiffbare Flüsse

Flughäfen
Verkehrslandeplätze
Hilfslandeplätze
Drehscheinwerfer } auf Nachtflugstrecken
Leuchtbaken

Flugwege
Geradlinige } Schönwetterwege { a. planmäßig beflogen im Sommer 1931; b. gegenüber Sommer 1928 nicht mehr planmäßig beflogen
Schlechtwetterwege in Tälern

Der Verkehrsübersichtsplan gibt ein Bild der wichtigsten vorhandenen und geplanten Verkehrsflächen Mitteldeutschlands, die für die Entwicklung des Verkehrs im engeren mitteldeutschen Industriebezirk von Belang sind. Die Abhängigkeit der Verkehrsnetze von der Oberflächengestaltung prägt sich insbesondere in der zentralen Verknotung der Linienführungen in der Sächsischen Bucht aus. Allgemein lassen sich die Linienführungen unterscheiden in parallele Randlinien und Querlinien von Gebirgen, Flüssen und Niederungen. Zu den Verkehrsflächen der einzelnen Verkehrsarten ist folgendes zu bemerken:

1. Straßenverkehr: Die Mittellage der Sächsischen Bucht und des engeren mitteldeutschen Industriebezirks im Herzen Deutschlands bringt es mit sich, daß im Vergleich zum Ortsverkehr und Bezirksverkehr der fremde Durchgangsverkehr stark überwiegt, woraus den Wegebaupflichtigen große finanzielle Lasten zugunsten der Nachbargebiete erwachsen. Im Straßenverkehrsnetz fehlen insbesondere an den Landesgrenzen noch einige Verbindungen; diese werden durch Zusammenarbeit der Landesplanungsstellen planmäßig entwickelt, um später den Ausbau eines Straßennetzes zu ermöglichen, das den zunehmenden Personen- und Lastkraftwagenverkehr über längere Strecken aufnehmen kann. Neue Hauptstraßen erscheinen insbesondere erforderlich im Gebiet des Niederlausitzer Reviers, beiderseits von Elbe und Saale und zwischen Leipzig und den südlich davon liegenden Industriestädten Freiberg, Chemnitz und Gera.

2. Eisenbahnen: Die Maschenweite des Eisenbahnnetzes ist ebenso wie die des Verkehrsstraßennetzes im mitteldeutschen Gebiet besonders eng, so daß neue Bahnlinien nur noch in geringer Zahl erforderlich werden. Neue Hauptbahnen sind nicht geplant. Dagegen sind Erweiterungsflächen für einen viergleisigen Ausbau der Hauptlinien Berlin-Magdeburg, Hannover-Magdeburg-Halle-Leipzig-Dresden und Berlin-Bitterfeld-Halle/Leipzig-Weißenfels-Erfurt-Frankfurt a. M. offen zu halten. Daneben ist eine Vervollständigung der Kleinbahnnetze beiderseits der Elbe geplant, sowie der Bau einiger Braunkohlebahnen.

3. Wasserwege. Für den mitteldeutschen Frachtverkehr stehen außer den schiffbaren Flußläufen von Oder-Spree-Havel, Elbe-Saale-Unstrut und Weser-Werra-Fulda bisher nur ein Teil des Mittellandkanals und das brandenburgische Kanalnetz zur Verfügung. Nach Fertigstellung des Mittellandkanals wird der Ost-West-Verkehr an schweren Frachtgütern auf dieser Hauptverkehrslinie und auf den nördlich und südlich anschließenden Wasserstraßen voraussichtlich eine starke Belebung erfahren, insbesondere auch auf dem geplanten Südflügel des Mittellandkanals, bestehend aus der bis Merseburg aufwärts kanalisierten Saale und dem Kanal Merseburg-Leipzig. Als Fortsetzung dieses Wasserstraßennetzes ist die Verbindung Leipzig-Gera sowie die Verbindung des ostelbischen Braunkohlenreviers mit Leipzig und Berlin geplant.

4. Luftverkehr: Die ausgebauten Flughäfen Berlin, Halle/Leipzig (Schkeuditz), Hannover, Erfurt, Leipzig-Mockau nehmen im wesentlichen den planmäßigen Großflugstreckenverkehr auf, der sich immer mehr zur Hauptaufgabe des Flugverkehrs entwickelt und streckenweise bereits für Nachtflug hergerichtet ist. Berlin ist Ausgangs- und Endhafen, während die übrigen Plätze mehr als Durchgangs- und Umsteigehäfen dienen. Nur ein geringer Teil der Großflugstrecken geht noch über die Verkehrslandeplätze, die hergerichtete Rollfelder und sonstige vorschriftsmäßige Landevorrichtungen haben. Die Verkehrslandeplätze tragen auch einen Teil des Kurzstrecken-(Zubringer-)verkehrs, der jedoch bisher noch nicht zu einem festen Liniennetz geführt hat, sondern das Verkehrsbedürfnis abtastet. Die Verkehrslandeplätze dienen im wesentlichen auch dem Gelegenheitsflugverkehr und dem Bedürfnis von Flugschulen und Versuchsanstalten; sie liegen bei sämtlichen bedeutenderen Städten sowie im Bereich der Erholungsgebiete des Harzes und Thüringer Waldes. Hilfslandeplätze sind für Gelegenheitsflugverkehr und für Notlandungen erforderlich; ihre planmäßige Ausweisung steht noch bevor, die Flugrouten der jetzigen Großflugstrecken können als Anhalt hierfür dienen. Die Flugrouten im Hügelland werden bei Schönwetter etwa geradlinig geflogen, bei Schlechtwetter folgen sie den Flußtälern.

DER VERKEHR AUF DEN MITTELDEUTSCHEN LANDSTRASSEN

17

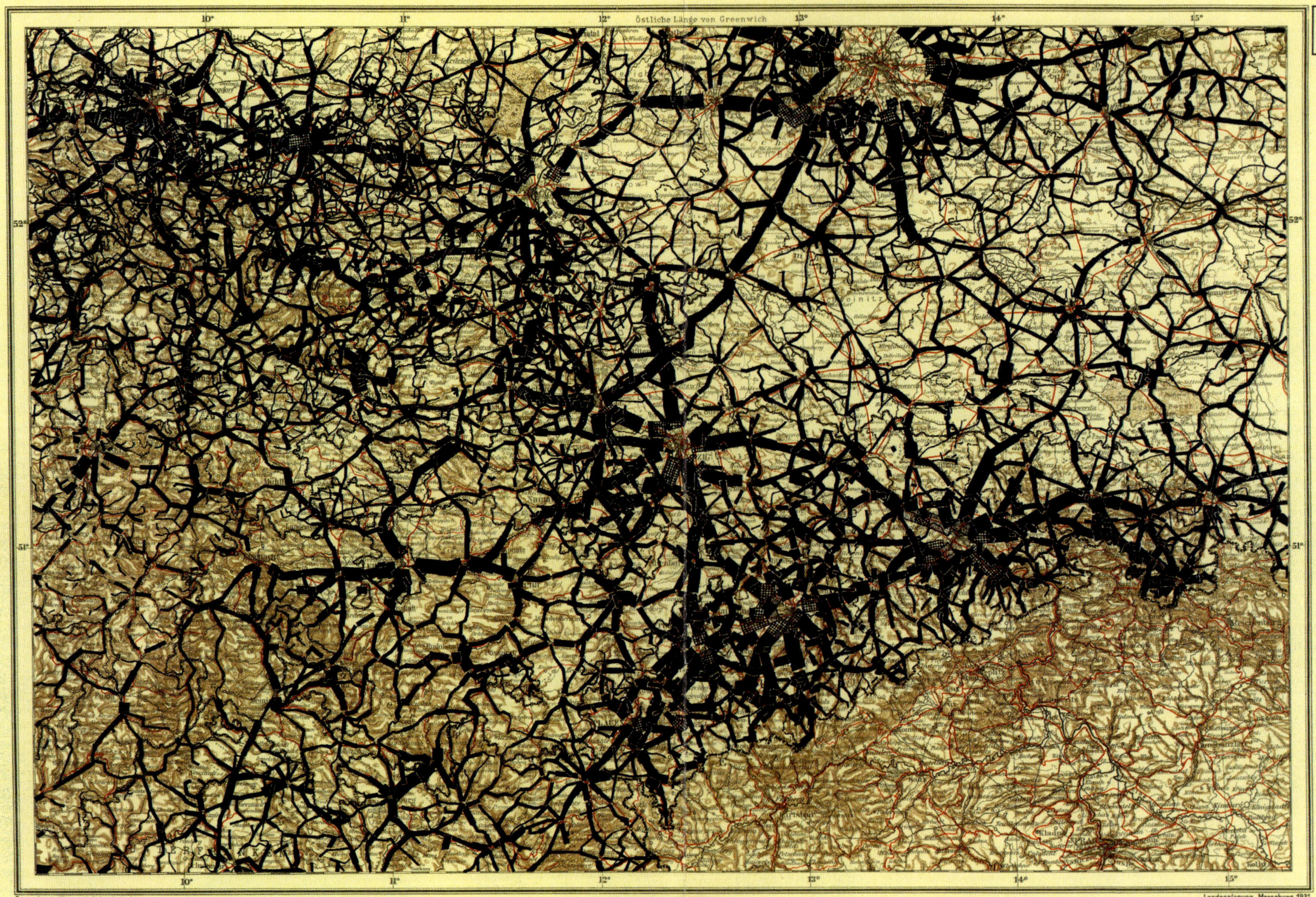

Geogr. Anst. v. Wagner & Debes, Leipzig

Landesplanung Merseburg 1931.

Maßstab 1:1000000.
1 Kilometer in der Natur=1 Mm. auf der Karte

Kilometer

Die graphische Darstellung der Straßenbelastung ist entnommen worden aus der Karte: „Täglicher Verkehr auf den deutschen Landstraßen" 1:500000, bearbeitet von der Sächsischen Straßenbaudirektion Dresden auf Grund der Verkehrszählung, die der Deutsche Straßenbauverband im Jahre 1928/29 durchgeführt hat. In abgestuften Bandbreiten (1 mm ≙ 400 to) ist das Gewicht der Fahrzeuge angegeben, die im Tagesdurchschnitt einer Anzahl ausgewählter Zähltage auf den einzelnen Zählstrecken verkehrten. Die Belastungsziffern sind aus den verschiedenen Gewichtsbewertungen der Verkehrsgruppen: Lastkraftwagen, Personenkraftwagen, Krafträder, Pferdefuhrwerke ermittelt worden. Die Verkehrszählung erstreckt sich lediglich auf die Staats-, Provinzial- und Kreisstraßen, dagegen nicht auf die Gemeindestraßen. Die Verkehrsbeziehungen der Großstädte mit ihren Vororten treten dementsprechend mehr oder weniger verstärkt in Erscheinung, je nachdem das Stadtgebiet infolge von Eingemeindungen einen geringeren oder größeren Teil der Vororte in sich schließt. Seit der Verkehrszählung 1924/25 hat sich der Verkehr an Kraftfahrzeugen in Mitteldeutschland etwa verdreifacht, an bespannten Fahrzeugen um ein Fünftel verringert. Auf den Hauptstraßenzügen war die Zunahme stärker als im übrigen Straßennetz. Die Verkehrsbelastung hat sich auch auf dem Lande allgemein erhöht, während 1924/25 noch die Groß- und Mittelstädte und ihre Umgebung fast alleinige Träger stärkeren Verkehrs waren. Der Aktionsradius des Kraftwagens ist also im Wachsen begriffen.

Die topographische Gestalt der einzelnen Wirtschaftsgebiete, die Siedlungsdichte und besonders die gewerbliche Struktur geben dem Landstraßenverkehr seine Entwicklungslinien an. Sehr klar tritt die Verdichtung des Verkehrs in der Randzone der Mittelgebirge zutage. Die Verdichtung beginnt in der Oberlausitz und setzt sich im topographisch reich gegliederten Erzgebirge fort, wo zahlreiche Klein- und Mittelbetriebe mit starker Arbeitsteilung und die Vielheit von Städten eine mannigfaltige Verkehrsverflechtung bewirken. Dieser Verkehr geht in klaren Sammellinien in die Ebene der Halle-Leipziger Bucht über. Die großen Verkehrszüge entsprechen denjenigen des Eisenbahnnetzes, sie heben sich deutlich in dem Gesamtbilde Mitteldeutschlands ab; ihre Durchgangsbedeutung verstärkt sich mehr und mehr. Das Hervortreten stark belegter Hauptlinien in einem einheitlichen Netz erklärt sich hier durch die gleichmäßige Verteilung städtischer und ländlicher Wirtschaftszentren in einem Durchschnittsabstande von rd. 30 km. Vielfach verzahnt ist der Landstraßenverkehr des Nordharzes und seines weiteren Vorlandes, ausgehend von Halle, teils unmittelbar am Nordharz entlang, teils über Magdeburg, Braunschweig, Hannover führend. Die intensiv betriebene ertragreiche Landwirtschaft und zahlreiche landverteilte Bergbau- und Industriebetriebe bewirken diesen Verkehr. Im Südharz treten die Gebiete um Göttingen und Nordhausen besonders hervor. Im Thüringer Becken sind die Städte an der Hauptbahnlinie Träger größeren Verkehrs, sie schließen den Thüringer Wald vom Norden her auf. Erfurts Einfluß tritt deutlich hervor, er erfaßt im Nordosten die Goldene Aue. Ein nicht geringer Teil des Verkehrs in den Mittelgebirgen und im Thüringer Becken entfällt auf den Erholungsverkehr und den zur Bedienung der Kurorte erforderlichen Geschäftsverkehr. Die Verkehrsbeziehungen zwischen der mitteldeutschen Randgebirgszone und Berlin sind auf zwei Hauptlinien beschränkt: Berlin-Brandenburg-Magdeburg und Berlin-Wittenberg-Bitterfeld mit Fortsetzungen. Der Verkehr Berlins mit seinen näher gelegenen östlichen Einflußgebieten ist dagegen stärker gegliedert und enthält wohl einen beträchtlichen Ausflugs- und Erholungsverkehr.

Der Verkehrsplanung gibt die Belastungskarte ein Bild, in welcher Richtung sich das tatsächliche Verkehrsbedürfnis entwickelt. Dabei steht offenbar zur Zeit nicht der Großdurchgangsverkehr zwischen den Wirtschaftsprovinzen im Vordergrund, sondern der mehr örtliche Durchgangsverkehr zwischen engeren und weiteren Wirtschaftsgebieten. Die Pflege beider Verkehrsgattungen wird durch ein Ausbauprogramm des Straßennetzes erstrebt, das aus den größeren Zusammenhängen heraus entwickelt wird. In erheblichem Maße sind heute bereits zahlreiche kleinere Gemeinden mit geringer finanzieller Leistungsfähigkeit in die rapide Entwicklung des zwischenörtlichen Kraftverkehrs hineingezogen, wodurch ihnen schwierige Aufgaben erwachsen.

Ein Vergleich der Straßenverkehrskarte und der Eisenbahnverkehrskarte ergibt auch, daß die Gebiete mit Schwerindustrie, besonders im engeren mitteldeutschen Industriebezirk, sich mehr auf den Bahnverkehr beschränken als die Gebiete mit Veredlungs- und Verbrauchsgüterindustrie und mit regem Handelsgewerbe zur Versorgung dichtbevölkerter Gegenden, wo eine wesentlich stärkere Entwicklung des Straßenverkehrs in Erscheinung tritt.

Darstellungsmaßstab der acht Verkehrsstufen des Straßenverkehrs in to:

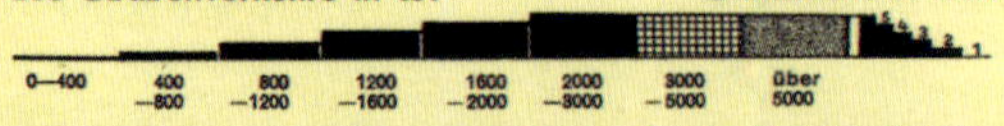

STANDORTE UND BELEGSCHAFT DER INDUSTRIE- UND BERGBAUBETRIEBE

IM ENGEREN MITTELDEUTSCHEN INDUSTRIEBEZIRK UND IN DEN ANGRENZENDEN GEBIETEN NACH DEM STANDE D. J. 1927

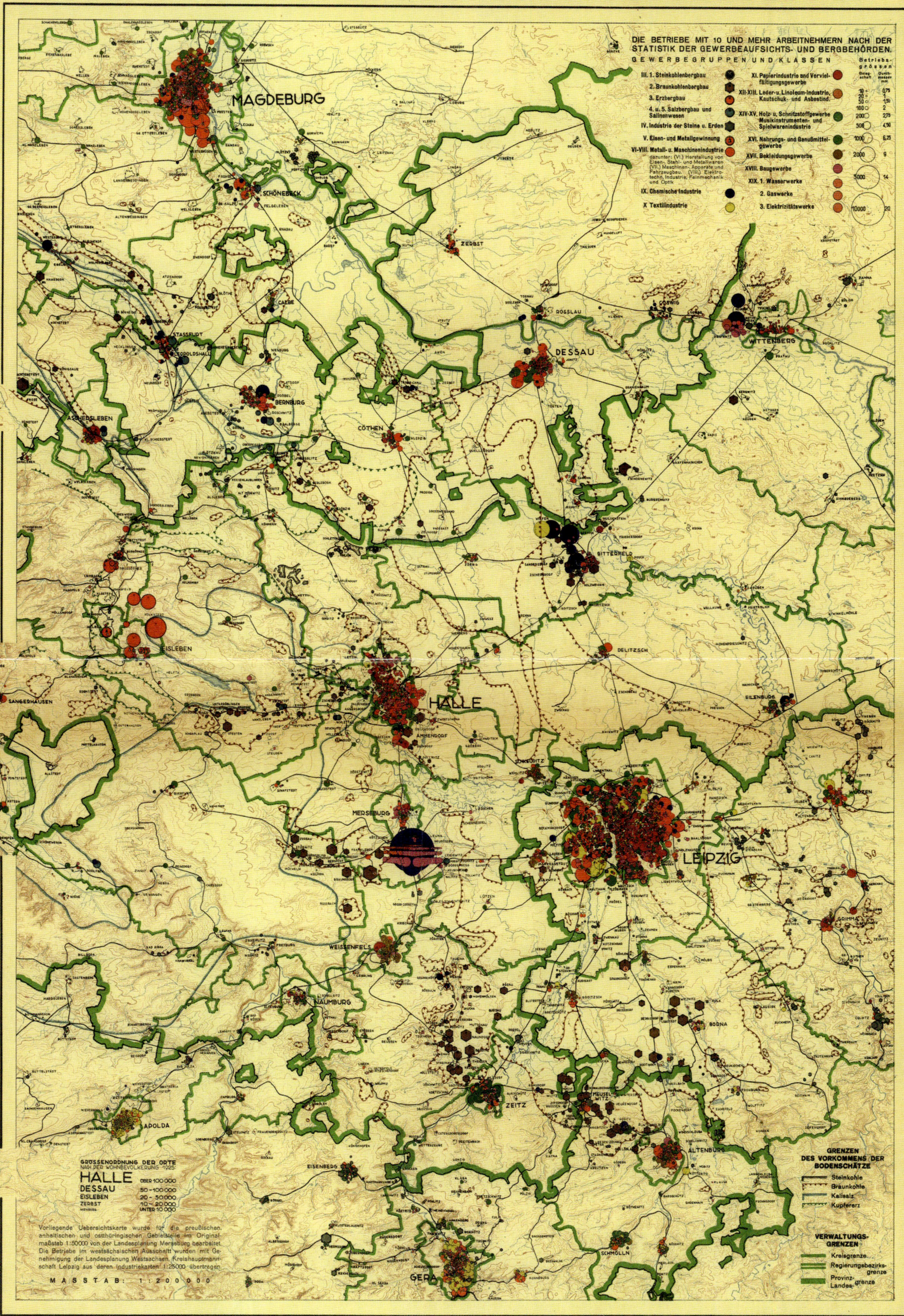

Zusammendruck der Höhen und Gewässer aus der Topographischen Uebersichtskarte des Deutschen Reiches 1:200000, hergestellt vom Reichsamt für Landesaufnahme, Reichskartenstelle, Berlin 1929
Aufdruck der Industriekarte im Pulchradruckverfahren von C. G. Blanckertz, Düsseldorf.

LANDESPLANUNG MERSEBURG 1931

Die Darstellung enthält die Standorte der Betriebe in ihrer örtlichen Lage zum Verkehr, zu den Wasserläufen, nach ihrer Zugehörigkeit zu Verwaltungsbezirken, Siedlungsgebieten und Wirtschaftsgebieten. Die Betriebsgröße des einzelnen Werkes nach der Beschäftigtenzahl (Arbeiter und Angestellte) weist auf seine Bedeutung für den Arbeitsmarkt und z. T. auf den Umfang der Produktion hin. Saisongewerbe (z. B. Rohzuckerindustrie, Betriebe der Steine und Erden, Baugewerbe, Bekleidungsgewerbe) sind nach ihrer Belegschaft in der Hauptbeschäftigungszeit angegeben. Die Farbgebung soll die Gewerbegruppen sinnfällig unterscheiden. Bergbau, Steinbrüche und Tongruben, die durch ihre Veränderung der Erdoberfläche die Planung beeinflussen, sind sechseckig eingefaßt. Verlassene Bergwerksfelder werden durch gesenkte Bergbauzeichen angedeutet. – Das Darstellungsjahr 1927 zeigt einen Höhepunkt des Beschäftigungsgrades, inmitten der industriellen Rationalisierungsbewegung, deren spätere Auswirkungen auf den Arbeitsmarkt hier in den Ansätzen bemerkbar sind.
Die fast gleichmäßige Standort-Verteilung und starke Dezentralisation der Industrie im dargestellten Raume erklärt sich aus der verstreuten Lage der Gewinnungsstätten der Bodenschätze (Braunkohle, Kalisalz, Kupfererz, Gesteine und Erden), ferner aus dem regen Zusammenhang der Industrie mit der intensiven Landwirtschaft, ist aber auch durch das gleichmäßige Netz wichtiger Eisenbahnlinien in der mitteldeutschen Bucht begründet. Im westsächsisch-thüringischen Gebiet wirken die historisch bedingten Arbeitsmarktverhältnisse dezentralisierend. Daher sind beim gegenwärtigen Stand der Entwicklung auch weite ländliche und landwirtschaftliche Gebietsteile in den gewerblichen Arbeitsmarkt verflochten. Deutlich zeigt die Darstellung das gegenseitig bedingte Zusammenleben einzelner Erwerbszweige, die zusammenballende Kraft des Großverkehrs zugunsten der Mittel- und Großstädte, die Wanderung der Großbetriebe in die städtischen Außengebiete und Vororte, u. s. m.
Die gewerbliche Entwicklung und gegenwärtige Struktur in dem Gebiet nördlich der Linie Apolda-Naumburg-Weißenfels-Schkeuditz-Eilenburg ist von dem südlich gelegenen Gebiet sehr verschieden, wenn auch die Gewinnung von Braunkohle, Gesteinen und Erden beiden Gebieten gemeinsam ist.
Im Nordteil, auf den fruchtbaren Böden, ist die Industrie der Verarbeitung landwirtschaftlicher Produkte, insbesondere die Zuckerindustrie von der Börde her nach dem Saale- und Unstrutgebiet vorgedrungen und hat den eigentlichen Anstoß zur Erschließung der Braunkohlenreviere bei Aschersleben, Staßfurt, Köthen, Bitterfeld, Halle, Oberröblingen, z. T. auch Geiseltal und Weißenfels gegeben. Der Aufschwung des Kalibergbaues und seiner chemischen Verarbeitungsbetriebe in den Bezirken Schönebeck, Egeln, Staßfurt, Aschersleben, Bernburg, im Hallischen- und Unstrut-Kalibezirk schufen der Braunkohle weitere reiche Möglichkeiten. Diese wurden im Laufe der Zeit ergänzt durch die Entwicklung von Verarbeitungs-, Verbrauchsgüter- und Hilfsindustrien in den verkehrsgünstigen größeren und mittleren Städten. Besonderen Aufschwung nahm hierbei der Maschinenbau für den Bedarf der früh intensivierten Landwirtschaft, der Zuckerindustrie, der Gewinnung von Steinen und Erden, des Kohle- und Kalibergbaues und des Baugewerbes. Dabei kam der Stadt Magdeburg die Nachbarschaft der Börde, die Nähe der Kalilager und der Schiffahrtsweg der Elbe zugute, während die Vorzüge Halles in seiner Mittellage zu den Bergbaubezirken und einem dicht bevölkerten Hinterland bestehen. Bei Dessau war der Reichtum an Wald und Wasser maßgebend, bei Wittenberg die Verkehrslage und Wasserversorgung. Rohstofflager, Verkehr, billiger Grunderwerb und vorhandene Arbeitskräfte begünstigten weiter die Ansiedlung der chemischen Großindustrie vor dem Kriege (Bitterfeld, Eilenburg, Ammendorf) und im Kriege (Leuna, Piesteritz, Reinsdorf, Roßlau), dergleichen von Kraftwerken (Golpa, Kayna, Amsdorf, Gröbers) und andern angegliederten Betrieben der Großindustrie. Die allgemeine gewerbliche Belebung und wachsende Bevölkerung der Großstädte, Mittelstädte und ländlichen Industrieorte ließ besonders die Städte an Verbrauchsgüterindustrie für Nahrungsmittel und Hausgerät sowie an Spezialmaschinenfabriken, Fahrzeugbau, Apparatebau, Elektrotechnik zunehmen. Dieses Anwachsen hat der Braunkohle weiteren Absatz verschafft, während die Rohzuckerindustrie, der Kalibergbau und der alte Mansfelder Kupfererzbergbau mit ihren Verarbeitungsbetrieben seit einiger Zeit zurückgehen.
Im Gebiet südlich der obengenannten Linie überwiegen die sächsisch-thüringischen Gewerbe, die weniger auf den Bodenschätzen als auf billigen bezw. qualifizierten Arbeitskräften beruhen. Ausgesprochene Textilstädte sind Gera und Apolda. In Naumburg, Zeitz und Eilenburg ist vornehmlich holzverarbeitende Industrie, in Weißenfels Schuhindustrie, in Altenburg Maschinenbau tätig. Leipzig besitzt eine mannigfaltige arbeitsorientierte Spezialindustrie, u. a. die alteingesessene Papierindustrie, Druckerei, Pelzwarenbranche, Gewerbe der Drogen und Farben, Kleiderkonfektion und sonstige Verbrauchsgütergewerbe. Die Orte der Umgebung von Leipzig sind dem gewerblichen Charakter der Großstadt eng verwandt (z. B. Schkeuditz mit Pelzwaren, Eilenburg mit Musikinstrumentenbau). Die Braunkohlenreviere Borna und Meuselwitz, z. T. auch Weißenfels-Zeitz zeigen nicht die starke Verbindung mit Großindustrie wie die nördlichen Reviere; die Veredlung der hochwertigen Kohle und Umwandlung in elektrische Kraft (Böhlen, Theißen) nimmt im Süden neben dem Kleinabsatz an Brennkohle breiten Raum ein. Für die Verzahnung des nördlichen und südlichen Gebiets kennzeichnend ist das Uebergreifen der sächsisch-thüringischen Papierindustrie nach Norden (Elster, Mulde, Saale).
Die Mannigfaltigkeit der Wirtschaftsstruktur im dargestellten Gebiet, die hier aus großen Zusammenhängen heraus zu betrachten ist, stellt der Planung zwischen einzelnen Gemeinden und zwischen einzelnen Wirtschaftsgebieten ihre ganz besonderen charakteristischen Aufgaben.

BEVÖLKERUNGSSTAND VOM JAHRE 1925 UND BEVÖLKERUNGSWACHSTUM SEIT 1905

DER GEMEINDEN IM ENGEREN MITTELDEUTSCHEN INDUSTRIEBEZIRK UND IN DEN ANGRENZENDEN GEBIETEN

20

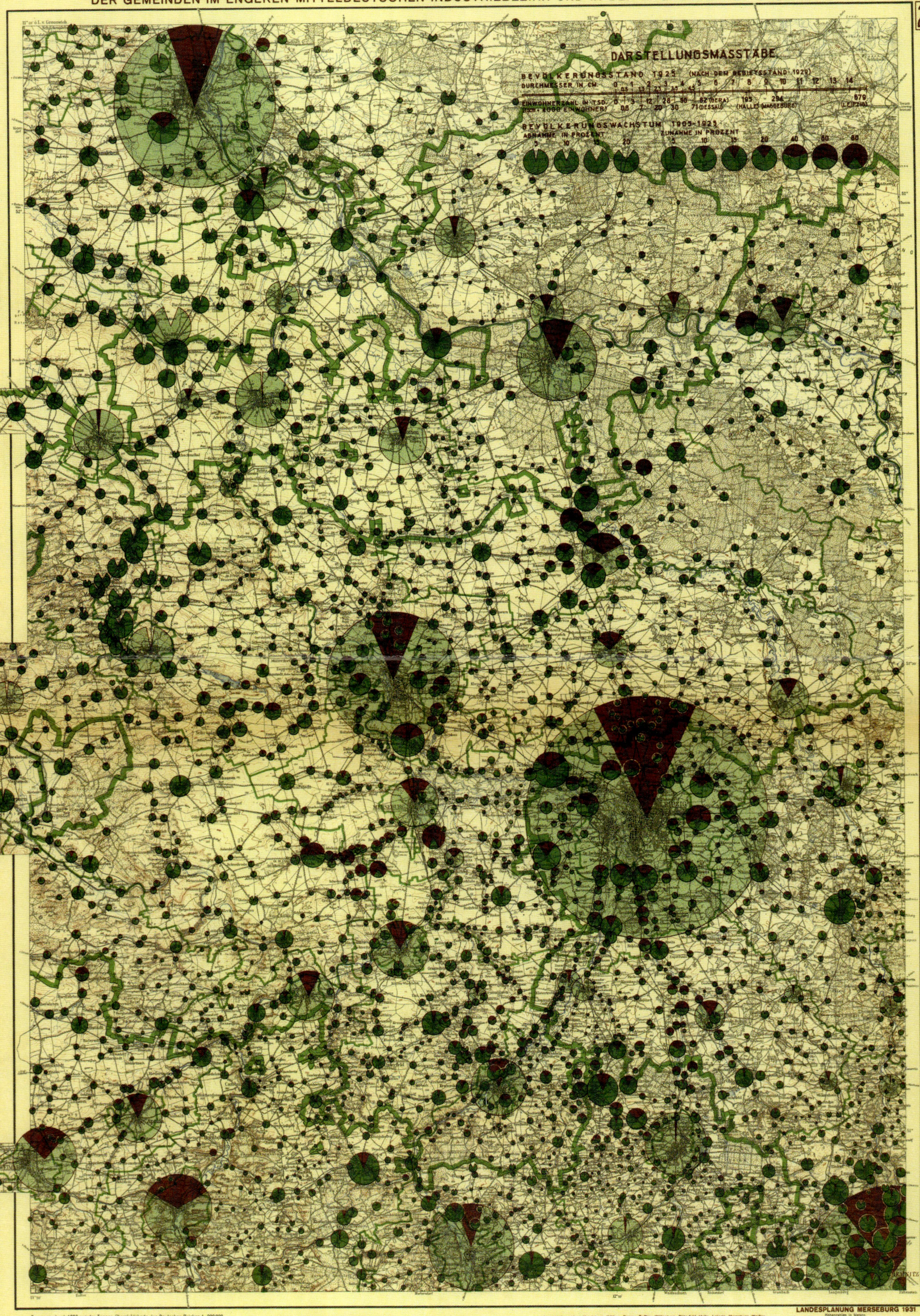

Zusammendruck 1929 aus der Topogr. Übersichtskarte des Deutschen Reiches 1 : 200 000 mit dem Stand der auf den Grundplatten ausgeführten Berichtigungen und Nachträge.

Hergestellt vom Reichsamt für Landesaufnahme, Reichskartenstelle, Berlin 1929.

Die Darstellung wurde für die preußischen, anhaltischen und ostthüringischen Gebiete im Originalmaßstab 1 : 100 000 von der Landesplanung Merseburg bearbeitet. Der westsächsische Ausschnitt ist mit Genehmigung der Landesplanung Westsachsen, Kreishauptmannschaft Leipzig aus deren Bevölkerungskarte entnommen worden.
Die Bevölkerung ist nach den Angaben der amtlichen Volkszählungen dargestellt worden und zwar: ortsanwesende Bevölkerung sämtlicher Gemeinden vom 1. 12. 1905, Wohnbevölkerung vom 16. 6. 1925.
Diese Darstellung verfolgt die auf Karte 9 (Maßstab 1 : 1 000 000) in dem größeren Zusammenhang Mitteldeutschlands dargestellte Bevölkerung und Besiedlung bis auf die einzelnen Gemeinden des engeren mitteldeutschen Planungsbezirks und seiner Nachbargebiete. Die Eintragung der Bevölkerungszahl in den kartenmäßigen Zusammenhang mit den Höhenverhältnissen, den Gewässern, Waldungen, Bahnen, Straßen gibt Aufschluß über den heutigen Stand der Siedlungsstruktur. Fast sämtliche Ortschaften sind ursprünglich als landwirtschaftliche Siedlungen entstanden.

Infolge der Verschiedenartigkeit der Besitzverfassung, der landwirtschaftlichen Betriebsbedingungen, Bodenverhältnisse, Verkehrsverhältnisse u. a. m. ist die Verteilung und Größe der Siedlungen in den südlichen Wald- und Hügellandgebieten wesentlich verschieden von der Besiedlung des Flachlandes der sächsischen Bucht und der anschließenden Gebiete (man vergl. z. B. die Reihensiedlung in den Flußtälern des Flachlandes mit der gleichmäßigen Besiedlung des Hügellandes oder die Ortsgrößen Ostthüringens mit denjenigen der Börde). Die gewerbliche Entwicklung, die sich über das Mittelalter bis zur Neuzeit unter dem Einfluß politischen, kulturellen, wirtschaftlichen und sozialen Geschehens allmählich vollzog, – wobei besonders in der Neuzeit der Aufschwung der Technik, die Schaffung von Verkehrseinrichtungen, die Aufschließung einzelner Bodenschätze und der Wandel der Marktverhältnisse entscheidend mitwirkten, – hat innerhalb der ursprünglichen Besiedlung erst die jetzt erkennbaren Größenunterschiede der Gemeinden herausgebildet. Städtische, ländliche und halbländliche Siedlungen mit industrieller, bergbaulicher, handelsgewerblicher, landwirtschaftlicher Bevölkerung beleben heute das Bild in mannigfachen Uebergangsformen des Siedlungscharakters.
Die jetzige Größe der Orte läßt ihre Bedeutung im Verkehr, im Arbeitsmarkt und im Wohnungsmarkt erkennen. Die dargestellte Zu- oder Abnahme zeigt für die letzten 20 Jahre die Bewegung der Bevölkerung unter dem Einfluß der Wandlungen im Erwerbsleben an. Durch die gewerbliche Aufwärtsentwicklung sind die Wirtschaftsgebiete an den verkehrsgünstigen Bahnen besonders bevorzugt worden: Magdeburg, Köthen, Dessau-Roßlau, Wittenberg, Bitterfeld, Halle, Leipzig, Merseburg, Weißenfels, Naumburg, Apolda, Weimar, Jena, Zeitz und Gera, ebenso die Braunkohlengebiete zwischen Weißenfels-Zeitz-Borna. Die übrigen Gebiete haben sich im allgemeinen nicht weiter entwickelt und sind z. T. erheblich zurückgegangen; die rein landwirtschaftlichen Gebiete mit überwiegendem Großbetrieb, die Orte mit stillgelegter Einzelindustrie, die Kalibezirke und der Mansfelder Kupfererzbezirk.
Wie stark eigentlich die verschiedenen Kräfte der Bevölkerungsbewegung infolge der Wandlungen im Arbeitsmarkt wirksam sind, gibt die Darstellung des Jahres 1925 nur unvollkommen wieder, weil zu diesem Beobachtungszeitpunkte die wachsenden Arbeitsmärkte eine durch Wohnungsmangel stark gehemmte Freizügigkeit vorfanden. Zahlreiche industrielle Arbeitskräfte sind in ihren bisherigen Wohnsitzgemeinden festgehalten worden und haben z. T. unter Zurücklegung weiter Wege ihre Arbeitsstätte aufsuchen müssen. Das Maß des örtlichen Wohnungsbedarfs geht daher aus dieser Darstellung nur zum Teil hervor. Auch deshalb, weil der Wohnungsbedarf sich weniger in der Zunahme der Personenzahl als der Haushaltungen äußert. Die Zahl der Haushaltungen hat sich aber schneller vermehrt als der Personen. Zur Beurteilung des Wohnungsbedarfs ist also die Zunahme an Haushaltungen bei sämtlichen hier dargestellten Gemeinden mit Bevölkerungszunahme weiter verstärkt zu denken. Andererseits haben eine Entlastung ihres Wohnungsmarktes nur Gemeinden mit erheblicher Bevölkerungsabnahme erfahren. In allen übrigen Gemeinden mit geringerem Bevölkerungsrückgang ist infolge des gewandelten Verhältnisses zwischen der Haushaltung und ihrer Personenzahl der Wohnungsbedarf gewachsen.

Maßstab 1 : 200000.

LANDESPLANUNG MERSEBURG 1931

Höhenzahlen in Metern.

Verwaltungsgrenzen:
Kreisgrenze
Regierungsbezirksgrenze
Provinz- / Landes- grenze

VERKEHRSPLAN
FÜR DEN ENGEREN MITTELDEUTSCHEN INDUSTRIEBEZIRK UND DIE ANGRENZENDEN GEBIETE

22

Zusammendruck 1929 aus der Topogr. Übersichtskarte des Deutschen Reiches 1 : 200 000 mit dem Stand der auf den Grundplatten ausgeführten Berichtigungen und Nachträge. Hergestellt vom Reichsamt für Landesaufnahme, Reichskartenstelle, Berlin 1929.

Maßstab · 1 : 200 000.

Der Verkehrsplan wurde aufgestellt von der Landesplanung Merseburg und der Straßenverwaltung der Provinz Sachsen, unter Mitwirkung der Reichsbahndirektion Halle, der Elbstrombauverwaltung, der Landesplanungen Magdeburg, Westsachsen-Leipzig und Ostthüringen, sowie der Städte Dessau, Halle, Leipzig und Magdeburg.

Der Verkehrsplan zeigt das gegenwärtige und das künftige Zusammenwirken der Verkehrswege im Raume des mitteldeutschen Planungsgebiets und seiner einzelnen Teile. Die gemeindliche Planung von Ortsverkehrsflächen, Gewerbeflächen und Wohnflächen ist durch dieses Verkehrsnetz bedingt. Ziel der Planung ist, den Raum für die Erweiterung und Verlegung von Straßen und Bahnen, für Anlage von Kanälen und für Anfluggelände der Flugplätze gegen Verbauung zu sichern. Der Abbau der Braunkohle stellt hierbei örtlich besondere Aufgaben.

Die Verkehrsstraßenplanung enthält im vorliegenden Gebiet sämtliche Straßen größerer Verkehrsbedeutung (die Hauptverkehrsstraßen einschließlich Reichsfernstraßen und die Straßen erster Ordnung). Für das Gebiet der Landesplanung Merseburg sind außerdem die Straßen geringerer Verkehrsbedeutung (zweiter Ordnung) eingetragen worden.

vorhanden – geplant – noch unbestimmt

- Straßen größerer } Verkehrsbedeutung
- Straßen geringerer } Verkehrsbedeutung
- Durchgangsstraßen innerhalb der Ortslagen
- Wasserstraßen, Kanäle

Verbreitung der Braunkohlenlager der geologischen Zeitabschnitte

- Eozän (ältere Formation)
- Westgrenze des Miozän (jüngere Formation)

vorhanden – geplant

- Eisenbahnen, eingleisige
- Eisenbahnen, mehrgleisige bzw. mehrgleisig auszubauende
- Güterbahnhöfe
- Klein-, Werks- u. Straßenbahnen

- Flughäfen, Verkehrslandeplätze
- Hilfslandeplätze
- Luftfahrtfeuer für Nachtflug (Leuchtbaken)

Höhenzahlen in Metern.

Verwaltungsgrenzen:

- Kreisgrenze
- Regierungsbezirksgrenze
- Provinz-, Landesgrenze

TÄGLICHE PENDELWANDERUNGEN DER ERWERBSTÄTIGEN

ZWISCHEN DEN WOHNORTEN UND WICHTIGEREN BETRIEBSORTEN IM ENGEREN MITTELDEUTSCHEN INDUSTRIEBEZIRK UND IN DEN ANGRENZENDEN GEBIETEN I. J. 1929.

21

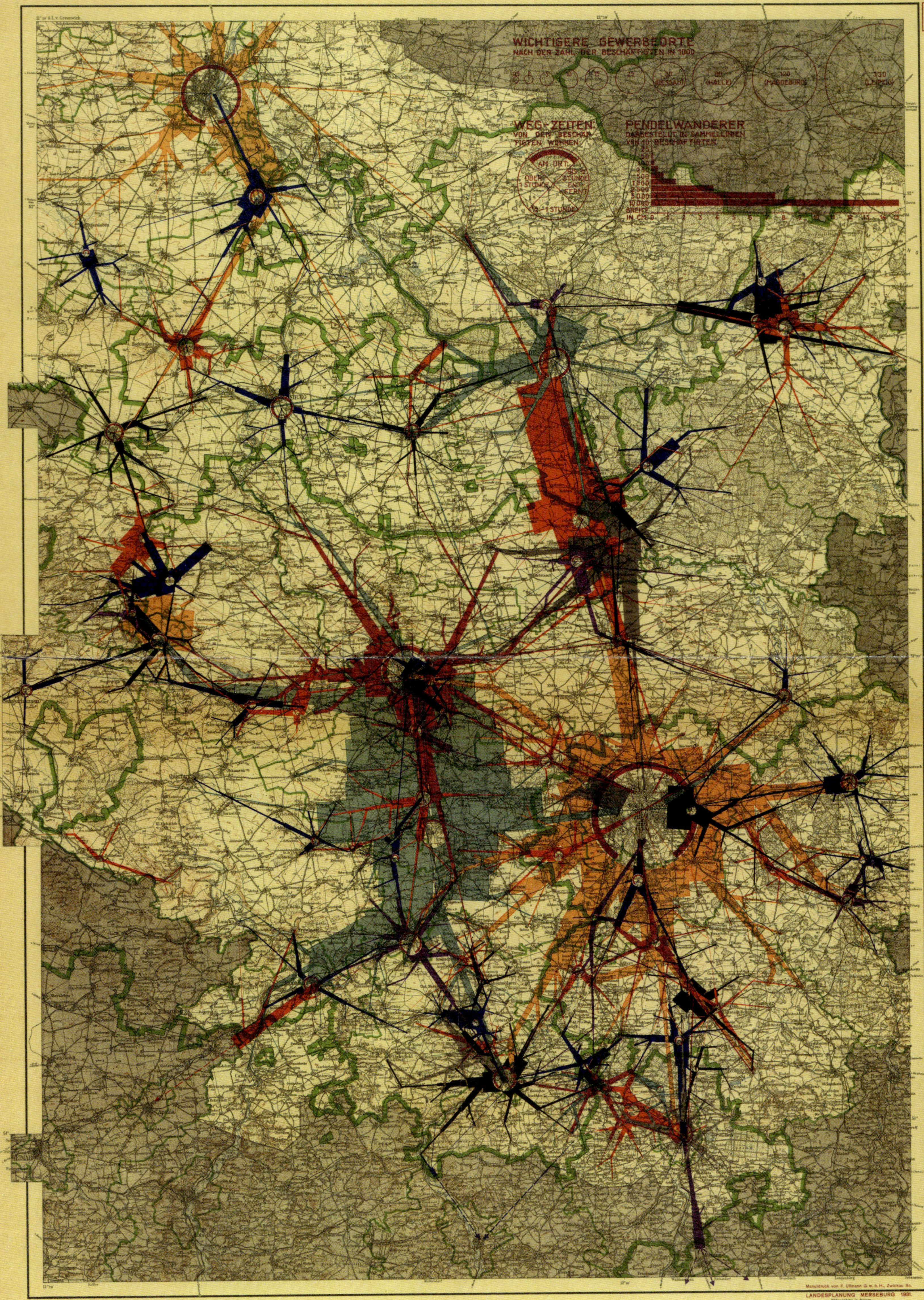

Zusammendruck 1929 aus der Topogr. Übersichtskarte des Deutschen Reiches 1 : 200 000 mit dem Stand der auf den Grundplatten ausgeführten Berichtigungen und Nachträge.

Hergestellt vom Reichsamt für Landesaufnahme, Reichskartenstelle, Berlin 1929.

Maßstab - 1 : 200000.

LANDESPLANUNG MERSEBURG 1931.

Höhenzahlen in Metern.

Die Darstellung fußt auf einer Erhebung über die tägl. Berufswanderungen zwischen Arbeitsorten und Wohnorten. Diese Erhebung ist auf Veranlassung der Landesplanung Merseburg vom Stat. Reichsamt anhand der finanzamtlichen Personenstandsaufnahme vom 10. 10. 1929 durchgeführt worden. Der Erhebungstermin liegt zwischen dem Höchststande der Beschäftigung (1927/28) und dem Beschäftigungstiefstand bei Erscheinen dieses Werkes (1931). Inzwischen haben sich die Pendelwanderungen verringert; der Wert der Erhebung liegt jedoch unverändert in der erstmaligen Möglichkeit zur Erkenntnis des Grades der Arbeitsmarktverflechtung; der verschieden stark wirkenden Anziehungskraft einzelner ländlicher und städtischer Gewerbeorte- und Gruppen auf die Bevölkerung der einzelnen Wohngebiete.

180 000 Pendler wanderten im Herbst 1929 täglich von 2113 Wohnorten zu 1096 Arbeitsorten. Brennpunkt der Pendelwanderungen waren etwa 34 Betriebsorte mit mehr als 1 000 Zuwanderern täglich, darunter die Betriebsorte Leipzig mit 29 000, Leuna 16 500, Magdeburg 8 000, Halle 7 500, Wolfen 7 200, Bitterfeld 5 400, Dessau 4 000 Zuwanderern. Von den insgesamt erfaßten Betriebsorten mit Zuwanderern sind hier nur 73 Orte bezw. Ortsgruppen mit täglich mehr als 500 Zuwanderern dargestellt. Die Kreisflächen entsprechen der Gesamtbeschäftigtenzahl der Betriebsorte; ihr Größenverhältnis zueinander und zu den Wanderungsströmen zeigt, daß Städte wie Naumburg, Bernburg, Köthen, Aschersleben, Altenburg nur geringe Anziehungskraft haben und den Hauptteil ihrer Arbeitnehmer aus der Ortsbevölkerung entnehmen, im Gegensatz zu Wittenberg, Dessau, Leipzig, Halle und besonders zu den ländlichen Industrierevieren Leuna, Bitterfeld, Wolfen, Piesteritz-Reinsdorf, Mansfeld, Luckenau, Meuselwitz, Borna, bei denen die Zuwandererströme den Betriebsort in dichten Massen umgeben. Der obere mit Ringlinie eingefaßte Sektor jedes Betriebsorts stellt den Anteil der am Ort wohnenden Bevölkerung dar, die übrigen Sektoren zeigen den Anteil derer, die täglich von außerhalb zuwandern und dabei eine Wegzeit von 0–½ Stunde, ½–1 Stunde und über 1 Stunde zurücklegen, – bei der Annahme, daß der Arbeitsweg mit Eisenbahn und Fahrrad zurückgelegt wird. Der Anteil der Pendelwanderer mit weiten Wegen wächst bei den ländlichen Gewerbeorten, wo der Hauptbedarf aus mehr oder weniger abgelegenen Groß- und Mittelstädten gedeckt wird; so sind z. B. Halle, Merseburg, Weißenfels, Naumburg Wohnstädte für Leuna, Dessau für Wolfen, Wittenberg für Piesteritz-Reinsdorf. Die Mittelstädte und Bergbaugebiete ergänzen ihre Arbeiterschaft aus der näheren ländlichen Umgebung, während die Großstädte mit großem Bedarf an qualifizierten Arbeitskräften, besonders Angestellten, ihr Einzugsgebiet auf die Vororte sowie auf die Mittelstädte und Kleinstädte der weiteren Umgebung ausdehnen. – Durch den Verkehr der Eisenbahnen bedingt, ergeben sich ausgeprägte Wanderungsketten in den Wechselbeziehungen der einzelnen Arbeitsmärkte, es zeigen sich aber auch wanderungsschwache Räume und isolierte Arbeitsmärkte. Die Pendelwanderungsströme sind in Sammellinien von 20 und mehr Arbeitern dargestellt, deren Einzellinien von den Wohnortgruppen der näheren Umgebung ausgehend zu denken sind. – Die Pendelwanderungen sind meist die Vorstufe der Wohnansiedlungsbewegung. Es läßt sich eine Stufenwanderung feststellen, die zunächst von den ausgesprochen ländlichen in die halbländlichen Gebiete mit Bergbau oder Ortsindustrie geht und von hier aus den reinen Industrieorten und Großstädten zustrebt. – Auch die verschiedene berufliche und soziale Struktur der auf Sammellinien vereinigten Pendlermengen ist für die siedlungspolitische Bewertung der Darstellung beachtenswert.

Verwaltungsgrenzen:

Kreisgrenze

Regierungsbezirksgrenze

Provinz- / Landes- grenze

PLAN DER GEWERBE-, WOHN- UND GRÜNFLÄCHEN

IM ENGEREN MITTELDEUTSCHEN INDUSTRIEBEZIRK UND IN DEN ANGRENZENDEN GEBIETEN

23

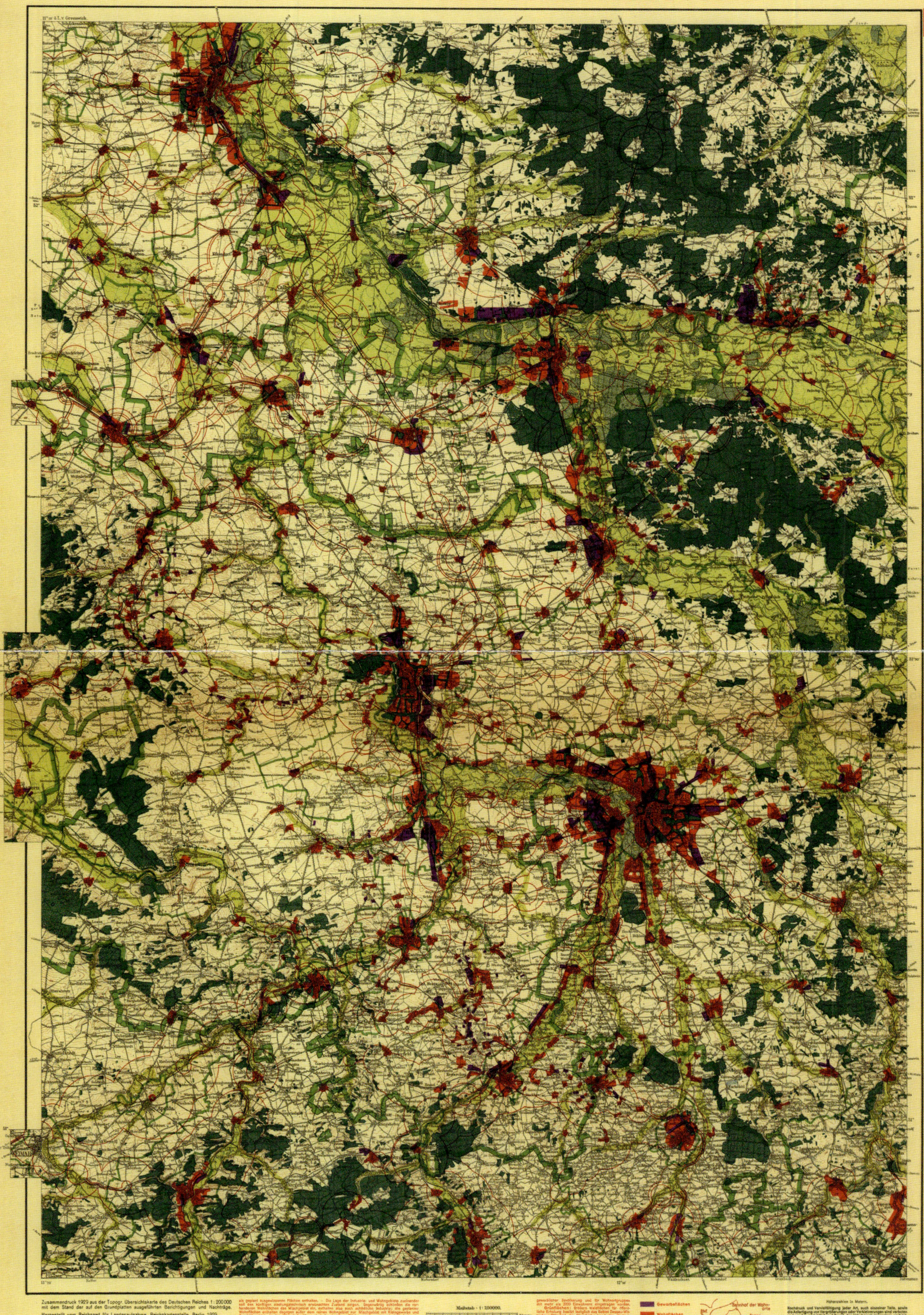

Zusammendruck 1929 aus der Topogr. Übersichtskarte des Deutschen Reiches 1 : 200 000 mit dem Stand der auf den Grundplatten ausgeführten Berichtigungen und Nachträge.

Hergestellt vom Reichsamt für Landesaufnahme, Reichskartenstelle, Berlin 1929.

Der Plan wurde aufgestellt von der Landesplanung Merseburg unter Mitwirkung der Landesplanungen Magdeburg, Westsachsen-Leipzig u. Ostthüringen sowie der Städte Dessau, Halle, Leipzig und Magdeburg.

Vorliegender Übersichtsplan soll den Zusammenhang der gegenwärtigen und der künftigen Verteilung der Gewerbe-, Wohn- und Grünflächen darstellen. Die geplanten Gewerbe- und Wohnflächen entsprechen einem Höchstbedarf der nächsten 30 Jahre; ihre örtliche Lage ändert sich mit den Standortsbedingungen. Für die nähere Zukunft sind nur Teile der geplanten Flächen zum Aufschluß durch Baustufen- und Fluchtlinienpläne bestimmt. — Die jetzige Bebauung ist teils aus dem Unterdruck ersichtlich, soweit dieser dem gegenwärtigen Stande entspricht, teils ist sie in den als geplant ausgewiesenen Flächen enthalten. — Die Lage der Industrie- und Wohngebiete zueinander soll den künftigen siedlungstechnisch erwünschten Zustand zeigen. Gegenwärtig schließen die vorhandenen Wohnflächen das Mischgebiet ein, enthalten also auch schädliche Industrie; die geplanten Wohnflächen enthalten dagegen außer dem reinen Wohngebiet nur Mischgebiet mit Kleingewerbe und Geschäftsgebiet. In den Wirtschaftsplänen sind die einzelnen Flächennutzungsarten plantechnisch voneinander unterschieden.

Gewerbestandorte: Der Mittellandkanal nebst Südflügel begünstigt die gewerbliche Ansiedlung an der Elbstrecke Magdeburg-Dessau-Wittenberg sowie an der Saale-Elster-Strecke Bernburg-Staßfurt-Halle-Merseburg-Leipzig. Außer der Lage zum Wasserweg ist die stärkere oder schwächere Begünstigung einzelner Orte und Gebiete durch Bahn- u. Straßenverkehrslage, durch die Wasserversorgung aus Urstromtälern und durch die Lage zu den Verbrauchsorten der Bevölkerung für die gewerbliche Ansiedlung bestimmend.

Wohnflächen: Die Entwicklung der Wohngebiete wird sich zweckmäßig weiter im Anschluß an die bisherigen Stadtkörper und an die günstigen Gewerbestandorte vollziehen, wobei eine dezentralisierte Besiedlung der Ortschaften in der Einstundenlage zu mehreren Gewerbezentren erstrebt wird. —

Maßstab 1 : 200000.

Die Einstundenzone eines Gewerbeortes umschließt sämtliche Wohnorte, von denen aus die Erwerbstätigen bei Benutzung der Bahn in höchstens einer Stunde zur Arbeitsstätte gelangen können. Wohnorte, die von mehreren Zonengrenzen umschlossen werden, sind demnach arbeitsmarktlich besonders günstig gelegen. — Die Wohnflächen sind in diesem Plane nur für Wohnorte mit vorwiegend gewerblicher Bevölkerung und für Wohnortgruppen mit mehr als 2000 Einwohnern eingetragen worden.

Grünflächen: Größere Waldflächen für öffentliche Erholung besitzt lediglich das Gebiet Dessau-Wittenberg-Bitterfeld, das Mansfelder Land, das Unstrutgebiet, Ostthüringen und das sächsische Mittelgebirgsland. Im Elster-Saale-Gebiet ist dagegen der Bestand an Waldflächen überaus gering. Hier gewinnen daher die Talniederungen (natürliche Überschwemmungsgebiete und angrenzende Niederungsgebiete) erhöhte Bedeutung für die Volkserholung und die Wasserwirtschaft. Dargestellt sind ferner für Preußen und Anhalt die geschützten landschaftlich hervorragenden Gegenden sowie die größeren Naturdenkmalschutzgebiete.

Gewerbeflächen
Wohnflächen
Waldflächen
Talniederungen
Landschaftl. geschützte Gebiete und Naturdenkmalschutzgebiete

Bhf.
Bahnhof der Wohnorte
Gewerbeort A
Zonengrenzen
Gewerbeort B
Zonen der Einstundenentfernung von den wichtigeren Gewerbeorten

Höhenzahlen in Metern.

Verwaltungsgrenzen:
Kreisgrenze
Regierungsbezirksgrenze
Provinz-/Landes-grenze

ÜBERLAND-NETZ DER ELEKTRIZITÄTS- UND GASVERSORGUNG

IM ENGEREN MITTELDEUTSCHEN INDUSTRIEBEZIRK UND IN DEN ANGRENZENDEN GEBIETEN

24

Zusammendruck 1929 aus der Topogr. Übersichtskarte des Deutschen Reiches 1 : 200 000 mit dem Stand der auf den Grundplatten ausgeführten Berichtigungen und Nachträge.

Hergestellt vom Reichsamt für Landesaufnahme, Reichskartenstelle, Berlin 1929.

Maßstab · 1 : 300000.

Höhenzahlen in Metern.

Die Karte wurde aufgestellt von der Landesplanung Merseburg unter Mitwirkung der Verwaltung der Provinz Sachsen und der Landelektrizität G. m. b. H., Halle. Der westsächsische Teil ist aus der Karte 1 : 100 000 der Sächsischen Werke A. G., Dresden, übernommen worden.

Dargestellt ist das vorhandene Elektrizitäts- und Gasversorgungsnetz; projektierte Leitungen sind nur zum Teil angegeben. Die Karte gibt einen Überblick über die heutigen Versorgungsgebiete der einzelnen Unternehmungen, die sich aus dem regional und zeitlich verschieden stark aufgetretenen Versorgungsbedürfnis schrittweise herausgebildet haben. Fördernd auf die Versorgung mit Elektrizität wirkte in neuerer Zeit die Gründung von Großkraftwerken auf der Braunkohle; der Bau der Stromverteilungsnetze ist fast abgeschlossen. Dagegen ist der Bau von Ferngasleitungen erst seit einigen Jahren im Gange.

Die Versorgungsnetze stellen der Landesplanung besondere Aufgaben:

1. Schutz der vorhandenen Leitungen vor baulichen Anlagen, die Störungen der Versorgungen mit sich bringen könnten oder eine spätere Ausbreitung des örtlichen Verteilungsnetzes erschweren würden.
2. Erleichterung des Baues von Fernleitungen durch Einpassung der Leitungsprojekte in die Wirtschaftspläne der Landesplanung (richtige Lage der Leitungsführung zum Baugebiet, Kohlegebiet, Verkehrsanlagen u. a. m.), wodurch eine Entlastung der Leitungsbaukosten möglich ist.

Elektrizitätsversorgung:

- Hochspannungsfreileitungen mit 30 000 und mehr Volt Spannung
- Hochspannungsfreileitungen mit weniger als 30 000 Volt Spannung
- Verkabelte Hochspannungsleitungen mit 30 000 und mehr Volt Spannung
- Verkabelte Hochspannungsleitungen mit weniger als 30 000 Volt Spannung
- Kraftwerke
- Überlandzentralen
- Transformatoren für Ortsnetze

Gasversorgung:

- vorhandene / projektierte } Ferngasleitungen, sämtlich unterirdisch verlegt
- Ferngaswerke
- Örtliche Gaswerke

Verwaltungsgrenzen:

- Kreisgrenze
- Regierungsbezirksgrenze
- Provinz- / Landes- grenze

WIRTSCHAFTSPLAN DESSAU-ROSSLAU-ZERBST

26

Verkleinerung: Hergestellt in Photoalgraphie vom Reichsamt für Landesaufnahme, Berlin 1931.

Geogr. Anst. v. Wagner & Debes, Leipzig

Maßstab $\frac{1}{50000}$ der natürlichen Länge.

1000 500 0 1000 2000 3000 4000 5000 Meter - 5 Kilometer.

Höhenzahlen in Metern.

Landesplanung Merseburg 1931

Im Wirtschaftsgebiet von Dessau und Umgebung ist eine rege wirtschaftliche Entwicklung beiderseits der Elbe im Gange, die durch den Mittellandkanal weiter gefördert werden wird. Inmitten fruchtbarer Landwirtschaft und in Nachbarschaft bedeutender Industriegebiete liegt die anhaltische Landeshauptstadt Dessau mit Industrien der Verarbeitung landwirtschaftlicher Erzeugnisse, der Metallwaren, des Fahrzeug- und Apparatebaues (u. a. Junkers Flugzeuge), der Spezialmaschinenindustrie und der Holzindustrie. Roßlau weist chemische Werke, Porzellanindustrie und Holzindustrie auf. Zerbst hat Gemüsebau, Veredlung landwirtschaftlicher Erzeugnisse, Eisen- und chemische Industrie, sowie arbeitsorientierte feinmechanische Gewerbe; es ist Hauptsitz der deutschen Thermometerindustrie. Neue Industrieflächen sind östlich der Mulde und am nördlichen Elbufer westlich Roßlau freizuhalten; letztere sollen der späteren Ansiedlung von Industrien mit großem Flächenbedarf dienen, die hier in bester Frachtlage zu den einheimischen und überseeischen Rohstoffen und zu den benachbarten Arbeitsmärkten nach Durchführung des Mittellandkanals einen vorzüglichen Standort finden. Auf diese künftige Entwicklung ist auch die Wohnflächenplanung teilweise eingestellt. Gegenwärtig gehören Roßlau, Zerbst und die westlichen Gemeinden zu den Hauptwohnsitzgemeinden der Dessauer Arbeitnehmer, während ein großer Teil der Dessauer Wohnbevölkerung seinen Erwerb im nahen Bitterfelder Industriegebiet findet.
Die günstigsten Wohnflächen liegen landschaftlich reizvoll an der Elbe- und Muldeniederung sowie bei den südlich und westlich vorgelagerten Waldungen.

Landesgrenze
Kreisgrenze
Gemeindegrenze

Zonengrenze
Naturschutz- bezw. Waldschutzgebiete
Überschwemmungsgebiet
Vorfluter, vorhanden, geplant
Grünflächen: Wald, Wiese, Grünanlagen, Dauergärten
Landwirtschaftliche Restfläche
Wohngebiet
Mischgebiet

Industriegebiet
Notlandeplätze Industrieflugplätze
Eisenbahnen
Verkehrsstraßen vorhanden geplant
Hochspannungsleitungen Freileitungen Kabel
Abbaugrenze der Braunkohle
Bereits im Tiefbau abgebaute Braunkohle
Noch im Tiefbau abzubauende Braunkohle

WIRTSCHAFTSPLAN WITTENBERG, PIESTERITZ UND UMGEBUNG

25

Zusammendruck aus den Meßtischblättern 2243/44, 2316/17.
Hergestellt vom Reichsamt für Landesaufnahme, Berlin 1930.
Geogr. Anst. v. Wagner & Debes, Leipzig

1:25000 (4 cm der Karte - 1 km der Natur)

Höhenzahlen in Metern.

Landesplanung Merseburg 1931

Die Stadt Wittenberg, ursprünglich als Marktsiedlung an der Handelsstraße Magdeburg—Lausitz—Schlesien entstanden, später als Festung am Elbübergang ausgebaut, gilt gegenwärtig wegen ihrer Verkehrslage am Elbstrom und am Kreuzungspunkt zweier bedeutender Bahnlinien als günstiger Gewerbestandort. In und bei Wittenberg haben sich in neuerer Zeit chemische Großbetriebe und Verbrauchsgüterindustrien niedergelassen und das Erwerbsleben von Stadt und Landkreis gefördert. Weitere örtliche Industrien nordwestlich von Wittenberg stützen sich auf größere Lager von Sanden und Tonen, auf die nahen Braunkohlenlager und benutzen die Vorteile des Wasserweges. Im Wirtschaftsplan werden folgende Flächennutzungen vorgeschlagen: **Industrieflächen** für künftigen Bedarf können teils westlich von Wittenberg in Nachbarschaft der Bodenschätze, teils an Stichkanälen westlich und östlich der Stadt angelegt werden. Städtische **Mischgebiete** sind innerhalb des alten Festungsgebiets an der Eisenbahn und den Ausfallstraßen ausgewiesen. Die städtischen **Wohngebiete** geschlossenerer Bebauung werden durch Wohngebiete mit offenerer Bebauung in den Randgemeinden ergänzt. Beide dienen vornehmlich dem Bedarf der Industriearbeiterschaft, die in der Stadt Wittenberg, in Werkssiedlungen und in benachbarten ländlichen Gemeinden wohnt. Besonders zu schützen sind wertvolle alte **gärtnerische Siedlungen** — speziell für Blumen- und Gemüsebau — in den moorigen Niederungen der Umgebung. Im Westen der Stadt werden die Industrieflächen durch ausgedehnte **Grünflächen** von den Wohnflächen getrennt.

- Landesgrenze
- Kreisgrenze
- Gemeindegrenze
- Zonengrenze
- Überschwemmungsgebiet
- Vorfluter
- Grünflächen: Wald, Wiese, Grünanlagen, Dauergärten
- Landwirtschaftliche Restfläche
- Wohngebiet
- Mischgebiet
- Wohnbauten in Dauernutzgärten
- Industriegebiet
- Notlandeplatz
- Eisenbahnen
- Verkehrsstraßen vorhanden / geplant
- Hochspannungsleitungen Freileitungen / Kabel
- Kiesvorkommen
- Tonvorkommen
- Abbaugrenze der Braunkohle
- Noch im Tagebau abzubauende Braunkohle

WIRTSCHAFTSPLAN FÜR BITTERFELD UND UMGEBUNG.

27

Zusammendruck aus den Meßtischblättern Nr. 2461/62, 2534/35.
Hergestellt vom Reichsamt für Landesaufnahme, Berlin 1930.
Geogr. Anst. v. Wagner & Debes, Leipzig

1:25000 (4 cm der Karte = 1 km der Natur).

Höhenzahlen in Metern.

Landesplanung Merseburg 1931

Im Wirtschaftsgebiet Bitterfeld liegen zwei Braunkohlenflöze übereinander. Das obere liegt sehr flach und wird daher großflächiger und schneller abgebaut. Die Braunkohle beliefert Großbetriebe der Chemie, Elektrizitätskraftwerke, Papierindustrie und Betriebe der Steine und Erden. Für die Ansiedlung der chemischen Großindustrie war neben der Braunkohleversorgung ein billiger Grundstückserwerb, Grundwasserströme und Bahnverkehrslage entscheidend. Durch die Ansiedlung gewerblicher Arbeiter sind die Gemeinden stark gewachsen. Neue Wohnflächen werden außerhalb der Braunkohlevorkommen und auf wiedereingeebnetem Tagebaugelände offengehalten. Die vorhandenen Wohnflächen auf Braunkohle werden entweder nicht erweitert oder fallen dem Bergbau zum Opfer. Die Industrieflächen liegen in großflächiger Vereinigung westlich und nördlich von Bitterfeld. Diese der Windrichtung nach ungünstige Lage ist historisch bedingt. Teils wird versucht, die Industrie durch Grünflächen von den Wohnflächen zu trennen. Die wichtigen Verkehrsanlagen, Bahnen und Straßen, bleiben bei fortschreitendem Kohleabbau auf Pfeilern stehen, die weniger wichtigen werden verlegt.

- Landesgrenze — Kreisgrenze — Gemeindegr.
- Zonengrenze
- Überschwemmungsgebiet
- Vorfluter
- Grünflächen: Wald, Wiese, Grünanlagen, Dauergärten
- Offenere Wohngebiete mit Kleingewerbe
- Geschlossenere Wohngebiete mit Kleingewerbe
- Mischgebiet (Wohnbauten, Kleingewerbe, unschädl. Industrie)
- Industriegebiet
- Eisenbahnen — Werksbahnen
- Verkehrsstr.: vorhanden / geplant
- Hochspannungsleitungen (Freileitungen, Kabel)
- Ausgehendes der Braunkohle
- Abbaugrenze der Braunkohle
- Offener Tagebau
- Bereits im Tagebau abgebaute Braunkohle
- Noch im Tagebau abzubauende Braunkohle
- Haldenflächen

28. WIRTSCHAFTSPLAN HETTSTEDT-SANDERSLEBEN

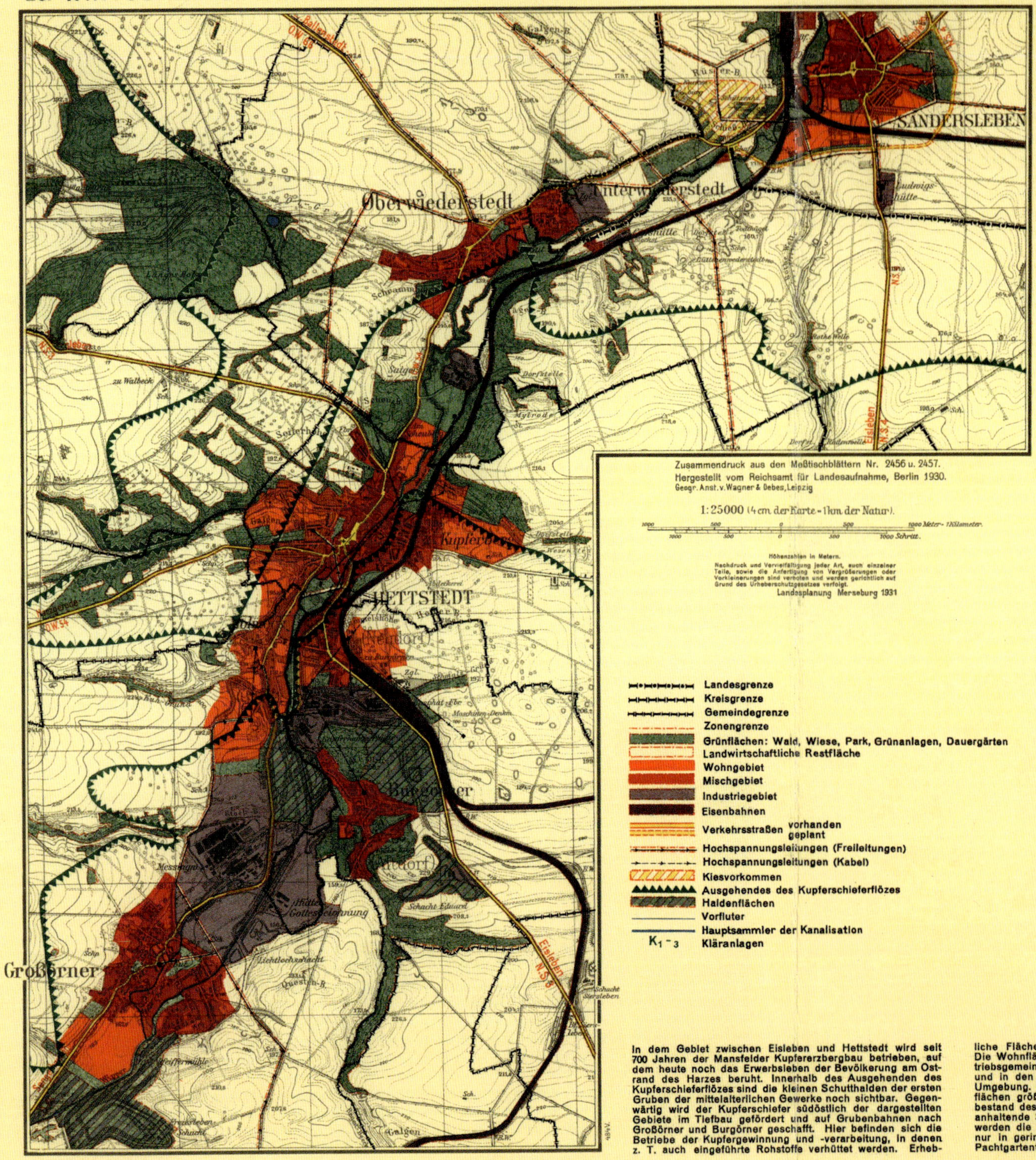

Zusammendruck aus den Meßtischblättern Nr. 2456 u. 2457.
Hergestellt vom Reichsamt für Landesaufnahme, Berlin 1930.
Geogr. Anst. v. Wagner & Debes, Leipzig

1:25000 (4 cm der Karte = 1 km der Natur).

1000 500 0 500 1000 Meter = 1 Kilometer.
1000 500 0 500 1000 Schritt.

Höhenzahlen in Metern.

Landesplanung Merseburg 1931

- Landesgrenze
- Kreisgrenze
- Gemeindegrenze
- Zonengrenze
- Grünflächen: Wald, Wiese, Park, Grünanlagen, Dauergärten
- Landwirtschaftliche Restfläche
- Wohngebiet
- Mischgebiet
- Industriegebiet
- Eisenbahnen
- Verkehrsstraßen vorhanden / geplant
- Hochspannungsleitungen (Freileitungen)
- Hochspannungsleitungen (Kabel)
- Kiesvorkommen
- Ausgehendes des Kupferschieferflözes
- Haldenflächen
- Vorfluter
- Hauptsammler der Kanalisation
- K_{1-3} Kläranlagen

29. ENTWÄSSERUNGSPLAN DES GEBIETES OBERHALB HETTSTEDT

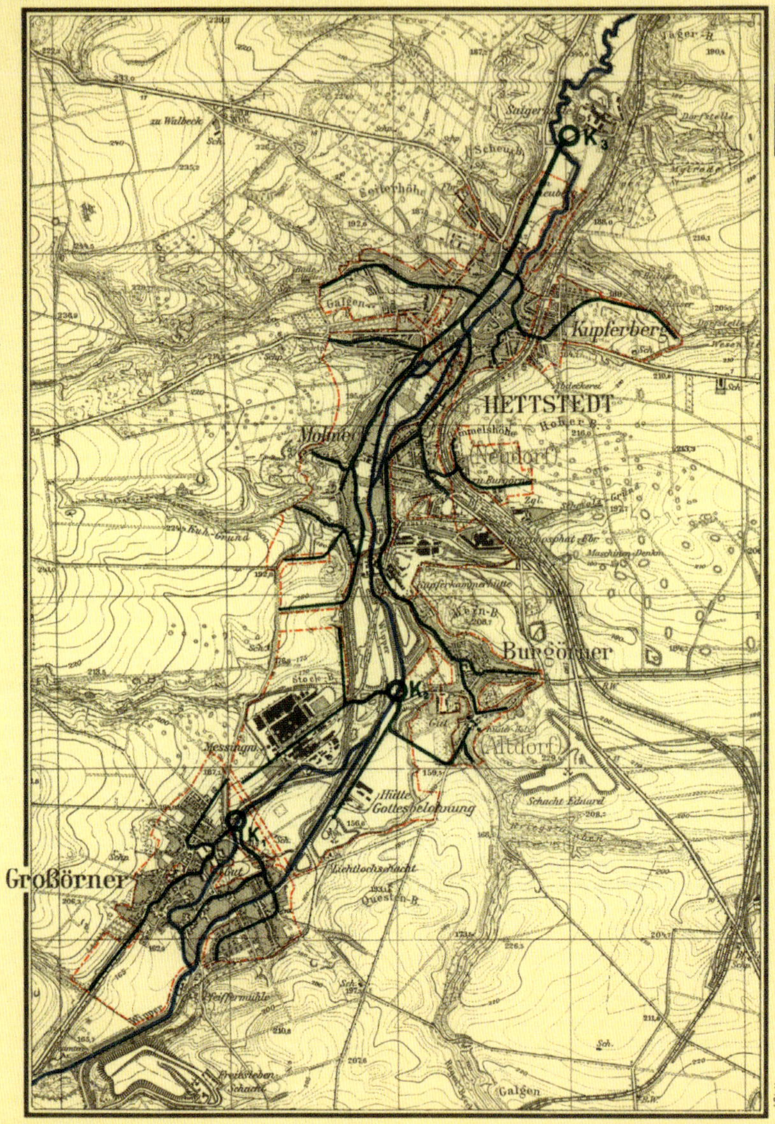

Zusammendruck aus den Meßtischblättern Nr. 2456 u. 2457.
Hergestellt vom Reichsamt für Landesaufnahme, Berlin 1930.
Geogr. Anst. v. Wagner & Debes, Leipzig

Höhenzahlen in Metern.

Landesplanung Merseburg 1931

1:25000 (4 cm der Karte = 1 km der Natur).

1000 500 0 500 1000 Meter = 1 Kilometer.
1000 500 0 500 1000 Schritt.

In dem Gebiet zwischen Eisleben und Hettstedt wird seit 700 Jahren der Mansfelder Kupfererzbergbau betrieben, auf dem heute noch das Erwerbsleben der Bevölkerung am Ostrand des Harzes beruht. Innerhalb des Ausgehenden des Kupferschieferflözes sind die kleinen Schutthalden der ersten Gruben der mittelalterlichen Gewerke noch sichtbar. Gegenwärtig wird der Kupferschiefer südöstlich der dargestellten Gebiete im Tiefbau gefördert und auf Grubenbahnen nach Großörner und Burgörner geschafft. Hier befinden sich die Betriebe der Kupfergewinnung und -verarbeitung, in denen z. T. auch eingeführte Rohstoffe verhüttet werden. Erhebliche Flächen sind durch riesige Schlackenhalden belegt. Die Wohnflächen der Arbeiterschaft liegen teils in den Betriebsgemeinden, teils in der benachbarten Stadt Hettstedt und in den preußischen und anhaltischen Gemeinden der Umgebung. Mit Rücksicht auf das Bergklima liegen die Wohnflächen größtenteils windgeschützt in Tälern. Da der Fortbestand des Mansfelder Kupferschieferbergbaues durch das anhaltende Sinken des Weltmarktkupferpreises gefährdet ist, werden die ausgewiesenen Wohnflächen in absehbarer Zeit nur in geringem Umfange beansprucht werden und durch Pachtgartenflächen an geeigneter Stelle zu ersetzen sein. Dadurch würde der größtenteils im Eigenhaus hier ansässigen Bevölkerung, die allmählich ihre Arbeitsgelegenheit einbüßt, ihre Ernährungsgrundlage erhalten bzw. erweitert werden. Die Führung der Verkehrsstraßen, die auch dem lebhaften Harzreiseverkehr dienen, bedarf innerhalb der eng gedrängten Ortslagen des Wippertales zahlreicher Verbesserungen. In Hettstedt und dem anhaltischen Sandersleben wird die Anlage größerer Umgehungsstraßen notwendig. Die eng verbundenen Ortslagen bedürfen ferner einer gemeinsamen Kanalisation mit verschiedenen Kläranlagen für die Abwässer der Gewerbeflächen und Wohnflächen. Das Projekt paßt sich den Planabsichten des Wirtschaftsplanes an.

WIRTSCHAFTSPLAN VON SCHKEUDITZ UND UMGEBUNG

31

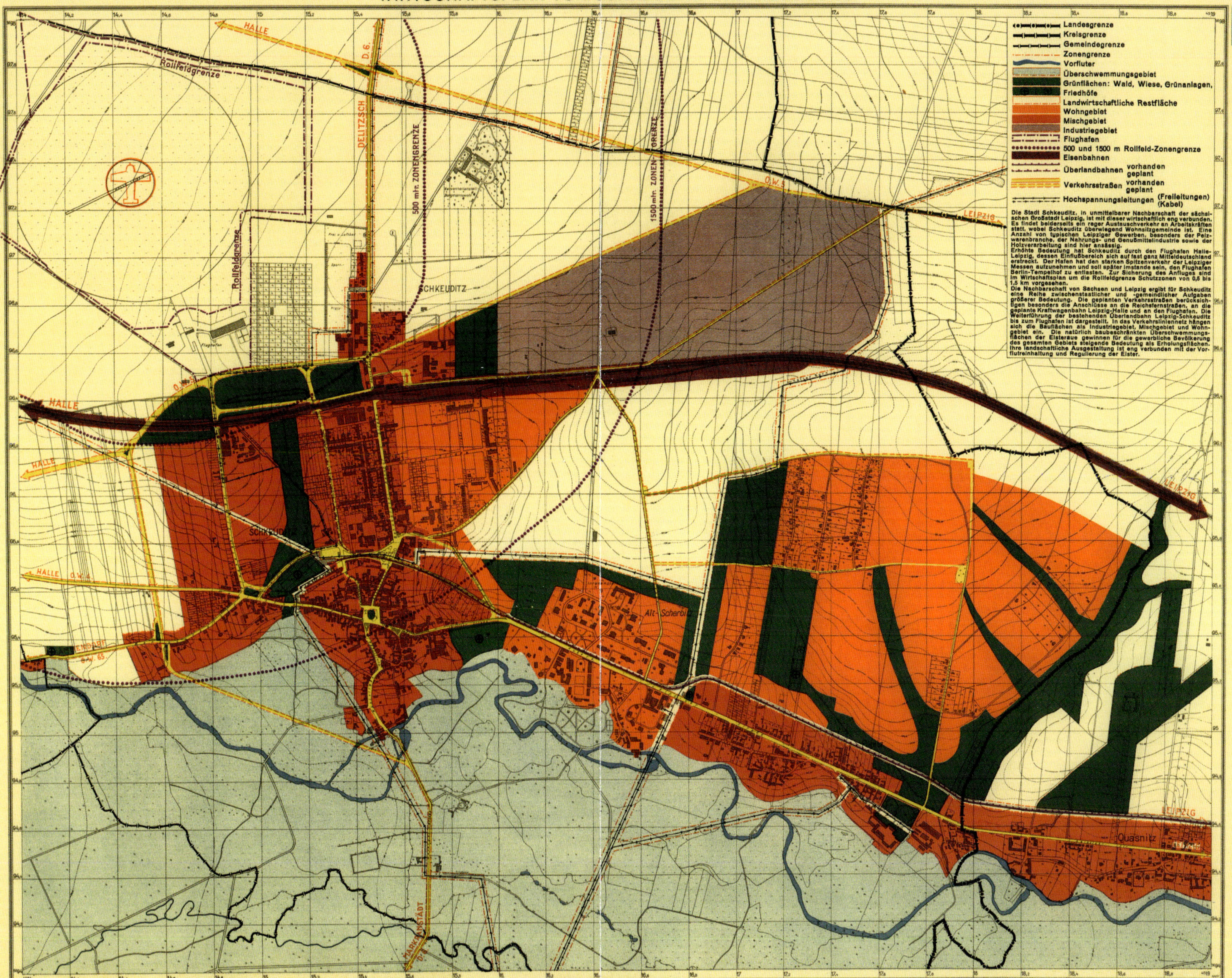

Gezeichnet 1 : 5000 von Junkers Luftbild auf Grund eines durch Senkrechtaufnahme gewonnenen Luftbildplanes mit Ergänzung der Besitzstandsgrenzen nach dem Kataster und der Höhenschichtlinien nach dem Meßtischblatt

Geogr. Anst. v. Wagner & Debes, Leipzig

Maßstab 1 : 10 000

Landesplanung Merseburg 1931

GESAMTSIEDLUNGSPLAN FÜR DAS ENGERE HALLESCHE WIRTSCHAFTSGEBIET

STADTKREIS HALLE SAALKREIS KREIS MERSEBURG

30

32. ARBEITSSTÄTTEN UND WOHNORTE DER ERWERBSTÄTIGEN IM WIRTSCHAFTSGEBIET MERSEBURG-LEUNA-GEISELTAL

32

33

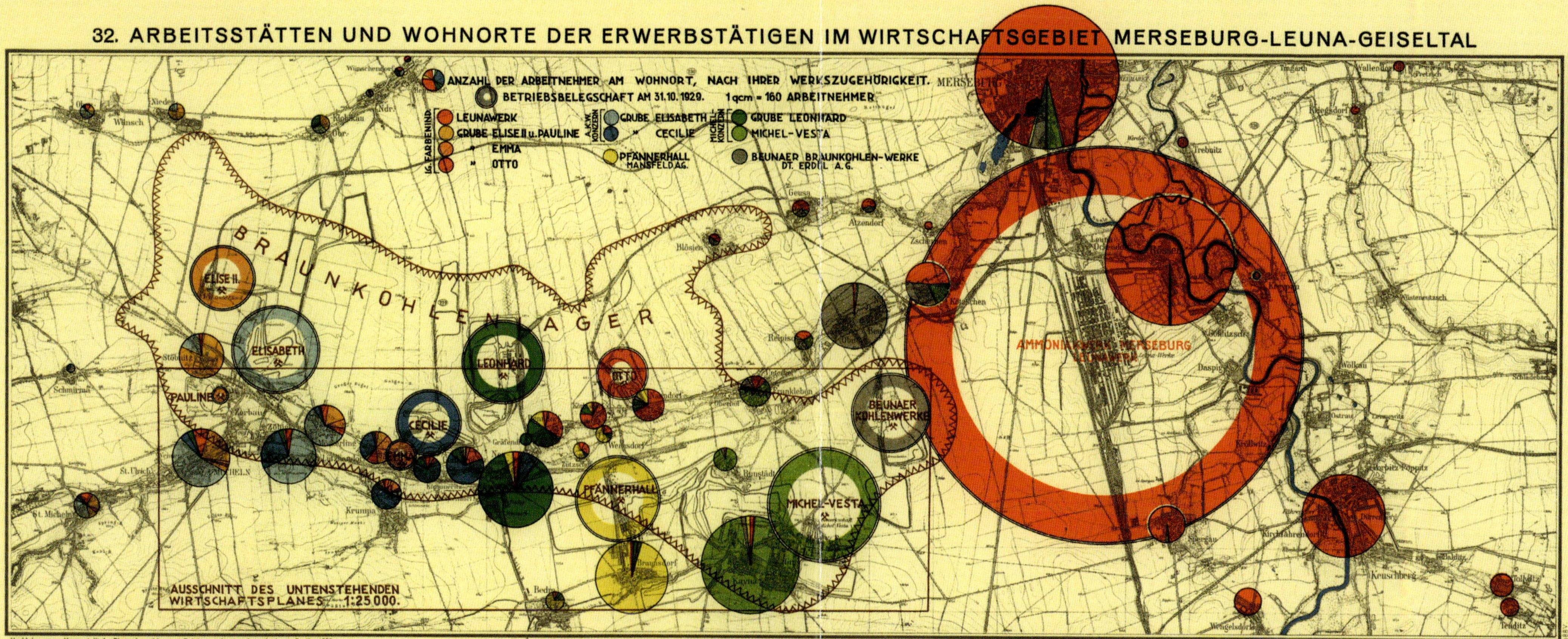

Verkleinerung: Hergestellt in Photoalgraphie vom Reichsamt für Landesaufnahme, Berlin 1930.
Geogr. Anst. v. Wagner & Debes, Leipzig

Maßstab 50000 der natürlichen Länge. Meter - 5 Kilometer

Höhenzahlen in Metern.
Landesplanung Merseburg 1931

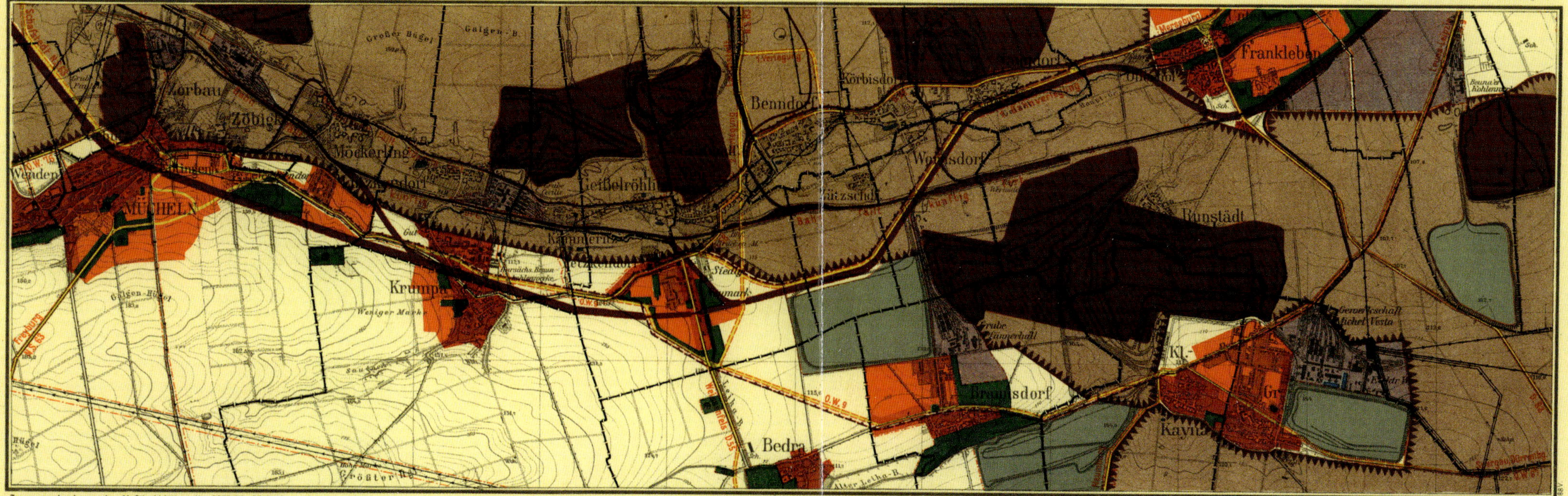

Zusammendruck aus den Meßtischblättern Nr. 2678/79, 2748/49. Geogr. Anst. v. Wagner & Debes, Leipzig
Hergestellt vom Reichsamt für Landesaufnahme, Berlin 1930.

33. WIRTSCHAFTSPLAN DES WESTLICHEN GEISELTALS

Höhenzahlen in Metern.

Landesplanung Merseburg 1931

Im Geiseltal bei Merseburg, auf einer Fläche von etwa 5000 ha, liegen etwa 1 Milliarde von 9,4 Milliarden to der gesamten Braunkohlenvorräte Mitteldeutschlands in einer Flözmächtigkeit bis zu 90 m und mehr. Rohbraunkohle wird an die Ortsindustrie der angeschlossenen Brikettwerke, ferner an die Zuckerfabrik Stöbnitz, das Großkraftwerk und die Maschinenglasfabrik in Kayna sowie das Leunawerk durch Werksbahnen, an die Industrien der Umgebung mittels der Reichsbahn geliefert. Auf weitere Strecken und für den Hausbrand kommt brikettierte Kohle zum Versand. Neue Industrieflächen werden für ähnliche Betriebe in Nachbarschaft der jetzigen Werke und bei Frankleben im Südwesten von Merseburg vorgesehen. Die Mächtigkeit des Kohlevorkommens lohnt den Abbruch und die Verlegung von vorhandenen Bahnen, Straßen und Straßenbahnen, Vorflutern, Baulichkeiten und ganzen Ortschaften. Abbruch und Verlegung erfolgen abschnittsweise entsprechend dem Vordringen der einzelnen Gruben. Die Landwirtschaft, auf die jetzt noch eine Bevölkerung von etwa 10000 unter 83000 Geiseltalbewohnern insgesamt entfällt, wird ausgekauft und wandert allmählich ab. Mit fortschreitendem Abbruch der alten Ortslagen werden daher neue Wohnflächen nur für den Bedarf gewerblicher Arbeiter sowie für Versorgungsgewerbe notwendig. Diese Flächen liegen am Südrand und Ostrand des Ausgehenden der Braunkohle, zu wenigen größeren Siedlungen zusammengefaßt, und sind jetzt schon größtenteils mit Werkssiedlungen einzelner Bergwerksgesellschaften bebaut. Andere Orte, wie St. Ulrich, Stöbnitz, Crumpa und Bedra, bewahren ihren landwirtschaftlichen Charakter. Umgemeindungen sind bereits im Sinne der Planbearbeitung erfolgt. — Der gegenwärtige Zustand (1931) des gesamten Wirtschaftgebietes nach dem Abschluß der jüngsten raschen Aufwärtsentwicklung wird durch den seit 1924 nicht berichtigten Unterdruck nur teilweise wiedergegeben.

- Kreisgrenze
- Gemeindegrenze
- Zonengrenze
- Vorfluter
- Grünflächen: Wald, Wiese, Park, Dauergärten
- Friedhöfe vorhanden, geplant
- Landwirtschaftliche Restfläche
- Wohngebiet
- Mischgebiet
- Industriegebiet
- Haldenflächen
- Eisenbahnen vorhanden, geplant
- Überlandbahnen vorhanden, geplant
- Werksbahnen vorhanden, geplant
- Verkehrsstraßen vorhanden, geplant
- Hochspannungsleitungen (Freileitungen)
- Abbaugrenze der Braunkohle
- Offener Tagebau
- Noch im Tiefbau abzubauende Braunkohle

1:25000 (4 cm der Karte = 1 km der Natur). Meter = 2 Kilometer. Schritt.

34
35
36
37

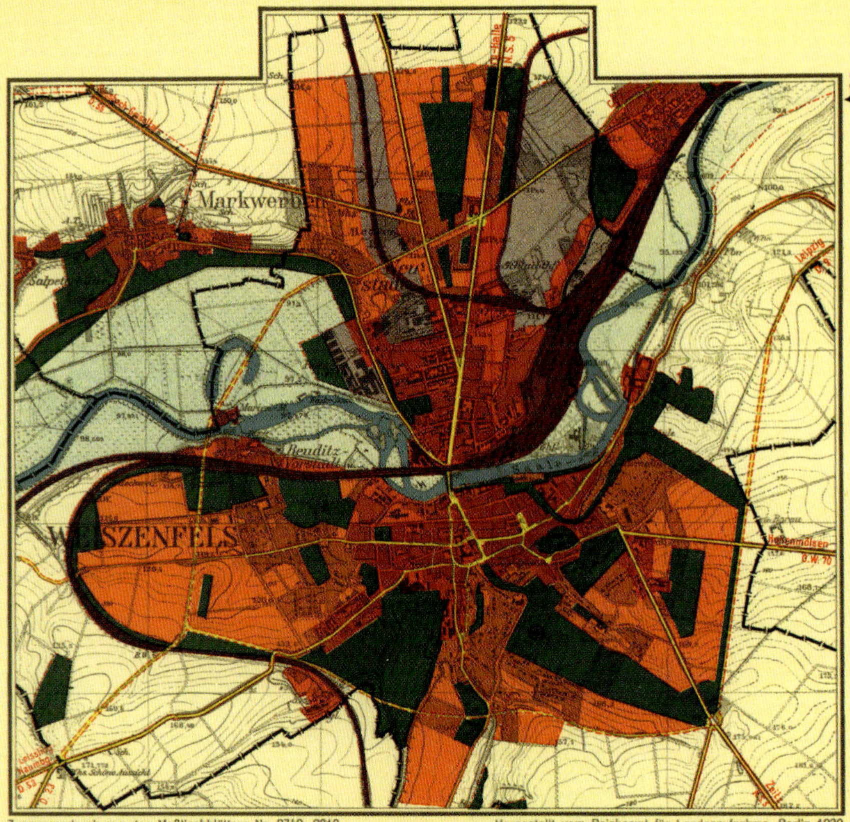

Zusammendruck aus den Meßtischblättern Nr. 2749, 2810.
Geogr. Anst. v. Wagner & Debes, Leipzig
Hergestellt vom Reichsamt für Landesaufnahme, Berlin 1930.
Landesplanung Merseburg 1931

34. WIRTSCHAFTSPLAN WEISSENFELS.

Die Stadt Weißenfels liegt an der Eingangspforte zur thüringischen Landschaft und sammelt den Verkehr der Eisenbahnen und Straßen zwischen Halle—Leipzig einerseits und Ost- und Mittelthüringen andererseits. Die Bedeutung von Weißenfels in dieser günstigen Fernverkehrslage wird durch seine örtlichen Beziehungen gesteigert, die es inmitten einer reichen, größtenteils mittelbäuerlichen Landwirtschaft und in Nachbarschaft des südöstlichen Braunkohlenreviers sowie des nördlichen Wirtschaftsgebiets Merseburg—Leuna—Geiseltal einnimmt. Die Wohnbevölkerung findet ihren Erwerb teils in der historischen Leder- und Schuhindustrie, teils in örtlicher Papierindustrie, in eisenverarbeitender Industrie, im Braugewerbe, Versorgungsgewerbe aller Art und in lebhaftem Handel. Größere Teile der Weißenfelser Wohnbevölkerung sind auch im nördlich gelegenen Leunawerk tätig, geringere Teile finden ihren Erwerb in Leipzig, Naumburg, Merseburg, Halle, Zeitz, im Braunkohlenbergbau des Geiseltals und in den südlichen Kohlenrevieren von Hohenmölsen und Luckenau. An das Mischgebiet der Innenstadt schließen sich Wohnflächen in offenerer Bebauung auf den Hängen südlich der Saale an. Das flachere Gelände im Norden, im Anschluß an die Bahn und an das bestehende Mischgebiet mit größeren gewerblichen Anlagen bietet für zukünftige Industrie geeigneten Raum. In Weißenfels gabeln sich die Straßen, die aus dem Saaletal nach Leipzig und Halle führen; eine weitere Hauptstraße zweigt nach Süden in Richtung Plauen und Fichtelgebirge ab. Mit Rücksicht auf die bereits weit vorgeschrittene Verbauung und das bewegte Gelände ist für die Zukunft im Südwesten eine Umgehungsstraße in großem Bogen geplant, ähnlich der weitausholenden Schleife der Eisenbahn Zeitz—Weißenfels.

WIRTSCHAFTSPLAN ZIPSENDORF-MEUSELWITZ UND UMGEBUNG. 35

Meuselwitz, Zipsendorf und Umgebung gehören zu den ältesten mitteldeutschen Braunkohlenrevieren. Noch stärker als im Bitterfelder Revier wechseln hier die gleichen Flächen ihre wirtschaftliche Nutzung. Unter Flächen, die früher bereits im Tiefbau und im Tagebau abgebaut worden sind, werden tiefere Braunkohlenflöze nach neueren wirtschaftlichen Methoden nochmals aufgeschlossen. Erschöpfte Tage- und Tiefbaufelder werden für Wohnzwecke nutzbar gemacht. Gemeinsam für die Gemeinden Zipsendorf und Meuselwitz muß die Lage von Wohnflächen, Grünflächen, Verkehrsstraßen und Kanalisationsanlagen im Einvernehmen mit dem Bergbau dem Fortschritt der Tagebauten und Tiefbauten angepaßt werden. Die wichtigen Verkehrsanlagen, insbesondere Bahnen, bleiben auf Sicherheitspfeilern bestehen. Straßenverlegungen werden in ihrer künftigen Linienführung mit den notwendigen Umgehungsstraßen zu verbinden sein. Gelände für spätere Industrieansiedlung ist zwangsläufig im Westen beider Orte im Anschluß an die Zeitzer Bahn gegeben. Da Zipsendorf preußisch und Meuselwitz thüringisch ist, bedarf es, wie dies bei der Planbearbeitung geschehen ist, auch bei der Durchführung einer zwischenstaatlichen Verständigung. — Beide Orte sind Wohnsitze für zahlreiche Bergbauarbeitnehmer der benachbarten Grubengebiete und unterhalten einen regen Austausch von Arbeitskräften mit den Nachbarstädten Zeitz, Altenburg, Rositz. Die Stadt Meuselwitz hat eine bedeutende Fabrikation von Porzellanen, Installationsmaterial, Baumwollwebstoffen, Steinbearbeitungsmaschinen, Förderanlagen und sonstige Spezialindustrien; Versorgungs- und Handelsgewerbe dienen dem Bedarf der dichten bergbaulichen Gebietsbevölkerung.

Zusammendruck aus dem Meßtischblatt Nr. 2875
Geogr. Anst. v. Wagner & Debes, Leipzig
Hergestellt vom Reichsamt für Landesaufnahme, Berlin 1930.
Landesplanung Merseburg 1931

Landesgrenze — Kreisgrenze — Gemeindegrenze
Zonengrenze
Überschwemmungsgebiet
Vorfluter, Kanäle
Grünflächen: Wald, Wiese, Park, Grünanlagen, Dauergärten
Friedhöfe: vorhanden, geplant
Offenere Wohngebiete mit Kleingewerbe
Geschlossenere Wohngebiete mit Kleingewerbe
Mischgebiet (Wohnbauten, Kleingewerbe und unschädliche Industrie)
Industriegebiet
Eisenbahnen
Werksbahnen
Verkehrsstraßen vorhanden, geplant
Hochspannungsleitungen (Freileitungen) vorhanden, geplant
Hochspannungsleitungen (Kabel)
Abbaugrenze der Braunkohle
Offener Tagebau
Bereits im Tagebau abgebaute Braunkohle
Bereits im Tiefbau abgebaute Braunkohle
Noch im Tiefbau abzubauende Braunkohle
Noch im Tagebau abzubauende Braunkohle

36. WIRTSCHAFTSPLAN CORBETHA-SPERGAU-DÜRRENBERG.

Corbetha liegt an der wichtigen Eisenbahngabel der Linien aus Richtung Weißenfels nach Halle und Leipzig, ist aber erst durch den Zuzug von Arbeitnehmern des nahen Leunawerkes lebhafter gewachsen, ebenso wie seine Nachbargemeinden Wengelsdorf und Spergau. Ein großer Teil der Arbeitnehmer ist außerhalb der nördlich gelegenen Werkssiedlung Leuna in Bad Dürrenberg angesiedelt worden. Dieses Soolebad mit seinen landschaftlich schönen Kuranlagen wird von der einheimischen Industriebevölkerung und von Leipziger Einwohnern in steigendem Maße aufgesucht. Die Soolequellen Dürrenbergs werden durch eine staatliche Saline ausgebeutet. Bei Spergau und Corbetha treten verarbeitende Industrien von Glassand- und Kaolinlagern auf. Die Umgebung zeigt hochentwickelte Landwirtschaft. Künftige Industrieentwicklung findet geeignetes Gelände im Norden im Anschluß an die bedeutenden Eisenbahnlinien und an die Reserveflächen des Leunawerkes. Ferner ist die Führung der wichtigeren Straßen unter Vermeidung der engen dörflichen Ortslagen und die Freihaltung dieser Verkehrsflächen eine dringende Aufgabe. Geplante Wohnflächen sind an den zum Bahnverkehr gleich günstig gelegenen Orten Corbetha und Dürrenberg zusammengefaßt. Landschaftsgestaltung und weitere Erschließung des Saaletals unter Berücksichtigung der Kanalisierungspläne ergänzen die hier vorhandenen Planungsaufgaben.

Zusammendruck aus den Meßtischblättern Nr. 2680, 2750.
Hergestellt vom Reichsamt für Landesaufnahme, Berlin 1930.
Geogr. Anst. v. Wagner & Debes, Leipzig
Höhenzahlen in Metern.
Nachdruck und Vervielfältigung jeder Art, auch einzelner Teile, sowie die Anfertigung von Vergrößerungen oder Verkleinerungen sind verboten und werden gerichtlich auf Grund des Urheberschutzgesetzes verfolgt.
Landesplanung Merseburg 1931

WIRTSCHAFTSPLAN ZEITZ UND UMGEBUNG. 37

In der Stadt Zeitz und ihren Vororten sind Textilbetriebe, Kinderwagenindustrie, Metallwaren- und Maschinenfabriken, Klavierfabriken und Nahrungsmittelindustrie aller Art (Zucker- und Schokoladenfabriken) ansässig. Mit dieser typischen Verbrauchsgüterproduktion, die sich wesentlich auf eingesessene qualifizierte Arbeitskräfte stützt, trägt das Zeitzer Gewerbe den Charakter des sächsisch-thüringischen Gewerbegebiets. Zwischen der Stadt, den Vororten und den Braunkohlengebieten der Umgebung, besonders im Weißenfelser Revier, findet ein reger Austausch an Arbeitskräften statt; ein Teil sucht täglich entferntere Arbeitsstätten auf, u. a. die Großstadt Leipzig. Das lebhafte Wachstum der Stadt Zeitz rechtfertigt die Ausweisung neuer Industrieflächen am nördlich gelegenen Bahnhof, in Nachbarschaft der Braunkohle und an dem projektierten Kanal Leipzig-Gera, dessen Verwirklichung z. Zt. noch ungewiß ist. Die neuen Wohnflächen zeichnen sich durch vorzügliche Lage im südöstlichen Hügelland aus und werden durch Grünflächen in den Talfalten stark aufgelockert. Die Planung der notwendigen Umgehungsstraßen und ihrer zweckmäßigen Verbindung mit den vorstädtischen Gebieten wird durch das bewegte Gelände und durch die bereits vorhandene Bebauung erschwert. Die landschaftlichen Vorzüge der Gebiete im Süden und Westen der Stadt erfordern besondere Pflege. Im Gegensatz zu Weißenfels erstreckt sich der Entwicklungsplan von Zeitz auf eine Anzahl von Vorortgemeinden, die an Industrie und Bevölkerung in raschem Wachstum begriffen sind, besonders Aue und Rasberg; die einheitliche Durchführung des Geplanten ist hier eine wichtige zwischengemeindliche Aufgabe.

1:25000 (4 cm der Karte = 1 km der Natur).

1000 500 0 500 1000 Meter = 1 Kilometer
1000 500 0 500 1000 Schritt.

Zusammendruck aus den Meßtischblättern Nr. 2874/75.
Hergestellt vom Reichsamt für Landesaufnahme, Berlin 1930.
Geogr. Anst. v. Wagner & Debes, Leipzig
Höhenzahlen in Metern.
Nachdruck und Vervielfältigung jeder Art, auch einzelner Teile, sowie die Anfertigung von Vergrößerungen oder Verkleinerungen sind verboten und werden gerichtlich auf Grund des Urheberschutzgesetzes verfolgt.
Landesplanung Merseburg 1931

ENTWICKLUNGSPLAN FÜR DIE STADT MAGDEBURG UND IHR EINFLUSSGEBIET.

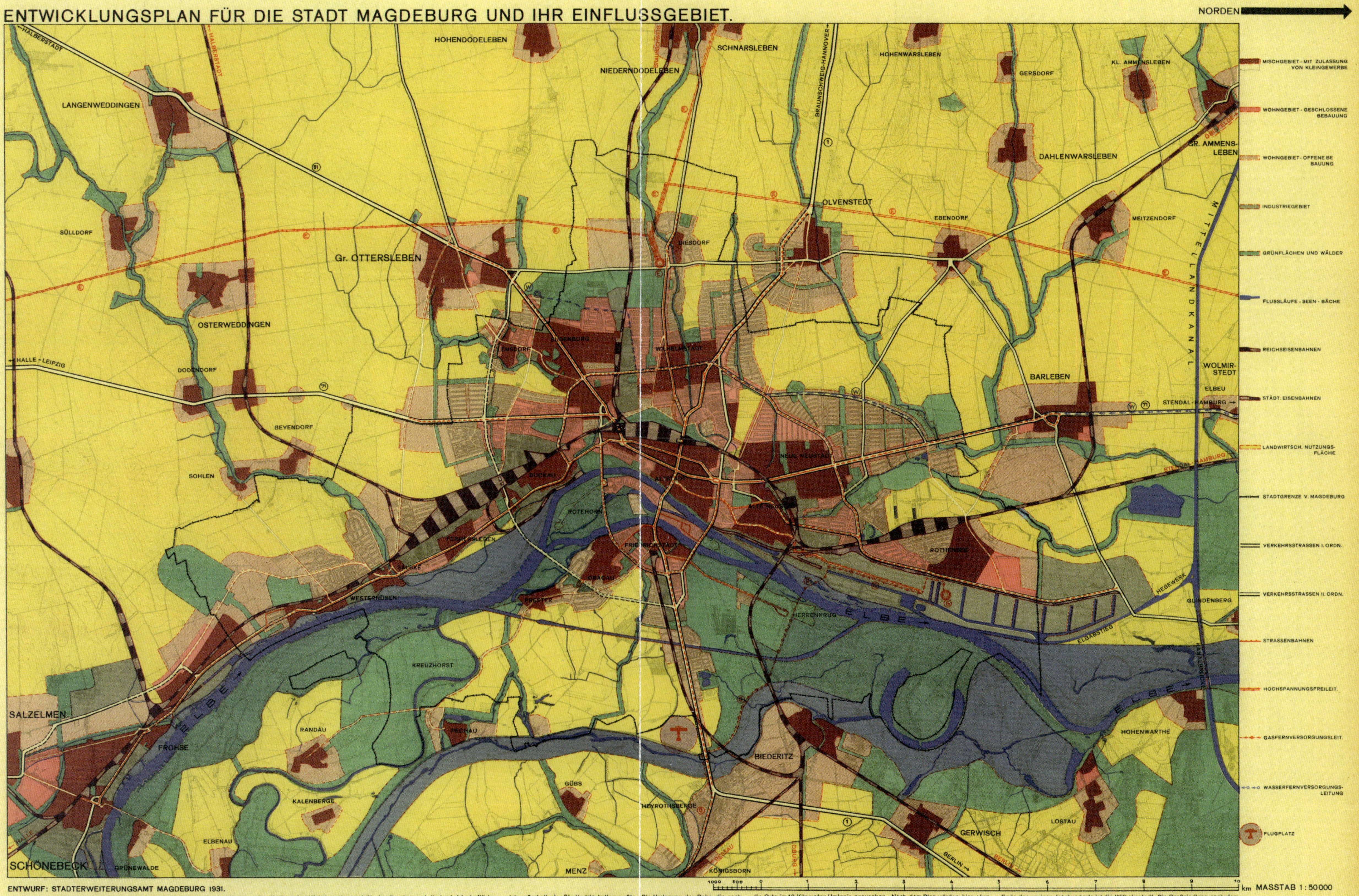

ENTWURF: STADTERWEITERUNGSAMT MAGDEBURG 1931.

Magdeburg ist entstanden als Brückenort und als nordöstlichste Randstadt der Ausläufer des Mittelgebirges, Ausfallstor nach Osten und Stützpunkt der Ostgrenzbefestigung (bis 1900) unmittelbar neben dem fruchtbaren Hinterland der Börde, einer Lößhügelkette, die beste Böden und klimatische Vorzüge aufweist. Der Anbau von Weizen, Zuckerrüben, Gemüse und Handelsgewächsen wird hier von einer intensiven Landwirtschaft betrieben. Das Straßennetz alter Handelswege vereinigt sich in einem Elbübergang, der durch das Niederungsdelta der Elbe (Zusammenfluß mit dem Breslauer Urstromtal) geschützt wurde. Aus dem Dreißigjährigen Kriege ging die reiche Stadt gänzlich zerstört hervor. Trotz der weitsichtigen Vorschläge Otto v. Guerickes für die Neubebauung blieb leider die Enge der mittelalterlichen Straßenzüge in der Altstadt bestehen. Sie wurde bis ins 19. Jahrhundert durch den immer stärker werdenden Festungsgürtel fixiert; dessen Aufhebung ermöglichte jedoch die Ausgestaltung eines willkommenen Grünringes.

Im 18. Jahrhundert bereits war eine blühende Textilindustrie und Tabakfabrikation in Magdeburg ansässig. Sie wurde um 1830 durch die neue Industrieentwicklung der Stadt abgelöst, die mit der Anlage von Werften und Maschinenfabriken für die Dampfschiffahrt, später auch für den Bergbau und die landwirtschaftliche Verarbeitungsindustrie einsetzte. Südwestlich von Magdeburg, in etwa 20 bis 30 km Abstand ziehen sich in weitem Bogen ausgedehnte Braunkohle-, Erz- und Salzreviere hin, ergänzt durch eine bedeutende landwirtschaftliche Veredelungsindustrie und Betriebe der Gesteine und Erden. Auf den technischen Bedarf dieser Produktionszweige und der Landwirtschaft ist die heutige Magdeburger Industrie vornehmlich eingestellt; sie ergänzt sich durch bedeutende Nahrungs- und Genußmittelgewerbe. Der Magdeburger Handel ist der Großversorger der gewerblichen Bevölkerung der Umgebung, insbesondere des Nordharzes und seines Vorlandes, aber auch großer Teile des Elbgebietes und des weiteren Mitteldeutschlands. Im Zucker- und Getreidegroßhandel Deutschlands nimmt Magdeburg eine führende Stelle ein, gefördert durch die Lage am Elbstrom und durch die Verbindungslage einerseits zwischen den nördlichen Einfuhrhäfen und Mitteldeutschland, andererseits zwischen Berlin und Westdeutschland.

Die Bahnanlagen am Elbufer, die jetzt die Stadt von der Elbe abtrennen, können und müssen fortfallen. Sie sind ein Rudiment der ersten alten Bahnstrecke, die sich außerhalb der Stadtwälle halten mußte. Die Umlegung der Bahn, die nach Aufgabe der inneren Befestigung den Glacisring im Westen benutzte, hat für die Stadtentwicklung eine neue Erschwerung geschaffen; die Ostwestverbindungen werden durch den Bahnkörper stark behindert. Eine Verlegung des an den Hauptbahnhof angeschlossenen Güterbahnhofs nach Nordwesten ist erstrebenswert. Der starke Durchgangsverkehr Magdeburgs macht ein Umgehungsstraßensystem notwendig, das in Ansätzen schon vorhanden ist. In dem nördlichen Niederungsgebiet zwischen der Trasse des Mittellandkanals und den bisherigen Häfen wird ein umfangreiches neues Industrie- und Hafengelände erschlossen. Die Zukunftsaufgabe der Stadt ist der Ausbau dieses Industriekomplexes im Norden der Stadt. Die Elbehäfen erhalten durch einen Abstiegkanal und ein Schiffshebewerk Verbindung mit dem Mittellandkanal. Magdeburg bekommt dadurch einen neuen wirtschaftlichen Faktor, der seine Stellung als die eines nördlichen Kernpunktes der mitteldeutschen Industrie befestigen wird.

Die Bevölkerung, von der über die Hälfte in der Industrie und ein Drittel im Handel tätig ist, stellt eine besonders hochqualifizierte Arbeiterschaft. Als unmittelbares Einflußgebiet der Stadt ist der Elbestreifen bis Schönebeck und die Orte im 10-Kilometer-Umkreis anzusehen. Nach dem Plan würden hier etwa 000 000 Einwohner Platz finden.

Die Industrie folgt dem Elblauf und den Außenbahnen. Der Komplex Westerhüsen/Buckau umfaßt hauptsächlich Schwerindustrie und chemische Industrie. An der Braunschweiger Bahn zwischen Sudenburg und Wilhelmstadt liegen der Schlacht- und Viehhof und eine große Metallwarenfabrik. Obwohl die Rauch- und Geruchsbelästigungszone nach Westen nur wenig Wohngebiet überdeckt, wäre Umlegung erwünscht. Vorläufig ist das Gebiet so eingeriegelt, daß keine größeren Erweiterungen möglich sind. Ähnlich liegt es bei einem kleinen Gebiet östlich der Friedrichstadt an der Strecke der alten Berliner Bahn, das außerdem schlechte Verkehrsverbindungen hat. Ein neuerer Industriekern zwischen alter und neuer Neustadt enthält Groß- und Kleinbetriebe, Brauereien usw. Er ist ausbaufähig und hat Anschluß an das alte und neuerschlossene Hafengebiet, in dessen nördlicher Verlängerung die neuen Großindustrien unter sehr günstigen Standortsbedingungen angesiedelt werden.

Stark mit Industrie durchsetzt sind die Arbeitervororte Sudenburg, Alte und Neue Neustadt und Friedrichstadt. Das umfassendste Wohngebiet aus dem Ende des vorigen Jahrhunderts ist die Wilhelmstadt. Die Großsiedlung nach dem Kriege nahm zwischen Wilhelmstadt und Diesdorf ihren Ausgangspunkt. Seit 1929 wird der Ostrand der Stadt bei Cracau und östlich Friedrichstadt mit Großsiedlung bebaut. Augenblicklich wird ein neuer Komplex zwischen Alter Neustadt und Rothensee erschlossen. Außer den großen zusammenhängenden Gebieten mit geschlossener Bebauung sind in großem Umfange Gebiete für eine vereinfachte Form der Erschließung und höchstens zweigeschossiger Bauweise und ausreichender Land- bzw. Gartenzulage für die Wohnungen vorgesehen.

In den Mischwaldbeständen der Elbniederung hat Magdeburg ostelbisch einen gewissen Reichtum an Erholungsflächen. Parkmäßig gestaltet ist die Elbinsel mit dem Ausstellungsgelände und ein Gebiet östlich der alten Neustadt mit Rennbahn und großen Wiesenflächen. Auf dem Westufer der Elbe sind neben dem Grüngürtel des Glacis einige zusammenhängende Parks, Friedhöfe usw. geblieben. Außerdem werden planmäßig unter Benutzung der Bachläufe radiale Grünstreifen nach den Außenbezirken angelegt. Die Außenforts sollen fast sämtlich als Erholungsstätten ausgebaut werden. Zum Teil ist der Ausbau schon durchgeführt.

WIRTSCHAFTSPLAN NAUMBURG-KÖSEN-FREYBURG

38

Zusammendruck aus den Meßtischblättern Nr. 2748 u. 2809.
Hergestellt vom Reichsamt für Landesaufnahme, Berlin 1930.
Geogr. Anst. v. Wagner & Debes, Leipzig

1:25000 (4 cm der Karte = 1 km der Natur).

Höhenzahlen in Metern.

Nachdruck und Vervielfältigung jeder Art, auch einzelner Teile, sowie die Anfertigung von Vergrößerungen oder Verkleinerungen sind verboten und werden gerichtlich auf Grund des Urheberschutzgesetzes verfolgt.

Landesplanung Merseburg 1931

Die Umgebung von Naumburg, Bad Kösen und Freyburg ist wegen ihrer landschaftlichen Reize das besuchteste Erholungsgebiet der gewerbereichen sächsischen Bucht. Die Rentnerstadt, Behördenstadt und Schulstadt Naumburg ist gleichzeitig das Kultur- und Wirtschaftszentrum einer größeren preußisch-thüringischen Umgebung. Industrieanlagen sind hier nur in geringem Umfange, hauptsächlich von der Holz- und Textilindustrie vorhanden. In jüngerer Zeit begeben sich aus Naumburg zahlreiche männliche Arbeitnehmer täglich nach dem bei Merseburg gelegenen Leunawerk und weibliche Arbeitnehmer in die Apoldaer Textilindustrie. Bad Kösen besitzt wegen seiner Bäder und seiner Burgenlandschaft große Anziehungskraft. Freyburg betreibt hauptsächlich Obstbau und Winzerei. Industrien der Steine und Erden, besonders Kalk- und Zementwerke, gewinnen und verarbeiten die vorhandenen Bodenschätze des Saale- und Unstruttales. – Die Aufgabe des Wirtschaftsplanes besteht im Schutz der Weinberghänge der Saale und Unstrut gegen planlose Besiedlung durch Wochenendhäuser und in der Pflege und Erschließung der landschaftlichen Schönheit des Gebiets. – Der Verkehrsaufschluß des Erholungsgebiets ist durch eine Fernstraße auf dem nördlichen Saaleufer geplant, die gleichzeitig zur Entlastung der alten Ortsdurchfahrten der Talstraße dienen soll.

- Landesgrenze – Kreisgrenze – Gemeindegrenze
- Zonengrenze
- Talhänge in Wein- und Obstbaunutzung mit Gartenhäusern
- Überschwemmungsgebiet
- Vorfluter
- Grünflächen: Wald, Wiese, Grünanlagen, Dauergärten
- Landschaftlich geschütztes Gebiet
- Landwirtschaftliche Restfläche
- Wohngebiet
- Mischgebiet
- Industriegebiet
- Eisenbahnen
- Verkehrsstraßen vorhanden / geplant
- Hochspannungs Freileitungen
- Kalksteinvorkommen
- Kiesvorkommen

LANDESPLANUNG IM ENGEREN MITTELDEUTSCHEN INDUSTRIEBEZIRK

IHRE GRUNDLAGEN, AUFGABEN UND ERGEBNISSE

BEARBEITET UND HERAUSGEGEBEN VON DER

LANDESPLANUNG MERSEBURG

UNTER MITARBEIT DES LANDESHAUPTMANNS DER PROVINZ SACHSEN, DER LANDESPLANUNGEN MAGDEBURG, WESTSACHSEN-LEIPZIG, OSTTHÜRINGEN, DER STÄDTE DESSAU, HALLE, LEIPZIG, MAGDEBURG, DER STADT- U. LANDKREISE UND DER WIRTSCHAFTSKÖRPERSCHAFTEN DES REG.-BEZ. MERSEBURG UND DES LANDES ANHALT

INHALT DES KARTENBANDES

HIERZU EIN BESONDERER TEXTBAND

VORBEMERKUNG: Die Untersuchungen dieses Werkes sind so aufgebaut, daß der engere mitteldeutsche Industriebezirk sowohl in seinem Eigenleben wie in seiner Bedingtheit durch das weitere Mitteldeutschland auf dem Gebiete des Verkehrs, des Arbeitsmarktes, der Bevölkerungsbewegung und der Bodeninteressen betrachtet wird. Der Rahmen der landeskundlichen Untersuchungen der Karten 1—18 im Maßstab 1:1000000 ist daher das mitteldeutsche Gebiet, das im Süden durch das Erzgebirge und den Thüringer Wald, im Norden durch die Norddeutsche Tiefebene, im Westen durch den Leinegraben natürlich begrenzt wird und das im Osten die Übergangszone der Lausitz erfaßt. Diese Übersichtskarten enthalten die Gemeinden mit mehr als 2000 Einwohnern. Demgegenüber geben die Spezialuntersuchungen der Karten 19—24 im Maßstab 1:200000 sämtliche Gemeinden des mit der Braunkohle verbundenen mitteldeutschen Industriebezirks wieder.
Ausschnitte aus dem Aufgabenbereich der allgemeinen Landesplanung stellen die Verkehrsübersichtspläne 18 und 22, der Gewerbe-, Wohn- und Grünflächenplan 23 und der Plan der Gas- und Kraftversorgung 24 dar.
Einige verschieden geartete Beispiele der speziellen Landesplanung bilden die Wirtschaftspläne einzelner Gebietsteile in größeren Maßstäben. Sie tragen lediglich den Charakter von Entwürfen, die den Erwägungen zum jeweiligen Zeitpunkt der Planungsaufstellung entsprechen und schaffen daher auch keine endgültige und rechtlich gesicherte Bestimmung für die Flächennutzung. Landesplanung und Städtebau von heute betrachten die Wirtschaftspläne als Programme, die mit den ständig wechselnden tatsächlichen Verhältnissen ihren Inhalt ändern, und die schließlich so geformt werden, daß der verhältnismäßig geringe Flächenbedarf der nächsten Zukunft an richtiger Stelle gedeckt werden kann. Entsprechend solcher Labilität der Planung ist auch für die einliegenden örtlichen Wirtschaftspläne von Zeit zu Zeit eine Überarbeitung zu erwarten. — Trotz der drucktechnisch bedingten ausgedehnten Bearbeitungszeit dieses Werkes ist angestrebt worden, den neuesten Stand der Planungsarbeit wiederzugeben. Nähere Ausführungen über die weitere Entwicklung der landesplanlichen Auffassungen sind im Textband enthalten.
Lithographie und Druck: H. Wagner & E. Debes, Leipzig: Karten 1:1000000 und Wirtschaftspläne; Reichsamt für Landesaufnahme, Berlin: Karten 1:200000; Preußische Geologische Landesanstalt, Berlin: Einzelne Karten 1:1000000; C. G. Blanckertz, Düsseldorf: Karten 1:200000; F. Ullmann G. m. b. H., Zwickau: Karte 21 und Wirtschaftsplan 39.

KARTEN 1:1000000
des gesamten mitteldeutschen Gebietes

KARTEN 1:200000
des engeren mitteldeutschen Industriebezirks und der angrenzenden Gebiete

WIRTSCHAFTSPLÄNE

VERLAG DER LANDESPLANUNG FÜR DEN ENGEREN MITTELDEUTSCHEN INDUSTRIEBEZIRK, MERSEBURG, REGIERUNG, VORSCHLOSS

Dank

Mit der vorliegenden Festschrift möchte ich zur kritischen Aufnahme und zum weiterführenden Diskurs der Geschichte der Landesplanung einladen. Insbesondere sei der Martin-Luther-Universität Halle-Wittenberg und der Akademie für Raumentwicklung in der Leibnitz-Gemeinschaft (ARL) für die Förderung des Drucks, aber auch für inhaltlichen Anregungen gedankt. Hier seien besonders Prof. Dr. Christine Fürst und Prof. Dr. Jonathan Everts sowie Prof. Dr. Axel Priebs hervorgehoben. Ein Dank richtet sich an die Gutachter der dieser Publikation zugrundeliegenden und hier erweiterten Habilitation, den Kollegen Professoren Harald Bodenschatz (Berlin), Thomas Topfstedt (†) und Max Welch-Guerra (Weimar), die wertvolle Anregungen gaben. Zudem möchte ich für die große Unterstützung und kritische Begleitung der Forschung meiner Frau, Gabriele, herzlich danken.

Der ARL, Hannover, ist zudem zu danken, da sie Teile der Habilitationsschrift bereits 2015 in der Reihe Arbeitsberichte (Nr. 15, 2015) zunächst für den engeren akademischen Fachkreis herausbrachte und nun für die bearbeitete sowie erweitere Fassung als Festschrift großzügig die Genehmigung erteilte. Weiterhin soll dem Forum Mitteldeutschland der ARL sowie den Ländern Sachsen-Anhalt, Thüringen und Sachsen gedankt werden für die Unterstützung dieser Schrift. Danken möchte ich zudem der Industrie- und Handelskammer Halle-Dessau (IHK), namentlich deren Hauptgeschäftsführer Prof. Dr. Thomas Brockmeier, für die wohlwollende und konstruktiv-kritische Begleitung.

Ein besonderer Dank gilt dem Mitteldeutschen Verlag in Halle (Saale) für die engagierte Zusammenarbeit und hier besonders mit Dr. Kurt Fricke und David Täuber.

Zum Autor

Prof. Dr. habil. Harald Kegler (apl.), geb. 1957 in Aschersleben, studierte Städtebau an der Hochschule für Architektur und Bauwesen Weimar und ist Diplom-Ingenieur für Stadtplanung (1987). Er promovierte und habilitierte zur Geschichte der Disziplin Stadt- und Landesplanung im 19. und 20. Jahrhundert. Von 1987 bis 1999 wirkte er als Abteilungsleiter der Werkstatt am Bauhaus Dessau. Er war 2000 bis 2002 Gastprofessor an der University of Miami (USA) und an der Bauhaus-Universität Weimar (2008 – 2012). Von 2013 bis 2023 lehrte er an der Universität Kassel, Fachbereich Architektur, Stadt- und Landschaftsplanung, im Institut für urbane Entwicklungen, Lehrgebiet Städtebau- und Planungsgeschichte sowie nachhaltige Raumplanung. Zu diesen Themen lehrt er seit 2024 an der Martin-Luther-Universität Halle-Wittenberg, Institut für Geowissenschaften und Geographie. Er ist Inhaber des Büros „Labor für Regionalplanung", Dessau.